Beat Weber

Werkbuch Psalmen I
Die Psalmen 1 bis 72

Verlag W. Kohlhammer

Den Kolleginnen und Kollegen
von der Arbeitsgemeinschaft für biblisch erneuerte Theologie (AfbeT)
und des Fonds zur Erneuerung von Kirche und Theologie (FEKT)

2., aktualisierte Auflage 2016
1. Auflage 2003

Alle Rechte vorbehalten
© W. Kohlhammer GmbH, Stuttgart
Gesamtherstellung: W. Kohlhammer GmbH, Stuttgart

Print:
ISBN 978-3-17-032266-0

E-Book-Formate:
pdf: ISBN 978-3-17-032267-7
epub: ISBN 978-3-17-032268-4
mobi: ISBN 978-3-17-032269-1

Für den Inhalt abgedruckter oder verlinkter Websites ist ausschließlich der jeweilige Betreiber verantwortlich. Die W. Kohlhammer GmbH hat keinen Einfluss auf die verknüpften Seiten und übernimmt hierfür keinerlei Haftung.

VORWORT

Die Psalmen begleiten mich seit vielen Jahren: als bibellesender Christ, der bei ihnen Gebetshilfe, Wegweisung und Trost sucht, später als wissenschaftlich arbeitender Theologe an der Universität und gegenwärtig auch als Pfarrer in einem emmentalischen Landpfarramt, wo ich sie namentlich bei Haus- und Spitalbesuchen, v.a. aber bei Abdankungen lese und auslege. Dazu kamen in den letzten Jahren Seminare und Vorträge über die Psalmen und die Psalmenforschung bei Studierenden und in Pfarrkollegien.
Meine Zeit als Doktorand und wissenschaftlicher Forschungsassistent im vom Schweizerischen Nationalfonds getragenen Basler Psalmenprojekt von Prof. Dr. Klaus Seybold ermöglichte mir die vertiefte Beschäftigung mit der Psalmenpoesie und die Durcharbeitung des gesamten Psalmenbuchs. Die aus dieser Zeit gesammelten Notizen bilden die Grundlage dieses "Werkbuch Psalmen" (Wb Pss).
Bei der Arbeit an diesem Buch begleitete mich der notvolle Umstand, dass die an der Universität betriebene wissenschaftliche Theologie einerseits und die kirchliche bzw. pfarramtliche Praxis andererseits immer stärker auseinanderdriften. Die Folge ist eine Theologie, die sich immer weniger in den kirchlichen Dienst gestellt weiss und eine Kirche, die immer mehr auf die Einsichten und Ergebnisse der Theologie verzichten zu können meint. Beides erachte ich als verhängnisvoll. Das Anliegen dieses Buches ist es, auf dem Teilgebiet der Psalmen einen Brückenschlag zu versuchen. Das Wb Pss bemüht sich demzufolge, wissenschaftlich abgestützte Psalmenforschung für die kirchliche Praxis fruchtbar zu machen. Es geht um eine "Lesehilfe" für die Psalmen aus der Einsicht heraus, dass die stets neue Orientierung an der Schrift für die sich auf die Reformation berufende Kirche und Theologie unverzichtbar ist.
Das Risiko, dass bei einem derartigen Unterfangen eines Brückenschlags zwischen Theologie und Kirche nur eine oder gar keine der beiden Seiten befriedigt ist, ist mir bewusst. Die Einsicht in die Wichtigkeit und Notwendigkeit solcher Arbeit hat aber die Bedenken überwogen. Die Anlage als "Werkbuch" trägt sowohl dem fragmentarischen Charakter dieses Buches als auch dem Ansinnen Rechnung, Hilfestellungen zu geben, Ressourcen bereitzustellen und Anstösse zu vermitteln. Das Wb Pss ist kein Psalmenkommentar mit abgerundeten Auslegungen zu den einzelnen Psalmen. Es beschränkt sich vornehmlich darauf, Textbeobachtungen philologischer, poetologischer und kanon- bzw. bibeltheologischer Art darzubieten. Zugleich lädt es den Leser ein, diese zu ergänzen, zu diskutieren und daran weiterzuarbeiten. Das Wb Pss möchte zur Beschäftigung mit dem Bibeltext (wenn möglich in der Ursprungssprache) zurückführen, kann aber auch von Leserinnen und Lesern ohne Hebräischkenntnisse verwendet werden.
Das Buch der Psalmen eignet sich aus folgenden Gründen besonders gut für einen Brückenschlag zwischen Theologie und Kirche: 1. In den Psalmen spiegelt sich die Vielfalt alttestamentlichen Lebens und Glaubens; es ist gleichsam eine Theologie des Alten Testaments im Kleinen. 2. Die überragende Wichtigkeit der Psalmen bei Jesus und in der frühen Kirche zeigt sich darin, dass sie zu denjenigen alttestamentlichen Schriften gehören, die im Neuen Testament am häufigsten zitiert werden oder auf die angespielt wird. 3. Die Psalmen hatten und haben durch die Geschichte der Kirche bis heute für die

Spiritualität des einzelnen Christen wie für das gottesdienstliche Leben der Gemeinde weitreichende Impulse vermittelt. 4. In der praktischen Gemeindearbeit gehört der Psalter zu denjenigen biblischen Büchern, die vielfach und vielgestaltig Verwendung finden, sei es für die eigene Spiritualität, die gottesdienstliche Liturgie (Lesungen, Psalmen-Vertonungen), Predigten und Kasualreden, im seelsorgerlichen Gespräch, im Unterricht oder bei andern Gelegenheiten. 5. Die Psalmen gehören in unserer Zeit zu den populärsten biblischen Büchern; zu den Psalmen mit ihrer offenen Art des Aussprechens von Freude und Leid finden selbst kirchenferne Menschen oft guten Zugang.

Als Zielpublikum des Wb Pss stehen mir zunächst die Kolleginnen und Kollegen vor Augen, die wie ich im kirchlichen Dienst (Pfarramt und andere Dienste) stehen. Als Psalmenfachmann möchte ich ihnen, die es in unterschiedlicher Weise immer wieder mit den Psalmen zu tun haben, aber vielfach unter zeitlicher Belastung stehen, den Zugang zu diesem biblischen Buch erleichtern. Die Erfahrung zeigt, dass viele im pfarramtlichen Dienst – gerade für das Alte Testament – nur noch zu deutschen Bibelausgaben greifen, da ihnen die Erarbeitung des hebräischen Textes ein zu grosser Zeitaufwand bedeutet. Dadurch können – gerade bei einer so subtilen Sprachform wie der Psalmenpoesie – viele Schätze nicht mehr erkannt und gehoben werden. Das Wb Pss möchte Hilfestellungen für das Lesen der Psalmen in der Ursprungssprache geben. Auch an die Studierenden der Theologie habe ich bei diesem Wb Pss gedacht. Schliesslich mag das Wb Pss auch einem weiteren Kreis von Bibellesern dienen – sei es, dass sie Hebräischkenntnisse haben und das Buch damit voll nutzen können, sei es, dass sie diese Kenntnisse nicht mitbringen und ihnen hoffentlich dennoch Manches hilfreich sein kann.

Um handlich zu sein und den Leser nicht durch zu grossen Textumfang abzuschrecken, wird im Wb Pss auf Manches verzichtet, was auch noch zu sagen wäre. Dafür sei ausdrücklich auf die verschiedenen Kommentarwerke zu den Psalmen verwiesen. Das Wb Pss erscheint in zwei Bänden. Band I enthält die ersten beiden Bücher innerhalb des Psalters (Ps 1–72), Band II das dritte, vierte und fünfte Psalter-Buch (Ps 73–150). Das Erscheinen von Band II ist auf Herbst 2003 vorgesehen.

Ich danke den Vielen, die mich auf dem Weg zum Wb Pss ermutigt, beraten und mir in verschiedenster Weise geholfen haben. Unter ihnen verdienen drei Kollegen besondere Erwähnung: Die Freunde Prof. Dr. Peter Wick (Basel), der mich überzeugt hat, ein solches Buch überhaupt zu wagen, und Pfr. Dr. Edgar Kellenberger (Liestal), der diesen Band exegetisch-theologisch wie grammatikalisch durchgesehen und mir wichtige Hinweise gegeben hat; weiter Pfr. Hans-Jürg Stefan (Egg), der als Spezialist des reformierten Kirchenliedes mich dazu herausgefordert hat, auf die Psalmen in den kirchlichen Gesangbüchern hinzuweisen und mich darin mit einer Fülle von Material unterstützt hat.

Das Korrektur-Lesen haben verdankenswerterweise folgende Kolleginnen und Kollegen besorgt: Vikar Simon Anderegg, Pfr. Martin Frey, Pfr. Walter Gisin, Pfrn. Marianne Hächler, Pfr. Jürg Luchsinger, Pfrn. Therese Schmid, PD Dr. med. Eberhard Seifert.

Ein Dank geht auch an den Kohlhammer-Verlag, der das Wagnis der Herausgabe des Wb Pss übernommen hat, insbesondere an Herrn Jürgen Schneider, der mich in allen Fragen rund um dieses Werkbuch kompetent beraten hat. Schliesslich danke ich der Evangelisch-reformierten Kirchgemeinde Linden, die es mir möglich machte, die Arbeit an den Psalmen und an diesem Werkbuch als Teil meines pfarramtlichen, über die Ortsge-

Vorwort

meinde hinausgehenden Dienstes tun zu können, sowie meiner Familie für alle ihre Unterstützung.
Für Hinweise jeder Art (Korrekturen, Ergänzungen etc.) aus dem Kreis derjenigen, die das Wb Pss lesen und verwenden, bin ich dankbar (zu richten an: Pfr. Dr. B. Weber, Birrmoosstr. 5, CH – 3673 Linden BE; E-mail: weber-lehnherr@freesurf.ch).
Dieser erste Band des Wb Pss ist meinen Kolleginnen und Kollegen von der Arbeitsgemeinschaft für biblisch erneuerte Theologie (AfbeT) und des Fonds zur Erneuerung von Kirche und Theologie (FEKT) gewidmet.

Linden BE (Schweiz), im Sommer 2001   Beat Weber

Die Erstauflage des "Werkbuch Psalmen I" von 2001 ist seit geraumer Zeit vergriffen. Der Verlag Kohlhammer hat dankenswerterweise die Lieferbarkeit dieses Wb Pss I aufrecht erhalten. Seit 2008 ist der Band, freilich zu höherem Preis, als "Book on Demand" (BonD) lieferbar (unveränderter Nachdruck). Im Zuge des Anliegens, das Wb Pss I auch digital als E-Book zugänglich zu machen, wurde diese 2., aktualisierte Auflage erstellt. Die Verbesserungen sind formaler und in gewissen Psalmen auch inhaltlicher Art. Mehr als nur grammatikalische und stilistische Korrekturen, sondern etwas stärkere Eingriffe (wenn auch keine Gesamtüberarbeitungen) wurden bei folgenden Psalmen vorgenommen: Ps 1–3; 13; 16; 19; 21; 25; 30; 50; 54f.; 58; 64 (in der Regel handelt es sich um Psalmen, wo Neubearbeitungen von mir zu veränderten Einschätzungen geführt haben). Ich danke meinem pensionierten Kollegen, Pfr. Dr. Edgar Kellenberger, für die neuerliche Korrekturlesung sowie Dr. Sebastian Weigert als zuständigem Verlagslektor für die hilfreiche Betreuung. Das beigegebene Literaturverzeichnis ist mit dem der Erstauflage identisch und wurde nicht nachgeführt. Eine weitergeführte, starke ausgebaute Fassung (BiblioPss1990+) findet sich digital unter www.academia.edu (Search: Beat Weber) bzw. über den Kohlhammer Verlag (www.kohlhammer.de/wms/instances/KOB/data/pdf/978-3-17-031461-0_O.pdf). Auf meiner Academia-Seite ist auch weitere, von mir publizierte Literatur zu Psalmen und Psalter aufgeführt (und z.T. herunterladbar). Für eine Kontaktaufnahme mit mir ist neu die Mailadresse weber.lehnherr@gmail.com zu verwenden.

Linden BE (Schweiz), im Juli 2016   Beat Weber

INHALTSVERZEICHNIS

VORWORT 5

ABKÜRZUNGEN 13

    1. Abkürzungen der biblischen Bücher 13
    2. Abkürzungen deutschsprachiger (Kirchen-)Gesangbücher 13
    3. Weitere Abkürzungen 14

EINFÜHRUNG 17

    1. Zu Aufbau, Eigenart und Gestalt dieses Werkbuchs 17
        a) Übersetzung 17
        b) Vokabular 18
        c) Form und Inhalt 19
        d) Struktur und Poesie 19
        e) Kontexte 19
        f) Anregungen für die Praxis 20

    2. Zur Eigenart der alttestamentlichen Psalmen 20
        a) Die verschiedenen Zugangsweisen zu den Psalmen 21
        b) Die Eigenheiten der bibelhebräischen Versdichtung im Allgemeinen ... 23
        c) Merkmale der Textorganisation der Psalmenpoesie 25
        d) Die Typen der Psalmen 31
        e) Die Bildersprache der Psalmen 34

    3. Das Psalmenbuch und seine Gliederung 37
        a) Vom Psalm zum Psalter 38
        b) Organisationsprinzipien des Psalters 42
        c) Die kanonische Psalmenlesung 45

    4. Die Psalmen und ihre Wirkungsgeschichte 46

DAS ERSTE PSALTER-BUCH (PSALM 1–41) 48

    Psalm 1 48
    Psalm 2 52
    Psalm 3 56
    Psalm 4 59
    Psalm 5 62
    Psalm 6 65
    Psalm 7 68

Psalm 8	72
Psalm(en) 9–10	75
Psalm 11	81
Psalm 12	84
Psalm 13	87
Psalm 14	90
Psalm 15	93
Psalm 16	96
Psalm 17	99
Psalm 18	103
Psalm 19	110
Psalm 20	114
Psalm 21	117
Psalm 22	120
Psalm 23	126
Psalm 24	129
Psalm 25	132
Psalm 26	136
Psalm 27	139
Psalm 28	143
Psalm 29	146
Psalm 30	149
Psalm 31	153
Psalm 32	157
Psalm 33	160
Psalm 34	164
Psalm 35	168
Psalm 36	173
Psalm 37	176
Psalm 38	182
Psalm 39	186
Psalm 40	190
Psalm 41	194

DAS ZWEITE PSALTER-BUCH (PSALM 42–72) ... 197

Psalm(en) 42–43	197
Psalm 44	203
Psalm 45	208
Psalm 46	212
Psalm 47	216
Psalm 48	219
Psalm 49	223
Psalm 50	228
Psalm 51	233

Inhaltsverzeichnis

Psalm 52	238
Psalm 53	241
Psalm 54	243
Psalm 55	245
Psalm 56	250
Psalm 57	254
Psalm 58	258
Psalm 59	262
Psalm 60	267
Psalm 61	272
Psalm 62	275
Psalm 63	280
Psalm 64	284
Psalm 65	288
Psalm 66	292
Psalm 67	297
Psalm 68	300
Psalm 69	308
Psalm 70	315
Psalm 71	318
Psalm 72	324

LITERATURVERZEICHNIS (AUSWAHL) 331

1. Literatur zu Psalmen und Psalter 331
  a) Übersetzungen und allgemeinverständliche Erläuterungen zu den Psalmen 331
  b) Wissenschaftliche Literatur zum Psalter insgesamt und zu einzelnen Teilgruppen der Psalmen 1–72 333
  c) Beiträge zu einzelnen, in diesem ersten Band ausgelegten Psalmen (in der Reihenfolge der Psalmen) 341
  d) Materialien und diverse Literatur im Umfeld von Exegese, Poesie und Theologie der Psalmen 346

2. Die Psalmen in Wirkungsgeschichte und Praxis 348
  a) Die Psalmen in ihrer Wirkungs- und Rezeptionsgeschichte in Judentum und Christentum 348
  b) Die Psalmen in Predigt, Unterricht und Erwachsenenbildung 351
  c) Die Psalmen in Gebet, Lied und Gottesdienst 352
  d) Die Psalmen in Theologie, Seelsorge und Psychotherapie 354
  e) Die Psalmen-Dichtungen und -Nachdichtungen in der Literatur und in heutiger Spiritualität 355
  f) Die Psalmen und Bilder 356

ABKÜRZUNGEN

Was die Abkürzungen bei bibliographischen Angaben (Zeitschriften, Buchreihen etc.) angeht, sind diese hier nicht aufgeführt, sondern richten sich nach S.M. SCHWERTNER, Internationales Abkürzungsverzeichnis für Theologie und Grenzgebiete (IATG²), Berlin – New York ²1992 bzw. S.M. SCHWERTNER, Theologische Realenzyklopädie. Abkürzungsverzeichnis, Berlin – New York ²1994.

1. Abkürzungen der biblischen Bücher

Gen Ex Lev Num Dtn Jos Ri Rut 1. Sam 2. Sam 1. Kön 2. Kön 1. Chr 2. Chr Esr Neh Est Hi Ps Spr Koh Hld Jes Jer Klgl Ez Dan Hos Jo Am Obd Jon Mi Nah Hab Zeph Hag Sach Mal

Mt Mk Lk Joh Apg Röm 1. Kor 2. Kor Gal Eph Phil Kol 1. Thess 2. Thess 1. Tim 2. Tim Tit Phlm Hebr Jak 1. Petr 2. Petr 1. Joh 2. Joh 3. Joh Jud Offb

2. Abkürzungen deutschsprachiger (Kirchen-)Gesangbücher

EG	[Deutsches] Evangelisches Gesangbuch (für Gottesdienst, Gebet, Glaube, Leben) (Hannover 1993)
	Der Stammteil (Nummern 1–535) ist allen Gliedkirchen der Evangelischen Kirche in Deutschland, der Evangelischen Kirche Augsburgischen und Helvetischen Bekenntnisses in Österreich sowie der Kirche Augsburgischer Konfession und der Reformierten Kirche im Elsass und in Lothringen (Frankreich) gemeinsam. Darüber hinaus wurden konsultiert:
EG-BT	Ausgabe für die Evangelisch-Lutherischen Kirchen in Bayern und Thüringen (München – Weimar o.J.)
EG-West	Ausgabe für die evangelischen Kirchen des Westverbundes: Evangelisch-reformierte Kirche (Synode evangelisch-reformierter Kirchen in Bayern und Nordwestdeutschland), die Evangelisch-altreformierte Kirche in Niedersachsen, in Gemeinschaft mit der Evangelischen Kirche im Rheinland, der Evangelischen Kirche von Westfalen, der Lippischen Landeskirche, in Gebrauch auch in Gemeinden des Bundes evangelisch-reformierter Kirchen in der Bundesrepublik Deutschland (Gütersloh – Bielefeld – Neukirchen-Vluyn 1996)

EG-Wü	Ausgabe für die Evangelische Landeskirche in Württemberg (Stuttgart 1996)
GL	Gotteslob. [Deutsches] Katholisches Gebet- und Gesangbuch. Stammteil (Stuttgart 1975)
KG	Katholisches Gesangbuch. Gesang- und Gebetbuch der deutschsprachigen Schweiz (Zug 1998). Ergänzend dazu:
KG CN	Cantionale. Kantoren- und Chorbuch zum Katholischen Gesang- und Gebetbuch der deutschsprachigen Schweiz (Zug 1999)
RG	Gesangbuch der Evangelisch-reformierten Kirchen der deutschsprachigen Schweiz (Basel – Zürich 1998)

3. Weitere Abkürzungen

abs	absolutus
Adh	Adhortativus
Adj	Adjektiv
Adv	Adverb
äg.	ägyptisch
AK	Afformativkonjugation ("Perfekt")
aram.	aramäisch
Art.	Artikel
AT	Altes Testament
atl.	alttestamentlich
cs	constructus
d.h.	das heisst
du	Dual (Zweizahl)
Ed.	Editor(en), Herausgeber
etc.	et cetera (und so weiter)
etw.	etwas
ev.-ref.	evangelisch-reformiert
evtl.	eventuell
f	femininum
f.	folgender (Vers)
ff.	folgende (Verse)
FS	Festschrift
G	griechische Textüberlieferung
griech.	griechisch
hap leg	hapax legomenon (einmaliges Vorkommen im AT)
hebr.	hebräisch
hi	hiphil
hitp	hitpa'el (und Sonderformen des hitp-Stammes)
ho	hophal

Abkürzungen

Hrsg.	Herausgeber
Impt	Imperativ
Inf	Infinitiv
Jh.	Jahrhundert
jm.	jemanden
Juss	Jussiv
K	Ketib (Geschriebenes)
Koh	Kohortativ
koll	kollektiv
KTU	The Cuneiform Alphabetic Texts from Ugarit ... (s. Literaturverzeichnis 1d unter DIETRICH M.)
Lw.	Lehnwort
LXX	Septuaginta (griechische Übersetzung des ATs)
M	masoretische (hebräische) Textüberlieferung
m	maskulinum
m.E.	meines Erachtens
m.W.	meines Wissens
Ms(s)	Handschrift(en)
n.Chr.	(Jahr) nach Christus
Nf	Nebenform
ni	niphal
NT	Neues Testament
ntl.	neutestamentlich
o.ä.	oder ähnlich
o.J.	ohne Jahr
o.O.	ohne Ort
par	Parallele(n), Parallelstellen
pass	passiv
pi	pi'el
pil	pilpel (Sonderform des pi-Stammes)
PK	Präformativkonjugation ("Imperfekt")
pl	plural
po	po'el (Sonderform des pi-Stammes)
pol	polel (Sonderform des pi-Stammes)
Präp	Präposition
Ptz	Partizip
pu	pu'al (Passivstamm des pi-Stammes)
Q	Qere (Gelesenes) bzw. (mit Zahl davor, z.B. 4Q) Fundort (Höhle) in Qumran (am Toten Meer)
qal	Grundstamm des Verbes
R	Refrain oder Rahmen
s.	siehe
sg	singular
sog.	sogenannte
s.o.	siehe oben

Abkürzungen

s.u.	siehe unten
Suff	Suffix
T	Targum (aramäische Übertragung des ATs)
u.a.	unter anderem
Übers.	(alte) Übersetzung(en)
ug.	ugaritisch
u.U.	unter Umständen
V.	Vers
v.a.	vor allem
v.Chr.	(Jahr) vor Christus
w	Konjunktion ו ("und")
Wb Pss	Werkbuch Psalmen (Band I, II, III)
wiss.	wissenschaftlich
wPK	Konjunktion ו mit Verdoppelung (bzw. Dehnung) bei nachfolgender PK ("Imperfektum consecutivum")
z.B.	zum Beispiel
z.T.	zum Teil
(?)	Unsicherheit in der Übersetzung (unklare Vorlage bzw. Textverderbnis)
I, II, III	Bezeichnung unterschiedlicher Wurzeln (Homonymie) oder der Stanzen (Struktureinheiten)
1	1. Person (Konjugation)
2	2. Person (Konjugation)
3	3. Person (Konjugation)
(…)	"wörtliche" Textbedeutung
[…]	sinngemässe Ergänzung
{…}	möglicherweise späterer Eintrag (Ergänzung, Glosse o.ä.)
//	Markierung der Verszeilen-Trennung innerhalb eines Verses ("Parallelismus") bzw. Abtrennung der einzelnen Eintragungen beim Vokabular
|	Abtrennung von (strophischen bzw. stanzischen) Einheiten
||	parallel zu
–	bis
=	gleich, identisch
≠	ungleich, nicht (identisch)
=>	in Beziehung zu
<=	in Beziehung zu
<=>	gegensätzlich zu

EINFÜHRUNG

1. Zu Aufbau, Eigenart und Gestalt dieses Werkbuchs

Jedem der insgesamt 150 atl. Psalmen (Band I: Ps 1–72, Band II: Ps 73–150) ist ein Abschnitt gewidmet, der jeweils die nachfolgenden Teile bzw. Rubriken enthält:

a) Übersetzung

Es handelt sich um eine Arbeitsübersetzung, die sich möglichst eng an die hebr. Ursprungssprache hält. Es wird darauf geachtet, im Hebräischen gleiche Wörter (bzw. Wurzeln) nach Möglichkeit ebenfalls stets mit der gleichen deutschen Begrifflichkeit (bzw. Wortwurzel) wiederzugeben, damit Wiederholungen von Wörtern, die für den Bedeutungsaufbau des Textes und das Spiel der bibelhebr. Poesie so wichtig sind, auch im Deutschen erkennbar bleiben. Über den eigentlichen Gottesnamen (JHWH) hinaus werden auch die Bezeichnungen für "Gott" (bzw. "Herr" o.ä.) hebr. belassen bzw. eingedeutscht (v.a. Adonaj, El, Eljon, Elohim), damit die Vielfalt der Gottesbenennung kenntlich bleibt. Die in der deutschen Übersetzung nötigen bzw. sinngemässen Ergänzungen, die aber im Hebräischen fehlen, sind mit eckigen Klammern markiert [...], im Hebräischen ursprüngliche, "wörtliche" oder Varianten-Bedeutungen haben runde Klammern (...). Zeilen, die möglicherweise spätere Zusätze darstellen, werden mit geschweiften Klammern {...} angezeigt – letzteres wird allerdings äusserst sparsam verwendet (eine eigentliche Literarkritik kommt hier nicht zum Tragen).[1]

Viele deutsche Übersetzungen verwenden in einer gewissen Beliebigkeit das deutsche Präsens zur Wiedergabe unterschiedlicher hebr. Konjugationen und Satzsysteme. Dieser m.E. unsachgemässe Weg wird hier nicht beschritten. In der Regel liegen der Übersetzung der Verben und Satzsysteme folgende Prämissen zugrunde:[2] Das deutsche Präsens für Sachverhalte der Gleichzeitigkeit und der Dauer wird überwiegend der Wiedergabe von Partizipien und Nominalsätzen vorbehalten. Die Afformativkonjugation (AK, "Perfekt") dient zum Ausdruck von vorzeitigem Geschehen und wird in der Übersetzung weitgehend mit Vergangenheitsformen wiedergegeben. Die im Hebräischen vielschichti-

---

[1] Zum (gottesdienstlichen, seelsorgerlichen) Verlesen ist diese Arbeitsübersetzung nur bedingt geeignet. Dafür wären zumindest Gottesname (JHWH und JH = HERR) und Gottesbezeichnungen (Adonaj = Herr, El und Elohim = Gott, Eljon = Höchster) zu übersetzen und da und dort wohl auch sprachlich-stilistische Glättungen bzw. Anpassungen an den Sprachfluss des Deutschen bzw. der Umgangssprache vorzunehmen.

[2] Zur theoretischen Begründung verweise ich auf R. BARTELMUS, *HYH*. Bedeutung und Funktion eines hebräischen "Allerweltswortes" (ATSAT 17), St. Ottilien 1982. Die Sachverhalte sind nun leichter lesbar dargestellt in R. BARTELMUS, Einführung in das biblische Hebräisch mit einem Anhang: Biblisches Aramäisch für Kenner und Könner des biblischen Hebräisch, Zürich 1994. Zur Problematik im Blick auf die Psalmen vgl. auch (mit Literaturhinweisen) meine Dissertation: B. WEBER, Psalm 77 und sein Umfeld. Eine poetologische Studie (BBB 103), Weinheim 1995, 42.

gere Präformativkonjugation (PK, "Imperfekt") wird vielfach futurisch oder aber mit modalen Hilfsverben ("wollen", "können", "sollen", "müssen") übersetzt. Auch wiederholte, von der Vergangenheit in die Gegenwart hineinragende Tätigkeiten ("immer wieder etwas tun") oder generelle Sachverhalte können mit der PK bezeichnet werden. In einigen Fällen kann daher für die Wiedergabe der PK das deutsche Präsens zutreffend sein. Die namentlich bei Satzfolgen verwendete und mit der Konjunktion "zusammengesetzte" Form wPK ("Imperfektum consecutivum") entspricht weitgehend dem zur AK Gesagten, nur dass vielfach ein "Fortschreiten" angezeigt wird. Analoges gilt im Blick auf die Form wAK – insofern sie einem "Perfektum consecutivum" entspricht – im Blick auf die PK. Mit diesen wenigen Hinweisen sind nur die wichtigsten Sachverhalte im komplexen hebr. Verbal- und Syntaxsystem angezeigt.

Ein weiteres Kennzeichen der beigegebenen Übersetzung ist, dass sie die Psalm*struktur* transparent machen will. So wird nicht einfach der traditionellen (nicht immer sachgerechten) Verszählung gefolgt, sondern der Psalm mit seinen Verszeilen dargeboten. Durch die Abstandmarkierung wird zudem ersichtlich, welche zwei (oder seltener drei) Zeilen "parallel" laufen (man spricht vom "Parallelismus der Glieder"), d.h. zusammengehören und sich in der Aussage "ergänzen". Neben den Verszeilen (a, b...) und den Versen (zwei oder drei Zeilen) sind als höhere Bausteine des Psalms auch die Strophen oder noch grössere Einheiten (Hauptteile, Stanzen) angezeigt (I, II ... bzw. I A, I B ...). Soweit es mir ersichtlich war, wird zudem unterhalb der angezeigten Strophen- und Stanzen in Klammern angegeben, wo solche Strophen bzw. Stanzen aufeinander bezogen bzw. einander ergänzend zu interpretieren sind (z.B. A – A'). Trotz allem Bemühen ist es nur beschränkt möglich, die Eigenheiten der hebr. Ursprungssprache in der deutschen Zielsprache kenntlich zu machen. Viele Besonderheiten (z.B. Wörter mit mehrfacher Bedeutung, Wort- und Sinnspiele und v.a. Klangmuster) können im Deutschen nicht adäquat wiedergegeben werden (z.T. wird in den der Übersetzung folgenden "Anmerkungen" darauf hingewiesen).[3]

b) Vokabular

Für solche, die den Psalmtext vom Hebräischen her erschliessen wollen, wird als Hilfestellung für die Übersetzung das Vokabular in Auswahl angegeben. Es werden nicht alle im Text vorkommenden Wörter angezeigt, sondern seltenere, besonders wichtige oder solche, die im vorliegenden Psalm eine besondere Bedeutungsfärbung haben. Angegeben ist die lexikalische Grundform des Wortes und eine oder mehrere Übersetzung(en) dazu.[4] Die deutschen Begriffe geben mögliche Wiedergaben des hebr. Aus-

---

[3] Als hilfreiches Arbeitsmittel, das ergänzend zu diesem Wb Pss verwendet werden kann, ist auf die kürzlich erschienene Psalter-Synopse hinzuweisen, die auf jeweils einer Doppelseite den hebräischen (masoretischen) Text, die griechische Septuaginta und als deutsche Übersetzungen die Einheitsübersetzung und die revidierte Luther-Ausgabe (1984) parallel darbietet: W. GROSS / B. JANOWSKI (Hrsg.), unter Mitwirkung von T. POLA, Psalter-Synopse. Hebräisch – Griechisch – Deutsch, o.O. (= Stuttgart) 2000.

[4] Diese sind namentlich entnommen aus L. KOEHLER / W. BAUMGARTNER, Hebräisches und aramäisches Lexikon zum Alten Testament, Leiden ^{3}1967–1995 (= HALAT) und z.T. auch aus R.-F. EDEL, Hebräisch-Deutsche Präparation zu den Psalmen, Marburg ^{3}1976 (1966).

Einführung

drucks an. Für die präzise Erfassung sind die einschlägigen Lexika[5] sowie der Kontext einzubeziehen. Dem Benützer des Wb Pss wird zugemutet, dass er die im Text zur Anwendung kommende Form selber bestimmen kann. Eine Ausnahme bilden die (angegebenen) Verbformen; hier wird nach dem Auflisten von Grundform und Übersetzung(en) in Klammer die Auflösung der im Text verwendeten grammatikalischen Form dargeboten. Für die verwendeten Sigla und Abkürzungen sei auf das Abkürzungsverzeichnis hingewiesen.

c) Form und Inhalt

Diese Rubrik bietet eine knappe gattungsmässige und inhaltliche Erschliessung des Psalms. Es finden sich Überlegungen zum Genre (Typus, Gattung) des Psalms, eine inhaltliche Gliederung, Hinweise zur Sprachform und allenfalls zur entstehungsgeschichtlichen Situation. Auf spezielle sprachliche Schwierigkeiten und Interpretationen wird hingewiesen.

d) Struktur und Poesie

In diesem Abschnitt werden Beobachtungen zur poetischen Gestalt des Psalms dargeboten. Dazu wird auf Leitwörter oder Begriffsfelder hingewiesen, auf wichtige poetische Figuren aufmerksam gemacht und die Struktur des Psalms erörtert. Aus der Überzeugung heraus, dass die poetischen Figuren und Strukturen nicht nur schmückendes Beiwerk, sondern Träger von Bedeutung sind, kommt diesen Beobachtungen eine für die Interpretation wichtige Bedeutung zu (s.u.).

e) Kontexte

Unter dieser Rubrik wird dem Umstand Rechnung getragen, dass der einzelne Psalm nicht isoliert zu uns kommt, sondern eingebettet in Kontexte. Dazu gehört namentlich die Stellung und Einbettung des Psalms im Psalter, dann im AT und endlich in der Heiligen Schrift beider Testamente (s.u.).

f) Anregungen für die Praxis

---

[5] Als Standard im deutschsprachigen Bereich gelten für die lexikalische Erschliessung namentlich das vorhin genannte HALAT (4 Bände für das Hebräische, 1 Band für das Aramäische) sowie der erst in Teilbänden vorliegende Ges^{18} (W. GESENIUS, Hebräisches und aramäisches Handwörterbuch über das Alte Testament, unter verantwortlicher Mitarbeit von U. RÜTERSWÖRDEN bearbeitet und herausgegeben von R. MEYER / H. DONNER, Berlin u.a. ^{18}1987ff.), für die theologische Begriffsbestimmung E. JENNI (Hrsg., unter Mitarbeit von C. WESTERMANN), Theologisches Handwörterbuch zum Alten Testament (2 Bände), München – Zürich ^{3}1978 (1971) und ^{2}1979 (1976) sowie G.J. BOTTERWECK / H. RINGGREN / H.-J. FABRY (Hrsg.), Theologisches Wörterbuch zum Alten Testament (8 Bände), Stuttgart 1973–1995.

In diesem letzten Abschnitt wird ein erster Brückenschlag vom Text zum heutigen Leser versucht. Dabei kommen theologische, frömmigkeitspraktische und gemeindliche Aspekte zum Tragen. Eine auch nur einigermassen erschöpfende Auslegung bzw. Aktualisierung ist nicht angestrebt. Die kurzen und subjektiv gefärbten "Farbtupfer" wollen Anstoss zum Weiterdenken geben sowie zur persönlichen und gemeindlichen Neuverwendung des Psalms in der heutigen Zeit. Den Schluss machen Hinweise, wo sich der Psalm in den wichtigen deutschsprachigen Gesangbüchern der Evangelischen und Katholischen Kirche(n)[6] – sei es als Lesetexte[7] oder vertont mit Melodieangaben – findet.[8]

2. Zur Eigenart der alttestamentlichen Psalmen

Die in diesem und im nachfolgenden Kapitel dargebotenen Erläuterungen bieten ein theoretisches Gerüst, vermitteln Hinweise, die für das Arbeiten mit dem Wb Pss dienlich sind und zeigen dem Leser meinen Interpretationsansatz.[9] Sie fundieren und ergänzen damit die Erläuterungen zu den einzelnen Psalmen.[10]

---

[6] Berücksichtigt wurden: EG (Stammteil sowie die Ausgaben EG-Wü, EG-BT und EG-West; für die übrigen Regionalteile des EGs vgl. H. RIEHM, Die Lieder und Gesänge in den Regionalteilen des Evangelischen Gesangbuchs, Heidelberg 1996); RG; GL (Stammteil) und KG samt CN (die Auflösung der Abkürzungen sowie nähere Angaben finden sich im Abkürzungsverzeichnis).
[7] Dabei ist auf den nicht unproblematischen Umstand hingewiesen, dass der jeweilige Psalm oft nur in Ausschnitten dargeboten wird (Auswahlkriterium?). Das RG ist diesbezüglich besser, gibt aber den Gottesnamen JHWH nicht mit dem üblichen HERR wieder, sondern ersetzt ihn durch gross geschriebene Personalpronomina, was nicht weniger problematisch ist.
[8] Durchaus wünschenswerte Hinweise zur jüdischen und christlichen (kirchengeschichtlichen) Rezeption des jeweiligen Psalms sowie zu dessen Aufnahme in verschiedenen Bereichen kirchlichen und künstlerischen Wirkens hätten den Rahmen dieses Wb Pss und die Möglichkeiten ihres Verfassers gesprengt. Wer diesbezüglich interessiert ist, findet zumindest Hinweise in den entsprechenden Abschnitten des Literaturverzeichnisses ("Die Psalmen in Wirkungsgeschichte und Praxis").
[9] Eine ausführliche Einleitung zu den Psalmen kann an dieser Stelle nicht dargeboten werden. Dazu sei auf die Eingangskapitel in den Psalmenkommentaren hingewiesen, z.B. "Teil I: Einleitung" bei K. SEYBOLD, Die Psalmen (HAT I/15), Tübingen 1995, 1–26 (dort finden sich weitere Literaturangaben), oder aber auf die Einführungen zu den Psalmen wie K. SEYBOLD, Die Psalmen. Eine Einführung (UB 382), Stuttgart ²1991 (1986); I. BALDERMANN, Ich werde nicht sterben, sondern leben. Psalmen als Gebrauchstexte (WdL 7), Neukirchen-Vluyn 1990; H. SEIDEL, Auf den Spuren der Beter. Einführung in die Psalmen (Arbeitsbücher für die Aus- und Weiterbildung kirchlicher Mitarbeiter), Berlin ²1987 (1980); G. FOHRER, Psalmen, Berlin – New York 1993; E. ZENGER, Das Buch der Psalmen, in: E. ZENGER u.a., Einleitung in das Alte Testament (KStTh 1,1), Stuttgart – Berlin – Köln ³1998, 309–326.
[10] Manchem Leser wird es leichter fallen, bei der Arbeit mit dem Wb Pss mit den Erläuterungen zu den einzelnen Psalmen einzusteigen und sich später, von der praktischen Arbeit an den Psalmen her, der theoretischen Grundlegung zuzuwenden.

Einführung

a) Die verschiedenen Zugangsweisen zu den Psalmen

Die Geschichte der Psalmenauslegung zeigt, dass unterschiedliche Zugangsweisen zu diesen Texten, Gebeten und Liedern möglich sind. Da ist etwa der Zugang über das liturgische Lesen, Beten oder Singen der Psalmen im Gottesdienst zu erwähnen, das neben dem eher intuitiven und existentiellen Erfassen durch den einzelnen Leser und Beter steht. Es gibt meditative, seelsorgerliche, (tiefen)psychologische, didaktische und theologische Erschliessungen zu den Psalmen. Der Christenmensch wird den Psalter auch vom NT her, d.h. von Christus her und auf Christus hin, lesen und interpretieren. Das Wb Pss will – ohne andere Zugänge abzuwerten – insbesondere der bibelwiss. Erschliessung dienen und sie für die kirchliche Praxis im weitesten Sinn fruchtbar machen. Doch bereits die in der Alttestamentlichen Wissenschaft vornehmlich gepflegte exegetisch-theologische Zugangsweise ist heute vielgestaltig und zeigt sich in unterschiedlichen Schwerpunkten und Forschungsrichtungen. Ich möchte anhand eines einfachen 3-Kreise-Modells drei wesentliche Verstehensdimensionen der exegetisch-theologischen Zugangsweise skizzieren und kurz erläutern.

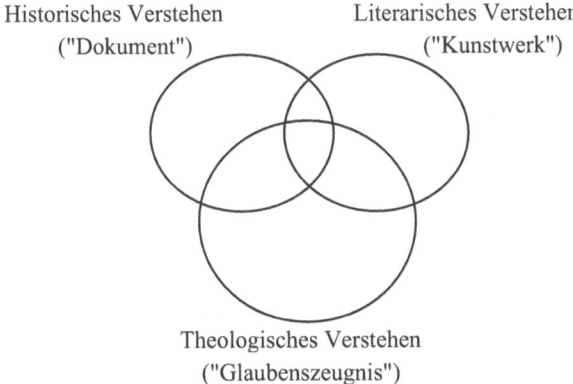

Die Begründung für dieses Modell liegt darin, dass bei allen drei Verstehensdimensionen ein konstitutiver Sachverhalt des Bibelwortes, in unserem Fall: der Psalmen, angesprochen ist. So liegt die Berechtigung des historischen Zugangs darin, dass wir es mit einem "Dokument" aus einer andern Zeit und Kulturepoche zu tun haben, das über einen grossen Zeitraum hinweg bis zu uns heute überliefert wurde. Es gilt, sich dieser "Zeitdifferenz" gewahr zu werden, die geschichtlichen und sozio-kulturellen Entstehungsbedingungen, die damit auch wesentlich Verstehensbedingungen sind, zu erarbeiten. Dies in einer sachgerechten Weise zu leisten, ist Aufgabe und Dienst der historischen Auslegung.

Wir haben es aber nicht nur mit einem Dokument vergangener Zeit, sondern zugleich mit einem literarischen Erzeugnis, einem "Kunstwerk", zu tun. Diesem Umstand trägt das literarische Verstehen Rechnung, das sich um die originalsprachliche Erschliessung, das Textverständnis, aber auch die Wirkabsichten im Blick auf Hörer bzw. Leser bemüht. Im Fall der Psalmen, die verspoetisch verfasst sind, d.h. besonders kunstvolle Textgebilde darstellen, kommt der literarischen bzw. poetologischen Auslegung ein entsprechend hoher Stellenwert zu. Dies unter der Annahme, dass sich in der "Gestalt" der Psalmen wesentlich auch deren "Gehalt" anzeigt.

Das theologische Verstehen schliesslich kann als dritter Teilbereich (aber auch als die einzelnen Teilbereiche umfassende Verstehensleistung) angesehen werden. In ihr bricht sich der Umstand Bahn, dass wir es nicht mit irgendwelchen Texten zu tun haben, sondern mit solchen, die in ein Buch eingeordnet und mit andern im Kanon biblischer Bücher vereint wurden. Sie wurden durch die jüdische und christliche Glaubensgemeinschaft überliefert und kommen mit dem autoritativen Anspruch auf uns zu, "Heilige Schrift" zu sein. Es sind Glaubenszeugnisse im doppelten Sinn, indem sie von Glaubenserfahrungen zeugen und zu Glaubenserfahrungen anstiften wollen. Auf dem Weg der Kanonisierung ist das Menschenwort der Psalmen, die weithin Gebete *zu* Gott sind, zugleich Gottes Wort *an* uns Menschen geworden. Diese normative, "über-geschichtliche" Gültigkeit hebt die Psalmen für die jüdische wie die christliche Glaubensgemeinschaft aus der Vielzahl alter und neuer Lieder und Gebete heraus.

Jede der drei skizzierten Verstehensweisen hat ihre Voraussetzung, ihre Chance, aber auch ihre Grenze und Gefahr, wenn sie aus dem Modell herausgebrochen und absolut gesetzt wird. Das Modell überschneidender Kreise weist darauf hin, dass es Überlappungen zwischen den Zugangsweisen gibt. Es will als korrekturbedürftiges und offenes Modell in dem Sinn verstanden sein, als es nicht abschliessend den Bibelzugang auf diese drei Verstehensrichtungen einengen will. Dass der das theologische Verstehen markierende Kreis grösser und stärker in die andern beiden Kreise eindringend dargestellt ist, ist Absicht: Das theologische Verstehen kann die beiden "profanen" Methoden zwar nicht entbehren, ihm kommt aber eine Vorrangstellung durch den Umstand zu, dass wir es eben mit der Bibel zu tun haben, in der sich uns der Gott JHWH bzw. der Vater Jesu Christi offenbart.

Das Wb Pss behält alle drei Verstehenskreise im Blick (und will mit den "Anregungen zur Praxis" darüber hinaus das Fenster für andere Zugänge öffnen), legt aber ein besonderes Augenmerk auf das literarische bzw. poetologische Verstehen, zumal dieses in der deutschsprachigen (Kommentar-)Literatur zu den Psalmen bisher am Wenigsten aufgenommen wurde. Die nachfolgenden Erörterungen begründen und veranschaulichen das literarische Verstehen der Psalmen und zeigen das diesem zugrunde liegende Textverständnis.

Einführung

b) Die Eigenheiten der bibelhebräischen Versdichtung im Allgemeinen[11]

aa) Die poetische Sprachfunktion

Der Umstand, dass die biblischen Psalmen im Sprachmodus der Poesie (Versdichtung) verfasst sind, ist für ihre Interpretation wesentlich. Diese Ausgangsthese soll mit Hilfe des Modells der Kommunikation und der dabei beteiligten Sprachfunktionen verständlich gemacht werden. Gesprochene, aber auch vertextete Sprache dient normalerweise der Verständigung, der Kommunikation. Ein Partner will einem andern etwas sagen, und zwar so, dass dieser das Mitgeteilte so versteht, wie es beabsichtigt wurde. Damit haben wir das einfachste, dreiteilige Kommunikationsmodell angesprochen, das – vereinfacht und auf die Psalmen angewandt – folgendermassen skizziert werden kann.

```
SENDER ========> BOTSCHAFT ==========> EMPFÄNGER
(Autor)          (Psalmwort)           (Gott, menschliche
                                        [Mit-]Hörer/Leser)
```

In der Kommunikationssituation des Alltags besteht die Absicht des Sprechens (bzw. einer schriftlichen Mitteilung) vielfach darin, dass Wissen und Einsicht vermittelt werden will. Das Entscheidende ist also der nicht-sprachliche Sachverhalt (Referenz), der mit sprachlichen Mitteln von einer Person (Sender) zur anderen (Empfänger) vermittelt werden soll. Nun wissen wir aus der Alltagsrealität, dass es beim Sprechen keineswegs immer und ausschliesslich um Wissensvermittlung geht. Wenn jemand mit seiner Sprache Freude oder Not ausdrückt, steht nicht die Sachinformation, sondern das Empfinden im Vordergrund, das zum Einfühlen und weniger zum (logischen) Verstehen einlädt. Und wenn jemand einen Mitmenschen zu einer Handlung auffordert oder sie gar befiehlt, dann ist das primäre Ziel nochmals ein anderes: weder Verstehen noch Fühlen, sondern Tun. Bei jedem dieser Beispiele der Verwendung von Sprache oder Text steht eine andere Sprachfunktion im Vordergrund (Mitteilung eines Sachverhalts, Ausdruck von Gefühlen, Aufforderung zu einer Handlung), ohne dass dabei die andere völlig ausgeschaltet wäre. Bei der Poesie spielen diese Sprachfunktionen ebenfalls eine Rolle, doch stellt sich die Sachlage insofern noch einmal anders dar, als eine in der Alltagssprache selten verwendete Sprachfunktion als neue und wichtigste hinzukommt. Man spricht von der *poetischen* (oder ästhetischen) Sprachfunktion. Es ist diejenige Sprachfunktion, welche auf sich selbst zurückverweist, d.h. die die Formgebung der Mitteilung selbst (des Satzes, des Gedichts, des Psalms) in den Vordergrund schiebt.

Als einfaches Beispiel für die poetische Sprachfunktion kann ein Werbeslogan dienen wie z.B.: "Der Kluge reist im Zuge". Der Satz kommt daher wie eine einfache Information, doch insgeheim ist er "mehrdeutig": Er will auch Gefühle wecken und enthält eine implizite Aufforderung. Dies alles geschieht quasi über die "Drehscheibe" der poetischen Sprachfunktion, die im Vordergrund steht. Der Satz mit Lautspiel und Binnenreim "lädt" nämlich ein, über ihn selbst nachzudenken, "nachzufühlen" und "nachzuhandeln", indem

---

[11] Vgl. zu diesem Theorierahmen eines poetisches Textverständnisses die weitergehenden und mit Literaturhinweisen versehenen Erörterungen in B. WEBER, Psalm 77 und sein Umfeld. Eine poetologische Studie (BBB 103), Weinheim 1995, 3–16.

er die durch (in diesem Fall lautliche) Wiederholungen verbundenen Wörter "Kluge" und "Zuge" als eng zusammengehörig assoziiert, so dass es dem Hörer eingängig und – nach dem Willen der Werber – klar ist, dass der wirklich kluge Mensch eben Zug (und nicht Auto) fährt. Ähnlich, wenn auch ohne ökonomische Abzweckung wie bei der Werbung, verhält es sich in poetischen Gebilden, wie es Psalmen sind.

Die poetische Sprachfunktion mit ihrer Rückbezüglichkeit leitet die Hörer bzw. Leser – durch vielfältige Wiederholungsmuster und anderes mehr – dazu an, den Text *selber* genau abzuhorchen, weil in seiner "Gestalt" eben wesentlich der "Gehalt" zum Vorschein kommt. In der Poesie ist also das "Was" (Inhalt der Mitteilung) engstens mit dem "Wie" (Art und Weise, "Gefäss" der Mitteilung) verknüpft. Deshalb ist das genaue Erfassen der Gestalt bei poetischen Texten, wie es die Psalmen sind, ausserordentlich wichtig. Der Wahl der Worte, dem Satzbau, der gewählten Ausdrucksweise, dem Klangbild, der Baustruktur und anderem mehr kann im Zusammenhang des Textganzen Bedeutung zukommen. Poesie als "Musik der Sprache" ist keine dahingeworfene, sondern eine sorgsam ausgewählte Sprachform. Es handelt sich um die kunstvollste und dichteste sprachliche Aussageform, die wir Menschen kennen. Poetische Texte sind zwar oft recht kurz, generieren aber mit ihren Anspielungen, versteckten Andeutungen, indirekten Hinweisen und Gefühlsassoziationen eine grosse Bedeutungsvielfalt. Der Komplexität der Poesie entspricht, dass sie oft nicht schnell und leicht verständlich ist, sondern auf Seiten des "Empfängers" nicht selten eine hohe Interpretations- und Verstehensleistung einfordert. Es bedarf dann eines mehrfachen (zyklischen) Lesens bzw. Hörens und Memorierens, um den im Gedicht bzw. Psalm eingelagerten Bedeutungsreichtum zu Tage heben zu können. Poesie im Allgemeinen und bibelhebr. Psalmenpoesie im Besonderen ist gekennzeichnet durch ein Spiel mit Mehrdeutigkeiten.

Ein Beispiel aus unserer Sprache: Das Wort "Bank" kann sowohl eine Sitzgelegenheit als auch ein Geldinstitut bezeichnen. In der Alltagssprache tun wir alles, um Mehrdeutigkeiten in Aussagen zu vermeiden, weil sie Missverständnisse heraufbeschwören, die u.U. fatale Folgen zeitigen können. Psalmenpoesie dagegen liebt das Spiel mit Mehrdeutigkeiten, die ihr dazu verhelfen, hinter einem Wort bzw. einer Aussage mehrere Deutungen gleichzeitig mitschwingen zu lassen (bei der Übersetzung geht diese Mehrdeutigkeit leider meist verloren). Der sich dadurch einstellende Bedeutungsreichtum und die Aussagevielfalt der Poesie gehen in den atl. Psalmen mit einer grossen "Offenheit" und damit einer "Flexibilität" einher, die Aussage an verschiedene Kontexte und damit auch auf verschiedene Hörer und Leser zu verschiedenen Zeiten "anzupassen". Die bis heute immer wieder erkannte Aktualität der Psalmen als "Wiederverwendungstexte" ist eine Folge davon.

bb) Poesie als Struktur

Die poetische Funktion als Rückverweis auf den Text und sein "Muster" manifestiert sich auch in einem Beziehungsgefüge der einzelnen Textbausteine (Satz / Verszeile / Vers / Strophe / Stanze) untereinander und zum ganzen Poem (Gedicht, Lied, Psalm). Das Poem kann man daher als ein Netzwerk ansehen, in dem die einzelnen Fäden miteinander verknotet sind. Sein Aussagegehalt ergibt sich nicht nur durch die Bedeutung der Wörter und Sätze, sondern auch aus der genannten Wechselwirkung zwischen den einzelnen Elementen bzw. Bausteinen des Textes und ihrem Stellenwert im Text insgesamt. Die Wechselwirkung stellt sich aufgrund von Ähnlichkeit und / oder Gegensätzlichkeit ein. In der Textinterpretation poetischer Gebilde ist es daher wesentlich, auf jeder Stufe die durch "Wiederholungen" (Elemente, die identisch, ähnlich oder gegensätzlich zueinander sind) zustande kommenden Beziehungsgeflechte (zwischen Wörter, Klängen, Sätzen, Versen, Strophen etc.) zu erkennen und die dadurch erzeugte Sinndynamik zu erfassen. Beim bereits erwähnten Werbeslogan "Der Kluge reist im Zuge" ergibt sich eine Wechselwirkung auf der "Klang"-Ebene (Binnenreim) zwischen dem Ähnlichkeitspaar "Kluge / Zuge". Über die Klangähnlichkeit werden die beiden Begriffe beim Hörer eng verbunden und damit Bedeutung "eingestiftet" (Klug-sein und Zug-fahren sind offensichtlich zusammengehörig). Ein etwas komplexeres Beispiel sei aus den Psalmen selbst herausgegriffen: In Ps 77 liegt – meist auch in den deutschen Übersetzungen erkennbar – eine Wechselwirkung zwischen denjenigen Versen vor, die Formulierungen des "Erinnerns / Gedenkens" (זכר 4.7.12f.) bzw. "Vergessens" (שׁכח 10) enthalten. Damit wird in Ps 77 in vielschichtiger Weise Not und Notwendigkeit des "Erinnerns" – bzw. seines Gegenteils – von Gott wie vom Menschen her thematisiert und eine "Struktur" des (kollektiven) Gedenkens bzw. der Vergegenwärtigung aufgebaut. Um diesen Psalm verstehen zu können, ist es wesentlich, den Bedeutungssinn dieses vielschichtigen Wiederholungsmusters mit seinen nuancenreichen Variationen möglichst genau auszuloten.[12]

Ein Poem ist also keineswegs beliebig zusammengestellt, sondern erweist sich meist als hochgradig strukturiert, also durchkomponiert. Ein Psalm ist dementsprechend nicht nur dem Textfluss nach, d.h. linear von oben nach unten, aufzuschlüsseln, sondern quasi als "räumliches Gebilde" aufzufassen, das von verschiedenen Seiten "beschaut" werden will. Lyrische Psalmdichtung hat durch ihre Intensität, Schönheit und Offenheit eine Nähe zum Geheimnis.

c) Merkmale der Textorganisation der Psalmenpoesie

Wie sich die genannten allgemeinen poetischen Eigenheiten in der bibelhebräische Psalmenpoesie konkretisieren, soll in diesem Abschnitt dargelegt werden. Das bereits genannte "Prinzip der Wiederholung" (Rekurrenz), mittels dem verschiedene Sprachelemente und Textbausteine miteinander in Beziehung gesetzt werden, ist auch für die althebräischen Psalmenpoesie leitend. Nicht alle Wiederholungselemente können in einer Übersetzungssprache wie dem Deutschen erkannt werden, deshalb ist es gerade bei poetischen Texten wichtig, sich – wenn möglich – der Originalsprache zuzuwenden. Nachfolgend werden wesentliche Muster der Wiederholung (bzw. Ähnlichkeit oder Gegensätzlichkeit) genannt und einige Hilfestellungen bei der Erarbeitung und Interpretation derselben gegeben. Die ersten beiden Rubriken behandeln Entsprechungen auf der Sprachebene, die letzten beiden solche auf der Strukturebene eines Psalms.

---

[12] Nähere Ausführungen dazu finden sich in B. WEBER, Psalm 77 und sein Umfeld. Eine poetologische Studie (BBB 103), Weinheim 1995, insbesondere 57–61.183–187.193–198.

aa) Entsprechungen auf der Wort- und Bedeutungsebene

Ein wesentliches Mittel zum Verständnis der Poesie besteht darin, im Text angelegte Entsprechungen (Äquivalenzen) zu erkennen und zu interpretieren. Mit Entsprechungen sind innertextliche Bezugssysteme (in unserem Fall zwischen Wörtern und Begriffen) gemeint, die durch (variierende) Wiederholung von gleichen, ähnlichen oder gegensätzlichen Wortbedeutungen und Begriffen zustande kommen.[13] Durch solche Beziehungen wird die poetische Sprachfunktion aktiviert und der Psalmtext mit zusätzlicher Bedeutung aufgeladen bzw. angereichert.

Dominieren einzelne Wörter bzw. Begriffe in einem Text, so spricht man von Leitwörtern (vgl. z.B. das Substantiv קוֹל "Stimme" in Ps 29). Sie zeigen textbestimmende Themenbereiche an, mit Hilfe derer der Autor den Hörer bzw. Leser u.a. auf seine Aussageabsichten hinleitet. Neben den wortwörtlichen Wiederholungen gibt es Varianten der Wiederholung, z.B. durch veränderte grammatikalische Formen ("seine Furcht" bzw. "die Furcht Gottes") oder dadurch, dass die gleiche Wurzel (z.B. "Furcht") in unterschiedlichen Wortarten und Konjugationsformen auftaucht (z.B. auch "sich fürchten", "in Furcht versetzen", "furchtbar" etc.).

Das Feld erweitert sich zusätzlich, wenn neben der wörtlichen Wiederholung sinnverwandte Begriffe ähnlicher (Synonyme) oder gegensätzlicher Art (Antonyme) verwendet werden (z.B. "Gerechtigkeit" und "Recht" bzw. "Unrecht", "Frevel" etc.). Wort- und Wurzelwiederholungen, Synonyme und Antonyme lassen sich dann zu "Wort- und Begriffsfeldern" gruppieren, anhand derer sich wesentliche Aussageschwerpunkte erheben lassen. Für die Interpretation eines Psalmtextes kann es hilfreich sein, z.B. mit Hilfe eines Rasterdiagramms, ein Inventar solcher Wiederholungen und Begriffsfelder zusammenzustellen.[14] Für die Textinterpretation ist allerdings nicht nur die Erhebung häufiger Begriffe und Wortfelder wesentlich; auch die Verwendung von seltenen und auffälligen Vokabeln und Formen kann ein Indikator für Gewichtiges sein.

Die Beobachtung und Registrierung wesentlicher Wiederholungen (eingeschlossen Bedeutungsähnlichkeiten und -gegensätze) innerhalb eines Textes ist jedoch nur der erste, einfachere Schritt zum Verstehen. Anhand der Häufigkeit dieser Phänomene, der Platzierung, der Nuancierung, der Einbettung und Beziehung der jeweiligen Begriffe gilt es dann, im Zusammenhang des Textganzen eine Gewichtung der Aspekte vorzunehmen und die Aussageabsicht zu erheben. Hierzu gibt es keine einfachen Regeln und Methoden, vielmehr ist in diesem Interpretationsprozess eine gewisse Fertigkeit nicht ohne vielfaches "Üben" an Texten und immer neues Hinhören auf die offenen und versteckten Aussageabsichten zu gewinnen. Die Anmerkungen zu den jeweiligen Psalmen möchten dazu anzuleiten.

---

[13] Damit diese Wortwiederholungen in der deutschen Übersetzungssprache erkennbar bleiben, wurde in den beigegebenen Psalmen-Übersetzungen darauf geachtet, dass gleiche hebr. Begriffe – zumindest innerhalb des einzelnen Psalms – wenn möglich mit gleichen deutschen Begriffen wiedergegeben werden.

[14] Beispiele dafür finden sich etwa bei B. WEBER, Psalm 77 und sein Umfeld. Eine poetologische Studie (BBB 103), Weinheim 1995, 323–326, und bei W.G.E. WATSON, Classical Hebrew Poetry. A Guide to Its Techniques (JSOT.S 26), Sheffield ²1986 (1984), 377f.

bb) Entsprechungen auf der grammatikalischen, rhythmischen und klanglichen Ebene

Diese Bereiche der Wiederholungen, Ähnlichkeiten und Gegensätze sind, anders als auf der semantischen Ebene (Wortbedeutung, Begrifflichkeit), vielfach nur im hebr. Originaltext erfassbar. Ausgenommen sind Beobachtungen zu den Satzsubjekten. Der Subjekts- und Redewechsel, mit dem vielfach eine Textgliederung (Strophenwechsel) verbunden ist, muss man gebührend beachten. In der bibelhebr. Psalmenpoesie ist ferner der weite Bereich klanglicher Entsprechungen bedeutsam. Häufig sind Alliterationen (Häufung gleich- oder ähnlich klingender Konsonanten) und andere Lautspiele.

Ist für die deutschsprachige (und anderssprachige) Versdichtung oft der Endreim (Telestie) charakteristisch, so liegt in der bibelhebr. Poesie ein stärkeres Gewicht auf einer Art von "Anfangsreim" (Akrostichie), einem Spiel mit Lauten und Buchstaben am Zeilen- oder Versanfang. Bei der alphabetischen Variante, die sich insbesondere in weisheitlich gefärbten Psalmen (u.a. Ps 34; 111f.; 119; 145) und auch im Buch Threni / Klagelieder findet, sieht das so aus, dass die Vers(zeilen) jeweils mit einem der 22 hebr. Konsonanten, und zwar in der Abfolge des Alphabets, anfangen (א, ב, ג ... ת). Der Sinn dieses Musters ist nicht vollends geklärt. Gedacht wird u.a. an eine Memorierungshilfe. Im Vordergrund steht aber vermutlich die Absicht, damit Fülle und Totalität (im Sinne: "von A bis Z") zum Ausdruck zu bringen.

Schliesslich lassen sich auch Entsprechungen in der Versrhythmik (Abfolge der Silben und Betonungen) beobachten, die Verszeilen und ihre Aussagen dadurch näher miteinander verknüpfen wollen.

cc) Entsprechungen auf den niederen Strukturebenen (Verszeile, Vers)

Das auffälligste Prinzip der Entsprechung der bibelhebr. Poesie manifestiert sich am Umstand, dass eine Verszeile (Kolon) selten isoliert dasteht, sondern (meist) mit benachbarten, ähnlichen Zeilen zu einer eng verbundenen Zweier- und Dreiergruppe formiert ist. Man spricht dann – in Aufnahme eines Begriffs aus der Geometrie – von einem "Parallelismus (der Glieder)".[15] Ein Psalm setzt sich also im Bereich der kleinsten poetischen Bausteine (Mikrostruktur) aus Verszeilen (Kola) zusammen, die in der Regel aus 2–5 Wörtern bzw. Worteinheiten bestehen und in der Übersetzung mit den Kleinbuchstaben "a", "b", "c" angezeigt werden. Zwei oder drei eng zusammengehörende Verszeilen bilden die Struktureinheit "Vers" (man spricht beim Zweizeiler von "Bikolon" respektive beim Dreizeiler von "Trikolon"). Die Abhebung der Verse untereinander wird in der Übersetzung durch leicht grössere Zwischenräume markiert (die Verszählung ist dabei nicht immer übereinstimmend mit der poetischen Versabgrenzung).[16] Der "Parallelismus" der Verszeilen ist in den deutschen Übersetzungen, namentlich dort, wo er

---

[15] Vgl. R. SMEND, Der Entdecker des Parallelismus: Robert Lowth (1710–1787), in: B. HUWYLER / H.-P. MATHYS / B. WEBER (Hrsg.), Prophetie und Psalmen. FS K. Seybold (AOAT 280), Münster 2001, 185–199. Eine moderne, linguistisch abgestützte Studie zum Phänomen des bibelhebr. Parallelismus liegt vor mit A. BERLIN, The Dynamics of Biblical Parallelism, Bloomington 1985.
[16] Die Markierung der Verszeilen und Verse (durch Zeilenschreibung, Abhebung, Einrückung, "/"-Setzung o.ä.) findet sich auch in vielen deutschen Übersetzungen.

inhaltlich (semantisch) vorliegt, recht gut erkennbar. Die Erhebung des "Parallelismus" und damit der Versabgrenzung sowie der Bestimmung des Aussagegehalts desselben gehören zu den wesentlichen Aufgaben der Interpretation. Nicht immer sind die Aussagen der Verszeilen, die vielfach zugleich Satzeinheiten sind, inhaltlich "parallel" (auch hier ist Ähnlichkeit und Gegensätzlichkeit mit eingeschlossen). Vielfach sind es (auch bzw. nur) Wörter, die sich entsprechen (Wort-Paar), aber auch Satzbau, Klangmuster u.a. kann sich entsprechen und damit "parallel" sein.

Vereinfacht werden üblicherweise drei Haupttypen von Parallelismen unterschieden:
1. Synonymer Parallelismus: Die Verszeilen sagen inhaltlich Ähnliches aus (Sonderform: repetitiver Parallelismus: identische Verszeilen). Beispiel (Ps 5,12ab): "Dann werden sich alle freuen, die auf dich vertrauen, // allezeit werden sie jubeln."
2. Antithetischer Parallelismus: Die Verszeilen sagen inhaltlich Gegensätzliches aus (Achtung: Im Blick auf einzelne [negierte] Begriffe kann eine Antithese vorliegen, die Zeilenaussage insgesamt aber synonym sein und umgekehrt). Beispiel (Ps 1,6abd): "Fürwahr, JHWH kümmert sich um den Weg der Gerechten, // aber der Weg der Frevler wird zugrunde gehen!"
3. Synthetischer "Parallelismus" (umstrittener Typus, streng genommen kein "Parallelismus" mehr): Die nachfolgende Verszeile führt weiter, ergänzt die erste bzw. beide zusammen ergeben erst eigentlich eine Satzaussage (manchmal mit syntaktischem Zeilenüberfluss = "Enjambement"). Beispiel (Ps 130,6abc): "Meine Seele [harrte] auf Adonaj, // mehr als Wächter auf den Morgen, // [mehr als] Wächter auf den Morgen."[17]

dd) Entsprechungen auf den höheren Strukturebenen (Strophe / Stanze, Poem / Psalm)

Verszeilen gruppieren sich nicht nur zu Versen, sondern im Bereich der Makrostruktur bündeln sich (meist 2–4) Verse auch zu einer Strophe. Der Strukturbaustein "Strophe" wird in der Übersetzung üblicherweise mit römischen Ziffern (I, II, III etc.) markiert und die Strophengliederung durch einen grösseren Zwischenraum angezeigt. Abfolge und Zusammenstellung der Strophen ergibt das Poem als Ganzes, wobei bei grösseren poetischen Gebilden zwischen Strophe und Poem noch weitere Strukturebenen (Stanzen, Cantos) dazwischen geschoben sein können. In einem solchen Fall bezeichnen die römischen Ziffern (meist) die Stanzen, und die strophische Subgliederung wird durch römische Ziffern mit Grossbuchstaben angezeigt (I A, I B, I C; II A, II B etc.).

---

[17] Beim Verhältnis der Verszeilen "a" und "b" handelt es sich um einen synthetischen Parallelismus, bei demjenigen der Verszeilen "b" und "c" um einen synonymen (repetitiven) Parallelismus.

Einführung

Während Verszeilen und Verse in vielen deutschsprachigen Bibelausgaben angezeigt werden, ist das im Blick auf die höheren Struktureinheiten von Strophen und Stanzen nicht der Fall. Das hängt damit zusammen, dass die strophische Gliederung manchmal schwer erkennbar ist und daher unterschiedliche Gliederungen vorgenommen werden. Dazu kommt, dass dieses poetische Bauprinzip in der Psalmenforschung noch nicht überall die ihm gebührende Beachtung und Anerkennung gefunden hat.
Folgende Textsignale können helfen, strophische Einheiten zu erkennen und voneinander abzuheben: Themawechsel; Subjektwechsel und andere Form- und Satzbaumerkmale; Eröffnungsmerkmale (z.B. vokativische Gottesanrede) oder Schlussmerkmale (z.B. Zeitdauer-Aussagen, "Sela"). Anhand einer Skizze seien die strukturellen Bausteine, aus denen sich ein poetisches Gebilde wie ein Psalm aufbaut, kurz dargestellt.

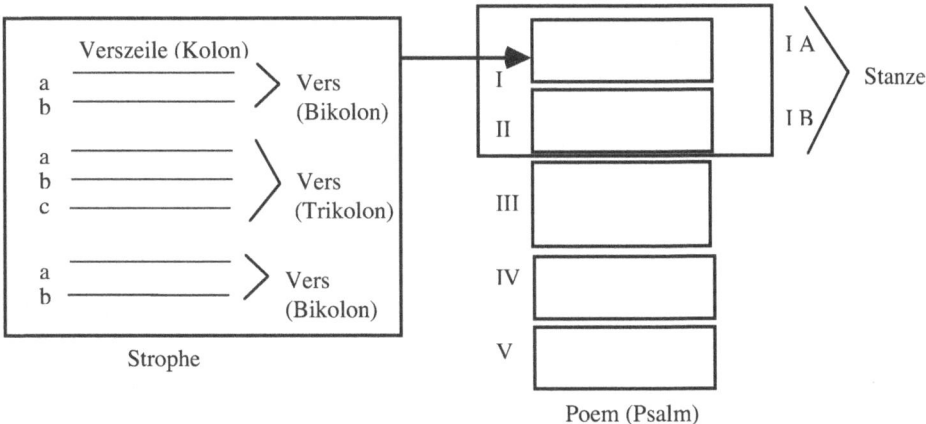

Bei der Interpretation eines Psalms gilt es den "Bauplan" von den Versen über die Strophen bis zum Poem zu beachten und im Blick auf die Aussageentwicklung und die Gesamtaussage auszuwerten. Wie es bei der Entsprechung der Versteile zueinander verschiedene Parallelismus-Muster gibt (s.o.), so gibt es auf der Ebene der grösseren Textbausteine oft Formen der Entsprechung. Die sich entsprechenden Teile sind aufgrund von thematischer Nähe (bzw. Gegensätzlichkeit) und Wortbezügen (Wiederholungen) erkennbar.
Auf der Ebene der Makrostruktur kann man von zwei Hauptmustern (dargestellt mit den Grossbuchstaben A, B, C bzw. A', B', C' etc.)[18] ausgehen: das alternierende Muster (Schema: ABA'B' etc.) und das zentrierende Muster (Schema: ABCB'A' etc.). Beide Hauptmuster kommen in einer Reihe von Untervarianten und Mischformen vor.

---

[18] Bei den Psalmen, bei denen es (mir) ersichtlich war, wurde die Entsprechung der Teile unterhalb der die Strophen- bzw. Stanzen markierenden römischen Ziffern in Klammern beigegeben. Mit andern Worten: Die Strophen bzw. Stanzen mit den Angaben "(A)" und "(A')" etc. entsprechen sich, d.h. wollen in der Interpretation aufeinander bezogen, einander ergänzend gelesen und interpretiert werden.

Einführung

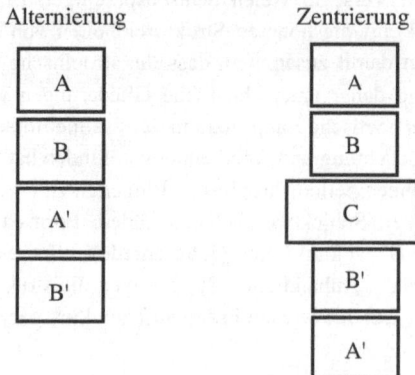

Alternierende Muster sind dadurch gekennzeichnet, dass die einander entsprechenden Bausteine (Strophen oder Stanzen) nicht hintereinander gestellt erscheinen, sondern sich mit anderen, sich ebenfalls entsprechenden Teilen abwechseln. Bei längeren alternierenden Mustern (z.B. ABCDA'B'C'D') spricht man auch – einen Begriff aus der (sakralen) Malerei aufnehmend – von einem "Diptychon". Wie in einem zweiflügligen Altarbild sich die beiden Bildhälften ergänzen, so besteht der Psalm gleichsam aus zwei "Durchgängen", die als aufeinander bezogene Teile der Räumlichkeit eines Altarbildes nahekommen.[19] Die alternierende Struktur bringt es bei den Psalmen (z.B. Ps 130[20]) mit sich, dass der Psalm quasi in zwei analogen Durchläufen erfasst werden will. Die Entsprechung der beiden Hauptteile geschieht als Ergänzung, als gegenseitige Interpretation im Sinne des genannten zweiteiligen Altarbildes: eine Zusammenschau (Synopse) beider Teile ist beabsichtigt.

Zentrierende Muster sind dadurch gekennzeichnet, dass das betonte, besonders unterstrichene Aussagemoment des Psalms nicht (nur) am Ende steht, sondern in der Mitte, im "Herzen" des Psalms. Die Abfolge der entsprechenden Teile ist zudem gegenläufig, d.h. spiegelbildlich. Es gibt zwei Untertypen des zentrierenden Musters. Beim einen ist (wie in der obigen Skizze) das mittlere Bauelement (C) singulär (Schema: ABCB'A') und damit ohne Entsprechung. Man spricht bei diesem Typus – aufgrund der Gestalt des griechischen Buchstabens "Chi" (X) – von einem "Chiasmus" (andere Bezeichnungen: "Zwiebelschalen"-Muster, Rahmen- oder Ringstruktur, Palindrom etc.). Beim andern Typus ist das mittlere Bauelement (C) ebenfalls gepaart (Schema: ABCC'B'A'). Man spricht dann auch von einer "Spiegelsymmetrie". Die äusseren Entsprechungselemente bei den zentrierenden Mustern (A und A') werden auch als "Rahmung" oder "Inclusio"

---

[19] Psalmen mit "Refrain" (R, u.a. Ps 39; 42f.; 49; 56; 67; 80; 99) stellen eine Sonderform des alternierenden Texttypus' dar, bei dem die Entsprechung eines Bausteine-Paars bzw. -Tripels (nahezu) identisch ist (Schema: ABRA'B'R o.ä.).
[20] Dazu B. WEBER, "Wenn du Vergehen aufbewahrtest...". Linguistische, poetologische und theologische Notizen zu Psalm 130, BN 107/108 (2001) 146–160.

Einführung

bezeichnet. Die von den Psalmen mit zentrierenden Mustern (z.B. Ps 77[21]) eingeforderte Leseanleitung und Interpretation geht dahin, dass – wie bereits gesagt – die Kernaussage in der Mitte liegt und der Sinngehalt des Psalms quasi in einer doppelten Bewegung von aussen nach innen und von innen nach aussen aufzuschlüsseln ist.

ee) Grenzen der poetischen (ästhetischen) Betrachtungsweise bei den Psalmen

Beim Vorstellen der verschiedenen Zugangsweisen wurde bereits deutlich, dass die literarische (poetologische) Verstehensweise neben Chancen auch ihre Grenzen hat und der Ergänzung durch andere Zugangsweisen bedarf. Darauf ist auch von Literaturwissenschaftlern selbst hingewiesen worden.[22] So ist zu bedenken, dass die Bibel (und mit ihr die Psalmen) zwar eine hohe literarische Qualität aufweist, bei einem Eingehen auf ihren herausfordernden Anspruch aber eine distanziert-unterhaltende Schöngeistigkeit verunmöglicht wird. Die Bibel ist in dem Sinn zugleich hohe Literatur wie auch Anti-Literatur: "Gebete" wollen nicht (primär) gefallen, sondern ausdrücken und bewirken. Die hohe Poetizität der Psalmen darf nicht darüber hinwegtäuschen, dass nicht – wie in der romantischen oder modernen Lyrik – das monologisch-subjektive Moment im Vordergrund steht. Ein angemessenes "Meditieren" der Psalmen ist primär nicht selbstbezogen (reflexiv), sondern Gott- (und Gemeinde-)bezogen (relational) angelegt. Die Psalmen sind zutiefst "dialogisch", nicht abzulösen vom Bundesgedanken, der das "Ich" nicht nur mit dem "Du" Gottes, sondern auch mit dem "Wir" des Gottesvolkes verbindet. Die Psalmen sind – auch wenn sie sich als "Wiederverwendungstexte" nicht auf ein biographisches oder geschichtliches Moment behaften lassen – nicht fiktive, sondern zeugnishafte Texte, Lieder und Gebete.

d) Die Typen der Psalmen

aa) Sprachäusserungen und ihr Anteil an Originalität und Konventionalität

Jede sprachliche Äusserung trägt Kennzeichen von Originalität wie auch Konventionalität an sich. Mit "Originalität" ist der Sachverhalt bezeichnet, dass Äusserungen, die ich mache, bzw. Texte, die ich schreibe, individuell, spezifisch und charakteristisch sind für den Menschen, der sie macht bzw. schreibt. "Konventionalität" dagegen bezeichnet den gegenteiligen Sachverhalt, nämlich, dass ich mich in mündlichen oder schriftlichen Äusserungen immer auch auf Vorgegebenes, Vorgeformtes stütze. Dazu gehören Dinge wie die grammatikalischen Regeln, der Umstand, dass bestimmte Wörter bestimmte Gegenstände oder Sachverhalte bezeichnen, gewisse sprachliche oder textliche Konventionen etc. Die Konventionalität garantiert, dass Kommunikation, also gegenseitiges Verstehen,

---

[21] Dazu B. WEBER, Psalm 77 und sein Umfeld. Eine poetologische Studie (BBB 103), Weinheim 1995, 179–184.
[22] Vgl. H. FISCH, Poetry with a Purpose. Biblical Poetics and Interpretation (ISBL), Bloomington – Indianapolis 1988, v.a. 1–7.104–135.

überhaupt gewährleistet ist; die Originalität bringt dagegen die je spezifische Äusserung zum Ausdruck.

Zwei Alltagsbeispiele sollen das Gesagte illustrieren helfen: Bei einer Todesanzeige haben wir in der Regel eine relativ stark formalisierte Textform vor uns (schwarzer Rand, Namen und Lebensdaten der verstorbenen Person, Nennung der Angehörigen und Trauerleute, Angaben über Trauerfeier, dazu wenige, oft ähnlich lautende Aussagen). Weil solches in ähnlicher Weise wiederkehrt, kann man von einem Texttypus oder einer Gattung "Todesanzeige" sprechen. Sie ist gekennzeichnet durch einen recht hohen Grad von Konventionalität. Bei der Gattung "Privatbrief" dagegen ist die Originalität ungleich stärker. Zwar gibt es – über die Sprachverwendung hinaus – auch einige konventionelle Elemente (Anrede, Gruss, Absenderangabe etc.), aber der Hauptteil des Briefes kann sehr Unterschiedliches, d.h. je Eigenes des Absenders, enthalten.

Alles Reden und Schreiben bewegt sich auf einer Bandbreite zwischen den Extremen: absolute Originalität und absolute Konventionalität. Originalität allein ohne Konventionalität würde ein Verstehen meiner Äusserungen durch andere Menschen verunmöglichen, und Konventionalität allein ohne Originalität würde dazu führen, dass zwar alles verstanden wird, aber inhaltlich nichts gesagt würde. Beides würde zum Stillstand jeglicher Kommunikation führen.

bb) Psalmen-Gattungen als Ausdruck einer vorgegebenen Ordnung

Die bisherigen Erörterungen zur Poesie der Psalmen zeigten zwar durchaus auch Elemente der Konventionalität (Vers-Parallelismus, Strukturen etc.), insgesamt liegt aber bei der Beschreibung der Psalmenpoesie als "Kunstwerk" die Betonung deutlich auf der Seite der Originalität. Die individuelle Eigenheit des jeweiligen Psalms soll erkannt und herausgestellt werden. Diese Sichtweise ist nun zu ergänzen durch die Beachtung tragender Konventionen, Gattungen, Gebets- bzw. Texttypen, d.h. es ist nach vorgegebenen "Ordnungen" zu fragen, die den einzelnen Psalmen bzw. ihren Verfassern als eine Art "Rahmen" gedient haben und anhand derer gattungsähnliche Psalmen sich gruppieren und klassifizieren lassen. Diese Fragestellung ist umso berechtigter, als im israelitischen Glaubens- und Kulturraum wie überhaupt im damaligen Alten Orient Individualität und Originalität nicht denselben hohen Stellenwert haben, wie dies in unserer modernen westlichen Gesellschaft der Fall ist. Vielmehr kam Wertesystemen wie Gemeinschaft, Tradition, gemeinsamer Erinnerung ("kollektives bzw. kulturelles Gedächtnis")[23] etc. ein ungleich höherer Stellenwert zu.

Unter der Bezeichnung "Form- oder Gattungsgeschichte" ist die Suche und Erhebung nach den hinter den Einzelpsalmen liegenden konventionellen Ordnungsstrukturen bekannt geworden. Dieser Ansatz wurde von Hermann Gunkel anfangs des 20. Jh.s entwickelt, von andern weitergeführt und hat die Psalmenforschung bis in die jüngere Zeit

---

[23] Vgl. dazu J. ASSMANN, Das kulturelle Gedächtnis. Schrift, Erinnerung und politische Identität in frühen Hochkulturen, München 1992.

Einführung

hinein massgeblich geprägt.[24] Nach Gunkel müssen drei Bedingungen erfüllt sein, damit einzelne Psalmen zu einer bestimmten Gruppe, einer "Gattung", zusammengestellt werden können:
1. Ihnen muss ein spezifischer Entstehungszusammenhang ("Sitz im Leben") gemeinsam sein (er dachte dabei an eine Ursprungshaftung der Psalmen im gottesdienstlichen Geschehen).
2. Es muss inhaltliche Gemeinsamkeiten geben ("Gehalt", er spricht von einem "gemeinsamen Schatz von Gedanken und Stimmungen").
3. Es müssen Gemeinsamkeiten auf der sprachlichen Ausdrucksseite ("Gestalt": Sprachform, Struktur, Stilmerkmale) vorliegen.
Gunkel bestimmte anhand dieser Kriterien fünf Hauptgattungen (sowie eine Reihe Unter- und Nebengattungen) und bezeichnete diese als "Hymnen" (u.a. Ps 8; 19; 29; 33; 100; 103), "Klagelieder des Volkes" (u.a. Ps 44; 60; 74; 79; 80), "Königspsalmen" (u.a. Ps 2; 18; 20; 45; 72), "Klagelieder des Einzelnen" (u.a. Ps 3; 7; 13; 17; 22; 27; 54) und "Danklieder des Einzelnen" (u.a. Ps 30; 32; 66; 116).
Es ist hier nicht der Ort, auf Chancen und Problematiken dieser Kategorisierung einzugehen (Näheres dazu findet sich in den Psalmen-Einführungen und -Kommentaren). Nur soviel: Nicht jede "Gattungs"-Charakterisierung ist gleich ergiebig, und nicht jeder Psalm lässt sich problemlos einer Gattung zuweisen. Ich greife hier beispielhaft die beiden Gattungen "Klagelied eines Einzelnen" und "Danklied eines Einzelnen" heraus, die sich als tragfähig herausgestellt haben, und illustriere die Konventionalität der Gattungsmerkmale beispielhaft je anhand eines Psalms.[25]

cc) Psalm 13 als Beispiel für die Gattung "Klagelied eines Einzelnen"[26]

Die "Klagelieder eines Einzelnen" – man spricht auch von Bittgebeten (hebr. תְּפִלָּה) – machen die grösste Gruppe innerhalb des Psalters aus. Dieser Typus ist gekennzeichnet durch folgende Gattungsmerkmale (die kursiv gesetzten Elemente sind fakultativ, die andern konstitutiv; in Klammern dazu die Versangaben zu Ps 13):
1. Anrede Gottes (im Vokativ), mit einleitendem Hilferuf und / oder Hinwendung zu Gott (2a, vgl. auch 4a).
2. Klage, die sich zeigen kann als Anklage Gottes (2ab), als Sich-Beklagen des sprechenden Ichs – oft verbunden mit einer Elendsschilderung (3ab) – und als Verklagen des Feindes (3c).
3. *Bekenntnis der Zuversicht,* der Klage entgegengesetzt durch "aber"-Einleitung (6a).

---

[24] Vgl. dazu u.a. H. GUNKEL / J. BEGRICH, Einleitung in die Psalmen. Die Gattungen der religiösen Lyrik Israels, Göttingen 1933; C. WESTERMANN, Lob und Klage in den Psalmen, Göttingen [6]1983 (1977).
[25] Die beiden Gattungen "Klagelied" und "Danklied" entsprechen sich insofern, als das Klagelied aus der Not, das Danklied nach behobener Not ergeht. Nicht selten kommen die beiden Gattungen in einzelnen Psalmen gemischt vor (wenn in ein Danklied die aus der Not ergangene Klage eingefügt wird).
[26] Vgl. dazu ausführlicher C. WESTERMANN, Lob und Klage in den Psalmen, Göttingen [6]1983 (1977), 48–60.

4. *Bitte*, die sich sich äussern kann als Bitte um Gottes Zuwendung ("siehe bitte ...!", "höre ...!", 4a) und als Bitte um Gottes Eingreifen ("hilf ...!", "rette ...!", 4ab), unterstützt mit Argumenten (Motiven), die Gott zum Eingreifen bewegen sollen (4b.5ab).
5. *Gewissheit der Erhörung* (6b).
6. *Doppelwunsch:* Wunsch oder Bitte, dass Gott eingreife gegen... und für... (5ab).
7. Lobgelübde (6c).
8. *Lob Gottes* (nur bei erhörten Bitten!, evtl. 6c).

dd) Psalm 30 als Beispiel für die Gattung "Danklied eines Einzelnen"[27]

Der hebr. Begriff "Toda" (תּוֹדָה) kann das im Tempel dargebrachte "Dankopfer" wie auch das (ursprünglich) bei dieser Gelegenheit dargebrachte "Danklied" bezeichnen. Im Gegensatz zu einem grossen Teil der anderen Gattungsbezeichnungen hat das "Danklied (des Einzelnen)" im Hebräischen nicht nur eine eigene Bezeichnung, sondern auch eine biblisch ausgewiesene institutionelle und "liturgische" Verankerung. Mit dem Danklied wurde (anlässlich einer Gemeinschaftsfeier am Tempelvorhof) im Sinn einer Gelübde-Einlösung die Befreiung aus einer persönlichen Notlage bezeugt, die in einem früheren Stadium zu einem Klagelied bzw. Bittgebet Anlass gegeben hatte. Als Gattungsmerkmale lassen sich in der Regel sechs charakteristische Elemente abheben (in Klammern dazu die Versangaben zu Ps 30):
1. Entschluss (Gelübde), Gott Dank abzustatten (2).
2. Einführende Zusammenfassung der Befreiung aus der Notlage (2–4).
3. Beschreibung der Notlage (7–8).
4. Zeugnishafter Bericht, dass Gott das Klagegebet erhört und hilfreich eingegriffen hat (9–12).
5. (An die Zuhörer gerichteter, sich daraus ergebender) allgemeiner Lehrteil (5–6)
6. Erneute Danksagung (13).

e) Die Bildersprache der Psalmen

Poesie lebt in hohem Mass von bildhafter Sprache (Metaphorik). Das gilt – wenn auch nicht für alle Psalmen in gleicher Weise – auch für die biblische Psalmenpoesie. Die Metaphorik umschliesst dabei ein weites Feld von Möglichkeiten: angefangen von Vergleichen (oft eingeführt mit der Vergleichspartikel כ "wie") über ausgeführte Metaphern bis hin zu ausgestalteten Bildgeschichten bzw. Szenen. Es gibt geprägte, feststehende Bilder (z.B. im Deutschen: "ein Brett vor dem Kopf haben"), aber auch neue, schöpferische Sprachbilder. Die Psalmen schöpfen und schaffen ihre Bilder aus altisraelitischen Lebens- und Kulturzusammenhängen (Landwirtschaft, Jagd etc.).[28]

---

[27] Vgl. dazu ausführlicher C. WESTERMANN, Lob und Klage in den Psalmen, Göttingen⁶1983 (1977), 76–84.
[28] Als Beispiel für eine neuere Studie, welche einen Bereich der Bildersprache der Psalmen aufarbeitet, sei genannt: P. RIEDE, Im Netz des Jägers. Studien zur Feindmetaphorik der Individualpsalmen (WMANT 85), Neukirchen-Vluyn 2000.

Einführung

Es gibt Bilder, die eher Bedrückung, Not und Feindschaft ausdrücken bis hin zu Todesbildern, und wiederum andere, die Freude, Glück und Gemeinschaft anzeigen. Grundsätzlich gilt: Sprachbilder sind nicht einfach "blumige" Ausdrucksweise, die sich ohne Bedeutungsverlust in sog. Normalsprache "übersetzen" lassen. Die Bildpoesie leistet die "Verwandlung von Gewohntem". Bilder sind auch deshalb gewählt, weil sie Empfindungen und Absichten emotionaler, vielfältiger und dichter auszudrücken vermögen. Das Bild allein ist vieldeutig und facettenreich. Erst durch die Einbettung in den Kontext wird das Sprachbild eindeutiger, ohne aber die in der Poesie ohnehin anzutreffende Vieldeutigkeit ganz aufzugeben.

Weil uns die hebr. Sprache und die altisraelitische Welt nicht in gleicher Weise wie unsere Muttersprache und unsere Welt zugänglich sind, bedarf es vermehrter Anstrengung, um den in der biblischen Metaphorik liegenden Aussage- und Gefühlsgehalt nachempfinden und verstehen zu können. Nicht immer gelingt dies hinreichend, denn manche Bildaussagen bleiben uns schwer zugänglich und damit fremd. Es finden sich auch Aussagen, bei denen sich die Frage stellt, ob eine Ausdrucksweise einen direkten Wirklichkeitsbezug (Referenz) hat oder ob es sich um indirekte Wirklichkeit (Metaphorik) handelt. Dazu ein Beispiel: In Ps 130,1 ist vom Rufen aus (den) מעמקים "Tiefen" die Rede. Spricht der Beter davon, dass er sich in einer Grube, Zisterne o.ä. aufhielt oder spricht er übertragen von seelischen und geistlichen Abgründen? Oder ist gar beides zugleich (mit)gemeint?

Schliesslich besteht für uns moderne Bibelleser die Gefahr, dass wir – aus unserer Welt herkommend – in die Psalmbilder Wirklichkeiten hineinlesen, die so nicht beabsichtigt waren (was nicht heisst, dass dies nicht auch hilfreich sein kann). Nehmen wir als Beispiel den bekanntesten aller Psalmen, den Ps 23, mit seiner Hirten-Metaphorik. In unserer technisierten Welt können sich mit dem Bild von Herde und Hirt Gefühle einer gewissen (Natur-)Idylle und Romantik verbinden. Im alten Israel jedoch verweist das Bild viel stärker auf den Lebensalltag und beinhaltet neben Schutz und Geborgenheit auch Aspekte wie Arbeit, Entbehrung und Gefahren. Zu dieser israelitischen Alltagserfahrung mischt sich bei diesem biblischen Bild zusätzlich noch eine geprägte Vorstellung insofern, als dass im gesamten Alten Orient die Ausdrucksweise von Hirt und Herde auf die Beziehung zwischen König und Volk verweist und von dieser Verstehensebene her mit weiteren Vorstellungen angereichert ist. Dies nur als Problemanzeige, die uns achtsam und behutsam im Erfassen der poetischen Bilder in der Psalmensprache machen soll.

Als praktisches Anschauungsbeispiel dafür, wie vielschichtig die Metaphorik der Psalmen ist, seien an dieser Stelle verschiedene Verwendungsweisen des Bildes vom Vogel angefügt, mit deren Hilfe Aussagen über Menschen und Gott gemacht werden: Das Bild des Vogels kann als Bild für Fluchtbewegungen dienen (Ps 11,1: "Flieh ins Gebirge wie ein Vogel!"). An anderen Stellen wird damit Schwachheit, Verlassenheit und Gefährdung zum Ausdruck gebracht (Ps 102,7f.: "Ich bin wie die Eule in der Einöde, wie das Käuzchen in den Trümmern. Ich wache und klage wie ein einsamer Vogel auf dem Dach"; Ps 74,19: "Gib deine Taube nicht den Tieren preis; das Leben deiner Elenden vergiss nicht für immer!"). Wieder an anderer Stelle wird auf die (jugendliche) Kraft des Adlers (eigtl. "Geiers") als König der Lüfte zurückgegriffen (Ps 103,5: "... der deinen Mund fröhlich macht und du wieder jung wirst wie ein Adler"). Noch vielschichtiger wird der Bildvergleich dann, wenn – wie vorher beim Hirten-Herde-Bild schon angesprochen – nicht nur Phänomene aus der Tierwelt aufgegriffen werden, sondern sich darin bereits geprägte

Vorstellungskonzepte ausdrücken. So kann im Fall der "(Geier-)Flügel"-Metaphorik über das Moment von Schutz und Geborgenheit hinaus Folgendes mitschwingen: die geschützte Existenz unter dem (göttlichen) König und / oder der Verweis auf den im Jerusalemer Tempel sich befindlichen Thron mit den Cheruben-Flügeln und damit evtl. auch auf die Institution des Schutz-Asyls am Tempel (Ps 57,2: "...und unter dem Schatten deiner Flügel habe ich Zuflucht bis das Unglück vorübergehe"; Ps 36,8: "Wie kostbar [ist] deine Gnade, Elohim! Ja, Menschenkinder können sich im Schatten deiner Flügel bergen."; Ps 61,5: "Ich möchte in deinem Zelt für immer als Gast weilen, möchte Bergung suchen im Schutz deiner Flügel.").

Zu den "Tropen" gehören neben den Bildern auch eine Reihe weiterer Stilfiguren. Genannt sei die "Personifikation", d.h. der Umstand, dass leblose Wesen oder Begriffe "verlebendigt" und als Personen dargestellt werden (z.B. Ps 96,11f.: "Der Himmel freue sich, die Erde jauchze, das Meer donnere und alles, was es erfüllt; das Gefilde juble und alles, was in ihm ist; dann sollen die Bäume des Waldes jubeln"). Mit dem Bild verwandt ist die "Metonymie". Während beim Bild zwischen dem als Bild verwendeten Wort und seiner lexikalischen Bedeutung kein realer Zusammenhang besteht ("uneigentlicher Wortgebrauch"), so liegen bei der Metonymie, wo Begriffe miteinander in Beziehung gesetzt werden, inhaltliche Berührungen vor, z.B. "falsche Zungen" (Ps 120,2) für Menschen, die Falsches reden, oder "(rechte) Hand" (Ps 74,11) für Macht, die mit der rechten, (zum Kampf) erhobenen Hand zum Ausdruck kommt (bei diesem zweiten Beispiel ist der Übergang zwischen Metonymie und Metapher allerdings fliessend).

Bei der Analyse und Interpretation eines Psalms kann es hilfreich sein, ein "Inventar" der verwendeten Sprachbilder zu erstellen. Dazu gehört das Festhalten der verwendeten Bildfelder (Hauptbereiche, Unterbereiche, Begriffe) und allfälliger Bildvernetzungen, das Notieren von Aussagesinn und Aussageabsicht und das Beobachten positiver oder negativer emotionaler Einfärbungen.

Als Hilfsmittel zur Erarbeitung der biblischen Metaphorik und anderer Stilfiguren, ja der Eigenheiten der bibelhebr. Poesie generell können entsprechende Einführungen und Handbücher dienlich sein.[29] Im Falle der Bildersprache der Psalmen sind zudem die aus der damaligen altorientalischen Welt gesammelten und interpretierten Abbildungen, Zeichnungen und Skulpturen (Ikonographie) wichtig.[30] Mit ihrer Hilfe kann die Bildersprache der Psalmenaussagen neu gelernt werden.

---

[29] Eine leicht verständliche Zusammenstellung poetischer Sprachmittel bieten W. BÜHLMANN / K. SCHERER, Sprachliche Stilfiguren der Bibel. Von Assonanz bis Zahlenspruch. Ein Nachschlagewerk, Giessen ²1994 (1973). Eine gut lesbare (englische) Einführung in die Poesie der Bibel ist R. ALTER, The Art of Biblical Poetry, Edinburgh 1990 (1985). Zwei ausführlichere wissenschaftliche Standardwerke liegen in englischer Sprache vor: W.G.E. WATSON, Classical Hebrew Poetry. A Guide to Its Techniques (JSOT.S 26), Sheffield ²1986 (1984); L. ALONSO SCHÖKEL, A Manual of Hebrew Poetics (SubBi 11), Rom 1988. Eine von mir besorgte knappe "Einführung in die Poesie des Alten Testaments im Umfeld des alten vorderen Orients" soll im Rahmen eines Sammelbandes zur neuen, allgemein verständlichen Kommentarreihe "Edition C Bibelkommentar Altes Testament" (herausgegeben von H. PEHLKE, Holzgerlingen 1998ff.) erscheinen.

[30] O. KEEL, Die Welt der altorientalischen Bildsymbolik und das Alte Testament. Am Beispiel der Psalmen, Göttingen – Zürich ⁵1996 (1972).

Einführung
3. Das Psalmenbuch und seine Gliederung

Dem Umstand, dass die einzelnen Psalmen nicht einzeln überliefert zu uns kommen, sondern gesammelt und in ein Psalmenbuch (Psalter) eingegliedert, ist Rechnung zu tragen. Der einzelne Psalm ist als halb-autonome Einheit anzusehen. Mit andern Worten: Jeder Psalm ist als Text eine literarische Einheit, die zunächst für sich selbst zu interpretieren ist. Aber auch das andere gilt: Jeder Psalm hat seinen bestimmten, ausgewählten (nicht zufälligen!) Platz im Psalter, ist eingebettet in dieses Buch und schliesslich in den Kanon autoritativer Schriften (AT/Bibel). Liest man den einzelnen Psalm in seinem Kontext, d.h. im Zusammenhang seiner "Nachbarpsalmen", der Psalmengruppe, dem Psalmenbuch, dem biblischen Gesamthorizont, ergeben sich neue Sinnzusammenhänge. Damit ist gesagt, dass jeder Psalm sich auf mehr als einem Hintergrund lesen und interpretieren lässt. Im Wesentlichen lassen sich die folgenden drei "Settings" unterscheiden:[31]
1. Geschichtliche und / oder liturgische Psalmlesung und -interpretation: Die Bedeutungserhebung der den einzelnen Psalmen zugrunde liegenden sozialen, geschichtlichen, institutionellen und liturgischen Bedingungen und Zusammenhänge. Dies gelingt allerdings nicht in jedem Fall, da die Psalmen als "Wiederverwendungsliteratur" oft Angaben entbehren, die eine eindeutige Zuweisung ermöglichen würden.
2. Literarische (poetologische) Psalmlesung und -interpretation: Die Bedeutungserhebung der Psalmen als kunstvoll verschriftete Einzeltexte (siehe obiges Kapitel 2).
3. Kontextuelle bzw. kanonische Psalmlesung und -interpretation: Die Bedeutungserhebung der Psalmen unter Einbezug ihres literarischen Umfelds im Psalter und dann auch im biblischen Kanon.
Die erste Interpretationsweise ist der in der deutschsprachigen Psalmenforschung am häufigsten beschrittene Weg. Er findet seinen Niederschlag in allen Einführungen und Kommentaren zu den Psalmen und braucht deshalb hier nicht weiter dargestellt zu werden. Die zweite Interpretationsweise wurde im voranstehenden Kapitel dieser Einführung skizziert, so dass nachfolgend noch die dritte Interpretationsweise näher vorzustellen ist. Sie stellte die neuste Richtung in der Psalmenforschung dar. Das führt mit sich, dass vieles erst skizzenhaft erarbeitet ist, sich weithin noch kein Forschungskonsens etabliert hat und manche offenen Fragen noch ungeklärt sind.[32]

---

[31] Als Beispiel zur Verdeutlichung vgl. B. WEBER, Psalm 100, BN 91 (1998) 90–97. Die drei Arten der Psalmlesung und -interpretation stimmen teilweise mit den drei oben ausgeführten Zugangsweisen (historisches, literarisches und theologisches Verstehen) überein.
[32] Eine erste, gut verständliche Einführung zu diesem Verstehensansatz bieten E. ZENGER, Was wird anders bei kanonischer Psalmenauslegung?, in: F.V. REITERER (Hrsg.), Ein Gott – eine Offenbarung. Beiträge zur biblischen Exegese, Theologie und Spiritualität. FS N. Füglister, Würzburg 1991, 397–413; N. LOHFINK, Psalmengebet und Psalterredaktion, ALW 34 (1992) 1–22, vgl. ferner auch die knappe Einführung mit Literaturangaben in B. WEBER, Psalm 77 und sein Umfeld. Eine poetologische Studie (BBB 103), Weinheim 1995, 265–273. Psalmenkommentare, die sich diesem Verstehensansatz besonders verpflichtet wissen, sind diejenigen von F.-L. HOSSFELD / E. ZENGER (bisher sind erschienen: Die Psalmen I. Psalm 1–50 [NEB.AT 29], Würzburg 1993; Psalmen 51–100 [Herders Theologischer Kommentar zum Alten Testament], Freiburg – Basel – Wien 2000). Den wissenschaftlichen Stand dokumentieren die Aufsatzbände K. SEYBOLD / E. ZENGER (Hrsg.), Neue Wege der Psalmenforschung. FS W. Beyerlin (Herders Biblische Studien 1), Freiburg i.Br. 1994; J.C. MCCANN (Ed.), The Shape and Shaping of the Psalter (JSOT.S 159), Shef-

Einführung

a) Vom Psalm zum Psalter

Die Entstehung des Psalmenbuches hat man sich aller Wahrscheinlichkeit nach als längeren Prozess vorzustellen. Auf dem mehrstufigen Weg von den einzelnen Psalmen zum kanonischen Psalmenbuch dürften verschiedene Impulse wirksam gewesen sein. Einige davon möchte ich nachfolgend benennen.

aa) Gotteserfahrungen als Impulse zur Psalmwerdung und Psalmüberlieferung

Ohne konkrete Gotteserfahrungen von Einzelnen, Gruppen oder Israel als Volk sind die atl. Psalmen nicht denkbar. Dies gilt im Blick auf Entstehung und Überlieferung in doppelter Weise: Gotteserfahrungen sind in die Psalmen eingeflossen und haben massgeblich zu ihrer Entstehung beigetragen. Zugleich haben Psalmen dadurch, dass sie nicht einmalig, sondern wiederholt verwendet wurden, weitere Menschen in Nöten und Freuden begleitet und zu neuen Gotteserfahrungen angestiftet – und dies bis heute.

Ein Psalm ist zwar vielfach (aber nicht nur) ein an Gott gerichtetes Gebet, seine Entstehung, Aufbewahrung und Weitergabe jedoch verdankt er dem Umstand, dass nach der Überzeugung der Abfasser und Tradenten Gott auf das Gebet durch Reden, Eingreifen, Helfen geantwortet hat. Ein Teil der Psalmen (z.B. die Danklieder) bezeugen in ihrem Inhalt in direkter Weise Gottes helfendes Eingreifen, ein anderer Teil, in denen Not und Klage dominiert (z.B. die Klagelieder des Einzelnen oder des Volkes), bezeugt dies indirekt durch den Umstand, dass der Psalm abgelegt und aufbewahrt wurde, was wiederum den Schluss nahelegt, dass diese Gebetsworte Erhörung gefunden haben. Möglicherweise waren auch liturgische, didaktische, ästhetische und andere praktische Bedürfnisse und Kriterien für die Abfassung und Aufbewahrung von Psalmen massgeblich. Das Hauptkriterium der Überlieferung über Generationen wird aber darin zu sehen sein, dass die Psalmen sich als "wirksam" erwiesen haben. Mit ihrer Weitergabe wird direkt oder indirekt Gottes Wirken bezeugt – das gibt ihnen ihre Würde, ihre Autorität.

Das Kriterium der "Wirksamkeit" hat aber nicht nur bei der Entstehung und Aufbewahrung eines Psalms, sondern auch bei der Weitergabe und Wiederverwendung (da und dort möglicherweise unter Hinzufügungen durch die Neuverwender) eine Rolle gespielt. Im Zuge des Überlieferns der Psalmen durch die israelitisch-jüdische Gemeinde bzw. ihre Vertreter ist ein Moment des Auswählens enthalten. Es ist nämlich davon auszugehen, dass nur diejenigen Psalmen, die der gottesdienstlichen Gemeinde wirklich "dienten", d.h. auch Nachbeter in späteren Zeiten zu Gotteserfahrungen hinführten, aufbewahrt, gesammelt und tradiert wurden. Demgegenüber ist damit zu rechnen, dass Psalmen, die nicht in wiederholtem Masse sich späteren Neuverwendern als hilfreich erwiesen, ausgeschieden wurden.[33] Im geschichtlichen Prozess des Lebens der israelitisch-jüdischen Gemeinde mit ihren Psalmen schälten sich auf diese Weise Psalmen heraus, die

---

field 1993, sowie die Monographien von M. MILLARD, Die Komposition des Psalters. Ein formgeschichtlicher Ansatz (Forschungen zum Alten Testament 9), Tübingen 1994, und J.-M. AUWERS, La composition littéraire du Psautier. Un état de la question (CRB 46), Paris 2000.

[33] Die Prozesse bei der (Neu-)Herausgabe eines Kirchengesangbuches können dazu als moderne Anschauungsbeispiele dienen.

durch die mit ihnen gemachten Gotteserfahrungen zu besonderer Dignität gelangten. Auf diesem Weg vollzog sich – gleichsam in verborgener Weise – ein (proto-)kanonisierender Prozess. In ihn "verwickelt" sind die überliefernde Gemeinde, geschichtliche Erfahrungen, die zum Autoritätszuwachs von Psalmen führten, und Gott selber (dieser Umstand wird später theologisch mit dem Begriff der göttlichen Inspiration angezeigt).
Der Prozess der Wieder- und Weiterverwendung von Psalmen lässt da und dort eine mehrstufige Entstehung vermuten. Dies zeigt sich etwa an Doppelüberlieferungen im Psalter selber (vgl. Ps 14 || 53; Ps 40 || 70; Ps 57 + 60 || 108, vgl. auch Ps 18 || 2. Sam 22), aber auch daran, dass einige jüngere Psalmen die Kenntnis von älteren Psalmen voraussetzen (vgl. etwa die Aufnahme von Ps 18 in Ps 144). Insgesamt wird man die Überarbeitung und Autorisierung der Psalmen als gegenläufige Prozesse verstehen müssen: Je mehr Autorität ein Text gewann, desto stärkere Zurückhaltung bestand gegenüber einem Texteingriff bzw. einer Textumgestaltung. Eine grössere Wahrscheinlichkeit hat – auch noch für spätere Zeiten – die Annahme einer "Fortschreibung" im Sinne einer Ergänzung (v.a. als Anfügung)[34] des Ursprungspsalms mit weiteren Versen oder Strophen, da diese Form der Überarbeitung den (autoritativ gewordenen) Ursprungstext beliess und lediglich ergänzte.[35] So kommt es allmählich zu einem Einfrieren des redaktionellen und kanonisierenden Prozesses, an dessen Abschluss der kanonische Status steht.
Fragen wie: wann, wo und durch wen Entstehung bzw. Überlieferung der einzelnen Psalmen zustande kam, sind selten schlüssig zu beantworten. Einige Mutmassungen lassen sich dennoch anstellen: Die überwiegende Zahl der Psalmen verrät poetische Kunstfertigkeit, so dass eine (schriftlich fixierte) Abfassung von "Laien" weniger in Betracht kommt. Bei den eigentlichen Psalmverfassern ist wohl v.a. an Funktionsträger an Heiligtümern (und evtl. am Königshof), insbesondere am Jerusalemer Tempel, zu denken (Sänger, Musiker, Leviten, Kultpropheten) – eine Einschätzung, die sich auch durch biblische Angaben selber nahelegt (vgl. die Psalmüberschriften und die Angaben in den Chronikbüchern zum gottesdienstlichen Leben). Dies gilt noch verstärkt für kollektive Psalmen. Bei Individualpsalmen ist es denkbar, dass der Psalmschreiber sich auf Erfahrungen, die einzelne Personen gemacht hatten (vielleicht sogar auf "Psalmfragmente", die diese mitbrachten), abstützte und für diese Personen "ihren" Psalm schrieb. Aufgrund des formularischen Charakters mancher Psalmen sind auch Psalm-Abfassungen auf typische, wiederkehrende Situationen bzw. institutionelle oder liturgische Zusammenhänge hin anzunehmen. Ob alle Psalmen von Anfang an schriftlich und damit literarisch vorlagen, ist ungewiss. In einer weithin oralen Kultur ist über weite Strecken auch eine Gedächtnisüberlieferung und eine je neue mündliche Darbietung der Psalmen (die dann bereits eine gewisse "mündlich stabilisierte Form" haben) vorstellbar. Als Ort der Überlieferung und Neuverwendung ist v.a. an den Jerusalemer Tempel zu denken. Dorthin mögen viele Psalmen nach erhörtem Gebet als Votivgabe gekommen sein und daraufhin Betern und

---

[34] Denkbar, aber schon unwahrscheinlicher ist die Voranstellung einer neuen, durch die Beschäftigung mit dem Ursprungspsalm ausgelösten Ergänzung. Noch weniger Wahrscheinlichkeit hat, insbesondere in fortgeschrittenen Stadien der Überlieferung und Autorisierung, die Ergänzung durch Einfügung(en) in den bestehenden Text, da ein solcher Textaufbruch eine stärkere Antastung des überlieferten Psalms bedeutet. (Ich bin mir bewusst, dass ich mich mit solchen Annahmen zum Überlieferungs- und Autorisierungsprozess von den gängigen literarkritischen und redaktionsgeschichtlichen Prämissen in der Psalmenforschung teilweise absetze.)
[35] Auch dafür finden sich Beispiele in unseren Kirchengesangbüchern.

Einführung

Pilgern in ähnlichen Lebenssituationen (als "Formulare") zur Neuverwendung gedient haben. Die Sammlung, Archivierung und Gestaltung der Neuverwendung der Psalmen wird wohl ebenfalls dem Tempelpersonal obgelegen haben.

bb) Die Prozesse der Sammlung, Bearbeitung und Herausgabe von Psalmen

In diesem Abschnitt geht es um die Frage, wie es von den einzelnen oder in Gruppen umlaufenden Psalmen schliesslich zum vorliegenden Psalmenbuch kam. Im Prozess des Sammelns, Auswählens, Wiederverwendens bzw. Nachbetens von älteren Psalmen ist mit ersten Gruppenbildungen zu rechnen, wobei einzelne Gruppen von Psalmen schon recht früh entstanden sein dürften.[36] Für das "Zusammenwachsen" von Psalmen zu Gruppen sind folgende Gründe in Betracht zu ziehen:
1. Ähnliche Entstehungsorte, -zeiten und -umstände.
2. Inhaltliche, sprachliche und aufführungspraktische Sammlungen.
3. Gemeinsamer Verfasser- und/oder Überlieferungskreis.
Die Psalmenzusammenfügungen und Gestaltung von Kompositionsbögen bis hin zum Psalmenbuch wird als das Ergebnis planvoller Anordnung (iuxtapositio) oder als gezielte redaktionelle Verkettung (concatenatio) zu begreifen sein. Der Personenkreis, bei dem mit solchen Tätigkeiten des Sammelns und Gruppierens zu rechnen ist, ist an den israelitischen Gottesdienstorten (insbesondere am Jerusalemer Tempel) zu suchen. Es gab an diesen Orten "Spezialisten", die mit solchen nicht-priesterlichen (d.h. den Opferkult nicht direkt betreffenden) Aufgaben betraut waren. Zu ihrem Tätigkeitsfeld gehörte das Dichten bzw. "Erstellen" von Psalmen, deren liturgische und musikalische Aufführung, aber auch das Überliefern, Sammeln und Ordnen der Psalmen.
Zwei solcher levitischer Gruppen, auch "Sängergilden" genannt, sind uns sowohl durch die Chronika-Bücher als auch die Überschriftsvermerke im Psalter namentlich bekannt. Es sind dies die "Söhne Qorachs" (vgl. die Überschriften der Psalmen 42–49; 84–86; 87–88 [89]) und die mit "Asaph" verbundene Gruppe (vgl. die Überschriften der Psalmen 50; 73–83). Es fällt auf, dass die mit diesen Sängergilden verbundenen Psalmen nicht über den Psalter verstreut, sondern (mit Ausnahme von Ps 50) in Gruppen zusammengestellt sind. Es scheint naheliegend, dass diese levitischen Kreise "ihre" Psalmen gesammelt und überliefert haben. Auch die Vielzahl der in der Überschrift mit "David" verbundenen Psalmen finden sich in mehreren Gruppen ("David-Psaltern": 3–41 [ohne 33]; 51–70 [ohne 66; 67]; 101–103; 108–110; 138–145) zusammengestellt. Die Gruppenbildung der David-Psalmen dürfte komplex und vielschichtig vorangegangen sein. Im Weiteren finden sich auch Gruppen und Sammlungen von Psalmen, die nicht an einem "Namen" bzw. einer Gruppe haften, sondern sich inhaltlichen und pragmatischen Gründen verdanken

---

[36] Im Blick auf die Psalmen 50; 73–83, denen die Überschriftsbezeichnung "Asaph zugehörig" (לאסף) gemeinsam ist, habe ich diese Annahme kürzlich in einem Aufsatz zu begründen versucht: B. WEBER, Der Asaph-Psalter – eine Skizze, in: B. HUWYLER / H.-P. MATHYS / B. WEBER (Hrsg.), Prophetie und Psalmen. FS K. Seybold (AOAT 280), Münster 2001, 117–141.

Einführung

dürften. Zu erwähnen sind die Gruppen der JHWH-Königs-Psalmen (Ps 93–100), der "Aufstiegslieder" bzw. "Wallfahrtspsalmen" (Ps 120–134) und andere mehr.[37]
Der Umstand, dass innerhalb des Psalters mehrere, meist aufgrund gemeinsamer Überschriftsvermerke erkennbare Psalmengruppen vorliegen, lässt darauf schliessen, dass sich in diesen Psalmen-Überschriften Prozesse des Sammelns, Gruppierens und Edierens von Psalmen spiegeln. Vermutlich gehen diese Angaben, die nicht zum (poetischen) Psalmtext selber gehören, (zumindest mehrheitlich) nicht auf den Verfasser selbst zurück. Wahrscheinlich handelt es sich um "Registraturvermerke", die später – wohl in einem mehrstufigen Prozess – angebracht wurden (was nicht zwingend heissen muss, dass diese Angaben nur Informationen über die spätere Wiederverwendung und nicht auch solche über die Entstehung beinhalten). Die Überschrift ist gewöhnlich mehrteilig; folgende Vermerke finden sich in ihr:
1. Autor- und Widmungsangaben (verbunden mit der die Zugehörigkeit markierenden Präposition ל: "von" bzw. "für")[38]: am häufigsten "David" (73mal), dann "Asaph" (12mal), "Söhne Qorachs" (11- bzw. 12mal), "Salomo" (Ps 72; 127), "Mose" (Ps 90). Dass David als "Dichter- und Sänger-König" gilt, zeigt sich nicht zuletzt an der David-Zuweisung von rund der Hälfte der biblischen Psalmen. Auch wenn eine davidische Verfasserschaft nicht ausgeschlossen werden kann, dürfte sich in diesem Umstand weniger ein entstehungs- als ein verwendungsgeschichtlicher Hinweis spiegeln. Dies ist daran erkennbar, dass in nachexilischer Zeit die Tendenz besteht, Psalmen dem idealen König (vgl. auch die "messianische" Hoffnung!), Dichter, Sänger und exemplarischen Gottesmann "David" zuzuschreiben, zu widmen, mit ihm (und seiner biblischen Biographie) zu verbinden. Das wird u.a. daran deutlich, dass die erste Übersetzung des ATs ins Griechische (LXX) die Zahl der "David"-Psalmen gegenüber dem hebr. Ausgangstext noch vermehrt hat. Es ist bei dieser "Davidisierung" also von einem innneratl. Prozess auszugehen, der mit der Sammlung und Herausgabe der Psalmen in Zusammenhang steht. Aus dieser Sicht soll man die Neu-Lesung von Psalmen mit "David" in Verbindung bringen. Das bedeutet keineswegs, dass die David-Zuschreibung als "unecht" oder für das Verständnis dieser Psalmen unerheblich abgetan werden darf, denn diese ist autoritativ und "kanonisch" geworden. In dem Sinn ist es uns – zusammen mit der nachexilisch-jüdischen und späteren christlichen Gemeinde – aufgetragen, diese Psalmen (auch) in einem Sinn-anreichernden "David-Horizont" zu lesen.
2. Geschichtliche, stets mit dem Leben von David verbundene Angaben (Ps 3; 18; 30; 34; 51; 52; 54; 56; 57; 59; 60; 63): Das zu den "David"-Zuschreibungen Gesagte gilt auch hierfür, zumal diese "Situationsangaben" mit der "David"-Überschrift verbunden sind. Es sind dies vermutlich spätere Angaben (wobei auch hier die Möglichkeit von authentischen Angaben nicht ausgeschlossen werden kann), die dazu anleiten, den Psalm "davidisch" zu interpretieren, d.h. auf einem spezifischen Situationshintergrund zu lesen.

---

[37] Was die Untersuchung und Beschreibung von Teilgruppen bzw. -psaltern innerhalb des Psalmenbuchs betrifft, sei auf das Literaturverzeichnis verwiesen (namentlich von F.-L. HOSSFELD und E. ZENGER liegen hierzu wichtige Arbeiten vor; vgl. weiter auch M. MILLARD, Die Komposition des Psalters. Ein formgeschichtlicher Ansatz [Forschungen zum Alten Testament 9], Tübingen 1994; B. WEBER, Der Asaph-Psalter – eine Skizze, in: B. HUWYLER / H.-P. MATHYS / B. WEBER [Hrsg.], Prophetie und Psalmen. FS K. Seybold [AOAT 280], Münster 2001, 117–141).
[38] Zu dem hier vorliegenden "Lamed ascriptionis bzw. inscriptionis" vgl. nun E. JENNI, Die hebräischen Präpositionen. Band 3: Die Präposition Lamed, Stuttgart – Berlin – Köln 2000, 54–83.

Einführung

Im Laufe der Wiederverwendung dieser Psalmen wurden die "Situationsvermerke" von den für den Prozess des Sammelns und Editierens der Psalmen verantwortlichen Kreisen angefügt. Sie markierten damit, was sie selbst bzw. die israelitische Gemeinde zu ihrer Zeit als sachgemässe Auslegung dieser Psalmen verstanden.

3. Vermerke zur Typik und Aufführung der Psalmen: Sehr häufig findet sich als erster Vermerk למנצח "für den Chorleiter, dem Musikverantwortlichen" o.ä. Es geht hier vermutlich um eine Zuweisung an eine Person mit gottesdienstlicher Verantwortung. Dieser Erstvermerk könnte eine (ursprüngliche) liturgische Verwendung des Psalms anzeigen. Weiter finden wir Typenbezeichnungen wie "Lied", "Psalm", "(Bitt-)Gebet", "Weisheitsgedicht" etc. sowie Melodieangaben. Dazu kommt im Innern bzw. am Rand einzelner Psalmen der Vermerk סלה "Sela" ("Pause, Gliederung, Zwischenspiel"?).

b) Organisationsprinzipien des Psalters

Die Einsicht, dass die Psalmenanordnung und -abfolge im Psalter nicht beliebig, sondern absichtsvoll zustande gekommen ist, hat sich in der neusten Forschung (wieder) durchgesetzt. Ging es im vorherigen Abschnitt darum, (induktiv) einige Anhaltspunkte im prozesshaften Geschehen vom Einzelpsalm zum Psalmenbuch nachzuzeichnen, so geht es in diesem Abschnitt umgekehrt darum, (deduktiv) anhand des vorliegenden kanonischen Psalters einige der wesentlichen Gestaltungsprinzipien und der damit verbundenen Anliegen aufzuzeigen.[39]

Zunächst ist festzuhalten, dass die Psalterredaktion das Psalmenbuch ihren Hörern und Lesern in fünf Teile gegliedert übergibt. Die Einschnitte werden jeweils durch doxologische Schlussformeln (Ps 41,14; 72,18f.; 89,53; 106,48) markiert. Der Psalter umfasst also in sich fünf "Psalter(teil)-Bücher", nämlich: Buch I: Ps 1–41; Buch II: Ps 42–72; Buch III: Ps 73–89; Buch IV: Ps 90–106; Buch V: Ps 107–150. Diese Einteilung in fünf (ungleich grosse) Bücher dürfte eine Analogie mit den fünf Mose-Büchern bezwecken. Der grundlegenden "Mose-Tora" (Pentateuch) wird damit gleichsam eine "David-Tora" (Psalter) zur Seite gestellt.

In den gestaffelt ablaufenden Prozessen des Sammelns, Redigierens und Editierens des Psalters lassen sich bei der gegen Ende des Prozesses anzusiedelnden Gliederung in die fünf Psalter-Bücher zwei Hauptphasen unterscheiden: Buch I–III, das fast durchgängig Psalmen mit "Autor"-Überschriften (und ausgesprochen viele Klagelieder bzw. Bittgebete) enthält, zeigt eine Editionstechnik, bei der die Gruppierung bzw. der Wechsel von "Autor"- und Genre-Zuweisungen für die Anordnung der Psalmen wie auch für die Markierung der Buchgrenzen charakteristisch ist.[40] Bei Buch IV–V hingegen, das viele unüberschriftete Psalmen (und vermehrt Loblieder) enthält, ist die Gruppenanordnung

---

[39] Dabei ist (nochmals) festzuhalten, dass das "Geheimnis" der Anlage des Psalmenbuchs insgesamt noch nicht gelüftet ist. Einige der hier vorgestellten Kennzeichen können als gesichert gelten, wieder andere tragen noch stark Diskussionscharakter.

[40] Die Bücher II und III weisen im Blick auf die mit "David" (D), "Qorach" (Q) und "Asaph" (A) verbundenen Psalmen überdies eine Rahmenstruktur (Chiasmus) mit der D-Gruppe im Zentrum auf: Q – A – D – A – Q (wobei in der zweiten Q-Gruppe nochmals ein D-Psalm in der Mitte "eingelagert" ist).

lockerer und folgt anderen Motiven. Die Annahme, dass die Gestalt von Buch I–III zeitlich früher festlag als Buch IV–V, wird durch die Psalmen-Handschriftenfunde am Toten Meer (Qumran) erhärtet: Man hat Handschriften gefunden, die eine andere Anordnung und Abfolge der Psalmen enthalten als die des kanonischen (masoretischen) hebr. Textes, und zwar namentlich im Bereich der Psalmen von Buch IV und V. Der vorliegende Befund legt den Schluss nahe, dass Buch I–III, nämlich die Sammlung der Pss 2–89 in einer früheren Zeit entstand[41], währenddem die beiden hinteren Bücher (IV und v.a. V) noch längere Zeit "offen" blieben und erst zu einem späteren Zeitpunkt abgeschlossen wurden.[42] Dass im letzten Psalterbuch eine erhebliche Zahl von Psalmen als relativ spät entstanden gelten, fügt sich in dieses Bild.[43]

Die Psalterredaktion will mit ihrem Arrangement der 150 Psalmen und der Einteilung in fünf Psalter-Büchern ihren Hörern und Lesern eine geschichtstheologische und weisheitliche Absicht kundtun. Diese im Einzelnen zu erheben und nachzuzeichnen, ist die gegenwärtige Psalmenforschung intensiv daran. Einige vorläufige Überlegungen dazu lassen sich jedoch bereits anstellen. Sie ergeben sich namentlich im Blick auf die Eigenheiten der fünf Bücher sowie die Eigenart der absichtsvoll platzierten "Eck- und Scharnierpsalmen". Danach repräsentieren im geschichtstheologischen Konzept des Psalters (aus nachexilischer Sicht!) die Bücher I und II die Zeit des (vereinten) Königreichs unter David und Salomo (Ps 72).[44] Buch III in der Psalter-"Mitte" beklagt die Zeit des Abfalls und Zerfalls und versteht sie als Gericht JHWHs: die Aufspaltung in zwei getrennte Reiche, der Fall des Nordreichs und später des Südreichs, das Exil (der Schlusspsalm 89 markiert das Ende der davidischen Königszeit und das Exil). Buch IV und V schliesslich stehen für die (exilische und) nachexilische Zeit, deren Probleme sie verarbeiten und deren Hoffnung auf Wiederherstellung (Heimkehr, Landbesitz und Königsherrschaft JHWHs) sie zum Ausdruck bringen. Mit dem Psalter als Buch verbindet sich das Anliegen, auf JHWH als Ort der "Zuflucht" hinzuweisen und zum Gottvertrauen anzustiften.[45] Die Psalter(schluss)redaktion hat möglicherweise ein endzeitliches Gepräge und Anliegen[46], in dem königstheologische und schliesslich v.a. weisheitliche Momente (zu denen auch der die Psalmen durchziehende Gegensatz von Gerechten und Frevlern ge-

---

[41] Vgl. C. RÖSEL, Die messianische Redaktion des Psalters. Studien zu Entstehung und Theologie der Sammlung Psalm 2–89* (CThM.BW 19), Stuttgart 1999 (er hält die Bücher-Einteilung für spät, sieht in der Sammlung Pss 2–89* eine "messianische Redaktion" am Wirken und erachtet den elohistischen Psalter, d.h. Pss 42–83, als ältere Vorstufe dazu).

[42] Vgl. dazu insbesondere G.H. WILSON, The Editing of the Hebrew Psalter (SBL.DS 76), Chico 1985; P.W. FLINT, The Dead Sea Psalms Scrolls and the Book of Psalms (StTDJ 17), Leiden 1997; H.-J. FABRY, Der Psalter in Qumran, in: E. ZENGER (Hrsg.), Der Psalter in Judentum und Christentum (Herders Biblische Studien 18), Freiburg u.a. 1998, 137–163.

[43] Es ist denkbar, dass einige (weisheitliche) Psalmen sogar erst im Zusammenhang der Psalterredaktion geschaffen worden sind. In diesem Fall hatten sie gar nie ein "Eigenleben", sondern sind planvoll mit gewissen Aussage- und Platzierungsabsichten im Blick auf das gesamte Psalmenbuch geschaffen und eingefügt worden.

[44] Bezeichnenderweise abgeschlossen mit der redaktionellen Aussage: "Zu Ende sind die Gebete Davids, des Sohnes Isais" (Ps 72,20).

[45] Vgl. J.F.D. CREACH, Yahweh as Refuge and the Editing of the Hebrew Psalter (JSOT.S 217), Sheffield 1996.

[46] Vgl. D.C. MITCHELL, The Message of the Psalter. An Eschatological Programme in the Book of Psalms (JSOT.S 252), Sheffield 1997.

hört) verknüpft sind. Ein vereinfachtes Schaubild, das die von der Psalterredaktion gezielt platzierten entweder königlich oder weisheitlich geprägten "Eck- und Scharnierpsalmen" herausstellt, kann das Gesagte verdeutlichen helfen:[47]

Wie es scheint, sind also königlich-eschatologische ("messianische") und weisheitliche

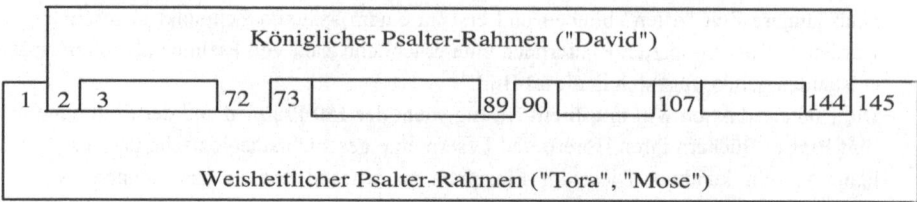

bzw. Tora-frömmigkeitliche Motive und Absichten die hauptsächlichsten Gestaltungskräfte, die zum Psalter als Buch führten. Darauf weist bereits das "doppelte Eingangstor" zum Psalter hin (Ps 1 + 2).[48] Den Abschluss bildet das "Halleluja-Finale" (Ps 146–150), welches den Psalter in das universale Gotteslob ausmünden lässt. Damit ist gleichsam ein Bogen von der Einweisung in den Gottesgehorsam (Ps 1) bis hin zum triumphalen Lobpreis der gesamten Schöpfung (Ps 150) aufgespannt.[49]

---

[47] Vgl. dazu namentlich G.H. WILSON, Shaping the Psalter: A Consideration of Editorial Linkage in the Book of Psalms, in: J.C. MCCANN (Ed.), The Shape and Shaping of the Psalter (JSOT.S 159), Sheffield 1993, 72–82 (v.a. 80–82).
[48] Vgl. auch die nachfolgenden Hinweise zu Ps 1 und 2 sowie aus der Fülle der Literatur: E. ZENGER, Der Psalter als Wegweiser und Wegbegleiter. Ps 1–2 als Proömium des Psalmenbuchs, in: A. ANGENENDT / H. VORGRIMMLER (Hrsg.), Sie wanderten von Kraft zu Kraft. FS R. Leftmann, Kevelaer 1993, 29–47; R.G. KRATZ, Die Tora Davids. Psalm 1 und die doxologische Fünfteilung des Psalters, ZThK 93 (1996) 1–34.
[49] Vgl. W.A. BRUEGGEMANN, Bounded by Obedience and Praise: The Psalms as Canon, JSOT 50 (1991) 63–92.

Einführung

c) Die kanonische Psalmenlesung

Der Psalter lädt zur fortlaufenden, psalmübergreifenden Lektüre (lectio continua) ein. Im Zuge einer derartigen Fort-Lesung, bei der man von Psalm zu Psalm "weitergeleitet" wird, und die man als "kanonische Lektüre" bezeichnen kann, ergibt sich ein neuer Sinnhorizont. Als kanonisch gewordene Schrift stellt der Psalter weniger – so die frühere These – ein Gebets- und Liederbuch (im nachexilischen Tempelgottesdienst) dar[50], sondern ist vielmehr im Sinne eines "Wegweisers und Wegbegleiters" (E. Zenger) als frömmigkeitliches Lese-, Meditations- und Lehrbuch gedacht (vgl. auch Sirach 39,5–9). Dies gilt auch für den Stellenwert des Psalters in der Zeit Jesu. Damit ist aus den Psalmen, Gebeten und Liedern, den Menschenworten an Gott, zugleich Gotteswort an Menschen geworden.

Der eröffnende Psalm 1 als "hermeneutische Brille" (N. Füglister) führt gleichsam in den meditierenden Gebrauch des Psalters ein. Die weisheitliche "Imprägnierung" des Psalmenbuchs zeigt sich jedoch nicht nur in seinem Eröffnungspsalm, sondern setzt sich durch signifikant platzierte Weisheitspsalmen im Psalmenbuch fort. Dass die Fort-Lesung von Ps 1 bis Ps 150, d.h. von der Einweisung in die Beachtung der Tora (Ps 1) bis zum Lobpreis (Ps 150) durchaus beabsichtigt ist, zeigen u.a. psalmübergreifende Stichwortbezüge, Motivaufnahmen, "Zwillingspsalmen" und anderes mehr. Sie leiten den Leser nicht nur weiter, sondern eröffnen ihm durch assoziative Verknüpfungen auch neue Sinndimensionen. Der Psalter eröffnet diese allerdings nur dem sorgfältigen Leser, der das Gehörte im Herzen bewegt, meditiert, nachbetet. Zugleich scheinen auch die Kleinkompositionen Ps 1–2 und Ps 146–150 aufeinander bezogen zu sein.

Drei Beispiele sollen die Verklammerung von Psalmen und die damit einhergehende Sinnstiftung verdeutlichen helfen:[51]

1. Ps 32 / 33: Ps 32 endet mit dem Lobaufruf (V. 11), dem sich Ps 33,1 fast wie ein Parallelvers anschliesst. Der überschriftslose Ps 33 ist inhaltlich dadurch eng mit dem vorhergehenden Psalm verzahnt. Das weisheitliche Danklied Ps 32 öffnet sich so auf das gemeindliche Loblied (Hymnus) Ps 33 hin und führt bei diesem Psalm dadurch beim Meditierenden bzw. Nachbetenden zu Verstehensanreicherungen.

2. Ps 7 / 8 / 9: Ps 7 schliesst mit der Aussage des Psalmisten: "Ich preise hiermit JHWH aufgrund seiner Gerechtigkeit, // ja, ich will zum Saitenspiel besingen den Namen JHWH Eljon." (V. 18) Dem schliesst sich Ps 8 an, den man gleichsam als Vollzug des am Ende von Ps 7 angekündigten Lobpreises lesen kann – und zwar speziell unter dem

---

[50] Eine Teilwahrheit liegt darin, dass im nachexilischen Tempel tatsächlich Psalmen von Levitenchören vorgetragen wurden (vgl. z.B. 1. Chr 16, aber auch Überschriftshinweise in Ps 30; 113–118; 120–134), doch insgesamt liegt kein Hinweis vor, dass die vorliegende Zusammenstellung des Psalters gottesdienstlich motiviert wäre.

[51] Der Leser ist eingeladen, eigene weitere "Entdeckungen" zu machen. Vgl. dazu und zum ganzen Abschnitt N. LOHFINK, Psalmengebet und Psalterredaktion, ALW 34 (1992) 1–22; E. ZENGER, Was wird anders bei kanonischer Psalmenauslegung?, in: F.V. REITERER (Hrsg.), Ein Gott – eine Offenbarung. Beiträge zur biblischen Exegese, Theologie und Spiritualität. FS N. Füglister, Würzburg 1991, 397–413; N. FÜGLISTER, Die Verwendung und das Verständnis der Psalmen und des Psalters um die Zeitenwende, in: J. SCHREINER (Hrsg.), Beiträge zur Psalmenforschung. Psalm 2 und 22 (fzb 60), Würzburg 1988, 319–384; B. WEBER, Psalm 77 und sein Umfeld. Eine poetologische Studie (BBB 103), Weinheim 1995, 286–290.

Gesichtspunkt des *Namens* Gottes –, denn Ps 8 beginnt und endet mit dem Satz: "JHWH, unser Adonaj, // wie herrlich ist dein Name auf der ganzen Erde!" (V. 2.10). Anschliessend greift Ps 9 das am Ende von Ps 7 abgelegte Lobgelübde in breiterer Form auf und beginnt damit ein Danklied. Dabei kehren mehr Formulierungen als nur das Stichwort "Name" wieder: "Ich will [hiermit] JHWH lobpreisen mit meinem ganzen Herzen, // ich will erzählen alle deine Wundertaten! // Ich will mich freuen und frohlocken über dich, // ich will zum Instrumentenspiel deinen Namen besingen, Eljon!" (V. 2f.). Ps 9 entfaltet also in seinem Anfangsstück über Ps 8 hinweg nun das Ende von Ps 7.

3. Ps 77 / 78: Dass Verknüpfungen sowohl durch Ähnlichkeiten als auch durch Kontraste bewirkt werden, zeigt sich an einem Vergleich der Psalm-Anfänge (77,2: Hör-Bitte an Gott in Not; 78,1: Hör-Aufruf an das Volk zur Unterweisung) sowie -Enden (Führen der Schafherde 77,21 bzw. 78,72). Beide Psalmen sind durch ein Netz an gemeinsamem Vokabular sowie durch den Bezug auf das Schilfmeerlied (Ex 15,1–18) und damit durch ein "Mose-Band" verknüpft. Ps 77 endet mit dem Hinweis auf die Führung des Volkes durch Mose und Aaron, und Ps 78 beginnt mit einem deutlichen Bezug zum vermächtnisartigen Mose-Lied (Dtn 32) als dem Verstehensrahmen, in dem dieser Psalm vom Vorgänger-Psalm herkommend zu interpretieren ist. Der "offene Schluss" von Ps 77 lädt geradezu ein, weiterzulesen und Ps 78 als theologische Erklärung, als Deutungshorizont von Ps 77 zu verstehen.

Sind beim Hörer bzw. Leser solche Verkettungsmuster einmal erkannt, entsteht beim Fortgang des Hörens und Lesens eine "Erwartungshaltung", dass es so weitergeht. Diese wiederum lässt ihn bzw. sie neue Entdeckungen machen.

4. Die Psalmen und ihre Wirkungsgeschichte

Das Psalmenbuch dürfte im 3. oder 2. Jh. v.Chr. seine kanonische Gestalt gefunden haben. Allerdings bezeugen die reichlichen Textfunde an Psalmensammlungen aus Quman (ein gesamtes Psalmenbuch wurde nicht gefunden), dass z.T. unterschiedliche Anordnungen und Gebrauchsweisen auch nachher noch verwendet worden sind. Im 2. Jh. v.Chr. liegt auch bereits die erste Übersetzung des Psalters in griechischer Sprache (Septuaginta-Psalter) vor. In ihr zeigen sich u.a. durch verschiedene Aktualisierungen und liturgische Zusätze an, dass mit dieser (und seither jeder anderen) Übersetzung zugleich auch eine Interpretation aus damaliger Zeit (hellenistisches Judentum) verbunden ist. Der Septuaginta-Psalter ist auch ein Zeuge für die zunehmende messianische Erwartung und deren Einfluss auf biblische und andere (1QHodajot [Loblieder], apokryphe Psalmen Salomos) Psalmodie.

Die Wichtigkeit des Psalters für Jesus und das Urchristentum manifestiert sich allein schon daran, dass sich im Neuen Testament von keinem Buch des Alten Testaments soviel Zitate und Anspielungen finden wie von den Psalmen (etwa ein Drittel aller Zitate und Anspielungen auf atl. Texte im NT beziehen sich auf die Psalmen!).

Einführung

Die Bedeutung der Psalmen findet ihren weiteren Niederschlag sowohl im Judentum als auch in der Kirchengeschichte – z.B. bei Augustinus, im Mönchtum bzw. im Klosterleben (Stundengebet, Psalmodie [Gregorianik]) und bei Luther – bis in unsere Zeit hinein.

DAS ERSTE PSALTER-BUCH (PSALM 1–41)

Psalm 1

I A	1	a	Glückpreisungen (א) dem Mann,	(A)
(A)		b	der nicht geht in einer Gemeinschaft der Frevler	(B)
		c	und auf einen Weg von Sündern nicht tritt	
		d	und an einem Sitz von Spöttern nicht sitzt,	
	2	a	sondern an der Weisung ("Tora") JHWHs seine Lust [hat]	(C)
		b	und in seiner Weisung ("Tora") murmelnd sinnt bei Tag und Nacht!	
	3	a	Dann wird er sein wie ein Baum, (ein)gepflanzt an Wasserrinnen,	(B')
		b	der seine Frucht bringen wird zu seiner Zeit	
		c	und sein Laub wird nicht welken.	
		d	Ja, [in] allem, was immer er tut, wird er Gelingen erfahren.	(A')
II	4	a	Nicht so die Frevler;	(–A/–A')
(B)		b	sondern wie die Spreu [sind sie],	(–B')
		c	die (sie) verwehen wird ein Wind.	
	5	a	Deshalb: Nicht aufzustehen vermögen Frevler im Gericht	(–B)
		b	und Sünder in einer Versammlung von Gerechten.	
III	6	a	Gewiss, kennend [ist] JHWH [den] Weg von Gerechten,	
(A'/B')		b	aber [der] Weg der Frevler wird sich verlieren (oder: zugrunde gehen) (ת)!	

1 אַשְׁרֵי glücklich, selig ...! (Interjektion) // עֵצָה Rat, Gemeinschaft // מוֹשָׁב Ort, wo man sitzt, Sitz, Zusammensitzen // לֵץ Spötter (von ליץ das grosse Wort führen, spotten).– **2** כִּי אִם nach Negation: sondern // חֵפֶץ Wohlgefallen, Lust // יוֹמָם Adv: bei Tag.– **3** עֵץ Baum // שתל (ein-, ver)pflanzen (Ptz pass qal m sg) // פֶּלֶג Kanal, Rinne (von פלג spalten) // פְּרִי Frucht // עָלֶה Laub // נבל (ver)welken (PK qal 3 m sg) // צלח eindringen, gelingen, hi: Gelingen haben, gelingen lassen (PK hi 3 m sg).– **4** מֹץ Spreu // נדף zerstreuen, verwehen (PK qal 3 f sg + Suff).– **5** עַל־כֵּן darum, deshalb // קום aufstehen, bestehen (PK qal 3 m pl) // עֵדָה Versammlung.– **6** אבד zugrunde gehen, sich verlaufen (PK qal 3 f sg).–

Form und Inhalt

Ps 1 ist ein Weisheitspsalm, der antithetisch den Weg, d.h. die Lebensweisen des Gerechten und der Frevler gegenüberstellt. Er stammt wahrscheinlich aus später Zeit, ja ist vermutlich für seine Funktion als "Eingangsportal" zum Psalmenbuch erst geschaffen worden. Die drei Teile des Psalms zeichnen den Gerechten, die Frevler und als Quintessenz den doppelten Ausgang ihres jeweiligen Verhaltens (vgl. Wb Pss III, 28–38).

Psalm 1

Der erste Abschnitt und damit der Psalm insgesamt beginnt mit einer Seligpreisung (1a), die "dem Mann" gilt, der sich durch nachfolgend charakterisiertes Verhalten auszeichnet. Dieses wird zunächst im Sinne der via negationis von drei Verhaltensweisen abgegrenzt (1bcd), dann wird er als Tora-Liebender bzw. -Meditierender gezeichnet (2ab) und schliesslich wird sein gutes Ergehen in drei Facetten der Baum-Metapher ausgesagt (3abc). Die Schlusszeile 3d, mit der Anfangszeile korrespondierend, fasst das Ganze in das Fazit des gelingenden Lebens.
Der zweite Abschnitt knüpft in seiner Eröffnungszeile an die Schlusszeile des ersten an und setzt ein Minus davor (4a). Es folgt – im Gegensatz zum positiven Baum-Bild von vorher – das negativ gefärbte Bild der wertlosen Spreu, die beim Worfeln vom Winde verweht wird (4bc). Darin liegt eine Gerichtsintention, die in 5ab explizit gemacht wird.
Im dritten Abschnitt, der nur aus einem Vers besteht (6ab), wird bündelnd das Fazit ("gewiss, fürwahr ...") nach beiden Seiten hin gezogen. Ist beim Gerechten JHWH um sein Wohlergehen besorgt (ihn kennend, sich um ihn kümmernd), so läuft der Weg der Frevler quasi von selbst (Tun-Ergehen-Zusammenhang) in den Abgrund.

Struktur und Poesie

Die Poetik des Psalms ist speziell; anstelle der klassischen Parallelismen liegt teils ein aufzählender, verkettender Stil vor mit einem Überfliessen der Kolon- und Verseinheiten (Enjambement). Die wesentlichen Stilmittel sind Reihung und Antithetik.
Was die Struktur betrifft, hat man von drei Stanzen (I–III) mit abnehmender Grösse auszugehen ("Trichter"-Struktur). Dabei zeichnet die erste den Gerechten (A), die zweite die Frevler (B) und die dritte die Quintessenz der beiden דרכים "Wege" (A'/B'). Dabei ist Stanze I insofern chiastisch angelegt (ABCB'A'), als die doppelte Tora-Aussage (2) fokussiert in der Mitte steht (C) und damit Quelle, Grund und Herkunft des Gerechtseins anzeigt. Um sie herum ist einerseits die dreifache abgrenzende Negativ-Aussage (B), anderseits die dreigliedrige bildhafte Positiv-Aussage (B') gelegt. Diese beiden Teile entsprechen sich, ebenso wie die einleitende Seligpreisung (A) und die ausleitende Gelingens-Aussage (A'), die miteinander den Rahmen von Stanze I abgeben.
Die "Frevler"-Stanze II besteht ebenfalls aus einer Bild- und einer Realaussage. Die Eingangszeile negiert die beiden Rahmen-Teile von I: Weder wird das Tun den Frevlern gelingen noch sind sie selig zu preisen (–A/–A'). Das Bild der beim Worfeln davongeblasenen Spreu ist die Negativ-Metapher zum vorherigen Baum-Bild (–B'). Entsprechend ist die Gerichtsaussage hinsichtlich der Frevler gegenläufig zur Charakterisierung des Gerechten mittels der dreifachen Negation (–B, vgl. die Aufnahme des Synonympaares חטאים/רשעים "Frevler/Sünder" von 1bc in 5ab, dazu das rahmende Laut- und Sinnspiel der Aussagen בעדת/בעצת "im Rat/in der Versammlung" 1b.5b)
Stanze III (6) bietet nach 3d die zweite, abschliessende und auf beide Typen ausgeweitete weisheitliche Quintessenz. Der Bündelungseffekt wird nicht nur inhaltlich, sondern auch anhand sprachlicher Details erkennbar: Die (hier zweifache) דרך/"Weg"-Aussage findet sich bereits in 1c, der JHWH-Name verweist – auch inhaltlich – zurück auf die Zentralaussage von I (der Gerechte "kennt" durch [halblautes] Murmeln zwecks Memorierung und Meditierung die Tora und damit JHWH, und JHWH seinerseits kennt die so Gerechten und ihren "Weg"). Die Aussage vom "Sich-Verlieren/Verlaufen" bzw. Zugrunde-Gehen" führt die Bildaussage vom "Verwehen" und die Realaussage vom "Nicht-bestehen" quasi zu Ende. Das antithetische Paar צדיקים <=> רשעים ("Gerechte" <=> "Frevler") fand sich bereits in 5, wird nun aber in der "richtigen" Reihenfolge ausgeführt.

- 49 -

Psalm 1

Dieser Einweisungspsalm in das Psalterbuch enthält Wegleitung von A bis Z. So eröffnet er (und damit der Psalter) mit einer Dreifach-Betonung des ersten Buchstabens im hebr. Alphabet (אַשְׁרֵי/הָאִישׁ/אֲשֶׁר) und beschliesst in seinem letzten Wort mit einem Verb, dessen Wurzel ebenfalls mit dem ersten, dessen Form aber mit dem letzten Buchstaben im Alphabet beginnt (תֹּאבֵד). Darüber hinaus eröffnet Stanze II mit dem ersten Buchstaben der zweiten Alphabethälfte (ל) und Stanze III mit dem letzten Buchstaben der ersten Alphabet-Hälfte (כ).

Kontexte

Der Psalter beginnt nicht zufällig mit Ps 1, ist dieser Psalm doch gewissermassen die "Lesebrille" bzw. bietet das "Leitmotto" dar. Gemeinsam mit Ps 2 bildet er das "Eingangsportal" (gerahmt durch Seligpreisungen), zusammen mit Ps 2 und 3 die drei-gestaffelte Ouvertüre (gerahmt durch Seligpreisung/Segen) zum Buch (vgl. Wb Pss III, 50–54). Der weisheitliche Psalm 1 ist ein Hinweis dafür, dass der ganze Psalter in spätnachexilischer Zeit eine Verbindung von Gebet und Weisung, Liturgie und Lehre zum Ausdruck bringt. Die weisheitliche Schlussredaktion des Psalters zeigt sich – abgesehen von Ps 1 – auch an der Platzierung anderer weisheitlich imprägnierter Psalmen an Scharnierstellen (vgl. Ps 73; 90; 107; 145). Eröffnet Psalm 1 den Psalter mit einem weisheitlichen Makarismus auf den (gerechten) Menschen, so beschliesst Ps 150 ihn mit einem gottesdienstlichen Lobpreis auf JHWH.
Ps 1 begrüsst und beglückwünscht denjenigen, der an der "Tora JHWHs" Gefallen hat und sie stets neu memoriert und verinnerlicht, so dass daraus Lebensfrucht entsteht. Damit ist ein Rückverweis auf Mose und "seine" Tora angezeigt und ein doppelter Anschluss des Psalters an die (wohl bereits autorisiert vorliegenden) Schriftteile von Pentateuch (Tora) und (vordere) Propheten (Nebi'im) hergestellt. Diese "Andockung" geschieht durch Bezüge von Ps 1 zur theologischen Zentralstelle Dtn 6,(4–)6f., ferner zu Dtn 33,29 (einzige Seligpreisung Moses und sein letztgesprochenes Wort) sowie zum Anfangskapitel des zweiten Teils des hebr. Kanons (Jos 1,8), ferner Stellen aus den (Schrift-)Propheten (vgl. Jer 17,5–8; Ez 47,12; Mal 3,18f.). Wie Josua als Nachfolger des Mose – quasi als erster der Propheten nach ihm – die Tora einprägen und sich von ihr leiten lassen soll (vgl. Jos 1,8), so gilt dies auch für den Gerechten und Weisen, der mit Ps 1 in den Psalter (und die Weisheitsschriften) eingewiesen wird (vgl. Wb Pss III, 29–38).
Neben dieser Rückwärts- hat Ps 1 als Bucheinleitung wie gesagt eine Vorausperspektive. Sie zeigt sich darin, dass seine Aussagen und Themen innerhalb des Psalters modifiziert immer wieder, nicht selten an strukturell markierten Stellen auftauchen (vgl. u.a. Ps 19; 37; 40f.; 73; 119, dazu die Gerechter/Frevler-Thematik generell). Zu 3 vgl. auch Ps 52,10; 92,13–15. Ps 1 fungiert damit als "Tor" zur "Tora": Sein "Aussenraum" ist das vorgelagerte Schrifttum, sein "Innenraum" das mit ihm eröffnete Psalmenbuch (sowie wohl der dritte, weisheitlich bestimmte Kanonteil der Ketubim, vgl. Lk 24,44). Zwar ist in 1,2 von der "Tora JHWHs" die Rede, die den Gesamtwillen Gottes umfasst; gleichwohl verweist die Begrifflichkeit auf die fünf Mose-Bücher und schliesst den analog dazu ebenfalls fünfteiligen Psalter (Ps 1/3–41 | 42–72 | 73–89 | 90–106 | 107–145/150) mit ein.
Im Matthäus-Evangelium (erstes Evangelium!) eröffnet die erste der fünf (!) Lehrreden Jesu, die Bergpredigt (ebenfalls weisheitlich geprägt!), mit Seligpreisungen wie Ps 1 und damit der Psalter insgesamt (Mt 5,3–12). An beiden Orten wird "Lohn, Gelingen" versprochen (vgl. 1,3d). In Jesu Bergpredigt findet sich auch die Topik der beiden Wege (v.a. Mt 7,13f.). Zudem ist ihr Schluss mit dem Gleichnis der beiden Häuser (Mt 7,24–27) weisheitlich gestaltet und nicht ohne Analogie zu Ps 1 (vgl. die Baum/Spreu-Bilder). Paulus hat zur Gestaltung des Eph auf das sich auch in Ps 1,1 findende Triplett "sitzen" (vgl. Eph 2,6, Indikativ/Gottesbezug),

"wandeln" (vgl. Eph 4,1ff., Imperativ/Ethik/Weltbezug) und "stehen" (Eph 6,14, Imperativ/Bezug gegen Teufel und böse Mächte) zurückgegriffen – wenn vielleicht auch nicht direkt aus Ps 1, so doch aus der jüdischen Tradition (vgl. B. Weber).
Aufnahmen von Ps 1 finden sich zudem in der späten Weisheit (Sirach 14,20–15,10), in Qumran (4Q525 = weisheitlicher Text mit Seligpreisungen), im späteren Judentum und im (frühen) Christentum (erstmals im Barnabasbrief 11,6–8; Ps 1 diente später auch als Eröffnung der Vigilien der Sonntagspsalmodie und insbesondere des Ostersonntags).

Anregungen für die Praxis

Die "Schwarz-weiss-Malerei" einer weisheitlichen Theologie, wie sie sich in Ps 1 (und andern Psalmen) zeigt, hat ihren Platz nicht nur in der Bibel, sondern auch in der heutigen Verkündigung. Anders als etwa in der Seelsorge, wo verschiedene "Graustufen", d.h. Zwischentöne, gefragt und gefordert sind, liebt die Weisheit mit ihrer pädagogischen Ausrichtung das "Entweder-Oder", kontrastiert zwei gegensätzliche Lebensweisen in grundsätzlicher Art: die Lebensweise des einen Gerechten und diejenige der (vielen) Gottlosen bzw. Frevler. Dabei geht es nicht um eine "Schubladisierung" der Menschen – die Trennlinie verläuft ja nicht selten durch das eigene Herz! Mit der "Glücklich-Preisung" verbindet sich keine Einengung, sondern eine Einweisung in dem Sinn, als der deutliche Gegensatz von Gerechtem und Frevlern klärend dazu helfen kann, aus relativierendem Abwehrverhalten und der Beliebigkeit des "Sowohl-als-Auch" herauszutreten, an der "Weisung Gottes" (und damit auch am Psalmenbuch als Wort Gottes) Mass zu nehmen und zu einer (Neu-)Verpflichtung gegenüber Gott und seinem Wort zu kommen. Die Weisheit als "pädagogische Theologie" will also aus dem verschleiernden Sowohl-als-Auch im Sinne der unheilvollen Vermischung von Motiven und Handlungsweisen herausführen und Klärungen initiieren im Lichte dessen, der "klar", gerecht und ganz Licht ist. Das aber geht nicht ohne Abgrenzungen, nicht gegen Menschen, sondern gegen deren Verhaltensweisen (die Abgrenzung geschieht vom "*Weg* der Sünder", nicht vom "Sünder"!). Das aber kann nur in guter Weise gelingen durch Meditierung, ja "Einverleibung" der (Weg-)Weisung bzw. der Heiligen Schrift (die Übersetzung von תורה "Tora" mit "Gesetz" assoziiert falsche Vorstellungen und ist zu vermeiden!).
"Ps 1 und Ps 2 'begrüssen' den Psalmenbuchleser und Ps 149 und Ps 150 'verabschieden' ihn. Beides geschieht programmatisch. Diese 'Eckpsalmen' sind wie zwei Portale, die der Psalmenbeter durchschreiten soll, um die einzelnen Psalmen 'recht' zu beten *und* aus ihnen 'gerecht' hinauszugehen – in das Leben! Ps 1 und Ps 2 sind von den Redaktoren mit Bedacht an den Anfang gesetzt. Sie stellen das Psalmenbuch in das Licht der Torafrömmigkeit (Ps 1) und der Messiashoffnung (Ps 2) – beides jedoch unter dem übergreifenden Vertrauen auf die Jahweherrschaft (1,6; 2,11)." (E. Zenger).
Ps 1 im Gesangbuch: EG Ps 1 (EG-West), 702 (EG-Wü), 732 (EG-BT); RG 106; GL 708; KG 606.

Psalm 2

I (A)	1	a b	Warum haben [die] Völker getobt und sinnen [die] Nationen immer wieder Eitles?
	2	a b c	[Warum] stellen sich [die] Könige der Erde auf, ja, haben [die] Machthaber miteinander sich verschworen gegen JHWH und gegen seinen Gesalbten?
	3	a b	"Lasst uns zerreissen ihre Fesseln und werfen von uns ihre Stricke!"
II (B)	4	a b	Thronend im Himmel lacht er, der Herr spottet über sie.
	5	a b	Dann wird er sprechen zu ihnen in seinem Zorn und in seinem Grimm sie schrecken:
	6	a b	"Ich selbst, ich habe eingesetzt meinen König, auf Zion, meinem heiligen Berg."
III (B')	7	a b c	Ich will bekannt machen, betreffend die Satzung JHWHs: Gesagt hat er zu mir: "Mein Sohn [bist] du; ich, heute habe ich dich gezeugt!
	8	a b c	Erbitte von mir, und ich will [die] Völker als dein Erbbesitz geben, ja, zu deinem Besitz [die] Enden der Erde.
	9	a b	Du sollst sie zerschmettern mit eisernem Szepter, wie Töpfergeschirr sie zerschmeissen."
IV (A')	10	a b	Aber jetzt, [ihr] Könige, kommt zur Einsicht! Lasst euch warnen, [ihr] Regenten (oder: Richter) der Erde!
	11	a b	Dient JHWH mit Furcht, und jubelt mit Zittern!
	12	a b c d	Küsst [den] Sohn, damit er nicht zürnen wird und ihr zugrunde gehen werdet [auf dem] Weg, denn entbrennen kann sein Zorn leicht! Glückpreisungen allen, [die] sich bergen bei ihm!

1 רגשׁ toben, unruhig sein (AK qal 3 pl) // לְאֹם Nation // רִיק leer, eitel, umsonst; Eitles.– **2** יצב hitp: sich hinstellen (PK hitp 3 m pl) // רוֹזֵן Würdenträger // יסד I setzen, ni: sich setzen (um zu beraten); II (= סוד) sich zusammentun, sich beratschlagen, sich verschwören (AK ni 3 pl) // יַחַד miteinander.– **3** נתק abreissen, pi: zerreissen (PK Koh pi 1 pl) // מוֹסֵרָה I Fesseln // שׁלך hi: werfen (wPK Koh hi 1 pl) // עֲבֹת Strick.– **4** ישׁב wohnen, thronen (Ptz qal m sg) // שׂחק lachen (PK qal 3 m sg) // לעג spotten (PK qal 3 m sg).– **5** בהל pi: schrecken (PK pi 3 m sg + Suff).– **6** נסך I (aus)giessen; ni: geweiht, gefürstet werden(?); II (= סכך) ni: geformt, gebildet werden; III einsetzen(?).– **8** אֲחֻזָּה Eigentum // אֶפֶס Ende.– **9** רעע II zerschmettern (PK

Psalm 2

qal 2 m sg + Suff) // נפץ qal + pi: zerschlagen (PK pi 2 m sg + Suff).– **10** שכל klug handeln, hi: klug werden, zur Einsicht kommen (Impt hi m pl) // יסר züchtigen, ni: sich warnen lassen (Impt ni m pl).– **11** יראה Furcht // גיל jubeln (wImpt m pl) // רעדה Zittern.– **12** נשק qal + pi: küssen, huldigen (Impt pi m pl) // פן damit nicht // אנף zürnen (PK qal 3 m sg) // בער (ent)brennen (PK qal 3 m sg) // כמעט wie ein wenig = leicht, bald // חסה vertrauen, Zuflucht suchen, sich bergen (Ptz qal m pl cs).–

Form und Inhalt

An zweiter Stelle nach dem Weisheitspsalm 1 findet sich mit Ps 2 ein Königspsalm. Er steht – zumindest seinem vorexilischen Ursprung nach – mit der Königskrönung (Investitur) in Jerusalem in Zusammenhang, die möglicherweise jedes Jahr neu begangen wurde (Jahrestag der Krönung). Der Wechsel der Verbformen ist genau zu beachten (z.T. sind die PK-Formen als "iterativ" zu bestimmen und zeigen einen wiederholten Vorgang an). Vielschichtig sind die sich abbildenden Kommunikationsvorgänge mit mehrfachem Wechsel der "Stimmen" und eingestreuten Zitaten (aus dem Krönungsprotokoll?). Der bzw. die Sprechende(n) ist/sind nicht in jedem Fall bekannt bzw. zweifelsfrei zu benennen (vgl. Wb Pss III, 38–43).

Der erste Abschnitt (1–3) dieses politisch-theologischen Psalms ist von Motiven des Chaos- bzw. Völkerkampfes geprägt. Der Psalm mit seiner unvermittelt einsetzende Rede (Fragen) hat einen "offenen Anfang". Denkbar sind die Worte im Munde des Königs selber, wobei 3 auf jeden Fall ein Zitat der (unterjochten und rebellierenden) Feinde darstellt. Die Worte können aber auch aus dem Mund von abhängigen Königen und Fürsten (Vasallen) stammen, die damit ihre Loyalität ausdrücken und Abtrünnigkeit anklagen (vgl. S.R.A. Starbuck). Jedenfalls betonen die Verse indirekt die Weltherrschaft JHWHs und seines irdischen Repräsentanten, seines "Gesalbten" (Messias). Der zweite Abschnitt (4–6) bietet die "Antwort" des Himmelskönigs auf das feindliche Verhalten. Sie besteht in den gegenläufigen wie verwandten Reaktionen des Spotts und des Zorns und gipfelt in einem Gotteswort (Orakel), das die Herkunft und Autorität des Jerusalemer Königs von JHWH her betont. Der dritte Abschnitt (7–9) kann nur vom König selber gesprochen worden sein, wobei (wiederum) ein längeres Gotteswort aufgenommen worden ist. Die Formulierung geschieht in Anlehnung an den höfischen Stil des Alten Orients ("Selbstpropaganda"). Die Bezeichnung "Gottessohn" ist auf die Inthronisation als König zu beziehen (Adoptionsformel) und bedeutet die Ausstattung mit göttlicher (Herrscher-)Vollmacht (vgl. Jes 9,5f.). Der Schlussabschnitt (10–12) ist eine sich aus dem Gesagten ergebende Warnung an die bereits eingangs genannten Machthaber, sich der Weltherrschaft JHWHs und dessen "Sohn", dem Jerusalemer König, unterzuordnen. Die Schlusszeile (12d) ist wohl nachträglich dazugekommen, um die Verbindung mit Ps 1 herzustellen und die ersten beiden Psalmen eng zu verknüpfen (Inclusio Ps 1–2). Sie greift über das vorgängige Kommunikationssetting heraus und richtet – ausweitend – eine Seligpreisung an eine Hörgemeinschaft, die bei Gott ihre Zuflucht sucht.

Struktur und Poesie

Ps 2 besteht aus vier Stanzen (I–IV), die je drei Verse respektive 6–8 Zeilen beinhalten. Die vorherrschende Gesamtanlage dürfte die einer Spiegelsymmetrie (ABB'A') sein, auch wenn sich Züge für eine alternierende Struktur (ABA'B') ebenfalls finden lassen (vgl. etwa das Motiv des "Zorns" 5a.12a und die Erwähnung der "Völker" 1a.8b). Die rahmenden Stanzen (A/A') entsprechen sich im Sinne von Frage (Aufstand) und (imperativischer) Antwort (Unterordnung) und sind auch durch identisches Vokabular verbunden (מלכים "Könige" 2a.10a; ארץ "Erde" 2a.10b, vgl. 8c). Die mittleren Stanzen (B/B') beinhalten den JHWH-Spott als Antwort auf den Aufruhr einerseits und die Inthronisation des davidischen Königs andererseits. Die Verknüpfung geschieht namentlich durch die beide Male auf die Krönung zu beziehenden Gottesworte von 6 (Einsetzung) und 7 (Sohnesannahme), die den theo-politischen "Kern" des Psalms ausmachen.

Ps 2 weist eine Reihe von Lautdominanzen und -figuren auf (vgl. u.a. die o-Assonanz in 3 und 5, der Zeilenreim auf תימו in 3ab, die ג- bzw. א-Alliteration in 1 bzw. 5a, die Wort- und Sinnspiele der Verben נשק/נסך/שחק/נתק "zerreissen/lachen/einsetzen/küssen" 3a.4a.6a.12a, die Dominanz der Labiallaute [ב/פ] in 12abc).

Kontexte

Ps 1 als Weisheitspsalm und Ps 2 als Königspsalm bilden zusammen das Doppel-Portal des Psalmenbuchs. Beide sind überschriftslos (vgl. aber die David-Zuweisung von Ps 2 in Apg 4,25) und fungieren zudem auch als Einleitung zum ersten David-Psalter (Ps 3–41), in dem – mit Ausnahme von Ps 10; 33 (s. dort) – alle Psalmen eine Überschrift tragen. Nach dem Lobpreis des Weisen und Gerechten (Ps 1) erfolgt nun die Investitur des Königs durch JHWH (Ps 2). Die Weisung des HERRN (vgl. Ps 1) ist die "innere", das Königtum (vgl. Ps 2) die "äussere" Stabilität, die Gott seinem Volk verleiht. Die Frage des Rechtverhaltens verbindet sich im Psalmeneingang mit der Machtfrage (vgl. Wb Pss III, 41–43).

Die Zusammengehörigkeit von Ps 1 und Ps 2 ist aus mehreren Gründen besonders eng: 1. Die Seligpreisung von 2,12d dürfte im Blick auf diejenige von 1,1a von der Psalterredaktion im Sinne einer Verklammerung der beiden eröffnenden Psalmen an den Schluss von Ps 2 gesetzt worden sein (Nachtrag von 2,12d); 2. Trotz der unterschiedlichen Gattungen der beiden Psalmen findet sich gemeinsames Wortgut (הגה "[murmelnd] sinnen" 1,2; 2,1 [Psalm-Anfang]; ישׁב "sitzen, thronen" 1,1; 2,4; die Verbindung von דרך "Weg" und אבד "sich verlieren, zugrunde gehen, umkommen" 1,6; 2,12 [Psalm-Ende]); 3. Es gibt neben der Überlieferung als zwei separate Psalmen (Hauptzeugen M und G) einige Handschriften und andere Zeugen (4QFlorilegium I,14–II,3; Apg 13,33 [westliche Textbezeugung]; babylonischer Talmud, Traktat: Berakhot 9b–10a; einige Kirchenväter), die von Ps 1–2 als *einzigem* Psalm ausgehen; 4. Vielleicht zeigt sich die Zusammengehörigkeit auch durch eine angedeutete Akrostichie: Ps 1 läuft von א bis כ (= erste Alphabethälfte), Ps 2 eröffnet nahtlos mit dem ל, dem ersten Konsonanten der zweiten Alphabethälfte, und schliesst so wie Ps 1 eröffnet: mit dem א (Makarismus-Rahmen). Man kann die beiden Anfangspsalmen als eine Art "Diptychon" (zweiflügliges Altarbild), das als Einheit geschaut bzw. gelesen werden soll, bzw. als "zweifaches Portal zum Psalmenbuch" (E. Zenger) bezeichnen.

Wenn gesagt wurde, dass der weisheitliche Ps 1 mit einer Reihe von Weisheitspsalmen an Scharnierstellen des Psalmenbuchs redaktionell verzahnt ist (s.o., G.H. Wilson), so gilt dies ähnlich auch für den königlichen Ps 2. Ps 2 ist verbunden mit den Psalmen 72 (Ende Buch II) und v.a. 89 (Ende Buch III; möglicherweise bildeten einmal Ps 2–89 eine Psaltervorstufe [C. Rösel]). Ähnlichkeiten gibt es auch mit anderen Königspsalmen (vgl. v.a. Ps 110, dann Ps 18; 20; 21; 45 und in gewisser Weise auch die JHWH-Königspsalmen 93ff.).

Dass Ps 2 messianisch gedeutet und bedeutsam für das Verständnis von Jesus als Messias und Gottes Sohn wurde, zeigt sich auch daran, dass er von allen Psalmen im Neuen Testament am häufigsten zitiert wird: 1f. in Apg 4,25f., 7 in Apg 13,33; Hebr 1,5; 5,5 und 9 in Offb 2,26f.; 19,15. Dazu finden sich Anspielungen im Blick auf 2 (Offb 11,15.18), 6 (Offb 14,1), 7 (Mt

3,17; 4,3; Lk 1,32; 3,22; Joh 1,49), 8 (Hebr 1,2), 9 (Offb 12,5) sowie 11 (2. Kor 7,15; Phil 2,12f., vgl. B. Weber).

Anregungen für die Praxis

Der Psalm ist später (wohl im Zusammenhang mit der Redaktionsstufe von Ps 2-89) zum Ausdruck messianischer Hoffnung der bedrängten (nachexilischen) Gemeinde, des messianischen Zionsvolkes (Selbstbezeichnung als "Arme", "Fromme", "Gerechte", "Knechte" o.ä.), geworden.
Für die Christologie Jesu ist insbesondere Vers 7 bedeutsam. Er zeigt, dass der königliche Gesalbte, der Messias, zugleich der von Gott gezeugte (bzw. adoptierte) und eingesetzte "Sohn Gottes" ist. Diese Sohnschaft wird schon im Zusammenhang mit der Geburt angekündigt (Lk 1,32); sie wird von Nathanaël bekannt (Joh 1,49), von der himmlischen Stimme bei der Taufe bezeugt (Mt 3,17; Lk 3,22), in Zusammenhang gebracht mit der Auferweckung Jesu vom Tode (Apg 13,33), und sie wird schliesslich mit der Erhöhung Jesu zur Rechten Gottes und seiner Hohenpriesterschaft verbunden (Hebr 1,3-5; 5,5).
Im Gebet der bedrängten Gemeinde Apg 4,23-31 wird von Ps 2 (und andern atl. Stellen) her das Leiden Christi und ihr eigenes gedeutet, Zuversicht gewonnen und das Machtwirken Gottes sowie Freimut in der Verkündigung erbeten (das Feindverhalten der jüdischen Obrigkeit gegen Jesus Christus und die Gemeinde rückt sie gleichsam in die Rolle der "[Heiden-]Völker", vgl. Apg 4,24-27).
Ps 2 im Gesangbuch: EG Ps 2 (EG-West); GL 709.

Psalm 3

	1		Ein Psalm – David zugehörig – als er floh vor Abschalom, seinem Sohn.
I	2	a	JHWH, wie viele sind geworden meine Bedränger,
(A)		b	viele, die aufstehen gegen mich!
	3	a	Viele [sind es], die sagen in Bezug auf meine Person:
		b	"Es gibt keine Rettung [mehr] für ihn durch Elohim!" – Sela.
	4	a	Aber du, JHWH, [bist] ein Schild um mich herum,
		b	meine Ehre und emporhebend mein Haupt.
II	5	a	Laut ("meine Stimme"), zu JHWH rief ich wiederholt,
(B)		b	da antwortete er mir von seinem heiligen Berge her. – Sela.
	6	a	Ich, ich legte mich nieder und fiel in Schlaf; ich erwachte,
		b	denn JHWH stützt mich.
	7	a	Nicht fürchte ich mich vor Zehn-/Vieltausenden an [Kriegs-]Volk,
		b	die sich ringsum aufgestellt haben gegen mich.
III	8	a	Steh bitte auf, JHWH!
(A')		b	Rette mich, mein Elohim!
		c	Denn ge-/erschlagen hast du all meine Feinde [bezüglich der] Kinnbacke,
		d	[die] Zähne der Frevler hast du zerbrochen gemacht.
	9	a	Bei JHWH [ist] die Rettung!
		b	Auf dein(em) Volk [ist/komme] dein Segen! – Sela.

1 ברח fliehen (Inf cs qal + Präp + Suff).– **2** מָה Pronomen: was?; Adv: wie (sehr)! // רבב viel sein (AK qal 3 pl).– **3** אמר sagen von (לְ) (Ptz qal m pl) // אֵין Nichtsein, nicht, kein // יְשׁוּעָה Rettung, Heil (hier wohl alte Akkusativ-Form).– **4** מָגֵן Schild; Schutz // בַּעַד Entfernung; um ... herum; zugunsten von; für // רום hoch sein, hi: erheben (wPtz hi m sg).– **5** ענה I erwidern, antworten (wPK qal 3 m sg + Suff).– **6** שכב sich niederlegen (AK qal 1 sg) // ישׁן (ein)schlafen (wPK Koh qal 1 sg) // קוץ hi: erwachen (AK hi 1 sg) // סמך stützen (PK qal 3 m sg + Suff).– **7** ירא sich fürchten vor (מִן) (PK qal 1 sg) // רְבָבָה Zehntausend, Myriade // שׁית sich aufstellen gegen (עַל) (AK qal 3 sg).– **8** ישׁע hi: retten (Impt hi + Suff) // נכה hi: schlagen (AK hi 2 m sg) // לְחִי Kinnbacken // שֵׁן Zahn // שׁבר I zerbrechen, pi: in Stücke zerschlagen (AK pi 2 m sg).– **9** בְּרָכָה Segen.–

Form und Inhalt

Ps 3 (vgl. Wb Pss III, 44–50) ist gekennzeichnet durch einen Wechsel von aktuellen und früheren Gebetsreden im Ich-Du-Stil (2f.5f.8f.) und gegenüber Gott oder Drittpersonen geäusserten "Bekenntnissen" (4.7.9). Der Psalm wird als "Morgenlied" bezeichnet und teils mit einer Tempelinkubation (Schlaf am Heiligtum als Mittel, den Willen Gottes durch eine [Traum-]Offenbarung zu erkennen) in Verbindung gebracht. Aufgrund von 5 (vgl. auch 1) ist jedoch eine Ent-

Psalm 3

stehungssituation abseits des Tempels anzunehmen (wohl Ausrichtung auf Jerusalem bzw. Rettungserwartung "vom heiligen Berg her"). Wahrscheinlich wurde der Psalmist durch eine Heilsbotschaft, die er als "Stützung durch JHWH" erfährt, in der Nacht aufgeweckt (6). Sie eröffnet ihm die Gewissheit der Hilfe (8cd in Vergangenheitstempus – weil in der Traumvision bereits geschehen?), die sich nun auch in der Alltagsrealität (vgl. 8ab) vollziehen soll (vgl. C. Schroeder).
Der erste Teil (I) ist charakterisiert durch ein Verklagen der "Bedränger" (mit Feind-Zitat 3b), die dem Beter bedrohlich werden und ihm keine Rettung mehr zugestehen. Diese Gebets-Klage wird kontrastiert ("Aber du ...") und abgeschlossen mit einer Vertrauensaussage in 4 (Nominalstil). Im Mittelteil (II) schildert der Psalmist (Verben in AK bzw. wPK) – jetzt den menschlichen Zuhörern! – zunächst seine Erfahrungen: Wiederholte Gottesanrufung, Erhörungserfahrung (mit dem "heiligen Berg" ist wohl der Zionstempel in Jerusalem gemeint), in Verbindung mit Schlaf und Traumerlebnis (5.6a). Daraus ergeben sich seine zuversichtlichen Aussagen (Nominalstil, PK), zunächst im Blick auf Gott (6b), dann angesichts der ihn umzingelnden Bedränger (7). Im letzten Teil (III) kehrt der Psalmist neuerlich zur Gebetsrede zurück. Zunächst formuliert er zwei Bitten (Imperative) an JHWH, zu retten und einzugreifen (8ab), dann bezeugt er (AK) dessen erfolgtes Eingreifen zu Ungunsten der Feinde des Psalmisten (8cd). Den Abschluss macht (wie in 4) ein Bekenntnis (9a) und ein Segenswunsch (9b).

Struktur und Poesie

Die Anlage des Psalms ist dreiteilig und ebenmässig (anscheinend stimmen die Abschnitte hier nicht mit den "Sela"-Angaben überein, die einen Einschnitt, eine Pause, ein Zwischenspiel oder ähnliches markieren). Es sind drei Strophen bzw. Stanzen zu je drei Versen (Bikola = Zweizeiler). Die Struktur ist chiastisch (ABA'): In der Mitte (II = B) steht die Schilderung der Gebetserhörung, der (lediglich angedeuteten) Heilserfahrung, die neue Gotteszuversicht freigelegt hat. Die Rahmenteile bilden die Eingangsklage mit der Darstellung der Notlage und dem JHWH-Bekenntnis (I = A) sowie das Bittgebet, das sich – aufgrund und nach der in II ausgesprochenen Heilserfahrung – nun verbindet mit dem Bekenntnis des Sieges über die Feinde und neuerlich in ein JHWH-Bekenntnis und in einen Segenswunsch ausmündet (III = A').
Die Poetik des Psalms orientiert sich nicht nur am üblichen Parallelismus (vgl. allerdings 2a || 2b, 8a || 8b, 8c || 8d) – die Diktion ist mehrheitlich fortführend ("narrativ") –, sondern auch an Wiederholungsfiguren im Blick auf den Bedeutungsgehalt und den Lautbestand (Alliterationen). So wird z.B. durch die Wiederholung der Wurzel רב(ב) (2a.2b.3a.7a!) die "Vielzahl" unterstrichen und mit einem "anschwellenden" Effekt (Crescendo) versehen: viele – viele – viele (2f.) – vieltausende (7a) – alle (8c). Der Feinde werden immer mehr, aber Gott ist stärker: "alle" wurden bzw. werden noch von JHWH bezwungen und gedemütigt! Die Vergeltungsthematik ist durch ein Wort- und Sinnspiel mit der Wurzel קום "aufstehen" (2b.8a) unterstrichen. An der dreimaligen Aufnahme der Wurzel ישׁע "retten" (3b.8b.9a) vollzieht sich die Inhaltsentwicklung von der Bestreitung der Rettung über die Rettungsbitte hin zum Bekenntnis des Retters JHWH. Zu beachten ist auch die unterschiedliche Akzentuierung von עם "Volk" in 7a.9b und die Kontrastierung der feindlichen Umzingelung durch die Feinde mit dem bergenden Schutz durch den "Schild", JHWH (4a.7b). Der Gottesname יהוה findet sich in jeder der 3 Strophen 2mal; dazu gesellt sich in den Rahmenstrophen noch je einmal die Gottesbezeichnung אלהים.
Lautmuster: Reim עָלָי/צָרָי (2a.2b, Pausa); Häufung von *i*-Endungslauten (u.a. die Form 1 sg), v.a. in 3.6.8; *s*-Laute in 6–8 (das hassvolle Zischen der Feinde nachahmend); Rahmung mit יהוה 2a.9a (je Verseröffnung).

Kontexte

Die Überschrift (1) bringt – erstmals im Psalter – einen Psalm mit David in Verbindung. Die in 2. Sam 15ff. geschilderten Begebenheiten (Aufstand von Abschalom) fügen sich in dem Sinn zur Situationsangabe im Präskript, als es sich um einen in bzw. aus militärisch-politischer Bedrängnis entstandenen Königspsalm (vgl. auch Ps 2) handelt, der später als "Schutzpsalm" auch dem "einfachen" Beter und Bekenner dienlich wurde (vgl. 2f. mit 2. Sam 15,12; 18,31f. sowie 7 mit 2. Sam 15,12). Am Schluss wird der Einzelne ins Bundesvolk Gottes eingefügt.
Janusköpfig beschliesst Ps 3 die Psalter-Ouvertüre Ps 1–3 und eröffnet zugleich den ersten David-Psalter Ps 3–41 und darin die Teilsammlung Ps 3–14 (vgl. Wb Pss III, 44–54). Was die Bucheröffnung betrifft, wird die Torheit der Frevler aus Ps 1 hinter dem Aufbegehren der Nationen von Ps 2 ebenso durchsichtig wie die Situation des Bedrängten von Ps 3 im Blick auf den Weg des Gerechten von Ps 1: Wie jener dem Baum an Wassergräben gleicht, "der seine Frucht bringen wird zu seiner Zeit und dessen Laub nicht welken wird" (1,3), so legt sich dieser furchtlos zum Schlafen nieder und erwacht, weil JHWH ihn hält (3,6). Das mit Ps 3 einsetzenden David-Psalmen-Gruppetto Ps 3–7 lässt sich im Licht der Überschrift von Ps 3,1 als "David-Abschalom"-Midrasch verstehen. Ps 3–6 werden überdies gerne als Abfolge von "Morgen"- und "Abendgebeten" (3,6; 4,5.9; 5,4; 6,7) gelesen. Die David-Psalter der Bücher I (Ps 1/3–41) und II (Ps 42–72) spiegeln die Epoche der Monarchie (v.a. der vereinten Monarchie unter David und Salomo). Dabei wird im ersten Buch stärker der individuelle Aspekt König Davids betont, der mit Gottes Hilfe allen Nachstellungen seiner Feinde entkommt und somit zum Vorbild für den verfolgten Beter des Psalter wird. Im zweiten Buch kommt dagegen stärker der aussenpolitische Aspekt der universalen Völkerherrschaft der Davididen zum Ausdruck (vgl. U. Berges).
Zum "Schild" (4a) vgl. u.a. 2. Sam 22,3.36; Eph 6,16, zu 7 vgl. 1. Sam 18,7f.; 21,12; 29,5, zu 8 vgl. Ri 15,15f.; 1. Sam 18,7f.; Mt 5,39.

Anregungen für die Praxis

Auch unseren "vielen", uns in- und auswendig "umzingelnden" Feinden, den "vielen" Einflüsterungen ("Killer-Sätze" wie 3b) ist zu begegnen mit dem Glauben, der zur Erfahrung wird und neu aus der Erfahrung kommt: "Gott stützt mich!" Weil Gott in Christus "alle Feinde" besiegt, können auch wir uns erkühnen und aus der Gottesfurcht die Furchtlosigkeit gegenüber "vieltausend Kriegsvolk" – wie immer dieses zu benennen ist – gewinnen.
Ps 3 lässt sich auch mit anderen wegweisenden Gotteserfahrungen in der Nacht bzw. im Traum (biblisch u.a. Gen 28,10–22; 41,7ff.; Jer 31,23–26; Mt 2,12.13–15.19–21) verbinden.
Im Blick auf Jesus Christus lässt sich das Nebeneinander von Ps und Ps 3 als Verschränkung von Hoheits- und Niedrigkeitschristologie lesen. Kann dem Messias in Ps 2 keine Macht der Welt etwas anhaben, so wird er in Ps 3 – im Licht seiner Überschrift – sogar aus dem eigenen Haus bedrängt.
Ps 3 im Gesangbuch: EG Ps 3 A / 3 B (EG-West).

Psalm 4

	1		Für den Musikverantwortlichen – mit Saitenspiel – ein Psalm – David zugehörig.
I	2	a	Auf mein Rufen antworte mir, Elohim meiner Gerechtigkeit!
		{b	In der Bedrängnis hast du mir Raum verschafft.}
		c	Sei mir gnädig, und höre mein Gebet!
II A	3	a	"Ihr Herrensöhne, wie lange [noch] [dient] meine Ehre [euch] zur Schädigung?
		b	Ihr liebt Leeres, ihr sucht Lüge! – Sela.
	4	a	Doch wisst, dass JHWH einen Frommen für sich ausgesondert hat!
		b	JHWH wird auf mein Rufen zu ihm hören.
II B	5	a	Erzittert, aber sündigt nicht!
		b	Redet in eurem Herzen, {auf eurem Lager,} und bleibt stumm (oder: wehklagt)! – Sela.
	6	a	Opfert gerechte Opfer,
		b	und sucht Geborgenheit bei JHWH!"
III A	7	a	Viele sprechen: "Wer wird/kann uns Gutes sehen lassen?"
		b	Erhebe über uns das Licht deines Angesichts, JHWH!
	8	a	Du hast Freude gegeben in mein Herz,
		b	mehr als [jenen] zur Zeit, als sie viel Korn und Most hatten.
III B	9	a	In Frieden kann ich mich zugleich niederlegen und schlafen,
		b	denn du selbst, JHWH allein,
		c	lässest mich in Geborgenheit wohnen.

1 נצח beaufsichtigen (Ptz m sg + Präp: "für den Musikmeister" o.ä., 55mal in Psalmenüberschriften) // נְגִינָה Saitenspiel (vgl. Hab 3,19; Ps 6,1; 54,1; 55,1; 67,1; 76,1).– **2** רחב weit werden, hi: weit machen, Raum schaffen (AK hi 2 m sg) // חנן gnädig sein (Impt m sg + Suff) // תְּפִלָּה Gebet.– **3** כְּלִמָּה Schmach, Schimpf, Schädigung // אהב lieben (PK qal 2 m pl) // רִיק Leere(s), nichtig // בקש pi: suchen, trachten nach (PK pi 2 m pl) // כָּזָב Lüge.– **4** פלה (Nebenform von פלא) hi: ausgezeichnet, besonders behandeln (AK hi 3 m sg).– **5** רגז erbeben, zittern (Impt m pl) // מִשְׁכָּב Lager // דמם I sich still halten, schweigen; II heulen, wehklagen (wImpt m pl).– **7** נסה (hier vermutlich Sonderform von נשׂא, vgl. Ps 10,12) tragen, erheben (Impt qal m sg) // אוֹר Licht.– **8** שִׂמְחָה Freude // עֵת Zeit // דָּגָן Getreide // תִּירוֹשׁ Most.– **9** יַחְדָּו zusammen, zugleich // בָּדָד Abgeschiedenheit, allein // בֶּטַח Vertrauen, Sicherheit, Geborgenheit // ישׁב sich hinsetzen, sitzen, wohnen; hi: wohnen lassen (PK hi 2 m sg + Suff).–

Psalm 4

Form und Inhalt

Der Psalm hat ein vielschichtiges "dialogisches Gepräge". Er beginnt als Bittgebet, gerichtet an Gott, der für die Gerechtigkeit des Beters bürgt bzw. ihm diese zuteil werden lassen soll (2). Dann verlässt der Psalmist die Gottesanrede und tritt in ein zwischenmenschliches Gespräch mit seinen Gegnern ein.
"Herrensöhne", wohl Männer vornehmen Ranges (vgl. Ps 49,3), werden für ihr niedriges, verleumderisches Verhalten dem Beter gegenüber, der sich unter JHWHs Obhut weiss, gebrandmarkt und mit drei Imperativ-Paaren zu Gott-ergebenem Verhalten ermahnt (3–6). In 7 werden die Aussagen zweier Gruppen einander gegenübergestellt: Die Skepsis der "Vielen" (die "Herrensöhne" wohl eingeschlossen) stellt das Gute und damit die Güte Gottes in Frage; eine "Wir"-Gruppe (der Psalmist eingeschlossen) aber richtet sich an Gott und erbittet den Segen JHWHs (in Anlehnung an den Priestersegen, Num 6,25f.).
In den letzten beiden Versen wendet sich der Beter wieder JHWH zu. Er bezeugt in 8 (nach einer zeitlichen Zäsur?) die Gewährung der eingangs und in 7b ausgesprochenen Bitten an Gott. Herzensfreude in reichem Mass kehrt bei ihm ein. Die Äusserungen lassen darauf schliessen, dass neben Ehrverletzung auch Erfahrungen von Mangel und Armut den Situationshintergrund des Psalms, der als Unschuldsbekenntnis verstanden werden kann, bilden. Die Bedrängnis ist der Gewissheit, in JHWH geborgen zu sein, gewichen. So verliert die Nacht ihre Bedrohlichkeit und der Beter kann in Frieden ruhen (9).

Struktur und Poesie

Der Parallelismus der Versglieder ist nicht sehr ausgeprägt. Im Blick auf die Zeilenlänge und Rhythmik lassen sich 4-akzentige Langzeilen, mit welchen die Redeteile gestaltet sind (3f.7), von den 2(3)-akzentigen Kurzzeilen, die die Staffel der Aufforderungen (5f.) enthalten, abheben. Dazu kommt eine Gebetseröffnung im 3+3-Rhythmus (2) und eine 4+3+2-Diminuendo-Rhythmik (zur Unterstreichung des Zur-Ruhe-Kommens?) am Psalmschluss (9).
Der Psalm gliedert sich in eine Anrufung Gottes mit Erhörungsbitte zu Beginn (I) und zwei den Hintergrund des Gebets (2c) ausleuchtende Dialogteile (II, III), die sich nochmals je in zwei Hälften gliedern (2b und ein Teil von 5b ist möglicherweise spätere Kommentierung). Ist diese Einschätzung richtig, erscheinen die "Sela"-Marker in diesem Psalm nicht bei den Zäsuren, sondern nach den beiden Stropheneröffnungs-Versen in Stanze II. Die Parallelität der beiden Hauptteile II (3–6) und III (7–9) ergibt sich durch die Analogie der Anfangsfrage (3a.7a) und dem theologischen Begriff des "Vertrauens" bzw. der "Geborgenheit" (בטח 6b.9b) am Schluss. Dergestalt ergibt sich in beiden Stanzen eine Linie von einer den bzw. die Frommen bedrängenden Handlungs- bzw. Redeweise hin zur Auflösung der Problematik. Diese äussert sich zum Einen im Aufruf an die Gegner, Gott-gemässes Verhalten an den Tag zu legen bzw. Geborgenheit zu suchen, zum Andern im Bekenntnis, Geborgenheit gefunden zu haben.
Der Psalmist scheint darüber hinaus mit einer bewusst eingesetzten Wiederholungstechnik verschiedene Effekte anzustreben: Die Gottesanrufung und Bitte um Erhörung zu Beginn ist mit der Gewissheit der Erhörung des Rufens in Stanze I verbunden (בקרא "auf mein Rufen" 2a.4b, שמע "hören" 2c.4b). Der den "Gott meiner Gerechtigkeit" Anrufende ist der, der zum Darbringen gerechter Opfer aufrufen kann (צדק "Gerechtigkeit/gerecht" 2b.6a). Das bereits genannte Paar von Erhörungsbitte und Erhörungsgewissheit (2c.4b) wird durch ein "Reden"-Paar (אמר "reden, sprechen" 5b.7a) abgelöst, wobei rechtes (stilles = zu Gott gerichtetes?) Reden Gott-losem Reden gegenübergestellt wird. Die Teile II und III sind über das Stichwort "Geborgenheit" hinaus durch (לב) "Herz" (5b.8a) insofern verbunden, als das Herz der vom

Psalmisten Ermahnten in Kontrast zur Befindlichkeit seines eigenen Herzens steht. In Stanze II reden "viele" gottlos und hatten doch "viel" Ernteertrag – doch der Segen Gottes übertrifft diesen (רב[ב] 7a.8b). Zu notieren ist auch die Alliteration von 6, mit Hilfe derjenigen Opfer und Vertrauen bzw. Geborgenheit verklammert werden (זבח 2mal, בטח). Die Wortstellung von לבדד "allein" ermöglicht eine zweifache Lesart (Amphibolie) von 9b: Zieht man den Ausdruck (wie die masoretische Akzentuierung und obige Übersetzung) zum Gottesnamen ("JHWH *allein*"), gibt die Verszeile gleichsam Antwort auf die Frage der Zweifler in 7a; zieht man den Ausdruck jedoch zu לבטח תושיבני ("... lässt mich *allein* in Sicherheit wohnen"), betont der Psalmschluss nochmals die von Gott geschenkte Aussonderung bzw. Absonderung von den Feinden (vgl. 3f.). Ob Zufall oder nicht: Der erste wie der letzte Vers eröffnen mit ב-Laut und beschliessen mit einem Wort, das auf ח an- und auf (langem) *i* auslautet.

Kontexte

Mit den Nachbarpsalmen ergeben sich Berührungen (zu Anrufung und Gewissheit der Erhörung vgl. 4,2.4 mit 3,5 und 5,2f.; zur Frevler-Rede vgl. 4,7a mit 3,3 und 5,10–12; zum Motiv des Schlafens und Erwachens vgl. 4,9 mit 3,6 und 5,4; zum Segen vgl. 4,7b mit 3,9 und 5,13), die eine bewusste (redaktionelle) Verklammerung der Psalmen 3–5 nahelegen.
Zu 5a vgl. Eph 4,26, zu 6 vgl. Ps 51,19.21, zu 7b vgl. Num 6,25f.

Anregungen für die Praxis

Ps 4 zeigt in vielschichtiger Weise die Macht von "Worten": ihre verletzende Gefahr für Mitmenschen, die sich in ihnen enthüllende Unwahrheit und Überheblichkeit, aber auch die Fähigkeit, mit ihrer Hilfe Anschuldigungen zurückzuweisen, Ermahnungen auszusprechen und – vor allem – Gott in der Not anzurufen und seine erfahrene Hilfe zu bezeugen. Der Psalm ist ein Beispiel dafür, wie (negative) Worte anderer "ins Gebet" genommen werden können. Negatives Verhalten und Gott-verachtende Worte werden ebenso wie Abweisung von Verleumdung, Vorwurf und Ermahnungen von Gebetsworten umklammert. Damit wird alle (bedrängende) zwischenmenschliche Kommunikation unter das (befreiende) Vorzeichen der Gotteskommunikation gestellt. Der Psalm bezeugt darin einen Weg von der Bedrängnis zur Freude, von der Ehrverletzung zum Frieden.
Der bekannte Schlussvers lässt den Psalm auch zum "Abendgebet" werden, am Schluss eines Tages, aber auch am Lebensabend. Denn "mit diesem Gebet auf den Lippen oder im Herzen lässt es sich 'in Frieden' und in der Hoffnung auf 'ewige Ruhe' sterben" (E. Zenger).
Ps 4 im Gesangbuch: EG Ps 4 (EG-West), 703 (EG-West, EG-Wü), 733 (EG-BT); RG 4; GL 697; KG 285.

Psalm 5

	1		Für den Musikverantwortlichen – zum Flötenspiel – ein Psalm – David zugehörig.
I A	2	a	Meinen Worten neige dein Ohr, JHWH,
		b	versteh bitte mein Seufzen!
	3	a	Achte bitte auf mein lautes Geschrei um Hilfe,
		b	mein König und mein Elohim!
		c	Fürwahr, zu dir bete ich (hiermit), JHWH!
	4	a	[Am] Morgen mögest du auf meine Stimme hören;
		b	[am] Morgen will ich dir [das Opfer] zurüsten und [nach Erhörung] ausspähen.
I B	5	a	Fürwahr, kein El bist du, der an Frevel Gefallen hat,
		b	nichts Böses kann bei dir weilen!
	6	a	Prahler ("Glänzer") dürfen nicht vor deine Augen treten!
		b	Du hassest alle Übeltäter!
	7	a	Du wirst zugrunde richten die Lügen-Redner;
		b	einen Mann der Bluttaten und des Truges muss JHWH verabscheuen.
II A	8	a	Ich aber, ich darf aufgrund der Grösse deiner Gnade in dein Haus eingehen;
		b	ich will niederfallen zu deinem heiligen Tempel hin, in Ehrfurcht vor dir.
	9	a	JHWH, führe mich in deiner Gerechtigkeit um meiner Feinde willen,
		b	ebne vor meinem Angesicht deinen Weg!
II B	10	a	Fürwahr, nichts Wahres ist in ihrem (seinem?) Mund,
		b	ihr Inneres ist Verderben!
		c	Ein geöffnetes Grab ist ihre Kehle,
		d	[mit] ihre[r] Zunge schmeicheln sie.
II C	11	a	Lass sie [es] büssen, Elohim!
		b	Sie sollen fallen wegen ihren [gemeinen] Plänen.
		c	Wegen der Menge ihrer Freveltaten versprenge sie,
		d	denn sie waren widerspenstig gegen dich!
III	12	a	Dann werden sich alle freuen, die auf dich vertrauen,
		b	allezeit werden sie jubeln.
		c	Dann wirst du sie verstecken,
		d	und sie werden frohlocken in dir, die deinen Namen lieben.
	13	a	Fürwahr, du! Du wirst [den] Gerechten segnen, JHWH,
		b	wie [mit] dem Schild wirst du ihn [mit] Wohlgefallen umringen.

1 נְחִילוֹת Flötenspiel(?).– 2 אזן hi: die Ohren spitzen, das Ohr neigen, hören (Impt Adh hi m sg) // הָגִיג Seufzen.– 3 קשב qal + hi: (auf)merken auf (לְ) (Impt Adh hi m sg) // שֶׁוַע Hilferuf; Geschrei um Hilfe.– 4 ערך zurüsten, hier des [Morgen-]Opfers im Sinne des Betens (PK qal 1 sg) // צפה schauen, pi: ausspähen, hier: nach Erhörung (wPK pi 1 sg).– 5 גור I (als Fremder, Schutzbürger) weilen, wohnen; II anfeinden, angreifen; III sich fürchten (PK qal 3 m sg + Suff).– 6 יצב hitp: hintreten, standhalten (PK hitp 3 m pl) // הלל I hell sein, verblendet sein, glänzen, prahlen (Ptz qal m pl) // אָוֶן Nichtigkeit, Falschheit.– 7 דָּם Blut // מִרְמָה Trug // תעב pi: verabscheuen (PK pi 3 m sg).– 8 רֹב Menge, Grösse // יִרְאָה (Gottes-)Furcht.– 9 נחה führen (Impt qal m sg + Suff) // שׁוֹרֵר Bedränger, Feind // ישׁר gerade sein, hi: gerade machen, (Berge) ebnen (K הוֹשִׁר: Impt hi m sg).– 10 כון ni: feststehen; Ptz: fest, zuverlässig, wahr (Ptz ni f sg) // הַוָּה II Verderben (sg + pl) // קֶבֶר Grab // גָּרוֹן Kehle // חלק glatt sein, hi: glätten (PK hi 3 m pl).– 11 אשׁם sich verschulden, büssen, hi: in Schuld geraten/büssen lassen (Impt hi m sg + Suff) // מוֹעֵצָה Ratschlag, Plan // נדח I ni: versprengt werden, hi: versprengen, auseinanderjagen (Impt hi m sg + Suff) // מרה widerspenstig sein gegen (בְּ) (AK qal 3 pl).– 12 שׂמח sich freuen (wPK qal 3 m pl) // חסה vertrauen auf (בְּ) (Ptz qal 3 m pl cs) // רנן qal + pi: jubeln (PK pi 3 m pl) // סכך I schirmend absperren, hi: absperren, unzugänglich machen; III verhüllen, hi: bedecken (wPK hi 2 m sg) // עלץ frohlocken (wPK qal 3 m pl).– 13 צִנָּה Schild // עטר umzingeln, umringen, pi: bekränzen (PK qal 2 m sg + Suff; evtl. als pi zu lesen).– .

Form und Inhalt

Es handelt sich um das Bittgebet eines Einzelnen, wohl eines zu Unrecht Angeklagten (Verleumdung), der auf ein positiv ausgehendes Gottesurteil wartet. Das Gebet dürfte am Jerusalemer Tempel gesprochen worden sein. Der Beter scheint als ein in der Nacht Wachender auf Erhörung und Hilfe Gottes am Morgen (Aufgehen der Sonne? Morgenopfer) zu warten. Nach den eröffnenden Bittappellen an JHWH (2–4) werden die "Feinde" als vor Gott nicht kulttauglich denunziert (5–7). Der Beter darf dagegen ins Gotteshaus eingehen (8f.). Der Psalmist wechselt neuerdings zu Feindaussagen, ihre Lügenhaftigkeit herausstellend (10), um dann vor Gott ihre Bestrafung zu erbitten (11). Den Schluss machen modale bzw. futurische Aussagen (PK), in denen Lohn und Segen den Gerechten vorausgesagt wird (12f.). Der Beter weiss sich in diese Gruppe eingeschlossen.
Ps 5 zeichnet sich aus durch z.T. seltenes Wortgut und eine variantenreiche Begrifflichkeit (viele Synonyme, Wortwiederholungen sind eher selten). In 4 scheint auf ein morgendliches (Opfer-)Ritual im Tempelvorhof verwiesen zu sein, in dessen Zusammenhang die göttliche Hilfe bzw. der Urteilsspruch erkennbar ist ("ausspähen").

Struktur und Poesie

Der Psalm gliedert sich in insgesamt sechs 4- bzw. 6(7)-zeilige Strophen, wobei die ersten beiden (I A–B) sowie die dritte bis fünfte (III A–C) miteinander verzahnt scheinen. Insgesamt ergeben sich so drei Hauptteile bzw. Stanzen (I–III), wobei die ersten beiden eine identische Grösse aufweisen (12/13 Zeilen) und die dritte halb so gross ist (6 Zeilen). II A steht im Zentrum des Psalms. Bei der Rhythmik fällt ein Wechsel zwischen kurzen 3+2/2+3-Versen (2–4.10–11.12) und langen 4+3/3+4-Versen (5–7.7.8–9.13) auf, wobei die Versabgrenzung nicht immer leicht erkennbar ist (und z.T. mit dem masoretischen Text nicht konform geht).
In der Eröffnungsstrophe (I A) artikuliert sich in anschwellender Weise (Worte => Seufzen => lautes Geschrei) die in Rechtsbedrängnis geäusserte Bitte um Hilfe. Der Morgen wird als Zeit

der Erhörung erwartet (Rahmung "das Ohr neigen/hören" שמע/האזין). Daran schliesst sich Strophe I B an, in der die Unvereinbarkeit der Feinde des Beters mit JHWHs Rechtsempfinden zur Aussage gebracht und damit sowohl die Berechtigung ihrer Anklage als auch ihres Zugangs zum Kult abgewiesen wird (vgl. die durch die gutturalen א/ע-Laute verknüpften "Frevel"-Begrifflichkeiten). Der JHWH-Name legt sich rahmend um Stanze I (2a.7b).

Der zweite, dreiteilige Hauptteil (II) wird verklammert durch die Wendung ברב "wegen/aufgrund der Grösse/Menge" (8a.11c), mittels der absichtsvoll die "Grösse deiner Gnade" (gegenüber dem Psalmisten) der "Menge ihrer Freveltaten" gegenübergestellt wird. Anknüpfend und zugleich kontrastiv macht der Beter zunächst die Aussage, dass er ins Gotteshaus eingehen und dort beten darf. Das tut er dann auch mit der Bitte um Führung (II A). II B greift in seinen Feindaussagen auf I B zurück und stellt den Lügencharakter ihrer Rede heraus. Stanze II gipfelt in einem Bittgebet zu JHWH um Eingreifen zuungunsten der Feinde des Beters, die auch JHWHs Feinde sind (II C).

Im (halben) Hauptteil III finden sich hoffnungsvolle Zukunftsaussagen, die sich um ein Wortfeld "Freude" gruppieren. Die Gerechten werden jubeln; JHWH wird den Gerechten segnen und ihn schützend mit "Wohlgefallen umringen".

Charakteristisch sind die mehrfachen Vers- bzw. Strophen-Eröffnungen mit כי (3c.5a.10a. 13a, vgl. auch 11d). Ein Wort- und Sinnspiel liegt in 10 zwischen קרב ("Inneres") und קבר ("Grab") vor. Die vier Zeilen der Verse 10ab und 10cd sind überdies spiegelsymmetrisch strukturiert (ABB'A').

Kontexte

Ps 5 weist Berührungen mit den ihn umgebenden Psalmen 3–7 auf. Zu den הוללים "Prahler" (6a) vgl. Ps 73,3.10; 75,5. Zu 8 (auch 5–7) vgl. die Einlass-Tora zum Heiligtum in Ps 15 und 24.

Vers 10 wird von Paulus in Röm 3,13 zitiert und mit andern atl. Belegstellen zusammengestellt. Zum "Seufzen" 2b vgl. Röm 8,22f.26.

Anregungen für die Praxis

Wesentlich ist (auch) in diesem Psalm, dass die Verarbeitung der wechselseitigen Aggression zwischen den "Feinden" und dem Psalmisten durch den Einbezug JHWHs geschieht. Die Polarität wird aufgebrochen durch die göttliche Rechtsinstanz, vor der der Beter beide Seiten verantwortlich weiss. Der Psalmbeter sieht in seinen Feinden die Feinde JHWHs selber. Ihr ethisches Verhalten macht sie Gottesdienst-untauglich. Der Psalmist weiss allerdings – und das macht den Unterschied aus! –, dass er zu Gott lediglich "aufgrund der Grösse deiner Gnade" nahen kann. Doch gerade in dieser seiner Angewiesenheit und Hilfsbedürftigkeit erweist sich sein Gottvertrauen. Die Nacht ist die Zeit des Wartens, Seufzens und Betens, der anbrechende Morgen die Zeit der Hilfe. Dabei kann man, wie 12f. zeigen, auch inmitten der Dunkelheit bereits glaubend durch den Horizont hindurchsehen und die Freude ausmalen, die denen zuteil werden wird, die ihr Zutrauen auf Gott setzen.

Ps 5 im Gesangbuch: EG Ps 5 (EG-West); RG 5.

Psalm 6

	1		Dem Musikverantwortlichen – mit Saitenspiel – auf der Achten [Saite? Oktave?] – ein Psalm – David zugehörig.
I	2	a	JHWH, in deinem Zorn strafe mich nicht,
		b	ja, in deinem Grimm züchtige mich nicht!
	3	a	Sei mir gnädig, JHWH, denn welk bin ich!
		b	Heile mich, JHWH, denn meine Gebeine sind erstarrt ("entsetzt")!
	4	a	Meine Seele ist über die Massen entsetzt;
		b	aber du, JHWH: Wie lange [wartest du] noch?
II	5	a	Kehre bitte zurück, JHWH! Rette doch mein Leben ("meine Seele")!
		b	Hilf mir um deiner Gnade willen!
	6	a	Denn im Tod gibt es keine Anrufung zu dir;
		b	in der Unterwelt: Wer wird dich [da] preisen?
III	7	a	In meinem Seufzen bin ich müde geworden,
		b	ich schwemmte die ganze Nacht durch mein Bett,
		c	netzte stets neu [mit] meinen Tränen mein Lager.
	8	a	Mein Auge ist aus Gram trüb geworden (oder: angeschwollen),
		b	ist gealtert aufgrund all meiner Bedränger.
IV	9	a	Weicht von mir, all ihr Übeltäter,
		b	denn JHWH hat mein lautes Weinen gehört!
	10	a	JHWH hat gehört mein Flehen,
		b	JHWH wird annehmen mein Gebet.
	11	a	Beschämt und über die Massen entsetzt werden alle meine Feinde sein;
		b	sie müssen weichen ("zurückkehren"), werden beschämt in einem Augenblick.

1 שְׁמִינִית die Achte (entweder Saite oder Oktave = Männerstimme, Tiefton).– **2** יכח hi: zurechtweisen, strafen (PK hi 2 m sg + Suff) // חֵמָה Hitze, Zorn (Gottes), Grimm // יסר pi: zurechtweisen, züchtigen (PK pi 2 m sg + Suff).– **3** חנן gnädig sein (Impt qal m sg + Suff) // אֻמְלַל Adj: welk, hinschmachtend // רפא heilen (Impt qal m sg + Suff) // בהל ni: entsetzt, von Sinnen sein, hasten (AK ni 3 pl) // עֶצֶם Knochen, Gebein, pl auch: Glieder.– **5** חלץ herausziehen, pi: herausreissen, retten (Impt Adh pi m sg) // ישׁע hi: helfen, retten, Heil schaffen (Impt hi m sg + Suff).– **6** מָוֶת Tod // זֵכֶר Erwähnung, (feierliche) Nennung, Anrufung (Gottes) // ידה II hi: preisen (PK hi 3 m sg).– **7** יגע müde werden (AK qal 1 sg) // אֲנָחָה Seufzen // שׂחה schwimmen, hi: schwemmen (PK hi 1 sg) // מִטָּה Bett // דִּמְעָה Träne, koll: Tränen // עֶרֶשׂ Lager // מסה hi: zerfliessen machen, netzen (PK hi 1 sg).– **8** עשׁשׁ anschwellen, dunkel, trüb werden (AK qal 3 f sg) // כַּעַס Gram // עתק fortrücken, altern (AK qal 3 f sg) // צוֹרֵר Ptz qal m sg: Dränger.– **9** סור weichen (Impt qal m pl) // בְּכִי Weinen.– **10** תְּחִנָּה Flehen.– **11** בושׁ sich schämen (müssen), zu Schanden werden (PK qal 3 m pl) // רֶגַע Augenblick.–

Psalm 6

Form und Inhalt

Ein Klage-, Krankheits-, bzw. "Busspsalm", der – den Umständen entsprechend – weniger inhaltlich variiert ist als vielmehr durch seine Emotivität und Expressivität (und damit auch seine Lautgestalt) "spricht". Die Selbstaussagen in 3f. lassen an eine massive psycho-physische Beeinträchtigung denken: Das "Welk"-Sein (3a) ist körperlich ("Gebeine" als pars pro toto) (3b) und seelisch (4a) bestimmt (Formulierung je mit בהל). Dieser todesähnliche Zustand muss schon geraume Zeit angedauert haben. Implizit spricht der Psalmist seine Schuldhaftigkeit aus (2). Er ist krank (3f., Augenkrankheit, Erblindung oder Trübung durch die Tränen in 8?), dem Tode nahe gekommen (6, vgl. auch die Selbstbezeichnung als "welk" 3a). In die Elendsschilderungen (4.6–8) eingewoben ist – zweimal am Strophenende – die Frage nach dem zeitlichen Verzug (4b) und die rhetorische Frage nach dem Lobpreis JHWHs im Scheol, der Toten- bzw. Unterwelt (6b). Die Notlage, deren Schilderung auch dazu dient, JHWH zum Eingreifen zu bewegen, fordert den Beter zu Bitten heraus, die im abwehrenden (2) und verlangenden (3.5) Sinn an JHWH adressiert sind. Den betenden Dialog der Ich-Du-Aussagen manifestieren die mit 2 einsetzenden und sich bis 6 weiterziehenden Lautendungen auf $\bar{k}$- und $î$. Die Schluss-Strophe (9–11) bezeugt die Erhörung (שמע 9b.10a PK) der Bitten durch JHWH (die PK in 10b lässt offen, ob eine gewisse "Realisierung" noch aussteht). Dies ist der Grund der Abweisung aller (bisher ungenannt gebliebenen) Gegner, die ihm zugesetzt haben (durch Beschuldigungen – ähnlich wie bei Hiob?). An seiner Stelle werden sie nun beschämt und entsetzt weichen müssen.

Auffallend ist die 3malige Verwendung von Formen des Verbes בהל "entsetzt sein" (3b.4a. 11a), mit dessen Hilfe der Dichter zunächst seinen leiblichen, dann seinen seelischen Zustand aussagt, um zum Schluss – in einer Art Überkreuzformulierung (vgl. 4 mit 11) – seine Gebetserhörung und zugleich das "Entsetzt-Werden" seiner Feinde auszusagen. Die Bitte um JHWHs "Rückkehr" (שוב 5a) ist erhört worden und resultiert in einer "Rückkehr", einem "Zurückweichen" (שוב 11b) der Feinde, die mit einer augenblicklichen Beschämung derselben, d.h. einer Blossstellung ihres Fehlverhaltens, verbunden ist.

Struktur und Poesie

Der Psalm gliedert sich in vier Strophen (I–IV) zu 6–7 Kola (= Verszeile), wohl in einer spiegelsymmetrischen Gesamtanlage (ABB'A'). 7 als einziger trikolischer Vers ist betont, zumal die Kurzzeile 7a genau die Mitte des Psalms markiert – was sowohl den strukturellen Ort, als auch das Ergehen des Psalmisten betrifft.

Die desolate Situation des Psalmisten ist, wie die Abwehr der Feinde in der Schlussstrophe, durch Lautmuster unterstrichen: die klagenden Gutturallaute in 3f. (א 5mal, ע 2mal) und 7f. (א 3mal, ע 7mal), die das Seufzen und Schluchzen nachahmenden Sibilanten in 7f. (שׁ 2mal, שׂ 2mal, ס 2mal), Ich-schildernde (z.T. reimende) $î$-Wortendungen sowie Intensität bzw. Totalität zum Ausdruck bringende Formulierungen (מאד "sehr, über die Massen" 4a.11a, כל־ "alle/ganz" 7b.8b.9a.11a, רגע "Augenblick" 11b = Psalmschluss!). Im Schlussvers ergibt sich mit den Formen der Verben בושׁ "sich schämen" (2mal) und שׁוב "zurückkehren" ein um die Laute ב und שׁ sich drehendes Klanggebilde.

Psalm 6

Kontexte

Die Überschrift lädt zu vertontem Vortrag (achtseitiges Instrument) ein und ordnet den Psalm David zu.
Ps 6 gehört zur Gruppe der durch Feindbedrängung veranlassten Bittgebete Ps 3–7 innerhalb der Psalmengruppe 3–14. Ihnen gemeinsam ist auch das Motiv der Rettungsgewissheit bzw. -erfahrung. Mit den Nachbarpsalmen ist Ps 6 durch eine Reihe von Stichworten verkettet ("alle Übeltäter" 5,6 und 6,9; "deine Gnade" 5,8 und 6,5; "hilf mir!" 6,5 und 7,2; "kehre bitte zurück!" 6,5 und 7,8; "Bedränger" 6,8 und 7,5.7; 8,3).
Zu 2 vgl. Ps 38,2, zur Frage in 4 vgl. Ps 13,2f., zu 7 vgl. Jer 45,3, zur Thematik des Scheols und der Argumentation des fehlenden Gotteslobs vgl. Jes 38,18; Ps 30,10; 88,11–13; 115,17. Zu den Aussagen des Schlussverses 11 vgl. Jes 41,11; Ps 35,4.26; 40,15. Aufgrund des (auch in theophanen Kontexten verwendeten) Verbes בהל ergeben sich losere oder stärkere Bezüge von 3f.11 zu Ex 15,15; 1. Sam 28,21; Ps 2,5; 83,16.18; Hi 23,15f.; Dan 5,6.9f.
Anklänge an Ps 6 finden sich im NT im Blick auf 4f. in Joh 12,27 und auf 9 in Mt 7,23; Lk 13,27.

Anregungen für die Praxis

Ps 6 gilt in der Kirche (ab dem 6. Jh. n.Chr.) als der erste in der Gruppe der sieben Busspsalmen (dazu gehören weiter die Psalmen 32; 38; 51; 102; 130; 143, dazu H.-G. Beutler-Lotz). Ein Psalm, auch heute zum Nachbeten bei leiblicher und seelischer Krankheit, in Notlagen generell und in schlaflosen, durchweinten Nächten. Der Psalm verleiht diesbezüglich sowohl Worte zum Ausdrücken des Elends, als auch offene Fragen und Bitten an Gott. Der Psalmschluss (9–11) darf als Zusicherung des Hörens Gottes und als Verheissung seiner Hilfe gelesen werden. Die genannten "Übeltäter" und "Feinde" mögen äussere, aber auch innere Stimmen der Anklage, der Verurteilung und der Resignation darstellen, die bewusst abgewiesen werden sollen (9a). Derartiges Abweisen trägt die Verheissung in sich, dass diese "Bedränger" dann auch in der Wirklichkeit weichen müssen (11b).
Ps 6 im Gesangbuch: EG Ps 6 (EG-West), 704 (EG-West, EG-Wü); RG 6.

Psalm 7

	1		Ein "Schiggayon" – David zugehörig –, das er JHWH sang wegen der Angelegenheiten ("Worte") betreffend Kusch, dem Benjaminiten.
I A	2	a	JHWH, mein Elohim, bei dir habe ich mich geborgen.
(A)		b	Rette mich vor all meinen Verfolgern! Ja, befreie mich,
	3	a	damit er mein Leben nicht wie ein Löwe zerreissen kann –
		b	als einer, der zerfleischt, und da ist kein Befreier!
I B	4	a	JHWH, mein Elohim, gesetzt den Fall ich hätte folgendes getan:
		b	Wenn es Unrecht gäbe an meinen Händen,
	5	a	wenn ich [dem etwas] angetan hätte, der mir [nun] Böses vergilt
		b	und ich ausgeplündert hätte den, der mich grundlos bedrängt,
	6	a	[in diesem Fall] möge der Feind mein Leben verfolgen und [es] einholen
		b	und zu Boden treten mein Leben
		c	und meine Ehre in den Staub strecken. – Sela.
II A	7	a	Steh bitte auf, JHWH, in deinem Zorn!
(B)		b	Erhebe dich gegen die Zornesausbrüche meiner Bedränger!
		c	Ja, wache auf für mich (oder: mein El) – du hast einen Schiedsspruch verordnet!
	8	a	Ja, die Versammlung der Nationen möge sich um dich scharen,
		b	und [nachdem du] über ihr [Recht gesprochen hast], kehre bitte zur Höhe zurück!
	9	a	JHWH möge die Völker richten!
		b	Schaffe mir Recht, JHWH, nach deiner Gerechtigkeit
		c	und nach meiner Unschuld, die bei mir [ist]!
II B	10	a	Es höre doch auf (oder: er vergelte doch) die Bosheit der Frevler,
		b	aber du mögest Bestand geben dem Gerechten!
		c	Ja, [er ist/sei] ein Prüfer von Herzen und Nieren,
		d	Elohim, der Gerechte!
	11	a	Mein Schild über [mir ist] Elohim,
		b	ein Retter der Rechtschaffenen, [was das] Herz [betrifft].
	12	a	Elohim [ist] ein gerechter Richter
		b	und ein scheltender El zu jeder Zeit.
III A	13	a	Wahrhaftig! Neuerlich schärft er sein Schwert (oder: Wenn er nicht umkehrt ...),
(A')		b	hat seinen Bogen gespannt und ihn angelegt.
	14	a	Aber gegen sich selbst ("für ihn") hat er die Todes-Waffen hergerichtet,
		b	seine Pfeile zum Brennen gebracht.

Psalm 7

III B	15	a	Siehe! Er wird in Wehen kommen mit Unrecht,
		b	wird schwanger werden mit Unheil
		c	und Lüge gebären.
	16	a	Eine Grube hat er gegraben, ja sie ausgehöhlt,
		b	aber dann ist er [selbst] in den Schacht gefallen, den er machen wollte.
	17	a	Sein Unheil wird damit auf sein Haupt zurückfallen,
		b	ja auf seinen Scheitel wird seine Schandtat herabfallen.
IV	18	a	Ich preise hiermit JHWH aufgrund seiner Gerechtigkeit,
		b	ja, ich will zum Saitenspiel besingen den Namen JHWH Eljon.

1 שִׁגָּיוֹן "Schiggayon" (vgl. Hab 3,1, genaue Bedeutung ungeklärt; Taumelgedicht? in grosser Erregung vorgetragenes Lied?).– **3** טרף zerreissen (PK qal 3 m sg) // פרק zerfleischen (Ptz qal m sg).– **4** עָוֶל Verkehrtheit, Unrecht.– **5** גמל antun // שלם qal: fertig, vollendet werden; pi: vergelten, heimzahlen (Ptz qal m sg, hier wohl als Nebenform zur entsprechenden pi-Form) // חלץ pi: ausplündern (wPK Koh pi 1 sg) // צרר II anfeinden, Ptz: Bedränger, Feind (Ptz qal m sg + Suff) // רֵיקָם grundlos.– **6** נשׂג hi: erreichen, einholen (wPK Juss hi 3 m sg) // רמס (nieder)treten (wPk qal 3 m sg) // שׁכן hi: wohnen lassen, hier: legen, strecken (PK Juss hi 3 m sg).– **7** נשׂא erheben, ni: sich erheben gegen (בְּ) (Impt hi m sg) // עֶבְרָה Zornesausbruch // עור erwachen (wImpt Adh m sg).– **8** סבב qal + po: umringen // מָרוֹם Höhe.– **9** דין richten (PK qal 3 m sg) // תֹּם Unschuld.– **10** גמר zu Ende sein; vergelten, ahnden (Pk qal 3 m sg) // כון pol: gründen, Bestand geben; (mit dem Bogen) zielen; hi: bereitstellen, errichten (wPK pol 2 m sg) // בחן prüfen (wPtz m sg) // כְּלָיוֹת Nieren.– **12** זעם (flucbartig) verwünschen, beschelten.– **13** לטשׁ schärfen, wetzen (PK qal 3 m sg) // דרך treten, (den Bogen) spannen (AK qal 3 m sg).– **14** דלק brennen (Ptz qal m pl).– **15** חבל IV pi: schwanger gehen, in die Wehen kommen (PK pi 3 m sg) // אָוֶן Unheil, Unrecht, Frevel // הרה empfangen, schwanger sein (wAK qal 3 m sg) // עָמָל Mühsal, Bemühung, Unheil.– **16** בּוֹר Gruben, Brunnen // כרה graben (AK qal 3 m sg) // חפר graben (wPK qal 3 m sg + Suff) // שַׁחַת Fanggrube, Grab.– **17** קׇדְקֹד Scheitel // ירד hinabgehen (PK qal 3 m sg).– **18** ידה hi: preisen (PK hi 1 sg).–

Form und Inhalt

Das (vorexilische) Gebet eines Verfolgten und Angeklagten steht im Zusammenhang mit einem Gerichtsverfahren, wohl am Tempelgericht. Nach einer eröffnenden Bergungsaussage (im Tempel?) und einer Rettungsbitte (2f.), die begründet wird (Löwen-Metapher), äussert der Beter seine Unschuldsbeteuerung in Form einer bedingten Selbstverfluchung (4–6, vgl. 1. Kön 8,31f.): Nach einer Einleitung (4a) folgen drei Unrechtsaussagen im Eventualis (4b–5), mit denen drei Folgeaussagen (6) korrespondieren. Sie sollen eintreten, falls die Unschuld des Angeklagten sich nicht erweisen sollte. In der ersten Hälfte des mittleren Teils des Psalms (II) wird JHWH angerufen, sich zum Rechtsurteil zu erheben (7a). Es soll sich gegen die zornigen Bedränger des Beters richten (7bc). Denn dieser weiss sich unschuldig und erwartet in einem Gottesurteil von JHWH her seinen Freispruch (9bc). Eingebettet in das erwartete Gerichtsurteil gegenüber dem Angeklagten und seinen Bedrängern ist ein Völkergericht (8ab.9a). In der zweiten Hälfte (10–12) wird die Thematik variierend und stärker generalisierend weitergeführt.

Psalm 7

Sie gipfelt in Zuversichtsaussagen (11) und einem Bekenntnis zu Elohim als gerechtem Richter (12). Dieser Mittelteil des Psalms ist geprägt durch die Verwendung verschiedener Rechtsbegriffe (vgl. מִשְׁפָּט "Schiedsspruch" 7c, דִין "richten" 9a, שָׁפַט "Recht schaffen/Richter" 9b.12a, תֹּם "Unschuld" 9c, צַדִּיק "Gerechter/gerecht" 10b.10d.12a, זָעַם "schelten" 12b). Im Schlussteil wird der Widersacher gezeichnet – es sei denn, Elohim bleibt (von 12 her) das Subjekt! (s.u.). Er macht die "Todes-Waffen" gegen den Beter bereit und richtet sie dabei – ohne es zu wissen – gegen sich selbst her (13f.). Ähnlich wird in Anlehnung an den weisheitlichen Grubenspruch (s.u.) betont, dass der Feind in seinem eigenen Hinterhalt sich verfängt, denn das böse Tun führt ein eben solches Ergehen mit sich (16f.). Der Feind wird also mit seinen eigenen Waffen besiegt. Dazwischen eingefügt und betont in der Stanzenmitte platziert ist das Bild von Schwangerschaft und Geburt, welches das Planen und Austragen von Unheil betont (15, in dazu passender Staccato-Rhythmik). Der (vielleicht erst nach dem guten Ausgang hinzugefügte) Schlussvers besagt, dass der davorstehende Psalm mit singendem Lobpreis und unter musikalischer Begleitung zu Ehren des Namens JHWHs, des Höchsten – Eljon erscheint hier erstmals im Psalter –, dargebracht wird.

Struktur und Poesie

Ps 7 dürfte – abgesehen vom Schlussvers (IV) – drei Hauptteile (Stanzen I–III) aufzuweisen, die sich nochmals untergliedern lassen. Die drei Stanzen sind jeweils durch charakterisierende Begriffe umklammert: I durch רָדַף "verfolgen" (2b.6a), II durch שָׁפַט/מִשְׁפָּט "Schiedsspruch/Richter" (7c.12a) und III durch שׁוּב "wiederum tun bzw. zurückkehren" (13a.17a). Der Psalm hat eine konzentrische Gesamtanlage (ABA') mit der Gerichts-Stanze II in der Mitte, deren Hälften (konkret – generell) ihrerseits parallel zueinander stehen. Mit andern Worten: Die eröffnende Stanze mit ihrer Rettungsbitte und Unschuldsbeteuerung korrespondiert mit der schliessenden Stanze, wo der Ausgang des Widersachers in weisheitlicher Manier dargestellt wird. Beide Teile sind aber mit der Mittestanze verknüpft (zu I und II vgl. רַע "Böses, Bosheit" 5a.10a, יָשַׁע "retten/Retter" 2b.11b, צָרַר "bedrängt/Bedränger" 5b. 7b; zu II und III vgl. כּוּן "Bestand geben/anlegen/herrichten" 10b.13b.14a). Dort wird das richterliche Urteil JHWHs beschworen, das wiederum erst diesen gerechten Ausgang ermöglicht. Damit ist der weisheitliche Tun-Ergehen-Zusammenhang von III in II theologisch unterlegt.
Der Psalm ist poetisch geformt, weist aber unterschiedliche Versmasse auf, so z.B. die kurze, schnelle Staccato-Rhythmik (2er) in 15, den Sentenzen-Stil (3+3) in 16f., aber auch asymmetrische Formen (4+3 in 4, 4+3+3 in 6). Es finden sich "klassische" Versparallelismen, aber auch aufzählende Muster (so in 4–6). Die poetische Technik der Wiederholung und Rahmung mit gleichen Begriffen oder Wurzeln wurde bereits ersichtlich (s.o., vgl. etwa die צדק/"gerecht"-Ableitungen in 9b.10b.10d.12a.18a). Ähnliches lässt sich im Blick auf spielerische, aber auch die Bedeutung anreichernde Lautwiederholungen (Alliterationen, Assonanzen) sagen (vgl. u.a. פֶּרֶק/שֶׂרֶף/רָדַף in 2f., עָבַר/עָפָר in 6f., נָפַל/עָמָל/פָּעַל/עַל in 14–17, אָוֶן/מָוֶת in 14f., dazu möglicherweise auch die "distanzierteren" עוֹל/אָוֶן 4b.15a und עָמָל/גָּמַל 5a.15b.17a).
Eine Mehrdeutigkeit hinsichtlich des Subjekts lässt für 13–14 die Möglichkeit offen, dass (zunächst) nicht vom Widersacher (s. obige Übersetzung), sondern von Gott (Elohim, 12a) die Rede ist. Dann sind die beiden Verse so wiederzugeben: "Wenn er nicht umkehrt, schärft er sein Schwert ... Ja, für ihn (d.h. den Widersacher) hat er die Todes-Waffen hergerichtet ..." Beide Aussagemöglichkeiten sind nebeneinander denkbar, denn wenn der Widersacher von seinen Wegen nicht umkehrt, kehrt Gott vom Gericht gegen ihn auch nicht um (ab 15 legt sich definitiv der Widersacher als Subjekt nahe).

Psalm 7

Kontexte

Ps 7 schliesst die Kleingruppe Ps 3–7 ab, der die starke Gewissheit gemeinsam ist, dass JHWH die Klagen und Bitten hören und rettend eingreifen wird (wobei die Rettungsgewissheit oft mit dem "Morgen"-Motiv verbunden ist, wonach JHWH als die die Nacht beendende "Sonne" aufstrahlt). Zum Vorgänger-Ps 6 ergeben sich eine Reihe von Stichwort-Verknüpfungen (vgl. namentlich אַף "Zorn" 6,2; 7,7; אָוֶן "Unrecht" 6,9; 7,15; Ptz von צרר "Bedränger" 6,8; 7,5.7; Form הוֹשִׁיעֵנִי "rette mich!" 6,5; 7,2), aber auch zum Rahmen-Ps 3 (מָגֵן "Schild" 3,4; 7,11; יהוה קוּמָה "steh bitte auf, JHWH!" 3,8; 7,7; Form הוֹשִׁיעֵנִי "rette mich!" 3,8; 7,2; רְשָׁעִים "Frevler" 3,8; 7,10; Situationsangaben in den Überschriften 3,1; 7,1).
Die Überschrift bringt den Psalm mit David in Verbindung (vgl. dazu auch die Löwen-Metapher und die Hinweise im Psalm über Verfolgungen des Beters). Was mit den "Angelegenheiten (oder: Worte) betreffend Kusch, dem Benjaminiten" gemeint ist, bleibt unklar. Es lässt sich erwägen, ob hier ein Hinweis auf Auseinandersetzungen mit Saul (bzw. seinen Leuten) vorliegt, dessen Vater der Benjaminiter Kisch war (vgl. 1. Sam 9,1, Änderung von "Kisch" zu "Kusch"?).
Zu 10cd vgl. Offb 2,23; zu 12 vgl. 2. Tim 4,8; zu 16 vgl. die Varianten des (weisheitlichen) Grubenspruchs (Ps 9,16; 57,7; Spr 26,27; 28,10; Sirach 27,25–27); zu 17 vgl. 1. Kön 2,32f.; Est 9,25. Später wurde der Psalm im Judentum mit dem Purim-Fest (Est) in Verbindung gebracht.

Anregungen für die Praxis

Der Psalm ist u.a. ein Plädoyer dafür, dass Gericht und Strafe gegen persönliche "Widersacher" nicht selber in die Hand zu nehmen sind. Stattdessen gilt es, sich bei Gott zu bergen, im Gebet ihn als Richter anzurufen und damit zu rechnen, dass er – sei es schon hier, aber sicher endzeitlich – die Gerechtigkeit wiederherstellen wird. Der Psalm schliesst eine Selbstüberprüfung des vor Gott tretenden Beters mit ein. Der (weisheitliche) Tun-Ergehen-Zusammenhang ist zweimal angesprochen, zunächst in der Selbstverurteilung im Unrechtsfall (4–6), dann im Eingefangen-Werden des Bedrängers mit seinen eigenen "Waffen" (14.16f.). Gleichsam dazwischen steht Gott als unbestechlicher, gerechter Richter.
Bereits im Alten Testament (vgl. Ps 73; Hi) wird gesehen, dass die Tat-Folge-Verbindung nicht immer zwingend bzw. erst "vom Ende her" einsichtig ist. Ähnlich finden sich bei Jesus "Aufbrüche" dieses Denkschemas (vgl. Lk 13,1–5; Joh 9,1–3). Das heisst nicht – und dafür steht auch Ps 7 –, dass der Lebensverbindung von Tun und Ergehen nicht ein relatives Recht zukommt. Gewiss ist jedenfalls, dass am Ende die Gerechtigkeit, die vor Gott gilt, obsiegen wird.
Ps 7 im Gesangbuch: EG Ps 7 (EG-West).

Psalm 8

	1		Dem Musikverantwortlichen – nach der Weise von Gath (oder: auf der Gittit) – ein Psalm – David zugehörig.
R	2	a	JHWH, unser Adonaj,
		b	wie herrlich ist dein Name auf der ganzen Erde!
I		c	Ich will hiermit besingen(?) deine Majestät über dem Himmel:
(A)	3	a	Aus dem Mund von säugenden Kindern
		b	hast du [dir] ein Bollwerk (oder: eine Stärke) bestimmt(?) um deiner Bedränger willen,
		c	um dem rachgierigen Feind ein Ende zu bereiten.
II	4	a	So oft ich schaue deinen Himmel, die Werke deiner Finger:
(B)		b	Mond und Sterne, die du hingestellt hast...
	5	a	[Sage ich:] Was ist denn der Mensch, dass du seiner immer neu gedenkst,
		b	und des Menschen Sohn, dass du ihn stets aufs neue [gnädig] heimsuchst?!
III	6	a	Denn du hast ihn nur wenig entbehren lassen im Vergleich zu Gottwesen ("Elohim")
(B')		b	und krönst ihn stets neu mit Ehre und Hoheit.
	7	a	Du lässt ihn herrschen über die Werke deiner Hände;
		b	alles hast du unter seine Füsse gelegt:
IV	8	a	Schafe und Rinder allesamt
(A')		b	und auch das Vieh auf dem Feld,
	9	a	die Vögel des Himmels und die Fische des Meeres
		b	und was seine Bahnen zieht in den Meeren.
R	10	a	JHWH, unser Adonaj,
		b	wie herrlich ist dein Name auf der ganzen Erde!

1 גִּתִּית "Gittit" (Instrument oder Weise von Gath).– **2** אַדִּיר herrlich // הוֹד Majestät, Herrlichkeit // תנה(?) pi: besingen (PK Koh pi 1 sg; der Ausdruck אֲשֶׁר תְּנָה "welchen – gib doch ..." macht keinen Sinn und ist zu ändern, vielleicht in ein ursprüngliches אֶתְנָה "Ich will hiermit besingen ...").– **3** עוֹלֵל Kind (עלל po: spielen) // ינק saugen (Ptz qal m pl) // יסד I qal + pi: (fest)gründen, bestimmen (AK pi 2 m sg; Textsinn von 3 unsicher) // עֹז I Bollwerk, Stärke (Gottes); II Zuflucht, Schutz // שבת ruhen, hi: zur Ruhe bringen, ein Ende machen, beseitigen (Inf cs hi) // נקם rächen, hitp: rachgierig sein (Ptz hitp m sg).– **4** אֶצְבַּע Finger // יָרֵחַ Mond // כון pol: hinstellen, bereiten (AK pol 2 m sg).– **6** חסר entbehren, pi: entbehren lassen an (wPK pi 2 m sg + Suff) // הָדָר Schmuck, Hoheit // עטר umgeben, pi: krönen, schmücken (PK pi 2 m sg + Suff).– **7** שׁית setzen, stellen, legen (AK qal 2 m sg).– **8** צֹנֶה = צֹאן Kleinvieh, Schafe // אֶלֶף Rind // שָׂדַי = שָׂדֶה Feld.– **9** אֹרַח Pfad.–

Psalm 8

Form und Inhalt

Das Loblied (Hymnus) bzw. der Schöpfungspsalm – wurde er in der Nacht gesprochen? (4a) – hat einen identischen Rahmen (R) und ein Hauptstück (I–IV). Anders als üblich geht die Bewegung nicht von der Schöpfung zum Schöpfer, sondern von Gott zur Welt hin, wie die Rahmung deutlich macht. Sie zeigt auch (vgl. "unser Adonaj"), dass dieser Schöpfungshymnus zur Aufführung in der versammelten Gemeinde bestimmt war. Zumindest in den liturgischen Rahmen (2.10) dürfte die ganze Gemeinde eingestimmt haben. Das Hauptstück ist dagegen – wie das einführende 2c zeigt – wohl von einem Vertreter des Tempelpersonals intoniert worden.

Das Verständnis von Ps 8 ist belastet durch Textbeschädigungen im Bereich der Stanze I, deren genauer Aussagesinn strittig ist. Die beiden Doppelausdrücke in den rahmenden Zeilen 3a und 3d – es handelt sich um Hendiadys (d.h. ein Sachverhalt wird durch zwei Ausdrücke wiedergegeben) – sind als Kontrast zu verstehen: Gott bestimmt sich aus den Kleinen "ein Bollwerk, eine Stärke" gegen die Mächtigen, die Feinde. Nach diesem sozialen Sachverhalt in Stanze I besingen die mittleren Stanzen (II, III) die Nachtgestirne als Schöpfungswerk Gottes, deren Grösse das Staunen über die Zuwendung Gottes zum Menschen begründen. Der Mensch, der nur wenig den Gottwesen (= himmlische Heerscharen? Engel?) untergeordnet ist, wird zum Herrscher der Schöpfungswerke Gottes eingesetzt. Stanze IV nennt die Tierwelt, die unter des Menschen Füsse gelegt ist: Landtiere, Tiere der Luft ("des Himmels") und Meerestiere. Der Schlussvers wiederholt und bekräftigt – angesichts dieser Tatsachen – den Eingangshymnus.

Struktur und Poesie

Der Hymnus besteht aus einem 2-zeiligen Rahmen (R) und vier 4-zeiligen Stanzen (I–IV), die untereinander spiegelsymmetrisch angeordnet sind (ABB'A'). Dabei sind die Innenstrophen, in denen der Mensch als unverdient Begnadeter (II) und hoch Erhobener (III) gezeichnet wird, durch die synonymen Wendungen "Werke deiner Finger" (4a) bzw. "Werke deiner Hände" (7a) verknotet. Weniger deutlich ist die Verknüpfung der Stanzen I und IV, zumal IV auf eine Explikation von 7 hinausläuft. Immerhin verbindet das Stichwort "Himmel" (2c.9a, vgl. ausserdem 4a – der Leitbegriff des Psalms) die Majestät Gottes über dem Himmel, die seine Feinde beherrscht, mit der Tierwelt unter dem Himmel, die vom Menschen beherrscht wird.

In der poetischen Gestaltung dieses Psalms spielt die Technik des Kontrastes eine wichtige Rolle. So ist die Majestät JHWHs über dem "Himmel", sein Name jedoch herrlich auf der ganzen "Erde" (2b.2c) – ein Kontrastpaar, das sich durch den ganzen Psalm zieht. Der Kontrast zwischen den "säugenden Kindern" (ein Bild für das bedrängte Gottesvolk?) und dem "rachgierigen Feind" (3a.3c) wurde bereits erwähnt (s.o.). Ein eben solcher wird hinsichtlich des Menschen aufgebaut, bei dem es einerseits verwunderlich ist, dass Gott sich seiner überhaupt annimmt, der andererseits von ihm jedoch nur unwesentlich unter die Gottwesen gestellt, mit königlichen Attributen ausstaffiert und über alle Tiere gesetzt wird (II–IV). Über allem aber steht Gott in seiner unvergleichlichen Herrlichkeit. Ein Kontrast besteht schliesslich wohl auch zwischen den aus sich selbst heraus "Mächtigen" (3bc) und dem von Gott her legitimierten Herrschen des Menschen, dem alles Gottgeschaffene anvertraut wird (6b.7ab).

Kontexte

Ps 8, in seinem jetzigen Zusammenhang gelesen, knüpft in mehrfacher Hinsicht an Ps 3–7 an. Er lässt diese Klage- und Bittgebete in einen Hymnus über die Majestät Gottes, aber auch in eine kleine Theologie der Menschenwürde ausmünden. Zu erwähnen ist der hymnische Schluss von Ps 7 und der ebensolche Anfang von Ps 8, ferner die Stichworte איב "Feind" in 3,8; 6,11; 7,6; 8,3 bzw. צורר "Bedränger" in 6,8; 7,5.7; 8,3 sowie כבוד "Ehre" in 3,4; 4,3; 7,6 und 8,6 (vgl. auch JHWH als Erstwort in den Ps 3; 6–8).
Die Nähe zum ersten Kapitel der Bibel ist offensichtlich, namentlich was die Ebenbildlichkeit Gottes und damit die Würde des Menschen betrifft (vgl. Gen 1,26–28).
Zu 3 vgl. Ps 44,17 und Mt 11,25; 21,16, zu 5 vgl. Hi 7,17f., zu 5–7 vgl. Hebr 2,6–8 (zu 7 vgl. ferner 1. Kor 15,27 und Eph 1,22).

Anregungen für die Praxis

Der Lobpsalm zielt ab auf dankende Vergewisserung. Gott stärkt die Geringen und Schwachen, ja macht sie zum "Bollwerk" gegen "seine Bedränger" und bereitet letztlich das Ende jeder gegen ihn (und sein Volk) gerichteten Feindschaft. Angesichts der heute uns bekannten kosmischen Weite mit ihren Galaxien, Milchstrassen und Millionen von Lichtjahren – sie sind Gottes Werk – wird der Kontrast zur Fürsorge Gottes um den Menschen nur noch grösser. Der Mensch ist aufgrund seiner Ebenbildlichkeit Gottes zwar "Krone der Schöpfung" und wird als Herrscher über die Fauna von Gott inthronisiert, übt diese Herrschaft aber nur in rechter Weise aus, solange er sich dieser Gottesbezogenheit und -abhängigkeit bewusst bleibt. Da Herrschaft zum Lobpreis Gottes die ökologische Fürsorge einschliesst, ist mit diesen Worten (und denen von Gen 1) keine Umweltzerstörung und -verschmutzung entschuldbar. Die Herrlichkeit des Namens JHWH auf der ganzen Erde wird von der Gemeinde bezeugt, ihre Offenbarwerdung vor aller Welt steht noch aus.
Ps 8 im Gesangbuch: EG Ps 8 (EG-West), 270-271 (Stammteil), 705 (EG-West, EG-Wü), 734 (EG-BT), 766 (EG-Wü), 801.14 (EG-BT); RG 7, 107-108; GL 629, 710; KG 576, 793.

Psalm(en) 9–10

	9,1		Dem Musikverantwortlichen – nach "Tod dem Sohn" (oder "Mädchenweise, dem Sohn") (?) – ein Psalm – David zugehörig.
I A	2	a (א)	Ich will [hiermit] JHWH lobpreisen mit meinem ganzen Herzen,
		b (א)	ich will erzählen alle deine Wundertaten!
	3	a (א)	Ich will mich freuen und frohlocken über dich,
		b (א)	ich will zum Instrumentenspiel deinen Namen besingen, Eljon!
I B	4	a (ב)	Wenn meine Feinde wieder zurückkehren,
		b	werden sie straucheln und zugrunde gehen vor deinem Angesicht.
	5	a	Denn du hast übernommen ("gemacht") meine Rechtsangelegenheit und meine Prozessführung,
		b	du hast dich auf den [Richter-]Stuhl gesetzt als gerechter Richter.
II A	6	a (ג)	Du hast Heidenleute gescholten, vernichtet den Frevler;
		b	ihren Namen hast du ausgelöscht für immer und ewig.
	7	a	Der Feind – sie sind aufgerieben, Trümmer für immer
		b	und [ihre] Städte hast du zerstört, die Erinnerung an sie ist getilgt.
II B	8	a (ה?)	Sie [vergehen]! – aber JHWH wird für immer sitzen,
		b	hingestellt zur Rechtsprechung ist sein [Richter-]Stuhl.
	9	a	Ja, er selbst, er wird [über] den Erdkreis in Gerechtigkeit Recht sprechen,
		b	er wird richten die Nationen in Geradlinigkeit.
III A	10	a (ו)	Und JHWH möge eine Zuflucht sein dem Unterdrückten,
		b	eine Zuflucht für Zeiten in Bedrängnis.
	11	a	Ja, auf dich sollen vertrauen, die deinen Namen kennen,
		b	denn du hast nicht verlassen, die dich suchen, JHWH.
III B	12	a (ז)	Singt zu Instrumentenspiel JHWH, der auf Zion wohnt,
		b	verkündet unter den Völkern seine Taten!
	13	a	Denn er ahndet ("sucht") Blutschuld, hat ihrer gedacht,
		b	hat nicht vergessen das Schreien der Elenden.
IV A	14	a (ח)	Sei mir gnädig, JHWH! Sieh an mein Elend von den Hassern,
		b	als der, der mich emporhebt von den Toren des Todes,
	15	a	damit ich erzählen kann all dein [dir gebührendes] Lob,
		b	in den Toren der Tochter Zion jauchzen kann über deine Hilfe!
IV B	16	a (ט)	Heidenleute versanken in der Grube, die sie gemacht hatten,
		b	im Netz, das sie versteckt hatten, wurde ihr Fuss gefangen.
	17	a	JHWH hat sich kundgetan, er hat Recht geschaffen,
		b	im Tun seiner Hände hat sich verfangen der Frevler. – Saitenspiel, Sela.

Psalm(en) 9–10

V A	18	a (ʾ)	Die Frevler sollen zur Unterwelt zurückkehren,
		b	alle Heidenleute, die Elohim vergessen!
	19	a (כ)	Denn nicht auf Dauer soll der Arme vergessen werden,
		b	[noch] die Hoffnung der Elenden zugrunde gehen für immer!
V B	20	a	Steh auf, JHWH! Nicht der Mensch soll sich ermächtigen!
		b	Die Heidenleute sollen gerichtet werden vor deinem Angesicht!
	21	a	Lege bitte, JHWH, einen Schrecken auf sie!
		b	Die Heidenleute sollen erkennen: [Nur] Menschen [sind] sie! – Sela.
VI A	10,1	a (ל)	Warum, JHWH, stehst du von ferne,
		b	verschliesst du [deine Augen] den Zeiten in Bedrängnis?
	2	a	Darf in Arroganz der Frevler den Elenden hitzig verfolgen?
		b	Sie sollen ergriffen werden in den Ränkespielen, die sie ersannen!
VI B	3	a	Denn der Frevler hat geprahlt ob der Gier seiner Kehle,
		b	ja, der Betrüger hat geflucht ("gesegnet")...
	4	a (נ?)	Geschmäht hat der Frevler JHWH als ein Hochnäsiger:
		b	"Er wird nicht ahnden ("suchen")! Es gibt keinen Elohim!"
	5	a	Alle seine Ränkespiele [sind dies];
		b	seine Wege haben Bestand zu jeder Zeit.
VII A		c (ם?)	[Zu] hoch sind deine Rechtssatzungen, weit weg von ihm!
		d	Gegen alle seine Gegner vermag er zu schnauben [oder: falsch auszusagen].
	6	a	Er sprach in seinem Herzen: "Ich werde niemals wanken!"
		b	"Glück, kein Unheil!" beschwor er.
VII B	7	a (פ?)	Sein Maul ist voll von Hinterlist und Gewalttätigkeit,
		b	unter seiner Zunge ist Unheil und Frevel.
	8	a	Er liegt wiederholt auf der Lauer in Höfen,
		b	in Verstecken trachtet er danach, den Unschuldigen zu töten.
VIII A	9	a (ע?)	Seine Augen spähen stets nach dem Unglücklichen,
		b	er lauert immer neu im Versteck wie ein Löwe im Dickicht.
		c	Er lauert, um den Elenden zu fangen;
		d	er fängt den Elenden, indem er ihn in sein Netz zieht.
VIII B	10	a (צ?)	[Der Gerechte?] wird erschlagen, sinkt zu Boden,
		b	fällt in seine Klauen – Unglückliche!
	11	a	Er sprach in seinem Herzen: "El hat vergessen!
		b	Er hat sein Angesicht verborgen und sieht nimmer mehr hin!"
IX A	12	a (ק)	Steh bitte auf, JHWH! El, erhebe deine Hand!
		b	Vergiss nicht die Elenden!

		13	a	Weshalb durfte der Frevler Elohim schmähen,
			b	in seinem Herzen sprechen: "Er wird nicht ahnden!"?
IX B		14	a (ר)	Du hast gesehen, ja Du, Unheil und Kummer;
			b	du mögest hinblicken, um [die Sache] in deine Hand zu nehmen.
			c	Auf dich verlässt sich der Unglückliche,
			d	die Waise – du selber, du bist [bisher ja] der Helfer gewesen!
X A		15	a (שׁ)	Zerbrich den Arm des Frevlers und Bösewichts!
			b	Ahnde seinen Frevel! Du wirst ihn gewiss finden!
		16	a	JHWH ist König für immer und ewig!
			b	Weggerafft worden sind die Heidenleute aus seinem Land!
X B		17	a (ת)	Das Verlangen der Demütigen hast du gehört.
			b	JHWH, du mögest festigen ihre Herzen.
		18	a	Du mögest dein Ohr aufmerken lassen, um Recht zu schaffen dem Waisen und Bedrückten.
			b	Er möge hinfort nicht mehr Menschen aus dem Land wegschrecken!

9,1 עַלְמוּת Bedeutung unklar, vielleicht als עַל־מוּת "über den Tod" (vgl. Ps 48,15) oder als עַל־עֲלָמוֹת "nach Mädchenweise" (= Sopran?) (vgl. Ps 46,1) zu lesen.– **2** ידה hi: preisen, danken (PK hi 1 sg).– **3** עלץ frohlocken (wPK qal 1 sg).– **4** אָחוֹר zurück // כשל qal + ni: straucheln (PK ni 3 m pl).– **5** ישׁב sich setzen (AK qal 2 m sg).– **6** גער schelten (AK qal 2 m sg) // מחה abwischen, auslöschen (AK qal 2 m sg).– **7** תמם vollendet sein, umkommen (AK qal 3 pl) // חָרְבָה Trümmer // עיר Stadt // נתשׁ herausreissen, zerstören (AK qal 2 m sg).– **8** הֵמָּה (betontes) sie (zur Wiederherstellung des ה-Akrostichons vielleicht an den Anfang von 8 zu ziehen) // כון pol: (hin)stellen, bereiten (AK pol 3 m sg).– **9** לְאֹם Volk // מֵישָׁרִים Geradheit, Redlichkeit.– **10** מִשְׂגָּב Anhöhe (als Zuflucht), Felsen, Zuflucht // דַּךְ unterdrückt // עֵת Zeit // בַּצָּרָה Regenmangel, Dürre oder (eher) "in Bedrängnis" (בְּ + צָרָה).– **11** עזב verlassen (AK qal 2 m sg).– **12** נגד hi: verkünden (Impt hi m pl) // עֲלִילָה Tat.– **13** צְעָקָה Schreien, Geschrei // עָנִי gebeugt, elend.– **14** חנן gnädig sein (Impt m sg + Suff) // עֳנִי Elend // רום hoch sein; pol: in die Höhe bringen, Menschen [in ihrer Geltung] erhöhen (Ptz pol m sg + Suff) // שַׁעַר Tor.– **15** גיל jauchzen (PK Koh qal 1 sg) // יְשׁוּעָה Hilfe, Heil.– **16** טבע tauchen, versinken (AK qal 3 pl) // שַׁחַת Grube // רֶשֶׁת Netz // זוּ dieser // טמן verbergen, versteckt anbringen (AK qal 3 pl) // לכד fangen, ni: pass. (AK ni 3 f sg).– **17** פֹּעַל Werk // נקשׁ/יקשׁ ni: sich fangen, verstricken (zu lesen wohl נוֹקַשׁ, AK ni 3 m sg) // הִגָּיוֹן Saitenspiel (der Zither).– **19** אֶבְיוֹן arm, Armer // תִּקְוָה Hoffnung.– **20** עזז sich stark erweisen, trotzen (PK qal 3 m sg).– **21** שׁית setzen, stellen, legen (Impt Adh qal m sg) // מוֹרָה = מוֹרָא (K:) (Ehr-)Furcht, Schrecken.– **10,1** עלם hi: verbergen, (die Augen) verschliessen (PK hi 2 m sg).– **2** גַּאֲוָה Übermut // דלק brennen, hitzig verfolgen (PK qal 3 m sg) // תפשׂ fangen (PK qal 3 m pl) // מְזִמָּה Überlegung, (böser) Plan, Ränke // חשׁב ersinnen (AK qal 3 pl).– **3** הלל II pi: rühmen, preisen (AK pi 3 m sg) // תַּאֲוָה I Verlangen, Wunsch, Begehren, Gier // בצע abschneiden, ungerechten Gewinn machen, Ptz: Betrüger (Ptz qal m sg) // נאץ verachten, pi: schmähen (AK pi 3 m sg).– **4** בַּל nicht.– **5** חיל II stark sein, Bestand haben (PK qal 3 m pl) // מָרוֹם Höhe, hoch (einige übersetzten unter Wiederherstellung der ס-Akrostichie: סָרוּ "gewichen sind...") // פוח I blasen, hi: anschnauben; II (hi?:) zeugen (gegen) (PK hi 3 m sg).– **6** מוט wanken, ni: ins

Psalm(en) 9–10

Wanken gebracht werden (PK ni 3 m sg) // אֲשֶׁר (= korrigiert) Glück // הלה I einen Fluch, eine Verwünschung aussprechen (oder אָלָה Fluch) (AK qal 3 m sg).– **7** מִרְמָה Hinterlist, Trug // תֹּךְ Bedrückung, Gewalttätigkeit.– **8** מַאְרָב Hinterhalt // מִסְתָּר Versteck // נָקִי unschuldig // חֶלְכָה Unglücklicher // צפן (sich) verbergen, spähen nach (לְ) (PK qal 3 m pl).– **9** ארב lauern (PK qal 3 m sg) // סֹד Dickicht // חטף fangen (Inf cs qal / PK qal 3 m sg) // מׁשׁך ziehen (Inf cs qal + Suff) // רֶשֶׁת (Fang-)Netz.– **10** דכה = דכא ni: erschlagen werden (Q יִדְכֶּה PK qal 3 m sg, zu ändern in ni יִדָּכֶה?) // שחח sich ducken, zu Boden sinken (PK qal 3 m sg) // עֲצוּם mächtig, pl hier: starke Glieder = Krallen, Klauen.– **12** נשא erheben (Impt qal m sg).– **13** עַל־מָה weshalb? warum?– **14** כַּעַס Kummer // נבט hi: schauen, hinblicken (PK hi 2 m sg) // נתן geben, nehmen (Inf cs qal) // יָתוֹם Waise // עזר helfen (Ptz qal m sg).– **15** שבר zerbrechen (Impt qal m sg).– **17** עָנָו demütig // כון hi: festigen, stärken (PK hi 2 m sg) // קשב hi: aufmerksam hinhören, aufmerken lassen (PK hi 2 m sg).– **18** ערץ (er)schrecken, verscheuchen (Inf cs qal).–

Form und Inhalt

Die Textüberlieferung kennt für die Psalmen 9 und 10 bzw. den Psalm 9–10 eine "getrennte" (M) und eine "zusammengefügte" (G) Variante. Für die Zusammengehörigkeit spricht das (weisheitliche) Muster der alphabetischen Akrostichie (Strophenanfänge in der Reihenfolge der Buchstaben des hebr. Alphabets), das Fehlen einer Überschrift am Anfang von Ps 10 und die Gemeinsamkeiten im Blick auf Begrifflichkeit, Stil und Thematik (vgl. nur etwa 9,10b mit 10,1b).
In diesem Doppelpsalm sind zwei Situations- und Institutionshintergründe miteinander verbunden, nämlich individualrechtliche (vgl. u.a. 9,4f.10.14f.; 10,2ff.) und kollektiv- bzw. königsrechtliche (vgl. u.a. 9,7–9.12.20f.; 10,16) Belange (vgl. ähnlich schon Ps 7, s. dort). Offensichtlich gibt es rechtliche und theologische Bezüge zwischen JHWH als Richter und Retter unschuldig Angeklagter und JHWH als Weltenrichter, der die "Frevler" bestraft und sich der "Elenden" annimmt (vgl. etwa die Analogien zwischen 9,4f. und 9,8f.). Das alte, auf JHWH übertragene (bzw. von ihm her begründete) Königsrecht bzw. "Privilegrecht" (vgl. etwa Ps 72,2–4.12–14) ist wohl zum Beispiel geworden für alle Elenden und Armen. Zwischen Individual- und Kollektivebene schillernd wird in diesem Psalm die Bezeichnung גוים – hier übersetzt als "Heidenleute" – eingesetzt (9,6.16.18.20.21; 10,16). Üblicherweise sind damit die (nicht-jüdischen, heidnischen) "Völker" bezeichnet, hier aber dürften damit auch und v.a. frevelhafte Leute im eigenen Volk gemeint sein (einige Ausleger wollen darum in גוים = גאים "Hochmütige" ändern). Sollen sie mit dieser Bezeichnung bewusst denunziert und "Heiden" gleichgestellt werden?
Ausgangspunkt ist die Aufführung eines individuellen Dankliedes (תודה "Toda"), mit dem der Dankende zunächst den guten Ausgang seines Gerichtsverfahrens besingt (9,1–5). Davon ausgehend geschieht dann eine Ausweitung auf generelle und kollektive Horizonte. Der Psalm wird zum Lehrstück über das umfassende Richteramt JHWHs, der die Vergehen ahndet und sich der Elenden annimmt (9,6ff.). Darum auch die Aufforderung an die Anwesenden, in die Lobschilderung mit einzustimmen (9,12). Mit 9,14 folgt dann die Einspielung eines Klage- und Bittgebetes, das in der Realerfahrung möglicherweise den zuvor besungenen Rechtstaten JHWHs voranging. Auch hierbei stehen Bitten um Hilfe im persönlichen Ergehen und solche, die das Völkergericht betreffen, nebeneinander (vgl. 9,14f. mit 9,20f., ferner 10,12f.). Eingeflochten sind weisheitliche Hinweise auf Tun-Ergehen-Zusammenhänge (9,16f.), weil diese durch das Sich-Verhüllen JHWHs (10,1) und das dreiste Vorgehen und Reden (eingeflochtene Frevler-Zitate 10,4b.6ab.11ab) des Gottlosen anscheinend in Frage gestellt

werden (vgl. 10,3ff.). Zum Schluss mündet die Schilderung des frechen Gebarens der Frevler in Bitten an JHWH, diesem Treiben ein Ende zu setzen (10,12.15), und in Zuversichtsaussagen im Blick auf Wahrnehmung und Einschreiten des Himmelskönigs zugunsten der Unterdrückten (10,14.16–18).

Struktur und Poesie

Dem (Doppel-)Psalm liegt als poetisch-strukturelles Grundmuster ein strophisches alphabetisches Akrostichon zugrunde (4 Kola bzw. 2 Verse pro Strophe, die je mit distinktivem Konsonant eröffnet werden, vgl. aber abweichend כ-, unsicher נ-Strophe), die in der Eröffnungsstrophe (2f.) sogar zur Verszeilen-Akrostichie ausgebaut ist (alle vier Kola beginnen mit א). Dass der vorliegende Text im Laufe der Überlieferung lädiert wurde, legt sich aufgrund des Ausfalls der Akrosticha ד und ס nahe. Darüber hinaus werden für eine Reihe weiterer Akrosticha Veränderungen im masoretischen Versbestand vorgeschlagen (ע/פ/מ/נ/ה) oder Korrekturen eingefügt (צ für צדיק "der Gerechte"), die mit Unsicherheiten belastet sind. Namentlich die erste Hälfte von Ps 10 erweist sich als textlich unsicher (Textausfall?), was bei poetischen Überlegungen hinsichtlich des Gesamtaufbaus zur Vorsicht mahnt. Allerdings könnte die Akrostichie von vornherein gewisse Modifikationen beinhaltet haben (vgl. כ/י sowie Umstellung ע/פ und evtl. מ/נ).
Zwei Strophen dürften zu einer höheren Einheit zusammengefügt sein, so dass sich der Psalm insgesamt in 10 Stanzen gliedert (I–X). Vermutlich liegen noch höhere poetische Einheiten (Cantos) vor. Zur Eruierung dieser sowie der Gesamtanlage (Diptychon mit den Teilen I–V und VI–X?) wären eingehendere Analysen notwendig, inklusive der genauen Beachtung der hier extensiv angewendeten Wiederholung von Begrifflichkeit.
Zu den wichtigeren, strukturierenden Begriffen gehören die Wortfelder zur Rechtsterminologie (שפט "richten, Richter" 9,5.9.20; 10,18; משפט "Rechtssache, Rechtsprechung" o.ä. 9,5.8.17; 10,5; דין "richten" 9,5.9; כסא "Richterstuhl" 9,5.8; צדק "gerecht/Gerechtigkeit" 9,5.9) sowie zur Bezeichnung des Elends bzw. des/der Elenden (עני "Elend[er]" 9,13.14. 19Q; 10,2.9.12; 12,6; 14,6; ענו "Demütiger" 9,19K; 10,17; אביון "Armer" 9,19; דך "Unterdrückter" 9,10; 10,18; חלכה "Unglücklicher" 10,8.10.14) und seiner/ihrer Gegner (רשע "Frevler" 9,6.17.18; 10,2.3.4.13.15, אויב "Feind" 9,4.7 etc., vgl. auch גוים "Heidenleute" 9,6.16.18.20.21; 10,16). Zu beachten sind ferner alliterative Figuren (u.a. Häufung von Sibilanten in 9,3.12a.18; 10,15, א/ע in 9,19f.; 10,15–17).

Kontexte

Von der David-Zuweisung (9,1) her macht die Doppelheit von individual- und kollektiv- bzw. königsrechtlichen Belangen Sinn bzw. ergibt einen neuen Deutehorizont.
Die wohl spätere Einfügung von Ps 9–10 in den Kontext der Psalmen 3–7.8 und 11–14 nimmt Begriffe, Motive und Themen aus beiden Kleingruppen auf. So klingt die einleitende Bekundung der Loberstattung (9,2f.) an Formulierungen am Schluss der Psalmen 5 und 7 sowie an den Rahmen von Ps 8 an (vgl. 5,12; 7,18; 8,2.10). Was die Rechtsbegrifflichkeit und den weisheitlichen Tun-Ergehen-Zusammenhang betrifft, ergeben sich v.a. Verknüpfungen mit Ps 7 (vgl. auch die Gottesbezeichnung עליון/Eljon ["Höchster"] in 7,18 und 9,3). Mit der Gruppe Ps 11–14 verbinden Ps 9–10 u.a. der "(Richter-)Stuhl bzw. Thron JHWHs" (9,5.8; 11,4), das Motiv des "Aufstehens JHWHs" (9,20; 10,12; 12,6), der Jubel des Beters über JHWHs Rettung (9,15; 13,6) und die Zitat-Gleichheit von 10,4 (Frevler) und 14,1 (Narr).

Denkbar ist, dass die Einfügung von Ps 9–10 mit der weisheitlichen Psalterredaktion in Zusammenhang steht, die den weisheitlichen Ps 1 voranstellte und mit dem "messianischen" Ps 2 verkoppelte (Ps 1–2 wie Ps 9–10 sind in gewissem Sinne "Doppel-Psalmen"). Bezüge ergeben sich etwa über Begrifflichkeiten wie אבד "zugrunde gehen, vernichten"(1,6; 2,12 – 9,4.6.7.19; 10,16), רשע "Frevler" (1,1.4.5.6 – 9,6.17.18.; 10,2.3.4.13.15), שפט "richten/ Richter" (2,10 – 9,5.9.20; 10,18), משפט "Rechtssache" o.ä. (1,5 – 9,5.8.17; 10,5), גוים "Heiden(leute)" (2,1.8 – 9,6.16.18.20.21; 10,16), עת "Zeit" (1,3 – 9,10; 10,1.5), גיל "jauchzen" (2,11 – 9,15) und ציון "Zion" (2,6 – 9,12.15). So teilt Ps 9–10 mit Ps 1 v.a. die Spannung zwischen Gerechten bzw. Elenden und Frevlern und ihrem Ergehen, mit Ps 2 die kollektiv-königlichen Momente des Völkergerichts.

Zu 9,12a vgl. Ps 74,2; 76,3, zu 9,13(f.) vgl. Mk 10,48 par, zu 10,4 vgl. Ps 73,11, zu 10,7 vgl. Röm 3,14, zu 10,16(a) vgl. Ex 15,18 und Offb 11,15.

Anregungen für die Praxis

Der Psalm zeigt, dass Gerechtigkeit und Gericht ein zentrales biblisches Thema sind; diesbezüglich ergeben sich auch Linien zum letzten Gericht im letzten Buch der Bibel (Offb). Dabei ist der private und der universale Horizont eng verzahnt: Der Gott, der sich um das Recht und das Ergehen des einzelnen Bedrückten und Elenden kümmert – er ist ihre (manchmal einzige) "Zuflucht" –, ist der gleiche, der den ganzen Erdkreis zur Verantwortung zieht. Die Arroganz der "Frevler" in ihrem Tun und Reden, die auf Gott pfeifen (10,3ff.), mutet überaus modern an, nur dass sie heute meist besser kaschiert oder gar salonfähig geworden ist. Doch das Vergessengehen des Armen hält nicht ewig an noch ist die Hoffnung der Elenden auf lange Sicht vergeblich (9,19).

Ps 9 im Gesangbuch: EG Ps 9 (EG-West), 272 (Stammteil); RG 8; (KG CN 0110).
Ps 10 im Gesangbuch: EG 10 (EG-West).

Psalm 11

	1		Dem Musikverantwortlichen – David zugehörig.
I		a	Bei JHWH habe ich mich geborgen.
(A)		b	Wie könnt ihr zu meiner Seele sagen:
		c	Flieh ins Gebirge wie ein Vogel!?
	2	a	Denn siehe die Frevler:
		b	Sie spannen den Bogen,
		c	haben ihren Pfeil auf der Sehne gerichtet,
		d	um im Dunkeln zu schiessen auf die, die rechtschaffen Herzens [sind].
	3	a	Denn die Fundamente sollen in Trümmer gelegt werden –
		b	was hat der Gerechte getan?
II	4	a	JHWH, in seinem heiligen Tempel [ist er]!
(B)		b	JHWH, im Himmel [ist] sein Thronsitz!
		c	Seine Augen sollen schauen,
		d	seine Wimpern die Menschenkinder prüfen!
III	5	a	JHWH möge den Gerechten und den Frevler prüfen;
(A')		b	aber wer Gewalttat liebt, den hasst seine Seele.
	6	a	Über die Frevler lasse er Klappnetze "regnen",
		b	Feuer und Schwefel.
		c	Ja, ein Atem [voller] Qualen
		d	[sei] der Teil ihres Bechers!
	7	a	Denn gerecht ist JHWH,
		b	gerechtes Verhalten liebt er,
		c	die Rechtschaffenen werden sein Antlitz schauen!

1 חסה Zuflucht suchen, bergen (AK qal 1 sg) // אֵיךְ wie? // נוד fliehen (Q: Impt qal f sg).– **2** דרך treten, spannen (PK qal 3 m pl) // כון pol: (den Pfeil auf den Bogen zurecht)legen, zielen (AK pol 3 pl) // יֶתֶר Sehne // ירה I werfen, schliessen (Inf cs qal) // אֹפֶל Dunkel // יָשָׁר gerade, rechtschaffen.– **3** שֵׁת I Grundlage, Fundament // הרס niederreissen, vernichten; ni: in Trümmer gelegt werden (PK ni 3 m pl).– **4** עַפְעַפַּיִם Augenwimpern // בחן prüfen (PK qal 3 m pl).– **6** פַּח I Klappnetz (des Vogelstellers) // גָּפְרִית Schwefel // זִלְעָפָה Wut // מְנָת Anteil // כוֹס (schalenförmiger Trink-)Becher.–

Form und Inhalt

Ein "Vertrauenspsalm" (1a), dessen institutioneller Hintergrund möglicherweise das Asyl am Tempel ist, in dessen Schutz der verfolgte Fromme vor seinen Feinden Zuflucht gefunden hat. Die (Rechts-)Situation ist dann allerdings ins Grundsätzliche geweitet. Der Psalm ist weniger ein Gebet zu Gott als ein apologetisches Zeugnis für Gottes Sein und Wirken gegenüber

Zuhörern ("ihr", 1b), die dem Bedrängten raten, angesichts der Not die Flucht zu ergreifen (1bc). Doch diesen Rat wehrt der Psalmist ab zugunsten der Zuflucht bei JHWH, auch wenn er die Bedrohungslage durch die Frevler zugesteht (2ab.2cd). Der Passus mündet in die Frage von 3b, die einer Unschuldsbeteuerung gleichkommt. Im Mittelteil wird das Auge auf JHWH hin gewendet und sein Herrschen und Richten bezeugt (4ab spricht wohl die Doppelheit des irdischen und des himmlischen Wohnsitzes JHWHs an). Dazu gehört das genaue Hinschauen und Prüfen der Menschen. Das Stichwort "prüfen" leitet den Schlussteil ein, der den doppelten Ausgang der Gerechten einerseits und der Frevler andererseits bezeugt bzw. von JHWH herbeiwünscht.

Struktur und Poesie

Der chiastisch arrangierte Psalm enthält zwei rahmende Stanzen (I, III), die sich um eine (halb-stanzische) Mitte (II) drehen, von der her die Lösung zu entfalten ist. In Stanze I, in der die Problemlage zum Ausdruck kommt, ist die Feind-Schilderung (2ab.2cd) gerahmt durch Fragen den Gerechten betreffend (1bc.3b). In der Mittestanze II, die gegenüber I einen Perspektivenwechsel vollzieht, spannt sich der Bogen von JHWH (Anfang), der thronend richtet, zu den Menschenkindern (Schluss), die von ihm allezeit durchschaut und geprüft werden. Stanze III bietet die Applikation von II im Blick auf I. Die beiden Verben von Vers 4cd aus II werden aufgenommen und in einem Überkreuzmuster (abba) rahmend um III gelegt (בחן "prüfen" 4d.5a, חזה "schauen" 4c.7c): Geprüft werden der Gerechte und der Frevler; Gottes Augen schauen alle, aber nur die Rechtschaffenen werden einst Gott schauen (vgl. ferner die kontrastive Rahmung von II durch den Zusammenhang des Stichwortes אהב "lieben" 5b.7b). Die Stanzen I und III verbinden das Tun und das Ergehen des bzw. der "Frevler" (רשע 2a.5a), während die bedrängten Rechtschaffenen diejenigen sind, die Gott schauen dürfen (ישר "rechtschaffen/Rechtschaffene" 2d.7c). Durch die Bezugsetzung von "meiner Seele" (1b) zu "seiner Seele" (5b) schliesslich wird eine enge Übereinstimmung zwischen dem redenden Ich und seinem Gott nahegelegt. Die Leitbegrifflichkeit des Psalms haftet an den Ableitungen der Wurzel צדק (צדיק "gerecht/Gerechter" 3b.5a.7a, צדקות "gerechtes Verhalten" 7b): JHWH ist gerecht, liebt gerechtes Verhalten und schützt und belohnt den Gerechten.

Bemerkenswert ist die Bildersprache dieses Psalms, die aus den Bereichen Jagd, Krieg und "Meteorologie" entnommen ist. Das Vogelmotiv, das in I mit der Flucht des Frommen verknüpft ist (1c), wird in III wieder aufgenommen, mit der Gefangennahme im Netz verbunden und auf die Frevler angewandt (6a). Zugleich ist es aber verwoben mit (sodomitischem) Feuer- und Schwefelregen. Das Bogen-Bild in 2 schillert zwischen übertragener Bedeutung (Vogeljagd?) und Realwirklichkeit, zwischen Jagd und Krieg. In 3a wird wohl das Schleifen der Grundmauern nach der Eroberung einer Stadt assoziiert. In Anknüpfung an das versengende "Feuer und Schwefel" ist in 6cd schliesslich vom Trinken des Gerichtsbechers die Rede, dessen Gift beim Betroffenen ähnliche Qualen (feurige Kehle, Atemnot?) verursacht.

5ab hat eine mehrdeutige Wortstellung (Amphibolie) und lässt sich – abgesehen von obiger Übersetzung – auch so lesen: "JHWH, der Gerechte, prüft (oder: JHWH prüft den Gerechten), und (oder: aber) den Frevler und wer Gewalttat liebt, den hasst seine Seele." In Ansätzen liegen Anfangs- und Endreime vor: Von den insgesamt zehn Versen eröffnen je drei mit כי (2a.3a.7a) und (ב)יהוה (1a.4a.5a); vier Verse lauten auf lange o-Laute aus (1c.4b.5b.7c).

Psalm 11

Kontexte

Der Psalm will und kann mit David (1) in Verbindung gebracht werden (vgl. etwa seine Fluchterfahrung).
Ps 11 gehört zur Komposition Ps 3–14 innerhalb des ersten David-Psalters (Ps 3–41). Er eröffnet die Kleingruppe Ps 11–14. Wer die Psalmen in ihrer vorliegenden Reihenfolge meditiert, findet hier einmal mehr die Thematik der Bedrückung (Ps 3ff.) des bzw. der Gerechten und des Gerichtes JHWHs (v.a. Ps 7; 9–10), die in den vorangegangenen Psalmen schon angeklungen sind. Man kann aber in der Anspielung von 6b auf das Gericht gegen Sodom und Gomorra (vgl. Gen 19,24) eine Kulmination insofern sehen, dass die Untaten nun ein gesättigtes Mass erreicht und entsprechendes Gericht verdient haben.
Weitere Ähnlichkeiten und Bezüge (in Auswahl): Zu 1a vgl. Ps 7,2, zu 1c vgl. Ri 6,2; Ps 55,7–9; Mt 24,16, zu 2 vgl. Ps 37,14, zu 6 vgl. Ps 75,9; 124,7; Hi 18,15; Offb 14,10, zu 7 Mt 5,8.10.

Anregungen für die Praxis

Ps 11 kann als "Lehre wider die Resignation" (E. Zenger) gelesen werden. Dann ist die sich in 1c äussernde gutgemeinte Stimme (von angeblichen Freunden oder in mir selber?) als Anfechtung abzuweisen ("... und führe uns nicht in Versuchung", Mt 6,13). Statt der Flucht, dem Rückzug, gilt es sich in Gott zu bergen und aus dieser Position dem Unrecht die Stirne zu bieten. Das Gericht wird den Frevlern gewünscht, aber nicht selber vollzogen, sondern Gott überlassen. Aus dem Gottvertrauen und dem Rechtverhalten kann Zuversicht für die Zukunft geschöpft werden. Die "um Gerechtigkeit willen Verfolgten" (wie dieser Psalmist) werden in der Bergpredigt Jesu glückselig gepriesen (vgl. Mt 5,10–12).
Ps 11 im Gesangbuch: EG Ps 11 (EG-West).

Psalm 12

	1		Dem Musikverantwortlichen – auf der Achtsaitigen – ein Psalm – David zugehörig.
I (A)	2	a b	Rette bitte, JHWH! Denn der Fromme ist am Ende, ja, verschwunden sind die Treuen unter den Menschenkindern.
	3	a b	Lüge reden sie wiederholt, einer gegen seinen Nächsten, mit glatter Lippe, mit geteiltem Herzen reden sie.
	4	a b	JHWH möge ausrotten alle glatten Lippen, die Zunge, die Überhebliches ("Grosses") redet!
II (B)	5	a b c	Die gesagt haben: "Dank unserer Zunge verschaffen wir uns Stärke, unsere Lippen sind mit uns – wer [ist/soll sein] unser Herr?!"

	6	a
		
		b
		c
			"Wegen der Gewalttätigkeit [gegenüber] den Elenden, wegen dem Seufzen
			  der Armen
			werde ich jetzt aufstehen", spricht hiermit JHWH,
			"ich bewirke [dem] Rettung, gegen den man schnaubt (oder: dem Zeugen für
			  ihn)."

III (A')	7	a b c	Die Worte JHWHs sind reine Worte, [wie] Silber geläutert im Schmelztiegel, zur Erde geseiht siebenfach.
	8	a b	Du, JHWH, du mögest sie behüten, du mögest ihn bewahren vor diesem Geschlecht auf immer!
	9	a b	Ringsumher gehen wiederholt die Frevler, solange obenauf ist die Gemeinheit bei den Menschenkindern.

2 ישׁע hi: helfen, retten (Impt hi m sg) // גמר aufhören, zu Ende sein (AK qal 3 m sg) // פסס verschwinden (= אפס?) (AK qal 3 pl) // אֱמוּנִים die Treuen.– **3** שָׁוְא Lüge, Falschheit // רֵעֶה der Andere, Nächste // חֲלָקָה Glätte, Schmeichelei.– **4** כרת abschneiden, ausrotten, hi: ausrotten (PK Juss hi 3 m sg).– **5** גבר stark sein, hi: Stärke verschaffen (PK hi 1 pl) // אֵת mit.– **6** שֹׁד Gewalttätigkeit, Bedrückung // עָנִי gebeugt, elend // אֲנָקָה Seufzen // אֶבְיוֹן arm // שׁית setzen, (be)stellen (PK qal 1 sg) // יֵשַׁע Hilfe, Rettung, Heil // פוח I wehen, hi: durchwehen; II aussagen, bezeugen (PK hi 3 m sg oder Nomen: Zeuge).– **7** אִמְרָה Wort // טָהוֹר rein // צרף schmelzen, läutern (Ptz pass qal m sg) // עֲלִיל (Schmelz-)Tiegel // זקק I seihen, pu: geläutert werden (Ptz pu m sg) // שִׁבְעָתַיִם siebenfach.– **8** נצר bewahren (PK qal 2 m sg + Suff) // זוּ dieser.– **9** זֻלּוּת Gemeinheit.–

Psalm 12

Form und Inhalt

Es handelt sich um einen (Für-)Bittpsalm mit dem Anliegen, dass eine Umkehr der gegenwärtigen (Gesellschafts-)Lage vonstatten gehe. Das Übel liegt in der "Wort-Propaganda": Verleumdungen, Schmeichelreden, heuchlerische Lüge. Dies alles ist so bestimmend geworden – die Treuen unter den Menschen dagegen sind verschwunden. Der erste Teil ist geprägt durch eine Schilderung des Verhaltens dieser doppelzüngigen und in sich gespaltenen Menschen, verbunden mit Bitten der Hilfe und des Bestrafens. Der zweite Abschnitt bietet die sich auch über Gott erhebende Frevelrede einerseits und die Gottesantwort darauf. JHWH erhebt sich zum Gericht und verspricht dem Bedrängten Rettung (die präzise Bedeutung von 6c ist unklar). Der Schlussteil schliesslich bringt einen Lobpreis über die Geläutertheit der Worte JHWHs, enthält ein Bittgebet für die Behütung dieser Worte (8a) und die Bewahrung des Bedrängten (8b). Der Psalm schliesst mit einer Schilderung, die zeigt, dass die Frevler noch aktiv sind – das zugesagte Heilswort scheint sich zur Zeit der Psalmabfassung noch nicht (vollends) realisiert zu haben.

Beachtenswert ist die kommunikative Situation dieses liturgischen Stückes: Der Betende ist vermutlich nicht der "Fromme" (2a) selber, sondern einer (aus dem Tempelpersonal), der stellvertretend für seine Sache (vgl. v.a. 8b) und gegen seine Feinde (Verwünschung) eintritt. Die Widersacher sind eine "Wir"-Gruppe (vgl. 5bc), die gesellschaftlich die Oberhand hat und sich v.a. durch Wort-Sünden hervortut. Eine schlimme Prahlrede, in der sie sich nicht nur über ihre Opfer, sondern auch über Gott erheben (5c), wird als Zitat in der Psalmmitte eingespielt. Als zweites Zitat folgt darauf ein in diese Situation hinein ergangenes Gotteswort, das wahrscheinlich von einem Kultpropheten (oder Priester) ausgesprochen wurde (vermutlich identisch mit dem Fürbittenden). Die Antwort auf das Kundtun Gottes, dass er aufsteht zu Gericht und Rettung, ist ein Bekenntnis zur Echtheit und Untrüglichkeit seiner Worte (7) – gesprochen ebenfalls von diesem Kultdiener oder aber vom Bedrängten selber. Die Schlussworte (8–9) sind jedenfalls wieder vom Fürbitter gesprochen.

Struktur und Poesie

Der Psalm ist dreiteilig (Stanzen I–III) und hat seine Betonung in der Mitte (ABA'-Chiasmus). Stanze I bietet das Wort-Verhalten der Frevler, II als Zitat das Gegenüber von Frevlerwort und Gotteswort und III das Wort-Verhalten JHWHs. Mit begrifflichen Doppel- und Trippelungen wird dieser Sachverhalt unterstrichen. So wird namentlich das Frevler-Verhalten mit Begriffswiederholungen und -ähnlichkeiten gezeichnet (דבר "reden" 3a.3b.4b, שפה "Lippe" 3b.4a.5b, חלקות "Glätte" [pl] 3b.4a, לשון "Zunge" 4b.5a), ja in 4 und 5 sind diese Begriffe konzentrisch angelegt ("Lippen – Zunge – reden – sagen – Zunge – Lippen"). Dadurch wird das Zitat mit dem vorher geschilderten Verhalten verzahnt. In Stanze II stehen Gotteswort (יאמר "sagen, sprechen" = Gegenwart, "jetzt" 6b) und Frevlerwort (אמרו "sagen, sprechen" = Vergangenheit) gegensätzlich zueinander. Ersteres verspricht Rettung dem Rettungsbedürftigen (ישע hi 2a und ישע Nomen 6c). Unter dem Stichwort אמרות "Worte" knüpft III an das Gotteswort aus II an. Die Rahmenstrophen verhalten sich zueinander ebenfalls gegensätzlich (חסיד "Frommer" <=> רשעים "Frevler" 2a.9a). Verklammert werden sie durch die je am Versende platzierte Inclusio בני אדם "Menschenkinder" (2b.9b).

Kontexte

Der Psalm weist eine Reihe thematischer und begrifflicher Bezüge zu seinen Nachbarpsalmen auf. So finden sich die רשעים "Frevler" im vorangegangenen Nachbarpsalm genauso (11,2; 12,9, vgl. auch 11,5) wie die בני אדם "Menschenkinder" (11,4; 12,2.9) und die dreistanzige chiastische Struktur (vgl. auch das an beiden Stellen bedeutungsunsichere פוח I/II hi "anschnauben; [be]zeugen" 10,5; 12,6). Frevler-Zitate finden wir namentlich in Ps 10 (vgl. 11,5 mit 10,4.11.13); Wort-Propaganda ist uns ausser in Ps 10 auch schon in Ps 5 begegnet (vgl. 5.7.10 mit 12,3–5).
Verwandtschaft gibt es von diesem Psalm auch zur prophetischen Gesellschaftskritik (vgl. etwa 12,2–5 mit Mi 7,1–7). Auch die Ich-JHWH-Rede, das Ausrichten des Gotteswort an den bzw. die Menschen, verbunden mit der Fürbitte, das Ausrichten des Menschenwortes an Gott, sind Charakteristika des Prophetenamtes.
Zur "Zunge" (4f.) vgl. Jak 3,5–10, zu 8 vgl. Joh 17,15.

Anregungen für die Praxis

Situationen, in denen Lüge, Halbwahrheit und Verleumdung nicht nur im privaten, sondern auch im gesellschaftlichen Leben und in der Politik die Oberhand gewonnen haben, ja salonfähig geworden sind, sind allgegenwärtig. Die Scheinwelt der Halbwahrheit hat – nicht zuletzt durch die Medien – heute eine umfassende Präsenz bekommen. Die Stossrichtung des Psalms ist eine Doppelte: Rehabilitierung des Verleumdeten und Ausrottung aller "glatten Lippen". Die Unterdrückung von Menschen aufgrund von Worten ist immer auch eine Überhebung gegen Gott. Da steht Gott auf und stellt sich auf die Seite der "kleinen Leute", deren Stimme sonst nicht zählt. Der Gemeinde ist aufgetragen, Unrechtssituationen zu benennen und Gott in der Fürbitte anzubefehlen, wie auch das prophetische Wort in diese Welt hinein auszurichten. Es bedarf des geläuterten und von Gott bekräftigten Wortes hinein in die inflationäre Vielzahl der (unreinen) Worte.
Ps 12 im Gesangbuch: EG Ps 12 (EG-West), 273 (Stammteil); RG 9; GL 711.

Psalm 13

	1		Dem Musikverantwortlichen – ein Psalm – David zugehörig.
I	2	a	Wie lange noch, JHWH? Willst du mich für immer vergessen?
		b	Wie lange noch willst du dein Antlitz verbergen vor mir?
	3	a	Wie lange noch muss ich Sorgen in meiner Seele hegen?
		b	[Wie lange noch ist] Kummer in meinem Herzen tagelang?
		c	Wie lange noch darf sich mein Feind über mich erheben?
II	4	a	Schau bitte her! Antworte mir, JHWH;
		b	mein Elohim, mache bitte hell meine Augen,
		c	damit ich nicht [zu] dem Tod entschlafen muss;
	5	a	damit nicht mein Feind sagen kann: "Ich habe ihn überwältigt!"
		b	[Damit nicht] meine Bedränger jubeln dürfen, wenn (oder: dass) ich wanke!
III	6	a	Ich aber, ich habe aufgrund deiner Gnade vertraut;
		b	es soll jubeln mein Herz aufgrund deines Rettens:
		c	"Ich will JHWH (be)singen, denn er hat [wohl] an mir getan."

2 עַד־אָנָה wo(hin)? wie lange (noch)? // שׁכח vergessen (PK qal 2 m sg + Suff) // נֶצַח Glanz, Ruhm; Dauer; Adverb: stets, für immer (rhetorisch nach der Frage: wie lange?) // סתר ni: sich verbergen; hi: verbergen vor (מִן) (PK hi 2 m sg).– **3** שׁית (auf)stellen, hegen (PK qal 1 sg) // עֵצָה I Rat(schluss), Sorge – oder zu ändern in עַצָּבוֹת und abzuleiten von עֲצֶבֶת Schmerz, Plage, Kummer(?) // יָגוֹן Kummer // יוֹמָם Adv: bei Tag, tagsüber – hier wohl im Sinne von יוֹם יוֹם Tag um Tag, tagelang // רום sich erheben, triumphieren über (עַל) (PK qal 3 m sg) // אֹיֵ(י)ב Feind.– **4** נבט hi: aufblicken, (aufmerksam hin)schauen (Impt Adh hi m sg) // ענה antworten (Impt qal m sg + Suff) // אור hi: leuchten lassen, erleuchten, hier: die Augen leuchten machen, d.h. seine Lebenskraft wiederherstellen (Impt Adh hi m sg) // פֶּן Konjunktion: dass/damit nicht // ישׁן (ein)schlafen (PK qal 1 sg).– **5** יכל vermögen, können, obsiegen (AK qal 1 sg + Suff) // גיל frohlocken, jauchzen (PK qal 3 m pl) // מוט ni: wanken (PK ni 1 sg).– **6** יְשׁוּעָה Heil, Rettung, Hilfe // שׁיר singen (PK Koh qal 1 sg) // גמל fertig werden; vollbringen, antun (AK qal 3 m sg).–

Form und Inhalt

Ps 13 gilt als klassisches Beispiel für das Klage- bzw. Bittgebet eines Einzelnen (zum Gebetscharakter vgl. die Gottesanrufungen in 2a.4a.4b [Vokative]). Die wesentlichen Gattungselemente "Klage", "Bitte" und "Vertrauensaussage/Lob(gelübde)" stimmen mit der dreiteiligen Struktur des Psalms überein. Der Beter beschreitet den "Weg" von der Klage zum Lob (vgl. auch Wb Pss III, 69–71).
Die Klage ist durchgängig als Frage nach dem zeitlichen Verzug gestaltet. Drei "Sozialdimensionen" (Gott-Klage 2ab, Ich-Klage mit Elendsschilderung 3ab, Feind-Klage 3c) sind ineinander verzahnt, wobei die "Gott-Klage" insofern leitend ist, als JHWH als der *eigentliche* Urhe-

ber und Verursacher der Not angesprochen wird (Grundproblem: Abwesenheit der Heilsgegenwart Gottes). Die Bitten mit ihrem Appell an Gott, zu schauen, zu hören und einzugreifen sind Fortsetzung und Weiterführung der Klage. Sie werden ergänzt durch *worst case*-Szenarien ("damit nicht ..."), die Gott zum Eingreifen motivieren wollen. Der Beter ist dem Tode nahe (4c). Obsiegt der "Feind" über ihn, steht – aufgrund des Bundesverhältnisses – JHWHs Ehre selbst auf dem Spiel. Darum soll "mein Gott" (4b) "meinem Feind" (5a) entgegentreten und damit seine prahlende Arroganz, in der sich Auflehnung gegen Gott selbst manifestiert, zum Schweigen bringen. Der "atmosphärische Einschnitt" (Zäsur) zwischen dem Ende von Strophe II und dem Anfang von Strophe III markiert eine "Schwelle", zeigt an, dass der Weg von der Klage zum Lob geschenkt und damit unverfügbar ist. Im Schlussvers sind die Zeitperspektiven zu beachten: In seinem Bekenntnis des Vertrauens (6a, mit dem "aber" der Zuversicht) kann der Psalmist – in markierter Absetzung zum gottlosen Feind – auf früher investiertes, auf Gottes Gnade basierendes Vertrauen zurückgreifen. Daraus wächst ihm Hoffnung zu und weitet sich in 6b der Blick auf eine heil- und freudvolle Zukunft. 6c lässt sich als eingespieltes Lobzitat (in Ahnlehnung an Ex 15,1) verstehen.

Am Anfang war der Beter allein: ohne Gott, ohne Menschen, ohne Hilfe. Zum Schluss hat sich seine Klage in "Singen" gewandelt und wird in "Jubel" enden. Gott ist wieder da. Doch nicht allein Gott: Der Beter findet sich unwillkürlich in die Gemeinde eingebettet. Mit der theologischen ist auch die soziale Isolierung beendet. Der Psalm endet nicht mit einer Anrede *zu* Gott, sondern dem Besingen *von* Gott und seinen Taten. Damit treten Mithörer, die Gemeinde, ins Blickfeld. Mit dem Gebet *zu* Gott verbindet sich das Zeugnis *von* Gott *vor* der Gemeinde: "er hat wohl an mir getan".

Struktur und Poesie

Der kurze Psalm hat drei Strophen (I, II, III). Klage (I) und Bitte (II) sind analog strukturiert (Bikolon + Trikolon). Gleichwohl ist II kürzer als I und III (Trikolon) noch knapper. Die poetische Gestalt hat damit eine Verengung auf den Schluss hin ("Trichter"-Form), die mit einer inhaltlichen Zuspitzung einhergeht. Klage und Bitte münden ein ins Gotteslob – "Trichterhals" und Kulminationspunkt des hier bezeugten Gebets.

Der Gottesname erscheint in jeder Strophe (2a.4a.6c) und legt sich als Rahmen um den ganzen Psalm. Das die Klage bestimmende Leitwort ist das 4mal am Zeilenanfang erscheinende Fragewort עד־אנה "Wie lange noch ...?" (2a.2b.3a.3c, virtuell auch 3b). Diese Frage "hämmert" der Beter Gott entgegen, klopft angesichts seiner Irritation laut und wiederholt bei JHWH an. Die konfliktreiche "Dreiecksbeziehung" JHWH – Beter – Feind und ihre (erwartete) Auflösung wird poetisch kunstreich mittels variantenreichen Wiederholungs- und Gegensatzstrukturen angezeigt (vgl. גיל "jubeln, jauchzen" 5b.6b, "mein Elohim" 4b <=> "mein Feind"/"meine Bedränger" 3c.5a.5b, "Herz" 3b.6b, betonter Strophenschluss עלי 3c.6c, die Suffixe "mein" und "dein" etc.).

Kontexte

Nach der Schau des Gerichts über den Gottlosen in Ps 11, verbinden Ps 12 mit Ps 13 die Stichworte ישע "Heil, Hilfe, Rettung" (12,2.6; 13,6) und רום "erheben" (12,9; 13,3). Die Klage in Ps 13 ist gegenüber Ps 12 gesteigert. Das "Jetzt" aus 12,6 wird mit der in 13 wiederholten Frage "wie lange noch?" beschworen. Darauf "antwortet" in der Fortlesung Ps 14.
Zu 6c vgl. Ex 15,1.

Psalm 13

Anregungen für die Praxis

Ps 13 lehrt uns, dass Klage und Lob zusammen gehören. Die Klage wird am Schluss nicht abgestossen, vielmehr bezeugt dieser Psalm sie als bleibend mit dem Lob verklammert. Ps 13 hat in der Einsamkeit der Klage seinen Anfang und im Gotteslob inmitten der Gemeinde seinen Ausgang. Ps 13 steht für die Berechtigung der Klage vor Gott, ja sogar der Anklage Gottes. In ihr wird Gott ungleich ernster genommen als in manchem "christlichen" Beten, wo der Beter meint, auf das Klagen verzichten zu müssen bzw. zu können. Wir haben hier einen Gebetstypus vor uns, in dem der Beter den Grund der Not weder bei sich selbst, bei seiner Sündhaftigkeit, noch letztlich bei den "andern" (Feinden) bzw. bei der Situation sucht. Vielmehr wird in theologischer Weise Gott *selbst* verantwortlich gemacht bzw. in die Verantwortung gerufen. Gerade dadurch führt dieses Klage- und Bittgebet mit seinem Ringen mit und um Gott näher zu ihm selbst. Und gerade darin tut sich dem (Nach-)Beter der Weg von der Klage über die Bitte zum Lob auf. Dieser Weg ist biblisch bezeugt und heute noch begehbar.

Ps 13 im Gesangbuch: EG Ps 13 (EG-West), 598 (EG-Wü), 705 (EG-West, EG-Wü); RG 10.

Psalm 14

	1		Dem Musikverantwortlichen – David zugehörig.
I A		a	Der Narr sprach in seinem Herzen:
(A)		b	"Es gibt keinen Elohim!"
		c	Sie haben verderblich [und] abscheulich gehandelt –
		d	es gibt keinen, der Gutes tut.
I B	2	a	JHWH schaute vom Himmel herab auf die Menschenkinder,
(B)		b	um zu sehen, ob es einen Klugen gebe, einen Elohim-Sucher.
I C	3	a	Die Gesamtheit ist abgewichen,
(A')		b	insgesamt sind sie verdorben.
		c	Es gibt keinen, der Gutes tut,
		d	es gibt auch nicht einen einzigen.
II A	4	a	Sind denn all die Übeltäter nicht zur Einsicht gekommen,
(A")		b	die Fresser meines Volkes, die [es wie] Brot gefressen haben,
		c	die JHWH nicht angerufen haben?
II B	5	a	Da überfiel sie ein grosser Schrecken,
(B')		b	dass Elohim ist inmitten des Geschlechts des Gerechten.
	6	a	Die Gemeinschaft des Elenden wollt ihr schändlich behandeln –
		b	nein, denn JHWH ist seine Zuflucht!
II C	7	a	O dass doch die Rettung Israels vom Zion her käme!
(A''')		b	Wenn JHWH das Geschick seines Volkes wenden wird,
		c	dann soll Jakob jubeln und Israel sich freuen!

1 נָבָל Tor, Narr // שחת hi: verderben (AK hi 3 pl) // תעב hi: abscheulich machen (AK hi 3 pl) // עֲלִילָה Tun.– **2** שקף hi: schauen (AK hi 3 m sg) // שׂכל qal + hi: klug sein (Ptz hi m sg).– **3** סור abweichen (AK qal 3 sg) // אלח ni: verdorben sein (AK ni 3 pl).– **4** אכל essen, fressen.– **5** שָׁם dort; damals, da // פחד erschrecken (AK qal 3 pl) // פַּחַד Schrecken.– **6** עֵצָה Rat(schluss), Plan, Gemeinschaft // בוש sich schämen, hi: zu Schanden machen, vereiteln (PK hi 2 m pl) // מַחֲסֶה Zuflucht.– **7** שוב umkehren, wenden (Inf cs qal) // שְׁבוּת Wendung, Wiederherstellung, Geschick, Gefangenschaft.–

Form und Inhalt

Dieser Psalm erfreute sich offensichtlich einer gewissen Beliebtheit, denn er ist in zwei ähnlichen Fassungen im Psalter überliefert (als Ps 14 in der ersten und als Ps 53 in der zweiten David-Sammlung). Dabei stellt Ps 53 vermutlich die ältere Fassung dar. Die Hauptunterschiede liegen im Bereich von 14,5f. bzw. 53,6.

Ps 14, der möglicherweise nicht aus einem Guss entstanden ist, hat eine weisheitstheologische Grundausrichtung und prophetische Einschläge. Die Rede geht aus von einem "Narren", der Gottes Existenz bzw. Anwesenheit bestreitet. Er steht als Typus für eine Vielzahl ("sie" 1c), wobei die Gottes-Leugnung ethisches Fehlverhalten zur Folge hat (1). Umgekehrt wird "Klugheit" mit der Suche bzw. dem Nachfragen nach Gott verbunden (2cd). Die Aussagen von 2 klingen an frühe Gegebenheiten an, die mit Gottesgerichten in Zusammenhang stehen (zum Herabschauen Gottes vgl. die Turmbau-Erzählung [Gen 11,6] und zum Nicht-Finden eines Gott-Suchers vgl. die Situationen zur Zeit Noahs [Gen 6,5–7.13] und in Sodom und Gomorra [Gen 18,20ff.]). Die Umschau Gottes kulminiert in dem vernichtenden Urteil, dass die Gesamtheit (der Menschen oder – eher – des Volkes?) von Gott und seinen Geboten abgewichen und keiner mehr übrig sei, der Gutes tue (3). Damit ist nicht nur das Fazit von 1cd von Gott her bestätigt, sondern die Aussagen über die Menschheit zur Zeit Noahs und im Blick auf die Städte Sodom und Gomorra sind noch übertroffen (wohl übertreibende Redeweise, denn 5f. zeigt, dass noch JHWH-Treue vorhanden sind).

Der zweite Psalmteil bietet zunächst eine rhetorische Frage, in der verwundert festgestellt wird, dass keine Einsicht und kein Anrufen JHWHs zustande gekommen und stattdessen die paradoxe Situation entstanden ist, dass in Gottes Volk (prophetisch angesprochen: "meines Volkes" 4b) die Gottesanhänger von den Frevlern "gefressen" werden – wie das tägliche Brot (Bedrohung des Existenzrechtes). In 5f. wird ein theophanes Geschehen, ein Gottes-Schrecken, über den Frevlern geschildert und dass JHWH zur Gemeinde der Gerechten bzw. Elenden (die sich als die "Klugen" erweisen, vgl. 2c) hält und umgekehrt. Im Schlussvers wird eine umfassende Rettung und Wiederherstellung des Volkes herbeigewünscht, die vom Zions-Tempel herkommt und in gottesdienstliche Festfreude ausmündet. Das gottlose Sprechen des Narrs zu Beginn soll gleichsam im Schlussjubel des Volkes der Erlösten untergehen.

Struktur und Poesie

Der Psalm besteht aus zwei je zehnzeiligen Teilen (Stanzen), die sich je dreifach unterteilen lassen (Strophen). Beide Stanzen sind in sich chiastisch strukturiert (ABA'-Typus). Demzufolge sind 1 und 3 aufeinander zu beziehen, die in das gleiche Fazit "es gibt keinen, der Gutes tut" (1d.3c) ausmünden. Dabei ist die zweite Äusserung noch mit einer Steigerung verbunden, mit der die Stanze schliesst (3d). Überhaupt ist in diesen beiden Strophen ein viermal an den Zeilenanfang gesetztes אֵין "es gibt nicht/keinen" (1b.1d.3c.3d) auffällig, mit dem die Negativ-Formulierungen der bzw. über die Narren und Frevler gleichsam eingehämmert werden. Betont in der Mitte von Stanze I steht die Aussage über Gottes Erkunden vom Himmel her (2). Analog ist Stanze II gegliedert: Die rahmenden Strophen (4.7) sind durch das Stichwort עַם "Volk" verknüpft (4b.7b) und kontrastiv aufeinander bezogen (Böswilligkeit der Übeltäter <=> Rettung des wahren Gottesvolkes). Auch hier ist die Mitte betont (5f.): Das Eingreifen JHWHs zugunsten seiner Gemeinschaft der Gerechten/Elenden.

Betrachtet man den Psalm insgesamt, so ergibt sich eine parallele ("synoptische") Interpretations-Anordnung, nach der die Teile A/A", A'/A''' und B/B' aufeinander zu beziehen sind: Die Narren und ihr Fehlverhalten (1) sind damit den Übeltätern gleichzustellen, die nicht zur Einsicht kommen und den Gerechten nachstellen (4). Dem Gros der Verdorbenen, die nichts Gutes tun (3), steht die Rettung des wahren Gottesvolkes gegenüber (7). Und das Herabschauen vom Himmel (2) wandelt sich zum herabkommenden Erscheinen, zum Schrecken für die Übeltäter, zum Schutz der Gemeinschaft der Elenden (5f.).

Rhetorisch gesehen ist die steigernde Anhäufung (Hyperbolik) von "Absolutismen" bemerkenswert (vgl. ausser dem bereits genannten אֵין "es gibt nicht/keinen" noch הַכֹּל "die Gesamtheit" 3a, יחדו "insgesamt" 3b, גם־אחד "auch [nicht] einen einzigen" 3d, כל "alle" 4a). Im Blick auf Lautmuster sind die בל-Silben in 1a, die Doppelungen von אכל (4b) und פחד (5a, Figura etymologica), die Sibilant-Laute in 7ab sowie die י-Anfangslaute in 7c (Anapher) zu notieren.

Kontexte

Ps 14 schliesst sowohl die Kleingruppe Ps 11–14 sowie die erste Teilgruppe des ersten David-Psalters Ps 3–14 ab. Zu Ps 11–14 vgl. u.a. die Stichworte "Menschenkinder" 11,4; 12,2; 14,2 und "retten/Rettung" (Wurzel ישע) in 12,2.6; 13,6; 14,7 sowie die rahmenden Zuversichts- bzw. Zufluchtsaussagen in 11,1; 14,6 (מחסה/חסה). Die Abfolge der Ps 11–14 lässt sich als "betender Prozess" (E. Zenger) begreifen, der die Gewissheit einüben will, dass JHWH der Retter der Elenden ist und ihnen in seiner Gerechtigkeit zu ihrem Recht verhilft. Dabei "antwortet" Ps 14 auf die gesteigerte Klage von Ps 13 insofern, als hier das Mass der Gottlosigkeit voll (3) und das Gericht gekommen ist (5). Beide Psalmen schliessen mit einem Hinweis auf zukünftiges (gottesdienstliches) "Jubeln" (גיל 13,6; 14,7). Der Rahmen um Ps 3–14 wird markiert durch das Rettungs-Motiv: Dem Frevler-Zitat "Es gibt für ihn keine Rettung durch Elohim!" 3,3b (ישועה/אין) steht dasjenige von 14,1 "es gibt keinen Elohim!" (אין) gegenüber (vgl. auch 10,4). Weil aber "bei JHWH die Rettung ist" 3,9 (ישועה) wird sich auch die "Rettung Israels vom Zion her" 14,7 (ישועה) einstellen.
Zum Psalm insgesamt vgl. Ps 53; zu 1 vgl. Koh 7,20, zu 2 vgl. Gen 6,5–7; 11,6; 18,20ff., zu 4 vgl. Mi 3,3, zu 7 vgl. Röm 11,26. 1–3 ist von Paulus in Röm 3,10–12 aufgenommen worden, um die Verderbtheit der Menschen und das gerechte Gottesurteil über sie herauszustellen.

Anregungen für die Praxis

Dieser Psalm ist aktuell in unserer westlichen Welt des theoretischen und v.a. praktischen 'Atheismus'. Er zeigt eine Kette des Unheils, die drei zusammenhängende Glieder enthält: Gottlosigkeit ("es gibt keinen Elohim!") – unmoralisches Verhalten ("es gibt keinen, der Gutes tut") – Bedrängung der Gott-treuen Gemeinde ("Fresser meines Volkes"). Wir haben es mit einer Ausreifung, einer Radikalisierung des Bösen zu tun. Wo dies nicht zur Anerkennung der Schuldverflochtenheit und zum Glauben an die Gottes-Gerechtigkeit in Christus führt (vgl. Röm 3f.), eröffnen sich endzeitliche und damit endgerichtliche Dimensionen (vgl. Offb).
Ps 14 im Gesangbuch: EG Ps 14 (EG-West).

Psalm 15

	1		Ein Psalm – David zugehörig.
R		a	JHWH, wer darf als Gast in deinem Zelt sich aufhalten?
		b	Wer darf weilen auf deinem heiligen Berg?
I	2	a	Der unsträflich wandelt und der Gerechtigkeit tut,
		b	und der in seinem Herzen Wahrheit redet;
	3	a	nicht hat er verleumdet mit ("auf") seiner Zunge,
		b	nicht hat er getan seinem Nächsten Übles,
		c	und Schande hat er nicht geladen auf seinen Nachbarn;
II	4	a	der verachtet mit seinen Augen [den] Verworfenen,
		b	aber die JHWH-Fürchtigen ehrt,
		c	der geschworen hat zum [eigenen] Schaden, aber es [doch] nicht ändert;
	5	a	der sein Geld nicht gegeben hat für einen Wucherzins
		b	und Bestechung gegen einen Unschuldigen nicht angenommen hat.
R'		c	Der diese Dinge tut, wird niemals wanken!

1 גור als Fremdling oder Gast weilen (PK qal 3 m sg) // שׁכן wohnen, weilen (PK qal 3 m sg).– **2** תָּמִים unsträflich, redlich // אֱמֶת Wahrheit.– **3** רגל verleumden (PK qal 3 m sg) // רֵעֶה Freund // חֶרְפָּה Schmach, Schmähung // נשׂא erheben, anheben, reden (PK qal 3 m sg) // קָרוֹב nahe, Nächster.– **4** בזה geringschätzen, verachten (Ptz ni m sg) // מאס verwerfen (Ptz ni m sg) // יָרֵא fürchtend (Adj) // כבד schwer sein, pi: ehren (PK pi 3 m sg) // שׁבע ni: schwören (AK ni 3 m sg) // רעע böse sein, hi: Böses tun, Schaden anrichten (Inf cs hi) // מור hi: vertauschen, ändern (PK hi 3 m sg).– **5** נֶשֶׁךְ Wucher // שֹׁחַד (Bestechungs-)Geschenk, Bestechung // נָקִי unschuldig // מוט ni: wanken (PK ni 3 m sg).–

Form und Inhalt

Der Psalm versetzt an den Jerusalemer Tempelbezirk. Wahrscheinlich erfüllte er ursprünglich den Zweck als Tempeleinlass-Liturgie bzw. Einzugs-Tora, möglicherweise am "Tor der Gerechtigkeit" (vgl. Ps 118,19f.), das zum (inneren) Vorhof führte. Danach wäre durch diese Form von Priester- bzw. Torwächterfrage (1ab) und Schlussbekräftigung bzw. Zulassungsbestätigung (5c) einerseits sowie Pilgerantwort (2–5b) andererseits der Zugang zum heiligen Ort geregelt worden (vgl. Ps 24,3–6; Jes 33,14–16; Mi 6,6–8; 2. Chr 23,19). Neben diesem Entstehungshintergrund sind auch andere Verwendungszwecke denkbar (Pilgerpredigt, "Beichtspiegel", "Amtseid/Ordination" bzw. Integritätsbekundung für diensttuendes Tempelpersonal). Auf jeden Fall stellt der Psalm ein Zeugnis für den engen Zusammenhang von Gottesdienstteilnahme und (sozial)ethischem Verhalten dar.

Denkbar ist, dass durch die Ablösung des Psalms von dieser speziellen Funktion und seine Einfügung in den Psalter dieser leichte Änderungen erfahren hat. Jedenfalls ist die Eingangsfrage

genau genommen nicht (nur?) an die Pilger (oder das diensttuende Tempelpersonal), sondern durch die Gottesanrufung (Vokativ 1a) als Gebet an JHWH gerichtet. Es folgt in 2–5b eine Aufzählung von Vorschriften bzw. Einlassbedingungen zum Tempel. Man kommt auf insgesamt elf Dinge. Es kann aber sein, dass – je nach Gruppierung und Zählung – die Zehnzahl im Sinn einer Totalität im Blick ist (Anlehnung an den Dekalog?).
Es findet sich ein Wechsel von positiven (2.4ab) und negativen (3.4c.5) Formulierungen, die im Partizipialstil (2.4a) oder unter Verwendung der Afformativkonjugation (3.4c.5) respektive der Präformativkonjugation (4bc) gebildet sind. Inhaltlich geht es um Rechtverhalten in Wandel, Tat und Wort gegenüber dem Mitmenschen (Volksgenossen), wobei ein Fortschreiten vom Generellen zum Konkreten zu beobachten ist. Bei der Regelung des rechten Zusammenlebens in der Gemeinschaft liegt die Betonung auf dem wahrheitsgemässen und verlässlichen Reden und Handeln; als Missstände werden insbesondere Verleumdung (vgl. Ps 12,3–5), Schwurbruch (vgl. Lev 19,11f.), Wucherzins (vgl. Ex 22,24; Lev 25,36–38; Dtn 23,20) und Bestechung (vgl. Ex 23,8) genannt. Den Schluss bildet eine Verheissung, die dem gilt, der dem Genannten nachlebt.

Struktur und Poesie

Der Psalm besteht aus einem Rahmen (R/R') und einem Corpus, das sich in zwei Teile (Stanzen) gliedern lässt. Diese bestehen je aus einem zwei- und einem dreizeiligen Vers (Variante: 2a und 5b als zweizeiligen Vers lesen, 2b.3a als Vers zusammenstellen und damit die Stanzen in je drei Verse gliedern). In Stanze I figuriert das Rede-Motiv ("Herz/Zunge") in der Mitte und wird von der Thematik des Wandelns und Handelns umgriffen (ABB'A'-Struktur). Stanze II hat ein ABA'-Schema: 4c (Schwur) wird von 4ab (Verachtung und Ehre) und 5ab gerahmt (Geldleihen und Geschenke). Aufgrund der Begriffswiederholungen zwischen Eröffnungsrahmen und II einerseits (יהוה/JHWH 1a.4b) sowie Schlussrahmen und I andererseits (עשׂה "tun" 3b.5c) ergibt sich ein Überkreuzmuster. Man beachte auch einige Laut- und Wortspiele (רעהו und רעה 3b; חרפה und קרב 3c; נבזה und נמאס in 4a).

Kontexte

Ps 15 ist der Anfangspsalm der zweiten Teilsammlung Ps 15–24 im ersten Davidpsalter und bildet mit dem ähnlichen Ps 24 einen Rahmen um diese Sammlung (vgl. Wb Pss III, 161–163). Ps 15 stellt programmatisch das Leitbild des Gerechten voran. In dem Sinn wird die Einlass-Liturgie zum Tempel für den diese Psalmengruppe meditierenden Beter zum prüfenden Spiegel, ob er die nachfolgenden Gebete mit redlichem Herzen und in Gehorsam gegenüber Gottes Geboten (Tora) an ihn richten kann. David (Überschrift) ist gleichsam der wahre Israelit, der Repräsentant für den Tora-Gehorsam.
Zu 2 vgl. Apg 10,35, zu 3 vgl. Röm 13,10.

Anregungen für die Praxis

Der Psalm stellt einen atl. Beleg für die Zusammengehörigkeit von Gottesdienst und Rechtverhalten in der Gemeinschaft (vgl. etwa auch Am 5,21–24) und damit indirekt auch für die Anwendung von Gemeindezucht dar. Die gottesdienstliche Beziehung zu Gott und die gemeinschaftliche Beziehung zum Nächsten sind verbunden (vgl. auch Mt 5,23–26; 1. Joh 4,20f.). Die Gefährdungen durch die "Zunge" (2b.3a) und das Geld (5ab) haben ihren Charakter bis heute

nicht eingebüsst. Die Stossrichtung der Ge- und Verbote ist die Erhaltung menschlicher Würde und Integrität sowie von Recht und Wahrheit.
Ps 15 im Gesangbuch: EG Ps 15 (EG-West); GL 626.3; KG 638, (KG CN 638).

Psalm 16

	1		Eine Aufschrift – David zugehörig.
I A		a	Bewahre mich, El, denn ich berge mich in dir!
(A)	2	a	Ich sage [hiermit] zu JHWH: "[Mein] Adonaj [bist] du,
		b	mein Glück ("Gutes") [ist/geht] nicht über dich hinaus!"
I B	3	a	... zu den Heiligen, die im Land [sind] [sprach ich] – sie –,
(B)		b	nämlich die Edlen meines ganzen Wohlgefallens an ihnen:
	4	a	"Zahlreich werden sein deren Leiden, [die] einem anderen [Gott] umworben haben.
		b	Nicht ausgiessen will ich ihre Trankopfer von Blut
		c	und nicht nehmen ihre Namen auf meine Lippen."
I C	5	a	JHWH [ist] der Teil meines Landanteils und mein Becher;
(C)		b	du [bist] festhaltend mein Los.
	6	a	Die Messstricke sind gefallen mir auf liebliche [Grundstücke],
		b	ja, der/mein Erbteil ist schön geworden für mich.
II A	7	a	Ich will preisen JHWH, der mich beraten hat,
(A')		b	ja, nächtelang haben mich meine Nieren unterwiesen.
	8	a	Ich habe hingestellt JHWH vor mich beständig;
		b	weil er zu meiner Rechten ist, werde ich nicht wanken.
II B	9	a	Darum freute sich mein Herz
(B')		b	und jubelte meine Ehre (Leber?);
		c	ja, mein Leib ("Fleisch") darf in Sicherheit wohnen.
II C	10	a	Denn nicht überlassen wirst du meine Seele der Unterwelt,
(C')		b	nicht stattgeben wirst du deinem Begnadeten, zu sehen die Grube.
	11	a	Du wirst kundtun mir einen Weg des Lebens;
		b	Sättigung an Freuden bei deinem Angesicht,
		c	Lieblichkeiten in deiner Rechten allezeit.

1 מִכְתָּם Aufschrift, Inschrift.– **2** טוֹבָה Gute(s), Glück.– **3** אַדִּיר gewaltig, prächtig; pl: Vornehme, Edle // חֵפֶץ Wohlgefallen.– **4** רבה viel werden (PK qal 3 m pl) // עַצֶּבֶת Schmerz, Kummer // אַחֵר ein anderer // מהר I pi: eilen, sich beeilen (wohl umzuändern in pi (מָהֲרוּ) (AK pi 3 m pl) // נסך ausgiessen, hi: Trankopfer spenden (PK hi 1 sg) // נֶסֶךְ Trankopfer.– **5** מְנָת Teil // חֵלֶק Acker, Grundstück // כּוֹס Becher // תמך ergreifen, festhalten (zu ändern in תּוֹמֵךְ) (Ptz qal m sg) // גּוֹרָל Los.– **6** חֶבֶל Messchnur, Ackerlos // נְעִים lieblich, angenehm (hier vom Grundstück) // שפר schön sein, mit עַל: gefallen (AK qal 3 f sg).– **7** ברך pi: segnen, preisen (PK pi 1 sg) // יעץ (be)raten (PK qal 3 m sg + Suff) // יסר pi: zurechtweisen, mahnen (AK pi 3 pl + Suff) // כִּלְיָה pl: Nieren, Innerstes.– **8** שוה I pi: gleich machen, besänftigen; II pi: hinlegen, (da)liegen (AK pi 1 sg) // תָּמִיד beständig.– **9** כָּבוֹד Ehre (einige Mss lesen, mit kleiner Änderung: כָּבֵד Leber, Seele) // בֶּטַח Sicherheit.– 10 עזב überlassen (PK qal 2 m sg) // שַׁחַת Grube.– 11 אֹרַח Pfad // שֹׂבַע Sättigung.–

Form und Inhalt

Das Verständnis dieses bekenntnishaften Vertrauenspsalms ist aufgrund des schwierigen Textes (Textverderbnis, v.a. 2–4) beeinträchtigt (nach einer alternativen Deutung sind mit den "Heiligen" keine Gottvertrauten, sondern Götzendiener gemeint, auf die sich – fälschlicherweise – das Wohlgefallen der Leute richtet, vgl. H.G.L. Peels). Im Psalm sind zwar schemenhaft Probleme des Beters erkennbar, trotzdem ist er angefüllt mit Aussagen über (irdisches) Glück und Lebensfreude. Für den Beter ist solches verankert in JHWH selber, der sein Ein- und-Alles ist.

Der Psalm scheint ein biographisches Dokument zu sein (vgl. auch die Bezeichnung als "Aufschrift" oder "Votivinschrift" [K. Seybold] in 1), wobei man – je nach Gewichtung der Aussagen – den Verfasser unterschiedlich zuordnet. Ich vermute hinter dem Psalmsprecher einen Priester oder Leviten. Dafür könnten die Opferhinweise (4bc) und die Aussagen, dass JHWH statt bebaubares Land "sein Anteil" ist, sprechen (vgl. 5f. mit Num 18,20f.; allerdings lässt 5f. sich auch als *realen* Landzuspruch durch Loszuweisung und Landvermessung mittels der Messstricke verstehen, was zu einem priesterlichen bzw. levitischen Verfasser dann nicht passen würde).

Der erste Teil (I) beginnt als Gebet mit Bewahrungsbitte und Bergungsaussage (1a). Daran schliesst sich ein dreifaches "Bekennen" an: 1. das Bekenntnis zu JHWH als einzigem Herrn und alleinigem Lebensglück (2ab, mit Gebetszitat); 2. die Anerkennung der "Heiligen", "Edlen", die (wie er) auf dem rechten Weg sind und sein (und Gottes) Wohlgefallen verdienen, nun aber vor Fremdgötterverehrung gewarnt und zum Festhalten an JHWH bestärkt werden (3ab, mit direkter, an sie gerichteter Rede in 4abc); 3. der Ausdruck des Gefallens an der – realen oder auf JHWH übertragenen – Landzuweisung (5f., für die Stammesgebiete vgl. Jos 18,11ff.).

Der zweite Teil des Psalms (II) schöpft aus dem guten "Rat" (im Blick auf 4 oder 5f.?), der dem Psalmisten zuteil wurde, und führt diesen zum Lobpreis JHWHs. Bestimmend dabei ist die Nähe zu JHWH, in der sich der Verfasser (bzw. der diesen Psalm Nachbetende) weiss und um die er sich bemüht, sowie die Freude, der Jubel und das Wohnen in Sicherheit (im Bereich des Tempels?). Dass der Betreffende zuvor in Anfechtung nahe am (Todes?-)Abgrund war, geht aus 10 hervor. Stattdessen leitet ihn Gott einen Weg des Lebens, was er – unter Aufnahme bereits gefallener Stichworte – als "Freuden" und "Lieblichkeiten" bezeugt (11).

Struktur und Poesie

Falls der Zeilenbestand nicht (auch) gestört ist, dürfte der Psalm 24 Verszeilen umfassen, je 12 in den beiden Hauptteilen bzw. Stanzen (I, II). Sie bestehen aus je drei Strophen (A–C), die wohl chiastisch (ABA'-Struktur) angelegt sind (vgl. auch "meine/deine Rechte" [8b.11c] in II). Wenn ich recht sehe, weist der Psalm insgesamt dagegen ein alternierendes Muster auf (ABCA'B'C') unter Parallelisierung der beiden Hauptteile (Diptychon). Die A-Teile haben analoge Eröffnungen: eine JHWH-Gebet und -bekenntnis (1b.2abc) und ein gegenüber einer anonymen Zuhörerschaft abgegebenes Lobversprechen (7–8). Die C-Teile sind durch das Stichwort נעים "liebliche [Grundstücke]/Lieblichkeiten" (6a m pl und 11c f pl) verbunden, mit dem das von Gott Zugefallene bzw. seine Nähe ausgedrückt wird. Zu notieren ist noch die

Häufigkeit der betont hervorhebenden oder bestreitenden Partikel אַף "ja" (6b.7b.9c) und בַל "nicht, kein" (2b.4b.4c.8b). Die Form עצבותם "ihre Schmerzen" (4a) könnte absichtlich an das ähnliche עצביהם "ihre Götzenbilder" anklingen (Wort- und Sinnspiel).

Kontexte

Der Psalm wird als "Aufschrift", vielleicht eine Art Votiv- bzw. Weiheinschrift, bezeichnet (vgl. Ps 56–60; Jes 38,9[?]). Stichwortanknüpfungen (Concatenatio) zum Vorderpsalm 15 ergeben sich dahingehend, dass die dort im Rahmen platzierten Motive des "Wohnens" (15,1) bzw. "Nicht-Wankens" (15,5) in 16,9 (שָׁכַן) respektive 16,8 (מוֹט) aufgenommen werden. Dem meditierenden Leser legt sich von Ps 15 her auch in Ps 16 der Tempel als sicherer Wohnort nahe – ein Moment, das vielleicht schon ursprünglich in Ps 16 angelegt ist (falls der Verfasser ein Priester oder Levit ist). Der Psalmist von Ps 16 erweist sich jedenfalls als einer, der die Bedingungen für den Tempel-Einlass erfüllt.
Die Verse 8–11 sind über Ausdeutungen der griech. Übersetzung (LXX) zu einem Dokument der Hoffnung auf die Auferstehung des Leibes geworden, das von Petrus und Paulus in ihre Verkündigung aufgenommen und schliesslich in den ntl. Kanon Eingang gefunden hat (vgl. Apg 2,25–28.31; 13,35).
Zu 2.5 vgl. Ps 73,25f., zu 4f. vgl. 1. Petr 1,3f., zu 10f. vgl. Spr 15,24.

Anregungen für die Praxis

Der Psalm zeigt, wie irdisches Glück und die enge Bindung an Gott zusammengehören, denn "Frömmigkeit ist die Abhängigkeit von Gott als Glück zu bezeichnen" (H. Bezzel). Dabei ergibt sich (wie schon Ps 1 zeigt) ein drei-dimensionales Beziehungsgeflecht: Übereinstimmung mit Gott führt in die Gemeinde der "Heiligen" und zur Absonderung von denen, die einem anderen Gott nachlaufen. JHWH erscheint dem Beter als Inbegriff für Lebensglück, Besitz- bzw. Erbteil, als Mann zu seiner Rechten (die "Rechte" ist die waffentragende Hand im Kampf), als Sättigung mit Freuden, als Lieblichkeit. Die Fülle des Lebens, die sich aus der Gottesnähe speist, kommt in diesem Psalm reich und überzeugend zum Ausdruck. Darin ist der Psalmist ein Ansporn für Juden und Christen. Der Christ kann darüber hinaus zusammen mit den Aposteln Petrus und Paulus in diesem Psalm ein Zeichen und Zeugnis für die Auferstehung Christi und mit ihm dann auch die Auferstehung unserer Leiber sehen.
Ps 16 im Gesangbuch: EG Ps 16 (EG-West); RG 11, 109.

Psalm 17

		1		Ein Gebet – David zugehörig.
I A			a	Höre bitte, JHWH, [die] gerechte Sache!
			b	Merke bitte auf meine Klage!
			c	Neige bitte dein Ohr meinem Gebet,
			d	[gesprochen] von keinen Lippen des Trugs!
I B		2	a	Von deinem Angesicht her soll mein Recht ausgehen;
			b	deine Augen werden die Aufrichtigkeit schauen!
		3	a	Du hast mein Herz geprüft,
			b	du hast [mich] heimgesucht des Nachts.
			c	Du hast mich geläutert – nichts vermagst du zu finden!
			d	Ich habe überlegt – nichts soll meinem Mund entschlüpfen!
I C		4	a	Angesichts des Treibens der Menschen [und]
			b	auf Geheiss Deiner Lippen
			c	habe ich, [ja] ich mich gehütet
			d	[vor] den Wegen des Gewalttäters,
		5	a	um meine Schritte zu halten in deinen Bahnen –
			b	meine Tritte sind nicht ins Wanken gebracht worden.
II A		6	a	Ich, ich rufe dich hiermit an,
			b	denn du wirst mir antworten, El!
			c	Neige mir dein Ohr,
			d	erhöre mein Wort!
		7	a	Erweise als wunderbar deine Gnadentaten,
			b	Retter derer, die sich bergen,
			c	gegenüber denen, die sich auflehnen, mit deiner Rechten!
II B		8	a	Behüte mich wie eine Pupille, einen Augapfel!
			b	Im Schatten deiner Flügel mögest du mich verbergen
		9	a	vor dem Angesicht der Frevler, die mir Gewalt angetan haben,
			b	meinen Todfeinden ("Feinde gegen das Leben"), die mich zu umzingeln trachten!
II C		10	a	[Mit] ihrem Fett haben sie [Mitgefühl] verschlossen;
			b	ihr Maul redete Hoffart.
		11	a	Unsere Schritte – jetzt haben sie mich umringt.
			b	Ihre Augen richten sie darauf, zu Boden zu strecken.
		12	a	Seine Ähnlichkeit [hat er mit] dem Löwen: Er sehnt sich zu erbeuten,
			b	ja, mit dem Junglöwen, der im Versteck lauert.

Psalm 17

III A	13	a	Steh bitte auf, JHWH!
		b	Tritt seinem Angesicht doch entgegen, wirf ihn nieder!
		c	Rette bitte mein Leben vor dem Frevler [mit] deinem Schwert,
III B	14	a	vor den Leuten [mit] deiner Hand, JHWH,
		b	vor den Leuten aus der Welt, deren Teil unter den Lebenden ist!
		c	Ja, dein Aufgespartes möge ihren Bauch füllen,
		d	die Söhne sollen sich satt essen,
		e	und ihren Rest werden sie ihren Kindern hinterlassen.
III C	15	a	Ich [aber], ich werde in Gerechtigkeit dein Angesicht schauen;
		b	ich werde mich sättigen, wenn ich aufwache, an deinem Bild.

1 קשב hi: aufmerken (Impt Adh qal m sg) // רִנָּה Geschrei, Klage // מִרְמָה Trug.– **2** מֵישָׁרִים Geradheit, Aufrichtigkeit.– **3** בחן prüfen (AK qal 2 m sg) // צרף schmelzen, durch Schmelzen erproben (PK qal 2 m sg + Suff) // זמם sinnen, planen (AK qal 1 sg).– **4** פְּעֻלָּה Tun, Tat // פָּרִיץ gewalttätig.– **5** תמך festhalten (Inf abs qal) // אָשׁוּר Schritt // מַעְגָּל Geleise, Bahn // מוט ni: ins Wanken gebracht werden (AK ni 3 pl) // פַּעַם Tritt.– **6** נטה neigen, niederstrecken, hi: zuneigen (Impt hi m sg) // אִמְרָה Rede.– **7** פלה hi: wunderbar machen, erweisen (Impt hi m sg) // ישׁע hi: helfen, retten (Ptz hi m sg) // חסה vertrauen, Schutz suchen (Ptz qal m pl) // קום hitp: sich erheben, auflehnen gegen (Ptz hitp m pl).– **8** אִישׁוֹן "Männchen" (im Auge), Pupille // צֵל Schatten // סתר hi: verbergen (PK hi 2 m sg + Suff).– **9** שׁדד verheeren, verwüsten, vergewaltigen (AK qal 3 pl + Suff) // נקף kreisen, hi: umringen (PK hi 3 m pl).– **10** חֵלֶב Fett // סגר verschliessen (AK qal 3 pl) // גֵּאוּת Hoffart.– **11** שׁית setzen, stellen (PK qal 3 m pl).– **12** דִּמְיוֹן Ähnlichkeit // כסף sich sehnen (PK qal 3 m sg) // טרף rauben (Inf cs qal) // מִסְתָּר Versteck.– **13** קדם pi: zuvorkommen, entgegentreten (Impt Adh pi m sg) // כרע sich beugen, hi: niederwerfen (Impt hi m sg + Suff) // פלט entfliehen, pi: entfliehen lassen, erretten (Impt Adh pi m sg).– **14** מְתִים Männer, Leute // חֶלֶד Lebensdauer, Welt // חֵלֶק Teil, Anteil // צפן verbergen, aufbewahren (wPtz pass qal m sg + Suff) // בֶּטֶן Bauch // שׂבע sich satt essen, sich sättigen (PK qal 3 m pl) // נוח sich niederlassen, hi: hinterlassen (wAK hi 3 pl) // יֶתֶר Rest, Überfluss // עוֹלֵל Kind.– **15** קיץ hi: erwachen (Präp + Inf cs hi) // תְּמוּנָה Bild.–

Form und Inhalt

Der Text dieses Psalms hat an einigen Stellen gelitten und ist dadurch teils schwer verständlich. Es handelt sich um ein persönliches Gebet (1). Als Hintergrund wird von einigen Auslegern ein laufendes Tempelgerichts-Verfahren (Ordal) vermutet, wobei dieser Psalm dann das Schlusswort des Angeklagten wiedergeben würde (vgl. K. Seybold). Deutlich ist jedenfalls, dass es sich um ein Bittgebet zu JHWH angesichts von Feindbedrängnis handelt.
In Stanze I (1–5) appelliert der Beter an JHWH, auf seine Klage erhörlich einzutreten. Deutlich ist dabei, dass es um eine Rechtsangelegenheit (1a) geht und dass das Gebet nicht durch "Trug-Lippen" (1d) pervertiert ist. Mit diesen Stichworten sind Situationsbezüge angedeutet: Das geforderte bzw. geschaute Recht bildet denn auch die Klammer um das Gebet (צדק "gerechte Sache/Gerechtigkeit" 1a.15a). Das Wortfeld vom rechten Reden und Hören (vgl. u.a. "Ohr" 1c.6c, "Lippe" 1d.4b, "Mund" 3d.10b) ist neben dem des Sehens (vgl. u.a. "Angesicht" 2a.9a.13b.15a, "schauen" 2b.15a, "Augen" 2b.8a.11b) und des Tuns, der Ethik (vgl. die Rede

Psalm 17

von den "Wegen" und "Schritten" 4d.5ab.11a), dominant im Psalm. Dass es um das Recht geht, das "geschaut" werden soll, wird auch aus 2 deutlich. In den Versen 3–5 blickt der Psalmist zurück (Verben mit AK) und bilanziert die an ihm mit positivem Befund (vgl. die abgrenzenden Formulierungen, v.a. das 3malige בל "nicht/s" 3c.3d.5b) stattgefundene Läuterung durch JHWH.

Stanze II (6–12) nimmt den Faden mit einer Rekapitulation des Appells von 1 neu auf (6). Anstelle der Nennung der erwiesenen Rechtmässigkeit (so Stanze I) folgt nun aber zunächst eine an die Begrifflichkeit des Schilfmeerliedes (Ex 15) sich anlehnende Bitte um einen geschichtlichen Machterweis JHWHs (7). Ihr folgt eine Bitte um Bergung und Behütung angesichts bedrohlicher Lage (8f., mit Metaphern des Augenschutzes und der Adlerjungen). In 10–12 schliesslich wird das Negativ-Verhalten des bzw. der Feinde (u.a. mit dem Bild des Beute-suchenden Löwen) skizziert. Man beachte dabei, wie Begriffe, die vorher positiv konnotiert waren, in dieser Negativ-Schilderung umgepolt verwendet werden ("Mund/Maul" 3d.10a, "Augen" 2b.11b, נטה "neigen/strecken" 6c.11b, מ/סתר "verbergen/Versteck" 8b. 12b).

Stanze III (13–15) bittet nun nicht mehr (nur) um Erhörung, sondern um ein machtvolles richterliches Eingreifen zugunsten des Beters gegen die Feinde. Es folgt (14cde) wohl eine ironisch formulierte Verwünschung: JHWH soll den Frevlern und ihren Nachkommen das ihnen Zukommende heimzahlen, sie mit Unheil "sättigen". In Absetzung dazu ist der Beter für sich selbst (אני "[betontes] Ich" 15a, vgl. 4c.6a) gewiss, dass er JHWHs Angesicht schauen wird und sich an Gottes Erscheinung "sättigen" darf.

Struktur und Poesie

Die dreiteilige Struktur (1–5|6–12|13–15) wird durch imperativische Appelle bzw. performative Rede (6a) sowie die Parallelität von 1ab.1cd mit 6ab.6cd deutlich markiert. Während die Stanzen I und II einen analogen Umfang haben, ist die Schlussstanze deutlich kürzer. Jede Stanze enthält drei Strophen (A, B, C). Der Psalm wird gerahmt (Inclusio) durch die Stichworte צדק "gerechte Sache/Gerechtigkeit" 1a.15a und חזה "schauen" 2b.15a. Es liegen eine Reihe von begrifflichen Bezügen zwischen den Stanzen vor (s.o.). Versabgrenzung und Rhythmik ist aufgrund von Textunsicherheiten nicht überall sicher bestimmbar. Die Versrhythmik scheint phasenweise gekennzeichnet durch kurzatmige, die Dringlichkeit anzeigende zweiakzentige Verse (v.a. bei den Appellen, aber auch bei den aufzählenden 3ab. 3d sowie den prosaisch anmutenden 4ab.4cd). Sie wird lautlich unterstützt durch eine Reihe phonologisch-poetischer Muster wie Wortspiele (חוסים/חסדיך 7ab, לטרוף/יכסוף 12a, קדמה/קומה 13ab), Alliterationen (u.a. מ-Anlautung in 2, ב/פ-Dominanz in 3–5, ח/ה in 7) und Reime (-eka 15a.15b, מ-Schluss in 14b–e). Der Schlussvers weist das alphabetisch-akrostichische Muster א/ב/א – פ – א/ב/ת auf.

Kontexte

Mit dem Vorgängerpsalm 16 verbindet Ps 17 die Motive des (Ver-)Bergens bzw. Geborgenseins bei JHWH (חסה 16,1; 17,7, vgl. auch 17,8), des Bewahrens bzw. Behütens (שמרני "behüte bzw. bewahre mich ...!" 16,1; 17,8), von JHWHs "Rechten" (16,8.11; 17,7) sowie des "Nacht"-Geschehens (16,7; 17,3). Vgl. ferner das Verb תמך "ergreifen, festhalten" in 16,5 und 17,5. Die in Ps 16 zum Ausdruck gekommene Gottesnähe des Psalmisten bestärkt in Ps 17 gleichsam die Gewissheit der Unschuld und des heilvollen Ausgangs der Rechtsangelegenheit.

Psalm 17

Der Appell "Steh bitte auf, JHWH ...!" (13) hat sich in gleicher Weise schon in 3,8; 7,7; 9,20 und 10,12 vorgefunden. Zu 3 vgl. auch Ps 139,1.23, zu 8 vgl. Dtn 32,10, zu 10 vgl. Jud 16, zu 12 vgl. Ps 10,9, zu 15 vgl. Offb 22,4.

Anregungen für die Praxis

Einmal mehr ist die Wichtigkeit einer Rechtssache sowie die richterliche Gerechtigkeit Gottes thematisiert. In den Seligpreisungen werden von Jesus sowohl diejenigen glückselig gepriesen, die "nach der Gerechtigkeit hungern und dürsten" (Mt 5,6) als auch die "um Gerechtigkeit willen Verfolgten" (Mt 5,10). In der gleichen Bergpredigt findet sich schliesslich die Aufforderung, "am ersten nach dem Reich Gottes und nach seiner Gerechtigkeit" zu trachten (Mt 6,33). Es gilt sich vor unguten Wegen und Verhaltensweisen zu hüten (vgl. Ps 1), denn Gott prüft und läutert zunächst den selber, der von ihm her Recht verlangt. Vorbildhaft ist die Zuversicht und die Erhörungsgewissheit seines Betens – trotz ihn umzingelnder "Todfeinde". Denn JHWH ist der Retter derer, die sich bei ihm bergen (7b).
Ps 17 im Gesangbuch: EG Ps 17 (EG-West).

Psalm 18

	1		Dem Musikverantwortlichen – dem Knecht JHWHs zugehörig – David zugehörig – der die Worte dieses Liedes zu JHWH redete – am Tage, als JHWH ihn aus der Hand aller seiner Feinde und aus der Hand Sauls gerettet hatte.
	2		Und er sprach:
I		a	Ich will dich lieben, JHWH, meine Stärke!
	3	a	JHWH [ist] mein Fels und meine Burg und mein Retter!
		b	Mein El [ist] mein Fels, bei dem ich mich berge,
		c	mein Schild und Horn meines Heils, meine Feste!
	4	a	Gepriesen – so rufe ich hiermit – sei JHWH!
		b	Vor meinen Feinden bin ich nämlich errettet worden.
	5	a	Todes-Banden haben mich umschlungen,
		b	und Fluten des Verderbens versetzten mich in Schrecken.
	6	a	Banden der Unterwelt haben mich umgeben,
		b	Todes-Schlingen sind mir begegnet.
	7	a	In der mir [widerfahrenden] Bedrängnis rief ich JHWH,
		b	ja, zu meinem Elohim schrie ich um Hilfe.
II		c	Er hörte meine Stimme aus seinem Tempel,
		d	und mein Geschrei {vor seinem Angesicht} drang an seine Ohren.
	8	a	Da wankte und erbebte die Erde,
		b	und die Grundfesten der Berge erzitterten;
		c	sie wankten, denn er [Zorn] war ihm entbrannt.
	9	a	Rauch stieg auf aus ("in/mit") seiner Nase,
		b	und Feuer frass aus seinem Mund;
		c	Kohlen brannten aus ihm.
	10	a	Er neigte den Himmel und fuhr herab,
		b	und dunkles Gewölk [war] unter seinen Füssen.
	11	a	Auf einem Cheruben fuhr er und flog daher,
		b	auf Windes-Flügeln schwebte er.
III	12	a	Er machte als seine Hülle Finsternis ringsum ihn,
		b	als seine Hütte Wasser-Dunkel, Wolken-Gewölk.
	13	a	Vor dem Glanz [der] vor ihm [war,] zogen seine Wolken vorüber
		b	[mit] Hagel und Feuerkohlen.
	14	a	Im Himmel liess JHWH donnern,
		b	ja, Eljon liess seine Stimme erschallen
		c	[mit] Hagel und Feuerkohlen.
	15	a	Er sandte seine Pfeile und zerstreute sie,
		b	ja, seine Blitze in Menge und verwirrte sie.

	16	a	Da wurden sichtbar die Wasser-Betten,
		b	die Grundfesten des Erdkreises wurden blossgelegt
		c	angesichts deines Scheltens, JHWH,
		d	angesichts des Schnaubens des Hauchs deiner Nase (oder: deines Zornes).
IV	17	a	Er streckte [seine Hand] aus der Höhe aus [und] ergriff mich,
		b	er zog mich heraus aus grossen Wassern.
	18	a	Er entriss mich meinem Feind, dem Starken,
		b	ja, meinen Hassern, denn sie waren mächtiger als ich.
	19	a	Sie traten mir am Tag meines Unheils entgegen;
		b	da wurde JHWH mir zur Stütze.
	20	a	Er führte mich heraus in die Weite,
		b	er befreite mich, denn er hatte Wohlgefallen an mir.
V	21	a	JHWH tat mir nach meiner Gerechtigkeit,
		b	nach der Reinheit meiner Hände vergalt er mir.
	22	a	Denn ich habe die Wege JHWHs bewahrt
		b	und habe nicht gefrevelt, weg von meinem Elohim.
	23	a	Denn alle seine Rechtssätze [sind] vor mir,
		b	und seine Satzungen liess ich nicht von mir weichen.
	24	a	Ich war untadelig gegenüber ihm
		b	und bewahrte mich vor meiner Schuld.
	25	a	JHWH vergalt mir nach meiner Gerechtigkeit,
		b	nach der Reinheit meiner Hände[, die] vor seinen Augen [war].
VI	26	a	Gegenüber dem Treuen erweist du dich treu,
		b	gegenüber dem vollkommenen Mann vollkommen.
	27	a	Gegenüber dem Reinen erzeigst du dich als rein,
		b	aber gegenüber dem Verkehrten verdreht.
	28	a	Fürwahr, du selber errettest das gebeugte Volk,
		b	aber stolze Augenpaare erniedrigst du!
	29	a	Fürwahr, du selber lässt meine Leuchte hell leuchten!
		b	JHWH, mein Elohim, erleuchtet meine Finsternis.
	30	a	Fürwahr, mit dir vermag ich den Wall zu erlaufen,
		b	ja, mit meinem Elohim kann ich die Mauer überspringen.
VII	31	a	Dieser El, vollkommen [ist] sein Weg!
		b	Das Wort JHWHs [ist] lauter!
		c	Ein Schild [ist] er selber für alle, die sich bei ihm bergen!
	32	a	Fürwahr, wer [ist] ein Eloah ausser JHWH?
		b	Ja, wer ein Fels ausser unser Elohim?
	33	a	Dieser El, der mich umgürtet mit Kraft,
		b	er machte vollkommen meinen Weg.

Psalm 18

	34	a	Er machte meine Füsse Hindinnen gleich,
		b	er stellte mich hin auf meine Höhen.
	35	a	Er lehrte meine Hände den Kampf,
		b	und den ehernen Bogen spannten meine Arme.
VIII	36	a	Du reichtest mir den Schild deines Heils,
		b	und deine Rechte stützte mich,
		c	und deine Herabneigung machte mich gross.
	37	a	Du hast meinen Schritten unter mir Raum verschafft,
		b	so dass meine Knöchel nicht wankten.
	38	a	Ich bin meinen Feinden nachgejagt und habe sie erreicht,
		b	und ich bin nicht umgekehrt bis zu ihrer Vernichtung.
	39	a	Ich habe sie zerschmettert, so dass sie nicht mehr aufzustehen vermögen;
		b	sie sind unter meine Füsse gefallen.
	40	a	Du hast mich mit Kraft zum Kampf umgürtet,
		b	hast die gegen mich Aufstehenden unter mich geworfen.
IX	41	a	Und meine Feinde liessest du mir den Rücken zukehren,
		b	und meine Hasser, ich konnte sie ausrotten.
	42	a	Sie schrien um Hilfe, aber es gab für sie keinen Retter,
		b	zu JHWH, aber er hat ihnen nicht geantwortet.
	43	a	Ja, ich habe sie zerrieben wie Staub vor dem Wind,
		b	wie Strassen-Kot habe ich sie ausgeschüttet.
	44	a	Du hast mich entrissen den Streitigkeiten des Volkes,
		b	mich gesetzt zum Haupt der Völker;
		c	Völker, die ich nicht kannte, dienen mir.
	45	a	[Bereits] auf das Hören mit dem Ohr hin gehorchen sie mir,
		b	die Söhne der Fremde schmeicheln mir.
	46	a	Die Söhne der Fremde sind matt geworden
		b	und zitternd herausgekommen aus ihren Burgen.
X	47	a	JHWH lebt! Ja, gepriesen sei mein Fels
		b	und erhoben der Elohim meines Heils!
	48	a	[Es ist] dieser El, der mir Rache verschaffte
		b	und mir Völker unterwarf;
	49	a	der du mich meinen Feinden entrissen hast;
		b	du hast mich auch erhöht über die, die gegen mich aufstanden;
		c	vom Mann der Gewalttat hast du mich befreit.
	50	a	Deswegen will ich dich [hiermit] preisen inmitten der Völker, JHWH,
		b	ja, deinem Namen will ich zu Instrumentenspiel singen,
	51	a	der die Heilsbezeugungen seinem König [gegenüber] gross machte
		b	und Gnade gab seinem Gesalbten,
		c	David und seinem Samen, für allezeit.

Psalm 18

1 שִׁירָה (einzelnes) Lied // נצל hi: retten (AK qal 3 m sg).– 2 רחם qal (sonst nur pi): innig lieben (PK qal 1 sg + Suff) // חֵזֶק Stärke.– 3 סֶלַע Fels // מְצוּדָה Burg // פלט entfliehen, pi: retten (wPtz pi m sg + Suff) // יֵשַׁע Heil // מִשְׂגָּב Feste.– 4 הלל pi: preisen, pu: pass (Ptz pu m sg) // ישע ni: gerettet werden (PK ni 1 sg).– 5 אפף umgeben // חֶבֶל Strick // נַחַל Bach // בְּלִיַּעַל Nichtswürdigkeit, Bosheit, Verderben // בעת pi: in Schrecken setzen (PK pi 3 m pl + Suff).– 6 קדם pi: vorn sein, an der Spitze gehen, hintreten vor, begegnen (AK pi 3 pl + Suff) // מוֹקֵשׁ Schlinge.– 7 צַר Not, Drangsal // שׁוע pi: um Hilfe schreien (PK pi 1 sg) // שַׁוְעָה Geschrei.– 8 געשׁ qal + hitp: sich geräuschvoll heben und senken (wPK qal 3 f sg / wPK hitp 3 m pl) // רעשׁ erbeben (wPK qal 3 f sg) // מוֹסָד Grund(feste) // רגז erbeben, erzittern (PK qal 3 m pl) // חרה entbrennen (AK qal 3 m sg).– 9 נַחֶלֶת Kohle // בער brennen (AK qal 3 pl).– 10 נטה neigen (wPK qal 3 m sg) // עֲרָפֶל dunkles Gewölk.– 11 דאה schweben (wPK qal 3 m sg).– 12 שִׁית setzen, machen (PK Juss qal 3 m sg) // סֵתֶר Hülle // חֲשֵׁכָה Dunkel.– 13 נֹגַהּ Glanz.– 14 רעם tosen, hi: donnern (wPK hi 3 m sg).– 15 פוץ sich zerstreuen, hi: zerstreuen (wPK hi 3 m sg + Suff) // המם I in Bewegung und Verwirrung bringen (wPK qal 3 m sg + Suff).– 16 אָפִיק Flussbett // גלה offenbaren, blosslegen (wPK ni 3 m pl) // גְּעָרָה Schelten // נְשָׁמָה Hauch, Odem.– 17 מָרוֹם Höhe // משׁה qal + hi: ziehen (PK hi 3 m sg + Suff).– 18 אמץ stark sein, mit מִן: stärker sein als = überwältigen (AK qal 3 pl).– 19 אֵיד Unheil // מִשְׁעָן Stütze.– 20 מֶרְחָב Weite // חלץ pi: hervorziehen, retten (PK pi 3 m sg + Suff).– 21 גמל antun (PK qal 3 m sg + Suff) // בֹּר Reinheit.– 23 סור abbiegen, weichen, hi: weichen lassen (PK hi 1 sg) // תָּמִים 24 unsträflich.– 26 חסד hitp: sich huldvoll erzeigen (PK hitp 2 m sg) // תמם vollständig sein, hitp: sich redlich erzeigen (PK hitp 2 m sg).– 27 ברר aussondern, ni: sich reinigen, Ptz: der Reine, sich Reinigende, hitp: sich rein erweisen (Ptz ni m sg / PK hitp 2 m sg) // עִקֵּשׁ verkehrt // פתל hitp: sich als verdreht, verschlagen erweisen (PK hitp 2 m sg).– 28 עָנִי gebeugt // שָׁפֵל niedrig sein, hi: erniedrigen (PK hi 2 m sg).– 29 אור hell sein, hi: hell machen, leuchten // נֵר Leuchte // נגה leuchten, hi: erleuchten (PK hi 3 m sg).– 30 רוץ laufen (PK qal 1 sg) // גְּדוּד I Mauer, Furchenrand; II Streifschar, Raubzug, Kriegsschar // דלג springen, pi: überspringen (PK pi 1 sg) // שׁוּר Mauer.– 31 צרף läutern (Ptz pass qal f sg).– 32 מִבַּלְעֲדֵי ohne, ausser // זוּלָתִי ausser.– 33 אזר gürten, pi: umgürten (Ptz pi m sg + Suff).– 34 שׁוה ähnlich sein, pi: gleich machen (Ptz pi m sg) // אַיָּלָה Hindin, f von אַיִל I; oder von II mächtiger Baum; III Torpfeiler?.– 35 נחת herabsteigen, pi: niederdrücken (AK pi 3 f sg) // נְחוּשׁ ehern.– 36 יֵשַׁע Heil // סעד stützen (PK qal f sg + Suff) // עֲנָוָה Demut, Herablassung // רבה gross sein, hi: gross machen (PK hi 3 f sg + Suff).– 37 רחב weit sein, hi: weit machen, Raum schaffen für (PK hi 2 m sg) // צַעַד Schritt // מעד wanken (PK qal 3 pl) // קַרְסֻלַּיִם Knöchel.– 38 נשׂג hi: erreichen (wPK hi 1 sg + Suff) // כלה vollendet sein, pi: vertilgen (Inf cs pi + Suff) // מחץ 39 zerschmettern (PK qal 1 sg + Suff).– 40 כרע zusammenbrechen, hi: niederwerfen (PK hi 2 m sg).– 41 עֹרֶף Nacken // צמת qal + hi: ausrotten (PK hi 1 sg + Suff).– 42 שׁוע pi: um Hilfe schreien (PK pi 3 m pl).– 43 שׁחק zerreiben (wPK qal 1 sg + Suff) // טִיט Kot // חוּץ Strasse // רוק hi: ausleeren, ausschütten (PK hi 1 sg + Suff).– 44 רִיב Streit.– 45 שֵׁמַע Hören // שׁמע hören, ni: sich gehorsam erweisen (PK ni 3 m pl) // נֵכָר Fremde // כחשׁ pi: lügen, heucheln, schmeicheln (PK pi 3 m pl).– 46 נבל verwelken, matt werden (PK qal 3 m pl) // חרג zitternd herauskommen (wPK qal 3 m sg) // מִסְגֶּרֶת Schloss, Burg.– 48 נְקָמָה Rache // דבר I hi: unterwerfen jemandem (תַּחַת) (wPK hi 3 m sg).–

Psalm 18

Form und Inhalt

Ps 18 ist – je nach Zählung – der drittlängste (bei Konsonantenzählung) bzw. viertlängste (nach Verszählung) Psalm im Psalter, jedenfalls der längste innerhalb der ersten beiden Psalmen-Bücher (Ps 1–72). Anfang (1) und Schluss (51) machen deutlich, dass ein (davidischer) König spricht. Unter der Annahme, dass die PK-Formen des Psalms – von der Theophanieschilderung (8–16) her – (weithin) einem altertümlichen Narrativ entsprechen, handelt es sich in der vorliegenden Endgestalt um ein königliches Danklied. Danach wird in den Rahmenversen, die der Gegenwart entstammen (2–4a.47.50), JHWH gepriesen und im Psalm-Corpus in der Retrospektive die Rettungserfahrung geschildert. Darin eingelegt finden sich eine Theophanieschilderung (8–16), verallgemeinernde Grundsätze des Gotteshandelns weisheitlicher Art (26–28) sowie hymnische (Unvergleichlichkeits-)Aussagen über JHWH (31f.). Das redende Ich, der König, war – wohl im Zusammenhang mit kriegerischen Konstellationen – dem Tode nahe (5f.). Die Erhörung geschieht aus JHWHs Tempel (7c) und äussert sich in Gottes Herabkommen (Theophanie), d.h. in Manifestationen, die mit Erdbeben, Vulkanausbrüchen und Gewittern in Zusammenhang stehen, und die die Feinde im Sinn eines Gottes-Schreckens heimgesucht haben (vgl. 15). Die Befreiung geschieht aus den Feindesmächte symbolisierenden "grossen Wassern" (17) aufgrund des schuldlosen Verhaltens des Königs (21–25). In solchem Handeln zeigt sich eine göttliche Gesetzmässigkeit (26–28), und das ist die Grundlage dafür, dass der Weg des Königs erleuchtet wird und er sich zu neuen Wegen (Eroberungen?) befähigt weiss (29f.). Nach einem Hymnus (31f.) wird das Danklied zum Siegeslied, in dem Triumphe über die Feinde ausgeführt werden (32ff.) und der König von JHWH sogar zum "Haupt der Völker" (44) gesetzt wird.

Dieser Psalm bezeugt nach militärischen Konflikten die siegreiche Hilfe für David (1) bzw. den davidischen König; er wird im Tempel vom König selber dargebracht worden sein. Seine Bedeutung zeigt sich nicht zuletzt auch darin, dass er doppelt überliefert wurde: als Ps 18 im Psalmenbuch sowie im "Anhang" zu den Samuel-Büchern (2. Sam 22).

Struktur und Poesie

Was die nicht leicht vorzunehmende strophische bzw. stanzische Gliederung dieses Psalms angeht, werden verschiedene Vorschläge angeboten. Meine Vermutung geht dahin, dass der Psalm aus insgesamt zehn Stanzen (I–X) aufgebaut ist, die eine Durchschnittsgrösse von 10–12 Verszeilen aufweisen. Eine weitere Untergliederung in Strophen liesse sich vornehmen (in der Übersetzung nicht angezeigt). Es gibt Indizien, die darauf hinweisen, dass die Stanzen in sich chiastisch strukturiert sind (z.B. nach dem ABCB'A'-Muster). Deutlich ist dies jedenfalls in V, wo sich durch die Ähnlichkeit von 21 und 25 ein Rahmen (Inclusio) ergibt. Da auch 22 und 24 zueinander parallel stehen, ergibt sich 23 als betonte Mitte der Stanze. Ähnliches liesse sich im Blick auf VI und die Doppel-Stanze II + III ausführen.

Im Blick auf den Gesamtpsalm kann man von einer spiegelsymmetrischen Anlage ausgehen (Typus: ABCDEE'D'C'B'A'). So entsprechen sich die rahmenden Stanzen (I, X) im Sinne von Heilsanrufung und Heilsbezeugung (vgl. ישע/ישועה "Heil" bzw. "retten" 3.4.47.51, פלט "Retter/entreissen" 3.49). Auch Theophanie-Schilderung (II + III) und Siegeslied (VIII + IX) korrespondieren miteinander. IV enthält die Rettung von den Feinden und VII die Ausrüstung gegen die Feinde. Den Mittestanzen V und VI schliesslich ist das Stichwort תמים "untadelig/vollkommen" und die damit verbundenen Gehalte von Gerechtigkeit (V) und Gottes-Treue (VI) gemeinsam (vgl. auch die je doppelten Versanfänge mit כי "denn/fürwahr" 22f.28f.).

Eine Reihe von Wiederholungen spannt ein Beziehungsnetz über den Psalm und eröffnet Aussage-Relationen. Aus der Vielzahl seien folgende Bezüge herausgegriffen: Nomen und Verb der leitwortartig verwendeten Wurzel ישע "Heil/retten" 3.4.28.36.42.47.51, פלט "entreissen, retten" 3.44.49, צור "Fels" 3.22.47, מים "Wasser" 12.16.17, Ableitungen der Wurzel רום "erhöhen" 17.28.47.49, איב "Feind" 1.4.18.38.41.49. Dazu kommen vielerlei Lautmuster, durch die auch sinnreiche Verknüpfungen entstehen können (vgl. u.a. אושע/אשוע "ich wurde errettet/ich schrie um Hilfe" 4.7, עביו עברו "seine Wolken zogen vorüber" 13, מעדו/שעדי "meine Schritte/wankten" 37, Verben mit צ-Laut in 20). Häufig sind mit Raum und Bewegung verbundene Aussagen (vgl. 11.15.20.22.30.34.37.43.46). Schliesslich liegen eine Reihe identischer Vers- bzw. Zeilenanfangsmuster (Akrostichie) vor, so Anfänge mit ו oder י in II–IV, mit כי in V und VI, mit מ oder האל in VII, mit ה(ו) oder א in VIII. Es ist denkbar, dass damit Verknüpfungen von Stanzen untereinander angezeigt werden sollen (so II + III, V + VI).

Kontexte

Von Ps 18 her ergibt sich ein Bezug zum Paralleltext 2. Sam 22 und den dortigen Zusammenhängen (vgl. auch 28.51 mit 1. Sam 2,4.7.10 sowie 29 mit 2. Sam 21,17). Diese Doppelheit weist die Bedeutung dieses königlich-davidischen Danklieds aus. Es trägt wesentlich zur "Verknotung" der Bibelbücher Samuelis und Psalmen bei (vgl. auch die biographischen Angaben in den Psalmpräskripten, v.a. in den ersten beiden David-Sammlungen). Darüber hinaus prägt diese signifikante Doppelung 2. Sam 22 // Ps 18 auch weitere Psalmen (vgl. B. Weber).
Auf David und seine kriegerischen Unternehmungen verweist auch 1 und 51. Ps 18 ist der erste Königspsalm nach Ps 2 und steht mit diesem und anderen (wie z.B. 89) in einem sicher die ersten drei Bücher (Ps 1/2–89), aber vielleicht auch den gesamten Psalter umspannenden Beziehungsgefüge ("messianische Psalter-Redaktion"). In der Sammlung der Psalmen 15–24 bildet die Trias der Königspsalmen 18, 20 und 21 die Mitte (vgl. dazu Wb Pss III, 161–163). Ps 19 wurde möglicherweise später in diese Dreiergruppe eingeschoben. In der Fortlesung von Ps 17 (und Ps 16) her ergibt sich ein erstes Anknüpfungsmoment durch die Motive des Geborgenseins bei JHWH (חסה 16,1; 17,7; 18,3.31) und der Rettung durch ihn (ישע 17,7; 18,3f., פלט 17,13; 18,3). Ist die Rettung in Ps 17 noch umkämpft und angefochten, so wird sie in Ps 18 vorab hymnisch bezeugt und nachfolgend geschildert (vgl. auch קדם "entgegentreten/begegnen" 17,13; 18,6.19).
Ps 18 zeigt Anlehnungen an das Mose-Lied Dtn 32,1–43 (vgl. 18,31 mit 32,4, 18,27 mit 32,5, 18,32 mit 32,31 sowie die צור "Fels"-Aussagen generell in 18,3.32.47 und 32,4.13. 15.18.30f.37). Die Theophanie-Schilderung von Ps 18,2–16 weist Gemeinsamkeiten mit denjenigen von Hab 3 (vgl. 18,34 mit 3,19) und Ps 77 (vgl. 18,14–17 mit 77,17–19) auf, ausserdem ergibt sich ein Bezug zum Schilfmeerlied (vgl. 18,16 mit Ex 15,8). Ps 144 ist deutlich in Anlehnung an Ps 18 entstanden. Zu 3.18 vgl. Lk 1,69.71, zu 17 vgl. Ex 2,10. 50 ist in Röm 15,9 zitiert und Ps 18 damit auf den Messias Jesus hin gedeutet worden.

Anregungen für die Praxis

Ps 18 darf (auch) "messianisch" gelesen und interpretiert werden (wie dies im NT auch geschieht, vgl. v.a. Röm 15,9). Zum einen kann das sprechende Königs-Ich mit Jesus und JHWH mit dem Vater identifiziert werden. 4–8b liest sich dann als Karfreitagsevangelium, 21–25 betont die Sündlosigkeit Jesu (vgl. Hebr 4,15) und 41ff. redet vom endzeitlichen Gericht. Zum andern kann hinter dem sprechende Königs-Ich auch der einzelne Christ oder die Gemeinde gesehen werden und JHWH mit Jesus identifiziert werden. Die Aussagen zur Handhabung des Kriegsgeräts wie die mit dieser Bildlichkeit ("Schild") ausgedrückten Zuversichtsaussagen (3.31.33.35ff.) können dann z.B. in einen Zusammenhang mit der "geistlichen Waffenrüstung" (vgl. Eph 6,10–20) gebracht werden. Beliebt und zur Ermutigung dienend ist das bekannte Bildwort, dass ich "mit meinem Gott über die Mauer springen kann" (30). Auch haben wir es mit einem Gott zu tun, der seine bedrängten Menschen herausführt in die "Weite" bzw. ihren Schritten weiten Raum verschafft (vgl. 20.37).

Ps 18 im Gesangbuch: EG Ps 18 (EG-West), 707 (EG-West, EG-Wü), 735 (EG-BT), 801.14 (EG-BT); RG 705, 732; GL 712; KG 188, 607.

Psalm 19

	1		Dem Musikverantwortlichen – ein Psalm – David zugehörig.
I A	2	a	Die Himmel erzählen die Ehre Els,
		b	ja, das Werk seiner Hände verkündet das Firmament.
	3	a	Ein Tag lässt dem andern Kunde zufliessen,
		b	und eine Nacht tut der andern die Kenntnis kund.
	4	a	Es gibt keine Kunde, und es gibt keine Worte,
		b	ohne dass gehört wird ihre Stimme.
	5	a	Über die ganze Erde geht hinaus ihr Schall
		b	und bis ans Ende des Erdkreises ihre Reden.
I B		c	Dem Sonnenball hat er unter ihnen ein Zelt gemacht.
	6	a	Ja, er, wie ein Bräutigam tritt er heraus aus seinem Gemach,
		b	wie ein Held freut er sich, [nun] die Bahn zu laufen.
	7	a	Vom [einen] Ende der Himmel ist sein Ausgang,
		b	und sein Wendepunkt an ihren [andern] Enden;
		c	und nichts ist verborgen vor seiner Glut.
II A	8	a	Die Weisung ("Tora") JHWHs ist vollkommen –
		b	sie erquickt die Seele.
		c	Das Zeugnis JHWHs ist zuverlässig –
		d	es macht den Einfältigen weise.
	9	a	Die Befehle JHWHs sind gradlinig –
		b	sie erfreuen das Herz.
		c	Das Gebot JHWHs ist lauter –
		d	es erleuchtet die Augen.
II B	10	a	Die Furcht JHWHs ist rein –
		b	sie besteht für immer.
		c	Die Satzungen JHWHs sind Wahrheit –
		d	sie sind insgesamt gerecht.
	11	a	Sie, die kostbarer sind als Gold, ja, als viel gediegenes Gold
		b	und süsser als Honig, ja, als der Seim von Honigwaben.
III A	12	a	Auch dein Knecht ist durch sie erleuchtet;
		b	wer sie bewahrt, [hat] grossen Lohn.
	13	a	Wer kann [seine] Verirrungen wahrnehmen?
		b	Von den verborgenen [Sünden] sprich mich los!
III B	14	a	Auch von den vermessenen [Taten] schütze deinen Knecht!
		b	Sie sollen nicht über mich herrschen, dann werde ich vollkommen sein.
		c	Ja, ich werde frei sein von grossem Frevel.

Psalm 19

15 a Mögen die Worte meines Mundes zum Wohlgefallen dienen,
    b und das Sinnen meines Herzens [sei] vor dir,
    c JHWH, mein Fels und mein Erlöser!

2 רָקִיעַ Himmelsgewölbe, Firmament.– **3** נבע sprudeln, hi: hervorströmen lassen (PK hi 3 m sg) // חוה pi: kundtun, melden (PK pi 3 m sg) // דַּעַת Kunde.– **4** בְּלִי Aufhören, ohne.– **5** קַו (Mess-, Richt-)Schnur; Schall(?), evtl. mit den Versionen zu ändern in קוֹלָם (vgl. 4b) // קָצֶה Ende // מִלָּה Wort, Rede.– **6** חָתָן Bräutigam // חֻפָּה Gemach // שׂישׂ sich freuen (PK qal 3 m sg).– **7** מוֹצָא Ausgang, Aufgang // תְּקוּפָה Umlauf, Kreislauf, Wende(punkt) // חַמָּה Glut.– **8** תָּמִים untadelig, vollkommen // שׁוב hi: wiederherstellen, erquicken (Ptz hi f sg) // עֵדוּת Zeugnis // פֶּתִי junger (unerfahrener), einfältiger Mensch.– **9** פִּקּוּד Befehl // יָשָׁר gerade, recht // מִצְוָה Gebot // בַּר lauter, rein.– **10** טָהוֹר rein.– **11** חמד begehren, ni: pass, Ptz: begehrt, köstlich, kostbar (Ptz ni m pl) // פָּז geläutertes, gediegenes Gold // מָתוֹק süss // דְּבַשׁ Honig // נֹפֶת das Ausfliessende, Seim // צוּף Honigwabe.– **12** זהר hi: erleuchten, ni: erleuchtet werden (Ptz ni m sg) // עֵקֶב Lohn.– **13** שְׁגִיאָה Verirrung // נקה ni: frei, ohne Schuld sein, pi: lossprechen (Impt pi m sg + Suff).– **14** זֵד frech, vermessen // חשׂך zurückhalten, schützen // תמם unsträflich, vollkommen sein (PK qal 1 sg).– **15** הִגָּיוֹן Sinnen, Tönen.–

Form und Inhalt

Aufgrund der drei Hauptabschnitte des Psalms (I–III) wird z.T. eine gestaffelte Entstehung von Ps 19 vertreten, doch scheint angesichts ihrer absichtsreichen Verzahnungen eine Komposition aus einer Hand wahrscheinlicher (J.R. Wagner). Das heisst nicht, dass der Verfasser nicht einzelne "Bauteile" entlehnt hat. Eine Integration von Teilen wie Schöpfungshymnus (I), Tora-Weisheit (II) und Bekenntnis/Bittgebet (III) findet sich, namentlich was die Verbindung der ersten beiden Momente betrifft, ähnlich auch anderswo (vgl. Spr 3,13–26; 8,22ff.; Hi 38ff.; Sirach). Das Besondere dieses Psalms besteht gerade in der inhaltlichen Verbindung dieser drei Teile und ihren je eigenen Momenten (möglich, dass dafür Gen 1–3 als "Katalysator" diente). Stanze I bietet einen kosmischen Lobpreis auf den Schöpfergott (El, 2a). In der ersten Strophe (I A: 2–5b) ist der Verkündigungscharakter (vgl. die Anhäufung von Verben und v.a. Nomina des Sprechens) des Kosmos im Blickpunkt. Dieser setzt sich durch die Zeiten hindurch fort (3). Er geschieht ohne Worte (4) und wird doch universal verstanden (5). In der zweiten Strophe (I B: 5c–7) konzentriert sich die Aufmerksamkeit auf das Schöpfungswerk der Sonne, die zum Zeugnis für Gottes Herrlichkeit wird. Wie der Schall geht auch sie heraus (aus ihrem "Zelt") und wird dadurch zur Verkündigung der strahlenden Herrlichkeit Gottes (vgl. יצא "herausgehen" als Leitwurzel von I in 5a.6a.7a), der nichts verborgen bleibt (7c). Hinter 7ab steht die Vorstellung, dass die Sonne von Ost nach West traversiert und in der Nacht unsichtbar an ihren Ausgangsort zurückkehrt. Ist in den umgebenden Kulturen Israels die Sonne selber göttlich, so ist sie hier ein hervorgehobenes Schöpfungswerk.

Die zentrale Stanze (II) stellt die Perfektion von JHWHs Tora dar – hier ist, anders als bei der Schöpfung, der Name des Bundesgottes Israels genannt. Die nachfolgenden fünf Begriffe (8c–10d), alle auch mit einer JHWH-Zuordnung am Versanfang verknüpft, sind Synonyme für den ersten (Weisung/Tora, vgl. Ps 119) und dienen dazu, verschiedene Facetten zu beleuchten. Dabei werden alle sechs Male die Tora-Aussagen mit Auswirkungen auf den Menschen ver-

bunden. Den Schluss macht ein Doppelvergleich, mit dem der hohe Wert und die Köstlichkeit der Tora bzw. ihrer Satzungen herausgestellt wird.
In der kürzeren Schlussstanze (III) erscheint der Psalmist erstmals selber im Psalm (Selbstbezeichnung "dein Knecht"), und auch die Gottesanrede ist neu. Anschliessend werden die – durch die Tora erkennbar gemachten! – (unbeabsichtigten, unbewussten) Vergehen genannt. Es wird um Lossprache und Bewahrung gebeten. Der Wunsch richtet sich auf eine ungebrochene Beziehung zu Gott. Der Schlussvers bietet eine "Widmung" (dieses Psalms) und endet mit einem Doppelbekenntnis zu JHWH als "mein Fels" und "mein Erlöser".

Struktur und Poesie

Jede Stanze (I–III) lässt sich nochmals in zwei Strophen (A, B) unterteilen. Auf den Stanzenschluss hin (7c.11ab.15[ab]c) ergibt sich jeweils ein Moment der Steigerung. Stanze I ist durch das Stichwort "Himmel" gerahmt (2a.7a) und durch die Wahrnehmungen des Hörens (I A) und des Sehens ("Sonne", IB) strophisch unterteilt. In II dürften im Rahmen die "Vollkommenheit" (Tora) mit der "Kostbarkeit" (Gold) sowie die Erquickung der Seele mit den Köstlichkeiten für den Leib (Honig) korrespondieren. In III stehen sich eröffnende Selbtbezeichnung (12a) und finale Gottesanrufung (15c) gegenüber. Zudem markieren die Anfangs- und Endwörter גם "auch" bzw. רב "gross" der Verse 12 (Bikolon) und 14 (Trikolon) die Strophengliederung. Überdies knüpft der bündelnde Schlussvers der finalen Stanze bewusst und sinnstiftend an Stichworte von I und v.a. II an (vgl. סתר "verbergen" 7c.13b, אמר "sprechen" 3a.4a.15a, תמם "vollkommen [sein]" 8a.14c, לב "Herz" 9b.15b).
Zwei Wort- und Bedeutungsfelder durchziehen diesen Psalm als roten Faden, mit dem auch die drei Teile verwoben werden: Es ist zum einen das Motiv des "Sprechens" bzw. "Verkündigens", das in I A angeschlagen wird, sich in II in den Tora-Begriffen bzw. ihren Äusserungen zeigt und in III sich in der Lossprech-Bitte (נקה pi 13b, vgl. auch ni 14c) sowie in der Weihe-Aussage 15a (zur rahmenden Wurzel אמר "sprechen, reden" vgl. 3a.4a.15a) kundtut. Das zweite sich durchziehende Motiv des "Leuchtens" zeigt sich zunächst in I B im Zusammenhang mit der Sonne, klingt in II beim "Erleuchten der Augen" (9d) an und findet sich in III als Erleuchtung durch die Tora (12a). Mit andern Worten: Die Schöpfung verkündigt ohne Worte, die Tora ist die Gottesverkündigung in Worten, und der Beter will schliesslich mit seinen Worten den Lobpreis Gottes für beides an Gott zurückerstatten. Wie der Sonnenglanz die Erde erleuchtet, so dass nichts verborgen bleibt, so erleuchtet die Weisung Gottes den Menschen und sein "Licht", die Augen. Auch der Psalmist weiss sich dadurch erleuchtet (durch die Weisungen, auch durch die Sonne, wie die Aufnahme des בהם von 5c in 12a andeutet). Es zeigt sich also, dass alle drei Hauptteile sorgfältig verknüpft sind und dass der betont in der Mitte platzierten Stanze II eine Scharnierfunktion im Psalmganzen zukommt.
Zu notieren ist weiter die chiastische, das Mittelglied betonende Organisation des Eröffnungsverses (Himmel – erzählen – Ehre Gottes – verkünden – Firmament), die מש-Laute in 5c sowie die mit dem Partizipialstil zusammenhängende Häufung von Zeileneröffnungen auf מ (8b.8d.9b.9c.9d.10c, ferner 7a.13b).

Kontexte

Aufgrund der Doppelheit von Schöpfung und Weisung (Tora) ergeben sich von Ps 19 Bezüge zu andern Schöpfungs- (vgl. Ps 8; 29; 104; 148) und Tora-Psalmen (vgl. Ps 1; 119). In der Sammlung Ps 15–24 ist Ps 19 zwischen die Königspsalmen 18; 20f. (nachträglich?) eingeschoben worden. Möglicherweise soll mit Ps 18/19 an die Eingangspaarung von Tora-Frömmigkeit/Königtum (Ps 1/2) in reziproker Weise angeknüpft werden. Mit der Überschrift des Königspsalms 18 verbindet Ps 19 jedenfalls die (mit David verbundene) Bezeichnung "Knecht JHWHs" (vgl. 18,1 mit 19,12.14). Gleiches gilt von der Gottesbezeichnung צור "Fels" (vgl. 18,3.32.47; 19,15). Beiden Psalmen sowie dem Gruppeneröffnungspsalm 15 gemeinsam ist auch das Motiv der "Vollkommenheit" (Ableitungen der Wurzel תמם 15,2; 18,24.26.31.33; 19,8.14). Mit Eröffnungs- und Schlusspsalm 15/24 hat Ps 19 überdies – und das bestätigt seine "Mitte"-Stellung in der Gruppe – die inhaltlich verwandte Aussage der "Schuldlosigkeit" gemeinsam (Ableitungen der Wurzel נקה in 15,5;19,13.14; 24,4). Durch diese Vernetzungen wird der königliche Herrscher (Ps 18, auch 20f.) mit dem Tora-Liebenden (Ps 19, auch 15; 24) gleichgesetzt.

Zu 2 vgl. Röm 1,20, zu 5 vgl. Röm 10,18, zu 8 vgl. Röm 7,12 und Jak 1,25 (die Argumentationsweise in den Eingangskapiteln des Röm, die Sünde an der Geschöpflichkeit [Heiden] und anhand des Gesetzes [Juden] aufzuweisen, bildet gleichsam die Gegenfolie zu den Aussagen über Schöpfung und Tora in Ps 19). Zu 10 vgl. Offb 16,7; 19,2. Das Schlussbekenntnis 15c hat möglicherweise Bezüge zu beiden poetischen Mose-Stücken (zu "Erlöser" vgl. Ex 15,13, zu "Fels" vgl. Dtn 32,4).

Anregungen für die Praxis

Theologisch bedeutsam ist die Zusammenschau von Schöpfungs-Wort und Schrift-Wort als miteinander verbunde Redeweisen des einen Gottes JHWH (eine ähnliche Sichtweise durchzieht das literarische Werk von Jeremias Gotthelf). Dabei sind auch die Unterschiede nicht verwischt: Die Schöpfung "verkündet" zwar universal, aber zugleich non-verbal. Alle Menschen sind deshalb auf den Schöpfer hin ansprechbar und verantwortlich zu machen (vgl. Röm 1,18ff.). Die göttliche Weisung ergeht direkt, aber zunächst "sektoriell" insofern, als sie zunächst an das Volk Israel und dann über dieses an die Völker sich richtet (vgl. Röm 11,16ff.). Unterstrichen ist dabei das Stärkende, Aufbauende, ja Kostbare bzw. Köstliche, das die Tora bei den ihr zugewandten Menschen bewirkt. Ihr Bewahren bringt dem Frommen Lohn, aber auch ein geschärftes Schuldbewusstsein (vgl. Röm 2,17ff.).

Ps 19 im Gesangbuch: EG Ps 19 A / Ps 19 B (EG-West), 708 (EG-West, EG-Wü), 736 (EG-BT); RG 12, 110; GL 355.2, 713–714; KG 639, (KG CN 016, 639).

Psalm 20

	1		Dem Musikverantwortlichen – ein Psalm – David zugehörig.
I	2	a	JHWH möge dir antworten am Tag der Bedrängnis,
		b	der Name des Elohim Jakobs möge dich erhöhen.
	3	a	Er sende dir Hilfe vom Heiligtum her,
		b	vom Zion aus soll er dich unterstützen.
	4	a	Er möge all deiner Speiseopfer gedenken,
		b	und dein Brandopfer möge wohlgefällig angenommen ("fett") werden. – Sela.
	5	a	Er gebe dir deinem Herzen gemäss,
		b	und dein gesamtes Ansinnen möge er zur Erfüllung führen.
	6	a	Lasst uns jubeln über deine Rettung
		b	und im Namen unseres Elohim die Fahne erheben.
		c	JHWH wird alle deine Bitten erfüllen!
II	7	a	Jetzt weiss ich,
		b	dass JHWH seinen Gesalbten rettet.
		c	Er wird ihm von seinem himmlischen Heiligtum her antworten
		d	mit rettenden Machttaten seiner Rechten.
	8	a	Diese [setzen] auf Wagen und jene auf Rosse,
		b	wir aber, wir proklamieren den Namen JHWHs, unseres Elohim.
	9	a	Sie, sie stürzen und fallen hin,
		b	wir aber, wir stehen und halten uns aufrecht.
	10	a	JHWH, rette bitte den König!
		b	Er möge uns antworten am Tag, da wir rufen.

2 ענה I erwidern, antworten (PK qal 3 m sg + Suff) // שׂגב hoch sein, pi: erhöhen (PK pi 3 m sg + Suff).– **3** סעד (unter)stützen (PK qal 3 m sg + Suff).– **4** מִנְחָה Gabe, Speiseopfer // דשׁ fett werden, pi: fett finden, als fett erklären = wohlgefällig annehmen (PK pi 3 f sg).– **5** עֵצָה Rat.– **6** רנן pi: jubeln (PK Koh pi 1 pl) // דגל die Fahne, das Panier erheben (einige ändern und leiten ab von גדל pi: erheben oder גיל jauchzen) (PK qal 1 pl) // מִשְׁאָלָה Bitte.– **7** גְּבוּרָה Kraft, pl: Machttaten // יֵשַׁע Heil, Hilfe, Rettung.– **9** כרע sich beugen, stürzen (AK qal 3 pl) // עוד hitp: (sich) aufrecht halten, einander aufhelfen (wPK hitp 1 pl).–

Form und Inhalt

Der Sitz im Leben dieses Psalms ist wohl eine am Jerusalemer Zentralheiligtum vollzogene und mit einem vom König angeführten, bevorstehenden Kriegszug in Zusammenhang stehende gottesdienstliche Liturgie (vgl. dazu etwa 2. Chr 20). Als im Psalm greifbare liturgische Momente sind erkennbar: 1. Eine (wohl durch einen Kultvertreter) vor der versammelten Gemeinde bzw. dem Kriegsvolk gesprochene Fürbitte (2–5, Jussive), die 2. in einen gemeinsamen ("wir") gottesdienstlichen "Kult-(und Sieges?-)Jubel" (6) ausmündet (die im Kriegszug mitgeführte Standarte scheint präsent zu sein); 3. eine (vielleicht auf eine Heilszusage hin ergangene) Vertrauensdeklaration vom König selber oder einem Kultvertreter (7), wahrscheinlich noch gesprochen am Tempel vor dem Feldzug (aufgrund der AK-Formen von 7ab ist auch ein nach erfolgtem Kriegszug gesprochenes Bekenntnis denkbar); 4. eine Vertrauensdeklaration der Gesamtgemeinde ("wir") mit polarer Struktur ("sie" <=> "wir") (8–9) (im Blick auf die AK-Formen von 9ab ist hier das Einfliessen einer nachträglichen Berichterstattung nicht auszuschliessen); 5. die Schlussbitte, dem König beizustehen, gesprochen durch die versammelte Gemeinde.

Struktur und Poesie

Ps 20 hat zwei Hauptteile (Stanzen I und II), deren Verse je chiastisch angeordnet sind (ABCB'A'), womit die betonte Mittelstellung der Verse 4ab (Bitte um Opferannahme) und 8ab (Vertrauenssetzung auf JHWH) unterstrichen sind (vgl. beiderorts das Verb זכר qal "gedenken" 4a, hi "proklamieren" 8b sowie die markierte Zäsur nach 4 durch "Sela"). Dass es um "Heil/Rettung" geht, zeigen die Ableitungen der Wurzel ישע (6a.7b.7d.10a, mit Rahmung Stanze II).
Im Laufe des Psalms ergibt sich eine Entwicklung im Zusammenhang mit dem Gottes-Namen ("Name des Elohim Jakobs" 2b, "im Namen unseres Elohim" 6b, "den Namen JHWHs, unseres Elohim" 8b). In I stellt sich – mit Ausnahme der "wir"-Aussage von 6 – ein quasi akrostichisches Muster insofern ein, als die vier ersten Verse alle mit י-Jussiven eröffnen (weitere י-Eröffnungen in 7cd und 10ab). Die Rahmung von Stanze II (7ab.10ab) ist durch die Momente "Gesalbter/König" und "Rettung" bestimmt. Dass die beiden Stanzen sich ergänzen ("synoptische Interpretation") zeigt sich nicht nur durch den Bezug ihrer Mittelverse (4.8), sondern auch durch die Verse 3.7ab mit ihrem gemeinsamen Stichwort des irdischen bzw. himmlischen "Heiligtums". Die Gesamtrahmung (Inclusio) ergibt sich durch die Ähnlichkeit von Anfangs- und Schlussvers (JHWH – ענה "antworten" – "Tag der Bedrängnis/Tag, da wir rufen").

Kontexte

In Ägypten ist ein aramäischer Text gefunden worden (Papyrus Amherst 63), der Ähnlichkeiten mit dem biblischen Ps 20 aufweist. Aus ihm ergeben sich Indizien, dass eine Vorstufe dieses Psalm einmal im Nordreich (Bethel?) beheimatet war (M. Rösel).
Mit dem Vorgängerpsalm 19 hat Ps 20 praktisch keine Bezüge, dafür gibt es aber Königsbezüge zu Ps 18 ("König/Gesalbter" 18,51; 20,7.10, auch "Himmel" 18,10.14; 20,7, "Rechte [JHWHs]" 18,36; 20,7) und dem nachfolgenden Ps 21 (s. dort und Wb Pss III, 161–163).
Zu 6 vgl. Ps 9,15, zu 7 vgl. Apg 2,36, zu 8 vgl. Ps 33,16f., zu 9 vgl. Jes 40,31.

Anregungen für die Praxis

Die Verbindung von "Krieg" und "Gottesdienst" – wie in unserem Psalm – hat eine problematische Geschichte, die bis in unsere Zeit hineinreicht. Das Moment im Psalm, das diese Problematik aufweicht, ist in 8 zu finden. Hier werden nicht Waffen für den "Krieg" gesegnet; es wird gerade nicht (auf die damals modernen) Waffensysteme (von Pferden gezogene Streitwagen) gesetzt, sondern auf JHWH allein. Er ist es, der das Gottesvolk retten kann, und er wird

– schon vorab – bejubelt. Von 7 her lässt sich der Psalm auch "messianisch" auf Jesus Christus hin interpretieren (an Ostern hat sich diesbezüglich die Aussage von 7 erfüllt).
Ps 20 im Gesangbuch: EG Ps 20 (EG-West).

Psalm 21

	1		Dem Musikverantwortlichen – ein Psalm – David zugehörig.
I A	2	a	JHWH, in deiner Stärke freue sich der König
		b	und in deinem Heil – wie kann er da laut jubeln!
	3	a	Den Wunsch seines Herzens hast du ihm gewährt,
		b	und das Verlangen seiner Lippen hast du nicht verweigert. – Sela.
	4	a	Ja, du mögest ihm mit Segnungen an Gutem entgegenkommen,
		b	eine Krone aus Feingold auf sein Haupt setzen.
	5	a	Leben[szeit] erbat er von dir – du hast [sie] ihm gewährt:
		b	Länge der Tage auf immer und allezeit.
I B	6	a	Gross ist seine Ehre durch dein Heil,
		b	Glanz und Hoheit mögest du auf ihn legen.
	7	a	Ja, du mögest ihn zu Segnungen setzen für allezeit,
		b	du sollst ihn mit Freude beglücken, mit deinem Angesicht.
II A	8	a	Ja, der König [ist] ein auf JHWH Vertrauender,
		b	und durch die Gnade Eljons wird er nicht wanken.
	9	a	Deine Hand möge alle deine Feinde erreichen,
		b	deine Rechte erreichen deine Hasser.
	10	a	Du mögest sie einem Feuerofen gleich machen zur Zeit [des Erscheinens] deines Angesichts;
		b	JHWH möge sie in seinem Zorn vernichten und Feuer sie verzehren.
II B	11	a	Ihre Frucht mögest du von der Erde vertilgen
		b	und ihr Same von den Menschenkindern.
	12	a	Wenn sie auch Unheil auf dich geneigt haben,
		b	einen Anschlag ausgeheckt haben, so werden sie [es doch] nicht vermögen.
	13	a	Denn du wirst machen, [dass sie] den Rücken [zeigen],
		b	wirst mit deinen [Bogen-]Sehnen auf ihr Angesicht zielen.
III	14	a	Steh bitte auf, JHWH, in deiner Stärke!
		b	Wir wollen deine Macht besingen und aufspielen.

2 גיל ekstatisch schreien, jauchzen, jubeln (PK qal 3 m sg).– **3** תַּאֲוָה Wunsch (von אוה pi: begehren) // אֲרֶשֶׁת Verlangen // מנע weigern (AK qal 2 m sg).– **4** קדם pi: entgegenkommen (PK pi 2 m sg + Suff) // בְּרָכָה Segen, Segnung // שׁית setzen, stellen, legen, machen (PK qal 2 m sg) // פַּז feines Gold.– **5** חַיִּים Leben // אֹרֶךְ Länge.– **6** שׁוה pi: legen (PK pi 2 m sg) // הוֹד Glanz // הָדָר Schmuck, Hoheit.– **7** חדה sich freuen, pi: erfreuen, beglücken (PK pi 2 m sg + Suff).– **8** מוט qal + ni: wanken (PK ni 3 m sg).– **9** מצא finden, erreichen (PK qal 3 f sg).– **10** תַּנּוּר Ofen // בלע verschlingen, pi: vernichten (PK pi 3 m sg + Suff).– **11** פְּרִי Frucht, Nachkommenschaft // אבד zugrunde gehen, pi: zugrunde richten (PK pi 2 m sg) // זֶרַע Same.– **12**

Psalm 21

נטה ausstrecken, neigen auf (עַל) (AK qal 3 pl) // חשׁב ersinnen (AK qal 3 m sg) // מְזִמָּה Anschlag, Plan // יכל können, vermögen, (ob)siegen (PK qal 3 m pl).– 13 שְׁכֶם Rücken // מֵיתָר Sehne (des Bogens) // כון pol: richten, zielen auf (עַל) (PK pol 3 m sg).– 14 גְּבוּרָה Kraft.–

Form und Inhalt

Es handelt sich bei diesem Psalm wie beim verwandten "Nachbarn" (Ps 20) um eine Königsliturgie. Der Anlass könnte eine jährlich erneuerte Krönungsfeier sein (vgl. 4b), der Sprechende wohl ein Tempelbeamter und die versammelte Gemeinde (14, vielleicht auch 8). Die Liturgie dieses Psalms besteht im ersten Teil aus (Segens-)Bitten *für* den König (2–7, PK-Formen), in die bereits erfüllte Zusagen Gottes eingebunden sind (3.5, AK-Formen). Mit 8 erfolgt ein Wechsel der Kommunikation. Es liegt eine präsentische Aussage (Ptz) vor *über* den König, die seinen Halt in JHWH, dem "Höchsten" (Eljon), zum Thema hat. Die Folgeverse 9–13 sind *an* den König gerichtet und haben die künftigen Siege über seine Feinde im Blick (mit einer JHWH-Bitte in 10b). Der Schlussvers kehrt zum Gebet zurück und enthält nochmals eine Bitte an JHWH (14a), dazu eine Selbstverpflichtung einer "Wir"-Gruppe – der Gemeinde, allenfalls der Sänger und Instrumentalisten –, auch künftige Machttaten zu lobpreisen (14b).
Im ersten Psalmteil wird für den König Prosperität in umfassendem Sinn erbeten. Mit den "langen Tagen" dürfte dabei nicht nur ein langes Leben, sondern auch ein "immerwährendes" davidisches Königtum mitgemeint sein (vgl. 2. Sam 7,13–16). Bei den kriegerischen Verwünschungen von 9–13 wird aufgrund der eingeschobenen JHWH-Bitte in Er-Form (10b) und der Schlussbitte an JHWH in Du-Form (14a) die angeredete Person des Königs zunehmend überblendet durch die Person JHWHs selber (Oszillierung zwischen Königs-Wünschen und JHWH-Bitten).

Struktur und Poesie

Der Psalm besteht aus zwei zwölfzeiligen Hauptteilen, den Stanzen I und II – beide eröffnen mit der Erwähnung der Hauptpersonen, JHWH und dem König –, die sich je nochmals in zwei Strophen untergliedern. Der Schlussvers 14 ist wohl als separate Einheit (Stanze III oder allenfalls Strophe II C) einzustufen (vgl. P. van der Lugt). Auch wenn man geneigt ist, 8ab zu Stanze II zu ziehen, ist die betonte Platzierung des Verses exakt in der Psalmmitte auffällig. Dem Vers kommt denn auch eine Scharnierfunktion insofern zu, als ihn das Stichwort "Vertrauen" mit dem Inhalt von Stanze I, das Stichwort "nicht wanken" mit dem Inhalt von Stanze II verknüpft. Der Gottesname erscheint am Anfang, hier in der Mitte (dazu in 10b) sowie am Schluss des Psalms. Im Rahmen liegt er als Gottesanrufung vor (Vokativ) und ergibt zusammen mit בְעָזְּךָ "in deiner Stärke" eine Inclusio (2a.14a).
Stanze I wird gerahmt durch das die Intention der Bitten anzeigende Wurzel-Stichwort שׂמח "sich freuen/Freude" (2a.7b). Ihre beiden Strophen sind zudem verklammert durch signifikante Aussagen und Begriffe wie נתתה לו "du hast ihm gewährt" (3a.5a – mit Bezug auf Herzenswunsch und Lebenszeit), בִישׁוּעֶךָ "in/durch dein Heil" (2b.6a) und בְּרָכוֹת "Segnungen" (4a.7a). An Klangmomenten sind auf die *k*-Laute in 2 ("Stärke – König – Heil"), die *t*-Dominanz in 3f. und die שׁ/ת-Kombinationen (2b.3b.4b.6ab.7a) hinzuweisen.
Stanze II nimmt mit "Angesicht" das letzte Wort der vorausgehenden Einheit (7b) in 10a und – ebenfalls am Stanzenende – in 13 b auf. Klanglich ist die בּ-Anlautung in 8 bemerkenswert. 9 hat im Blick auf die Begrifflichkeit und Wortstellung einen Aufbau nach dem Schema abcb'a'c'. Die beiden Strophen von II verbindet, was der König an den Feinden machen soll

bzw. wird (vgl. תשיתמו "du sollst/wirst machen" 10a.13a). Da Formen des Verbs שית "setzen, legen, machen" auch in den beiden Strophen von I, dort in Verwendung für die Ehrung und Segnung des Königs (4b.7a), erscheinen, kann man diesbezüglich von einem Laut- und Sinnspiel reden. Zu notieren ist schliesslich, dass fünf Verse (4.7.8.12.13) mit כי und drei auf ת (3.9.10) eröffnen (partielle Akrostichie, vgl. ähnlich schon Ps 20).

Kontexte

Mit Psalm 20 bildet 21 ein Königspsalmen-Paar (D'), das innerhalb der Kleingruppe Ps 15–24 mit dem königlich-davidischen Danklied Ps 18 (D) korrespondiert (ABCDED'C'B'A'-Struktur mit Ps 19 im Zentrum, vgl. Wb Pss III, 161–163). Im Gesamtaufriss des Psalters ist Ps 21 auch mit anderen Königspsalmen vernetzt (vgl. namentlich Ps 2; 72; 89, auch 110).
Die Schlussbitte von Ps 20 wird am Anfang von Ps 21 gleichsam beantwortet (unter Verwendung der identischen Stichworte bzw. Wurzeln "JHWH", מלך "König" und ישע "retten/Heil"). In beiden Psalmen ist das Stichwort "Heil/Rettung" (ישע und Ableitungen) bedeutsam und mit ihm der Zusammenhang zwischen dem Rettungshandeln Gottes zugunsten des Königs und dem des Königs zugunsten seines Volkes (in kriegerischen Auseinandersetzungen).
Zum Zielen mit dem Pfeilbogen (13) vgl. Ps 7,13; 11,2. Zu 5.6.9 vgl. 2. Sam 7,9.13–16, zu 8 vgl. Ps 16,8, zu 10 vgl. Mal 3,19.

Anregungen für die Praxis

Die Vernichtungswünsche von Ps 21,9–13 sind im Rahmen der altorientalischen Königsideologie zu verstehen, wobei immer zu bedenken ist, dass Israel in diesem Mächtesystem eine kleine Nation war. Auffällig und wesentlich dabei ist, dass der Wunsch von 10b an JHWH und nicht an den König adressiert ist. Problemloser übertragbar sind die Segensbitten der ersten Stanze. Der Psalm lässt sich gut auch messianisch interpretieren.
Ps 21 im Gesangbuch: EG Ps 21 (EG-West).

Psalm 22

	1		Dem Musikverantwortlichen – nach: Hindin der Morgenröte – ein Psalm – David zugehörig.
I A	2	a	"Mein El, mein El, warum hast du mich verlassen?"
		b	Fern vom Heil für mich sind die Worte meines Schreiens.
	3	a	"Mein Elohim!" rufe ich bei Tage – aber du antwortest nicht –
		b	und des Nachts – aber Ruhe wird mir keine zuteil.
I B	4	a	Du jedoch [bist] heilig,
		b	thronend [inmitten der] Lobgesänge Israels!
	5	a	Auf dich vertrauten unsere Väter;
		b	sie vertrauten, und du rettetest sie.
	6	a	Zu dir schrien sie und wurden gerettet;
		b	auf dich vertrauten sie und wurden nicht zuschanden.
I C	7	a	Ich jedoch [bin] ein Wurm und kein Mann [mehr],
		b	ein Hohn der Leute und verachtet vom Volk!
	8	a	Alle, die mich sehen, verhöhnen mich,
		b	verziehen die Lippe, schütteln den Kopf.
	9	a	"Wälze [es ab] auf JHWH!" "Er möge ihn retten,
		b	er möge ihn befreien, denn er hat [ja] Gefallen an ihm!"
I D	10	a	Fürwahr, du, du bist es, der mich aus dem Mutterleib hervorzog,
		b	mir Vertrauen einflösste an den Brüsten meiner Mutter!
	11	a	Auf dich bin ich geworfen von Mutterschoss an,
		b	von meiner Mutter Leib an [bist] du selbst mein El.
	12	a	Sei nicht fern von mir,
		b	denn Bedrängnis ist nahe,
		c	denn es findet sich kein Helfer!
II A	13	a	Zahlreiche Stiere haben mich umringt,
		b	die Starken Basans mich umzingelt.
	14	a	Ihr Maul haben sie gegen mich aufgesperrt:
		b	ein reissender und brüllender Löwe!
II B	15	a	Wie Wasser bin ich hingeschüttet worden,
		b	und alle meine Gebeine haben sich voneinander getrennt.
		c	Mein Herz ist geworden wie Wachs,
		d	zerfliessend in meinem Innern.
	16	a	Trocken wie eine Scherbe ist meine Kraft (Kehle?),
		b	und meine Zunge ist angeklebt an meinem Gaumen.
		c	Ja, in den Todes-Staub wirst du mich legen.

Psalm 22

II C	17	a	Fürwahr, Hunde haben mich umringt,
		b	eine Rotte Bösewichte mich umkreist wie der Löwe!
	18	a	Meine Hände und Füsse, ich vermag alle meine Gebeine zu zählen;
		b	sie, sie blicken immer wieder her, haben ihr Ergötzen an mir.
	19	a	Meine Kleider werden sie unter sich teilen,
		b	und um mein Gewand das Los werfen.
II D	20	a	Du jedoch, JHWH, sei nicht ferne!
		b	Meine Stärke, eile mir bitte zu Hilfe!
	21	a	Befreie bitte mein Leben vom Schwert,
		b	mein einziges aus der Pranke des Hundes!
	22	a	Rette mich vor dem Rachen des Löwen
		b	und vor den Hörnern der Wildstiere! – Du hast mich erhört.
III A	23	a	Ich will deinen Namen hiermit meinen Brüdern kundtun,
		b	inmitten der Gemeinde dich preisen:
	24	a	Die ihr JHWH fürchtet: preist ihn!
		b	All ihr Nachkommen Jakobs: verherrlicht ihn!
		c	Ja, fürchtet euch vor ihm, all ihr Nachkommen Israels!
III B	25	a	Fürwahr, er hat nicht verachtet
		b	und nicht verabscheut das Elend des Elenden!
		c	Ja, er hat sein Antlitz nicht verborgen vor ihm,
		d	und wenn er zu ihm um Hilfe schrie, [ihn] gehört.
III C	26	a	Von dir [kommt] mein Lobgesang in grosser Gemeinde;
		b	meine Gelübde will ich hiermit erfüllen vor denen, die ihn fürchten.
	27	a	Arme sollen essen und satt werden;
		b	JHWH sollen preisen, die ihn aufsuchen.
		c	Es lebe euer Herz für immer!
IV A	28	a	Es sollen gedenken und zu JHWH umkehren
		b	alle Enden der Erde!
		c	Ja, es sollen niederfallen vor deinem Angesicht
		d	alle Geschlechter der Völker!
	29	a	Fürwahr, JHWH gebührt das Königtum,
		b	und er ist ein Herrscher unter den Völkern!
IV B	30	a	Es assen und fielen nieder
		b	alle Gesättigten ("Fetten") der Erde.
		c	Vor seinem Angesicht sollen sich beugen
		d	alle, die in den Staub hinabfahren.
		e	Ja, deren ("seine") Seele hat er nicht am Leben erhalten!

Psalm 22

IV C	31	a	Eine Nachkommenschaft wird ihm dienen;
		b	von Adonaj wird erzählt werden dem [künftigen] Geschlecht.
	32	a	Sie werden kommen und künden seine Gerechtigkeit
		b	einem Volk, das noch geboren werden wird – ja, er hat [es] getan!

1 אַיָּלָה Hindin // שַׁחַר Morgenröte.– **2** לָמָה warum? (≠ wozu? Vgl. E. Jenni) // שְׁאָגָה Brüllen, Schreien.– **3** דּוּמִיָּה Schweigen, Beruhigung.– **5** פלט pi: retten (wPK pi 2 m sg + Suff).– **6** מלט ni: gerettet werden (wAK ni 3 pl).– **7** תּוֹלַעַת Wurm // בזה verachten (wPtz pass m sg cs).– **8** לעג qal + hi: höhnen, spotten (PK hi 3 m pl) // פטר spalten, hi: aufsperren (PK hi 3 m pl) // נוע schwanken, hi: schütteln (PK hi 3 m pl).– **9** גלל wälzen (Inf abs qal).– **10** גחה hervorziehen (Ptz qal m sg + Suff) // בֶּטֶן Bauch, Mutterleib // בטח vertrauen, hi: Vertrauen einflössen (Ptz hi m sg + Suff) // שַׁד du: Brüste, Mutterbrust.– **12** עזר helfen (Ptz qal m sg).– **13** פַּר Stier // אַבִּיר stark // כתר pi: umringen (AK pi 3 pl + Suff).– **14** פצה aufsperren (AK qal 3 pl) // טרף zerreissen (Ptz qal m sg).– **15** שפך ausgiessen, ni: pass (AK ni 1 sg) // פרד getrennt sein, hitp: sich voneinander trennen (wAK hitp 3 pl) // עֶצֶם Gebein // דּוֹנַג Wachs // מסס zerfliessen, ni: zerschmelzen (Ptz ni m sg) // מֵעִים Eingeweide, Inneres.– **16** חֶרֶשׂ Scherbe // דבק ankleben, ho: angeklebt sein (Ptz ho m sg) // מַלְקוֹחַיִם Gaumen // שׁפת legen (PK qal 2 m sg + Suff).– **17** עֵדָה Versammlung, Rotte // רעע böse sein, hi: böse handeln, Ptz: Bösewicht (Ptz hi m pl) // נקף hi: umkreisen, umringen (AK hi m pl + Suff).– **18** ספר qal + pi: zählen (PK pi 1 sg) // נבט hi: hinblicken, herschauen (PK hi 3 m pl).– **19** חלק teilen, pi: verteilen (PK pi 3 m pl) // בֶּגֶד Kleid // לְבוּשׁ Gewand, Unterkleid // נפל fallen, hi: fallen lassen, werfen (PK hi m pl) // גּוֹרָל Los.– **20** אֱיָלוּת Stärke // עֶזְרָה Hilfe // חושׁ eilen (Impt Adh m sg).– **21** חֶרֶב Schwert // יָחִיד einzig, einsam, verlassen.– **22** ישׁע hi: erretten (Impt hi m sg + Suff) // רְאֵם Büffel, Wildstier oder Antilope.– **24** זֶרַע Same, Nachkommen(schaft) // גור sich fürchten (wImpt m pl).– **25** בזה verachten (AK qal 3 m sg) // שׁקץ pi: verabscheuen, verächtlich behandeln (AK pi 3 m sg) // עֱנוּת Beugung, Elend // סתר hi: verbergen (AK hi 3 m sg) // שׁוע pi: um Hilfe schreien (wInf cs pi + Suff).– **26** נֶדֶר Gelübde // שׁלם vollendet sein, pi: vollkommen machen, erfüllen (PK pi 1 sg).– **29** מְלוּכָה Königtum.– **30** כרע die Knie beugen, niederknien (PK qal 3 m pl).–

Form und Inhalt

Ps 22 ist ein kompositer Psalm, im Wesentlichen bestehend aus einer Klage (I, II) und einem Danklied, das in einen (lehrhaften) Ausblick auf das umfassende Königtum JHWHs mündet (III, IV). Er vereinigt – wie wenige andere Psalmen – die Spannung zwischen der Klage aus abgrundtiefer Not und dem jubelndem Lobpreis. Die zweiteilige Klage wird am Schluss als erhört bezeugt (22b) und ist damit in den Dank- und Lobpreis eingebracht worden, der nun als Einlösung des Gelübdes (26b) vor versammelter Gemeinde dargebracht und am Schluss in einem lehrhaften Teil von der Einzelerfahrung ins Kollektive und Universale ausgeweitet wird. Die im Psalm sich zeigende Zusammenstellung situativ und zeitlich abständiger Teile ist wohl liturgisch zu erklären. Umstritten ist die Lesung von 17b (in der Übersetzung werden die beiden letzten Begriffe von 17b mit 18a verbunden; zur Diskussion vgl. B.A. Strawn).
Den ersten Klageteil (I), der – prägnant und einzigartig – damit beginnt, dass die "Verlassenheit" (עזב) durch Gott beklagt wird (ausser hier nur noch als "Feindzitat" in Ps 71,11), durchzieht ein Wechsel von Klage- (2f.7–9) und Zuversichtsäusserungen (4–6.10f.). Dieser

wird durch Stropheneröffnungen mit betonten Personalpronomen ("Ich", "Du") strukturiert (4.7.10). Dabei ist bereits in diesen Klageteil ein starker Kontrast zwischen der massiven Elendssituation und Gottverlassenheit der Klage und den kollektiven wie individuellen Zuversichts- und Geborgenheitsaussagen eingezeichnet. Dieses Zugleich von Klage und Vertrauensbekenntnis ist möglicherweise erst aus der Retrospektive des dargebrachten Danklieds (23ff.) erklärbar. Den Schluss (12) macht ein Bittappell.

Im zweiten Klageteil findet sich ein Wechsel von Elendssaussagen (15f.) bzw. Bitten (20–22) und Feindschilderungen (13f.17–19). Ungleich stärker als vorher kommt nun die metaphorische Redeweise zum Zug, nämlich Vergleiche aus der Tierwelt (Feinde), aber auch solche, welche die eigene Existenz ausmalen (Wasser, Wachs, Scherbe).

Der zweite Klageteil schliesst – analog zum ersten – mit Bitten, aber diese ausdehnend (vgl. 12 mit 20–22). Das abschliessende עניתני "du hast mich erhört" stellt wohl eine Erhörungsbezeugende Unterschrift des Psalmisten dar (vgl. K. Seybold).

Über die Erhörungsnotiz (23b) hinaus stellt der im dritten Teil dargebrachte Dank und Lobpreis die Klagen und Bitten der ersten beiden Teile in ein neues Licht. Die Schilderung der geschehenen Heilswende in der Mitte (25) begründet den Lobpreis in den Rahmenteilen, der als Gelübde vor der Gemeinde vorgetragen wird. Der Kontrast zwischen Einsamkeit und Gottverlassenheit in der Klage und Gemeinschaftlichkeit im Lobpreis könnte kaum grösser sein.

Aus dem Danklied heraus weitet sich der vierte Teil zu einer lehrhaften, ja quasi prophetischen Perspektive. Nachdem der Beter JHWH inmitten der Gemeinde Dank und Lobpreis dargebracht hat, sollen nun Völker von den Enden der Erde kommen und in Jerusalem anbeten. JHWH gebührt das universale Königtum: So müssen nicht nur die Bösewichte des Psalmisten zuschanden werden, sondern alle Überheblichen sich vor JHWH beugen. Schliesslich wird nicht nur in die Weite der Welt, sondern in die Zukunft geblendet und ein kommendes Volk, die zukünftige Generation, gesehen, die ihm dienen wird. Der zweite Teil des Psalms (32) schliesst mit einem ähnlich prägnanten Bekenntnis wie der erste (22): כי עשה "ja, er hat [es] getan!"

Struktur und Poesie

Ps 22 hat zwei Hauptteile zu je zwei Stanzen (Klage: I + II, Dank: III + IV), wobei die Stanzen I und II einen grösseren Umfang als die Stanzen III und IV aufweisen. Die Stanzen I und II lassen sich nochmals in je vier, die kleineren Stanzen III und IV in je drei Strophen untergliedern.

In Stanze I ist neben dem strophischen Wechsel von Klage- und Zuversichtsäusserungen (s.o.) eine chiastische Struktur erkennbar, in deren betonten Mitte die Selbstaussage (mit betontem "Ich") von 7 steht. Im Rahmen (2.12) stehen Klage bzw. Bitte mit dem Stichwort רחק "fern (sein)". Wichtig in dieser Stanze sind auch die um das Verb בטח "vertrauen" (5a.5b.6b.10b) – das mit dem Nomen בטן "Mutterleib" (10a.11b) ein Klangspiel eingeht – gebildeten Aussagen. In Stanze II werden einige Stichworte aus Stanze I bewusst aufgenommen: רחק "fern sein" 20a und 2b.12a, נצל "befreien" 21a und 9b, ישע/ישועה "retten/Heil" 22a und 2b (Inclusio um Klage-Hauptteil). Das Schreien des Psalmbeters verwandelt sich nun in das Brüllen des Löwen bzw. Feindes (vgl. שאג 2b.14b). Unter den für die Feinde stehenden Tierbildern ragt dasjenige des Löwen hervor, das an Anfang, Mitte und Ende der Stanze platziert erscheint (14. 17.22). Ansonsten ist die Anordnung der sich in den wilden Tieren anzeigenden Feinde konzentrisch nach dem Schema: abcbcba (Stiere 13 – Löwe 14 – Hunde 17 – Löwe 17 – Hund 21 – Löwe 22 – Wildstiere 22). In dem Zusammenhang taucht namentlich das Motiv des "Umzingelns" auf (13.17).

Psalm 22

Dass das zweistanzige Danklied (III, IV), das durch das Motiv ספר "kundtun, erzählen" (23.31, vgl. auch 18) verklammert ist, den voranstehenden Klage- und Bittpsalm kennt, wird an Begriffsaufnahmen deutlich, die nun in anderem Licht erscheinen ("Lobgesang" 4.26, "Israel" 4.24, בזה "[nicht] verachten" 7.25). Leitende Stichworte für III sind קהל "(versammelte) Gemeinde" (23b.26a) und v.a. הלל "(lob)preisen" (23b.24a.27b), für IV גוים "Völker" (28d.29b) und חוה II "niederfallen, anbeten" (28c.30a).

Kontexte

Das Motiv des "Vertrauens" ist Ps 21 und 22 gemeinsam (בטח 21,8; 22,5.6.10). Von Ps 21 und der eigenen Überschrift ("David" 22,1) her ist Ps 22 ein vom König gesprochenes Klage- und Danklied (vgl. auch 22,9 mit 18,20), das in den Lobpreis des Königtums JHWHs mündet (21,29). Von daher ist der Weg beschritten auf eine messianische, auf den endzeitlichen König hin bezogene Interpretation von Ps 22. Im NT wird denn auch mehrfach auf Ps 22 zurückgegriffen, wobei der Typus des "leidenden Gerechten" und derjenige des endzeitlichen Königs in Jesu Passion konvergieren. An drei Stellen in der Passionsgeschichte wird Ps 22 aufgenommen, davon betreffen zwei Stellen das Verhalten der Feinde: das Losen um die Kleider (vgl. 19 mit Mt 27,35; Mk 15,24; Lk 23,34; Joh 19,24) und das Spotten der Vorübergehenden (vgl. 8.9 mit Mt 27,29.39.43; Mk 15,29; Lk 23,35). Der Anfang des Psalms wird von Jesus am Kreuz betend gesprochen (vgl. 2 mit Mt 27,46; Mk 15,34). Die zitierten Anfangsworte können ein Hinweis dafür sein, dass Jesus einen grösseren Teil des Psalms oder sogar den ganzen Psalm gebetet (oder zumindest mitgemeint) hat. Zudem kann das Durchbohren von Händen und Füssen, das in der griech. Fassung von 21,17 bezeugt ist, auf die Kreuzigung Jesu bezogen werden (vgl. Joh 19,18; 20,25.27). Jesus vollzieht das, was der Psalm vorzeichnet. Sein Tod ist gekennzeichnet durch Gottes Ferne; aber gerade diese Situation ist der Ort, an dem sich das Heil durchsetzt – wie der zweite Teil des Psalms bezeugt. Auch in der ntl. Briefliteratur und in der Apokalypse ist die Beschäftigung mit Ps 22 erkennbar (vgl. 14 mit 1. Petr 5,8, vgl. 22 mit 2. Tim 4,17, vgl. 23 mit Hebr 2,12, vgl. 29 mit Offb 11,15).

Anregungen für die Praxis

Dass Klage/Bitte und Dank/Lobpreis in einem einzigen Psalm so zusammengebunden sind, hat seinen Anhalt darin, dass im alten Israel nach erhörtem Gebet und gewendeter Not der Beter am Jerusalemer Tempel im Rahmen eines gemeinschaftlichen Dankopfer-Mahles seinen "Lobgesang" (תהלה 4.26) als Bekenntnis seiner Errettung – hier mit vorgängiger Zitierung der Klage – vor der versammelten Gemeinschaft dargebracht (und damit oft ein in der Not abgegebenes Gelübde eingelöst) hat (26). Dass (erhörte) Klage und Dank – letzterer immer vor der Gemeinde bezeugt – zusammengehören, ja sich wechselseitig bedingen, ist auch in heutigen gottesdienstlichen Zusammenhängen, in denen namentlich die Klage ausgeschieden bzw. zur Bitte reduziert ist, neu zu bedenken. Auch das nach Kreuzigung und Auferstehung gefeierte Herrenmahl kann man als gemeinschaftliches Dankopfermahl verstehen (vgl. H. Gese).

Im Blick auf Ps 22 ist es bedeutsam, dass Jesus "das Elend des Elenden" (25) und mit ihm die Tiefe der Not und der Gottesferne – verschärft noch durch die stellvertretende Übernahme der Sündenschuld – durchlebt und Menschen in grossen Nöten nicht nur versteht, sondern sie in seine durchlittene Not "einschliessen" kann (vgl. 1. Petr 2,20ff.; 3,18; Hebr 2,9f.).

Psalm 22

Ps 22 im Gesangbuch: EG Ps 22 A / Ps 22 B (EG-West), 381 (Stammteil), 709–710 (EG-West, EG-Wü), 737–738 (EG-BT); RG 13–14, 111; GL 308, 715–717; KG 187, 608–610, 640, (KG CN 09–010, 640).

Psalm 23

	1		Ein Psalm – David zugehörig.
I		a	JHWH [ist] mein Hirte;
		b	ich werde keinen Mangel leiden.
	2	a	Auf saftig-grünen Weideplätzen wird er mich lagern lassen;
		b	zu Wassern an Rastplätzen wird er mich leiten.
	3	a	Er wird meine Lebenskraft erneuern;
		b	er wird mich führen auf rechten ([seiner] Gerechtigkeit entsprechenden) Spuren
		c	um seines Namens willen.
II	4	a	Selbst wenn ich gehen muss
		b	durch das Tal des Todesschattens,
		c	brauche ich kein Unheil zu fürchten.
		d	Denn du selbst bist bei mir;
		e	deine Keule und dein Stab,
		f	sie selbst werden mich trösten.
III	5	a	Du wirst vor mir einen Tisch zubereiten
		b	im Gegenüber meiner Bedränger.
		c	Du hast mein Haupt mit Öl gesalbt,
		d	mein Becher [hat] Überfluss.
	6	a	Fürwahr, Güte und Gnade werden folgen mir
		b	alle Tage meines Lebens!
		c	Und ich werde zurückkehren ins (und/oder: wohnen im) Haus JHWHs
		d	nach der Länge [meiner Lebens-]Tage.

1 רעה weiden (Ptz qal m sg + Suff: "mein Hirte") // חסר Mangel leiden (PK qal 1 sg).– **2** נָוֶה Weideplatz // דֶּשֶׁא (junges, frisches) Gras, Grünes // רבץ sich lagern, hi: sich lagern lassen (PK hi 3 m sg + Suff) // מְנוּחָה Ruhe(platz), Rastplatz // נהל pi: (gemächlich, sanft) leiten, führen (PK pi 3 m sg + Suff).– **3** שוב pil: zurückbringen, zurückführen, hier (mit נֶפֶשׁ): Lebenskraft, Vitalität zurückbringen, erquicken (PK pil 3 m sg) // נחה qal + hi: führen (PK hi 3 m sg + Suff) // מַעְגָּל Wagenspur, Geleise (vgl. Ps 17,5).– **4** גֵּיא Tal // צַלְמָוֶת "Todesschatten", Finsternis // ירא I (sich) fürchten (PK qal 1 sg) // עִמָּד bei // מִשְׁעֶנֶת Stütze, Stab (von שען sich stützen) // נחם pi: trösten (PK pi 3 m pl + Suff).– **5** ערך zurichten (PK qal 2 m sg) // שֻׁלְחָן Tisch // דשׁ fett werden, pi: fett machen, salben (AK pi 2 m sg) // כוֹס Becher // רְוָיָה Überfluss.– **6** אַךְ Ja! Fürwahr! // רדף (ver)folgen (PK qal 3 m sg + Suff) // חַיִּים Leben // שוב (vgl. 3) zurückkehren (wAK qal 1 sg) oder (mit G) zu ändern in וְשַׁבְתִּי (wInf cs qal + Suff von ישׁב wohnen, bleiben) // אֹרֶךְ Länge.–

Psalm 23

Form und Inhalt

Ps 23, der mit dem Bekenntnis zu JHWH als "meinem (einzigen) Hirten" eröffnet (1a), ist ein "Vertrauenslied". Es hat wenig mit heutiger Alphirten-Romantik gemeinsam. Der Beter scheint aus der Situation der Anfechtung zu sprechen und auf künftige Befreiung zu warten (wie die zahlreichen Verben in der PK nahelegen). Man kann den Psalm als Individualpsalm in frömmigkeitlichem Sinn interpretieren; man kann ihn aber ebenso gut als (nationalen) "Königspsalm" – vom irdischen König an den himmlischen König – verstehen, wie einige Indizien nahelegen ("David"-Überschrift, Salbung mit Öl, "Hirte" als bildhafte Bezeichnung für JHWHs Gott-Königtum und Anspielungen auf Schilfmeer- und Exodusgeschehen, vgl. Ex 15,2f.13.18). So schimmert hinter Ps 23 gleichsam die Erfahrung der Befreiung aus Ägypten, die Führung (mit Ernährung) durch die Wüste ins verheissene Land bis hin zum Einzug in den Jerusalemer Tempel durch.

Struktur und Poesie

Versstruktur und Strophik sind nicht ganz einfach zu bestimmen. Es handelt sich wohl weitgehend um kurzrhythmige Zwei- und Dreizeiler, die sich zu drei etwa gleich langen Strophen (I–III) fügen. In der Psalmmitte wechselt die Rede-Struktur vom "ich – er" zum "ich – du", um am Schluss zum "Ich – Er" zurückzukehren. Der zweimal erscheinende Gottesnamen (יהוה JHWH 1a.6c) ist als Rahmenfigur um den Psalm gelegt.
Poetisch am Auffälligsten sind die beiden Bildbereiche "Hirte" (1–4) und "Wirt" (5), die durch das Moment der Stärkung mit Speis und Trank (2ab.5ab) untereinander verklammert sind. Die Aussagen schillern teilweise zwischen Bild- und Realaussage. "Keule" und "Stab" sind die beiden "Werkzeuge" des Hirten, die er zum Schutz (Schlagholz, gegen wilde Tiere) und zur Leitung (Langstab mit gekrümmtem Ende zur Leitung der Herde bzw. zum Freilegen des Weges) verwendet. Die Hirtenmetapher gruppiert sich lautlich und sinnhaft um ein Cluster von Begriffen, die von (נ)י- und gutturalen Lauten (א/ה/ח) geprägt sind (נאות "Weideplätze" 2a, מנחות "Rastplätze" 2b, ינהלני "er wird mich leiten" 2b, ינחני "er wird mich führen" 3b, ינחמני "sie werden mich trösten" 4f). Weitere Klangphänomene vermögen Assoziationen zu wecken und/oder haben strukturierende Funktionen (דשא/דשנת/שמן 2a.5c "Prosperität"; לארך/תערך 5a.6d, Strophenrahmung; שבתי/שבתך/ישובב 3a.4e.6c Strophenschluss, die von JHWH geschenkte "Rückkehr" der Lebensvitalität wird assoziiert mit der "Rückkehr" zu dessen Haus). Vers 6 ist vermutlich bewusst doppeldeutig in dem Sinn, dass die beiden (im hebr. Konsonantentext identischen!) Lesarten von ושבתי zugleich gehört werden sollen ("Und ich werde *zurückkehren* ins Haus JHWHs und werde *wohnen* im Hause JHWHs ...").

Kontexte

Das "Hirt/Herde"-Motiv ist biblisch breit bezeugt. Bezugs- und Vergleichstexte im Blick auf Ps 23 sind Gen 48,15f.; 49,24 (Jakob-Bekenntnis und -Segen an Josephssöhne bzw. Joseph selber); Ex 15,13; Mi 2,12; Ps 74,1; 77,21; 78,52f.72; 79,13; 80,2; Joh 10; Offb 7,17 (zur damit verbundenen gemeinorientalischen Vorstellung von JHWH als König vgl. Ex 15,18; Ps 29,10; 93,1; 95,3; 96,10; 97,1; 98,6; 99,1). Mit der Exilszeit und dem Ausfall des Königtums wird das Hirtesein der menschlichen Führer und v.a. das Hirtesein Gottes ein wichtiges Thema (vgl. u.a. Jes 40,10f.; Jer 3,15; 23,1–4; 25,34–38; Ez 34; Sach 10,2f.; 11).

Zum Bild der Bewirtung vgl. u.a. Ex 24,1.9–11 (Bundesmahl); Ps 78,18–20, die atl. "Dank(opfer)lieder" (u.a. Ps 30; 32; 34; 66,13–20) sowie die Gast- und Abendmahlstexte in den Evangelien (zu Gastmahl und Salbung Lk 7,36–50).
Die "David"-Zuschreibung lässt den Hörer den Psalm mit verschiedenen Begebenheiten der David-Geschichte in Verbindung bringen (z.B. 1. Sam 16,1; 17,34f.: Schafhirte; 1. Sam 16,11–13: Salbung zum König; 2. Sam 1,17–27; 22; 23,1: Lieddichter).
Ps 23 gehört zur Gruppe der um Ps 19 ringkompositorisch angelegten Psalmen 15–24 (Ps 23 || Ps 16, Vertrauensgebete), die durch die Themen: Königtum, Tora-Gehorsam und Gebet verbunden sind. An Ps 22, in dem sich die Klage zu Dank wendet, knüpft Ps 23 aufgrund von Ps 22,22.26f. an. Ps 24 wiederum, am Jerusalemer Tempelheiligtum situiert, kann an den Schlussvers von Ps 23 anschliessen.

Anregungen für die Praxis

Ps 23 ist Zeugnis eines grossen Gottvertrauens. Vielfach werden die Worte dieses "berühmtesten" aller Psalmen als Zuspruch und Trost (z.B. bei Leidbesuchen, an Trauerfeiern etc.) verwendet. Wenn man die Hirten-Aussagen in den Zusammenhang von JHWHs Gott-Königtum stellt, verbinden sich mit Ps 23 aber auch Momente von Gottes Majestät und Anspruch. Zugleich ist mit der – auch von Joh 10 her berechtigten – kollektiven Deutung eine "privatisierende" Engführung zu vermeiden. Dass Gott hier in der persönlichen Form als *mein* Hirte angeredet wird, ist – mit Ausnahme von Gen 48,15 – m.W. singulär und wohl darauf zurückzuführen, dass der davidische König (in seiner Repräsentanz für das gesamte Volk) der Sprechende ist. Immer ist sonst vom Gottesvolk als Herde im Gegenüber zum Hirt die Rede. Um es auf den Punkt zu bringen: Die Herde ist dem einzelnen Schaf vorgeordnet; das Gottesvolk, in das ich durch Glauben eingefügt werde, ist immer schon vor mir da. Als Christen beten wir gemeinsam "Unser Vater ..." – in dem Sinn, als Gott zunächst "unser" Vater ist, ist er auch Abba, "mein" Vater und ist Christus "mein Hirte".
Ps 23 im Gesangbuch: EG Ps 23 A / Ps 23 B (EG-West), 274 (Stammteil), 593–595 (EG-BT), 599 (EG-Wü), 612–613 (EG-West), 711 (EG-West, EG-Wü), 739–741 (EG-BT), 783 (EG-Wü); RG 15–18, 112–113, 762; GL 718; KG 545, 555–556, 611, 617, 641, (KG CN 641).

Psalm 24

		1		David zugehörig – ein Psalm.
I A			a	JHWH [gehört] die Erde und ihre Fülle,
			b	der Erdkreis und die Bewohner auf ihm.
		2	a	Denn er selbst hat ihn gegründet auf den Meeren
			b	und sichert seinen Bestand auf den Strömen.
I B		3	a	Wer darf hinaufgehen auf den Berg JHWHs?
			b	Und wer darf stehen an seinem heiligen Ort?
		4	a	Der mit den Händen Unschuldige und der reinen Herzens,
			b	wer in seinem(?) Leben nicht Falsches mit sich getragen
			c	und nicht Trug geschworen hat.
I C		5	a	Er wird Segen von JHWH her mit sich tragen
			b	und Gerechtigkeit vom Elohim seines Heils.
		6	a	Dies ist das Geschlecht, das nach ihm fragt,
			b	die dein Antlitz suchen, o Jakob. – Sela.
II A		7	a	Erhebt, ihr Tore, eure Häupter,
			b	ja, erhebt euch in die Höhe, ihr uralten Pforten,
			c	damit der König der Herrlichkeit einziehen kann!
		8	a	Wer ist dieser König der Herrlichkeit?
			b	JHWH, ein Starker und ein Held!
			c	JHWH, ein Kriegsheld!
II B		9	a	Erhebt, ihr Tore, eure Häupter,
			b	ja, erhebt [sie], ihr uralten Pforten,
			c	damit der König der Herrlichkeit einziehen kann!
		10	a	Wer ist er, dieser König der Herrlichkeit?
			b	JHWH der Heerscharen!
			c	Er [ist] der König der Herrlichkeit! – Sela.

1 מְלֹא Fülle.– **2** יסד gründen (AK qal 3 m sg + Suff) // כון ni: feststehen, fest, gesichert sein, Bestand haben, pol: (fest) hinstellen, bereiten, gründen, Bestand geben (PK pol 3 m sg + Suff).– **4** נָקִי unschuldig // בַּר rein // נשא erheben, die Seele auf etw. richten, verlangen nach, hochtragen, ni: getragen werden, sich in die Höhe heben (AK qal 3 m sg) // שָׁוְא Nichtiges, Falsches // שבע ni: schwören (AK ni 3 m sg) // מִרְמָה Trug.– **5** יֵשַׁע Heil.– **7** שַׁעַר I Tor // פֶּתַח Tür.– **8** עִזּוּז stark.– **10** צָבָא Heer.–

Psalm 24

Form und Inhalt

Nach einem hymnischen Introitus (1f.), der den umfassenden Anspruch JHWHs auf die Erde und dessen Gründung und Erhaltung aussagt, spiegelt sich in 3–6 ein Tempeleinlassritual (vgl. ähnlich Ps 15) mit den Elementen: 1. Frage nach den Bedingungen des Zutritts zum Heiligtum (3); 2. als Antwort darauf eine Aufzählung rechten Verhaltens (4 – שוא "Falsches" in 4b könnte auch nichtige Götzen meinen); dabei ist Gesinnung ("Herz") und Verhalten ("Hände") gefragt, und ein Akzent liegt auf wahrheitsgemässer Aussage; 3. Zusage bzw. Verheissung von Heilsgaben (Segen) an die, welche die genannten Voraussetzungen erfüllen (5f.).
Nach dem "Einzug" der Pilger im ersten stellt der zweite Teil (7–10) den triumphalen "Einzug" JHWHs als König und siegreichen Kriegsmann dar (wohl in Stadt und Tempel). Möglicherweise handelt es sich um ein älteres poetisches Traditionsstück (steht es mit dem "Einziehen" JHWHs anlässlich der Einweihung des Jerusalemer Heiligtums [vgl. 1. Kön 8] in Zusammenhang?), das in diesen Psalm eingebunden bzw. vom dem her dieser Psalm gestaltet wird. Sind bei der Einlass-Tora vorhin Priester (oder Türsteher) und Pilger die Fragenden bzw. Antwortenden, so ist auch im zweiten Teil das Frage-Antwort-Schema präsent. Adressaten sind die "(Tempel- und/oder [wohl eher] Stadt-)Tore", die aufgetan oder hochgezogen werden sollen, gefragt wird nach dem "König der Herrlichkeit" und geantwortet wird mit JHWH, dem verschiedene Attribute zugewiesen werden.
Die eröffnenden Verse 1–2 bilden (auch wörtlich!) das "Fundament" der nachfolgenden anthropologisch-ethischen und theologischen Aussagen und bereiten zugleich beide Aussagen vor. Andererseits bildet die Strophe auch einen Rahmen mit 9–10: Der Schöpfer und Erhalter ist auch der Gott-König.

Struktur und Poesie

Ps 24 hat zwei Hauptteile (Stanzen I und II), die sich nochmals in drei bzw. zwei Strophen untergliedern. Das aufgegriffene liturgische Fragment von Stanze II, das durchwegs aus Trikola besteht, ist durch die Absatz-Markierer "Sela" gerahmt. Wahrscheinlich ist der ganze Psalm von diesem Schlussstück her gestaltet worden. Dass die beiden Teile nicht beliebig zusammengestellt, sondern sorgfältig miteinander verbunden sind, zeigt sich neben dem bereits genannten Frage-Antwort-Schema (vgl. מי "wer?" 3a.3b.8a.10a) namentlich an der leitwortartigen Verwendungsweise des Verbes נשא "aufheben, tragen", mit dem in I das ethische Verhalten einerseits (4b) und als Antwort darauf das Empfangen des Segens andererseits (5a) ausgesagt wird. In II erscheint es 4mal und zwar jeweils in den Aufrufen an die Tore bzw. Pforten, sich zu erheben (7a.7b.9a.9b). Damit ist unterschwellig der Einzug JHWHs mit demjenigen seiner wahrhaftigen Pilger verzahnt. JHWHs Kommen als "König der Herrlichkeit" (5mal, davon einmal betont am Schluss!) steht mit der Heiligkeit des Ortes (3b) in Zusammenhang, und diese wiederum fordert die "Heiligkeit", d.h. die religiöse Reinheit und ethische Integrität der ihm Huldigenden. Mit dem (vorgängigen) "Kommen/ Einziehen" JHWHs (7c.9c) muss das "Hinaufziehen" und "(vor ihm) Stehen" der Pilger (3) in innerer Übereinstimmung stehen. Die in Stadt- und Tempelbezirk Eintretenden sollen damit gleichsam daran erinnert werden, dass durch diese Tore (einst oder wiederholt?) auch die Herrlichkeit JHWHs einzog. Den ganzen Psalm durchzieht eine Bewegung von unten nach oben (hinauf auf den Tempelberg, Erheben der Tore). Der in beiden Teilen je 3mal auftauchende Gottesname bildet die Inclusio um den gesamten Psalm (1a.10b).
In Stanze I ist in 3b eine ב-Lautdominanz und in 4b eine ש-Dominanz zu konstatieren, wodurch der Eindruck des starken Verwobenseins der Begriffe sich einstellt. Stanze II ist poetisch

kunstvoll gestaltet mit Techniken wie Wiederholung, Modifizierung und Emphase. So werden in der Abfolge der שׂאו- (7.9) und מי-Verse (8.10) die Inhalte "Doppelaufruf mit Zweck – Frage und Doppelantwort" weithin wiederholt, auf den Schluss hin aber modifiziert (vgl. 8abc mit 10abc) und quasi mit einer "Schlussfanfare" versehen. Im letzten Vers steht "JHWH der Heerscharen" betont in der Mitte, und somit ist ein Rahmen mit dem Schema abc/abc gelegt.

Kontexte

Ps 23 schliesst mit dem Versprechen des Psalmisten, ins "Haus JHWHs" zurückzukehren (bzw. darin zu wohnen), und Ps 24 beginnt – nach einer tempeltheologischen Ouverture über Gründung und Bestandsicherung der Erde – mit der Frage, wer auf den "Berg JHWHs" hinaufgehen und an seinem "heiligen Ort" stehen darf. Wer meditierend von Ps 23 herkommt, ist für den Zutritt gleichsam qualifiziert, denn er lebt das, was 24,4 verlangt (zu Ps 22–24 als "Gebetsweg" vgl. Wb Pss III ,75–77).
Ps 24 hat – insbesondere mit den Versen 3–6 (Tempeleinlass-Liturgie) – eine deutliche Rückkoppelung zu Ps 15. Die beiden Psalmen bilden denn auch die "Ecken" der kleinen Sammlung Ps 15–24. Während in diesem Rahmen (mit Ps 19 im Zentrum) der Gehorsam gegen die Tora JHWHs betont wird, fokussieren die Mittelpsalmen (18; 20; 21) das Königtum. Als drittes bestimmendes Stichwort der Sammlung Ps 15–24 ist neben Tora-Gehorsam und Königtum das Gebet (vgl. v.a. Ps 16; 17; 22 und 23 als Bekenntnis des Vertrauens) zu nennen (vgl. P.D. Miller und Wb Pss III, 161–163). Nach der griechischen Psalterausgabe (G = 23,1: τῆς μιᾶς σαββάτων) ist Ps 24 der erste der "Wochentagspsalmen" (24; 48; 94; 81; 92f.).
Zu 1 vgl. 1. Kor 10,26, zu 1f. vgl. Ps 89,12, zu 4 vgl. Ps 26,6; 51,12; 73,1; Mt 5,8; Jak 4,8. Zu 6 vgl. Ps 27,8 und die Abmilderung der griechischen und syrischen Übersetzungen, die nicht Israel ("Jakob") ansprechen, sondern zu "Gott Jakobs" vereinfachen.

Anregungen für die Praxis

Man hat in Ps 24 Ansätze für eine kleine Dogmatik gesehen (1–2: "von der Welt", 3–6: "vom Menschen", 7–10 "von Gott"). Ps 24 hat Georg Weissel zum Dichten des bekannten Adventsliedes inspiriert: "Macht hoch die Tür, die Tor macht weit, es kommt der Herr der Herrlichkeit ...". Gerade Teil II bietet Anhaltspunkte für eine messianische Interpretation, sei es im Sinne des Einzugs Jesu in Jerusalem (Palmsonntag), sei es im Sinne seines endzeitlichen Wiederkommens.
Ps 24 im Gesangbuch: EG Ps 24 (EG-West), 1[–2] (Stammteil), 614 (EG-West), 712[–713] (EG-West, EG-Wü), 742 (EG-BT), 801.1 (EG-BT); RG 19, 114, 363; GL 107, 122, 566; KG 298, 319, (KG CN 035, 0120).

Psalm 25

	1			David zugehörig.
I A		(א)	a	Auf dich [hoffe ich?], JHWH!
			b	Meine Seele will ich erheben [zu] meinem Elohim!
	2 (ב?)	a	Auf dich habe ich vertraut. Lass mich nicht zuschanden werden!
			b	Meine Feinde sollen nicht über mich frohlocken dürfen!
	3 (ג)	a	Auch alle [andern] auf dich Hoffenden sollen nicht zuschanden werden!
			b	Zuschanden werden sollen [dagegen] die ohne Grund Treulosen!
I B	4 (ד)	a	Deine Wege, JHWH, unterweise mich!
			b	Deine Pfade lehre mich!
	5 (ה)	a	Lass mich den Weg deiner Treue betreten und lehre mich,
			b	denn du [bist] der Elohim meines Heils!
		(ו?)	c	Ja(?), auf dich habe ich den ganzen Tag gehofft. (...?)
I C	6 (ז)	a	Gedenke deiner Barmherzigkeit, JHWH, und deiner Gnadenerweise,
			b	denn von jeher her [sind] sie!
	7 (ח)	a	Der Sünden meiner Jugend und meiner Freveltaten gedenke nicht!
			b	Nach deiner Gnade gedenke du meiner,
			c	um deiner Güte willen, JHWH!
I D	8 (ט)	a	Gut und recht [ist] JHWH, deswegen
			b	unterweist er die Sünder im Weg.
	9 (י)	a	Den Weg im Recht lässt er die Demütigen betreten,
			b	ja, die Demütigen lehrt er seinen Weg.
	10 (כ)	a	Alle Pfade JHWHs sind Gnade und Treue
			b	für die Bewahrenden seines Bund und seiner Zeugnisse.
II A	11 (ל)	a	Um deines Namens willen, JHWH,
			b	mögest du vergeben meine Schuld, denn gross [ist] sie!
	12 (מ)	a	Wer [ist] dieser Mann, [der] JHWH fürchtet?
			b	Er unterweist ihn im Weg, [den] er wählen soll.
	13 (נ)	a	Seine Seele wird in Gutem nächtigen,
			b	und seine Nachkommen werden das Land ererben.
II B	14 (ס)	a	[Seine] Absicht [teilt] JHWH mit denen, [die] ihn fürchten,
			b	und seinen Bund, dass er [ihn] ihnen kundtue.
	15 (ע)	a	Meine Augen [sind] beständig auf JHWH [gerichtet],
			b	denn er selbst führt meine Füsse aus dem Netz heraus.
II C	16 (פ)	a	Wende dich zu mir und sei mir gnädig,
			b	denn einsam und elend [bin] ich!

	17 (צ)	a	Die Bedrängnisse meines Herzens mache weit(?),
		b	aus meinen Beklemmungen führe mich hinaus!
	18 (ק?)	a	Nimm bitte(?) ("Sieh") mein Elend und meine Mühe,
		b	und trage weg alle meine Sünden!
II D	19 (ר)	a	Sieh meine Feinde, denn sie sind zahlreich geworden,
		b	und [mit] gewalttätigem Hass hassen sie mich!
	20 (ש)	a	Behüte bitte meine Seele, und rette mich!
		b	Lass mich nicht zuschanden werden, denn ich habe mich geborgen in dir!
	21 (ת)	a	Unsträflichkeit und Aufrichtigkeit sollen mich bewahren,
		b	denn ich habe auf dich gehofft!
III	22 (פ)	a	Erlöse, Elohim, Israel
		b	aus all ihren Bedrängnissen!

1 נשא erheben, wegnehmen (PK qal 1 sg).– **2** בוש sich schämen müssen, zuschanden werden (PK qal 1 sg) // עלץ frohlocken (PK qal 3 m sg).– **3** קוה hoffen (Ptz qal m pl + Suff) // בגד treulos sein (Ptz qal m pl) // רֵיקָם ohne Grund.– **4** אֹרַח Weg, Pfad, Verhalten.– **5** דרך (be)treten, hi: (den Weg) betreten, wandeln lassen (Impt hi m sg + Suff).– **7** חַטָּאת Sünde // נְעוּרִים Jugend // פֶּשַׁע Frevel, Abfall.– **8** ירה III hi: unterweisen, lehren (PK hi 3 m sg) // חַטָּא Sünder.– **9** עָנָו gebeugt, demütig.– **10** נצר I bewachen, bewahren (Ptz qal m pl cs) // עֵדוּת Zeugnis, Bezeugung.– **11** סלח verzeihen, vergeben (wPK qal 2 m sg).– **13** לון übernachten (PK qal 3 f sg) // ירש besitzen (PK qal 3 m sg).– **14** סוֹד vertrauliche Besprechung, Plan, Geheimnis, Kreis von Vertrauten.– **15** תָּמִיד beständig // רֶשֶׁת Netz.– **16** יָחִיד einsam.– **17** מְצוּקָה Beklemmung.– **19** רבה I zahlreich werden (AK qal 3 pl) // שִׂנְאָה Hass, Feindschaft // חָמָס Gewalttat, Unrecht // שׂנא hassen (AK qal 3 pl + Suff).– **20** נצל ni: gerettet werden, hi: entreissen, herausreissen, retten (wImpt hi m sg + Suff) // חסה Zuflucht suchen, sich bergen (AK qal 1 sg).– **21** תֹּם Unsträflichkeit // יֹשֶׁר Geradheit.– **22** פדה (aus-, er-)lösen (Impt qal m sg).–

Form und Inhalt

Bei Ps 25 handelt es sich um ein individuelles Bittgebet, in das weisheitliche Überlegungen – v.a. mit Verben des Unterweisens/Lehrens sowie "Weg"-Begrifflichkeit – im mittleren Bereich (I D – II B, unterbrochen durch die Gebetsbitte 11ab) eingeschoben wurden (gleichwohl wird – anders als früher – eine zweiteilige Gesamtanlage favorisiert, dazu s.u.). Damit wird die Einzelerfahrung gleichsam ins Typische gehoben. Das weisheitliche Gepräge ist auch an der (vermutlich) alphabetischen Akrostichie greifbar, welche die Verse mit den 22 Buchstaben (Konsonanten) das hebr. Alphabet anfangen lässt (mit zusätzlichem פ-Vers am Schluss, dazu s.u.). Da die Alphabet-Akrostichie nicht durchgängig vorliegt, setzt deren Annahme freilich voraus, dass der vorliegende Text gelitten hat, das Muster teils gestört ist und man (nicht gesicherte) Restaurationsversuche vornehmen muss (so in 1.5.18; an die fehlende Zeile 5d ist möglicherweise die "abgerutschte", überschiessende Zeile 7c zu setzen – oder fehlt der ו-Vers analog zu Ps 34?).
Der Psalmbeter bekennt in Stanze I bereits investiertes Gottvertrauen und bittet um Gottes Zuwendung und damit die Vermeidung drohender Beschämung (Stichwort: בוש "[nicht] zuschan-

den werden" 2a.3a.3b, vgl. 20b). Er erbittet ferner von JHWH Unterweisung in dessen Wegen sowie Barmherzigkeit angesichts der Sünden seiner Jugend. Stanze I schliesst mit weisheitlichen, in 3 bereits angeklungenen Verallgemeinerungen: Gott in seiner Güte unterweist die Demütigen.
Stanze II beginnt mit einer (kurzen) Rückkehr zum Gebet (11). Der Sprechende bittet um die Vergebung seiner grossen Schuld (vgl. die ähnlichen Bitten in 7, hier aber zugespitzter und aktueller). Danach kehrt der Psalm, einsetzend mit der Frage von 12, zu weisheitlichen Überlegungen zurück, wobei hier das Ergehen des/der Gottesfürchtigen (12a.14) im Fokus ist. Mit 16 kehrt der Psalm zum individuellen Bittgebet zurück. Es sind Bitten an Gott um heilvolles Eingreifen, verbunden mit Ausführungen zum eigenen Elend (16b), aber auch zu investiertem Gottvertrauen (20b.21.b). Der abgesetzte Schlussvers – er wird hier als eigene Einheit gefasst (III) – öffnet das Gebet vom Einzelergehen auf dasjenige Israels hin.
Die katechetische Absicht dieses Psalms liegt darin, den unter seiner Schuld leidenden und zur Reue fähigen und willigen Sünder, der dazu noch äusserlich durch Feinde bedrängt wird, über den heilsgeschichtlich (Exodus, Wüste) sowie ethisch (Sinai, Gesetzgebung) bereits präfigurierten "Weg" zu unterweisen und ihm dadurch zu neuer Zuversicht und Festigung in Gott zu verhelfen.

Struktur und Poesie

Die hier vertretene Struktur geht von einer (durchgängigen) alphabetischen Akrostichie aus. Der Psalm ist gehälftet in je elf Konsonantenanfänge, nämlich א bis כ (I) sowie ל bis ת (II). Die beiden Psalmteile enthalten je 22 Verszeilen und sind in je vier Strophen (A–D) untergliedert. Dabei ist der zentrale und zugleich die zweite Psalmhälfte eröffnende ל-Vers 11a aufgrund des doppelten Kommunikationswechsels (Lehre 10 – Gebet 11 – Lehre 12) und seines Inhalts mit der Bitte um Schuldtilgung besonders hervorgehoben. Der nach dem Schlusskonsonanten ת eingefügt פ-Zusatzvers 22 rückt 11 denn auch genau in die Psalmmitte. Ob dieser additive Schluss ursprünglich oder ein späterer (liturgischer) Nachtrag ist, der Grund für seine Setzung dürfte nicht nur im Umstand liegen, dass damit die Zentrumsposition von 11 (ל) verstärkt wird, sondern v.a. der Herstellung einer Anfang/Mitte/End-Konstellation א/ל/פ dienen. Dadurch wird das Verb אלף I "lernen", pi: "lehren" (vgl. Spr 22,25; Hi 15,5; 33,33; 35,11) ins Bewusstsein gerufen und in weisheitlicher Manier auf die Basis allen Verstehens hingewiesen. Damit wird der im Psalm ohnehin stark betonte Inhalt des Lehrens mit dem synonymen למד pi "lehren" (4b.5a.9b) sowie weiterer Begrifflichkeit formal unterstrichen.
Alle Teile dieses Psalms eröffnen mit einer Gottesanrufung (1a.11a.22a, ferner stropheneröffnend bzw. -schliessend 4a.6a.7c). Ob Zufall oder Absicht, der Gottesname JHWH erscheint im Psalm in der die Totalität ausdrückenden Zahl 10mal (dazu 3mal Elohim). Beschlossen werden die beiden Hauptstanzen mit dem Motiv des "Bewahrens" (נצר) 10a.21a, vgl. auch שמר 20a): Es sind die Demütigen, die Gottes Bund und Zeugnisse "bewahren" (10), und reziprok dazu "bewahren" Unsträflichkeit und Aufrichtigkeit das sich zu dieser Gruppe rechnende Ich (21). Der Psalm weist ein deutliches Inclusio-Muster auf, das sich durch die Wiederaufnahme von Elementen der Anfangsstrophe I A in der Schlussstrophe II D anzeigt (vgl. "meine Seele" 1b.20a, "meine Feinde" 2b.19a, "meine Seele" 1b.20a, vgl. auch 13a, "zuschanden werden" 2a.3a.3b.20b, "hoffen" 3a.21b).
Ob sich diese Rahmen-Struktur in den weiteren Strophen fortsetzt und zu einer mittezentrierten Gesamtanlage führt, bleibt unsicher. Deutlicher dagegen ist die Baustruktur von Stanze I mit einer alternierenden Strophenanordnung (ABA'B'): Aufgrund der reichhaltigen "Weg"-Terminologie ist die Korrelation von I B (auf das Ich bezogene Unterweisung) und I D (auf die De-

mütigen insgesamt ausgeweitete Unterweisung) evident (B/B'). Die Zuordnung der Strophen I A und I C (A/A') ist weniger signifikant, doch ist anzunehmen, dass die je 3mal (davon 1mal negiert) erscheinenden Leitworte בוש "zuschanden werden" (2a.3a.3b) und זכר "gedenken" (6a.7a.7b) sich aufeinander beziehen (im Sinne von: Wenn Gott "gedenkt", "werde ich nicht zuschanden"). Die innere Struktur der Stanze II ist weniger distinktiv, möglicherweise analog wie I alternierend gebaut. Diesbezüglich ist auf die Parallelität der Vergebungsbitten in II A und II C (A/A') – die Schuldthematik erscheint bereits in I C–D – hinzuweisen (zu den B/B'-Strophen vgl. das sinnige Klangspiel תם/תמיד "beständig [auf JHWH gerichtet]/Unsträflichkeit" 15a.21a).
Aus der Zahl der kunstvollen Begriffswiederholungen und Klangmuster seien noch herausgegriffen: das mit dem gleichen Verb (נשא) formulierte lobpreisende "Erheben" der Seele zu Gott (1b) und die Bitte an ihn, die Sünden "wegzutragen" (18b); die Verbindung der "Güte" bzw. des "Gutseins" JHWHs hin zur Nächtigung des Beters in "Gutem" (טוב 7bc.8a.13a); die "Weg"-Versinclusio und die abcc'b'a'-Baustruktur von Vers 9 sowie צ-Laute in 17 (za-, zu-, zi). Mit dem finalen צרות "(ihre) Bedrängnisse" (22b) wird der verseröffnende Begriff von 17 ("Bedrängnisse meines Herzens") aufgegriffen und auf Israel ausgeweitet.

Kontexte

Mit dem Vorgängerpsalm 24 verbindet Ps 25 insbesondere die Stichworte נשא "aufheben" o.ä. (24,4.5.7.9; 25,1.18) und die Frage מי־זה "wer ist dieser?" (24,8; 25,12). Innerhalb der Gruppe Ps 25–34 bildet Ps 25 die Eröffnung (Bitte) und korrespondiert mit dem ebenfalls alphabetisch-akrostichischen Schlusspsalm 34 (Dank). Damit haben die Eckpsalmen dieser Gruppe – wie der Eröffnungpsalm des Psalters ingesamt (vgl. auch Ps 9) – ein weisheitliches Gepräge.
Zu 3 vgl. Röm 10,11, zu 5 vgl. Joh 16,13, zu 6 vgl. Lk 1,54, zu 8f. vgl. Mt 11,28–30, zu 11 vgl. Ps 130,3f.; Lk 18,13, zu 20 vgl. Ps 2,12; Röm 5,5.

Anregungen für die Praxis

Der Psalm ist voll von theologischen Einsichten und zeigt, dass auch der atl. Gläubige ein starkes Sünden- wie auch Gnadenbewusstsein hatte bzw. haben konnte. Die Einsicht in die eigene Schuld (von Jugend her) und in Gottes Treue und Erbarmen (von jeher) bedingen sich wechselseitig (6f.8.11). Aus beidem fliesst ethisches Verhalten bzw. das Bemühen darum (8–10.12.21, vgl. auch Lk 7,47). Das Anliegen des Psalmbeters besteht darin, in den "Wegen Gottes" unterwiesen zu werden, denn in diesen äussert sich Gnade und Treue (4.10). Dazu bedarf es des Gebeugtseins bzw. der Demut (9). Der Psalmist, der sich als elend erlebt, leidet nicht nur an zahlreichen äusseren Feinden (2.19), sondern auch an seelischen Nöten wie Einsamkeit und Zwängen, aus denen heraus er sich eine neue "Weite" erbittet (16f.). Schuldverstrickung sowie äussere und innere Feinde sind hier verwoben. Zugleich zeichnet den Psalmbeter eine tiefe Geborgenheit und Zuversicht in Gott aus, auf den seine Augen beständig gerichtet sind (2f.5.15.20f.).
Ps 25 im Gesangbuch: EG Ps 25 (EG-West), 615 (EG-West), 713 (EG-Wü), 714 (EG-West), 743 (EG-BT), 784 (EG-Wü), 801.6 (EG-BT); RG 20, 675, 763; KG 46, 315, (KG CN 01, 040).

Psalm 26

	1		David zugehörig.
I		a	Sprich über mich das Urteil, JHWH, dass ich in meiner Unsträflichkeit gewandelt bin,
(A)		b	und auf JHWH vertraute ohne Wanken!
	2	a	Prüfe mich, JHWH, und erprobe mich!
		b	Läutere meine Nieren und mein Herz!
	3	a	[Damit sich zeigt,] dass deine Gnade mir vor Augen [stand]
		b	und ich gewandelt bin in Treue zu dir.
II	4	a	Ich sass nicht mit wertlosen Gesellen,
(B)		b	und zu Hinterlistigen werde ich nie eingehen.
	5	a	Gehasst habe ich die Versammlungen der Übeltäter,
		b	und zu Frevlern werde ich mich nie ("nicht") setzen.
III	6	a	Ich will meine Hände in Unschuld waschen
(C)		b	und deinen Altar umschreiten, JHWH,
	7	a	um mit [lauter] Stimme zu Gehör zu bringen ein Danklied
		b	und zu erzählen alle deine Wundertaten.
	8	a	JHWH, ich habe lieb gewonnen die Wohnung deines Hauses,
		b	ja, den Ort des Wohnens deiner Herrlichkeit.
IV	9	a	Raffe meine Seele nicht weg zusammen mit den Sündern
(B')		b	und mit den Blut-Männern mein Leben,
	10	a	an deren Händen Schandtat [klebt]
		b	und deren Rechte voll ist von Bestechung!
V	11	a	Ich aber, in meiner Unsträflichkeit werde ich wandeln.
(A')		b	Erlöse mich, und sei mir gnädig!
	12	a	Mein Fuss steht auf ebenem Grund.
		b	In den Versammlungen will ich JHWH preisen!

1 תֹּם Unsträflichkeit // מעד wanken (PK qal 1 sg).– **2** בחן prüfen (Impt qal m sg + Suff) // נסה pi: versuchen, auf die Probe stellen (wImpt pi m sg + Suff) // צרף (durch Schmelzen) erproben (Impt Adh m sg) // כְּלָיוֹת Nieren.– **3** לְנֶגֶד vor.– **4** מְתִים Männer // שָׁוְא wertlos, Nichtiges // עלם I ni: verborgen sein (Ptz pl: Versteckte, Hinterlistige, Heimtückische); II dunkel sein/werden; III stark, kräftig, begierig sein (Ptz ni m pl).– **5** רעע hi: böse handeln (Ptz hi m pl).– **6** רחץ waschen (PK qal 1 sg) // נִקָּיוֹן Reinheit, Unschuld // סבב umgeben, po: umgehen, (kultisch) umwandeln (wPK Koh po 1 sg).– **8** מָעוֹן Wohnung.– **9** אסף wegraffen (PK qal 2 m sg).– **10** זִמָּה Anschlag, Schandtat // שֹׁחַד Bestechung.– **12** מִישׁוֹר Ebene // מַקְהֵלִים Versammlungen // ברך pi: segnen, preisen (PK pi 1 sg).–

Psalm 26

Form und Inhalt

Die Vorschläge über den Sitz im Leben dieses Psalms reichen vom Gebet und Reinigungsritual eines zu Unrecht Angeklagten in einem kultisch-sakralen Gerichtsverfahren am Heiligtum über ein Pilgergebet bzw. -bekenntnis im Zusammenhang der Tempeleinlass-Liturgie bis hin zu einem Vorbereitungsgebet der Priester für ihren kultischen Dienst, in dem Spuren eines "Amtseides" enthalten sind. All diesen Vorschlägen gemeinsam ist jedenfalls der Zusammenhang mit dem Jerusalemer Tempel. Von der betonten Mitte her (zum Chiasmus s.u.) zu schliessen, scheint mir die letztgenannte Möglichkeit, also das Vorliegen eines priesterlichen Gebets- und Bekenntnistextes am Wahrscheinlichsten (P.G. Moscia, N. Lohfink). Nur die Priester durften den Altarbereich betreten und konnten ihn umschreiten. Zwischen Altar und Tempelgebäude stand das kupferne Wasserbecken (vgl. Ex 30,17–21), wo sie die Hände (und Füsse) wuschen (6). Entsprechend zur äusseren Waschung ist eine innere Trennung von unmoralischem Verhalten gefordert (die Formulierungen wurden möglicherweise im Zusammenhang mit der Waschung rezitiert). Der Priester erbittet von Gott eine "Prüfung" von Einstellung und Rechtverhalten (1–3) und bekennt nachher in einer Art "Amtseid" rück- und vorausschauend seine Integrität (4–5). Mit dem Opferkult verbunden war offenbar die Anstimmung eines Lobpreises bzw. Danklieds mit der Nennung der heilsgeschichtlichen Grosstaten JHWHs (7). Als Kontrast zur Abgrenzung von Übeltätern bzw. Frevlern, die er "hasst", hat er "lieb gewonnen" das Gotteshaus, in dem er seinen Dienst tut (8). In 9–10 werden nochmals Abgrenzungen vorgenommen. In 11–12 spricht der Psalmist Bekenntnisse der Integrität aus, bittet um Erlösung und verspricht Lobpreis.

Struktur und Poesie

Ps 26 weist eine Gliederung in fünf Stanzen/Strophen auf und eine mittelzentrierte Gesamtarchitektur (ABCB'A'), derzufolge III betont in der Mitte steht (P.G. Mosca). Die Rahmen-Abschnitte (I, V) enthalten Gebetsbitten (mit Bekenntnis bzw. Versprechen). Ihre Verklammerungsfunktion (Inclusio) ist auch aufgrund der wiederholten Elemente gut erkennbar (vgl. בתמי "in meiner Unsträflichkeit/Ganzheit" 1a.11a, הלך qal + hitp "(einher)gehen, wandeln" 1a.3b.11a, אני "[betontes] Ich" 1a.11a, vgl. auch die Wortspiele עמד/מעד "wanken/stehen" 1b.12a und וחנני/בחנני "prüfe mich/und sei mir gnädig" 2a.11b). Den inneren Kreis (II, IV) bilden die Abgrenzungs-Aussagen bzw. -Bitten gegenüber verschiedenen Gruppen von Sündern. Die zentrale Stanze (III) redet vom priesterlichen Dienst am Gotteshaus. Diese ist mit den sie umgebenden Abgrenzungs-Stanzen über das Gegensatz-Paar "hassen/lieben" bzw. "lieb gewinnen" (5a.8a) sowie die synonymen Begriffe für "Hände" (6a.10a) und mit den Rahmen-Stanzen durch das Moment des "Gehens bzw. Umschreitens" (1a.3b.6b.11a) sowie das Motiv der "Unschuld bzw. Unsträflichkeit" (1a.6a.11a) verbunden.

An weiteren poetischen Figuren ist zu nenen: Stanzen-Inclusio in I ("wandeln") und II ("sitzen/setzen"), Spiel mit polaren Aussagen ("Versammlungen der Übeltäter <=> JHWHs" 5a.12b, "Hände in Unschuld waschen" <=> "Hände voll Schandtat" 6a.10a), Varianz von (ethisch und kultisch bestimmten) Ortsveränderungsverben ("wandeln, sitzen, umschreiten, stehen") und innerer wie äusserer "Leib"-Begrifflichkeit ("Nieren, Herz, Augen, Hände, Stimme, Seele, Fuss"), Alliterismen (in 1–3 Häufung der die "ich/mich"-Aussagen spiegelnden '[נ]-Auslautungen, k-Laute in 6: כ/ח/ק, in 8 den "Wohnort" betonende מ-Laute, מ-Laute auch in 10).

Kontexte

Ps 26 ist durch eine Reihe formaler wie inhaltlicher Anknüpfungen mit den ihn umgebenden Psalmen verzahnt. So verknüpft u.a. das Thema des Vertrauens mit dem Stichwort בטח die Psalmen 25 bis 28 (25,2; 26,1; 27,3; 28,7). Mit dem Vorgängerpsalm ist u.a. die Bitte um Erlösung (פדה 25,22; 26,11) bzw. Gnädigsein (חנן 25,16; 26,11, auch 27,7), das Paar "Gnade" und "Treue" (25,10; 26,3) sowie der Verweis auf die Unsträflichkeit (תם 25,21; 26,1.11) gemeinsam. Auch zu Ps 24 gibt es Verbindungsbrücken, zumal es beide Male um Reinheit beim Tempelzutritt bzw. -dienst geht (vgl. u.a. auch שוא "Falsches/wertlos" 24,4; 26,4, כבוד "Herrlichkeit" 24,8.9.10; 26,8, Reinheit im Herzen und an den Händen 24,4; 26,2.6.10). So kann man in der Fortlesung von Ps 24 zu Ps 26 in Ps 24 und 25 exemplarische Menschen sehen, die in den Tempel-Zutrittsbedingungen von Ps 24 gemeint waren.
Ps 26 hat auch, namentlich im Bereich von II, Affinitäten zu Ps 1. Zu 1-3 vgl. Mt 6,13, zu 6 vgl. Ps 73,13; Mt 27,24, zu 8 vgl. Ps 23,6; Lk 2,49.

Anregungen für die Praxis

Das Motiv in 6a bietet eine Brücke zur Verurteilung Jesu durch Pilatus (Mt 27,24) als auch zur (früheren) Form der katholischen Eucharistiefeier, wo es als Gebet am Ende der Gabenbereitung gesprochen wurde.
Der Psalm zeigt, dass Abgrenzungen (gegen Menschen mit unmoralischen Verhaltensweisen) durchaus zu einer (priesterlichen) Ethik gehören, die aus dem Glauben fliesst (vgl. zum Priestertum der Gläubigen und zu "Abgrenzungen" auch 1. Petr. 2,1–10). Das eigene Rechtverhalten wird dabei der Prüfung durch Gott selber ausgesetzt. Die "Unsträflichkeit" darf nicht gesetzlich missverstanden werden; vielmehr ist damit ein ganzheitlicher Lebenswandel in inniger Gemeinschaft mit Gott gemeint, auf dem der Mensch unbeirrt und lauter den Lebensweg der sozialen Gerechtigkeit geht. In der Mitte des Psalms (7) – und auch des christlichen Lebens?! – steht aber nicht die Darstellung der eigenen "Ganzheit/Unsträflichkeit", sondern der Lobpreis über die wunderbaren Heilstaten JHWHs (auch am Schluss, vgl. 12b).
Ps 26 im Gesangbuch: EG Ps 26 (EG-West).

Psalm 27

	1		David zugehörig.
I A		a	JHWH, mein Licht und mein Heil!
(A')		b	Vor wem sollte ich mich fürchten?
		c	JHWH, du Zufluchtsort meines Lebens!
		d	Vor wem sollte ich erschrecken?
	2	a	Wenn sich Übeltäter mir nahen,
		b	um mein Fleisch zu fressen,
		c	meine Bedränger und meine Feinde mir gegenüber –
		d	ja, sie selbst sind [schon] gestrauchelt und gefallen.
	3	a	Wenn sich ein Heer gegen mich lagern sollte –
		b	mein Herz wird sich nicht fürchten!
		c	Wenn Kampf sich gegen mich erheben sollte –
		d	[auch] darin werde ich vertrauensvoll sein!
I B	4	a	Eines habe ich von JHWH erfragt,
(B')		b	darnach will ich trachten:
		c	mein Wohnen im Hause JHWHs
		d	alle Tage meines Lebens,
		e	um die Lieblichkeit JHWHs zu schauen
		f	und um das Orakel zu erkunden in seinem Tempel.
	5	a	Denn er wird mich in seiner Hütte bergen
		b	am Tag des Unheils.
		c	Er wird mich verbergen im Versteck seines Zeltes,
		d	auf (den) Felsen mich erheben.
II	6	a	So will ich von jetzt an erheben mein Haupt
(C)		b	über meine Feinde rings um mich herum.
		c	Ja, ich will hiermit opfern in seinem Zelt
		d	Opfer des Jubels;
		e	ich will hiermit JHWH singen und spielen.
III A	7	a	Höre, JHWH, ich rufe mit meiner lauten Stimme:
(B')		b	Sei mir gnädig, und antworte mir!
	8	a	Zu dir hat mein Herz gesagt:
		b	Sucht mein Angesicht!
		c	Dein Angesicht, JHWH, will ich suchen.
	9	a	Verbirg nicht dein Angesicht vor mir!
		b	Weise deinen Knecht nicht ab im Zorn,
		c	meine Hilfe bist du [doch] geworden!

Psalm 27

		d	Verstosse mich nicht, und verlass mich nicht,
		e	Elohim meines Heils!
	10	a	Denn mein Vater und meine Mutter haben mich verlassen,
		b	doch JHWH wird mich aufnehmen.
III B	11	a	Lehre mich, JHWH, deinen Weg,
(A')		b	und führe mich einen geraden Pfad
		c	um meiner Feinde willen!
	12	a	Gib mich nicht preis in die Kehle meiner Bedränger!
		b	Denn aufgestanden gegen mich sind Lügen-Zeugen
		c	und ein Gewalttat-Zeuge.
	13	a	Wenn ich nicht vertraut hätte, die Güte JHWHs zu sehen
		b	im Land der Lebenden...
	14	a	Harre auf JHWH!
		b	Sei fest, und dein Herz werde (oder: sei) stark!
		c	Ja, harre auf JHWH!

1 יֵשַׁע Heil // מָעוֹז Bergfeste, Zufluchtsstätte, Burgheiligtum // פחד beben, erschrecken (PK qal 1 sg).− **2** רעע schlecht sein, hi: Schlechtes tun, Ptz hi: Übeltäter (Ptz hi m pl).− **3** מַחֲנֶה Lager, Heer (hier f) // בטח vertrauen, getrost sein (Ptz qal m sg).− **4** אַחַת eines (f = neutrische Verwendung) // חזה schauen, mit Lust an etw. sehen (בְּ) (Inf qal cs) // נֹעַם Pracht, Lieblichkeit // בקר pi: eine Opferschau vornehmen(?), (genau) untersuchen, bedenken (Inf pi cs).− **5** צפן (ver)bergen (PK qal 3 m sg + Suff) // סֹךְ Hütte // סֵתֶר Verborgenheit, Schirm // אֹהֶל Zelt.− **6** תְּרוּעָה Jubel, Posaunenschall.− **9** נטה neigen, hi: abweisen (PK Juss hi 2 m sg) // עֶזְרָה Hilfe // נטש verstossen (PK qal 2 m sg + Suff).− **10** אסף aufnehmen (PK qal 3 m sg + Suff).− **11** ירה III hi: lehren, unterweisen (Impt hi m sg + Suff) // אֹרַח Weg, Pfad // מִישׁוֹר Geradheit // שׁוֹרֵר Empörer, Feind.− **12** נֶפֶשׁ Kehle, Gier // יָפֵחַ Zeuge (hap leg).− **13** לוּלֵא wenn nicht.− **14** קוה pi: harren (Impt pi m sg) // אמץ fest sein, hi: stärken, Kraft beweisen (wPK hi 3 m sg).−

Form und Inhalt

Im vorliegenden Psalm sind möglicherweise ein königliches Dank- bzw. Vertrauensbekenntnis (1–6) und ein individuelles Bittgebet (7–13/14) miteinander verknüpft. Denkbar ist, dass ein vorexilischer Königspsalm (1–6) später überarbeitet, mit 7–13/14 fortgeschrieben und damit auf generelle Erfahrungen hin ausgeweitet wurde.
Für eine (ursprüngliche) Königsdeutung von 1–6 sprechen v.a. 3 – andere denken an die Erfahrung von Rechtsschutz eines Angeklagten im Heiligtum (Tempelasyl). JHWH und sein Wohnort (wohl Jerusalem) wird als uneinnehmbare "Fluchtburg" (1c) erlebt, wo der Sprechende vertrauensvoll sich bergen kann (1.5) und dem Zugriff seiner Feinde entzogen ist. Im Tempel Gottes soll sein "Zuhause" sein; dort ist nicht nur Schutz und Geborgenheit, sondern auch Lieblichkeit. Zudem ist es der Ort der Gottesauskunft (4f.). Hinter den Begriffen des "Bergens", des "Zufluchtsortes", des "Felsens" leuchten Momente einer Zionstheologie auf, nach welcher der Gottesfelsen bzw. -wohnort als Schutzgarant des Königs (vor Feindmächten) und damit der Stadt und der Bevölkerung erfahren wurde. 6 bringt die Folgen dieses Schutzes

und der Geborgenheit in der Erzählgegenwart zur Sprache: Der gottesdienstliche Jubel (als Opfer), das Vortragen dieses Psalms (1–6) in Gesang und mit Instrumentalbegleitung.
Als Fortsetzung wären nun ein paar Verszeilen des praktizierten Gotteslobes zu erwarten, stattdessen verändert sich der Psalm zu einem Bittgebet. Im vorliegenden Gesamtpsalm kann 7–13/14 als Einfügung eines früheren Bittgebets aufgefasst werden, auf das (nach der Erhörung) 1–6 die Antwort ist. Wie die Bitten von 7–10 zeigen, liegt die Gefährdung in der Trennung und Verstossung von JHWH, zumal die Eltern den Bittsteller verlassen haben (durch Tod oder Ausstossung?). Die Gewissheit, dass JHWH dies nicht tun wird, äussert sich in 10b. In 11–13 kommt das Moment der "Wegweisung" hinzu; dazu gehört, dass die denunzierenden Ankläger (12) nicht die Oberhand bekommen (13 endet im Offenen). 14 kann als Zuspruch (den der Bittende am Tempel bekommen hat?) aufgefasst werden. Er passt zu der Bitte des Angeklagten, fügt sich aber auch zur vermuteten Königssituation des Teiles 1–6. Der Psalm schliesst mit dem Gottesnamen, mit dem er auch eröffnet wurde.

Struktur und Poesie

Wenn ich recht sehe, ist die Strukturierung des Endtextes eine chiastische. Danach sind die fünf Strophen (die sich zu den Stanzen I–III bündeln) nach dem Schema ABCB'A' organisiert. 6 steht mit seiner Gegenwartsaussage ("von jetzt an ...") betont in der Mitte des Psalms, wobei Stichworte von vorher aufgenommen werden (רום "erheben" 5d.6a, א'ב "meine Feinde" 2c.6b, אהלו "sein Zelt" 5c.6c). Um diese Mittelaussage legen sich die Strophen I B (4–5) und III A (7–10), die kontrastartig aufeinander bezogen (Geborgenheit im Hause Gottes <=> Bitten an Gott, ihn nicht zu verlassen) und durch die Stichworte בקש "danach trachten/suchen" (4b.8c) und סתר "verbergen" (5c.9a) verknüpft sind. Die Rahmenstrophen I A (1–3) und III B (11–14) enthalten einerseits Vertrauensaussagen, andererseits Führungs- und Hilfsbitten sowie einen Schlussappell. Sie sind durch Stichworte wie חי "Leben" (1c.13b, vgl. auch 4d), צרי "meine Bedränger" (2c.12a), לב "Herz" (3b.14b, vgl. 8a) und קום "sich erheben (gegen)/aufstehen (gegen)" (3c.12b) verbunden.
In der ersten Strophe (1–3) weist das gedoppelte Bekenntnis mit rhetorischen Fragen zu Beginn (1) eine triumphierend-helle o/i-Assonanz auf. In 3 ist das Wort- und Lautmuster מחנה/תחנה "lagern/Heer" sowie eine ה-Lautdominanz zu notieren. In der vierten Strophe (7–10) fällt das Stichwort "Angesicht" in drei aufeinander folgenden Zeilen auf (8b.8c.9a), dazu das t-haltige Laut- und Sinnspiel אל־תטשני/אל־תט "weise nicht ab/verstosse nicht" (9b. 9d). Was die Schlussstrophe (11–14) betrifft, ist auf das Lautspiel שוררי/מישור "gerade(n Pfad)/meine Feinde" (11b.11c) hinzuweisen.

Kontexte

Wenn der Psalmist am Ende von Ps 26 sagt, dass er in den Versammlungen JHWH preisen wolle, dann liest sich der Beginn von Ps 27 als Einlösung dieses Versprechens. Mit Ps 25 und Ps 26 teilt Ps 27 auch die Bitte חנני "sei mir gnädig ...!" (25,16; 26,11; 27,7), mit Ps 26 ferner das Stichwort מישור "ebener Grund/gerader (Pfad)" (26,12; 27,11). Die Psalmen 26–28 nennen drei fundamentale Nöte, aus denen Gott retten soll (vgl. Ps 25,22): Sünde (Ps 26), Verfolgung und Verleumdung durch Feinde (Ps 27) sowie schwere Krankheit und tödliche Bedrohung (Ps 28). Ps 27 hat auch Bezüge zu weiteren Psalmen der Sammlung Ps 25–34 (vgl. 5 mit 31,21; 32,7, 7 mit 30,11; 31,10, 11 mit 25,4, 14 mit 31,25).
Vgl. 1 mit Röm 8,31–39, 2 mit Joh 18,6, 4 mit Ps 23,6, 12 mit Mt 26,59, 14 mit Hos 12,7; 2. Tim 2,1.

Anregungen für die Praxis

Der Psalm beginnt eindrucksvoll mit dem Doppelbekenntnis zu JHWH als "Licht" und "Heil" bzw. als "Zufluchtsort meines Lebens". Diese Wirklichkeit Gottes beherrscht den Psalmisten so, dass er sich weder Furcht noch Schrecken vorstellen kann (vgl. Röm 8,31ff.). Ja, er zählt nachher selber mögliche Gefahren und Bedrängnisse auf, doch zählen diese aufgrund seiner Gotteszuversicht alle nicht mehr. Der Psalm ist ein Zeugnis, welche Kraft aus der "Bergung" bei Gott bzw. in seinem Haus ausgehen kann. Sein Kopf steckt nicht mehr im Schlamassel, sondern ragt über alles Feindliche hinaus (6). Der zweite Psalmteil (7ff.) zeigt die Situation "davor": Der Beter ist noch in der Not drin, ringt mit ihr und Gott. Er braucht den Zuspruch am Ende (14), der – wenn er beherzigt wird – gleichsam zum Anfang des Psalms, zu Dank und Zuversicht, zurückführt.

9f. kann seelsorgerliche Hilfe und Zuspruch sein bei Verlusterfahrungen der Eltern (wie auch immer diese sein mögen). Die damit zusammenhängende "Verlassenheit" soll nun nicht auch noch – so die negativ formulierte Bitte – durch Gottes erfahren werden. Doch einen Atemzug weiter wandelt sich die Anfechtung zur Gewissheit: "doch JHWH wird mich aufnehmen". Diese Beheimatung geht nicht verloren, sie gilt umso stärker, wo menschliches Daheim verlustig gegangen ist (vgl. u.a. Jes 49,15f.; Hebr 13,5f.).

Ps 27 im Gesangbuch: EG Ps 27 (EG-West), 714 (EG-Wü), 715 (EG-West), 744 (EG-BT), 801.15 (EG-BT); RG 21; GL 719; KG 320, (KG CN 017, 037).

Psalm 28

	1		David zugehörig.
I		a	Zu dir, JHWH, will ich rufen!
(A)		b	Mein Fels, sei nicht taub mir gegenüber!
		c	Dass du nicht mir gegenüber schweigen mögest,
		d	so dass ich mit denen vergleichbar werde, die in die Grube hinabfahren!
	2	a	Höre das Lautwerden meines Flehens,
		b	wenn ich zu dir schreie,
		c	wenn ich meine Hände erhebe
		d	zum Innern deines Heiligtums!
II	3	a	Raffe mich nicht weg mit den Frevlern
(B)		b	und mit den Übeltätern!
		c	Die Frieden reden mit ihren Gesinnungsgenossen,
		d	aber Bosheit [haben] in ihrem Herzen.
	4	a	Gib ihnen nach ihrem Tun
		b	und nach der Bosheit ihrer Taten!
		c	Nach dem Werk ihrer Hände gib ihnen!
		d	Lass auf sie zurückkehren ihr Tun!
	5	a	Denn sie wollen nicht auf die Taten JHWHs achten
		b	und auf das Werk seiner Hände!
		c	Er wird sie einreissen und sie nicht (mehr) aufbauen!
III	6	a	Gepriesen sei JHWH,
(A')		b	denn er hat das Lautwerden meines Flehens gehört!
	7	a	JHWH, meine Zuflucht (oder: Stärke) und mein Schild –
		b	auf ihn hat mein Herz vertraut!
		c	Als (oder: weil) mir geholfen wurde, frohlockte mein Herz,
		d	und mit ("von") meinem Lied will ich ihn preisen!
	8	a	JHWH ist eine Zuflucht (oder: Stärke) für sie (oder: eine Zuflucht für sein Volk),
		b	und ein Zufluchtsort der Rettungen [für] seinen Gesalbten [ist] er!
	9	a	Rette bitte dein Volk,
		b	und segne dein Erbteil!
		c	Und weide sie, ja, trage sie für allezeit!

1 חרש II qal: taub sein (gegenüber), hi: sich still verhalten, schweigen (PK qal 2 m sg) // חשׁה schweigen (PK qal 2 m sg) // בּוֹר Grube.– **2** תַּחֲנוּן pl: Flehen // שׁוע pi: um Hilfe rufen (Inf cs pi) // דְּבִיר der Hinterraum, das Innere (das Allerheiligste im Tempel).– **3** משׁך ziehen, wegraffen (PK qal 2 m sg + Suff) // רֵעַ Genosse, Freund.– **4** מַעֲלָל Handlung // שׁוב hi: zurückkehren lassen, vergelten (Impt hi m sg) // גְּמוּל Tun, Vergeltung.– 5 פְּעֻלָּה Tat // הרס einreissen, zerstören (PK qal 3 m sg + Suff).– 7 עֹז I: Stärke, Kraft; II: Zuflucht, Schutz // מָגֵן Schild // עוּז helfen, ni: pass (wAK ni 1 sg) // עלז frohlocken (wPK qal 3 m sg) // ידה hi: danken, loben, preisen (PK hi 1 sg + Suff).–

Form und Inhalt

Als Verstehensraster (Sitz im Leben) dieses Psalms hat sich die sakraljuristische Deutung durchgesetzt (vgl. K. Seybold): Gebet in der Not eines Angeklagten (1–5) und Danklied nach positivem Ausgang (6–7/9). Ähnlich wie schon beim vorherigen Ps 27 tritt aber als zweiter Interpretationshorizont ein königlicher hinzu (vgl. insbesondere מְשִׁיחוֹ "sein Gesalbter", 8b). Zwar erfordert 8b nicht zwingend eine Identifizierung des Psalmisten mit dem König, die inneren Verweissysteme des Psalms (Schutzaussagen) legen eine Gleichsetzung jedoch nahe. Fazit: 8–9 ist entweder eine spätere Weiterführung des Individualpsalms 1–7 unter kollektivköniglicher Perspektive oder aber ein liturgisch-kollektivierendes Ergänzungsstück, das der Psalm bereits im Zusammenhang mit der Entstehung bzw. Aufführung bekommen hat.
Deutlich jedenfalls sind in diesem Psalm die Zionsvorstellungen: der Felsen im Allerheiligsten (1b.2d) und die Erfahrung des Schutz- und Trutzortes daselbst (7a.8ab). Das in 1–2 artikulierte Problem ist das der (Er-)Hörbarkeit des Beters durch Gott. Eine Intensität und Dringlichkeit des Flehens wird in Wort und Gestik (ausgestreckte Hände zum Allerheiligsten hin) zum Ausdruck gebracht. Das Stummsein JHWHs versetzt den Bittenden in eine Situation ähnlich der Toten (wo Schweigen herrscht). Ein direkter Zusammenhang zwischen der Not des Beters (1–2) und dem Verhalten der Feinde (3–5) wird zwar nicht ausdrücklich genannt, dürfte aber vorliegen. In der "Frevler"-Passage (3–5) wird die Nicht-Erhörung ansichtig als Gefährdung des Hinweggerafftwerdens wie die Frevler, als deren Hauptübel ihre Zwiespältigkeit zwischen Reden und Trachten genannt wird. Das weisheitliche Tun-Ergehen-Schema (4cd) soll bei ihnen wirksam werden. Ihr Hauptverschulden: Sie orientieren sich mit ihren Taten nicht an den Taten JHWHs (5). Was die Feinde nicht tun, tut nun der Beter: Er orientiert sich in 6–7, die nach der Wende von der Not zum Heil anzusetzen sind, an den Taten JHWHs und dem Werk seiner Hände (vgl. 5). Der Lobpreis knüpft dabei an das Bittgebet an (vgl. nur etwa 6b mit 2a), wo die Frage der Zuflucht, des Schutzes und der Sicherheit des Bittenden im Vordergrund stand. In 8–9 wird dann – in enger Anknüpfung – die im Lobpreis gewonnene Zuversichtsaussage auf König und Volk ausgedehnt und mit Bitten der Psalm beschlossen (zu den in Ps 28 zum Tragen kommenden Kommunikationssituationen, Stimmen und Rederichtungen vgl. Wb Pss III, 134–137)-

Struktur und Poesie

Der Psalm hat eine dreiteilige Struktur (I–III), die man mit den Stichworten: "Ich" (Bitten) – "Feinde" – "JHWH" (Lobpreis) überschreiben kann. Als hauptsächliche poetische Gestaltungsmuster erweisen sich die – z.T. kontrastiv eingesetzte – Wiederholungstechnik, ferner auch Wortfelder, Alliterationen, Laut- und Sinnspiele. Die Anlage sowohl des Gesamtpsalms als auch seiner drei Teile ist chiastisch (ABA'), d.h. die betonte Aussage steht in der Mitte und entfaltet sich auf beide Seiten hin. Danach stehen die Feindäusserungen, inbesondere die Bitte um In-Kraft-Setzung des Tun-Ergehen-Zusammenhangs an den Feinden (4), in der Psalmmitte (II). Um diese herum legen sich die aufeinander bezogenen Bitten (I) und der Lobpreis (III).

In I entsprechen sich nach dem Schema ABB'A' je die Aussenverse (Fels/Inneres, Wort/Gestik) und die Innenverse (schweigen/hören). Das Problem des Stummseins JHWHs wird durch die Verwendung der beiden laut- und sinnähnlichen Verbformen תחשה/תחרש "sei nicht taub/du mögest (nicht) schweigen" (1b.1c) kunstvoll artikuliert. Dazu gesellt sich in 2 eine שׁ-Lautdominanz, mit der wohl das "Schreien" (vgl. שׁוע 2b) nachgeahmt werden soll.
In der ebenfalls spiegelsymmetrisch (ABCDD'C'B'A') organisierten Stanze II liegt ein Wechselspiel mit diversen Begriffen für das "Tun" der Feinde respektive JHWHs vor. Zu erwähnen sind die drei abgeleiteten Begriffe von פעל "Täter/Tun/Taten" (3b.4a.5a), aber auch die "Hände"-Belege, die an 2c anknüpfen und mit je unterschiedlich suffigiertem Possessivpronomen die Hände des Beters, der Feinde und Gottes bezeichnen (2c.4c.5b). Zu notieren ist auch das Laut- und Sinnspiel, das die Begriffe כרע/רעה/רעיהם "ihre Gesinnungsgenossen/Bosheit/nach der Bosheit" (3c.3d.4b) untereinander eingehen, sowie überhaupt die ע-Dominanz in 3f.
Die Schlussstanze (III) hat eine Anlage nach dem Schema ABCB'A' mit der Mitte 7cd und den Stichwortbezügen עז "Zuflucht" (7a.8a) im ersten und ברך "gepriesen/segne" (6a.9b) im zweiten Rahmen. Das Stichwort "Herz" wird kontrastartig vom zweiten Teil aufgenommen (vgl. 3d.7b.7c). Der Rahmen mit I ergibt sich u.a. durch die Ähnlichkeit der Zeilen 2a und 6b sowie das Stichwort נשא "erheben/tragen" (2c.9c). Der am Stichwort "Zuflucht" orientierte Leitklang עז (vgl. עז 7a.8a, עזר 7c, עלז 7c und מעוז 8b) prägt diesen letzten Abschnitt.

Kontexte

Das Stichwort צור "Fels" verbindet Ps 28 nicht nur mit seinem Vorgänger (27,5; 28,1), sondern auch mit dem Königspsalm 18 (18,3.32.47, vgl. auch 19,15 und das Vorkommen im Mose-Lied Dtn 32,1–43). Das Vertrauensmotiv bestimmt die ganze Gruppe Ps 25–28 und findet sich dann auch in Ps 31–33 wieder (vgl. בטח in 25,2; 26,1; 27,3; 28,7; 31,7.15; 32,10; 33,21). Das Stichwort מעוז "Zufluchtsort/Fluchtburg" war bereits im Vorgängerpsalm präsent und wird innerhalb der Psalmensammlung 25–34 nochmals in Ps 31 auftauchen (27,1; 28,8; 31,3.5).
Zum "Lautwerden ("Stimme") meines Flehens" (2.6) vgl. auch Ps 31,23; 86,6; 116,1; 130,2; 140,7. Zu 4 vgl. 2. Tim 4,14; Offb 20,12f.; 22,12, zu 5 Röm 1,19–21.

Anregungen für die Praxis

In diesem Psalm wird – einmal mehr – die Not des Schweigens Gottes thematisiert, in der Folge des Psalms aber auch gezeigt, dass Gott dieses Schweigen durchbrochen und das Flehen des Beters gehört hat. Wenn der Hilfeschrei des Gläubigen Folge der 'Abwesenheit Gottes' ist, dann bedeutet der Lobpreis des Beters den Jubel über die Erhörung. Das Stichwort des (königlichen) "Gesalbten" erscheint hier erneut (nach Ps 2,2; 18,52; 20,7). Messianisch auf Jesus und das Gottesvolk hin gedeutet ist Gott sowohl die Zuflucht und Rettung für seinen Sohn wie für dessen Brüder und Schwestern. Es bewahrheitet sich hierin auch das alte Wort aus Dtn 33,27a: "Eine Zuflucht ist der Gott der Urzeit, und unter dir sind ewige Arme".
Ps 28 im Gesangbuch: EG Ps 28 (EG-West); GL 720; KG 612.

Psalm 29

	1		Ein Psalm – David zugehörig.
I (A)	(ה)	a b	Gebt JHWH, ihr Göttersöhne, gebt JHWH Ehre und Macht!
	2 (ה)	a b	Gebt JHWH die seinem Namen gebührende Ehre! Fallt nieder vor JHWH in heiligem Schmuck!
II A (B)	3 (ק)	a b c	Die Stimme JHWHs [ist] über den Wassern! Der El der Ehre hat gedonnert: JHWH [ist] über den grossen Wassern!
	4 (ק)	a b	Die Stimme JHWHs [ergeht] mit Gewalt, die Stimme JHWHs [ergeht] in Pracht!
	5 (ק)	a b	Die Stimme JHWHs zerschmettert Zedern: JHWH hat die Zedern Libanons zerschmettert!
II B (C)	6	a b	Er liess sie hüpfen: wie ein Kalb den Libanon und Sirjon wie einen jungen Büffel.
II C (B')	7 (ק)	a b	Die Stimme JHWHs schlägt Feuer-Flammen!
	8 (ק)	a b	Die Stimme JHWHs lässt die Wüste erbeben, JHWH lässt erbeben die Wüste Qadesch.
	9 (ק)	a b c	Die Stimme JHWHs lässt Bäume beben (oder: macht Hindinnen kreissen): Sie legte Wälder bloss (oder: brachte Zicklein zur vorzeitigen Geburt). Ja, in seinem Tempel rufen alle: Ehre!
III (A')	10 (י)	a b	JHWH hat sich hingesetzt über die ("zur") Flut, und JHWH thront nun als König für immer.
	11 (י)	a b	JHWH möge seinem Volk Macht verleihen, JHWH möge sein Volk mit Frieden segnen!

1 יהב geben (nur Impt) (Impt qal m pl).– **2** הֲדָרָה Schmuck, Erhabenheit.– **3** רעם brausen, tosen, hi: donnern (lassen) (AK hi 3 m sg).– **4** הָדָר Pracht.– **5** שבר qal + pi: zerbrechen (Ptz qal m sg / wPK pi 3 m sg) // אֶרֶז Zeder.– **6** רקד hüpfen, hi: hüpfen lassen (wPK hi 3 m sg + Suff) // עֵגֶל Kalb // רְאֵם Büffel.– **7** חצב hauen, hervorschlagen (Ptz qal m sg) // לֶהָבָה Flamme.– **8** חיל I kreissen, beben, pol: kreissen machen, hi: erbeben lassen (PK qal oder hi 3 m sg).– **9** אַיָּלָה Damhirschkuh, Hindin (f von אַיִל I Widder bzw. אַיָּל Damhirsch), oder: אַיִל II mächtiger Baum (pl אֵילִים) // חשׂף I abschälen, entblössen, abschöpfen; II(?) pi: zu vorzeitigem Gebären bringen (wPK qal [oder ändern in pi] 3 m sg) // יַעַר Wald (ungeläufiger f pl), oder: יַעֲרָה Zicklein.– **10** מַבּוּל Sintflut.–

Psalm 29

Form und Inhalt

Ps 29 ist ein kunstvoll gebauter JHWH-Hymnus mit Lobaufruf (1–2), Korpus (3–9) und Hymnenschluss (10–11, z.T. wird 11 als spätere Ergänzung eingestuft). Sein Zweck ist, in Götterwelt (1a) und Schöpfung (3ff.) seine "Ehre" (כבוד 1b.2a.3b.9c) gross zu machen und seiner als herrschender König über alle und alles (10) ansichtig zu werden. Der Psalm hat Berührungen zu altkanaanäischen (ugaritischen) Vorstellungen, die Baal (und El) betreffen (vgl. KTU 1.4 VI–VIII) und ist entwicklungsgeschichtlich wohl zwischen den alten Siegesliedern (Ex 15; Ri 5) und den JHWH-Königspsalmen (Ps 93ff.) einzuordnen (P.C. Craigie). Vieles, was in der Umwelt auf Baal bezogen ist, erscheint in der israelitischen Dichtungsform von Ps 29 auf JHWH umgeprägt, der zugleich in die Stellung des Hochgottes El eintritt. Das Tetragrammaton (יהוה/JHWH) ist denn auch mit 18(!) Belegen der mit Abstand häufigste Begriff in Ps 29 (er erscheint mit Ausnahme von 6 in jedem Vers mindestens einmal). Hintergründig hat dieser Hymnus denn auch einen abgrenzenden, ja beinahe schon verspottenden Charakter gegenüber kanaanäischen Göttervorstellungen.

Der Psalm versetzt uns gleichsam in den himmlischen Palast des Gottkönigs JHWH und ruft seinen Hofstaat dazu auf, ihm anbetend zu huldigen (1–2). Der Hauptteil (3–9) schildert mit mehrheitlich nominalen und partizipialen Wendungen sein theophanes Herabkommen (Gewittertheophanie). Es ist die 7mal genannte "Stimme JHWHs" (קול יהוה) die machtvoll ergeht ("donnert") und in der Gestalt von Sturmwind, Erdbeben und Feuer (Blitze) Wirkungen zeitigt an (Chaos-)Wassern, Bäumen ("Zedern") und Wüste. In einer Art Zangenbewegung kommt die Theophanie von Norden (Libanon, Sirjon = Hermon) und von Süden (Qadesch = Sinaihalbinsel) her und zielt damit – wenn auch ungenannt – auf Israel bzw. Jerusalem, wo auf dem Zion die mit dem himmlischen Thronsitz korrespondierende irdische Wohnstätte JHWHs ist. Nach seinem Herabkommen (und der Bändigung der Chaoswasser) nimmt JHWH zum Schluss (10–11) seinen Thronsitz (über der Flut) wieder ein und thront dort auf ewig. Dass eine Verbindung zwischen himmlischem und irdischem (Zions-)Heiligtum vorausgesetzt ist, zeigt sich im Schlussvers daran, dass JHWH nun nicht wie zu Anfang als Gegenüber der Göttersöhne, sondern als Gegenüber seines Volkes erscheint und von diesem (am Tempel versammelt) um Macht und Segen gebeten wird.

Struktur und Poesie

Die dreiteilige Struktur dieses Hymnus ist sorgfältig gebaut. Sie hat die Gestalt einer Ringkomposition (Chiasmus) um die Mittelachse 6 (J.F. Diehl / A.A. Diesel / A. Wagner). Diese Struktur wird durch die Akrostichie (Versanfänge) unterlegt: Die Rahmenteile (I, III), Vers- (und z.T. sogar Zeilen-)Anfänge eröffnen auf ה respektive י (denkbar, dass der Aufruf am Eingang, הבו ליהוה "Gebt JHWH [die Ehre]!", damit unterstrichen werden soll), währenddem im dreistrophigen Korpus die beiden äusseren Strophen alle mit ק (קול) "Stimme") beginnen. Abgesehen von inhaltlichen Bezugnahmen der um die Mitte in 6 gelegten "Ringe" (5/7, 4/8, 3/9, 2/10, 1/11) ist auf die Entsprechung der beiden Trikola 3abc und 9abc sowie die Inclusio עז "Macht" (1a.11a) zu achten.

Eine Bestandesaufnahme der Schlüsselbegriffe ergibt folgendes Bild: 18mal יהוה "JHWH" (in allen Versen ausser dem Mittelvers 6), 7mal קול "Stimme" (alle Belege in II, stets im cs mit יהוה gepaart), 4mal כבוד "Ehre" (erscheint in allen drei Stanzen, dazu synonyme Herrlichkeitsbegrifflichkeit wie הדר "Pracht" und הדרה "Schmuck"), 2mal עז "Macht" (dazu das synonyme כח "Gewalt" in 4a), 3mal Verbformen von יהב "geben" (1f.) bzw. חיל "erbeben/kreissen" (8f.).

Psalm 29

Kontexte

Der meditierende Psalmenleser, der von Ps 28 zu Ps 29 kommt, findet die Stichworte קול "Lautwerden/Stimme" (28,2.6; 29,3–9), ברך "segnen" (28,6.9; 29,11) und עז "Zuflucht/ Stärke/Macht" (28,7.8; 29,1.11) aufgenommen und vertieft. Im nächsten Psalm begegnet er wiederum dem Stichwort עז (30,8) und findet auch das in Ps 29 prägende כבוד "Ehre" wieder (29,1–3.9; 30,13 – falls dort nicht zu כבד II "Leber, Seele" zu ändern ist). Ps 29 hat insofern eine Sonderstellung, als er in der Psalmensammlung 25–34 die formale und theologische Mitte bildet. Auf ihn laufen die Bittgebete 25ff. zu und von ihm her kommen die Dankgebete 30ff. In der Mitte aber steht dieser (Theophanie-)Hymnus, der das machtvolle Gotteswirken preist, das sich in den Lebenssituationen erweist, die in den ihn umgebenden Psalmen zur Sprache kommen (E. Zenger).
Ps 29 dürfte dem Verfasser von Ps 96 vorgelegen haben (vgl. K. Seybold). Zu 1 vgl. Ps 82,1.6; 89,7, zu 1f. vgl. Ps 96,7–9, zu 2 vgl. Ps 110,3; Offb 7,12, zu 3 vgl. Ps 18,14; Apg 7,3, zu 3f. vgl. Ps 93,4; Offb 10,3, zu 7 vgl. Ps 18,14, zu 10 vgl. Ex 15,18; Ps 9,8. Als ausserisraelitischen Kontext ist zudem auf den ugaritischen Baal-Text KTU 1.4 VI–VIII hinzuweisen (vgl. J.F. Diehl / A.A. Diesel / A. Wagner).

Anregungen für die Praxis

Die Vorstellung von Manifestationen Gottes in Gewittererscheinungen mag dem aufgeklärten modernen Menschen fremd erscheinen, dennoch können auch bei heutigen Menschen kosmische Ereignisse eine Ahnung von Gottes Majestät und Wirken hervorrufen. Die universale, kosmische Weite dieses Hymnus' hilft provinzielle, nationalistische oder sogar rassistische Gottesvorstellungen abzuwehren, denn der Gott Israels ist zugleich der Weltenherrscher. Die grosse Wirkmacht der in diesem Psalm so prägenden "Stimme Gottes" findet sich vergleichbar auch in Zusammenhängen, die das Ausgehen des (prophetischen) Gotteswortes betreffen (vgl. Jes 55,10f.; Jer 23,29; Hebr 4,12).
Ps 29 im Gesangbuch: EG Ps 29 (EG-West).

Psalm 30

	1		Ein Psalm – ein Lied der Einweihung des Hauses – David zugehörig
I	2	a	Erheben will ich dich, JHWH, denn du hast mich herausgeschöpft
		b	und liessest meine Feinde sich nicht freuen über mich.
	3	a	JHWH, mein Elohim,
		b	ich schrie um Hilfe zu dir, und du hast mich geheilt.
	4	a	JHWH, du hast heraufgeholt aus der Unterwelt meine Vitalität,
		b	hast mich zum Leben (zurück)gebracht aus denen, die in die Grube hinabfuhren.
II	5	a	Musiziert für JHWH, ihr seine Begnadeten,
		b	und lobdankt zum bekennenden Gedenken seiner Heiligkeit!
	6	a	Denn einen Augenblick lang [verharrt er/stehen wir] in seinem Zorn,
		b	ein Leben lang in seinem Wohlgefallen.
		c	Des Abends kehrt Weinen ein,
		d	aber zum Morgen hin Jubel.
III	7	a	Ich aber dachte in meiner [Selbst-]Geruhsamkeit:
		b	"Nicht werde ich wanken niemals!"
	8	a	JHWH, in deinem Wohlgefallen hattest du [mich] auf feste Berge gestellt.
		b	[Doch als] du verbargst dein Angesicht, [da] wurde ich schreckensstarr.
IV	9	a	Zu dir, JHWH, rief ich immer wieder,
		b	und zu dir, Adonaj, flehte ich unentwegt um Gnade:
	10	a	"Was für ein Gewinn [ist dir] an meinem Blut, wenn ich hinabfahre ins Grab?
		b	Wird dir der Staub lobdanken? Wird er deine Treue kundtun?
	11	a	Höre, JHWH, und sei mir gnädig!
		b	JHWH, sei ein Helfer mir!"
V	12	a	Gewendet hast du meine Trauerklage zum Reigentanz mir;
		b	gelöst hast du meinen Trauerumhang und umgürtet mich [mit] Freude,
	13	a	auf dass [meine] Ehre dir fortwährend musiziere und nicht verstumme.
		b	JHWH, mein Elohim, für immer will ich dir lobdanken!

1 חֲנֻכָּה Einweihung.– **2** רום hoch sein, pol: erheben (PK pol 1 sg + Suff) // דלה schöpfen, pi: herausschöpfen, emporziehen (aus dem Brunnen), retten (AK pi 2 m sg + Suff) // שמח sich freuen, pi: sich freuen lassen (AK pi 2 m sg).– **3** שוע pi: um Hilfe rufen (AK pi 1 sg) // רפא heilen (wPK qal 2 m sg + Suff).– **4** עלה heraufsteigen, hi: heraufführen (AK hi 2 m sg).– **5** זֵכֶר Erwähnung, Gedenken, (feierliche) Anrufung.– **6** רֶגַע Augenblick // בְּכִי Weinen // רִנָּה Jubel.– **7** שְׁלִי Sicherheit, Sorglosigkeit, Geruhsamkeit // מוט ni: wanken (PK ni 1 sg).– **8** עמד stehen, hi: auf-, hinstellen (AK hi 2 m sg) // בהל ni: erschreckt werden (Ptz ni m sg).– **9** חנן

hitp: flehen (PK hitp 1 sg).– **10** בֶּצַע Gewinn // שַׁחַת Grube, Grab.– **11** עזר helfen (Ptz qal m sg).– **12** הפך wenden, verwandeln (AK qal 2 m sg) // מִסְפֵּד Klage // מָחוֹל Reigen // פתח öffnen, pi: lösen (AK pi 2 m sg) // אזר qal + pi: umgürten (wPK pi 2 m sg + Suff).– **13** לְמַעַן damit // דמם I schweigen; II wehklagen; III umkommen (PK qal 3 m sg).–

Form und Inhalt

Ps 30 ist ein Danklied (Toda) eines aus Todesgefahr (vielleicht aufgrund von Krankheit) Genesenen. Seine charakteristischen Elemente verbinden sich mit einer zeitlichen Staffelung (vgl. C. Hardmeier und Wb Pss III, 72–74). Der Vollzug des (anhaltenden) Lobdanks (2a, die Vokative und 13a) sowie der Aufruf an die Mitfeiernden (5–6) ist der Sprechgegenwart (und Zukunft) zuzuordnen. Dahinter sind drei Stufen der Vergangenheit ansichtig, die der Lobdankende schildernd und "zitierend" einbringt: 1. der Rückblick und die Bezeugung der erfahrenen Gottesrettung (2.4.12); 2. das zuvor ergangene Gebet in bzw. aus der Not (3b, in 9–11 zitathaft aufgeführt; hinter 10 spiegelt sich ein Gelübde, das im Vortragen des Psalms im Tempelvorhof eingelöst wird); 3., noch weiter zurückliegend, die der Not vorausgehende Haltung der Überheblichkeit bzw. falschen Sicherheit, die der Sprechende selbstkritisch offenlegt (7–8; 8a ist textlich unsicher – ist damit auf den Jerusalemer Tempelberg angespielt [vgl. 1]?). Nach dem Weinen am Abend schenkt Gott gnädig zum Morgen hin den Jubel aufgrund erfahrener Rettung (6cd).

Die im Psalm mehrfach gezeichnete "Bewegung" von unten (Unterwelt, Grube, Grab, Staub) nach oben (aus Brunnen heraus, feste Berge – zu JHWH hin) gründet, sichert und rettet das Leben und verpflichtet zu Lobdank.

Struktur und Poesie

Der Psalm baut sich aus fünf Strophen/Stanzen zu je vier oder sechs Zeilen auf. Er hat sein Zentrum in der Mitte (III) und enthält in seiner Gesamtstruktur einen Wechsel von aus dem Rückblick gewonnenen dankbaren Bezeugungen von Rettung und Schuldeinsicht einerseits (I/III/V) sowie Gegenwartsäusserungen als Dankaufruf und (eingespielte) Not-Klage andererseits (II/IV). Dabei sind in der Schluss-Stanze (V) die Zeitachsen insofern verbunden, als der letzte Dankesrückblick in einen beständigen Lobpreis ausmündet.

Wahrscheinlich enthält 13 eine absichtsvolle Mehrdeutigkeit insofern, als beim polysemen Verb דמם vom Kontext her "schweigen, verstummen" (I) als Hauptbedeutung in den Vordergrund geschoben wird, die Optionen "wehklagen" (II) und "umkommen" (III) aber gleichwohl hintergründig mitschwingen. Alle drei "Lesarten" machen im Zusammenhang dieses Psalmes Sinn (vgl. P.R. Rabe).

Entsprechend der chiastischen Struktur des Psalms ist die Bezogenheit von Anfangs- und Endstanze formal durch Inclusio-Elemente (אלהי יהוה "JHWH, mein Elohim" 3a.13b, [שמח]ה "sich freuen/Freude" 2b.12b) und inhaltlich durch Dankes-Rückblicke gekennzeichnet: Heil-Machung als Rückbringung aus der Todessphäre (I) und (damit) Ablösung der Klage durch Reigentanz und Hymnus (V). In der Mitte (III) ist die theologische (Buss-)Einsicht formuliert, die zu der inzwischen behobenen (Krankheits?)-Krise führte. Dabei wird das verneinte לעולם der Selbstüberhebung von 7b ("niemals") zum positiven לעולם der Hingabe und des Lobdankens im Schlusskolon 13b ("für immer") "korrigiert". Die "Zwischen-Stanzen" II und IV sind (ihrerseits) durch das Motiv des "Lobdankens" (ידי hi 5b.10b – das Schlusswort des Psalms!) verbunden. Zudem liegt eine überkreuzte Verkoppelung dieser Stanzen mit der jeweils entgegengesetzten Rahmen-Stanze vor (II + V: זמר "[be]singen", ידה "lobdanken"; IV + I: ירד "hinab-, herabfahren", Unterwelt- bzw. Todes-Motive, Hilfe-Ruf an JHWH).

Kontexte

Nach dem absichtsvoll in der Mitte der Sammlung Ps 25–34 platzierten Hymnus Ps 29 knüpft das Danklied Ps 30 nahtlos an (vgl. darüber hinaus die gemeinsamen Stichworte עז "Macht, Kraft" 29,1; 30,8 und – falls das Nomen in Ps 30 nicht zu ändern ist – כבוד "Ehre" 29,1–3.9; 30,13). Im Rahmen der chiastischen Anlage von Ps 25–34 ist Ps 30 als Dankgebet nach der Rettung *aus* tödlicher Bedrohung auf Ps 28 als Bittgebet *in* (tödlicher) Bedrohung bezogen (vgl. auch den Stichwortbezug ירד בור "hinabfahren in die Grube" 28,1; 30,4).
Ps 30 hat u.a. Parallelen zum Hiskia-Gebet (Jes 38,10–20) und mit Ps 6; 22. Er lässt sich zudem mit der Parabel vom barmherzigen Vater und den beiden verlorenen Söhnen (Lk 15,11–32) verknüpfen. Zu 5 vgl. Ex 3,15; Eph 5,19. Der Psalm wurde – wie in der Überschrift (1) angezeigt – später zum Festpsalm, der (kollektivierend) zur Begehung von Neuanfängen (Erstlingsfrüchte, Chanukka im Gedenken an die 164 v.Chr. vollzogene Tempelreinigung) diente (A.C. Feuer; H.-P. Müller). Die frühe Kirche hat den Psalm für den Wortgottesdienst der Eucharistiefeier in der Osternacht ausgewählt. Dabei kann das Bekenntnis von 4 auf Jesu Auferstehen bezogen werden (E. Zenger).

Anregungen für die Praxis

In diesem "Danklied" geschieht der Dank nicht einfach für die Gabe (Wiederherstellung), sondern dafür, dass der (Nach-)Beter dem Geber der Gabe begegnen durfte – ihn will er bekennen und preisen. Ps 30 ist nicht nur ein Gebet für eine einmalige Dankopferfeier am Tempel, sondern – wie 13b zeigt – auch zur Einübung in eine Grundhaltung, die das Leben insgesamt als Wunder wahr-, annimmt und verdankt.
Die Sprache der Todesbedrohung im Psalm ist – wie vielfach in den Psalmen – offen für verschiedene Umstände und Situationen und damit geeignet für das Nachsprechen und -beten in unterschiedlichen Gefährdungen und Nöten. Dabei ist in der Sicht der Psalmen schon "tot", wer keine Lebenskraft und keinen Lebensmut mehr hat. Er bedarf, dass der Gott des Lebens ihn ins Leben zurückruft (4). Wie mit einem Schöpfeimer wird er aus dem tiefen Schacht eines Grundwasserbrunnens, aus der Todesnot "herausgeschöpft" (2) und aus der Sklaverei des Totenreichs (Scheol), der Tiefe und Enge der Grube, befreit. 6cd und 12 sprechen die Doppelgesichtigkeit allen Lebens in seiner Gefährdung und in seinem Glück an.
Der Selbstbericht (7f.) spricht eine Problematik offen an, die auch dem modernen Menschen eigen ist: die oberflächliche Selbstsicherheit, mit der in Zeiten der Gesundheit, des Erfolgs und des Glücks das Leben als Selbstverständlichkeit, ja als eigene Leistung, betrachtet und auslebt wird – bis das Totenreich jäh seine Hände nach dem Menschen ausstreckt. Jetzt erst wird erkannt und bekannt: Die Zeiten des Glücks sind eine Gabe der Huld JHWHs. Wenn Gott den Menschen in seiner Gunst hält, hat er Halt; wenn er ihm zürnt, gerät er ins Straucheln – bis hin zu Todesnöten. Und auch diese Einsicht kann ihm zuteil werden (6, vgl. Ex 34,6): JHWH lässt sich seines Zornes gereuen, denn er ist ein barmherziger und gnädiger Gott, langmütig und reich an Güte und Treue (vgl. E. Zenger). Der Volksmund sagt: Not lehrt beten! Das biblische Danklied lehrt: Ohne Dank an Gott und Bezeugung vor einer versammelten (Gemeinde-)Schar ist die Reintegration nach Krankheit und Not nicht hergestellt und damit das "Heil" nicht vollends angekommen. Von daher hat nicht nur die Klagebitte am Krankenbett und als Schrei aus dem Elend seinen Platz, sondern ebenso nach erfahrener Hilfe der Lobdank im Kreis der

Gemeinde. Sie wehrt auch der in diesem Psalm problematisierten Erfahrung, dass nach einer Wiederherstellung sich (neuerdings) Gottvergessenheit und Selbstgeruhsamkeit ausbreitet.
Ps 30 im Gesangbuch: EG Ps 30 (EG-West), 275 (Stammteil), 715 (EG-Wü), 716 (EG-West), 745 (EG-BT); RG 22, 115.

Psalm 31

	1		Dem Musikverantwortlichen – ein Psalm – David zugehörig.
I A	2	a	In dir, JHWH, habe ich mich geborgen.
		b	Lass mich bitte nimmermehr zuschanden werden!
		c	In deiner Gerechtigkeit rette mich!
	3	a	Neige zu mir dein Ohr!
		b	Eilends befreie mich!
		c	Werde für mich zur Felsen-Festung,
		d	zum befestigten Haus, um mich zu retten!
I B	4	a	Fürwahr, mein Fels und meine Bergfeste [bist] du!
		b	Und um deines Namens willen mögest du mich führen und mich leiten!
	5	a	Du mögest mich aus dem Netz herausführen,
		b	das sie mir versteckt angebracht haben!
		c	Denn du [bist] meine Festung!
	6	a	In deine Hand will ich meinen Lebensodem befehlen!
		b	Du hast mich erlöst, JHWH, El der Treue!
I C	7	a	Ich hasse, die nichtigen Hauch bewahren.
		b	Ich selbst dagegen habe auf JHWH vertraut.
	8	a	Ich will jubeln und mich freuen an deiner Gnade –
		b	der du mein Elend angesehen hast,
		c	dich um die Bedrängnisse meines Lebens gekümmert hast!
	9	a	Und du hast mich nicht in die Hand des Feindes überliefert;
		b	du hast meine Füsse in die Weite gestellt.
II A	10	a	Sei mir gnädig, JHWH, denn Bedrängnis [widerfährt] mir!
		b	Angeschwollen in Gram ist mein Auge, [auch] meine Seele und mein Leib.
	11	a	Denn dahingeschwunden ist in Kummer mein Leben
		b	und meine Jahre in Seufzen.
		c	Gestrauchelt in Schuld (oder: Elend?) [ist] meine Kraft,
		d	und meine Gebeine sind angeschwollen.
II B	12	a	Vor allen meinen Bedrängern bin ich zur Schmach geworden –
		b	und meinen Nachbarn sehr und ein Schrecken meinen Bekannten.
		c	Die mich auf der Strasse gesehen haben, sind vor mir geflohen.
	13	a	In bin in Vergessenheit geraten wie ein Toter – weg aus dem Herzen.
		b	Ich bin geworden wie ein zerbrechendes Gefäss.
	14	a	Ja, ich habe das Gerede vieler angehört –
		b	Schrecken von ringsumher!
		c	Als sie sich gemeinsam zusammengerottet haben gegen mich,
		d	sannen sie darauf, mein Leben [mir] zu nehmen.

Psalm 31

II C	15	a	Ich jedoch, ich habe auf dich vertraut, JHWH!
		b	Ich habe gesagt: "Mein Elohim [bist] du!
	16	a	In deiner Hand [sind] meine Zeiten!"
		b	Befreie mich aus der Hand meiner Feinde und meiner Verfolger!
	17	a	Lass bitte dein Angesicht über deinem Knecht aufleuchten!
		b	Rette mich in deiner Gnade!
II D	18	a	JHWH, lass mich nicht zuschanden werden,
		b	denn ich habe dich angerufen!
		c	Zuschanden werden sollen die Frevler,
		d	verstummen zur Unterwelt hin!
	19	a	Die Lügen-Lippen sollen zugebunden werden,
		b	die Freches reden gegen den Gerechten
		c	in Hochmut und Verachtung!
III A	20	a	Wie gross ist deine Güte,
		b	die du aufbewahrt hast denen, die dich fürchten,
		c	die du denen erweisest, die sich in dir bergen
		d	vor den Menschensöhnen!
	21	a	Du verbirgst sie im Schutz deines Angesichts,
		b	vor den Verschwörungen der Männer.
		c	Du birgst sie in der Hütte
		d	vor dem Streit der Zungen.
III B	22	a	Gepriesen sei JHWH!
		b	Denn wunderbar hat er seine Gnade erwiesen
		c	an mir in befestigter Stadt.
	23	a	Ich aber habe in meinem Bestürztsein gesagt:
		b	"Ich bin abgeschnitten worden weg von deinen Augen."
		c	Doch du hast das Lautwerden meines Flehens gehört,
		d	als ich zu dir um Hilfe schrie.
III C	24	a	Liebt JHWH, alle ihr seine Frommen!
		b	Die Treuen beschützt JHWH.
		c	Doch er vergilt übers Mass dem hochmütig Handelnden.
	25	a	Habt Mut, so dass euer Herz sich stark erweist,
		b	alle, die ihr auf JHWH harrt!

3 נטה ausstrecken, hi: neigen (Impt hi m sg) // מְהֵרָה Eile, als Adv: eilends // מָעוֹז Bergfeste, Zufluchtsstätte // מְצוּדָה I Jagdnetz, Jagdbeute; II Bergfeste.– **4** נחה qal + hi: führen (PK hi 2 m sg + Suff) // נהל pi: leiten (wPK pi 2 m sg + Suff).– **5** רֶשֶׁת Netz // טמן verbergen, versteckt anbringen (AK qal 3 pl).– **6** פקד ansehen, heimsuchen, hi: in Verwahrung geben, anbefehlen (PK hi 1 sg).– **7** הֶבֶל Hauch, Nichtigkeit // שָׁוְא Nichtiges, Trügerisches.– **8** גיל jubeln (PK Koh qal 1 sg) // עֳנִי Elend.– **9** סגר verschliessen, hi: überliefern (AK hi 2 m sg + Suff) // מֶרְחָב

Weite.– **10** עשש anschwellen, dunkel, getrübt werden, sich zersetzen (AK qal 3 f sg) // כַּעַס Gram // בֶּטֶן Leib.– **11** כלה ver-, hinschwinden (AK qal 3 pl) // יָגוֹן Kummer // אֲנָחָה Seufzen.– **12** שָׁכֵן Nachbar // פַּחַד Schrecken // מְיֻדָּע Bekannter, Vertrauter (Ptz pu m sg + Suff von ידע) // חוּץ Strasse, Gasse, mit בְּ: draussen // נדד fliehen (AK qal 3 pl).– **13** מֵת Toter (Ptz qal m sg von מות) // כְּלִי Gefäss, Gerät.– **14** דִּבָּה Gerede, Nachrede // מָגוֹר Schrecken // יסד I festgründen, zuweisen, ni: gegründet werden; II (= סוד) ni: sich zusammentun, sich verschwören (Inf cs ni + Suff) // זמם sinnen (AK qal 3 pl).– **18** דמם I schweigen, verstummen (PK qal 3 m pl).– **19** אלם I ni: gebunden, stumm sein, verstummen (PK ni 3 f pl) // עָתָק frech, Freches // גַּאֲוָה Hochmut // בּוּז Verachtung.– **20** צפן aufbewahren, aufsparen (AK qal 2 m sg).– **21** סֵתֶר Schirm, Schutz // רֹכֶס Zusammenrottung, Verleumdung, Verschwörung, Machenschaften (hap leg; רכס anbinden).– **22** פלא hi: wunderbar machen (AK hi 3 m sg) // מָצוֹר Belagerung, Befestigung.– **23** חפז bestürzt sein (Inf cs qal + Suff) // גרז ni: abgeschnitten werden (AK ni 1 sg) // אָכֵן aber doch // שׁוע pi: um Hilfe rufen (Inf cs pi + Suff).– **24** אָמוּן I treu, zuverlässig // יֶתֶר Überfluss.– **25** אמץ hi: sich stark erweisen (wPK Juss hi 3 m sg) // יחל pi: harren (Ptz pi m pl).–

Form und Inhalt

Man hat den kompositen, viel konventionelles Sprachgut enthaltenden Ps 31 von seinem Schluss (20–25) her als "Danklied" zu bestimmen. Die davor liegenden Teile (2–9.10–19) – für sich genommen Bitt- und Klagegebet (mit eingewobenen Vertrauens-Bekenntnissen) – sind in der Gesamtkomposition des Dankliedes Retrospektiven aus der nun gelösten Situation der Not, die man als Feindbedrängnis bestimmen kann.

Im ersten Teil (2–9) wechseln Bittappelle und Vertrauensaussagen einander ab. Das Anliegen, das zum Ausdruck kommt, ist eine sichere Zuflucht aus der Bedrohung durch Feinde (5). Diese ist bei JHWH, wohl am Jerusalemer Tempel (3f., vgl. 20f.), zu finden. Die Massierung von Schutz- und Trutzaussagen in diesem Psalm, die ein ganzes Wortfeld umgreifen (vgl. v.a. 2.3cd.4.5c.9b.15a.20c.21.22c.24b), fällt auf und ist ein Indiz für die Gefährdung des Betenden. Die Aussagen pendeln im Übrigen zwischen akuter Bedrohung (3b.5) und bereits erfahrenem Schutz (6b.9). Der zweite, längste Teil (10–19) enthält ebenfalls einen Wechsel zwischen Bitten (10.17.18a) und Vertrauensaussagen (15f.); den grössten Umfang nehmen jedoch Elendsschilderungen (11–14) ein, in denen der Beter sein Ergehen vor Gott einklagt und seine Bitten begründet ("denn ...", 11a.18b). Den Schluss bilden Feind-Verklagungen (18cd.19). Zwischen 19 und 20 hat man sich die Befreiung aus der Not zu denken (möglicherweise mit einem vom Priester überbrachten Gotteswort verbunden). Im dritten Teil (20–25) artikulieren sich Dank und Lobpreis (20–22), verbunden mit einem Rückblick auf die Not und die Gebetserhörung (23), allgemeinen Folgerungen (20f.) sowie Schluss-Aufrufen (24f.) an die versammelte Gemeinde. Man kann die drei Strophen von III unter die Stichworte "sie" (in Gott Bergende) – "ich" – "ihr" (Gemeinde) stellen.

Struktur und Poesie

Mancherlei Strukturvorschläge liegen vor. Ich gehe von zehn Strophen aus, die in drei Stanzen (I–III) mit zwei gleich langen Rahmen- und einem grösseren Mittelteil gebündelt werden. Wahrscheinlich ist von einer mittelzentrierten Gesamtkomposition auszugehen, nach der sich die beiden rahmenden Stanzen entsprechen und sich um die mittlere drehen. So hat Stanze II formkritisch Ähnlichkeiten mit I und nimmt auch eine Reihe von Begriffen aus dieser auf (vgl.

Psalm 31

u.a. [רר]צ "Bedrängnis/Bedränger" 8c.10a.12a, בחסדך "an/in deiner Gnade" 8a.17b, בטח "vertrauen" 7b.15a, ל[הוש]יעני [] 3d.17b "mich zu retten/rette mich!", הצילני "befreie mich!" 3b.16b, אל־אבושה "lass mich nicht zuschanden werden!" 2b.18a, vgl. 18b). Doch entsprechend ihrer Scharnierposition weist II auch Verschränkungen mit III auf (vgl. das veröffnende, sich absetzende ואני "ich jedoch/aber" 15a.23a, אמרתי "ich habe gesagt" 15b.23a, je mit nachfolgendem Zitat, גאוה "Hochmut, hochmütig" 19c.24c, je am Stanzenschluss, שמע "hören" 14a.23c). Die rahmenden Stanzen I und III entsprechen sich als Bittappell in der Not und Lobpreis nach behobener Not (vgl. auch den Wortbezug חסה "sich bergen" 2a.20c, je in der Stanzeneröffnung).

Auf die Häufung von Bezeichnungen für befestigte Zufluchtsorte wurde schon hingewiesen (s.o.); ähnliches gilt im Blick auf Rettungsaussagen. Der JHWH-Name (10mal!) verteilt sich über den ganzen Psalm, ebenso die Ableitungen der Wurzel חסד ("Gnade" 8a.17b.22b, "Frommer" 24a). Von den Lautmustern sei herausgegriffen: Sibilant-Anhäufung (ז/צ/ש/ס) in 3–5 (Verknüpfung und Unterstreichung der Zufluchtsorte), א-Alliteration in 8, ע-Anlaute in 11cd, das Klangspiel קחת/יחד 14cd und o-Assonanz in 16.

Kontexte

Nach dem Hymnus Ps 29 folgt Ps 31 als zweites Danklied auf Ps 30 im Rahmen der Psalmensammlung Ps 25–34. Es werden Stichworte und Wendungen aus dem vorhergehenden Psalm (חסידיו "seine Frommen" 30,5; 31,24, ואני אמרתי "ich aber habe gesagt" 30,7; 31,25, שמח "sich freuen" 30,2; 31,8, vgl. 30,12, שוע "um Hilfe schreien" 30,3; 31,23, דמם "verstummen" 30,13; 31,18), aber auch aus anderen dieser Sammlung aufgenommen (vgl. u.a. 27,5 mit 31,21, 27,7 mit 31,10, 28,2 mit 31,23, מעוז "Festung, Zufluchtsort" o.ä. 27,1; 28,8; 31,3.5). Zwischen Ps 31 im ersten und Ps 72 im zweiten Psalterbuch gibt es deutliche Berührungen (vgl. 31,2–4 mit 71,1–3). Die Wendung "Schrecken von ringsumher" (14b) hat im Jeremia-Buch einen Haftpunkt (Jer 20,3.10; 46,5; 49,29, vgl. auch Klgl 2,22). Vgl. ferner 6 mit Lk 23,46; Apg 7,59, 9 mit Ps 18,20.37, 14 mit Mt 26,3f., 25 mit 1. Kor 16,13. Nach Lk 23,46 zitiert Jesus 6a als sein letztes Wort am Kreuz.

Anregungen für die Praxis

Ps 31 betont in Bitten aus der Not und im Lobpreis nach erhörtem Gebet die Geborgenheit und den sicheren Schutz (Festung, Fels, Bergfeste, befestigtes Haus, befestigte Stadt), der bei Gott in Zeiten der (Feind-)Bedrängnis anzustreben und zu finden ist. 6a ist nicht nur von Jesus als letztes Wort am Kreuz nachgebetet worden, sondern darf auch von Christen in Anfechtungen nachgesprochen werden, zumal 6b als Grundüberzeugung dazu gehört. Dass solche Notzeiten lange dauern und Seele und Leib in Mitleidenschaft ziehen können, macht 11(ff.) deutlich – das zerbrechende oder zerbrochene Gefäss (13b) ist ein starkes Bild dafür. Der Höhepunkt der Not ist in der Erfahrung der Abwesenheit Gottes zu sehen, die das Selbstzitat 23b ausführt. Auch die soziale Isolation ist eine Folge davon (12f.), wie die Behebung der Not durch Gott andererseits zu einer sozialen Reintegration in die Gemeinde führt (24f.).

Ps 31 im Gesangbuch: EG Ps 31 (EG-West), 275 (Stammteil), 716 (EG-Wü), 717 (EG-West), 746–747 (EG-BT), 767 (EG-Wü), 801.5 (EG-BT); RG 23–24, 116, 764; GL 293; KG 288, 423, 690, (KG CN 0123).

Psalm 32

		1		David zugehörig – ein Lehrgedicht.
I A			a	Glückselig der, dem Frevel abgenommen ist,
(A)			b	dem Sünde zugedeckt ist!
		2	a	Glückselig der Mensch, dem JHWH die Verfehlung nicht zurechnet
			b	und in dessen Geist kein Trug ist!
I B		3	a	Als ich schwieg, verfielen meine Gebeine
(B)			b	aufgrund meines Gestöhns den ganzen Tag.
		4	a	Denn Tag und Nacht war schwer deine Hand auf mir;
			b	verwandelt wurde mein Lebenssaft aufgrund trockener Sommerhitze. – Sela.
I C		5	a	Meine Sünde will ich dir bekennen,
(A')			b	und meine Verfehlung habe ich nicht zugedeckt.
			c	Ich sprach: Ich will bekennen meine Frevel gegenüber JHWH –
			d	und du hast weggenommen die Verfehlung meiner Sünde. – Sela.
II A		6	a	Deshalb soll jeder Fromme zu dir beten,
(C)			b	zur Zeit, da [du] gewiss zu finden bist,
			c	bei der Flut grosser Wasser – an ihn werden sie nicht heranreichen:
		7	a	Du [bist] mir ein Schutz;
			b	du wirst mich vor Bedrängnis bewahren;
			c	mit Rettungs-Jubel wirst du mich umschirmen. – Sela.
II B		8	a	Ich will dich verständig machen und dich unterweisen über den Weg, den du gehen sollst;
(D)			b	Ich will dir raten; mein Auge [ruht] auf dir.
		9	a	Seid nicht wie Ross, wie Maultier ohne Einsicht!
			b	Mit Zaum und Zügel ist sein Temperament(?) ("Zier") zu bändigen –
			c	sonst kann man sich dir nicht nahen.
II C		10	a	Viele Schmerzen [widerfahren] dem Frevler;
(C')			b	aber wer auf JHWH vertraut, den wird er mit Gnade umschirmen.
		11	a	Freut euch an JHWH, und jauchzt, ihr Gerechten;
			b	und stimmt den Jubel an, ihr rechtschaffenen Herzens alle!

1 נשא tragen, vergeben (Ptz pass qal m sg: ein der Missetat Enthobener) // כסה bedecken, pi: bedecken, verhehlen (Ptz pass qal m sg).– **2** רְמִיָּה Trug.– **3** חרש qal + hi: schweigen (AK hi 1 sg) // בלה verfallen (AK qal 3 pl) // שְׁאָגָה Gestöhn.– **4** הפך verwandeln, ni: verwandelt, zerstört werden (AK ni 3 m sg) // לְשָׁד Lebenssaft; Backwerk // חַרְבֹון Trockenheit, trockene Hitze // קַיִץ Sommer.– **5** חַטָּאת Sünde // ידה I werfen; II hi: bekennen, preisen (PK hi 1 sg + Suff, PK hi 1 sg).– **6** פלל hitp: beten (PK hitp 3 m sg) // רַק nur, gewiss // שֶׁטֶף Flut, Überschwemmung // נגע berühren, hi: heranreichen (PK hi 3 m pl).– **7** סֵתֶר Hülle, Schirm // צַר

Bedrängnis, Drangsal // נצר bewahren (PK qal 2 m sg + Suff) // רֹן Jubel (Inf cs von רנן) // פלט entkommen, pi: entkommen lassen, retten (Inf cs/abs pi) // סבב po: (schützend) umwandeln, umschirmen (PK po 2 m sg + Suff).– **8** שׂכל I klug sein, hi: klug, einsichtig machen (PK hi 1 sg + Suff) // ירה III hi: lehren, unterweisen (wPK hi 1 sg + Suff) // יעץ raten (PK Koh qal 1 sg).– **9** פֶּרֶד Maultier // הָבִי֫ Einsicht (Inf cs hi von בין) // מֶ֫תֶג Zaum // רֶ֫סֶן I Zügel // עֲדִי Schmuck, Geschirr // בלם bändigen, zäumen(?) (Inf cs qal).– **10** מַכְאֹב Schmerz.– **11** רנן jubeln, hi: das Jauchzen anstimmen (wImpt hi m pl) // יָשָׁר gerade, rechtschaffen.–

Form und Inhalt

Bei Ps 32 handelt es sich um ein weisheitlich eingekleidetes Danklied, das aus der Erfahrung der Sündenvergebung (Absolution, verbunden mit Heilung?) herkommt und durch die Hebung ins Allgemeine und Lehrhafte (vgl. auch die Typisierung in der Überschrift) eine ethische Dimension erfährt. Dass die Sündenvergebung rituell (durch einen Priester am Heiligtum) vermittelt wurde, ist zu vermuten, aber aufgrund des Psalms allein nur schwer zu belegen.
Im zweiteiligen Psalm eröffnet der erste Teil (1–5) mit einer doppelten Seligpreisung die allen gilt, denen Sündenvergebung von JHWH zuteil wurde (1f.). Dass diese durch persönliche Erfahrung des Psalmisten abgedeckt ist, zeigt sich im folgenden Abschnitt (3f.), in dem er auf Zeiten zurückblickt, die zwischen seiner Schuldtat und der Beichte lag und die durch Verschweigen bzw. Verdrängen der Sünde gekennzeichnet waren. Die Folgen waren psychosomatische Beschwerden, die als von JHWH selber verursacht eingeschätzt werden. Der dritte Abschnitt (5) markiert die Wende zum Heil, die aufseiten des Schuldbeladenen durch das Aussprechen der Verfehlungen einsetzt und in deren Wegnahme (durch Gott) resultiert.
Der stärker weisheitlich gefärbte zweite Teil (6–11) knüpft mit einer Folgerung ("deshalb ...") an den Schluss von 5 an. Der erste Abschnitt (6f.) enthält die Ermahnung an jeden Frommen, sich – im Gegensatz zu dem in 3ab Geschilderten – im Gebet an JHWH zu wenden, damit die Not ihn nicht überfluten kann (die "grossen Wasser" spielen auf Chaosmächte an). 7 ist wohl ein ausgesprochenes bzw. zum Aussprechen vorgeschlagenes Vertrauensbekenntnis an Gott. Der nächste Abschnitt (8f.) bietet ein zweifaches Gotteswort in weisheitlicher Manier: zunächst einen Zuspruch göttlicher Unterweisung, dann als Kehrseite dazu eine Ermahnung, sich gegenüber JHWH nicht "widerspenstig", uneinsichtig zu verhalten (illustriert mit der Maultier-Metapher). Der Schlussabschnitt (10f.) richtet sich – wie 6f. – an die Gemeinde der Frommen: zunächst mit einer weisheitlichen Sentenz (Kontrastformulierung), dann mit einem Aufruf zum gottesdienstlichen Jubel.

Struktur und Poesie

Der kunstvoll ausgearbeitete Ps 32 besteht aus zwei Stanzen, die je dreigeteilt sind (vgl. auch die Strophenend-Markierungen durch "Sela"). Die Strophenanordnung innerhalb beider Stanzen ist chiastisch nach dem Schema ABA' bzw. CDC'.
So erscheint in I A Sündenbegrifflichkeit, die in I C wieder aufgenommen wird (פשׁע "Frevel" 1a.5c, חטאה/ת "Sünde" 1b.5a.5d, עון "Verfehlung" 2a.5b.5d). Dazu kommt die sorgfältige Aufnahme der Verben נשׂא "abgenommen/wegnehmen" 1a.5d (Inclusio) und כסה "zugedeckt/zudecken" 1b.5b. Zwischen den "Sünden"-Strophen (Vergebung <=> Verschweigen/Bekennen) steht in der Mitte (I B) der Bericht über die Leidenserfahrungen mit unvergebener Schuld (vgl. die Doppelung von יום "Tag" und die damit verbundene Betonung der Beständigkeit der Not). Ähnlich entsprechen sich auch in Stanze II die rahmenden Strophen II A und II

C: Die "vielen Schmerzen" verweisen wortspielartig zurück auf die "grossen Wasser" (vgl. רבים 6c.10a), und auch die Elemente "jubeln" (רנן 17c.11b), "umschirmen" (סבב 7c. 10b) und "Frommer/Gnade" (חסד/חסיד 6a.10b) sind absichtsvoll gedoppelt. Betont in der Mitte (II B) stehen die beiden Ich-JHWH-Worte.

Die Freude, die aus der Busse und der empfangenen Vergebung resultiert, steht am Anfang (אשרי "glückselig!" 1a.2a) und am Schluss (שמחו "freut euch!", גילו "jauchzt!", הרנינו "stimmt den Jubel an!" 11ab) dieses Psalms. Zu notieren sind noch akrostichische Phänomene (sechs Verse eröffnen auf den Erstkonsonanten א) sowie diverse Lautspiele (ש-Alliterationen in 1a und 2a, צר in 7b, תלך/דרך in 8a und כ-Auslautungen in 8, Rahmung אשרי/ישרי 1a.11b).

Kontexte

Die Makarismen am Psalmbeginn verknüpfen diesen sowohl mit dem "Eingangstor" zum Psalter (Ps 1,1, vgl. auch 2,11) als auch mit den beiden nachfolgenden Psalmen (vgl. 33,12; 34,9). Innerhalb der chiastisch angeordneten Psalmensammlung 25–34 ergibt sich aufgrund der Thematik "(Un-)Schuld" von Ps 32 ein Bezug zum korrespondierenden Ps 26 (vgl. auch das Motiv des Weges bzw. Lebenswandels 26,1.3.11; 32,8, ferner 25,4f.8f.12; 27,11). Ausgesprochen deutliche Bezüge ergeben sich ausserdem zum Vorgänger-Psalm 31, da sich praktisch in jedem Vers von Ps 32 Elemente mit Stichwort-Verkettungen zu Ps 31 ergeben.
Im NT finden sich folgende Anklänge und Zitierungen: vgl. 1(f.) mit Röm 4,7f. (Zitat); Jak 5,20; 1. Petr 4,8, vgl. 2 mit Joh 1,47; 2. Kor 5,19, vgl. 5 mit Lk 15,18; 1. Joh 1,9, vgl. 9 mit Jak 3,3, vgl. 11 mit Phil 3,1.

Anregungen für die Praxis

Der zweite (altkirchliche) "Busspsalm" (nach Ps 6) trägt seinen Namen zu Recht – das zeigt nicht zuletzt auch die Aufnahme von 1f. durch Paulus im Zusammenhang seiner Ausführungen über die Glaubensgerechtigkeit (Röm 4). Dabei führt Offenlegung von Schuld und Busse zur Vergebung vonseiten Gottes, und diese wieder bewirkt Freude und soll in den Gottes-Lobpreis ausmünden (1f.7c.11). Wo ein Mensch dagegen Schuld zu- und nicht aufdeckt, wird diese von Gott nicht zugedeckt bzw. weggenommen (vgl. 1. Joh 1,8f.). Wer Schuld verschweigt und ein Geständnis verweigert, verursacht (unnötiges!) Leid (3f.). "Depression" kann offensichtlich auch durch schuldhaftes Verhalten und Verharren darin zustande kommen. Die Absolution nach der Beichte ist mit nachfolgender ethischer Wegweisung verbunden (8), d.h. nach der Umkehr vom Fehlverhalten bedarf es der Wegleitung für das rechte Verhalten.
Ps 32 im Gesangbuch: EG Ps 32 (EG-West), 717 (EG-Wü), 718 (EG-West), 748 (EG-BT); GL 721; KG 613.

Psalm 33

I (A)	1	a b	Jubelt, ihr Gerechten, über JHWH! Den Geradlinigen ziemt ein Lobgesang!
	2	a b	Preist JHWH auf der Leier, auf der zehnsaitigen Harfe spielt ihm!
	3	a b	Singt ihm ein neues Lied, macht gutes Spiel mit Freudengeschrei!
II (B)	4	a b	Denn geradlinig ist das Wort JHWHs, und sein ganzes Tun [geschieht] in Treue.
	5	a b	Er liebt Gerechtigkeit und Recht. Die Erde ist voll der Güte JHWHs.
	6	a b	Durch das Wort JHWHs wurde der Himmel geschaffen und durch den Odem seines Mundes alle seine Heerscharen.
	7	a b	Er sammelt wie [mit] einem Damm die Wasser des Meeres, er legt in Kammern die Fluten.
III (C)	8	a b	Es fürchte sich vor JHWH die ganze Erde, vor ihm erschrecken sollen alle Bewohner des Erdkreises!
	9	a b	Denn er selbst hat gesprochen: Da geschah es. Er hat geboten: Da stand es [da].
	10	a b	JHWH hat zerbrochen den Ratschluss der Nationen, hat vereitelt die Vorhaben der Völker.
	11	a b	Der Ratschluss JHWHs [dagegen] besteht für immer, die Vorhaben seines Herzens von Geschlecht zu Geschlecht.
IV (C')	12	a b	Glückselig diejenige Nation, die JHWH als ihren Elohim [hat], dasjenige Volk, das er sich zum Erbteil erwählt hat!
	13	a b	Vom Himmel her hat JHWH geschaut; er sah alle Menschensöhne.
	14	a b	Vom Ort seines Wohnens blickte er auf alle Bewohner der Erde:
	15	a b	der Bildner ihrer Herzen allesamt, der Achtende auf alle ihre Werke.
V (B')	16	a b	Kein König wird errettet durch die Grösse seines Heeres, kein Kriegsheld wird gerettet werden durch die Grösse seiner Kraft!
	17	a b	Ein Trug ist das Ross in Hinblick auf Rettung, und durch die Grösse seiner Kraft wird es nicht retten.
	18	a b	Siehe, das Auge JHWHs [ruht] auf denen, die ihn fürchten, auf denen, die auf seine Güte harren.

	19	a	Um aus dem Tod ihr Leben zu retten
		b	und um ihr Leben zu erhalten in der Hungersnot.
VI	20	a	Unser Leben wartet auf JHWH,
(A')		b	unsere Hilfe und unser Schild [ist] er.
	21	a	Denn an ihm soll sich unser Herz freuen,
		b	denn auf seinen heiligen Namen haben wir vertraut.
	22	a	Es sei deine Güte, JHWH, über uns,
		b	so wie wir auf dich geharrt haben.

1 נָאוָה lieblich, geziemend.– **3** נגן pi: die Saiten rühren, spielen (Inf abs pi).– **4** אֱמוּנָה Treue.– **6** צָבָא Heer (des Himmels: Himmelskörper, v.a. Sterne, oder himmlische Umgebung JHWHs, himmlische Wesen).– **7** כנס (ver)sammeln (Ptz qal m sg) // נֵד Damm (oder נֵד = נאד Schlauch) // אוֹצָר Vorrat(shaus), Kammer.– **8** גור III (= ירא) sich fürchten (PK qal 3 m pl).– **10** פור (= פרר) hi: brechen, vereiteln (AK hi 3 m sg) // נוא hi: hindern, vereiteln (AK hi 3 m sg) // מַחֲשָׁבָה Gedanke.– **14** מָכוֹן Stätte // שׁגח hi: schauen (AK hi 3 m sg).– **18** יחל pi: harren auf (Ptz pi m pl).– **19** חיה pi: am Leben erhalten (wInf cs pi + Suff).– **20** חכה pi: warten (AK pi 3 f sg).–

Form und Inhalt

Ps 33 gilt als Musterbeispiel eines Hymnus, einer Gattung, deren Sitz im Leben der (Fest-) Gottesdienst am Tempel ist. Darin kommen nicht Lebenssituationen des einzelnen Festteilnehmers (wie beim Klage- und Danklied), sondern die gemeinsamen Grunderfahrungen Israels zum Tragen: JHWH wird gepriesen als Herr von Schöpfung, Kosmos und Geschichte. Zur Struktur des Hymnus: 1. Einführung mit imperativischen Aufforderungen (von einem Vorsänger) zum Lobpreis (1–3): Angesprochen ist die kultfähige Gemeinde ("Gerechte", "Geradlinige", vgl. Ps 15), aufgerufen wird die begleitende Instrumentierung (Leviten), dargebracht werden soll ein "neues Lied" (vielleicht in Anlehnung an den ursprünglichen, "alten" [Sieges-]Hymnus Ex 15,1–18); 2. Hauptstück/Korpus (4–19): eingeleitet mit כי "denn" (4a), bietet das Thema dar, d.h. Anlass und Inhalt des Gotteslobes; Schwerpunkte: JHWH als Schöpfer des Kosmos (6–9), JHWH als Herr der Geschichte (10–12), JHWHs Wahrnehmen und sein fürsorgendes Walten gegenüber denen, die auf seine Güte setzen (13–19); 3. Abschliessender "Abgesang" (20–22, "wir"-Stil der Gemeinde).
Zum "neuen Lied" gehören Neuaktualisierung von früheren Überlieferungen. Dies zeigt sich in Anspielungen auf Gen 1; Ex 15,1–18 und in der Nähe zu Jes 40–55.

Struktur und Poesie

Ps 33 ist ein alphabetisierendes Lied, d.h. es enthält dieselbe Anzahl Verse wie das hebr. Alphabet, ohne dass die einzelnen Konsonanten in der Reihenfolge der Verse erscheinen wie beim alphabetischen Akrostichon. Der Psalm hat eine regelmässige Struktur: Die beiden sechszeiligen Stanzen I (Aufgesang, Inclusio "Jubel/Freudengeschrei") und VI (Abgesang, Inclusio "warten/harren") legen sich um vier achtzeilige Innenstanzen II–V, die den Korpus des Hymnus bilden (Inclusio "Wort JHWHs/Auge JHWHs"). Der Gesamtpsalm ist in einer spiegelsymmetrischen Gesamtanlage (ABCC'B'A') organisiert: Danach entsprechen sich die Rahmenteile A/A' im Sinne von Aufruf zum Lobpreis und "Antwort" der harrenden Gemeinde in Freude und Vertrauen. Die Teile B/B' verknüpfen das kreative Wort JHWHs (Schöpfung, vgl. die Dreiheit von Erde, Himmel und Meer) einerseits mit seinem kraftvollen Rettungshandeln (Geschichte) andererseits (vgl. auch das verbindende Stichwort חסד "Güte" 5b.18b, ferner 22a). Die Mittelteile C/C' verbinden Aussagen über die "Völker" einerseits mit solchen über das (sein) "Volk" andererseits (vgl. auch die gemeinsamen Stichworte כל־ישבי תבל/הארץ "alle Bewohner des Erdkreises/der Erde" 8b.14b [Inclusio] und לב "Herz" 11b.15a [Stanzenschlüsse]).

Die Stanzenabfolge dieses Hymnus' ist durch eine Reihe weiterer Stichwort- und Motivaufnahmen geprägt. So werden u.a. die Anreden an die versammelte Gemeinde in Stanze I in II durch Aspekte des Wesens und Handelns JHWHs geerdet (vgl. 1a mit 5a und 1b mit 4a). Die Aussage, dass die Erde voll der Güte JHWHs ist (5b), führt in der nächsten Stanze zur Konsequenz, dass sich die ganze Erde (bzw. alle Bewohner des Erdkreises) vor JHWH fürchten soll (8ab). Auf denen, welche das beherzigen, ruht (wohlwollend) das Auge JHWHs (18a). Aussagen des Tuns und Schaffens werden von Stanze II (4b.6) über III (9) nach IV (15) weitergeführt, wobei am Anfang das Wirken JHWHs, am Schluss das von ihm beobachtete Werk der Menschen steht. Von Stanze V (mit der Inclusio נצל "retten" 16a.19a) zu VI schliesslich leitet das Stichwort der "Güte" (חסד 18b.22a) und v.a. das Motiv des "Wartens/Harrens" (יחל 18b.22b).

Kontexte

Ps 33, der möglicherweise nachträglich absichtsvoll in die Sammlung Ps 25–34 eingefügt wurde – dafür spricht auch, dass Ps 33 als einziger Psalm im ersten Davidspsalter (Ps 3–41) ohne Überschrift ist –, erweist sich sorgfältig mit seinen beiden Nachbarn (Ps 32/34) verbunden. So ist etwa der Schlussvers von Ps 32 bis hin zu identischen Vokabeln im Anfangsvers von Ps 33 aufgenommen. Auch JHWHs fürsorgerliches Auge und seine Güte aus 32,8.10 werden in 33,18.22 aufgegriffen. Die Bezeichnungen "Mensch" (אדם 32,2) bzw. "Menschenkinder" (אדם בני 31,20; 33,13) ist den Ps 31–33 gemeinsam. Die Seligpreisung (12) verbindet Ps 33 sowohl mit dem vorhergehenden (32,1) wie mit dem nachfolgenden Psalm (34,9). Auch der nachfolgende Ps 34 steigt mit einem (allerdings dort individuellen) Lobpreis ein (34,2f.) und ruft dazu auf (34,4). Schliesslich verweist das alphabetisierende Muster von Ps 33 auf das nachfolgende alphabetische Akrostichon Ps 34.

Zum "neuen Lied" vgl. auch Jes 42,10; Ps 40,4; 96,1; 98,1; 144,9; 149,1; Offb 5,9; 14,3. Vgl. u.a. auch 4 mit Dtn 32,4, 6f. mit Gen 1,6.9.14; Ex 15,8; Joh 1,3; 2. Thess 2,8; Hebr 11,3; 2. Petr 3,5, 8 mit Offb 15,4, 9 mit Gen 1; Mk 1,42; Lk 13,13; Hebr 11,3, 10f. mit Jes 46,10; Lk 7,30; 1. Kor 1,19 (Jes 29,14), 15 mit Hebr 4,13; Offb 2,2.

Anregungen für die Praxis

Die in neuerer Zeit vielerorts (oft mit Unterstützung einer Musikgruppe) gefeierten Anbetungs- bzw. Lobpreis-Gottesdienste haben u.a. in Ps 33 ihr atl. Orientierungsmuster. Jede Zeit macht neue Erfahrungen mit dem "alten" Gott und bedarf in dem Sinn auch "neuer Lieder". Bevor sein Wesen und Handeln in Kosmos und Geschichte gepriesen wird, wird seine Zuverlässigkeit (Gradlinigkeit, Treue) ausgesprochen. Entgegen der Vielzahl von Negativberichten der Medien und dem Anschein, dass Gott die Kontrolle über die Welt entglitten ist, wird in einer Art "Gegenwelt" bekannt, dass die Erde voll der Güte JHWHs ist und dass er alles überschaut und unter seiner Herrschaft hat. Dies ist für das lobpreisende Gottesvolk, das sich von ihm gehalten und getragen weiss, das Lebensprinzip. Diese "Wirklichkeit" zu sehen und anzuerkennen, dazu bedarf es Augen mit Sehvermögen für das Göttliche im Irdisch-Alltäglichen. Gottes Auge andererseits entgeht nichts; es ruht namentlich auf den Gottesfürchtigen, die – immer wieder neu – auf seine Güte harren dürfen und sollen.

Ps 33 im Gesangbuch: EG Ps 33 (EG-West), 616 (EG-West), 787.4 (EG-Wü); RG 25–26; GL 722; KG 642, (KG CN 642).

Psalm 34

	1		David zugehörig – als er seinen Verstand vor Abimelech verstellte, dieser ihn vertrieb und er [weg]ging.
I A	2 (א)	a	Ich will JHWH preisen zu jeder Zeit,
		b	stets [sei] sein Lob in meinem Mund!
	3 (ב)	a	JHWHs soll sich meine Seele rühmen!
		b	Es sollen die Gebeugten [es] hören und sich freuen.
	4 (ג)	a	Macht JHWH gross zusammen mit mir,
		b	ja, lasst uns gemeinsam seinen Namen hoch erheben!
I B	5 (ד)	a	Ich suchte JHWH auf, und er antwortete mir;
		b	aus all meinen Schrecknissen hat er mich errettet.
	6 (ה)	a	Sie blickten auf ihn und strahlten,
		b	und ihr Angesicht wird nicht erröten.
I C	7 (ו)	a	Dieser Elende rief, und JHWH hörte,
		b	und aus allen seinen Bedrängnissen errettete er ihn.
	8 (ח)	a	Es lagert sich der Engel JHWHs
		b	rings um die, die ihn fürchten – und er rettete sie.
II A	9 (ט)	a	Schmeckt und seht, dass JHWH gütig ist!
		b	Glückselig der Mann, der sich bei ihm birgt!
	10 (י)	a	Fürchtet JHWH, ihr seine Heiligen!
		b	Fürwahr, es gibt keinen Mangel für die, die ihn fürchten!
	11 (כ)	a	Junglöwen darbten und hungerten,
		b	aber die, die JHWH aufsuchen, werden keinen Mangel haben an irgendetwas Gutem!
II B	12 (ל)	a	Kommt, ihr Söhne, hört mir zu,
		b	die Furcht JHWH gegenüber will ich euch lehren!
II C	13 (מ)	a	Wer ist der Mann, der Gefallen am Leben hat,
		b	der die Tage liebt, um Gutes zu sehen?
	14 (נ)	a	Bewahre deine Zunge vor Bösem
		b	und deine Lippen davor, Trug zu reden!
	15 (ס)	a	Lass ab vom Bösen, und tue Gutes!
		b	Suche Frieden, und jage ihm nach!
III A	16 (ע)	a	Die Augen JHWHs [sehen] auf den Gerechten,
		b	und seine Ohren [hören] auf ihr Schreien.
	17 (פ)	a	Das Angesicht JHWHs [ist gerichtet] auf diejenigen, die Böses tun,
		b	um von der Erde auszurotten die Erinnerung an sie.

	18 (צ)	a	Sie haben geschrien, und JHWH hat [sie] gehört;
		b	aus all ihren Bedrängnissen hat er sie errettet.
III B	19 (ק)	a	Nahe ist JHWH denen, die zerbrochenen Herzens sind,
		b	und denen, die zerschlagen Geistes sind, wird er helfen.
	20 (ר)	a	Viel Böses [widerfährt] dem Gerechten,
		b	aber aus dem allem wird JHWH ihn erretten.
	21 (ש)	a	Er bewahrt alle seine Gebeine,
		b	nicht eines von ihnen ist zerbrochen worden.
III C	22 (ת)	a	Das Böse wird den Frevler töten,
		b	und die den Gerechten hassen, werden büssen.
	23 (פ)	a	JHWH erlöst das Leben seiner Knechte,
		b	aber nicht büssen werden [es] alle, die sich bei ihm bergen.

1 שנה sich ändern, pi: ändern, verstellen (Inf cs pi + Suff) // טַעַם Geschmack, Verstand // גרשׁ qal + pi: vertreiben (wPK pi 3 m sg + Suff).– **2** תָּמִיד beständig.– **3** הלל hitp: sich rühmen (PK hitp 3 f sg) // עָנָו gebeugt, demütig, fromm.– **4** רום pol: hoch machen, erheben (wPK Koh pol 1 pl).– **5** מְגוּרָה Schrecknis.– **6** נהר (vor Freude) strahlen (wAK qal 3 pl) // חפר II erröten, sich schämen, beschämt sein (PK qal 3 m pl).– **7** עָנִי ohne Grundbesitz, arm, elend, auf Gott gewiesen, demütig.– **8** חנה sich lagern (Ptz qal m sg) // חלץ ausziehen, pi: herausreissen, retten (wPK pi 3 m sg + Suff).– **9** טעם schmecken (Impt qal m sg) // גֶּבֶר Mann.– **10** מַחְסוֹר Mangel.– **11** רושׁ verarmen, darben (AK qal 3 pl) // חסר Mangel haben (PK qal 3 m pl).– **14** רַע übel, böse; Böses // מִרְמָה Trug.– **16** שַׁוְעָה Hilfsgeschrei.– **19** שבר zerbrechen, ni: zerbrochen werden, zerbrechen (Ptz ni m pl cs) // דַּכָּא zerschlagen, gedemütigt.– **22** אשׁם sich verschulden, Schuld büssen (PK qal 3 m pl).–

Form und Inhalt

Ps 34 beginnt im Stil eines individuellen Danklieds, entfaltet sich in der Folge aber immer mehr zu einer in der Weisheit beheimateten Belehrung über das rechte, gottesfürchtige Verhalten. So wird nach der Lobankündigung (2f.), zu der auch andere eingeladen werden (4), in 5 zunächst eine Rettungserfahrung berichtet, die auch in 7 nochmals anklingt. In 6 wird die Erfahrung aber transzendiert auf eine "sie"-Gruppe (= die Gebeugten aus 3b?) hin, ähnlich wie in 8, wo die Gottesfürchtigen Ziel der Rettung sind (vgl. auch 18). Es ist wahrscheinlich, dass der Psalmist sich dieser Gruppe zurechnet. Eine Beachtung des Wechsels der Zeiten (Tempora) und Personen (2–3: ich, 4: wir, 5: ich, 6: sie, 7: er [= ich?], 8: sie, 9a.10a: Impt pl = ihr etc.) macht deutlich, dass verschiedene Ebenen miteinander verschränkt werden und dass insbesondere das Individuelle zum Typischen, Generellen, "Lebensgesetzlichen" geweitet wird. Dieses Letztere setzt ab 9 ein und bestimmt den weiteren Psalm. Dabei ist die (Ehr-)Furcht Gottes Ausgangspunkt für Rechtverhalten und Glück (9–11); diese will der Psalmist als Weisheitslehrer auch vermitteln (12f.). Es folgt je eine Aufforderung das Reden und Tun betreffend (14f.). Im letzten Abschnitt (16–23) wird die Omnipräsenz JHWHs betont, der genau sieht, hört und zugunsten der Bedrängten rettend eingreift. Den Schluss bilden Ausführungen über den doppelten Ausgang für Frevler einerseits und Gerechte bzw. "seine

Knechte" andererseits (nach U. Berges ist der Ausdruck "seine Knechte" ein Hinweis auf eine Trägergruppe des werdenden Psalters in frühnachexilischer Zeit, auf die auch der nachgetragene letzte Vers des Psalmes zurückgehe).

Struktur und Poesie

Ps 34 ist (wie schon Ps 25) ein alphabetisches Akrostichon, bei dem die Abfolge der 22 Konsonanten des hebr. Alphabets am Anfang der 22 Verse des Psalms stehen. Dieses weisheitliche Muster, mit dem der Gedanke der Vollständigkeit und Ganzheit einher geht, ist jedoch leicht modifiziert: Der ו-Vers ist weggelassen und wird (später?) durch einen zusätzlichen, finalen פ-Vers kompensiert. Diese Änderung dürfte mit Absicht geschehen sein, um den ל-Vers im Psalmzentrum (Lehraufruf) hervorzuheben und das Anfang-Mitte-Schluss-Schema א/ל/פ zu erzielen. Das damit erzielte Wort אלף bezeichnet nicht nur den ersten Buchstaben des Alphabets, sondern bedeutet auch "lernen (qal), lehren (pi)" und ist ein (seltenes) Synonym zum im Mittelvers 12 auftauchenden למד "lehren (pi)", das die Thematik des Psalms bestimmt. Mit poetisch kunstvollen Mitteln wird also die leitende Absicht, die in der Psalmmitte kundgetan wird, unterstrichen (vgl. A.R. Ceresko, L.O. Eriksson).

Was die Struktur des Psalms betrifft, so ist diese nicht leicht einzusehen, und es werden denn auch verschiedene Gliederungsvorschläge dargeboten (übereinstimmend gesehen werden die Zäsuren zwischen 3/4 und 15/16). Meines Erachtens ist von einem 3-stanzigen Psalm (I–III) auszugehen, wobei jede Stanze drei Strophen enthält. Die Gesamtanlage ist als konzentrisch einzustufen, mit dem Lehraufruf von 12 als betont in der Mitte figurierend (s.o.). Mit "lehren/lernen", "Furcht JHWHs" und "hören" sind nicht nur Schlüsselwörter weisheitlicher Unterweisung im Mittelvers aufgenommen, sondern – mit Ausnahme von "lehren", das aber von der Sache her präsent ist – auch solche des Psalms (vgl. שמע "hören" 3b.7a.12a.18a, ירא[ה] 8b.10a.10b[Versinclusio].12b). Um diesen Mittelvers legen sich zwei sechszeilige Strophen (II A | II B), die durch das je 2mal erscheinende Stichwort טוב "gütig/ Gutes" (9a.11b | 13b.15a) aufeinander bezogen sind. In Strophe II C ist dies ausgebaut zur Antithese zwischen "gut" und "böse" (14a.15a), und letzteres Stichwort bestimmt dann die Schlussstanze III (רע[ה] "Böses" 17a.20a.22a). Ihm zugeordnet sind die "Frevler" (22a) und das (erst in Stanze III) erscheinende Gegenwort dazu, "der/die Gerechte(n)" (צדיק 16a.20a. 22b). Die Rahmenstanzen I und III sind namentlich aufgrund der Rettungs-Begrifflichkeit aufeinander bezogen (vgl. die Ähnlichkeit von 7b und 18b, ferner נצל "erretten" 5b.18b. 20b, ישע "erretten/helfen" 7b.19b, ausserdem נפש "Seele/Leben" 3a.23a sowie ויהוה שמע "und JHWH hat gehört" 7a.18a). Die mit Abstand am meisten verwendete Bezeichnung ist der Gottesname (16mal), der in der Mehrheit der Verse auftaucht.

Zu erwähnen sind noch Lautfiguren und Wortspiele in 3b (ישמחו/ישמעו, Hören bringt Freude!), in 7 (הושיעו/שמע, JHWH hört und rettet! <=> קרא, צרותיו, Rufen in Bedrängnissen), in 8ff. (ראה/ירא "sich fürchten/sehen"), in 9f. (מחסור/חסה, Bergen in JHWH => kein Mangel!), in 11 (ר-Alliteration – Antizipierung von רשע/רע), in 14 (מ-Alliteration), in 18 (צ-Alliteration), in 20a (רבות רעות "viel Böses"), in 21 (שבר/שמר, versrahmendes Laut- und Sinnspiel) sowie die durch Alliteration verknüpften ח-Verben (חפץ/חסר/חסה/חלץ/חלץ/חנה/חפר) 6–13).

Kontexte

Nach der Überschrift (1) wird Ps 34 mit den Umständen von 1. Sam 21,11–22,1 in Verbindung gebracht (diese lassen sich vielleicht mit 5–7 verbinden). Mit dem Vorgängerpsalm verbindet Ps 34 das 22-Verse-Muster; dazu vollzieht der Psalm in 34,2f. den Lobpreis, zu dem 33,1–3 auffordern. 8.16 weisen Gemeinsamkeiten mit 33,18 auf; Ähnlichkeiten bestehen auch zwischen 10 und 33,19. Ps 32–34 haben je mindestens einen Makarismus (32,1f.; 33,12; 34,9). Ps 34 ist der Schlusspsalm der Sammlung Ps 25–34 und weist Rückbezüge zum ebenfalls alphabetisch-akrostichischen Eröffnungspsalm 25 auf (vgl. etwa die Bezüge zu den "Elenden/Gebeugten/Demütigen" 25,9.16.18; 34,3.7 sowie das Motiv des sich bei Gott Bergens 25,20; 34,9.23).

Der Psalm (v.a. 9ff.) hat Affinitäten zur Weisheitsliteratur (vgl. u.a. 12 mit Spr 7,24; 9,10 sowie 17 mit Spr 10,7). Ps 34 spielt im NT v.a. für den 1. Petr als Bezugstext eine wesentliche Rolle. Er wird dort denn auch 2mal zitiert (vgl. 9 und 1. Petr 2,3 sowie 13–17 und 1. Petr 3,10–12 – das längste Zitat in diesem Brief). Ein Zitat von 21 (und/oder Ex 12,46) liegt evtl. auch in Joh 19,36 vor. Anspielungen auf Ps 34 werden zudem in den Evangelien (vgl. 15.19 mit Mt 5,3.8f. und 4.11 in Lk 1,46f.53), im 12. Kapitel des Römerbriefs (vgl. 12,1 mit 34,5–11.12, 12,2 mit 34,13, 12,9.18 mit 34,15, 12,14 mit 34,14 und 12,19 mit 34,17) und anderswo (vgl. 3f. und 1. Kor 11,30–33, 9 und Hebr 6,4f.,15 mit 1. Thess 5,15. 21f.; Hebr 12,14, 20 mit 2. Tim 4,18) vermutet (L.O. Eriksson).

Anregungen für die Praxis

Der zeugnishafte Lobpreis des Psalmisten soll gerade die Gebeugten bzw. Elenden erreichen; sie sollen sich daran und damit am Eingreifen Gottes zugunsten der "Gerechten" zur Freude aufrichten und miteinstimmen können (3f.6). Wie später Jesus in der Bergpredigt (vgl. Mt 7,7f.) wird dem wahrhaftigen Gott-Sucher beschieden, dass er diesen auch findet (5.7, auch 18). Auch von der Wirklichkeit schützender und rettender Engel ist die Rede (8). JHWHs Wahrnehmen (Auge/sehen, Ohr/hören) der irdischen Geschehnisse, insbesondere was die Bedrängnis des "Gerechten" betrifft, ist betont (16–18). Es führt zu entsprechendem Handeln ("ausrotten" u.a. <=> "erretten" u.a., 19–23). Die Aufforderung von 9a erinnert an das Herrenmahl und seine Liturgie. 19(f.) darf als seelsorgerlicher Zuspruch und Trostwort an bedrängte und verzweifelte Menschen verwendet werden. 21 lässt sich im Rahmen einer messianischen Interpretation auf das Nichtbrechen der Gebeine Jesu beziehen (vgl. Joh 19,32f.).

Ps 34 im Gesangbuch: EG Ps 34 (EG-West), 276 (Stammteil), 335 (Stammteil), 718 (EG-Wü), 719 (EG-West), 749–750 (EG-BT), 781.2 (EG-Wü), 787.5 (EG-Wü), 801.17 (EG-BT); RG 117; GL 493, 723; (KG CN 018–019, 041–042).

Psalm 35

	1		David zugehörig.
I A		a	Führe bitte den Rechtsstreit, JHWH, gegen meine Rechtsgegner!
(A)		b	Kämpfe gegen die, die mich bekämpfen!
	2	a	Ergreife Schutzschild und Setzschild,
		b	und erhebe dich bitte als meine Hilfe!
	3	a	Und zücke Speer und Streitaxt
		b	gegenüber meinen Verfolgern!
		c	Sprich zu meiner Seele:
		d	"Dein Heil [bin] ich!"
I B	4	a	Es sollen beschämt und zuschanden werden
		b	die nach meinem Leben trachten!
		c	Es sollen zurückweichen und erbleichen müssen
		d	die mir Unheil ersinnen!
	5	a	Sie mögen wie Spreu vor dem Wind her sein,
		b	und der Engel (oder: Bote) JHWHs stosse [sie] nieder ("niederstossend")!
	6	a	Ihr Weg sei finster und [voll] schlüpfriger Stellen,
		b	und der Engel (oder: Bote) JHWHs verfolge sie ("sie verfolgend")!
I C	7	a	Denn grundlos haben sie mir heimlich [über die?] Grube ihr Netz gelegt,
		b	ohne Grund gegen mein Leben [eine Grube] gegraben.
	8	a	Verderben möge über ihn kommen – ohne dass er es erkennt –,
		b	und sein Netz, das er angelegt hat, fange ihn [selbst];
		c	ins Verderben möge er hineinfallen!
I D	9	a	Aber meine Seele wird jubeln über JHWH,
		b	wird frohlocken über sein Heil.
	10	a	Alle meine Gebeine werden sagen:
		b	"JHWH, wer ist wie du?!"
		c	Der du den Elenden rettest vor dem, der stärker ist als er,
		d	ja, den Elenden und Armen vor dem, der ihn berauben will.
II A	11	a	Zeugen von Gewalttat wollen sich gegen mich erheben,
(B)		b	wollen von mir erfragen, was ich nicht weiss.
	12	a	Sie wollen mir Böses für Gutes vergelten,
		b	Kinderlosigkeit(?) für mein Leben.
II B	13	a	Ich dagegen, als sie krank waren, war der Trauerumhang mein Kleid;
		b	ich erniedrigte mit Fasten meine Seele,
		c	und mein Gebet kehrte immer wieder zu meiner Brust zurück.

Psalm 35

	14	a	Wie ein Freund, wie ein Bruder, war er mir;
		b	ich bin einhergegangen wie ein um die Mutter Trauernder,
		c	in Traueraufzug habe ich mich niedergebeugt.
II C	15	a	Aber über mein Wanken freuten sie sich,
		b	und sie versammelten sich, sie versammelten sich gegen mich!
		c	Geschlagene(?) – aber ich wusste nichts,
		d	sie rissen in Stücke(?) und schwiegen nicht.
	16	a	Unter gottlosen Spöttern [ist mein] Ort(?),
		b	das Knirschen ihrer Zähne [ist] gegen mich [gerichtet].
II D	17	a	Adonaj, wie lange willst du [zu]sehen?
		b	Bringe bitte mein Leben [wieder] heraus aus dem von ihnen [verursachten] Verderben,
		c	heraus aus [dem Rachen der] Junglöwen mein einziges Gut!
	18	a	Ich werde dir danken in grosser Gemeinde,
		b	in zahlreichem Volk dich loben.
III A (A')	19	a	Meine Feinde sollen nicht in trügerischer Weise über mich sich freuen dürfen,
		b	[noch] die mich grundlos hassen das Auge zusammenkneifen!
	20	a	Denn nicht [zum] Frieden wollen sie reden,
		b	und gegen die Stillen im Lande
		c	ersinnen sie Worte des Truges.
	21	a	Ihr Maul rissen sie weit gegen mich auf,
		b	sagten: "Haha! Haha!"
		c	Unser Auge hat [es] gesehen!
III B	22	a	Du hast es gesehen, JHWH, schweige nicht!
		b	Adonaj, sei nicht ferne von mir!
	23	a	Rege dich bitte, ja, erwache zu meinem Recht,
		b	mein Elohim und mein Adonaj, zu meinem Rechtsstreit!
	24	a	Schaffe mir Recht nach deiner Gerechtigkeit, JHWH, mein Elohim!
		b	Aber sie sollen nicht ihre [Schaden-]Freude haben dürfen über mich!
III C	25	a	Sie sollen nicht in ihrem Herzen sagen dürfen:
		b	"Haha! Unser Verlangen ("unsere Kehle") [ist erfüllt worden](?)!"
		c	Sie sollen nicht sagen können: "Wir haben ihn verschlungen!"
	26	a	Sie sollen zuschanden werden und erbleichen alle zusammen,
		b	die sich über mein Übel freuen!
		c	Schande und Schmach sollen sie anziehen müssen,
		d	die gross tun über mich!
III D	27	a	Jubeln und sich freuen sollen [jedoch], die an meinem Recht Gefallen haben,
		b	indem sie beständig sagen: "Gross möge sich JHWH erweisen!
		c	Er hat Gefallen am Heil seines Knechtes!"

Psalm 35

28 a Ja, meine Zunge soll dein Recht murmelnd bedenken,
   b den ganzen Tag dein Lob!

1 יָרִיב Rechtsgegner.– 2 חזק stark sein, hi: ergreifen (Impt hi m sg) // צִנָּה (grosser, Körper-bedeckender Setz-)Schild.– 3 רוק leer sein, hi: ausleeren, herausziehen (wImpt hi m sg) // חֲנִית Spiess // סְגֹר Streitaxt, Doppelaxt (oder: סֶגֶר Tülle oder Griff der Lanze; oder Impt von סגר [ein]schliessen).– 4 כלם ni: beschämt werden (wPK ni 3 m pl) // סוג abweichen, ni: zurückweichen, sich davon machen (PK ni 3 m pl) // חפר erröten, sich schämen (wPK qal 3 m pl) // חשב sinnen auf (Ptz qal m pl cs).– 5 מֹץ Spreu // דחה (nieder-, ein-)stossen (Ptz qal m sg).– 6 חָלָק glatt, schlüpfrig, einschmeichelnd; Glätte, Falschheit.– 7 חִנָּם umsonst, ohne Ursache // טמן verbergen, heimlich anlegen (AK qal 3 pl) // שַׁחַת Grube // רֶשֶׁת Netz // חפר graben (AK qal 3 pl).– 8 שׁוֹאָה Unheil, Verderben // לכד fangen (PK qal 3 f sg).– 9 שׂושׂ sich freuen, frohlocken (PK qal 3 f sg).– 10 גזל (be)rauben (Ptz qal m sg + Suff).– 12 שְׁכוֹל Kinderlosigkeit (durch Verlust) (oder evtl. ändern zu שׂכו AK qal 3 pl von שׂכה spähen nach).– 13 לְבוּשׁ Kleid // ענה gebeugt sein, pi: demütigen (PK pi 1 sg) // חֵיק Busen.– 14 רֵעַ Freund // אָבֵל trauernd // קדר schmutzig, ungepflegt, im Traueraufzug sein (Ptz qal m sg) // שׁחח sich ducken, sich beugen, gebeugt sein (AK qal 1 sg).– 15 צֶלַע Wanken // אסף versammeln, ni: sich versammeln (wAK ni 3 pl) // נכה ge-, zerschlagen // קרע in Stücke reissen (aus Trauer und Erregung), wegreissen (AK qal 3 pl) // דמם schweigen (AK qal 3 pl).– 16 חָנֵף gottlos // לַעַג Gestammel, Verspottung // מָעוֹג Vorrat(sort)(?) // חרק knirschen (Inf abs qal).– 17 כַּמָּה wie lange? // יָחִיד einzig, einsam, verlassen (von der Seele).– 18 ידה hi: preisen, danken (PK hi 1 sg + Suff) // עָצוּם stark, zahlreich // הלל hi: preisen (PK hi 1 sg + Suff).– 19 קרץ zusammenkneifen (PK qal 3 m pl).– 20 רָגַע ruhig lebend, still (hap leg).– 21 רחב weit sein, hi: weit (auf)machen (wPK hi 3 m pl) // הֶאָח hei! ha! (Interjektion).– 22 חרשׁ schweigen (PK qal 2 m sg).– 23 עור qal + hi: aufwachen (Impt Adh hi m sg) // קוץ hi: erwachen (wImpt Adh hi m sg).– 25 נֶפֶשׁ Seele (als Sitz von Empfindungen), Verlangen, Wille // בלע qal + pi: verschlingen (AK pi 1 pl + Suff).– 26 לבשׁ anziehen (PK qal 3 m pl) // בֹּשֶׁת Schande // כְּלִמָּה Schmach.– 27 רנן jubeln (PK qal 3 m pl) // תָּמִיד beständig.– 28 הגה murmeln, sinnen, reden (PK qal 3 f sg).–

Form und Inhalt

Ps 35 hat einige textlich dunkle (korrupte?) Stellen (z.B. in 7.12.15.25). Die forensische Terminologie und die wiederholt angesprochene Verleumdung weisen als Entstehungshintergrund auf eine Rechtsproblematik hin. Vereinzelt wird dieser national (P.C. Craigie) gedeutet, wobei dann hinter dem Ich ein König und in der Rechtssituation die falsche Anklage auf Vertragsbrüchigkeit (gegenüber bestehenden übernationalen Verträgen) gesehen wird. Zumindest die ersten Psalmverse mit ihrer militärischen Begrifflichkeit könnten einer solchen Ursprungssituation entliehen sein, doch scheint im Blick auf den Gesamtpsalm ein individualrechtlicher Hintergrund näherliegend (Gebet eines Angeklagten, K. Seybold u.a.). Für die Klärung der einzelnen Aussagen ist den "Tempora" der Verben genaue Beachtung zu schenken: Der Psalmist scheint bereits "ins Netz" seiner Gegner, denen er einst als sie krank waren in Wohlwollen zugetan war (13f.), gelaufen und von ihnen verleumdet worden zu sein (AK-Formen 7f.15f.). Die mehrheitlichen PK-Formen legen aber nahe, dass das Verfahren noch läuft, die Sache noch nicht entschieden ist, der Psalm als Rechtsappell und Gebet an JHWH

inmitten des Verfahrens ergeht, von dem er als sein Anwalt einen gerechten Ausgang erbittet, erhofft und lobend vorwegnimmt. Die "Niederlegung" des Psalms ist damit zugleich als Zeugnis der Erhörung zu werten.
Insgesamt lassen sich drei "Redegänge" (1–10|11–18|19–28) voneinander abheben, die jeweils mit Vertrauens- und Lobäusserungen schliessen (9f.18.28) und je Bittappelle, Elendskundgaben und Feind-Schilderungen enthalten. Der erste Redegang (1–10) eröffnet mit einer Serie von Appellen des Beters an JHWH, den Rechtsstreit, ja, den "Kampf" zugunsten des Angefochtenen in seine Hand zu nehmen (1–3). Es folgen Wünsche, in denen ein entsprechendes Ergehen der Feinde erbeten wird (4–6). Dieses wird in einem dritten Teil durch die Schilderung des Verhaltens der Gegner argumentativ begründet (7–8). Zum Schluss wird gesagt, wie – unter Annahme, dass das Erbetene gehört und zur Erfüllung gebracht wird – Lob und Dank dargebracht werden wird (9–10). Der zweite Redegang (11–18) ist stärker schildernd-argumentativ akzentuiert und enthält den Kontrast zwischen dem Verhalten des Beters und demjenigen seiner Gegner. Zunächst wird ihre erklärte Absicht der Verleumdung von ihm vor Gericht dargelegt (11–12), dann die niedrige Gesinnung seiner Gegner mit der früheren Solidarität des Beters ihnen gegenüber (13–14) sowie ihrem die jetzige Situation der Anklage auslösenden Verhalten (15–16) kontrastiert. Der Abschnitt schliesst mit rhetorischer Gottesfrage, Hilfsappell und Dankversprechen inmitten der Gemeinde (17–18). Der dritte Redegang (19–28) gleicht stärker dem ersten. Die Vorwürfe der Feinde werden nun gleichsam umgekehrt und gegen sie eingeklagt (19–21). Dann folgen Appelle an JHWH, einzugreifen und Recht zu schaffen (22–24). Anschliessend sind wieder die Feinde das Thema, und es wird formuliert, was sie nicht tun dürfen und wie es ihnen ergehen soll (25–26). Der Psalmschluss (27–28) kontrastiert dies (vgl. 26 mit 27) mit der Freude derjenigen, die zum Recht und zum Bedrängten gestanden sind und Recht bekommen haben. Der Psalmist will JHWHs Recht bedenken und ihn für sein Tun loben.

Struktur und Poesie

Der z.T. mit asymmetrischem Rhythmus (oft 3 + 2, teilweise mit Enjambement) gebaute Psalm besteht aus drei Stanzen (I–III), die chiastisch angeordnet sind (ABA'), und aus je vier Strophen (A–D) bestehen. Die kontrastive Schilderung von Feind- und Eigenverhalten steht in der Mitte. Leitwörter sind נפש, das – mit Ausnahme von 25b ("unsere Kehle") – als Selbstbezeichnung ("Seele", "Leben") des Betenden dient (3c.4b.7b.9a.12b.13b.17a), sowie das Verb שמח "sich freuen" (15a.19a.24b.26b.27a). Mit ihm wird die Schadenfreude der Gegner gegenüber dem Beter geschildert bzw. im Gebet abgewehrt. Am Schluss steht die angemessene, mit dem Gottes-Jubel verbundene Freude derer, die am Recht des Bedrängten Gefallen haben. Hinzuweisen ist auf eingestreute Zitate des Beters (10b, vgl. auch 3d), seiner Gegner (21b.25b.25c) und der lobpreisenden Gemeinde (27bc).
Stanze I ist durch das Stichwort חזק "ergreifen/stärker sein" (2a.10c), Stanze III durch שמח "sich freuen" (19a.27a) gerahmt. Bei den korrespondierenden Stanzen I und III (A/A') liegen Bezüge namentlich zwischen 4 und 20.26 vor. Zu lautlichen Phänomenen vgl. u.a.: שׁ-Alliteration in 4ab (und 13abc.17b), ח-Alliteration in 4cd (beides verbunden im Begriff חשׁב "ersinnen" 4d, vgl. 20c); Dominanz der k-Laute (Vergleiche!) in 14; Lautpaare der Formen von ארץ/קרץ (19b.20b), רחק/רחב (21a.22b), נפשׁ/שׁפט/משׁפט (23a.24a.25b), רעה/עור/ראה (22a.23a.26b) und בשׁת/לבשׁ/בושׁ (26a.26c) sowie שׁמח/שׁלום/לשׁון (27a.27c.28a).

Kontexte

Namentlich im Schlussbereich von Ps 35 werden Stichworte aus den Vorgängerpsalmen aufgenommen (vgl. רנן "jubeln" 32,11; 33,1; 35,27; תמיד "beständig" 34,2; 35,27; עבד "Knecht" 31,17; 34,23; 35,27 und in der Überschrift 36,1). Auch das Schlüsselwort von Ps 35 שמח "sich freuen" (s.o.) findet sich bereits in den Vorgängerpsalmen (30,2; 31,8; 32,11; 33,21; 34,3). Ps 35 eröffnet die letzte Psalmengruppe (Ps 35–41) im ersten Buch des Psalters (F.-L. Hossfeld / E. Zenger). So ist Ps 35, wiewohl es Anknüpfungspunkte zu den vorangegangenen Psalmen gibt, thematisch stärker auf die nachfolgenden Psalmen hin ausgerichtet (vgl. u.a. auch die Stichwortbezüge מרמה "Trug" [34,14] 35,20; 36,4; 38,13, שנא "hassen" [34,22] 35,19; 36,3; 38,20; 41,8, חשב "ersinnen" 35,4.20; 36,5; 40,18; 41,8, משפט "Recht" 35,23; 36,7; 37,6.28.30 und andere Rechtsbegrifflichkeit).
Zu 6 vgl. Jer 23,12, zu 9 vgl. 1. Sam 2,1; Lk 1,47, zu 13f. vgl. Röm 12,15, zu 17 vgl. Hab 1,13, zu 19 Joh 15,25 (Zitat).

Anregungen für die Praxis

Der Psalm betont einmal mehr die Bedeutung von Recht und Gerechtigkeit, zumal diese mit dem Wesen und Handeln Gottes selber verbunden sind und von diesem "garantiert" werden. Dies gilt als Grundlage auch für das NT, auch wenn dort – namentlich im Rahmen der christlichen Gemeinde – aufgrund der empfangenen Barmherzigkeit die Möglichkeit des Rechtsverzichts in den Vordergrund rückt (vgl. u.a. Mt 18,21–35; Lk 6,27ff.). Der Psalm ist ein Beispiel dafür, dass Intrigen und falsche Anklage nicht zum Ziel führen und der grundlos Beschuldigte und Bedrängte unter Gottes Schutz steht. Beeindruckend ist auch die vorweggenommene Gottes-Zuversicht, die sich jeweils am Ende der drei Redegänge zeigt. Sie hat ihren Grund in der Redlichkeit JHWHs und seiner rettenden Zuwendung zu den "Elenden" (10).
Ps 35 im Gesangbuch: EG Ps 35 (EG-West).

Psalm 36

	1		Dem Musikverantwortlichen – dem Knecht JHWHs zugehörig – David zugehörig.
I A	2	a	Spruch des Frevels für den Frevler inmitten meines(?) Herzens:
		b	"Es gibt keinen Elohim-Schrecken vor seinen Augen!"
	3	a	Denn er/es schmeichelt sich/ihm in seinen Augen,
		b	um sein Vergehen zu finden, um zu hassen(?).
I B	4	a	Die Worte seines Mundes [sind] Bosheit und Trug;
		b	er hat aufgehört, klug zu handeln [und] Gutes zu tun.
	5	a	Bosheit ersinnt er immer neu auf seinem Lager,
		b	er stellt sich immer wieder hin auf einen Weg, der nicht gut ist.
		c	Böses verschmäht er nie!
II A	6	a	JHWH, [bis] an den Himmel [reicht] deine Gnade,
		b	deine Treue bis zu den Wolken!
	7	a	Deine Gerechtigkeit [ist] den El-Bergen gleich,
		b	dein Recht der grossen Urflut.
		c	Mensch und Vieh hilfst du stets neu, JHWH!
II B	8	a	Wie kostbar [ist] deine Gnade, Elohim!
		b	Ja, Menschenkinder können sich im Schatten deiner Flügel bergen.
	9	a	Sie dürfen sich an der Speise ("am Fett") deines Hauses laben,
		b	und [am] Bach deiner Wonnen willst du sie trinken lassen.
III A	10	a	Fürwahr, bei dir [ist] die Quelle des Lebens,
		b	in deinem Licht sehen wir das Licht!
	11	a	Lass andauern deine Gnade denen, die dich kennen,
		b	und deine Gerechtigkeit denen, die aufrichtigen Herzens!
III B	12	a	Der Fuss des Hochmuts erreiche mich nicht,
		b	und die Hand der Frevler mache mich nicht heimatlos!
	13	a	Dort sind hingefallen die Übeltäter;
		b	sie wurden umgestossen und können nicht mehr aufstehen.

2 נְאֻם (Aus-)Spruch, Eingebung // פֶּשַׁע Verbrechen, Frevel, Verfehlung, Unrechtstat.– **3** חלק glatt sein, hi: glatt machen, schmeicheln (AK hi 3 m sg).– **4** אָוֶן Eitelkeit, Unheil // חדל aufhören (AK qal 3 m sg) // שׂכל klug sein, hi: klug handeln (Inf cs hi).– **5** מִשְׁכָּב Lager // יצב hitp: sich hinstellen (PK hitp 3 m sg) // מאס verschmähen (PK qal 3 m sg).– **6** אֱמוּנָה Treue.– **9** רוה sich satt trinken, laben (PK qal 3 m pl) // דֶּשֶׁן Fett, Speise // עֵדֶן pl: Wonnen // שׁקה hi: tränken (PK Juss hi 2 m sg).– **10** מָקוֹר Quelle.– **11** משׁך hinziehen, dauern lassen (Impt qal m sg).– **12** גַּאֲוָה Hochmut // נוד heimatlos sein, hi: heimatlos machen (PK hi 3 f sg + Suff).– **13** דחה stossen, pu: niedergestossen werden (AK pu 3 pl).–

Psalm 36

Form und Inhalt

Ps 36 ist eine weisheitlich gefärbte theologische Reflexion und Meditation über die Huld und Gerechtigkeit JHWHs, die denen zukommt, die zu ihm halten, im Unterschied zum Ergehen der Frevler. Textliche Unsicherheiten liegen in 2f. vor. Die PK-Formen in 5 sind wohl iterativisch zu fassen. Falls נאם, mit dem sonst ein Gottesspruch bzw. prophetisches Orakel eingeleitet wird, ursprünglich zum Text gehört, kann es als überschreibende Gattungsangabe (über 2–5) vom nachfolgenden Text abgesetzt (P.C. Craigie) oder – wahrscheinlicher (gemäss M) – als Constructus-Verbindung mit ihm verbunden sein. Ein solcher "Orakel"-Gebrauch ist dann als weisheitliches Stilmittel der Ironie zu qualifizieren: Der Frevel-Spruch (ohne Gott!) wendet sich zum Gottes-Spruch gegen den Frevler, wie der Ausgang des Psalms deutlich macht! Wird im ersten Abschnitt (2–5) das Verhalten des Frevlers gezeichnet, enthält der zweite Teil (6–9) – im Kontrast dazu – einen Hymnus auf die Guttaten JHWHs, namentlich für die, welche sich bei ihm bergen. Der dritte Teil (10–13) schliesslich, in dem sich "Ich"-, "Wir"- und "Sie"-Aussagen finden, bündelt das Ganze. Dabei wird der doppelte Ausgang zum Heil für die "aufrichtigen Herzens" einerseits (10f.) und die "Übeltäter" andererseits (12f.) deutlich.

Struktur und Poesie

Der Psalm gliedert sich in drei Stanzen (I–III), die sich in je zwei Strophen (A–B) zu je zwei Versen aufteilen. In I A wird – unterstrichen durch das doppelte und alliterativ mit עונו "seine Vergehen" (3b) verbundene עיניו "seine Augen" (2b.3a) – in ironisierender Weise die Vordergründigkeit des Sinnens und Verhaltens des Frevlers vor Augen gestellt. Man beachte in dieser Strophe auch alliterative (Binnenreime שׁ sowie Liquida + ב 2a, י 3a, א 3b) und assonantische (o-Laute 3b) Phänomene. In Strophe I B geht es um Sinnen (5a, Verknüpfung mit 2a), Reden und Handeln; es ist – so das dominante Wortfeld – "böse" (vgl. auch die abab-Alternierung der gegensätzlichen Wurzeln און "Bosheit" und טוב "Gutes tun/gut" in 4f.). Stanze I schliesst in 5 mit einem emphatischen Trikolon mit generalisierenden Aussagen, deren Spitze im Schlusskolon 5c liegt.
Stanze II markiert mit vokativischer Eröffnung den Wechsel zum lobenden Gedenken JHWHs. In II A werden den "Bosheits"-Begriffen von I B gleichsam die JHWH zukommenden "Rechts-/Huldbegriffe" gegenübergestellt (vgl. die je eröffnenden שׁ-Laute des Frevels bzw. der Erstreckung göttlicher Güte, 2a.6a). Sie werden mit kosmischen und mythisch-urzeitlichen Phänomenen (metaphorisch, vergleichend) gekoppelt, um so ihre Bonität und Würde, ja Grenzenlosigkeit herauszustellen. Thema und Schlussfolgerung des Zugute-Kommens an Mensch und Vieh (7c) wird in Strophe II B, die mit einem hymnischen Ausruf eröffnet, aufgenommen (vgl. חסדך "deine Gnade" 6a.8a, אדם "Menschen" 7c.8b). Die fürsorglichen Auswirkungen (Geborgenheit, volles Genügen, Freude) werden (mit Anspielungen auf den Jerusalmer Tempel) geschildert (vgl. die phono-semantischen Bezüge zwischen חסה/חסד in 8 und die Alliteration תשׁ/שׁד in 9).
Stanze III bringt insofern die Quintessenz des Psalms, als einerseits an die JHWH-Stanze II angeknüpft wird (vgl. חסדך "deine Gnade" 11a mit 6a.8a, צדקתך "deine Gerechtigkeit" 11b mit 7a), zugleich aber JHWH von seinen Aussagen her nun bittend bzw. abwehrend mit der in Stanze I aufgeworfenen Frevler-Thematik konfrontiert wird (vgl. רשׁע "Frevler" 12b mit 2a, און "Übel/Bosheit" 13a mit 4a.5a, gegensätzlich לב "Herz" 11b.2a). Diese Doppelheit wird bereits bei der vergewissernden (emphatisches כי) Eröffnungsaussage (10) deutlich, da die JHWH-Bezeichnung als "Quelle des Lebens" auf die (schöpfungstheologischen) Aussagen von II, diejenige vom erhellenden "Licht" auf die (ethischen) Aussagen von I Bezug nimmt.

Fortgeführt wird der ethische Aussagebereich, einmal positiv-kollektivierend (11), einmal negativ-individualisierend (12) formuliert (ד-Binnenreime in 11, נִ- in 12). Der Psalm schliesst mit einem Blick auf das (End-)Ergehen der Frevler – sie liegen endgültig darnieder! (פֹּל in 13a, *u*-Assonanz in 13b).

Kontexte

Ps 36, der zur Kleingruppe Ps 35–41 gehört, ist mit dem vorangegangenen Psalm 35 durch die Feind- bzw. Gottlosen-Thematik zu Beginn sowie durch eine Reihe von Stichworten mit den Nachbarpsalmen verbunden (vgl. u.a. חשׁב "ersinnen" 35,4.20; 36,5; מרמה "Trug" 34,14; 35,20; 36,4; 38,13, רע "Böses" o.ä. 35,14; 36,5; 37,27; 38,12, שׂנא "hassen" 35,19; 36,3; 38,20, משׁפט "Recht" 35,23; 36,7; 37,6.28.30).
Zu 2 vgl. Röm 3,18 (Zitat), zu 5 vgl. Mi 2,1; Jes 65,2, zu 10 vgl. Joh 1,4; 4,14; Offb 21,6; 22,1.

Anregungen für die Praxis

Im Psalm stossen zwei Welten aufeinander, diejenige des Bösen des (bzw. im) Menschen und diejenige der Gnade und Gerechtigkeit Gottes. Doch die Vergleichsgrössen sind ungleich: Ist die Welt des Bösen im Herzen, engräumig und kleinmaschig ("ersinnen"; Lager/Weg), so die Welt Gottes offen und weitreichend (Himmel, "bis zu den Wolken"; Mensch und Vieh). Die beiden in 6f. genannten Paare göttlicher Wirkweisen offenbaren JHWH als wahren, für die Seinen sorgenden König. Gottes Helfen (7c) äussert sich als Beschützung (8b, vgl. Dtn 32,11; Mt 23,37), als grosszügige Bewirtung (9, vgl. Ps 23,5f.), ja als "Quelle des Lebens" (10a). Der Hymnus über die Grösse der Gnade und Treue Gottes (6) erinnert an ähnliche Aussagen im bekannten Ps 103 (11f.). Und im NT ist dann mehrfach vom "Überfliessen" der Gnade die Rede (vgl. Röm 5,15.20; 2. Kor 4,15; 8,7; 9,8).
Ps 36 im Gesangbuch: EG Ps 36 (EG-West), 277 (Stammteil), 719 (EG-Wü), 720 (EG-West), 751 (EG-BT), 780.3 (EG-Wü), 787.4 (EG-Wü); RG 27–28; GL 289, 301, 724; KG 571.

Psalm 37

	1			David zugehörig.
I A (A)		(א)	a b	Entrüste dich nicht über die Übeltäter! Ereifere dich nicht über Schandtäter!
	2		a b	Denn wie Gras werden sie schnell verdorren, ja, wie das grüne Kraut verwelken.
I B	3	(ב)	a b	Vertraue auf JHWH, und tue Gutes! Wohne [im] Land, und pflege Treue!
	4		a b	Und habe deine Lust an JHWH, so wird er dir die Wünsche deines Herzens geben!
I C	5	(ג)	a b	Wälze deinen Weg auf JHWH, ja, vertraue auf ihn, dann wird er selbst handeln!
	6		a b	Er wird deine Gerechtigkeit wie ein Licht aufscheinen lassen und dein Recht wie die Mittagshelle.
I D	7	(ד)	a b c d	Halte JHWH still, und warte auf ihn! Entrüste dich nicht über den, dessen Weg gelingt, über den Mann, der Anschläge durchführt!
I E	8	(ה)	a b	Lass ab vom Zorn, und lass den Grimm! Entrüste dich nicht! [Es führt] nur zum Übeltun!
	9		a b	Denn die Übeltäter werden ausgerottet werden, aber die auf JHWH Hoffenden – sie selbst werden Land in Besitz nehmen!
I F	10	(ו)	a b	Aber [nur] noch kurze Zeit, und dann gibt es keinen Frevler mehr. Willst du dann seinen Ort in Erfahrung bringen, so wird es ihn nicht [mehr] geben.
	11		a b	Die Gebeugten werden Land in Besitz nehmen und ihre Lust haben an der Fülle des Friedens.
II A (B)	12	(ז)	a b	Der Frevler sinnt [Böses] gegen den Gerechten und knirscht gegen ihn seine Zähne.
	13		a b	Adonaj [aber] wird über ihn lachen, denn er hat gesehen, dass sein Tag kommen wird.
II B	14	(ח)	a b c d	Die Frevler haben das Schwert gezückt und ihren Bogen gespannt, um zu Fall zu bringen den Elenden und Armen, um hinzuschlachten die aufrichtigen Weges sind.

Psalm 37

	15	a	Ihr Schwert wird ihr eigenes Herz durchdringen,
		b	und ihre Bogen werden zerbrochen werden.
II C	16 (ט)	a	Besser Weniges für den Gerechten
		b	als Überfluss von vielen Frevlern!
	17	a	Denn die Arme der Frevler werden zerbrochen werden,
		b	aber die Gerechten stützt JHWH.
II D	18 (י)	a	JHWH kennt die Tage der Integren,
		b	und ihr Erbteil wird für immer gelten.
	19	a	Sie werden nicht zuschanden werden in böser Zeit,
		b	und in Tagen des Hungers werden sie satt werden.
II E	20 (כ)	a	Denn die Frevler werden zugrunde gehen
		b	und die Feinde JHWHs.
		c	Wie die Pracht der Auen schwinden sie,
		d	im (oder: wie) Rauch schwinden sie dahin.
III A	21 (ל)	a	Der Frevler borgt und kann nicht zurückzahlen,
(A')		b	der Gerechte aber verhält sich gütig und gibt.
	22	a	Denn die von ihm Gesegneten werden Land in Besitz nehmen,
		b	aber die von ihm Verfluchten werden ausgerottet werden.
III B	23 (מ)	a	Von JHWH her werden die Schritte eines Mannes gefestigt,
		b	und an seinem Weg wird er Gefallen haben.
	24	a	Wenn er hinfallen sollte, wird er [doch] nicht hingeworfen liegen bleiben(?),
		b	denn JHWH stützt seine Hand.
III C	25 (נ)	a	Ich bin ein Jüngling gewesen und alt geworden,
		b	doch nie habe ich einen Gerechten gesehen, der verlassen war
		c	und dessen Nachkommen um Brot betteln.
	26	a	Den ganzen Tag verhält er sich gütig und leiht aus,
		b	und seine Nachkommen [werden] zum Segen.
III D	27 (ס)	a	Halte dich fern vom Bösen, und tue Gutes,
		b	und du wirst wohnen bleiben für immer!
	28	a	Denn JHWH liebt Recht
		b	und wird seine Frommen nicht verlassen.
II E	(ע?)	c	[Die Übeltäter sind] für immer [vertilgt worden?],
		d	und die Nachkommen der Frevler sind ausgerottet worden.
	29	a	Die Gerechten [aber] werden Land in Besitz nehmen
		b	und werden dann für immer in ihm wohnen bleiben.
IV A	30 (פ)	a	Der Mund des Gerechten wird murmelnd Weisheit sinnen,
(B')		b	und seine Zunge wird Recht sprechen.

| | 31 | a | Die Weisung seines Elohims ist in seinem Herzen, |
| | | b | seine Schritte werden nicht wanken. |

IV B	32 (צ)	a	Der Frevler lauert dem Gerechten auf
		b	und trachtet danach, ihn zu töten.
	33	a	JHWH [aber] wird ihn nicht seiner Hand überlassen,
		b	und er wird ihn auch nicht verurteilen lassen, wenn man ihn richten lässt.

IV C	34 (ק)	a	Hoffe auf JHWH,
		b	und bewahre seinen Weg!
		c	Dann wird er dich erhöhen, dass du Land in Besitz nehmen wirst;
		d	wenn die Frevler ausgerottet werden, wirst du [es] sehen.

IV D	35 (ר)	a	Ich sah einen gewalttätigen Frevler,
		b	und er breitete sich aus wie ein grüner, unverpflanzter Baum(?).
	36	a	Und man ging vorüber, und siehe da: Er war nicht mehr.
		b	Ich suchte ihn, aber er war nicht [mehr] zu finden.

IV E	37 (ש)	a	Bewahre den Vollkommenen, und sieh an den Aufrichtigen,
		b	denn die Zukunft gehört dem Mann des Friedens!
	38	a	Aber die Abtrünnigen sind allesamt vertilgt worden,
		b	die Zukunft (oder: Nachkommenschaft) der Frevler ist ausgerottet worden.

IV F	39 (ת)	a	Die Hilfe (oder: Rettung) der Gerechten [aber kommt] von JHWH,
		b	ihr Zufluchtsort in der Zeit der Bedrängnis [ist er].
	40	a	JHWH hat ihnen geholfen und sie gerettet,
		b	er wird sie retten vor den Frevlern und ihnen helfen,
		c	denn sie haben sich in ihm geborgen.

1 חרה brennen, hitp: sich entrüsten über (בְּ) (PK hitp 2 m sg) // רעע böse sein, hi: böse handeln (Ptz hi m pl) // קנא pi: eifern, sich ereifern über (בְּ) (PK pi 2 m sg) // עַוְלָה Unrecht, Bosheit, Schlechtigkeit.– **2** חָצִיר Gras // מְהֵרָה eilends // מלל welken, verdorren (PK qal oder ni 3 m pl) // יֶרֶק Grün // דֶּשֶׁא Kraut // נבל verwelken (PK qal 3 m pl).– **3** רעה weiden, nähren, üben (wImpt m sg).– **4** ענג hitp: weichlich sein, seine Lust an etwas haben (wImpt hitp m sg) // מִשְׁאָלָה Bitte, Wunsch.– **5** גלל rollen, wälzen (Impt m sg).– **6** צָהֳרַיִם Mittag(shelle).– **7** דמם I stillstehen, sich stillhalten; II heulen, wehklagen (Impt qal m sg) // חול in Spannung sein, hitp: angespannt warten (wImpt hitp m sg) // צלח hi: durchführen (Ptz hi m sg) // מְזִמָּה Anschlag, pl: Ränke.– **8** רפה hinsinken, hi: los-, ablassen (Impt hi m sg) // חֵמָה Grimm.– **9** קוה hoffen, harren (wPtz qal m pl cs) // ירש besitzen, in Besitz nehmen (PK qal 3 m pl).– **10** מְעַט wenig // בין verstehen, einsehen, hitp: sich einsichtig verhalten, sich umsehen nach (עַל) (wAK hitp 2 m sg).– **11** עָנָו gebeugt, demütig, fromm.– **12** זמם sinnen, planen gegen (לְ) (Ptz qal m sg) // חרק knirschen (wPtz qal m sg).– **14** טבח schlachten (Inf cs qal).– **15** שׁבר zerbrechen, ni: pass (PK ni 3 f pl).– **16** הָמוֹן Menge, Überfluss.– **17** סמך stützen (Ptz qal m sg).– **18** תָּם ganz, vollständig, untsträflich, fromm, redlich.– **19** רְעָבוֹן Hunger // שׂבע satt werden (PK qal 3 m pl).– **20** יְקָר Pracht // כַּר Aue // כלה schwinden (AK qal 3 pl).– **21** לוה II für sich entleihen, borgen, hi: ausleihen (Ptz qal m sg).– **22** קלל gering sein, pi: verfluchen, pu: pass (Ptz pu m pl + Suff).– **23** מִצְעָד Schritt // כון pol: bereiten, gründen, Bestand haben; polal: festgestellt, bereitet werden (AK polal oder – mit Vokalisationsänderung – pol 3 pl).– **24** טול hi: weit werfen, ho: hingeworfen werden (PK ho 3 m sg).– **28** עַוָּל Übeltäter, Frevler (nach G) // שׁמד ni: vertilgt, ausgerottet werden (nach G) (AK ni 3 pl).– **31** מעד wanken (PK qal 3 f sg) // אָשֻׁר Schritt.– **32** צפה spähen, auflauern (Ptz qal m sg).– **33** רשׁע schuldig sein, hi: sich schuldig machen, für schuldig erklären, verurteilen lassen (PK hi 3 m sg + Suff).– **35** עָרִיץ gewalttätig // ערה pi + hi: entblössen, ausgiessen, hitp: sich ausbreiten (wPtz hitp m sg) // אֶזְרָח eingeboren, am Ort entstanden, ein unverpflanzter Baum(?) // רַעֲנָן grün.– **37** אַחֲרִית Nachkommenschaft, Zukunft.– **39** תְּשׁוּעָה Hilfe // מָעוֹז Festung, Zufluchtsort.– **40** עזר helfen (wPK qal 3 m sg + Suff) // פלט pi: retten (wPK pi 3 m sg + Suff).–

Form und Inhalt

Ps 37 ist als Weisheitspsalm mit seinen belehrenden, ermahnenden und ermutigenden Aussagen so etwas wie ein "Manifest für die Armen und Besitzlosen" (K. Seybold). Er hat eine Gottvertrauensbildende Funktion. Der situative Hintergrund dürfte im Bereich von Landvertreibung, -verdrängung oder -flucht liegen. Die wiederholt vorkommende Landbesitzverheissung יירשׁו־ארץ "sie werden Land in Besitz nehmen" (9b.11a.22a.29a, ferner 34c, vgl. auch ähnliche Aussagen in 3b.18b.27b) zieht sich jedenfalls als roter Faden durch diesen Psalm, der als Ermutigung zum Durchhalten an die Armen und Gebeugten gerichtet ist. Sein Verfasser scheint bereits in fortgeschrittenem Alter zu stehen und auf reiche Erfahrung zurückblicken zu können (vgl. die autobiographische Notiz 25a und evtl. 35–38).

Man kann vier Abschnitte (Stanzen) voneinander abheben, die jeweils mit einer positiven Verheissung an die Gerechten (11.29.39f.) und/oder einer negativen Voraussage im Blick auf die Frevler (10.20.28cd) schliessen. Der erste Abschnitt (1–11) besteht vor allem aus Appellen, die zum JHWH-Vertrauen und zum geduldigen Stillehalten aufrufen, weil die Zeit der Not bis zur Beseitigung der Frevler nur noch kurz ist (10). Der zweite Abschnitt (12–20) skizziert zunächst das niederträchtige Verhalten des Frevlers, das aber – gemäss dem Tun-Ergehen-Zusammenhang – auf ihn selbst zurückfallen wird (15). Danach wird – z.T. in Abgrenzung gegen die Frevler – die von JHWH garantierte Zukunft geschildert. Abschnitt III (21–29) kontrastiert das ungute und kurzlebige Verhalten der Übeltäter mit dem Rechtverhalten der Gerechten und dem Lohn und Segen von JHWH, der ihnen zukommt. Die Passagen über das Leihen (21.26, vgl. auch Dtn 15) lassen (ebenfalls) auf besitzrechtliche Zusammenhänge schliessen (nach H. Irsigler setzt Ps 37 wahrscheinlich Neh 5,1–13 voraus). Der Schlussabschnitt (30–40) zeigt in neuer Variation das polare Verhalten von Frevler und Gerechtem sowie den doppelten Ausgang. Eingestreut sind Ermutigungsappell (34ab), Rückblick (40a), Verheissungen (31b.34cd.39.40b) und Gebetswort (37).

Struktur und Poesie

Ps 37 ist wie Ps 34 mit einer alphabetischen Akrostichie gebaut, nur dass diese hier (wie Klgl 4) den zwei Verse umfassenden Strophen vorangestellt ist (mit Unregelmässigkeiten im Schema im Bereich von 14.28f.). Der Weisheitspsalm ist kunstvoll und vielschichtig gestaltet mit einem Beziehungsnetz, das durch viele Begriffswiederholungen gewoben wird (eine detaillierte Studie müsste dieses sorgfältig erheben).

Ps 37 gliedert sich in vier ähnlich lange Stanzen, die jeweils 5–6 Strophen (Akrosticha) enthalten (anders H. Irsigler, der von der Dreiteilung 1–11|12–26|27–40 ausgeht und die Abschnitte als Warnung, Lehre und Vertiefung charakterisiert). Dabei ergeben sich durch die Verknüpfung der Teile I und II einerseits (mit dem Ver- bzw. Ergehen der Frevler als Klammer, vgl. 1f.10.20) und III und IV andererseits (Polarität des Verhaltens und Ergehens von Frevler gegenüber Gerechtem) zwei Psalmhälften mit je hälftiger Akrostichie. Stärker hervorgehoben als diese Reihung bzw. Zweiteilung dürfte jedoch eine alternierende Gesamtstruktur der vier Stanzen nach dem ABA'B'-Schema sein. So sind die Stanzen I und III namentlich durch die Landverheissungen (3.9.11|22.27.29) und den Appell zum Gutes-Tun (3|27) verzahnt. Die Stanzen II und IV andererseits weisen Analogien und Kontraste im Verhalten und Ergehen von Frevlern (vorherrschend II, v.a. 12–14.20|35f.38) und Gerechten (vorherrschend IV, v.a. 30f.33f.37.39f.|18f.) auf. Was die Organisation der einzelnen Stanzen betrifft, sind die beiden 6-strophigen Rahmenstanzen I und IV wohl alternierend (ABCA'B'C'), die beiden 5-strophigen Innenstanzen chiastisch (ABCB'A') strukturiert.

Der Psalm hat mancherlei poetische Kunstmuster, aus denen hier einige herausgegriffen seien: Die alphabetische Akrostichie ist an einigen Orten, z.T. auch im Innenbereich der Verse und Strophen, verstärkt und variiert (vgl. etwa die Doppelung der Wortanfänge nach dem Schema א/ת/ב in 1ab, die anaphorische כ-Häufung am Ende der ersten Psalmhälfte [20], die "begründenden" Versanfänge mit כי 2.9.17.20.22.24.28 sowie die drei ו-Eröffnungen am Psalmschluss [38–40]). Die typisch weisheitliche Kontrastierungs-Technik (Gerechter <=> Frevler, sowie ihre Zuordnungen) wurde bereits erwähnt. Von den Alliterationen und Lautspielen sei lediglich auf יבולון/ימלו 2ab (mit Zeilenreim), המה/חמה 8a.9b, שחק/חרק 12b.13a, טבח/פתח 14a.14d und תשברנה/וקשתותם 15b hingewiesen.

Kontexte

Ps 37 gehört zu den im Psalter verstreut platzierten Weisheitspsalmen (u.a. 1; 19; 25; 34; 73; 90; 119) und hat mancherlei Ähnlichkeiten mit ihnen. Am Nächsten liegt ihm der ebenfalls akrostichische Ps 34 (vgl. etwa 34,15 mit 37,27, 34,20 mit 37,39f., 34,22 mit 37,[12–]15); auch deren Enden sind analog gestaltet (mit חסה "sich bergen [in JHWH]", vgl. 34,23 mit 37,40). Ps 37 liegt in der Schlussgruppe des ersten Psalterbuchs, Ps 35–41, und knüpft an die Konfrontation seines Vorgängerpsalms 36 zwischen Gerechten und Frevlern an (vgl. an Gemeinsamkeiten u.a. das Wortpaar משפטך/צדק[ת]ך "deine Gerechtigkeit/ dein Recht" 36,7; 37,6, יקר "kostbar/Pracht" 36,8; 37,20, ישר "aufrichtig 36,11; 37,14. 37).

Ps 37 hat schliesslich wirkungsgeschichtlich besondere Bedeutung erlangt, so in Qumran ("Pescher"-Auslegung auf die "Gemeinde der Armen" des "Priesters" und "rechten Lehrers" hin) und in der Verkündigung Jesu, in den Seligpreisungen (vgl. 11 [auch 9.22.29] mit Mt 5,5, ja 11.14.19 mit Mt 5,3–6 insgesamt). Dabei scheint in Qumran wie in der Verkündigung Jesu eine Tradition nachzuwirken, nach der Ps 37 bereits mit Jes 61 verbunden und eschatologisch verstanden worden ist (sowohl in den Seligpreisungen als auch in 1QHodajot XVIII,14f. und 4QpescherPs 37 II,9f. scheinen Jes 61 und Ps 37 gemeinsam aufgenommen zu sein). Vgl. ferner 1 mit Spr 23,17; 24,19, 3f.25 mit Mt 6,33, 4 mit Lk 11,9; 1. Joh 3,22, 5 mit 1. Petr 5,7, 7 mit Ps 27,14, 12 mit Ps 35,16; Apg 7,54, 13 mit Ps 2,4, 15 mit Ps 46,10; 76,4, 16 mit Spr 16,8, 17 mit Ps 10,15, 19 mit Ps 33,19; Spr 10,3, 24 mit Spr 24,16, 34 mit Hos 12,7; Ps 27,14; Spr 20,22, 39 mit Ps 9,10.

Anregungen für die Praxis

Manche Einzelworte dieses Psalmes (wie etwa 4.5.7ab.16.27ab) enthalten tiefe Wahrheiten, die sich in Besinnungen und als Zuspruchs- und Trostworte aufnehmen lassen. V.a. aber hat der Psalm als Manifest für die Armen und Besitzlosen in Unterdrückungszusammenhänge hinein (etwa in der Dritten Welt) viel zu sagen. Auch Linien von diesem Psalm zum Ergehen der ausgebeuteten amerikanischen "Neger"-Sklaven und ihren in den Gospelsongs ausgedrückten Hoffnungen liessen sich ziehen. Die Zusagen dieses Psalms sind (später) auch mit endzeitlich-messianischen Hoffnungen in Verbindung gebracht worden (wie das u.a. auch die Seligpreisung der Bergpredigt Jesu zeigt) und dürfen das auch weiterhin.

Ps 37 im Gesangbuch: EG Ps 37 (EG-West), 361 (Stammteil), 720 (EG-Wü), 721 (EG-West), 752 (EG-BT); RG 680 (die Strophenanfänge [Akrosticha] ergeben Ps 37,5: "Befiehl dem Herren dein' Weg und hoff auf ihn; er wird's wohl machen.").

Psalm 38

	1		Ein Psalm – David zugehörig – zur Erinnerungsstiftung.
I A	2	a	JHWH, in deinem Zorn strafe mich nicht,
(A)		b	und in deinem Grimm züchtige mich nicht!
	3	a	Fürwahr! Deine Pfeile sind in mich eingedrungen,
		b	und deine Hand fuhr auf mich herab.
I B	4	a	Keine heile Stelle gibt es [mehr] an meinem Leib wegen deines Zorns;
		b	kein Heil gibt es in meinem Gebein wegen meiner Sünde.
	5	a	Fürwahr, meine Vergehen sind mir über den Kopf gewachsen;
		b	wie eine schwere Last sind sie zu schwer für mich.
I C	6	a	Es wurden stinkend, eiterten meine Wunden
		b	wegen meiner Torheit.
	7	a	Gekrümmt bin ich, niedergebeugt gar sehr;
		b	den ganzen Tag ging ich im Trauergewand (oder: Bussgewand) einher.
I D	8	a	Fürwahr! Meine Lenden sind voller Brand,
		b	und keine heile Stelle gibt es [mehr] an meinem Leib.
	9	a	Ich bin ermattet und zerschlagen worden gar sehr;
		b	ich brüllte [hianaus] das Gestöhn meines Herzens.
II A	10	a	Adonaj, vor dir ist all mein Sehnen,
(B)		b	ja, mein Seufzen ist vor dir nicht verborgen!
	11	a	Mein Herz pochte heftig, verlassen hat mich meine Kraft,
		b	und das Licht meiner Augen – auch diese – ist nicht mehr bei mir.
II B	12	a	Meine Lieben und meine Nächsten wollten [fern] von meiner Plage stehen,
		b	und meine Verwandten standen von ferne.
	13	a	Schlingen legten, die mir nach meinem Leben trachteten,
		b	und die mein Unheil suchten, redeten Verderben,
		c	und Trügereien sannen sie den ganzen Tag.
II C	14	a	Ich aber [bin] wie taub, will nicht zuhören,
		b	und wie stumm, mag meinen Mund nicht öffnen.
	15	a	Ich wurde wie ein Mann, der nicht zu reden vermag,
		b	ja, in meinem Mund gab es keine Widerreden.
III A	16	a	Fürwahr, auf dich, JHWH, habe ich gehofft!
(A')		b	Du mögest [mir] antworten, Adonaj, mein Elohim!
	17	a	Fürwahr! Ich sprach: "Damit sie sich nicht über mich freuen,
		b	beim Wanken meines Fusses nicht gross tun gegen mich."

III B	18	a	Fürwahr, ich bin dem Fallen nahe,
		b	und mein Schmerz [ist] mir ständig vor Augen.
	19	a	Fürwahr, mein Vergehen bekenne ich hiermit;
		b	ich bin bekümmert wegen meiner Sünde.
III C	20	a	Und meine lebenskräftigen Feinde sind stark,
		b	und zahlreich sind, die mich hassen mit Trug.
	21	a	Und die mir Böses für Gutes vergelten;
		b	sie befeinden mich dafür, dass ich dem Guten nachjage.
III D	22	a	Verlass mich nicht, JHWH,
		b	mein Elohim, sei nicht ferne von mir!
	23	a	Eile mir bitte zu Hilfe,
		b	Adonaj, meine Rettung!

1 זכר I sich erinnern, gedenken, hi: bekannt machen, bekennen, hier evtl. denominiert von אַזְכָּרָה: als Gedenkopfer darbringen (Inf cs hi).– **2** קֶצֶף Zorn // יכח hi: zurechtweisen, strafen (PK hi 2 m sg + Suff) // חֵמָה Grimm // יסר pi: züchtigen (PK pi 2 m sg + Suff).– **3** נחת herniederfahren auf jm. (עַל); ni: eindringen in (בְּ) (AK ni 3 pl / wPK qal 3 f sg).– **4** מְתֹם unversehrte Stelle, Heiles // זַעַם Zorn.– **6** באשׁ stinken, hi: üblen Geruch verbreiten, stinkend werden (AK hi 3 pl) // מקק ni: sich auflösen, eitern (AK ni 3 pl) // חַבּוּרָה Beule, Wunde // אִוֶּלֶת Torheit.– **7** עוה qal + ni: gekrümmt sein (AK ni 1 sg) // שׁחח sich beugen, (nieder)gebeugt sein (AK qal 1 sg) // קדר finster, schmutzig sein, Trauer- oder Bussgewand tragen (Ptz qal m sg) // הלך pi: einhergehen (AK pi 1 sg).– **8** כֶּסֶל Lende // קלה am Feuer rösten; Ptz ni: Gebranntes = Brand, brennendes Geschwür (Ptz ni m sg).– **9** פוג erkalten, erschlaffen; ni: erschlafft, kraftlos sein (AK ni 1 sg) // דכה = דכא pi: erschlagen, ni: zerschlagen werden (wAK ni 1 sg) // שׁאג brüllen (AK qal 1 sg) // נְהָמָה Knurren, Gestöhn.– **10** תַּאֲוָה Verlangen // אֲנָחָה Seufzen // סתר verbergen, ni: verborgen sein (AK ni 3 f sg).– **11** סחר durchziehen; pe'al'al: sich ständig hin und herbewegen, heftig pochen (AK pe'al'al 3 m sg).– **12** רֵעַ Nächster, Vertrauter // נֶגַע Schlag, Plage.– **13** נקשׁ verstricken, pi: Schlingen legen (wPK pi 3 m pl) // הַוָּה Verderben // מִרְמָה Trug // הגה sinnen (PK qal 3 m pl).– **14** חֵרֵשׁ taub // אִלֵּם stumm.– **15** תּוֹכַחַת Widerrede.– **16** יחל hi: hoffen (AK hi 1 sg).– **17** מוט wanken (Inf cs qal).– **18** צֶלַע Wanken, Fall // כון ni: Bestand haben, sich hinstellen, bereithalten, Ptz ni: sicher, bereit, nahe daran (Ptz ni m sg) // מַכְאוֹב Schmerz.– **19** דאג bekümmert sein wegen (מִן) (PK qal 1 sg).– **20** עצם stark sein (AK qal 3 pl).– **23** חושׁ eilen (Impt Adh m sg).–

Form und Inhalt

Ps 38 ist ein individuelles Klagegebet, dessen Sitz im Leben eine aus der Sündenschuld resultierende Krankheit ist. Grossen Raum nehmen die Leidschilderungen ein. Die starke poetische Gestaltung lässt vermuten, dass der Psalm aus der Hand einer geschulten Person (im Umkreis des Tempels?) stammt, für eine konkrete Situation oder sogar einen konkreten Menschen geschrieben und später wiederverwendet wurde.
Er lässt sich in zwei gleichlange Rahmenteile (16 Zeilen) und einen etwas kürzeren Mittelteil (13 Zeilen) gliedern. Der erste Abschnitt (I) setzt mit einer Bitte um Strafabwendung ein, an

die sich eine Gott-Klage anschliesst. Sie macht gleich zu Beginn deutlich, dass der Beter sein notvolles Ergehen als von Gott verursacht ansieht (2f.). Es fügt sich eine längere Elendsschilderung an, die zeigt, dass diese sich in leiblicher Versehrtheit äussert und in inneren Nöten, die mit schweren Vergehen in Zusammenhang stehen, wurzelt (4–9). Abschnitt II setzt nach einer zweiten Gottesanrufung (10) die Leidensschilderung fort, die auch auf die soziale Isolation – verlassen von Freunden, bedrängt von Feinden – zu sprechen kommt (11–13). Sie lässt ihn schliesslich verstummen (14f.). Im Schlussabschnitt (III) ist das Gebetsmoment verstärkt: Er spricht JHWH als seine Hoffnung an (16), erwartet sein Eingreifen zum Schutz vor den Feinden (17), schildert sein Elend (18) und bekennt seine Schuld (19). Er kommt auf die ungerechte Gegnerschaft zu sprechen (20f.) und beschliesst den Psalm mit Hilfs- und Rettungsappellen an JHWH (22f.).
Eine Wende der Not wird im Psalm selber nicht ansichtig. Dass der Psalm überliefert wurde, wird als indirekter Beweis dafür zu nehmen sein, dass das Gebet Erhörung bei Gott gefunden hat.

Struktur und Poesie

Mit seinem Vorgängerpsalm 37 verbindet Ps 38 eine Zwei-Vers-Strophik und ein akrostichisches Schema. Allerdings liegt in Ps 38 kein alphabetisches, sondern (nur) eine alphabetisierendes Muster in dem Sinn vor, dass der Psalm dieselbe Verszahl wie das Total des hebr. Konsonantenalphabets (= 22) aufweist. Dieses wird durch weitere Auffälligkeiten bei den Veröffnungen verstärkt (s.u.). Alle Verse sind zweizeilig – mit Ausnahme des dreizeiligen Verses 13 (der damit vielleicht die Psalmmitte bzw. die Eröffnung der zweiten Hälfte markiert).
Es legt sich mir nahe, eine dreiteilige Hauptgliederung anzunehmen, die dadurch gekennzeichnet ist, dass jede Stanze mit einer (vokativischen) Gottesanrufung, also einem Gebetsteil, einsetzt (2.10.16). Die Enden sind markiert durch inneres Stöhnen (9), äusserliches Schweigen (15) und – in Abweichung davon bzw. in Analogie zu den Stanzeneröffnungen – mit einem eindringlichen Gottesappell (22f.). Die drei Stanzen fügen sich zu einem mittelzentrierten Muster (ABA'-Chiasmus). Die Rahmen-Stanzen weisen eine Entsprechung (bis hinein in die Begrifflichkeit) von Sündeneingeständnis (4f.) und Sündenbekenntnis (19) auf. Ist die Leidschilderung von I mit der Bitte um Strafabwendung verknüpft, so die von III mit dem Ausdruck des Hoffens und der Bitte um Rettung. Anfangs- und Schlussappell des Psalms legen zudem einen Rahmen. Die Mittel-Stanze bildet die Brücke in dem Sinn, dass das Eingeständnis, allein auf Gott ausgerichtet und vor ihm transparent zu sein, zwischen Strafabwehr (I) und Rettungserwartung bzw. -bitte (III) seinen Platz hat. Die Schilderung der sozialen Isolation und der Anfeindung steht im "Herzen" des Psalms (12f.) und unterstreicht die Notwendigkeit der Gotteshilfe. Die janusköpfige Funktion der Mittestanze zeigt sich auch durch begriffliche Bezüge, die nach beiden Seiten gelegt werden: So wird im Blick auf I die Kraftlosigkeit nachgedoppelt (vgl. 9a mit 11b) und werden die Aussagen "mein Herz" (לבי 9b.11a) sowie "den ganzen Tag" (כל־היום 7b.13c) aufgenommen. Zwischen II und III andererseits besteht eine Korrespondenz zwischen dem Eingeständnis des "Verlassens" seiner Kraft und der Bitte an JHWH, ihn nicht zu "verlassen" (עזב 11b.22a). Entsprechend ist auch der Bezug zwischen dem "Fernsein" seiner Nächsten und der Bitte an Gott, nicht "ferne" zu sein (רחק 12b.22b). Schliesslich sind unter dem Stichwort רעה "Unheil/Böses" (13b. 21a) auch die Schilderungen des Feind-Verhaltens verbunden.
Aus dem inneren Aufbau der jeweiligen Stanzen seien nur die Bezüge zwischen 4 und 8 aus I und die Triplette der Gottesbezeichnungen (JHWH – Adonaj – mein Elohim ... JHWH – mein

Elohim – Adonaj) am Anfang (16) und Schluss (22f.) von III herausgegriffen. Über die 22er-Akrostichie hinaus sind an Auffälligkeiten nachzutragen: die insgesamt sieben emphatischen כי/"fürwahr"-Verseröffnungen in I (3.5.8) und III (16–19) sowie die vier א- (4.10.12.22) und die fünf (א)ו-Anfänge (13–15.20f.). Schliesslich sind einige Lautmuster zu erwähnen, so u.a. die öfters von כי initiierte *i*-Alliteration, auch *i*-Reime (= Nachahmung schriller Klagetöne?), die ה/כ-Alliteration in 3 sowie diejenige der Guttural (א/ע)- und Labial-Laute (מ/ב/פ) in 4, die Nachdopplung der כ-Eröffnung durch כ/ק-Laute in 5 (ähnlich in 9 hinsichtlich נ) und das Laut-, Reim- und Sinnspiel ואנחתי/תאותי "mein Sehnen/mein Seufzen" in 10ab.

Kontexte

Die Überschriftsangabe (1) "zur Erinnerungsstiftung" bzw. "zum Gedächtnis" lässt keine näheren Schlüsse zu. Das Targum bringt den Psalm mit dem אזכרה "Gedenk- bzw. Weihrauchopfer" (Lev 2,2.9.16) in Verbindung, und G ergänzt einen Sabbat-Bezug.
Ps 38 weist einige Stichwortbezüge zum vorangehenden Ps 37 auf: negiertes עזב "ver-, überlassen", mit JHWH als Subjekt oder Angerufener (37,28.33; 38,22), sowie die Motive des Hoffens auf JHWH (37,7; 38,16) und seiner Hilfe bzw. Rettung (37,39f.; 38,23 – je am Schluss). Insgesamt sind aber die Berührungen von Ps 38 mit Ps 39 enger, da in beiden die situative Verbindung von Krankheit und Schuld den Hintergrund abgibt. Im Rahmen der Kleingruppe Ps 34–41 gibt es auch Bezüge zu Ps 35 (vgl. 35,19 mit 38,17.20 und 35,12 mit 38,21).
Ps 38 ist der dritte der altkirchlichen Busspsalmen und hat auch Ähnlichkeiten mit Ps 6 (dem ersten Busspsalm).
Zu 5 vgl. Mt 11,28, zu 12 vgl. Mt 27,55; Lk 23,49, zu 14f. vgl. Mt 26,63, zu 21 vgl. Röm 12,17; 1. Thess 5,15; 1. Petr 3,9.

Anregungen für die Praxis

Zwar gibt es keinen Automatismus zwischen Krankheit und Leiden einerseits und Sünde andererseits – vgl. Joh 9,1–3 –, doch bezeugt dieser Psalm (und andere mit ihm) die Möglichkeit eines inneren Zusammenhangs zwischen Krankheitsleiden und Schuld. Das Leiden wird als Gottesgericht verstanden (3f.). Eindrücklich ist, dass und wie trotz und in dieser Schuld der Beter sich an seinen Gott wendet in Sehnen und Seufzen (10). Noch ein Zusammenhang tritt in Ps 38 zutage: Derjenige zwischen Schuld und Krankheit einerseits und sozialer Isolation und aggressiver Anfeindung andererseits. Dem ohnehin schon Bedrängten wird noch durch Verleumdungen versucht, den Garaus zu machen (13). Er aber bleibt seinen Feinden gegenüber stumm (14f.) und redet dafür um so eindringlicher in diesem Gebet mit Gott. Auch in der Schuld vor Gott bleibt nur das Hoffen zu Gott (16), denn bei ihm allein ist Hilfe (22f.).
Für die Passionsgeschichte Jesu ergeben sich bei zwei Momenten Erhellungen durch diesen Psalm: im Blick auf das Schweigen Jesu auf die hinterhältigen Fragen des Hohenpriesters (14f. und Mt 26,63) und im Blick auf die soziale Isolation des Gekreuzigten, die sich auch im "Fernstehen" seiner Jüngerinnen und Jünger äussert (12 und Mt 27,55; Lk 23,49).
Ps 38 im Gesangbuch: EG Ps 38 (EG-West), 721 (EG-Wü), 722 (EG-West); RG 29.

Psalm 39

	1		Dem Musikverantwortlichen – dem (oder: nach [der Weise von] Jeduthun – ein Psalm – David zugehörig.
I A	2	a	Ich sagte: Ich will meine Wege bewahren
		b	vor dem Sündigen mit meiner Zunge.
		c	Ich will bewahren meinen Mund mit einem Lippenblech
		d	solange als ein Frevler vor mir ist.
	3	a	Ich bin verstummt in Stille,
		b	ich schwieg – fern vom Guten –,
		c	und mein Schmerz wurde aufgerührt.
I B	4	a	Heiss wurde mein Herz in meinem Inneren,
		b	bei meinem Seufzen entbrannte immer neu ein Feuer.
		c	[Da] redete ich mit meiner Zunge:
	5	a	Tue mir kund, JHWH, mein Ende
		b	und das Mass meiner Tage, welches es [ist]!
		c	Ich will erkennen, wie hinfällig ich bin.
	6	a	Siehe, [nur einige] Handbreiten hast du mir an Tagen gegeben,
		b	und meine Lebensdauer ist wie ein Nichts vor dir.
R'		c	Fürwahr, [nur] als Hauch steht jeder Mensch da! – Sela.
II A	7	a	Fürwahr, als Schattenbild muss ein Mann einhergehen!
		b	Fürwahr, nur [um] einen Hauch vermögen sie zu lärmen!
		c	Er häuft immer neu an, weiss aber nicht, wer es einsammeln wird.
	8	a	Und jetzt: Was habe ich gehofft, Adonaj?
		b	Meine Hoffnung, sie [gilt] dir!
	9	a	Von allen meinen Verfehlungen rette mich!
		b	Zur Schmach des Narren mögest du mich nicht machen!
II B	10	a	Ich bin verstummt [und] werde meinen Mund nicht [mehr] öffnen,
		b	denn du selbst hast gehandelt.
	11	a	Nimm weg von mir deine Plage!
		b	Vom Schlag deiner Hand bin ich selbst zugrunde gegangen.
	12	a	Mit Strafen wegen [seiner] Schuld hast du gezüchtigt einen Mann;
		b	wie die Motte liessest du zerfliessen seine schöne Gestalt.
R"		c	Fürwahr, [nur] ein Hauch [ist] jeder Mensch! – Sela.
III	13	a	Höre bitte mein Gebet, JHWH!
		b	Ja, mein Geschrei nimm bitte zu Ohren!
		c	Zu meinen Tränen schweige nicht!

	d	Denn ein Fremdling bin ich [geworden] bei dir,
	e	ein Beisasse wie alle meine Väter.
14	a	Schaue weg von mir, dass ich [nochmal] heiter werden kann,
	b	bevor ich dahingehe und nicht mehr bin!

2 חטא sündigen (Inf cs qal) // מַחְסוֹם (hap leg, phönizisches Lw.?) Lippenblech, Mundmaske – ein Mundstück aus Gold- oder Silberblech, das Verstorbenen zur Schliessung der Seele eingesetzt wurde (früher: Zaum) // בְּעוֹד so lange als ("bei Fortdauern von").– **3** אלם ni: verstummen (AK ni 1 sg) // דוּמִיָּה Schweigen // חשה qal + hi: schweigen (AK hi 1 sg) // כְּאֵב Schmerz // עכר verwirren, ins Unglück bringen, ni: aufgerührt werden (AK ni 3 m sg).– **4** חמם heiss werden (AK qal 3 m sg) // קֶרֶב das Innere // הָגִיג Seufzen (beim Gebet) // בער brennen (PK qal 3 m sg).– **5** קֵץ Ende // מִדָּה Mass // חָדֵל hinfällig.– **6** טֶפַח Handbreite, Spanne // חֶלֶד Lebensdauer // הֶבֶל Hauch // נצב ni: sich hinstellen, dastehen (AK ni 3 m sg).– **7** צֶלֶם (Schatten-)Bild // המה lärmen, toben (PK qal 3 pl) // צבר aufhäufen (PK qal 3 m sg) // אסף wegnehmen, an sich nehmen (Ptz m sg + Suff).– **8** קוה pi: harren (AK pi 1 sg) // תּוֹחֶלֶת Hoffnung.– **11** סור weichen, hi: wegnehmen (Impt hi m sg) // נֶגַע Schlag, Plage // תִּגְרָה (hap leg) Streit(?), Schlag(?), Angriff(?) // כלה aufhören, enden, zugrunde gehen, vergehen (PK qal 1 sg).– **12** תּוֹכַחַת Strafe // יסר pi: züchtigen (AK pi 2 m sg) // מסה hi: zerfliessen machen (wPK qal 2 m sg) // עָשׁ Motte // חמד begehren (Ptz pass m sg + Suff), oder von חֶמֶד Anmut, Pracht.– **13** שַׁוְעָה Geschrei um Hilfe // דִּמְעָה Träne(n) // חרש schweigen (PK qal 2 m sg) // תּוֹשָׁב Beisasse.– **14** שעה schauen, mit מִן: wegschauen von jm., hi: dasselbe (Impt hi m sg – oder von שעע I hi: verkleben) // בלג hi: heiter werden (wPK Koh hi 1 sg) // בְּטֶרֶם bevor.–

Form und Inhalt

Ps 39 ist eine Mischung von Klagegebet (mit nicht ganz erhellbaren autobiographischen Hinweisen) und in weisheitlicher Manier ins Grundsätzliche gehobener Reflexion über die Nichtigkeit des Lebens. Als Hintergrund schimmert eine Bedrohung durch den Tod (infolge Krankheit, hohem Alter oder beidem) durch, der den Sprechenden unmittelbar bedrängt (5f.14). Dass sich der Psalmist dabei eigener Verfehlungen bewusst ist, wird anhand von 9.11f. deutlich. Diese stehen wohl – wie 2f.10 zeigen – in Zusammenhang mit (falschem) Reden bzw. Schweigen (das wiederum hat eine Nähe zum endgültigen Schweigen im Tod). Den Psalm durchzieht eine eigentümlich spannungsgeladene Gottesbeziehung, die sich im Neben- und Ineinander von Schweigen und Reden artikuliert und deren Hintergrund eine erlebte Ambivalenz von schuldanfälligem, ja erdrückendem Ausgeliefertsein an Gott einerseits und trotzdem gesuchter Gottesnähe andererseits ist (C. Forster).
Der Psalm eröffnet nicht wie üblich mit Bittappellen – sie finden sich am Schluss –, sondern mit der Schilderung von Entschluss und Ausführung des Schweigens (2f.). Als Grund des Verstummens wird die Bewahrung vor Zungensünden genannt. Anscheinend besteht die Gefahr dazu, zumal "ein Frevler" ihn bedrängt. Das Schweigen verlagerte die Notlage in sein Inneres (4) und brachte ihn dann doch zum Reden (5f.). Doch ist sein Reden nun ein Reden zu Gott (Gebet) mit dem Wunsch, das nahe Lebensende und damit seine Hinfälligkeit erkennen zu können.
Der zweite Abschnitt (7–12) könnte ein Einschub sein, der das Stichwort der menschlichen Vergänglichkeit aus 6 aufnimmt und weisheitlich entfaltet. So wird das Stichwort הבל "Hauch"

aus 6c als Interpretationsrahmen (7b.12c) um diesen Abschnitt gelegt (7bc scheint mit Feindverhalten zu tun zu haben). "Eingelagert" in diese Besinnung über die Nichtigkeit des Menschen findet sich in 8–11 ein Gebetsdialog: Der Psalmbeter bekennt, dass sein Hoffen und Harren allein auf JHWH gerichtet war und ist; er erbittet die "Rettung" von den eigenen Verfehlungen und der daraus resultierenden Schmach. Neuerdings ist von einem Verstummen die Rede, das aber – anders als 2f. – nicht selbstmotiviert, sondern durch Gottes (Gerichts?-)Handeln verursacht wurde. Wie schon am Schluss von I begeht auch am Ende von II der Psalmist den Weg der Gebets-Rede (die "Plage" interpretiert er als Strafe für seine Schuld).
Der Schlussabschnitt (III) enthält einen Bittappell, das tränenvolle Gebet und Schreien doch zu erhören. Das bereits angeklungene Motiv des eigenen "Schweigens" wird nun umgekehrt: Gott soll nicht schweigen! Wenn er sich in die Nähe von Personen minderen Rechts stellt (13de), so will er damit wohl Gott zu seinem Schutz motivieren. Der Schluss (14) spricht nochmals vom nahen Lebensende (vgl. 5f.) und erbittet eine letzte Linderung (durch Abkehr des strafenden Blickes JHWHs?).

Struktur und Poesie

Der Psalm besteht aus fünf ähnlich langen Strophen, die zu drei Stanzen (I–III) zusammengezogen werden, was zu zwei längeren Stanzen und einer kürzeren Schluss-Stanze führt. Die Beschliessung der (Haupt-)Stanzen I und II mit einem refrainartigen Monokolon (6c.12c = R'/R") und die Zäsur-Markierung mit "Sela" bestätigen diese Gliederung.
Die beiden Strophen von Stanze I sind durch das Motiv des "(eigenen) Bewahrens" (שמר 2a.2c) einerseits (I A) und des die noch verbleibende Lebensdauer anzeigenden Stichworts "meine Tage" (ימי 5b.6a) andererseits (I B) bestimmt. Verklammert werden sie durch die Erwähnung "mit meiner Zunge" (בלשוני 2b.4c), womit die Spannung zwischen Schweigen (vor Menschen; Bewahrung vor Zungensünden) und Reden (vor Gott; Einsicht in den noch verbleibenden Lebensweg) aufgebaut wird. Stanze II hat einen deutlich markierten, am Schlussvers bzw. Refrain von I anknüpfenden (weisheitlichen) Rahmen. Er ist gekennzeichnet durch die Emphase-Partikel אך "Fürwahr!" (Zeileneröffnung 6c.7a.7b, dazu 12c), das Stichwort הבל "Hauch" (6c.7b.12c) sowie die umgekehrte Doppelung des Wortpaares "Mensch/Mann" (6c.7a.12a.12c). Verbindet die Reden-Schweigen-Thematik die Strophen I und II (vgl. das gemeinsame Stichwort פי "mein Mund" 2c.10a), so das Moment der Lebensgestaltung unter dem nahen Tod die Stanzen II und III (vgl. הלך hitp/qal "einhergehen/dahingehen" 7a.14b). Die rahmenden Stanzen I und III sind durch die Umkehrung des Schweigen-Motivs (3.13), den Gottesnamen JHWH (5a.13a – in der Mittestanze erscheint Adonaj, 8a) sowie die auf die Lebensexistenz bezogene Aussage (כ)אין ("wie ein Nichts/nicht mehr" 6b.14b – je am Stanzenschluss) aufeinander bezogen.
Lautphänomene: בער/עכר 3c.4b (Verstärkung der Aussage von innerem Aufruhr und "Brennen"!), חלד/חדל 5c.6b (Verknüpfung von "Hinfälligkeit" und "Lebensdauer"!), בצ/צב-Alliteration 6c.7a.7b, Anhäufung von Guttural- und Labial-Lauten in 10, יסר/סור sowie 5mal Anlautung mit Guttural-Laut und a-Vokal in 11f., עש/איש in 12.

Kontexte

Neben der David-Zuweisung erscheint mit לידיתון in der Überschrift (1) eine zweite, die vielleicht nicht die Zugehörigkeit, sondern die Aufführungsart ("nach der Weise von Jeduthun" o.ä., vgl. Ps 62,1; 77,1) des Psalms bezeichnet. Hinter dem Namen steht nach den Angaben der Chronik der Ahnherr einer Leviten- bzw. Türhüter-Gruppe am Tempel, die – neben anderen –

auch mit der Tempelmusik betraut wurde (vgl. u.a. 1. Ch 9,16; 16,38.41f.; 25,1.3.6). In den Psalmüberschriften erscheint er 3mal: ausser hier noch in Ps 62,1 und 77,1 (vom in den Psalmen nur 10mal erscheinenden הבל "Hauch" finden sich drei Belege Ps 39 und zwei Belege in dem verwandten Ps 62 – ein Zufall, oder steht der Name Jeduthun für weisheitliche Bearbeitung?).
Ps 39 wird aufgrund der Ähnlichkeiten sowohl als "Hiob-Psalm" (Lage und Stimmung des Beters, vgl. etwa 7 mit Hi 14,2, 12 mit Hi 13,28 und 14 mit Hi 10,20) als auch als "Qohelet-Psalm" (Hinfälligkeit des Menschen, vgl. das Stichwort הבל und etwa 7 mit Koh 2,21) bezeichnet (K. Seybold, C. Forster). Er hat zum Vorgängerpsalm 38 zudem enge thematische (Krankheit/Schuld), motivische und begriffliche Verbindungen (vgl. u.a. die Hoffnung 38,16; 39,8 und das Verstummen 38,14; 39,3.13). "In der jetzigen Leseabfolge kann Ps 40, der auf eine Erhörung und Errettung durch Gott zurückblickt, als Antwort auf Ps 39 (und 38) gelesen werden" (C. Forster).
Zu 4 vgl. Lk 24,32, zu 6 und 12 vgl. Jak 4,14(f.), zu 13 vgl. Hebr 11,13; 1. Petr 2,11.

Anregungen für die Praxis

Eine Spannung zwischen Reden und Schweigen im Zusammenhang mit Konflikten und Schuld, in der auch wir moderne Menschen uns oft wiederfinden, durchzieht diesen Psalm. Dabei erweist sich das Schweigen gegenüber Menschen, aber das zugleiche Reden mit Gott als Weg, diese Spannung auszuhalten, ja zu bewältigen. Im Psalm artikuliert sich ein Mensch, der bereits am Rand des Todes steht; davon ausgehend findet sich eine Besinnung über die Brüchigkeit menschlichen Lebens generell. Zur Schuld-Thematik liegen drei Facetten vor: Die Bitte um Bewahrung davor (2) – die Bitte um Rettung aus den Verfehlungen (9, evtl. auch 14) – das Bekenntnis von Strafe und Erziehung ("Züchtigung") aufgrund von Schuld (12). Wie der ganze Psalm von einer existenziellen Tiefe bestimmt ist, so auch das Gebet, das von Seufzen, Schreien und Weinen begleitet ist und um Erhörung ringt (13, vgl. 4b). "Der Psalmdichter scheint seinen Hörern bzw. Lesern einen Weg aufzeigen zu wollen, wie angesichts einer Leidenssituation gebetet werden kann, ohne Gott anzuklagen, aber ihm gegenüber doch zum Ausdruck zu bringen, wie belastend und schwer nachvollziehbar sein Handeln ist" (C. Forster).
Ps 39 im Gesangbuch: EG Ps 39 (EG-West), 722 (EG-Wü), 723 (EG-West), 753 (EG-BT).

Psalm 40

	1		Dem Musikverantwortlichen – David zugehörig – ein Psalm.
I	2	a	Ich habe fest auf JHWH gehofft.
		b	Und er neigte sich zu mir und hörte mein Schreien um Hilfe.
	3	a	Und er führte mich herauf aus der Grube des Verderbens,
		b	aus Kot und Schlamm;
		c	und er stellte auf einen Felsen meine Füsse,
		d	machte fest meine Schritte.
	4	a	Er gab in meinen Mund ein neues Lied,
		b	ein Loblied für unseren Elohim.
		c	Viele werden es sehen und [deshalb] Gottesfurcht zeigen
		d	und auf JHWH vertrauen.
	5	a	Glückselig ist der Mann, der gesetzt hat sein Vertrauen auf JHWH
		b	und sich nicht gewandt hat zu den Tobenden und den in Lüge Verstrickten!
II	6	a	In grosser Zahl hast du selbst vollbracht,
		b	JHWH, mein Elohim, deine Wunder,
		c	und dein Nachsinnen über uns!
		d	Nichts ist mit dir zu vergleichen:
		e	Wollte ich [davon] erzählen und reden –
		f	sie sind [zu] zahlreich geworden, um aufzuzählen.
	7	a	An Schlachtopfer und Speisopfer hattest du kein Gefallen
		b	– die beiden Ohren hast du mir ausgehöhlt –,
		c	Brandopfer und Sündopfer hast du nicht erbeten.
	8	a	Da sprach ich: Siehe, ich bin gekommen;
		b	in der Schriftrolle [ist] über mich geschrieben.
	9	a	Am Tun nach deinem Wohlgefallen, mein Elohim, habe ich Gefallen,
		b	und deine Weisung [ist] inmitten meines Innern.
	10	a	Ich verkündige hiermit Gerechtigkeit in grosser Versammlung.
		b	Siehe, meine Lippen will ich nicht verschliessen –
		c	JHWH, du, du weisst es!
	11	a	Deine Gerechtigkeit verbarg ich nicht inmitten meines Herzens.
		b	Deine Treue und dein Heil spreche ich hiermit aus.
		c	Ich habe nicht verhehlt deine Gnade und deine Wahrheit der grossen Versammlung.
	12	a	Du, JHWH, du mögest nicht verschliessen deine Barmherzigkeit vor mir,
		b	deine Gnade und Wahrheit mögen mich beständig bewahren!
III	13	a	Denn Übles umgab mich –
		b	bis zur Unzahl!

Psalm 40

	c	Meine Verfehlungen erreichten mich,
	d	so dass ich nicht [mehr aufzu]sehen vermochte.
	e	Sie wurden zahlreicher als die Haare meines Hauptes,
	f	und mein Mut ("Herz") verliess mich.
14	a	Habe Gefallen, JHWH, mich zu retten!
	b	JHWH, zu meiner Hilfe eile bitte!
15	a	Sich schämen müssen und beschämt werden sollen allesamt
	b	die nach meinem Leben trachten, um es wegzuraffen.
	c	Zurückweichen müssen und zuschanden werden sollen
	d	die Gefallen haben an meinem Unheil.
16	a	Erstarren sollen als Lohn für ihre Schande
	b	die mir sagen: "Haha! Haha!"
17	a	Frohlocken und sich freuen an dir sollen
	b	alle, die nach dir trachten.
	c	Es sollen beständig sagen: "Gross wird JHWH sich erweisen!"
	d	die dein Heil lieben.
18	a	Ich aber [bin] elend und arm –
	b	Adonaj möge an mich denken!
	c	Meine Hilfe und mein Retter [bist] du –
	d	mein Elohim, zögere nicht!

2 קוה pi: hoffen, harren (Inf abs pi / AK pi 1 sg) // נטה sich neigen (wPK qal 3 m sg) // שַׁוְעָה Hilferuf, Geschrei um Hilfe.– **3** שָׁאוֹן Verderben // טִיט Kot // יָוֵן Schlamm, Morast // כו pol: hinstellen, bereiten, gründen, Bestand geben (AK pol 3 m sg) // אָשׁוּר pl: Schritt.– **5** רַהַב Toben, Drängende, pl: Dränger = Feinde // שׂוט sich abwenden (zu), sich verstricken (in) (wPtz m pl cs).– **6** מַחֲשָׁבָה Gedanke // ערך vergleichen (mit) (Inf cs qal) // עצם stark, zahlreich sein (AK qal 3 pl).– **7** כרה "aushöhlen", "graben": bilden, öffnen (AK qal 2 m sg).– **9** מֵעִים pl: Inneres, Eingeweide.– **10** בשׂר pi: frohe Botschaft bringen, verkündigen (AK pi 1 sg) // כלא zurückhalten, verschliessen (PK qal 1 sg).– **11** כסה bedecken, pi: verbergen (AK pi 1 sg) // כחד pi: verhehlen (AK qal 1 sg).– **12** נצר bewahren (PK qal 3 m pl).– **13** אפף umgeben (AK qal 3 pl) // נשׂג hi: erreichen (AK hi 3 pl + Suff) // שַׂעֲרָה Haar.– **14** חושׁ I (herbei)eilen (Impt Adh qal m sg).– **15** בושׁ I sich schämen (müssen), zuschanden werden (PK qal 3 m pl) // חפר II sich schämen, beschämt sein (wPK qal 3 m pl) // ספה wegraffen (Inf cs qal + Suff) // סוג I abweichen, ni: zurückweichen (mit אָחוֹר) (PK ni 3 m pl) // כלם ni: beschimpft sein, sich beschimpft fühlen, sich schämen, zuschanden werden (wPK ni 3 m pl).– **16** שׁמם verödet sein, schaudern, erstarren (PK qal 3 m pl) // עֵקֶב Hinterstes; Lohn, mit עַל: zum Lohn für = wegen // בֹּשֶׁת Scham, Schande // הֶאָח Ha! Eia!– **17** שׂישׂ sich freuen, frohlocken (PK qal 3 m pl).– **18** חשׁב achten, wertschätzen, planen (PK qal 3 m sg) // פלט entkommen, pi: davonbringen, retten (wPtz pi m sg + Suff) // אחר verweilen, pi: verweilen, säumen, zögern (PK pi 2 m sg).–

Psalm 40

Form und Inhalt

Ps 40 ist ein kompositer Psalm, bestehend aus drei Hauptteilen, die Dank (2–5), öffentliches Bekenntnis (6–12) und Klage (13–18) enthalten (entsprechend der Einschätzung der Tempora). In der Endform hat man den Psalm als individuelles "Danklied" anzusprechen, wobei er zeitlich bzw. inhaltlich betrachtet umgekehrt, d.h. von hinten nach vorn, zu interpretieren ist. Wenn dem so ist, so bildet das aufgenommene und weithin mit Ps 70 identische Klage- und Bittgebet (13–18) den Ausgangspunkt für den vorliegenden Psalm. Darin werden grosse Nöte und eigene Verfehlungen angesprochen, und es ist von Feinden die Rede, die dem Bedrängten nach dem Leben trachten. Die Bitten zielen auf Barmherzigkeit vonseiten Gottes und auf Beschämung der Feinde. Möglicherweise diente 14–18 (= Ps 70) als "Formular", das der Bedrängte nachbetete, mit dem er seine Not Gott hinlegte und auf diesen harrte (2) und schliesslich eine Rettungserfahrung machte (3). Die Erfahrung mit dem "alten Lied" (14–18 = Ps 70, erweitert durch 13) führte zur Intonation eines "neuen Liedes". Die Danksagung (2–5), die eine Rettung "aus der Grube des Verderbens" bezeugt, eröffnet nun Ps 40. Sie soll zum Vertrauen auf JHWH ermutigen (Abschluss mit Seligpreisung; 5b spricht möglichweise von der Abgrenzung gegenüber magischen Praktiken). Das bekenntnishafte mittlere Stück des Psalms (6–12), möglicherweise identisch mit dem in 4 erwähnten "neuen Lied/Loblied", hat sowohl Anredecharakter an Gott (6ff.) als auch Verkündigungscharakter gegenüber der anwesenden Gemeinde (10). Erwähnt ist die Unvergleichlichkeit JHWHs, der an Opfern nicht interessiert ist (brachte die Sühnung der Sünden durch die Opfer nicht die erhoffte Heilswende?). Dies wird – wenn man 7–9 so zu verstehen hat – dem Psalmisten als Eingebung (7b, "Entstopfung" der Ohren zum Hören des Willens Gottes?) zuteil; statt der Opfer bringt er eine Votiv-Schriftrolle (8) und gibt sich selbst zum Tun des Gottes-Willens dar (9). Er preist Gottes Heilswirken und erbittet zum Schluss, dass dieses ihn auch zukünftig bewahren möge (10–12).

Struktur und Poesie

Die Zeilen- und Versabgrenzungen sind nicht immer klar (liest man z.B. 5 vier- oder zweizeilig?) und die Poesie ist stellenweise nur schwach ausgebildet (u.a. Fehlen des Parallelismus in 6.13). Auch die Gliederung ist unsicher. So sind bei den drei Hauptteilen (Stanzen) die Zuweisung der (Übergangs-)Verse 12 und 13 diskutierbar. Eine Untergliederung in Strophen (wahrscheinlich zu je 6–8 Zeilen, mit 4 Zeilen am Schluss) ist zu vermuten. 7–9 bildet nicht nur das durch die Verkündigungsteile 6 und 10–12 gerahmte Herzstück der Stanze II, sondern nun wohl des gesamten Psalms.
In I ist an poetischen Figuren die überkreuzte Aufnahme der Begrifflichkeit "Vertrauen" (Verb/Nomen) und "JHWH" von 5 aus 4 zu notieren sowie die lautlichen, wortspielartigen Verknüpfungen von שמע/שועתי ("hören/mein Schreien um Hilfe") in 2a und von "sehen/sich fürchten bzw. Gottesfurcht erzeigen" (וייראו/יראו) in 4c. Das Stichwort רבים "viele" (Form m pl), das in 4 die Empfänger der Dankbezeugung meint, wird am Anfang von II als רבות "viele/grosse Zahl" (Form f pl) aufgenommen, hier aber die Menge der von JHWH vollbrachten Wundertaten anzeigend (es erscheint dann noch zweimal als sg in der Wendung: "grosse" Versammlung, 10a.11c). Innerhalb von II werden folgende Begriffe und Motive gedoppelt (und damit Bezüge angezeigt): עשה "vollbringen/tun" 6a.9a (einmal von Gottes Taten, einmal von des Menschen Gehorsam), צדק(ה) "Gerechtigkeit" 10a.11a, קהל רב "grosse Versammlung" 10a.11c, בתוך מעי/לבי "inmitten meines Innern/meines Herzens" 9b.11a, כלה "verschliessen" 10b.12a (von den Lippen/von Gottes Barmherzigkeit) sowie "deine Gnade und deine Wahrheit" 11c.12b. Die Verbindung der Teile II und III geschieht u.a. über die Stich-

wortaufnahmen "mein Herz" 11a.13f, עצמו "sie sind zahlreich geworden" 6f.13e (Wunder <=> Verfehlungen), תשועתך "dein Heil" 11b.17d und תמיד "beständig" 12b.17c (Zusammenhang Bewahrung und Lobpreis!). Was III betrifft, verdienen die wiederholten Stichworte רעה "Übles (pl)/Unheil (sg)" 13a.15d, בקש "trachten nach/suchen" 15b.17b (nach dem Leben des Beters <=> Gott), בוש "sich schämen (müssen)/Schande" 15a.16a und עזרתי "meine Hilfe" 14b.18c Erwähnung (Weiteres unter Ps 70).

Kontexte

4 könnte auf ein Bewusstsein zu prophetischer Begabung und Verkündigung im Sinne mosaischer und jeremianischer Vorgaben (vgl. Dtn 18,18; Jer 1,9) hinweisen (G. Braulik). Der Schlussteil 14–18 (13 ist ein Übergangsstück) ist wohl von Ps 70 abhängig und stellt eine überarbeitete Version desselben dar. Bezüge ergeben sich auch zu Ps 35 (vgl. u.a. 35,4 mit 40,15, 35,21 mit 40,16, 35,26 mit 40,15, 35,27 mit 40,17), der die Kleingruppe Ps 35–41 eröffnet (Rahmung Ps 35 und Ps 40/41). Ps 40 ist auch mit den Vorgängerpsalmen (vgl. u.a. 37,23 mit 40,3, 37,31 mit 40,9, 38,5.11 mit 40,13, 39,8 mit 40,2 [קוה "hoffen"], 39,13 mit 40,2 [Bitte => Antwort]) und namentlich dem nachfolgenden Ps 41 (s. dort) verknüpft. Eine Interpretationsrichtung liest Ps 40 als Königspsalm (vgl. auch "David zugehörig", 1).
Der Hebräerbrief zitiert in 10,5–9 die Passage 40,7–9 (mit der Änderung "Leib" statt "Ohren") als Christus-Gebet im Zusammenhang mit dessen Tun des Gottes-Willens (Selbsthingabe) und seinem Dienst der Versöhnung. Vgl. weiter 3 mit Jer 38,6; Sach 9,11; Klgl 3,53f., 5 mit Ps 1,1; 73,28; Jer 17,7, 7 mit Ps 50,7–15; 51,18f.; 1. Sam 15,22; Am 5,22; Eph 5,2, 9 mit Joh 4,34.

Anregungen für die Praxis

Im Psalm ist von der Erfahrung die Rede, dass Schuldhaftes anschwellen, einen Sog ausüben, den Schuldigen erreichen und schliesslich das Leben ersticken kann. Im Gesamten des Psalms wird ein Zusammenhang zwischen der Sündenschuld und der Situation in der "Grube des Verderbens" (Schlamm, Dunkelheit, Gefängnis) bzw. der Befreiung daraus und der Vergebung hergestellt (vgl. auch Jes 44,22; Klgl 3,1–3.22–24.46–48.52ff.). Geschenkte Befreiung gibt sprichwörtlich wieder festen Boden unter die Füsse. Sie drängt zum Erzählen und Bezeugen des Erlebten und will andere von Gottes Güte und Treue anstecken.
Ps 40 bezeugt auch, dass Gott nicht mit wie auch immer gearteten Ersatzhandlungen ("Opfer") zufrieden gestellt werden kann. Gefragt ist vielmehr die Hingabe an ihn durch das Tun seines geoffenbarten Willens – so auch Jesus (vgl. Joh 4,34) – und das Verkündigen seiner Heilstaten. Was die christologischen Interpretationsmöglichkeiten des Psalms angehen, so legt Hebr 10,5ff. eine wesentliche Spur.
Ps 40 im Gesangbuch: EG Ps 40 (EG-West); GL 725; KG 458.6, (KG CN 043–044).

Psalm 41

	1		Dem Musikverantwortlichen – ein Psalm – David zugehörig.
I	2	a	Glückselig, wer auf den Armen acht hat:
(A)		b	Am Tag des Unheils wird JHWH ihn retten.
	3	a	JHWH wird ihn bewahren und ihn am Leben erhalten,
		b	er wird glücklich gepriesen werden im Lande.
		c	Ja, du wirst ihn nicht der Gier seiner Feinde preisgeben.
	4	a	JHWH wird ihn stützen auf dem Krankenbett.
		b	Sein ganzes Lager hast du gewendet in seiner Krankheit.
II	5	a	Ich selbst sagte: "JHWH, sei mir gnädig!
(B)		b	Heile bitte mein Leben, denn ich habe mich versündigt an dir!"
	6	a	Meine Feinde sprechen Unheil, mich betreffend:
		b	"Wann wird er sterben und sein Name sich verlieren?"
	7	a	Und wenn einer kommt, [mich] zu sehen, redet er Falsches.
		b	Sein Herz sammelt Böses,
		c	er geht nach draussen [und] redet.
III	8	a	Gemeinsam über mich flüstern untereinander alle, die mich hassen;
(A')		b	über mich ersinnen sie mir Unheil:
	9	a	"Ein unheilvolles Geschehen ist ausgegossen auf ihn;
		b	ja, der darniederliegt, wird nicht wieder aufzustehen vermögen."
	10	a	Sogar der Mann meines Friedens, auf den ich vertraute,
		b	der mein Brot ass, hat die Ferse gegen mich erhoben.
IV	11	a	Aber du, JHWH, sei mir gnädig!
(B')		b	Ja, richte mich auf, damit ich es ihnen vergelten kann!
	12	a	Daran habe ich erkannt, dass du Gefallen an mir hast:
		b	Dass mein Feind nicht über mich zu triumphieren vermag.
	13	a	Aber ich in meiner Unsträflichkeit, mich hast du festgehalten
		b	und mich vor dein Angesicht gestellt für immer.
	14		Gepriesen [sei] JHWH, der Elohim Israels, von Ewigkeit zu Ewigkeit!
			Amen – ja, Amen.

2 שׂכל I Erfolg haben; hi: verstehen, einsehen, acht haben auf (אֶל) (Ptz hi m sg) // דַּל arm, gering // מלט pi: retten (PK pi 3 m sg + Suff).– **3** אשׁר geradeaus gehen, pi: leiten, glücklich preisen, pu: beglückt, glücklich gepriesen werden (PK pu 3 m sg).– **4** סעד stützen, aufrecht erhalten, (mit Speise) stärken (PK qal 3 m sg + Suff) // עֶרֶשׂ Bett // דְּוַי (menstruelles) Unwohlsein, Krankheit // מִשְׁכָּב Lager // הפך wenden (AK qal 2 m sg).– **7** שָׁוְא Lüge, Falschheit // קבץ sammeln (PK qal 3 m sg) // חוּץ Strasse.– **8** לחשׁ pi: zischeln, hitp: untereinander flüstern

(PK hitp 3 m pl).– **9** בְּלִיַּעַל Nichtsnutzigkeit, Unheil // יצק aus-, hingiessen (Ptz pass qal m sg) // שכב liegen, sich legen (AK qal 3 m sg).– **12** רוע hi: schreien, jubeln, triumphieren über (עַל) (PK hi 3 m sg).– **13** תֹּם Unsträflichkeit // תמך fassen, festhalten (AK qal 2 m sg) // נצב hi: hinstellen (wPK hi 2 m sg + Suff).–

Form und Inhalt

Ps 41 ist im Kern ein Klage- und Bittgebet (5–10/11). Der Beter befand sich in einem dem Tode nahen Krankheitszustand, den er mit einer Versündigung gegen Gott in Zusammenhang bringt. Besonders zu schaffen machen ihm die Anschuldigungen, Schmähungen und Todeswünsche der Feinde (6–9). Sogar eine enge Vertrauensperson ("Mann des Friedens") wendet sich gegen ihn (10).
Um dieses Bittgebet herum ist aus der Situation der Erhörung heraus einerseits eine Aussage von Vertrauen und Dank (12f. – 11 ist Übergangsvers) gelegt, anderseits ein Vorspann (2–4). Darin wird auf die Wende zum Guten Bezug genommen, dies aber in weisheitlicher und armenfrömmigkeitlicher Manier ins Grundsätzliche gehoben (was mit der Redaktion des ersten Psalmenbuchs in Zusammenhang stehen dürfte).
Im Psalm finden sich verschiedene Rede-Formen wie Seligpreisung mit Zuspruch (2f.), zitierte Gebetsworte (5, evtl. auch 11), zitierte Feind-Reden (6b.9), Segens- bzw. Lobspruch (14).

Struktur und Poesie

Es werden verschiedene Strukturvorschläge zu diesem Psalm gemacht (vgl. P. Auffret). Ich vermute vier Stanzen (I–IV), die je 6–7 Zeilen umfassen. Im Blick auf die Zuordnung dieser vier Teile ergibt sich hinsichtlich des Gebetskerns (mit Feindzitaten) und Rahmens zunächst ein zentrierendes ABB'A'-Muster. Dieses wird aber m.E. überlagert durch ein alternierendes ABA'B'-Muster, nach dem einerseits die Zusagen der JHWH-Fürsorge (I) kontrastiv auf die Schilderungen des Feindverhaltens (III) "antworten", andererseits die mit dem Gebetsruf "JHWH, sei mir gnädig!" (5a.11a) eingeleiteten Teile (II, IV) aufeinander bezogen sind, in denen einmal die Not (II), das andere Mal Zuversicht und Dank (IV) artikuliert werden. Die Versanfänge, die Ansätze einer Akrostichie erkennen lassen, bestätigen dies möglicherweise. So finden sich י-Verseröffnungen in 3f.8 und solche auf א bzw. אֲ in 5–7.11.13 (dazu in 2). Wiederholungsmuster: 5a ‖ 11a, אשר "glückselig/glücklich gepriesen" 1a.3b, (רעה)ר "Unheil" 2b.6a.8b, אויב "Feind" 3c.6a.12b (vgl. auch "Hasser" 8a), נפש "Gier/Leben" 3c.5b, דבר "reden/Sache" 7a.7c.9a, קום "aufstehen, -richten" 9b.11b, "Ich/Du"-Versanfänge 5a.11a.13a, Präpositionalgefüge עלי 8a.8b.10b.12b (vgl. auch על 4a), בי/בו 9a.10a.12a.13a und לי/לו/לך 5b.6a.7b.8b.

Kontexte

Ps 41 schliesst die Kleinsammlung Ps 35–41 ab und hat zu den vorangegangenen Psalmen mancherlei Bezüge. Durch das Moment der Krankheit sind namentlich die Ps 38–41 miteinander verbunden. Besonders eng ist das Schlusspaar Ps 40/41, die beide eine armentheologische Akzentuierung und eine weisheitliche Bearbeitung (vgl. etwa die Seligpreisungen 40,5; 41,2f.) aufweisen, aufeinander bezogen. Aufgrund der Psalmeröffnung mit Seligpreisung ergibt sich ein das erste Psalterbuch umgreifender Bogen von Ps 1 zu Ps 41 (vgl. auch חפץ "Gefallen [haben]" 1,2; 41,12; אבד "zugrunde gehen" 1,6; 41,6). Ps 41 ist auch der letzte

Psalm 41

Psalm der ersten David-Psalmen-Gruppe (Ps 3–41), welche diese Psalmen mit David, dem König sowie exemplarischen Psalmdichter und Beter, verbindet (es deutet sich vielleicht auch eine Linie zum "Königspsalm" 18 an, vgl. das seltene בליעל "Verderben" 18,5; 41,9, ferner סעד "stützen [von JHWH her]" 18,36; 41,4, חוץ "Strasse/draussen" 18,43; 41,7). Dem Psalm ist nicht nur ein Präskript (1), sondern auch ein doxologisches Subskript (14) beigegeben, welches das Ende von Buch I markiert und auf das die Gemeinde (die diese Psalmen meditiert bzw. nachbetet) mit einem doppelten "Amen" antwortet (vgl. Ps 72,18–20; 98,53; 106,48).
10 wird von Jesus in Joh 13,18 im Zusammenhang mit der Bezeichnung des Verräters Judas beim letzten Mahl zitiert (vgl. Mk 14,18; Apg 1,16, ferner auch Ps 55,13–15). Zu 2 vgl. Spr 14,21; Mt 5,7, zum Schlussvers (14) vgl. Mt 15,31; Lk 1,68; Röm 9,5.

Anregungen für die Praxis

Nach dem (weisheitlichen) Gesetz der Wechselseitigkeit wird dem, der sich auf dieser Erde um die Armen und Geringen kümmert, Gott ebenfalls beistehen – hier und am Ende der Zeit (ein Sachverhalt, den Jesus in seiner fünften Seligpreisung bestätigt, vgl. Mt 5,7).
Die "Armut" wird in diesem Psalm auf dreifache Weise erfahren: als an den Rand des Todes führende Krankheit, als Schuldigwerden gegenüber Gott und als Bedrängung und soziale Ächtung durch Feind und (angeblichem) Freund. Wie schlimm dabei Worte als Lüge, Verleumdung und Verwünschung auf den Betroffenen wirken, wird hier – einmal mehr – ersichtlich (in [7–]10 spiegelt sich auch der Leidensweg Christi).
Der Psalm gibt Hinweise, wie Besucher am Krankenbett auf den Patienten – auch heute noch – wirken: Wer keine Hoffnung für den Kranken hat bzw. ausstrahlt (6.9), wirkt als Feind (6a) und Verleumder (7). Was er dann auch immer am Krankenbett sagt, erscheint unecht (7).
Dass Gott einen Menschen, der sich im Gebet an ihn wendet, in solch grosser Not nicht im Stich lässt, ist im Psalm selbst und durch die Tatsache, dass er weiterüberliefert wurde, bezeugt. Dabei werden den drei negativ genannten Dimensionen der Not positive Heilserfahrungen entgegengehalten: Lebensbewahrung – Todeskrankheit, Festhalten an Gott – Schuldverstrickung, Wohlgefallen und Schutz – Angriffe der Feinde.
Ps 41 im Gesangbuch: EG Ps 41 (EG-West).

DAS ZWEITE PSALTER-BUCH (PSALM 42–72)

Psalm(en) 42–43

	42,1		Dem Musikverantwortlichen – ein Lehrgedicht (oder: Wechselgesang?) – den Söhnen Qorachs zugehörig.
I	2	a	Wie eine Hirschkuh stets neu lechzt nach [den] Wasserbächen,
(A)		b	so lechzt meine Seele immer wieder neu nach dir, Elohim.
	3	a	Meine Seele hat gedürstet nach Elohim,
		b	nach dem lebendigen El.
		c	Wann darf ich kommen und schauen
		d	das Angesicht Elohims?
	4	a	Meine Tränen sind mir zur Speise ("Brot") geworden
		b	Tag und Nacht,
		c	da man zu mir den ganzen Tag sagt:
		d	"Wo ist [denn] dein Elohim?"
	5	a	Diese Dinge – ich will gedenken
		b	und hinschütten meine Seele in mir ("auf/gegen mich"),
		c	wenn ich einherziehen werde in der Menge,
		d	feierlich dahinschreiten werde [mit] ihnen zum Hause Elohims
		e	mit Jubel-Stimme und Dank –
		f	eine Fest-feiernde Volksmenge.
R'	6	a	Was bist du aufgelöst, meine Seele,
		b	und stöhn(t)est in mir (oder: gegen mich)?
		c	Harre auf Elohim,
		d	denn ich werde ihm noch danken
		e	[aufgrund der] Heilswirkungen seines Angesichtes!
II	7	a	Mein Elohim, meine Seele ist aufgelöst in mir ("gegen mich"),
(B)		b	deshalb will ich an dich gedenken
		c	vom Jordan-Land und dem Gebirge des Hermon,
		d	vom Berg Miz'ar ("Berg der Kleinheit").
	8	a	Flut ruft der Flut zu
		b	beim Tosen deiner Wasserfälle;
		c	alle deine Wogen und deine Wellen
		d	sind über mich hingezogen.

	9	a	Des Tages wird JHWH seine Gnade befehlen,
		b	und des Nachts wird sein Lied bei mir sein –
		c	ein Gebet zum El meines Lebens.
	10	a	Ich will sagen zu El, meinem Felsen:
		b	"Warum hast du mich vergessen?
		c	Warum muss ich trauernd einhergehen
		d	aufgrund der Bedrückung des Feindes?"
	11	a	Bei der Zermalmung in meinen Gebeinen
		b	haben meine Bedränger mich geschmäht,
		c	indem sie zu mir den ganzen Tag sagen:
		d	"Wo ist [denn] dein Elohim?"
R"	12	a	Was bist du aufgelöst, meine Seele,
		b	und was willst du in mir (oder: gegen mich) stöhnen?
		c	Harre auf Elohim,
		d	denn ich werde ihm noch danken,
		e	Heilswirkungen meines Angesichtes und mein Elohim!
III	43,1	a	Schaffe mir Recht, Elohim,
(A')		b	und führe bitte meinen Rechtsstreit!
		c	Weg vom unfrommen Volk,
		d	vom Mann des Trugs und Unrechts mögest du mich retten!
	2	a	Denn du, du bist der Elohim meiner Festung.
		b	Warum hast du mich verworfen?
		c	Warum muss ich trauernd einhergehen
		d	aufgrund der Bedrückung des Feindes?
	3	a	Sende dein Licht und deine Wahrheit –
		b	sie, sie sollen mich leiten;
		c	sie sollen mich bringen zum Berg deines Heiligtums
		d	und zu deinen Wohnungen.
	4	a	Und dann will ich gehen zum Altar Elohims,
		b	zum El der Freude meines Jubels;
		c	und ich werde dir danken mit der Leier,
		d	Elohim, mein Elohim!
R'''	5	a	Was bist du aufgelöst, meine Seele,
		b	und was willst du in mir (oder: gegen mich) stöhnen?
		c	Harre auf Elohim,
		d	denn ich werde ihm noch danken,
		e	Heilswirkungen meines Angesichtes und mein Elohim!

42,1 מַשְׂכִּיל Lehrgedicht, Weisheitslied (von שׂכל I Erfolg haben, hi: verstehen) oder Wechselgesang(?) (von שׂכל II übers Kreuz legen, vertauschen).– **2** אַיָּל Hirsch(kuh), Hindin (sonst immer m, hier mit f-Verbform) // ערג lechzen, verlangen nach (PK qal 3 f sg) // אָפִיק Bachrinne.– **3** צמא dürsten (AK qal 3 f sg) // מָתַי wann?– **4** דִּמְעָה Tränen // אַיֵּה wo?– **5** שׁפך ausgiessen, hinschütten (wPK Koh qal 1 sg) // סָךְ dichte Menge, Gedränge // דדה hitp: feierlich dahinschreiten (PK hitp 1 sg + Suff) // חגג (ein Fest) feiern (Ptz qal m sg).– **6** שׁיח zerfliessen, hitpolel: sich aufgelöst zeigen, aufgelöst sein (PK hitp 2 f sg) // המה lärmen, toben, unruhig sein (wPK qal 2 f sg) // יחל hi: harren (Impt hi f sg) // ידה hi: danken, loben (PK hi 1 sg + Suff) // יְשׁוּעָה Heil.– **8** צִנּוֹר Wasserfall // מִשְׁבָּר Woge // גַּל Welle.– **10** לָמָה warum? (≠ wozu?) // קדר schmutzig, traurig sein (Ptz qal m sg) // לַחַץ Bedrückung.– **11** רֶצַח Zermalmung // חרף pi: schmähen (AK qal 3 pl + Suff) // צוֹרֵר Bedränger.– **43,1** מִרְמָה Trug // עוֹלָה Unrecht.– **2** מָעוֹז Festung, Burg.– **4** גִּיל Frohlocken, Jubel // כִּנּוֹר Zither, (Kasten-)Leier.–

Form und Inhalt

Die meisten und wichtigsten hebr. Handschriften fassen – zu Recht (vgl. v.a. den Refrain sowie Stichwort- und Themenbezüge) – Ps 42/43 am Anfang des zweiten Psalter-Buches als *einen* Psalm (anders LXX, wo Ps 43 als separater Psalm angesehen und mit einer "David"-Überschrift versehen wird). Es handelt sich um ein Klage- und Bittgebet, wobei der Beter auffallenderweise nicht nur in einen Dialog mit seinem Gott, sondern auch mit sich selbst, seiner "Seele", tritt (Refrain als Selbstgespräch). Die Gefährdungen, Bedrohungen bzw. Mängel des Beters sind vielfältig: Er leidet "Durst" nach Gott (I), ihm widerfährt tödliche Bedrohung durch chaotische Wassermassen (II) sowie Unrecht und Unterdrückung durch Widersacher (III, auch schon II). Die Eröffnung des Psalms mit dem Vergleich zwischen dem Durst der Hirschkuh nach Wasser und seinem Sehnen nach der Anwesenheit Gottes ist ungewöhnlich. Was das fliessende ("lebendige") Wasser für das Tier, ist der "lebendige El" für ihn – lebensnotwendig. Er leidet an der (räumlichen) Ferne, sein Sehnen ist die gemeinschaftliche Wallfahrt zum Tempel (wohl auf dem Zion – anders M.D. Goulder, der an das Heiligtum in Dan denkt). Vielleicht gehört(e) der Psalmist zum (levitischen) Tempelpersonal (vgl. "Söhne Qorachs" 42,1; musikalischer Lobpreis am Tempel 43,4 – oder ist aufgrund des Vergleichs mit der "Hirschkuh" [2a] [ursprünglich] an eine weibliche Sprecherin zu denken?). Aufgrund der geographischen Angaben von Stanze II ergibt sich, dass sein gegenwärtiger Aufenthaltsort im Norden liegt (Hermongebirge als Quellgebiet des Jordans). War zuvor vom Mangel an Wasser die Rede, so nun vom Überwältigtwerden von Wassermassen. Sie stehen für chaotische Mächte der Gefährdung und können sich (auch) in Form menschlicher Bedränger artikulieren. Dementsprechend wird hier Gott nicht als lebendig bzw. lebensspendend (wie vorher), sondern als sicherer Schutzort ("Felsen", auch "Festung" in III) angerufen. In Stanze III wendet sich der Psalm von der Klage und Leidschilderung zum Bittgebet. Die Anliegen sind die Wiederherstellung des Rechts, die "Herausrettung" von dem bzw. den Widersacher(n) und die Leitung – bis hin zum Tempel. Jede Stanze wird abgeschlossen durch einen Refrain (R), in dem der Psalmist sich selbst ermahnt, nicht der Verzweiflung, sondern dem aushaltenden Warten auf Gottes Heilstaten die Oberhand zu geben – "denn ich werde ihm noch danken".

Struktur und Poesie

Die Bestimmung der poetischen Verszeilen ist nicht immer einfach. Es ist – ausser im Refrain und in 9 – wohl von Zweizeilern auszugehen, die mehrheitlich von einer "hinkenden" ("klagenden") Rhythmik (3+2) bestimmt sind. Die rahmenden Teile des Psalms umfassen je 21, die mittlere Stanze 24 Zeilen, was insgesamt 66 Zeilen ergibt (nach P.R. Raabe handelt es sich damit um ein nicht-alphabetisches Akrostichon: 66 Zeilen = 3mal 22 Zeilen, der Gesamtzahl der hebr. Konsonanten entsprechend).
Die dreiteilige Struktur (I–III) ist aufgrund des Refrains (R = 42,6.12; 43,5), der die jeweilige Stanze abschliesst, gut ersichtlich. Neben dieser hauptsächlichen Wiederholungsstruktur des (grossen) Refrains gibt es eine Reihe weiterer Wiederaufnahmen, mit denen der Dichter seine Aussage strukturiert und gewichtet. So sind zwei "kleinere" Refrains in den Psalm eingebaut (vgl. 42,4 mit 42,11 und 42,10 mit 43,2), die zeigen, dass die mittlere Stanze (II) als "Scharnier" zwischen den Aussenstanzen (I, III) fungiert. Zum durch die Schluss-Refrains bewirkten Muster der Steigerung tritt also eine chiastische Anlage (ABA'). Sie zeigt sich auch darin, dass in der Mittestanze Begriffe und Motive der Aussenstanzen miteinander verschränkt werden ("Wasser"-Motive und Feindbedrängnis), das Trikolon 9abc mit dem einzigen JHWH-Namens-Beleg betont in der Mitte steht, sowie die Aussagen zur Tempel-Wallfahrt am Psalm-Anfang und -Schluss sich entsprechen.
Bemerkenswert ist die subtile Verwebung der "Wasser"-Bilder bzw. -Motive im Psalm, die mit Heil oder Unheil verbunden sind ("Wasserbäche" 42,2a, "dürsten" 3a, "Tränen" 4a, "ausgiessen" 5b, Jordan 7c, "Flut/Flut/Tosen/Wasserfälle/Wogen/Wellen" 8). Ausgesprochen häufig ist die Selbstbezeichnung (')נפש "(meine) Seele" (42,2b.3a.5b. 6a.7a.12a; 43,5a) sowie die Gottesbezeichnungen El (42,3b.9c.10a; 43,4b) und v.a. Elohim (42,2b.3a.3d.4d.5d.6c.7a.11d.12c.12e; 43,1a.2a.4a.4d.4d.5c.5e) – letztere häufig am Zeilen-, Vers- oder sogar Refrain- oder Strophenende (Reim). Die Tatsache, dass insgesamt 22 Gottesbezeichnungen (1mal JHWH, 4mal El und 17mal Elohim) entsprechend der Gesamtzahl der hebr. Konsonanten vorliegen, scheint absichtsvoll die Gottes-Sehnsucht zu unterstreichen (und die oben genannte Struktur der alphabetisierenden Zeilenzahl zu unterstützen).
Kontrastreich wird das Verb עבר sowohl für das (positive) "Einherziehen" zum Hause Gottes (42,5c) als auch für das (negative) "Hinziehen" der Wogen und Wellen über den Beter (42,8cd) verwendet; ähnlich werden in 42,4ab und 9ab (vgl. auch 42,4cd. 11cd) negative (Gegenwart) und positive Geschehnisse (Zukunft) mit den Zeitangaben "Tag" und "Nacht" verbunden. Schliesslich ist auf die Häufigkeit der Fragewörter und -sätze hinzuweisen (42,3cd.4d.6ab.10b.10cd.11d.12ab; 43,2b.2cd.5ab), die Ausdruck seiner Klage sind und den Psalm in die Nähe der Volksklagelieder rücken (in Richtung eines kollektiven Liedes weist auch 43,1c sowie die Nachbarschaft des Qorach-Psalms 44).
An Wort- und Lautspielen sind u.a. zu nennen: פלט/שפט "Recht schaffen/retten" 43,1ad, כנור/צנור "Wasserfall/Leier" 42,8b; 43,4b (Tosen/Bedrängnis <=> Spiel/Jubel), נחה/זנח

"verwerfen/leiten" (je mit Suff 1 sg) 43,2b.3b und gutturale Alliterationen (א/ע) in 42,2–5.

Kontexte

Ps 42/43 wird in der Überschrift – je nach Ableitung des Begriffs משׂכיל – ein weisheitlicher ("Lehrgedicht", vgl. Ps 32) oder liturgischer ("Wechselgesang") Akzent verliehen. Der Psalm eröffnet nicht nur das zweite Psalter-Buch (Ps 42–71) und den "elohistischen Psalter" (Ps 42–83, Häufigkeit der Gottesbezeichnung Elohim anstelle des Gottesnamens JHWH), sondern auch die erste der beiden mit den "Söhnen Qorachs" verbundenen Psalmen-Gruppen (Ps 42–49; 84–85; 87–88). Diese Psalmen haben ein eigenes Profil, in dem in der vorliegenden (End-)Fassung insbesondere Jerusalem und der Zions-Tempel sowie die damit verbundenen theologischen Vorstellungen einen wesentlichen Akzent abgeben (vgl. E. Zenger). In diese Zion-Orientierung fügt sich auch Ps 42/43 als eine Art "Wallfahrtspsalm", als ein "Lied der Sehnsucht nach der Begegnung mit dem Ziongott" (E. Zenger), das die (erste) Qorach-Gruppe programmatisch eröffnet (vgl. ähnlich Ps 84 für die zweite Qorachpsalmen-Gruppe). Die Psalmen-Gruppe bzw. -Komposition dürfte mit den qorachitischen Tempelsängern in Zusammenhang stehen (nach 1. Chr 9,19 waren sie "Türhüter" am Tempel). Vertreten wird eine nachexilische Entstehung, m.E. ist aber eine vorexilische Ansetzung wahrscheinlicher, wobei der Wirkungsort der Qorachiten ursprünglich vielleicht nicht am Tempel in Jerusalem, sondern im nördlichen Dan (M.D. Goulder) oder im südlichen Juda (J.M. Miller) war.

Das Selbstgespräch (mit der eigenen "Seele") in Ps 42/43 erinnert an Ps 103 (vgl. auch Ps 131). Zu 42,8 vgl. Jon 2,4, zu 42,2f.4.10 vgl. Jo 1,19f.; 2,17; Ps 79,10. An Aussagen des Refrains (42,6.12; 43,5) lehnt sich Jesu Wort zu den Jüngern in Gethsemane an (Mt 26,38; Mk 14,34). Joh 14,1–14 ist als Midrasch zu Ps 42/43 bezeichnet worden (J. Beutler).

Anregungen für die Praxis

Bereits der bekannte Psalmeingang mit seinem Vergleichsbild zeigt die tiefe, ja existentielle Sehnsucht nach der Begegnung mit Gott, die dieser Mensch in sich trägt (vgl. ähnlich Ps 73,25f. im Eröffnungspsalm des dritten Psalter-Buches). In starkem Kontrast dazu ist seine Gegenwart von Stimmen geprägt, die die Anwesenheit Gottes und damit das Heil in Frage stellen ("Wo ist denn dein Elohim?" 42,4.11). Ja, die äusseren und inneren Umstände scheinen diesen Stimmen Recht zu geben: Tränen sind sein "Brot", eine geschundene, seufzende Seele darbt in ihm, Chaosmächte "überfluten" ihn, und Bedrücker sind um ihn täglich. In dieser Bedrohung verankert er sich in der "Gegenwelt", die Gott selber ist (u.a. als "Lebendiger" inmitten des Todesgeschehens und als "Fels" und "Festung" inmitten der tobenden Wasser), bzw. am Ort, wo man "sichtbar" ihm begegnen und Heil erfahren kann. Es wird ihm die Gewissheit zuteil, dass er JHWH mit seinem Lied und mit Jubel inmitten anderer Pilger auf dem Zion einmal noch lobpreisen wird.

Ps 42/43 zeigt Wege und Prozesse der Leidensverarbeitung an: vom emotional-existentiellen Ausdruck sowohl der Not wie der Hoffnung in Stanze I über den Ausdruck von Gefährdungen und bohrenden Fragen in Stanze II bis hin zu den konkreten Bitten um

Wiederherstellung und der Gewissheit des kommenden Lobpreises in Stanze III. Zu diesem "Weg" gehören auch die Ermahnungen und der Zuspruch, die der Psalmist im Refrain wiederholt an sich selbst richtet. Das Wichtigste und Durchtragende aber ist – angezeigt durch die Platzierung am Anfang, in der Mitte (9) und am Schluss – die Verbundenheit mit seinem Gott.

Psalm(en) 42–43 im Gesangbuch: EG Ps 42 (zwei Fassungen) / 43 A / 43 B (EG-West), 172 (Stammteil), 278 (Stammteil), 596 (EG-BT), 600 (EG-Wü), 617 (EG-West), 723–724 (EG-Wü), 724–725 (EG-West), 754–755 (EG-BT); RG 30, 34, 118–119, 694, 711; GL 726; KG 543, 614, (KG CN 036, 045).

Psalm 44

	1		Dem Musikverantwortlichen – den Söhnen Qorachs zugehörig – ein Lehrgedicht (oder: Wechselgesang?).
I A	2	a	Elohim, mit unsern Ohren haben wir gehört,
		b	unsere Väter haben uns erzählt:
		c	ein Werk, das du getan hast in ihren Tagen,
		d	in den Tagen der Vorzeit – du, deine Hand.
	3	a	Völker hast du ausgetrieben, aber sie eingepflanzt;
		b	du wolltest Nationen verderben, aber sie liessest du sich ausbreiten.
	4	a	Denn nicht mit ihrem Schwert haben sie [das] Land in Besitz genommen,
		b	und ihr Arm hat ihnen nicht geholfen,
		c	sondern deine Rechte und dein Arm
		d	und das Licht deines Angesichtes – denn du hattest Wohlgefallen an ihnen.
I B	5	a	Du selbst [bist] mein König, Elohim!
		b	Entbiete die Heilswirkungen [gegenüber] Jakob!
	6	a	Mit dir vermögen wir unsere Bedränger niederzustossen,
		b	in deinem Namen können wir unsere Widersacher zu Boden treten.
	7	a	Denn nicht auf meinen Bogen will ich vertrauen,
		b	und mein Schwert kann mir nicht helfen.
	8	a	Denn du hast uns geholfen gegen unsere Bedränger,
		b	und unsere Hasser hast du zuschanden werden lassen.
	9	a	Elohim lobpriesen wir den ganzen Tag,
		b	und deinen Namen wollen wir für immer loben. – Sela.
II A	10	a	Doch du hast [uns] verworfen und hast uns Schande zugefügt,
		b	indem du nicht [mehr] auszogest mit unseren Heerscharen.
	11	a	Du liessest uns nach hinten zurückwenden angesichts des Bedrängers,
		b	und unsere Hasser haben für sich Beute gemacht.
	12	a	Du gibst uns hin wie Schafe zur Speisung
		b	und hast uns unter die Völker zerstreut.
	13	a	Du verkaufst dein Volk umsonst,
		b	ja, hast ihren Kaufpreis nicht hoch angesetzt.
	14	a	Du machest uns zur Schmach bei unsern Nachbarn,
		b	zu Spott und Schimpf bei unsern Umwohnern.
	15	a	Du machest uns zum Spottwort unter den Völkern,
		b	zum Kopf-Schütteln unter den Nationen.

	16	a	Den ganzen Tag [ist] meine Schmach vor dir,
		b	und Schande hat mich, mein Angesicht, bedeckt
	17	a	wegen der Stimme des Schmähers und Höhners,
		b	wegen dem Angesicht des Feindes und des Rachgierigen.
II B	18	a	All dies ist über uns gekommen, obwohl wir dich nicht vergessen hatten
		b	und nicht die Treue brachen gegenüber deinem Bund.
	19	a	Unser Herz ist nicht zurückgewichen,
		b	und unser(e) Schritt(e) hat (haben) sich nicht von deinem Pfad abgewandt.
	20	a	Dennoch hast du uns zerschlagen am Ort der Schakale
		b	und decktest uns zu mit Todesfinsternis.
	21	a	Wenn wir den Namen unseres Elohims vergessen
		b	und unsere Hände zu einem fremden El ausgebreitet hätten,
	22	a	hätte Elohim dies nicht erforscht?
		b	Denn er selbst ist doch Kenner der Geheimnisse des Herzens!
	23	a	Deinetwegen wurden wir getötet den ganzen Tag,
		b	wurden erachtet als Schlachtschafe.
III	24	a	Erwache bitte! Warum schläfst du, Adonaj?
		b	Wach bitte auf! Verwirf nicht für immer!
	25	a	Warum verbirgst du dein Angesicht,
		b	vergisst du unser Elend und unsere Bedrückung?
	26	a	Denn unsere Seele ist zum Staub hinabgebeugt,
		b	am Boden klebt unser Leib.
	27	a	Steh bitte auf zur Hilfe für uns,
		b	und erlöse uns um deiner Gnade willen!

3 ירשׁ in Besitz nehmen; hi: aus dem Besitz vertreiben (AK hi 2 m sg) // נטע pflanzen (wPK qal 2 m sg + Suff) // רעע böse sein, hi: verderben (PK hi 2 m sg) // שׁלח pi: sich ausbreiten lassen (wPK pi 2 m sg + Suff).– **4** ישׁע hi: retten, helfen (PK hi 3 f sg).– **6** נגח stossen, pi: niederstossen (PK pi 1 pl) // בוס zu Boden treten (PK qal 1 pl).– **8** בושׁ sich schämen, hi: zuschanden machen (AK hi 2 m sg).– **10** כלם hi: Schande zufügen (wPK hi 2 m sg + Suff).– **11** שׁסה Beute machen (AK qal 3 pl).– **12** זרה qal + pi: zerstreuen (AK pi 2 m sg + Suff).– **13** הוֹן Reichtum, Geldentschädigung // רבה zahlreich werden, pi: hoch ansetzen (den Kaufpreis) = Gewinn machen (AK pi 2 m sg) // מְחִיר Kaufpreis.– **14** שָׁכֵן Anwohner, Nachbar // לַעַג Spott // קֶלֶס Schimpf.– **15** מָנוֹד (Kopf-)Schütteln.– **16** כְּלִמָּה Schmach // בֹּשֶׁת Schande.– **17** חרף pi: schmähen (Ptz pi m sg) // גדף pi: höhnen (wPtz pi m sg) // נקם hitp: rachgierig sein (wPtz hi m sg).– **18** שׁקר pi: Treue brechen, treulos handeln (AK pi 1 pl).– **19** סוג ni: weichen (AK ni 3 m sg) // נטה ausstrecken, abbiegen, sich abwenden (wPK qal 3 m sg) // אָשׁוּר Schritt (evtl. zu ändern in sg) // אֹרַח

Pfad.– **20** דכה zerschlagen werden, pi: zerschlagen (AK pi 2 m sg + Suff) // תַּנִּים Schakale // צַלְמָוֶת Finsternis.– **21** פרשׂ ausbreiten (w<u>PK</u> qal 1 pl) // זָר fremd.– **22** חקר erforschen (PK qal 3 m sg) // תַּעֲלֻמָה das Verborgene, pl: Geheimnisse.– **23** הרג töten, pu: getötet werden (AK pu 1 pl) // חשׁב denken, ni: angesehen werden (AK ni 1 pl) // טִבְחָה das Schlachten.– **24** עור erwachen (Impt Adh qal m sg) // ישׁן schlafen (PK qal 2 m sg) // קיץ hi: aufwachen (Impt Adh qal m sg).– **25** סתר hi: verbergen (PK hi 2 m sg) // לַחַץ Bedrückung.– **26** שׁוח/שׁיח (hinab)sinken. (hinab)gebeugt sein (AK qal 3 f sg) // דבק kleben (AK qal 3 f sg) // בֶּטֶן Leib.– **27** עֶזְרָה Hilfe // פדה erlösen (wImpt qal m sg + Suff).–

Form und Inhalt

Ps 44 ist ein Volksklage-Psalm, wobei sich in die kollektiven Aussagen ("wir" 2–4.6. 8–15.18–27) auch individuelle ("ich" 5.7.16f. – vom König gesprochen?) eingestreut finden. Der Kern dieser Volksklage bildet der mittlere Hauptteil (10–23), aus dem ersichtlich wird, dass Israel eine massive militärische Niederlage mit Tod, Bedrückung und Deportationen erlitten hat. Diese wird theologisch als "Verwerfung" durch Gott verstanden, wobei hier – und dies ist bezeichnend für die (ältere) Volksklage – die Schuld nicht beim Volk und seinen Repräsentanten gesucht wird. Im Gegenteil: Trotz der Bundestreue hat Gott so gehandelt, und entsprechend wird er auch als der allein Verantwortliche für das Desaster angeklagt. Der Klage angefügt ist ein Bittgebet (24–27), in dem von Gott die Beendigung seiner Abwesenheit und ein helfendes Eingreifen zugunsten seines Volkes erwartet wird. Diesem Klage- und Bittgebet vorgeschaltet ist ein Bekenntnis des Vertrauens samt einer geschichtlichen Vergegenwärtigung (2–9). Darin wird zum einen an die Landgabe als "Urdatum" von Gottes Heilswirkens erinnert – eine Reminiszenz, die insbesondere auf einem geschichtlichen Hintergrund, der durch Landbesetzung gekennzeichnet ist, von Bedeutung ist –, zum andern in Äusserungen des Vertrauens und des Lobpreises an die Wirkungen Gottes als siegreicher König seines Volkes in der Vergangenheit gedacht und diese für die Gegenwart proklamiert.

Es gibt Stimmen, die 2–9 als ursprünglich eigenständigen "Vertrauenspsalm" (aus der Zeit König Josias) verstehen, der exilisch-frühnachexilisch durch den Klagepsalm 10–27 fortgeschrieben worden sei (E. Zenger). Naheliegender ist es m.E. – nicht zuletzt aufgrund der starken strukturellen Verbindungen zwischen den Teilen – den Psalm als einheitlich aufzufassen und eine vorexilische Entstehung (im Zusammenhang mit assyrischen Landbesetzungen?) anzunehmen.

Struktur und Poesie

Ps 44 besteht aus drei Hauptteilen mit ungleicher Länge, wobei die rahmenden Stanzen I (20 Zeilen) und III (8 Zeilen) zusammen den Umfang der Mittestanze II (28 Zeilen) haben. Die ersten beiden Stanzen lassen sich nochmals in je zwei Strophen untergliedern. In Stanze I sind die auf den Prolog 2ab folgenden Verse einander chiastisch zugeordnet (Schema: ABCDED'C'B'A'): Die Königsprädikation Gottes mit dem Appell zum Eingreifen steht betont in der Mitte (E = 5ab). Darum gelagert sind positive Formulierungen der Rettungsweise (D/D' = 4cd/6ab), negative Formulierungen der Rettungsweise (C/C' =

4ab/7ab; Stichworte: חרב "Schwert", ישע hi "helfen"), Reminiszenzen auf früheres Heilshandeln (B/B' = 3ab/8ab) sowie Bekenntnis und Lob des Heilswerkes Gottes (A/A' = 2cd/9ab; mit Zeitbegriffen, u.a. יום "Tag" im sg und pl). Aus dem Rückblick der ersten Reihe (A–D, Betonung auf der "Macht", vgl. die "Hand/ Arm"-Begrifflichkeit) ergibt sich in der zweiten Reihe (D'–A', Betonung שמך "dein Name") eine Hoffnungsperspektive für Gottes Eingreifen in der Gegenwart.

Stanze II, rahmend zusammengehalten durch das drastische Bild "Schlachtvieh/ Schlachtschafe" (12a.23b), zeichnet in kontrastartiger Absetzung die Not der Gegenwart, wobei durch Wortaufnahmen Fäden zur vorherigen Stanze hin laufen (vgl. "Völker/Nationen" 3ab.12b.15ab, "Hasser" 8b.11b, "Schande" 8b.16b, "den ganzen Tag" 9a.16a). Stanze III knüpft mit dem theologisch prägnanten Stichwort זנח "verwerfen" (10a.24b, je Stanzeneröffnung) an Stanze II an und hat über den Begriff ארץ "Land/ Boden" (4a.26b) auch einen Rückbezug auf Stanze I, der nicht ohne sarkastische Untertöne ist.

Das poetische Hauptmittel dieses Psalms sind Kontrast und Polarität, die zeitlich und inhaltlich bestimmt sind. Erwähnenswert sind auch Anfangsreime (akrostichische Muster) auf ת (11–15) und כל/כי (4a.4c.7.8.16.18.20.23.26). Hinzuweisen ist ferner auf den (נ)-respektive ך-Reim in 2ab bzw. 4cd, die Laut- und Sinnassoziationen zwischen צר ("Bedränger" 11a) und der Form des Verbes זרה ("zerstreuen" 12b), zwischen אחור ("rückwärts" 19a) und ארחך ("dein Pfad" 19b), zwischen "zurückwenden" (11a) und "(nicht) zurückweichen" (19a) sowie zwischen den Formen von זנח ("verwerfen" 24b), נצח ("immer" 24b) und לחץ ("Bedrückung" 25b). Die Heilsbegriffe bzw. -bitte der Schlusszeile (27b) weisen zurück auf die zu Anfang angesprochene "ursprüngliche" Heilserfahrung (vgl. 3f.).

Kontexte

Ps 44 hat Ähnlichkeiten mit anderen Volksklagen und ähnlichen Genres, die v.a. in der Asaphpsalmen-Gruppe prominent sind (vgl. Ps 74; 77; 79; 80; 83, auch 77; 78; 89 und Klgl). Diesbezüglich ergeben sich auch Ähnlichkeiten zwischen diesem Zweitpsalm der ersten Qorach-Gruppe mit dem Zweitpsalm der zweiten Qorach-Gruppe in Buch III (Ps 85).
Mit Ps 42/43 ist Ps 44 über die Qorach-Zuweisung hinaus durch die Gattungsbezeichnung in den Überschriften ("Lehrgedicht/Wechselgesang?"), die einmal individuell (Ps 42/43), das andere Mal kollektiv (Ps 44) bestimmte Klage-Motivik sowie Stichwortverknüpfungen (vgl. u.a. לחץ "Bedrückung" 42,10; 43,2; 44,25, זנח "verwerfen" 43,2; 44,10.24, למה "warum?" 42,10(2mal); 43,2(2mal); 44,24.25, שכח "vergessen" 42,10; 44,21.25) verbunden. Diese (ergänzende/steigernde) Doppelung von individuellem und kollektivem (Klage-)Psalm findet sich nicht nur hier als programmatische Eröffnung der ersten Qorach-Gruppe bzw. des zweiten Psalter-Buches, sondern analog auch am Anfang der Asaphpsalmen-Sammlung bzw. des dritten Psalter-Buches (Ps 73/74) sowie zu Beginn der zweiten Qorachpsalmen-Sammlung (Ps 84/85).
Zu 2 vgl. Ps 78,3, zu 3–5 vgl. Ex 15,6.17f., zu 6.10 vgl. Ps 60,12.14, zu 7 vgl. Hos 1,7, zu 8 vgl. Lk 1,71, zu 14 vgl. Ps 79,4, zu 18f. vgl. Dtn 28,9, zu 24 vgl. Ps 74,1; 78,65; 83,2. 23 wird von Paulus zitiert in Röm 8,36 als Ergehen der Auserwählten Gottes, die dadurch aber nicht von der Liebe Christi getrennt werden können.

Anregungen für die Praxis

Als nationaler Klagepsalm bietet Ps 44 Worte an, der Not vor Gott und der Not über Gott und seinem Handeln Ausdruck zu verleihen, gerade auch in überindividuellen, gemeindlichen und sozial-politischen Konstellationen. Er leitet an, in schweren Zeiten sich auf die "Heilsfundamente" zurückzubesinnen (im AT: Rettung am Schilfmeer und Landgabe, vgl. 3; im NT: Heilsgeschehen in Christus, v.a. Sühnetod und Auferstehung), die Gott allein gewirkt hat – ohne unser Zutun (vgl. 4.7).
Der Psalm zeigt, dass es in der Bibel auch eine andere Linie gibt, als diejenige (v.a. im Dtn bezeugte), dass notvolles Ergehen auf schuldhaftes Verhalten zurückzuführen ist. Hier wird Gottes rätselhaftes Verhalten angeklagt, der sein Volk ins Elend führte, obwohl sich dieses keiner Schuld bewusst war (vgl. 18f.). Trotz dieser Aporien wird an Gott festgehalten und die Wendung zum Heil allein bei ihm gesehen und gesucht.
Von 23 lässt sich – aufgrund des Zitats in Röm 8,36 – nicht nur ein Bogen schlagen zu Ergehensweisen der christlichen Gemeinde in der Nachfolge Jesu, sondern auch zum (stellvertretenden) Leiden Christi selbst (vgl. auch Jes 53,6–8).
Ps 44 im Gesangbuch: EG Ps 44 (EG-West), 756 (EG-BT); KG 48.

Psalm 45

	1		Dem Musikverantwortlichen – nach [der Weise]: Lilien – den Söhnen Qorachs zugehörig – ein Lehrgedicht (oder: Wechselgesang?) – ein Liebeslied.
R'	2	a	Mein Herz ist übergewallt von gutem Wort.
		b	Ich trage nun meine Werke einem (= dem?) König vor;
		c	meine Zunge ist der Griffel eines geschickten Schreibers.
I	3	a	Schöner bist du als [alle] Menschensöhne,
		b	Anmut ist gegossen auf deine Lippen,
		c	darum hat dich Elohim gesegnet für immer.
	4	a	Gürte dein Schwert um die Hüfte, du Held!
		b	Deine Majestät und deine Herrlichkeit {, ja deine Herrlichkeit} habe Gelingen!
	5	a	Fahre einher um der Wahrheit willen und gerechter Demut,
		b	und furchterregende Taten soll dich deine Rechte lehren!
	6	a	Deine geschärften Pfeile – Völker werden unter dich fallen –
		b	[treffen] ins Herz der Feinde des Königs.
	7	a	Dein Thron, Elohim, ist auf immer und ewig,
		b	ein Szepter der Rechtsverbindlichkeit [ist] das Szepter deiner Herrschaft!
	8	a	Du liebst Gerechtigkeit und hassest Frevel,
		b	darum hat Elohim, dein Elohim, dich gesalbt
		c	mit Freudenöl vor deinen Gefährten.
	9	a	[Nach] Myrrhe und Aloe, Kassia [duften] alle deine Kleider;
		b	aus Elfenbein-Palästen erfreute dich Saitenspiel.
II	10	a	Königstöchter stehen da, mit deinen Kostbarkeiten [geschmückt],
		b	die Königin zu deiner Rechten in Gold aus Ophir.
	11	a	Höre, Tochter, und sieh und neige dein Ohr!
		b	Und vergiss dein Volk und dein Vaterhaus,
	12	a	weil dein König deine Schönheit begehrt –
		b	denn dein Herr [ist] er –, so huldige ihm!
	13	a	Ja, die Tochter Tyrus [kommt] mit einem Geschenk;
		b	deinem Angesicht schmeicheln alle Reichen des Volkes.
	14	a	Alle Pracht [hat] die Königstochter im Innern [der Palastgemächer];
		b	von Goldgewebe [ist] ihr Gewand, buntgewirkt.
	15	a	Sie wird zum König geführt, Jungfrauen hinter ihr her;
		b	ihre Gespielinnen, hineingebracht zu dir.

	16	a	Sie werden hineingebracht mit Freude und Jubel,
		b	sie kommen in den Palast des Königs.
	17	a	An die Stelle deiner Väter werden deine Söhne treten,
		b	du wirst sie zu Fürsten setzen im ganzen Land.
R"	18	a	Ich will deinen Namen preisend gedenken über alle Generationen hin,
		b	darum werden Völker dich loben auf immer und ewig.

1 שׁוֹשַׁנָּה Lotus, Lilie // יְדִידוֹת Liebe.– **2** רחשׁ sieden, überwallen, wimmeln, brodeln, erregt sein (AK qal 3 m sg) // עֵט Griffel // מָהִיר hurtig, geschickt.– **3** יפה schön sein (AK qal 2 m sg – Sonderform, mit Steigerungseffekt?) // יצק giessen, ho: ausgegossen sein (AK ho 3 m sg) // חֵן Anmut.– **4** חגר gürten (Impt qal m sg) // יָרֵךְ Hüfte // הוֹד Schmuck, Majestät // הָדָר Herrlichkeit.– **5** צלח ein-, durchdringen, gelingen (Impt qal m sg) // עַנְוָה Demut, Herablassung // ירה hi: lehren (wPK hi 3 f sg).– **6** שׁנן schärfen (Ptz pass qal m pl).– **7** מִישֹׁר Geradheit, Aufrichtigkeit.– **8** שָׂשׂוֹן Freude // חָבֵר Genosse, Gefährte.– **9** מֹר Myrrhe // אֲהָלוֹת Aloe // קְצִיעָה pl: Kassia, Zimtblüten // בֶּגֶד Kleid // מִנִּי (= מִנִּים) Saiten, Saitenspiel // שׂמח sich freuen, pi: erfreuen (AK pi 3 pl + Suff).– **10** יקר teuer, geliebt // נצב ni: sich hinstellen, stehen (AK ni 3 f sg) // שֵׁגָל Gemahlin // כֶּתֶם Gold.– **11** נטה qal + hi: neigen (wImpt hi f sg).– **12** אוה pi: begehren, hitp: lebhaft begehren (wPK hitp 3 m sg) // יֳפִי Schönheit // חוה II hitp (bzw. von שׁחה): sich niederbeugen, huldigen (wImpt hitp f sg).– **13** חלה pi (mit פָּנִים): streicheln, schmeicheln, huldigen, sänftigen (PK pi 3 pl) // עָשִׁיר reich.– **14** כְּבוּדָה Pracht // פְּנִימָה nach innen, im Innern // מִשְׁבְּצוֹת Goldwirkerei, golddurchwirkte Stoffe // לְבוּשׁ Gewand.– **15** רִקְמָה sg + pl: buntgewirktes Zeug // יבל hi: führen, ho: pass (PK ho 3 f sg).– **16** גִּיל Jubel.– **17** תַּחַת statt // שׁית setzen (PK qal 2 f sg + Suff) // שַׂר Fürst.– **18** ידה II hi: preisen (PK hi 3 m pl + Suff).–

Form und Inhalt

Bei Ps 45, dessen Text nicht überall klar und leicht verständlich ist, handelt es sich um ein israelitisches Königslied, genauer: ein Gedicht bzw. Lied zur Königshochzeit (Epithalamion), mit der anscheinend auch die Inthronisation zelebriert wurde.
Im ersten Hauptteil (I) wird der König in gemeinorientalischer Diktion gepriesen bzw. ihm Gutes zugesprochen. Wesentliche Momente sind Segen und Salbung durch Gott, die herrschaftliche Erscheinung, sein Erfolg als militärischer Führer sowie sein Status als Herrscher, der Recht im sozialen Bereich spricht und schafft. Ist Stanze I dem König, so Stanze II der Königin zu seiner Rechten gewidmet, deren Pracht, Schönheit und Hofstaat (Zofen) gerühmt werden. Sie scheint selbst aus einem Königshaus (Tyrus) zu kommen – diese Bande gilt es für sie zu lösen zugunsten der neuen Hingabe an ihren Bräutigam und Herrn. Ihre (gemeinsamen) "Söhne" werden sie binden und von ihren "Vätern" ablösen helfen (M denkt bei den possessiven Suffixen von 17 zwar an den König [vgl. 16b], doch im unvokalisierten Hebr. und aufgrund der Stichwortaufnahme "Vater" [11b.17a] lässt sich [auch] an die Königin denken).

Verfasst ist dieses innerhalb des Psalters spezielle Stück von einem Hof- und/oder Tempel-Poeten, wohl einem Qorachiten (vgl. 1), dessen Signatur noch im Rahmen (R = 2.18) abzulesen ist. Für welchen König dieses Gedicht entstanden ist, lässt sich nicht mehr eruieren – denken lässt sich an Salomo (vgl. 1. Kön 3,1; Hld), an einen König aus dem Nordreich oder aus dem judäischen Jerusalem (Davidsthron – wofür 7f. spricht). Seine Überlieferung dürfte der Psalm, namentlich in nachexilischer Zeit, einer endzeitlich-messianischen (Neu-)Deutung verdanken, für die 7f. Möglichkeit bieten (mit "Elohim" in 7a scheint – anders als in 8b – weniger Gott selber als der König als adoptierter Gottessohn angesprochen zu sein, vgl. Ex 15,18; 2. Sam 7,13.16; Jes 9,5). Dazu gehört auch die Zuführung der Braut "Tochter Zion" an den messianischen König und Bräutigam (vgl. R. Zimmermann).

Struktur und Poesie

Das Psalmgedicht besteht aus einem Rahmen (R = 2.18), in dem der Verfasser seine Absicht kundtut, und zwei gleichlangen Stanzen als Corpus (I, II – Inclusio "Söhne" 3a.17a). Diese dem König (I) und der Königin (II) gewidmeten Abschnitte sind insofern im Sinne eines Diptychons angeordnet, als Parallelisierungen zwischen den Stanzen beabsichtigt und durch Stichwortverknüpfungen angezeigt sind (vgl. "Menschensöhne/Königstöchter" 3a.10a, "schöner sein/Schönheit" 3a.12a, "Rechte" 5b.10b, "Völker/Volk" 6a.13b, dazu 11b.18b, תחת "unter/an die Stelle" 6a.17a, "Paläste/Palast" 9b.16b).
Die Verse von Stanze II dürften unter sich spiegelsymmetrisch (ABCDD'C'B'A', vgl. u.a. den Rahmen "Töchter/Söhne" 10a.17a) organisiert sein, ähnlich möglicherweise auch diejenigen in Stanze I (ABCDC'B'A' ?). Nur im Hebr. erkennbar ist die – aufgrund der Wurzelverwandtschaft (שנן/שן) – feinsinnige Verknüpfung der "geschärften (eigentlich: gezähnten) Pfeile" (6a) mit den prächtigen "Elfenbein(zahn)-Palästen" (9b). Stanze I schliesst mit einer "Duftnote", die sachgerecht zur "femininen" Stanze II überführt. Im Schlussvers 18 werden verschiedene Stichworte des Psalmes nochmals aufgenommen (vgl. 3c.4b.7a.8b).
Es sind auch einige Lautfiguren im Psalm zu notieren (u.a. *i*-Assonanz und ב-Alliteration in 2; Klangverwandschaften der Formen von יפה "schön sein" und שפה "Lippe" in 3ab, ר-Alliteration in 4, ך-Auslautungen/Binnenreime in 10ff.).

Kontexte

Von Form und Inhalt her weist Ps 45 Ähnlichkeiten mit anderen Königspsalmen (vgl. u.a. Ps 2; 72; 110) sowie dem Hld auf; von seiner Platzierung im Psalter her verbindet die Qorach-Zuweisung (1) ihn mit Ps 42–49, wobei die ersten drei Qorach-Psalmen dieser Gruppe zusätzlich durch die gemeinsame Gattungsbezeichnung משכיל "Lehrgedicht (oder: Wechselgesang?)" verknüpft sind (42,1; 44,1; 45,1). Nach der klagend einstimmenden Eröffnungsgruppe der Qorach-Psalmen 42–44 "antworten" die Psalmen 46–48, die die Weltherrschaft des auf dem Zion residierenden JHWH verkünden, mit hellen Tönen. Dazwischen hinein fügt sich Ps 45 namentlich dann, wenn die in Stanze II angeredete "Tochter" in dieser Lectio continua als Tochter Zion interpretiert wird, nach deren Liebe der Jerusalemer König verlangt (E. Zenger). Verbindungen zu den vorangehenden

Psalmen ergeben sich auch durch Stichworte wie "Freude/Jubel" (43,4; 45,16), "Herr" (44,24; 45,12), "Schwert" (44,4.7; 45,4), "Rechte" (44,4; 45,5.10), "Feind" (42,10; 43,2; 44,17; 45,6), "auf/für immer" (44,9; 45,3.7), "gedenken <=> vergessen" (42,5.7.10; 44,18.21.25; 45,11.18) und "danken/loben" (ידה hi 42,6.12; 43,4.5; 44,9; 45,18).
Zu 3 vgl. 1. Sam 9,2 (Saul), zu 7f. vgl. Ex 15,18; 2. Sam 7,13.16; Jes 11,4; 61,3 ("Freudenöl"); Lk 1,33; Hebr 1,8f.; Offb 19,6–9, zu 18 vgl. Röm 15,11; Offb 15,4.

Anregungen für die Praxis

Ps 45 wird man nur bedingt für eine Hochzeitspredigt verwenden können (am ehesten Aussagen wie 3.12[ff.]; vgl. in gewisser Weise auch 11.17 mit Gen 2,24 – allerdings ist es in Ps 45 die Frau, die ihre familiäre Bindung "verlassen" soll). Neue Interpretationsmöglichkeiten ergeben sich durch eine allegorische Deutung im Sinne einer "Hochzeit" Gottes mit seinem Volk ("Tochter Zion"). Wirkungsgeschichtlich bedeutend geworden – namentlich von 7f. her – ist die messianische Interpretationslinie, nach der Jesus der endzeitliche König und Gottes-Sohn auf dem Davidsthron ist (vgl. Lk 1,31–33). Damit wird auch seine Überlegenheit gegenüber den Engelwesen begründet (vgl. Hebr 1,5–9).
Ps 45 im Gesangbuch: EG Ps 45 (EG-West), 70 (Stammteil); RG 653; GL 554; KG 194, (KG CN 034).

Psalm 46

	1		Dem Musikverantwortlichen – den Söhnen Qorachs zugehörig – nach [der Weise]: Jungfrauen – ein Lied.
I	2	a	Elohim [ist] uns Zuflucht und Stärke,
		b	als Hilfe in Bedrängnissen sehr erfunden.
	3	a	Darum müssen wir uns nicht fürchten, wenn die Erde schwankt
		b	und wenn Berge ins Herz der Meere wanken.
	4	a	Seine Wasser mögen tosen und schäumen,
		b	die Berge erbeben durch seine Hoheit. – Sela.
[R?]			
II	5	a	Ein Strom – seine Wasserrinnen erfreuen die Stadt Elohims,
		b	das Heilige der Wohnungen Eljons.
	6	a	Elohim [ist] in ihrer Mitte – sie wird nicht wanken;
		b	Elohim wird ihr helfen beim Morgengrauen.
	7	a	Völker tobten, Königreiche wankten;
		b	seine Donnerstimme erschallte, die Erde erzittert.
R'	8	a	JHWH der Heerscharen [ist] mit uns,
		b	eine Fluchtburg [ist] für uns der Elohim Jakobs. – Sela.
III	9	a	Geht, schaut die Taten JHWHs:
		b	der Entsetzen auf Erden gelegt,
	10	a	der beseitigt Kriegsgetümmel bis ans Ende der Erde!
		b	Den Bogen wird er zerbrechen und den Spiess zerhauen,
		c	die Wagen mit Feuer verbrennen.
	11	a	Lasst ab und erkennt, dass ich Elohim [bin]!
		b	Ich will erhoben sein unter den Völkern, ich will erhoben sein auf Erden.
R"	12	a	JHWH der Heerscharen [ist] mit uns,
		b	eine Fluchtburg [ist] für uns der Elohim Jakobs. – Sela.

1 עַלְמָה Jungfrau.– **2** מצא finden, ni: gefunden werden, sich finden lassen (AK ni 3 m sg oder Ptz ni m sg).– **3** מור I ni: sich ändern, hi: vertauschen, ändern; II ni: schwanken (Inf cs hi von I oder zu ändern in הָמוֹר: Inf cs ni von II).– **4** המה lärmen, tosen, toben (PK qal 3 m pl) // חמר schäumen (PK qal 3 m pl) // גַּאֲוָה Aufwallen, Hoheit, Hochmut.– **5** נָהָר Strom // פֶּלֶג (künstliche) Wasserrinne, Kanal.– **7** מוג wanken, ni: wogen, hin- und herschwanken (PK qal 3 f sg).– **8** מִשְׂגָּב Anhöhe, Fluchtburg, Zuflucht.– **9** שַׁמָּה Schauerliches, Entsetzliches, pl: Erstaunen, Entsetzen, Erregendes (oder umpunktieren in שֵׁמוֹת: Namen).– **10** שבת ruhen, hi: ein Ende machen, beseitigen, verschwinden lassen (Ptz hi m sg) // שבר qal + pi: zerbrechen (PK pi 3 m sg) // קצץ abhauen, pi: zerhauen (wAK pi 3 m sg) // חֲנִית Spiess // עֲגָלָה Wagen // שׂרף verbrennen (PK qal 3 m sg).– **11** רפה schlaff herunterhängen, hi: sinken lassen, ablassen (Impt hi m pl) // רום hoch, erhaben sein; sich erheben (PK qal 1 sg).–

Form und Inhalt

Ps 46 wird gemeinhin als "Zionslied" bezeichnet und ist bestimmt von der Verbundenheit JHWHs mit der Gottesstadt und seinem Tempel. Er stammt wahrscheinlich aus vorexilischer Zeit (anders B.M. Zapff), setzt also ein unerobertes und unzerstörtes Jerusalem voraus (eine nähere Bestimmung ist schwer vorzunehmen, in Frage kommen namentlich die Zeiten Hiskias/Jesajas oder Josias).
Das dreiteilige Lied setzt ein mit dem Bekenntnis der Zions-Gemeinde, dass Gott sich ihnen als "Zuflucht und Stärke" erwies und ihnen in Bedrängnissen zu Hilfe kam. Darin spiegelt sich Erfahrung des Schutzes, den die befestigte Stadt Einwohnern und Schutzsuchenden (Flüchtlingen) bei Invasionen und Belagerungen gab (dazu gehörte möglicherweise auch die assyrische Belagerung 701 v.Chr. durch Sanherib) und JHWH als "Stadtgott" zugeschrieben wird. Die Szenerie der Bedrohung durch anstürmende Völker ist eng verbunden mit der "urtümlichen" der Chaoswasser (vgl. auch die Wortbezüge, s.u.): Wie der Schöpfergott einst diese Chaosmächte besiegt hat und sie weiterhin siegreich beherrscht, so erweist sich der Ziongott siegreich mit seinen Heerscharen. In einer visionären Schau sieht der Psalmist schliesslich, wie Gott den Krieg selbst und mit ihm die Kriegsgeräte beseitigt und als universaler Völker-König anerkannt werden will. In der im Psalm sich zeigenden "Zionstheologie" sind also geschichtliche Erfahrungen mit protologischen ("Chaoskampf") und eschatologischen Elementen ("Abrüstung") verzahnt.

Struktur und Poesie

Die dreiteilige Struktur ist aufgrund des Refrains (R = 8.12, je mit chiastischem abb'a'-Aufbau), der als Klimax die Stanzen II und III beschliesst, sowie der "Sela"-Markierungen nach 4(?).8.12 deutlich. Es ist denkbar, dass der gleiche Refrain ursprünglich auch Stanze I abschloss und bei der Überlieferung "verloren" ging, doch gibt es dafür ausser der dadurch erzielten Regelmässigkeit der Struktur (jede Stanze hätte dann 8 bzw. 9 Zeilen) keine Belege.
Der Psalm besticht – abgesehen vom Refrain – durch subtile Vernetzungstechniken, mit denen aufgrund von Wortwiederholungen Assoziationen und Interpretationsnuancen vermittelt werden. So ist z.B. das "Tosen" der Wasser und das "Toben" der Völker (המה 4a.7a, je Verseröffnung) ebenso absichtsvoll verbunden wie das "Wanken" der Berge mit demjenigen der Königreiche und dem "Nicht-Wanken" Jerusalems aufgrund der Gottespräsenz (מוט 3b.6a.7a, vgl. auch das "Erbeben" der Berge 4b sowie das "Schwanken" bzw. "Erzittern" der Erde 3a.7b). Beachtenswert ist auch die kontrastive Verwendung der "Wasser"-Begrifflichkeit zwischen Bedrohung (4) und Segen (5). Entlang des alle drei Stanzen verklammernden Leitwortes ארץ "Erde" entwickelt sich die Aus-

sage des Psalms: Die Erde ist von Chaosmächten bedroht (3a), erzittert bei der Epiphanie Gottes (7b), ist der Ort sowohl der kriegerischen Verwüstung Gottes (9b) als auch der Beendung allen Krieges (10a) und erweist sich schliesslich als Ort der Anbetung Gottes (11b).
Durch die (betonte) Platzierung stets am Zeilenschluss verbindet sich mit dem Leitwort zugleich ein reimender Effekt. Über diesen Reim (und den Refrain) hinaus weist der Psalm weitere Klangmuster auf. Man beachte etwa die Lautdominanz auf מ in 3f.7 (vgl. etwa 4a: יֶהֱמוּ יֶחְמְרוּ מֵימָיו), mittels derer die im Hebr. diesen Konsonanten enthaltenden Begriffe wie "Wasser/Meer", "Wanken" o.ä., "Tosen/Toben" und "Königreiche" assoziiert werden. Im Weiteren ist auf die *o*-Assonanz in 2, die ב/פ-Alliteration in 6 und die אר- bzw. אל-Lautcluster in 11 hinzuweisen. Mit "Elohim (ist uns [לָנוּ] ...)" eröffnet der Psalm, mit "(... für uns [לָנוּ]) der Elohim Jakobs" schliesst er – fast identisch.

Kontexte

Die Überschriftsangaben (1) weisen auf gottesdienstlichen Gesang (שִׁיר "Lied"), der vielleicht mit Sopran-Stimmen ("nach der Weise: Jungfrauen"?) vorgetragen wurde. Vom Inhalt her ist Ps 46 mit andern "Zionspsalmen" verwandt, die in der Gruppe der Qorach-Psalmen prominent vertreten sind (vgl. v.a. Ps 48; 76, ferner auch 84; 87; 120–134). Unter der Annahme, dass Ps 42/43 als *ein* Psalm gezählt wird, steht Ps 46 in der Mitte der ersten Qorach-Sammlung (Ps 42–49), in der der Anfangs-, der Mittel- und der Schlusspsalm (42/43; 46; 49) eine poetische Struktur mit Refrain enthält. In der Fortlesung der Qorach-Psalmen gibt die in Ps 46(–48) sich artikulierende "Zionstheologie" gleichsam die Antwort auf die in den Ps 42–44 sich äussernde Klage (vgl. E. Zenger). Zudem liegen Stichwort-Verknüpfungen vor u.a. durch Begriffe wie "Hilfe/ helfen" (44,27; 46,2.6), "Bogen" (44,7; 46,10), "Land/Erde" (42,7; 44,4.26; 45,17; 46,3.7.9.10.11) und "stöhnen/tosen/toben" (המה 42,6.12; 43,5; 46,4.7).
Berührungen mit Ps 46 finden sich in Jo 4,9–21 und im "Schwerter-zu-Pflugscharen"-Programm von Jes 2 bzw. Mi 4. Zu 4 vgl. Lk 21,25, zu 5 vgl. Jes 12,3; Offb 22,1, zu 6 (und 9f.) vgl. 2. Kön 19,35; Offb 22,3.

Anregungen für die Praxis

Mit seinem bekannten Lied "Ein feste Burg ist unser Gott..." (EG 362; RG 32) hat Martin Luther Motive aus Ps 46 aufgegriffen (vgl. v.a. 2 und den Refrain). Damit hat er militärische Konnotationen dieses Psalms auf den geistlichen Kampf zwischen Christus und dem Teufel, in dem die christliche Gemeinde steht, umgemünzt. Ps 46 lässt aber nicht nur Applikationen im Blick auf die "Kampfführung" zu, sondern auch auf die "Abrüstung" und die Beendigung jedes Krieges (vgl. 9–11), die von Gott ausgeht und mit Jerusalem in Beziehung steht (vgl. Jes 2; Mi 4; Offb 21f.). Obwohl diese Völker-Befriedung als endzeitliches Geschehen von Gott bewirkt wird, können von der christlichen Gemeinde dennoch Impulse der Hoffnung und des ethischen Handelns in der Gegenwart ausgehen. Mit dem in 5 genannten "Wasser" verbinden sich Vorstellungen von Leben, Erneuerung und Heil (vgl. Jes 12,3; Offb 22,1).

Psalm 46

Ps 46 im Gesangbuch: EG Ps 46 (EG-West), 362 (Stammteil), 725 (EG-Wü), 726 (EG-West), 757 (EG-BT); RG 31–32; GL 650; KG 615, (KG CN 039).

Psalm 47

	1		Dem Musikverantwortlichen – den Söhnen Qorachs zugehörig – ein Psalm.
I	2	a	Ihr Völker alle: Klatscht in die Hände!
		b	Schreit zu Elohim mit Jubel-Stimme!
	3	a	Fürwahr, JHWH Eljon [ist] furchtgebietend,
		b	ein Gross-König über den ganzen Erdkreis!
	4	a	Völker wird er uns unterwerfen,
		b	ja, Nationen unter unsere Füsse.
	5	a	Er wird für uns unsern Erbbesitz erwählen,
		b	den Stolz Jakobs, den er liebt. – Sela.
	6	a	Hinaufgezogen ist Elohim inmitten des Jubelgeschreis,
		b	JHWH beim Schall des (Schophar-)Horns.
II	7	a	Singt Elohim, singt!
		b	Singt unserm König, singt!
	8	a	Fürwahr, "König des ganzen Erdkreises [ist] Elohim"
		b	singt als Lehrgedicht (oder: Wechselgesang)!
	9	a	Elohim hat die Königsherrschaft über die Heidenvölker angetreten,
		b	Elohim hat sich auf seinen heiligen Thron gesetzt.
	10	a	Die Fürsten der Völker haben sich versammelt,
		b	[mit] dem (oder: als das) Volk des Elohims von Abraham.
		c	Fürwahr, Elohim [sind] die Schilde der Erde,
		d	hoch erhaben [ist er]!

2 תקע (ein)schlagen, mit כַּף: in die Hände klatschen (Impt qal m pl) // רוע hi: schreien, jauchzen (Impt hi m pl) // רִנָּה Jubel.– **3** נוֹרָא furchtbar (Ptz ni m sg von ירא).– **4** דבר I hi (mit תַּחַת): wegtreiben, unterwerfen (Pk hi 3 m sg).– **5** גָּאוֹן Hoheit, Stolz.– **6** עלה hinaufsteigen, -ziehen, ni (s. V. 10): sich erheben, erhaben sein (PK qal 3 m sg) // תְּרוּעָה Kriegsgeschrei, Signal, Jubel(schall) // שׁוֹפָר Horn (als Blasinstrument).– **7** זמר pi: singen (mit musikalischer Begleitung).– **10** נָדִיב Fürst, Edler // אסף versammeln, ni: sich versammeln (AK ni 3 pl).–

Form und Inhalt

Ps 47, ein "Lehrgedicht" oder "Wechselgesang" (8b) mit dem Titel "König des ganzen Erdkreises ist Elohim" (8a), steht im Zusammenhang mit einer gottesdienstlichen Liturgie, die den Antritt des Gott-Königs JHWH begeht (3.9). Er wird – wie u.a. der Hinweis auf das Schopharhorn-Blasen (6b) anzeigt – im Rahmen der Jerusalemer Herbstfeste am Neujahrstag (= "Thronbesteigungsfest", vgl. S. Mowinckel) alljährlich aufgeführt worden sein (vgl. Lev 23,24; Num 29,1, auch T, ferner Jes 2,2–4). Möglicherweise ist der Psalm mit einer Lade-Prozession (vgl. 6, dazu 2. Sam 6,15), sicher mit Hände-Klatschen, Jubelgeschrei, Hornblasen und instrumental begleitetem Gesang verbunden (2.6–8). Auffällig dabei ist, dass in der versammelten Gemeinde die (nichtjüdischen) "Völker" repräsentiert sind (vgl. 10a: "Fürsten der Völker" = eine Art in Jerusalem "akkreditierte Diplomaten"?): Sie werden auch zur gottesdienstlichen Huldigung JHWHs aufgerufen (2) und – je nach Interpretation – als "Volk Gottes" bezeichnet oder *mit* diesem genannt (10). Denn JHWH ist König über die ganze Erde; er kann darum auch Völker unterwerfen (4, vgl. 9) und Israel (5, "uns"), seinem Erbbesitz (vgl. Jes 19,25), das Land zuweisen.

Struktur und Poesie

Ps 47 besteht aus zwei gleichlangen Teilen (Stanzen I und II), deren je fünf Verse parallel bzw. alternierend zueinander stehen (Diptychon: ABCDE ‖ A'B'C'D'E'; vielleicht markiert das "Sela" einen aufführungstechnischen Hinweis zur besonderen Heraushebung von 6f.). Die Stanzen beginnen je mit einer imperativischen Eröffnung (A/A'), wobei zunächst die "Völker" (2, Klatschen/Jubelgeschrei), dann Israel (7, Gesang) zum Lobpreis aufgerufen werden. Die nachfolgenden, mit כי (betonend: "fürwahr!" oder begründend: "denn") eingeführten Strophen (3.8 = B/B') sind verbunden durch die Aussage, dass JHWH "König über den (bzw. des) ganzen Erdkreis(es)" ist. Die nächsten Verse (4.9 = C/C') betonen seine Königsherrschaft über die Nationen bzw. Heidenvölker; dann folgen Aussagen zum von "Jakob" bzw. "Abraham" herkommenden Gottesvolk (5.10ab = D/D'). Die jeweiligen Schlussverse (6.10cd = E/E'), die durch Ableitungen von der Wurzel עלה verknüpft sind ("hinaufgezogen" 6a, "erhoben" bzw. "erhaben" 10d), reden von der gottesdienstlichen Prozession bzw. von Gottes Schutzmacht und Erhabenheit.
Die beiden Stanzen sind zudem je in sich gerahmt durch "Laut"-Begriffe einerseits (תרועה/רוע "schreien/Jubelgeschrei" 2b.6a, קול "Stimme/Schall" 2b.6b) und Gottesbezeichnung andererseits ("Elohim" 7a.10c).
Möglicherweise kumulieren sich Leitwörter teilweise zu Zahl-Werten, die Ganzheit und Totalität ausdrücken (z.B. "7" und "10"): Zehn Gott-Bezeichnungen (davon 7mal "Elohim") enthält der Psalm mit seinen zehn Versen (Bikola); 7mal ergeht der Aufruf zur gottesdienstlichen Beteiligung (2mal an die Völker in 2 und 5mal "singt!" an Israel in 7f.), und 7mal sind "Volk/Völker" erwähnt (5mal "[Heiden-]Völker/Nationen" und 2mal wohl "Israel": "Stolz Jakobs" 5b und "Volk des Elohims von Abraham" 10b); 4mal erscheint die Wurzel מלך ("König"; "die Königsherrschaft antreten"), dazu 3mal der Ort, wo er herrscht ("Erdkreis").
Lautmalerisch wirken כ/ק in 2 (das Klatschen nachahmend), die Häufung von זמרו "singt!" in 7 (je am Zeilenanfang und -ende, dazu 8b) und die Gutturale (א/ע) in 10.

Kontexte

Ps 47 gehört zur ersten "Qorach"-Sammlung (1) und bildet in dieser zusammen mit den Nachbarpsalmen 46 und 48 eine durch die Zions-Thematik verbundene Untergruppe, in

deren Mitte er steht. Ps 44–46 bieten die Gottesantwort auf die Klage von Ps 42–44: Die Israel bedrängenden Völker werden vom Ziongott dazu gebracht, den Gott des Gottesvolkes als ihren König anzuerkennen.
Zu 3f. vgl. Sach 14,9; Mal 1,14; Ps 2,8; 95,3, zu 5 vgl. Dtn 32,9, zu 9 vgl. Offb 15,3.

Anregungen für die Praxis

Ps 47 spricht von einer Befriedung der Völker, die freilich nicht ohne Gewalt auszukommen scheint (vgl. 4, ferner 10, dazu Ps 2,6.8–12). E. Zenger interpretiert den Psalm als eine Vision vom Zion als "internationale Friedensschule für alle Völker" (vgl. auch Jes 2,1–5; Offb 21f.). Begangen wird ein wahrhaft "ökumenischer" Gottesdienst. Gehuldigt wird weder grossen Staatsmännern, noch Stars noch anderen "Idolen" ("Göttern"!), sondern unisono JHWH, dem Gott Israels (vgl. Ex 20,3–5; Dtn 5,7–9; 6,4f.), den nun auch die Heidenvölker als wahren Gott anerkennen (müssen).
In der kirchlichen Tradition ist dieser Psalm mit dem Fest von Christi Auffahrt bzw. Himmelfahrt verbunden, wird also mit Jesu Rückkehr in die himmlische Sphäre und seinem Machtantritt zur Rechten des Vaters in Zusammenhang gebracht. In dem Sinn lassen sich auch Linien ziehen von Ps 47 zu den "Siegesliedern" u.a. eines J.C. Blumhardt ("Dass Jesus siegt ...", EG 375; RG 857; "Jesus ist der Siegesheld ...", RG 856).
Ps 47 im Gesangbuch: EG Ps 47 (zwei Fassungen; EG-West), 618 (EG-West), 726 (EG-Wü), 727 (EG-West), 758 (EG-BT); RG 33 (mehrsprachig); GL 556, 727; KG 458.4, 463, 475, 616, (KG CN 014, 046, 0126).

Psalm 48

	1		Ein Lied – ein Psalm – den Söhnen Qorachs zugehörig.
I	2	a	Gross [ist] JHWH und sehr zu preisen
(A)		b	in der Stadt unseres Elohims!
	3	a	Sein heiliger Berg [ragt] schön empor,
		b	eine Freude der ganzen Erde!
		c	Der Berg Zion [im] äussersten Norden (oder: als Gipfel des Zaphon),
		d	die Stadt des Gross-Königs.
	4	a	Elohim [wohnt] in ihren Palästen;
		b	kundgetan hat er sich als Zuflucht.
II	5	a	Denn siehe: Die Könige hatten sich verabredet,
(B)		b	waren gemeinsam herangezogen.
	6	a	Sie – wie sie [es] sahen, so entsetzten sie sich;
		b	sie wurden erschreckt, sie wurden bestürzt.
	7	a	Ein Beben hatte sie dort ergriffen,
		b	Wehen wie eine Gebärende.
	8	a	Durch den Ostwind machst du zerbrochen
		b	die Schiffe von Tarsis.
III	9	a	Wie wir es gehört haben, so haben wir es gesehen
(B')		b	in der Stadt JHWHs der Heerscharen, in der Stadt unseres Elohims.
		c	Elohim möge sie für immer festigen! – Sela.
	10	a	Wir haben bedacht, Elohim, deine Gnade
		b	inmitten deines Tempels.
	11	a	Wie dein Name, Elohim, so [ist/sei] dein Lobpreis
		b	an den Enden der Erde;
		c	voll der Gerechtigkeit ist deine Rechte.
IV	12	a	Es freue sich der Berg Zion,
(A')		b	die Töchter Judas sollen jubeln
		c	um deiner Rechtsentscheide willen.
	13	a	Umgeht Zion, ja, umkreist ihn,
		b	zählt seine Türme!
	14	a	Richtet euer Herz auf seine Befestigungswälle,
		b	mustert seine Paläste,
		c	damit ihr der künftigen Generation erzählen könnt.

Psalm 48

(V) 15 a Fürwahr, dies [ist] Elohim,
     b unser Elohim auf immer und ewig!
     c Er selbst wird uns leiten in Ewigkeit(?).

2 מְהֻלָּל preisenswert, preiswürdig (Ptz pu m sg von הלל II pi: rühmen, Gott preisen).– **3** נוֹף Höhe; hier: schön an Höhe, hochragend // מָשׂוֹשׂ Freude // יַרְכָּה hintere Seite, Hinterteil, Gipfel(?); hier wohl: im äussersten Norden.– **4** אַרְמוֹן Palast // מִשְׂגָּב Anhöhe, Burg, Feste, Zuflucht.– **5** יעד ni: sich einfinden, versammeln (gegen), sich verabreden (AK ni 3 pl).– **6** תמה staunen, sich entsetzen (AK qal 3 pl) // בהל pi: schrecken, ni: erschreckt werden (AK ni 3 pl) // חפז zittern, ni: bestürzt werden, ängstlich fliehen (AK ni 3 pl).– **7** רְעָדָה Beben // חִיל Zittern, Wehen.– **8** קָדִים Osten // שׁבר zerbrechen, pi: zerbrochen machen (PK pi 2 m sg) // אֳנִיָּה Schiff.– **9** כון pol: hinstellen, bereiten, gründen, Bestand geben (PK pol 3 m sg + Suff).– **10** דמה I gleichen, pi: vergleichen, erwägen (AK pi 1 pl).– **11** קָצוּ Ende.– **13** נקף herumgehen, hi: umkreisen (wImpt hi m pl + Suff).– **14** חֵיל Befestigung, Glacis // פסג (hap leg) pi: durchschreiten(?), mustern(?) (Impt pi m pl).– **15** נהג treiben, pi: führen (PK pi 3 m sg + Suff) // מות sterben (Inf cs qal); Änderungsvorschläge: עֹלָמוֹת in Ewigkeit (mit G); עַל־עֲלָמוֹת nach (der Weise): Jungfrauen (zur Überschrift von Ps 49 zu ziehen, vgl. Ps 46,1).–

Form und Inhalt

Ps 48 ist (wie Ps 46) ein "Zionslied", das Stadt, Berg und Heiligtum von Jerusalem als Schutzort preist, weil JHWH darin wohnt und als Garant für seine Sicherheit vor Feinden gilt. Der Psalm war – trotz 3c (mythologisch in Analogie zu ugaritischen Vorlagen, vgl. auch Jes 14,13) – wohl schon immer auf Jerusalem und den Zion bezogen (anders M.D. Goulder und K. Seybold, die den Ursprungspsalm im nordisraelitischen Dan beheimatet sehen). Aufgrund der Analogie von 8 und 1. Kön 22,49 ist eine Abfassungszeit unter König Joschafat (Mitte 9. Jh. v.Chr.) vertreten worden, andere denken an nachexilische Zeiten. Am Wahrscheinlichsten ist mir eine Abfassung nach und aufgrund des wundersamen Abzugs des Assyrers Sanherib 701 v.Chr. (vgl. 5–8, dazu 2. Kön 19,32–37) in den Regierungszeiten der Könige Hiskia oder Josia. Dieses Geschehen dürfte zum Auslöser solcher zionstheologischer Aussagen geführt haben, wie Ps 48 sie darbietet (vgl. auch die Anklänge zu jesajanischen Zions-Aussagen).

Ps 48 setzt ein mit einem Hymnus über JHWH und seinen Wohnort (I). Es folgt ein Rückblick auf eine Belagerung, der Jerusalem standgehalten hat, weil die Feinde durch einen "Gottes-Schrecken" erschüttert (und zur Flucht veranlasst?) wurden (II – mit einem Hinweis auf die Zerstörung einer Schiffsflotte [8]). Solches Geschehen wird von einer "Wir"-Gruppe (die Qorachiten [1] als Türhüter? Vgl. 1. Chr 26,1–19), die ihren Gott feiert, bedacht und bezeugt (III). Daraufhin werden weitere Kreise (judäische Zions-Pilger?) zu gottesdienstlicher Begehung mit Besichtigung, Gedenken und Lobpreis aufgerufen (IV). Den Schluss (V) macht ein von der "Wir"-Gruppe oder der gottesdienstlich anwesenden Gemeinde insgesamt gesprochenes Bekenntnis.

Psalm 48

Struktur und Poesie

Die Analyse geht von einem vierteiligen Psalm aus, dessen Stanzen jeweils acht Zeilen umfassen (I–IV). Beigegeben wurde (erst später?) ein abschliessender Vers (15 = V). Die Gesamtanlage der vier (Haupt-)Stanzen ist spiegelsymmetrisch (ABB'A'-Struktur): Die Aussenstanzen (I, IV) enthalten den gottesdienstlichen Lobpreis über JHWH und seine Stadt bzw. den Aufruf dazu und zur Prozession. Begrifflich geschieht ihre Verklammerung namentlich durch die Aussagen "Berg (Zion)" (3a[in M zu 2].3c.12a.13a) und "ihre/seine Paläste" (ארמנותיה 4a.14b). Die Innenstanzen (II, III) bezeugen das Geschehen der wundersamen Abwehr der Feinde vor der Stadt und bringen dieses theologisch mit JHWH in Zusammenhang. Wesentlich sind hier die Motive des Zusammenhangs (כן "so" 6a.9a.11a) von "Hören" (9a), "Sehen" (6a.9a) und "Bedenken" (10a) des Geschehens.

Über diese Hauptstruktur hinaus gibt es Sinn- und Sachverknüpfungen in und zwischen den Stanzen (vgl. "Stadt JHWHs/unseres Elohims" 2b.9b, "Erde" 3b.11b, "König[e]" 3d.5a, ספר qal/pi "zählen/erzählen" 13b.14c). An Lautspielen sind die Assonanzen mit den langen *a/u*-Vokalen in 6 (Nachahmung des Entsetzens?), die ך- und ה-Auslautungen (je mit langen *a*-Vokalen) in 10–14 (mit Elohim- und Zion-Bezug), aber auch die Bezüge zwischen den Formen von חפז "sich entsetzen" (6a) und אחז "ergreifen" (7a) sowie den ס-Verben סבב "umgehen" (13a), ספר "(er)zählen" (13b.14c) und פסג "mustern" (14b) hervorzuheben.

Kontexte

Ps 48 bildet den Schluss der Zionspsalmen-Gruppe Ps 46–48 innerhalb der ersten Qorachpsalmen-Sammlung (Ps 42–49) und hat namentlich zu Ps 46, aber auch zu Ps 87 aus der zweiten Qorachpsalmen-Sammlung (Ps 84–85; 87–88) Bezüge (vgl. etwa "Stadt [unseres] Elohims/JHWHs" 46,5; 48,2.9; 87,3).

Nach der griechischen Psalterausgabe (G = 47,1: δευτέρα σαββάτου) ist Ps 48 (nach Ps 24) der zweite "Wochentagspsalm".

Zu 2f. vgl. Jes 2,2f.; Ps 50,2; Klgl 2,15; Mt 5,35; Hebr 12,22, zu 5 vgl. Ps 2,2, zu 7 vgl. Ex 15,14, zu 12 vgl. Ps 97,8.

Anregungen für die Praxis

Die Vorstellungen, die sich mit der Gottesstadt Jerusalem und dem Tempel auf dem Zion verbinden, ziehen sich durch weite Teile der Bibel hindurch (vgl. R.S. Hess / G.J. Wenham): Jesajanische Stellen sowie diejenige der vorexilischen "Zionspsalmen", wozu Ps 48 wohl gehört, kristallisieren frühe Stadien der Vorstellung von der Pracht der Gottesstadt, die sicheren Schutz bietet, weil Gott darin wohnt. Dass Jerusalem nicht unbesiegbar geblieben ist und dass eine bestimmte Art von (selbstsicherer) Zions-Theologie später in die Irre führte, zeigt uns das Büchlein der Klagelieder. Die "Aufstiegslieder" (Ps 120–134) öffnen uns dann einen Blick in das (wieder aufgebaute) nachexilische Jerusalem. Eine besondere Jerusalem-Perspektive bietet das lukanische Doppelwerk, wo Jerusalem gleichsam die "Mitte" der Welt bildet, auf die Heilsgeschehnisse zulaufen (Lk) und von

ihr herkommen (Apg). Den Schlusspunkt bilden die Voraussagen des letzten Buches über das neue, endzeitliche Jerusalem (Offb 21f.).
Ps 48 im Gesangbuch: EG Ps 48 (EG-West).

Psalm 49

	1		Dem Musikverantwortlichen – den Söhnen Qorachs zugehörig – ein Psalm.
I	2	a	Hört dies, all ihr Völker,
		b	spitzt die Ohren, all ihr Bewohner der Welt,
	3	a	sowohl ihr Menschensöhne als auch ihr Männersöhne,
		b	alle zusammen, reich und arm!
	4	a	Mein Mund soll nun Weisheitsworte reden,
		b	und das Sinnen meines Herzens [bringt] Einsichten [hervor].
	5	a	Ich will mein Ohr dem Weisheitsspruch zuneigen,
		b	mein Rätselwort auf der Leier lüften:
II A	6	a	Warum sollte ich mich fürchten in bösen Tagen,
(A)		b	wenn der Frevel meiner Nachsteller ("Fersen") mich umgibt,
	7	a	die auf ihr Vermögen vertrauen,
		b	und mit der Grösse ihres Reichtums immer neu prahlen?
	8	a	Keiner kann seinen Bruder loskaufen,
		b	und niemand vermag Elohim sein Lösegeld zu geben!
	9	a	[Denn zu] kostbar wäre ein Loskauf ihres Lebens,
		b	so dass er für immer davon absehen muss.
II B	10	a	Ja, wird er [denn] für immer fortleben,
(B)		b	nicht sehen die Grube?
	11	a	Vielmehr – er wird sehen: [Auch] Weise müssen sterben,
		b	gemeinsam mit Tor und Dummkopf werden sie zugrunde gehen
		c	und werden anderen ihr Vermögen hinterlassen.
	12	a	Ihr Inneres [denkt], dass ihre Häuser für immer [stehen bleiben],
		b	ihre Wohnungen von Geschlecht zu Geschlecht;
		c	Ländereien haben sie nach ihrem Namen benannt.
R'	13	a	Doch der Mensch in [seiner] Kostbarkeit vermag nicht zu bleiben,
		b	er ist vergleichbar geworden mit dem Vieh, das abgetan wurde.
III A	14	a	Dies [ist] ihr Weg – Torheit [gebührt] ihm –,
(B')		b	und hinter ihnen [sind], die Gefallen haben an ihrem Reden ("Mund") – Sela.
	15	a	Wie die Herde wurden sie der Unterwelt preisgegeben,
		b	der Tod wird sie weiden.

		c	Rechtschaffene werden am Morgen über sie herrschen;
		d	ja, ihre Gestalt [unterliegt] dem Verfallen an die Unterwelt – fern ihrer Wohnung.
	16	a	Doch Elohim wird mein Leben (oder: meine Seele) loskaufen
		b	aus der Hand der Unterwelt – gewiss wird er mich [heim]holen. – Sela.
III B	17	a	Fürchte dich nicht, wenn es ein Mann zu Reichtum bringt,
(A')		b	wenn sich mehrt die Pracht seines Hauses!
	18	a	Denn bei seinem Tod kann er das alles nicht mitnehmen,
		b	seine Pracht wird nicht hinter ihm herabsteigen.
	19	a	Wenn [auch] seine Seele in seinem Leben [sich selbst] preist:
		b	"Ja, man lobt dich, weil du es dir gut gehen lässt!"
	20	a	Sie (= die Seele) wird [doch] eingehen zur Generation seiner Väter,
		b	die kein Licht je mehr sehen werden.
R"	21	a	Der Mensch in [seiner] Kostbarkeit hat doch keine Einsicht,
		b	er ist vergleichbar geworden mit dem Vieh, das abgetan (oder: stumm) wurde.

2 חֶלֶד Welt.– 3 יַחַד zusammen, gleicherweise // עָשִׁיר reich // אֶבְיוֹן arm.– 4 הָגוּת Sinnen, Meditation // תְּבוּנָה Einsicht.– 5 נטה hi: neigen (PK hi 1 sg) // כִּנּוֹר Zither, Lyra // חִידָה Rätsel, Sinnspruch.– 6 עָקֵב Ferse, Fussspur; Schleicher, Nachsteller(?).– 7 חַיִל Kraft, Fähigkeit, Vermögen, Habe // רֹב Menge, Grösse // עֹשֶׁר Reichtum // הלל hitp: sich (einer Sache) rühmen (PK hitp 3 m pl).– 8 כֹּפֶר Lösegeld.– 9 יקר kostbar, teuer sein (wPK qal 3 m sg) // פִּדְיוֹן Loskauf, Lösegeld // חדל I aufhören, bleiben lassen, absehen (wAK qal 3 m sg).– 10 שַׁחַת Grube.– 11 כְּסִיל I töricht, frech; Narr // בַּעַר dumm, stumpfsinnig; Dummkopf // אַחֵר der Andere.– 12 אֲדָמָה Erde, Landbesitz, pl: Ländereien.– 13 יְקָר Kostbarkeit // לין (über Nacht) bleiben, wohnen (PK qal 3 m sg) // משׁל ni: vergleichbar sein mit (AK ni 3 m sg) // דמה II zur Ruhe kommen, ni: stumm sein, schweigen; (III) vernichtet werden (PK ni 3 pl).– 14 כֶּסֶל II Zuversicht, (falsches) Selbstvertrauen, Dummheit.– 15 שׁתה = שׁית (ver)setzen, (ein)stellen, legen (PK qal 3 pl) // רדה I treten, herrschen (wPK qal 3 pl) // צִיר Gestalt // בלה verbraucht sein, pi: schwinden lassen, aufreiben (Inf cs pi) // זְבֻל II (erhabene) Wohnung.– 16 לקח hin-, mit-, aufnehmen (PK qal 3 m sg + Suff).– 17 עשׁר I reich sein/ werden, hi: es zu Reichtum bringen (PK hi 3 m sg).– 19 ידה II hi: preisen, loben (wPK hi 3 m pl + Suff).–

Form und Inhalt

Ps 49 weist etliche Textschwierigkeiten auf (v.a. in 6.8f.12.15.19), was sich in diversen Übersetzungsvarianten niederschlägt (so lässt sich etwa 15c mit minimen Textänderungen auch so lesen: "Sie sind geradewegs ins Grab gestiegen"). Einige dieser "Unsicherheiten" sind (poetisch) beabsichtigt und bezwecken Doppeldeutigkeiten (vgl. u.a. die Einschätzung von 6f. als rhetorische Frage- oder als Aussagesätze, ferner P.R. Raabe).

Psalm 49

Gattungsmässig handelt es sich bei Ps 49 um ein weisheitliches Lehrgedicht, das die menschliche Vergänglichkeit zum Thema und das Setzen des Vertrauens auf Gott zum Ziel hat. Der Psalm ist ein Beispiel für die Mischung von Weisheit und Kult bzw. Psalmenpoesie; dazu kommt noch ein prophetisches Moment (vgl. die Adressierung an die "Völker" bzw. "Bewohner der Welt" [2]; zu ähnlichen Mischungen vgl. [die Eröffnungsverse von] Ps 78, dazu B. Weber). In ihm verdichten sich persönliche Erfahrungen argumentativ zu allgemeingültigen Einsichten, die mit Ermahnung bzw. Zuspruch verbunden sein können (17).
Im Vorspann bzw. Introitus (I) ergeht in weisheitlicher Manier zunächst ein Höraufruf. Es folgen (die Hörererwartung steuernde) Hinweise zur Absicht, Art und Vortragsweise: Der Vortrag geschieht mit Begleitung von Saitenspiel; er enthüllt innere Einsichten bzw. Geheimnisse des Lebens ("Rätselwort"), die der Vortragende seinerseits als Weisheit "gehört" hat (5a, zum "hörenden Herz" vgl. u.a. 1. Kön 3,9.12).
Das eigentliche Lehrgedicht umfasst zwei Hauptteile (Stanzen II und III): Im ersten wird auf das Todesschicksal hingewiesen, dem alle Menschen gleichermassen unterliegen und von dem sich keiner loskaufen kann. Im zweiten Hauptteil wird – darauf aufbauend und den Gedankengang weiterführend – gesagt, dass Gott das Leben dessen, der sich ihm anvertraut, aus dem Tod loskaufen und mit ihm bleibend verbinden wird (zum Verständnis von 16 im Sinn einer Erlösung *aus* dem Tod vgl. M. Witte; 16 weckt zudem Assoziationen an die Entrückungen Henochs bzw. Elias, vgl. Gen 5,24; 2. Kön 2,3.5.10; Sirach 41,16). Anders bei den Reichen und Narren, die ihr Vertrauen auf sich oder irdische Güter und Möglichkeiten setzen: Für sie bleibt die Todesnacht das Letzte. Beschlossen werden beide Teile mit einem als Refrain gestalteten Merksatz (13. 21), der leicht variiert wird (vgl. C. Forster).

Struktur und Poesie

Ps 49 besteht aus fünf achtzeiligen Einheiten (Strophen), die durch zwei Refrain-Verse ergänzt werden. Die damit erreichten 44 Zeilen stellen eine die Ganzheit und Abgeschlossenheit der (weisheitlichen) Ausführungen unterstreichende nicht-alphabetische Akrostichie dar (2mal 22 Zeilen = Zahl der hebr. Konsonanten). Strukturiert ist das Ganze zu zwei gleichlangen Hauptteilen/Stanzen (II, III – je 16 Zeilen), die je aus zwei Strophen und einem abschliessenden Refrain bestehen (vgl. P.R. Raabe). Diesem eigentlichen Psalm ist als Introitus eine separate Strophe bzw. (Halb-)Stanze (I) vorangestellt, die durch das das Hörmotiv betonende Stichwort אזן "Ohren (spitzen)" gerahmt wird (2b.5a).
Das Beziehungsnetz der vier Strophen der beiden Hauptteile ergibt eine spiegelsymmetrische Anlage (ABB'A') insofern, als die Begriffe bzw. Motive "Furcht" und "Reichtum" in den A-Teilen (6–9|17.20) die Begriffe bzw. Motive "Torheit" und "Tod" in den B-Teilen (10–12|14–16) rahmen. Dieses Strukturgeflecht ist überlagert durch eine alternierende Anlage (ABA'B'), der gemäss die Motive "Loskauf des Lebens" in den A-Teilen (6–9|14–16) respektive "ewiger Todeszustand" in den B-Teilen (10–12|17–20) parallelisiert sind.
Im Refrain werden zwei Stichworte aus dem Eingangsteil aufgegriffen (אדם "Mensch" 3a.13a.21a; משל Nomen und Verb [ni]: "Weisheitsspruch"/"vergleichbar sein mit" 5a.13b.21b [der in der deutschen Übersetzung nicht erkennbare Bezug ist durch die

Gemeinsamkeit des Vergleichens, des Gleichnisses, gegeben]). Sie sind mit den in den andern Strophen thematisierten Begriffen des "Reichtums" bzw. des (eigentlichen) "Wertes" verbunden. Dabei wird durch die Anwendung eines Überkreuzmusters (Typus: abba) der Buchstaben ב und ל im Blick auf die beiden Refrainverse eine subtile, dem Stanzenkontext entsprechende Variante eingebaut (vgl. בַּל־יָלִין "er vermag nicht zu bleiben" 13a, וְלֹא יָבִין "er hat doch keine Einsicht" 21a).
Zur weisheitlichen Einfärbung dieses Psalmes gehört auch die Verwendung von Stilmitteln wie Ironie, Parodie und Sarkasmus (vgl. 10.12.15, dazu C. Forster). An Lautmustern ist auf die Doppelung in 3a (גַּם־בְּנֵי־אִישׁ גַּם־בְּנֵי אָדָם) hinzuweisen, ferner auf die Dominanz von א- bzw. פ-Lauten in 8(f.), mittels der einerseits die Bezugspersonen, andererseits die Begriffe der Loskauf-Thematik verknüpft werden. Bezüge der semantisch verwandten Begriffe עשׁ(י)ר "reich/Reichtum/es zu Reichtum bringen" (3b.7b. 17a), יקר "kostbar sein/Kostbarkeit" (9a.13a.21a) und vielleicht auch כפר "Lösegeld" (8b) werden auch durch Lautähnlichkeiten hergestellt (Cluster-Bildung). 20 ist charakterisiert durch lange o-Laute (dazu die Relationierung von אור/דור "Generation"/"Licht"), 4 durch Auslautungen auf ח mit vorangehenden Langvokalen o/u. Mit dem Ausdruck אדם ביקר "der Mensch in [seiner] Kostbarkeit" im Refrain (13a.21a) klingt – von der nachfolgenden Zeile her (vgl. "Vieh") – sinnigerweise das lautähnliche אדם בקר "der/die Mensch(en) als Rindvieh" an.

Kontexte

Sollte der Vorschlag, dass der Schluss von Ps 48 an den Anfang von Ps 49 zu ziehen und als עַל־מָוֶת "über/betreffend den Tod" zu vokalisieren ist, zutreffen, ergäbe sich in der Überschrift eine den Psalm zutreffend charakterisierende Angabe (vgl. auch מות "sterben/Tod" in 11.15.18). Aufgrund seines weisheitlichen Genres, der Vergänglichkeitsmotivik sowie Hinweisen über eine Gottesverbundenheit über den Tod hinaus lassen sich Ähnlichkeiten v.a. zu Ps 73 (z.B. im Blick auf die Gewichtung des Lebens vom Ende her), dann Ps 39; 90, aber auch zu entsprechenden Stellen in Koh, Sirach, teils auch in Spr und Hi ausmachen. Berührungen hat Ps 49 auch mit den ägyptischen Harfnerliedern (Reflexion über die menschliche Vergänglichkeit, vorgetragen unter Begleitung von Saitenspiel).
Innerhalb der ersten Qorachpsalmen-Sammlung (Ps 42/43–49) macht dieser Psalm den Abschluss. Mit dem Eröffnungspsalm 42/43 bildet er aufgrund des Refrain und v.a. des Stichworts נפשׁ "Seele/Leben" (42,2.3.5.6.7.12; 43,5; 49,9.16.19 – in dieser Qorachgruppe sonst nur noch in 44,26) eine Klammer. Stichwort-Bezüge ergeben sich zu Ps 44 (vgl. פדה "erlösen" 44,27; 49,8[f.]16; צאן "Schafe/Herde" 44,12.23; 49,15) sowie – einen kleinen Rahmen um die Zionspsalmen 46–48 bildend – zu Ps 45 (vgl. עשׁיר "reich/Reicher" 45,13; 49,3[7.17], יקר "Kostbarkeit" 45,10; 49,13.21, בני אדם "Menschensöhne" 45,3; 49,3, ברך "segnen/preisen" 45,3; 49,19). Die Anrede "alle Völker" (כל־העמים) findet sich im Psalter nur in 47,2 und 49,2.
Zu 4f. vgl. Spr 1,6; Ps 78,1f., zu 8f. vgl. Spr 11,4; Mt 16,26; Mk 8,37; 1. Tim 2,6, zu 11f. vgl. Koh 2,16; 6,2; 12,5, zu 15f. vgl. äthiopischer Henoch 22,1–13; 98,9f.; 1. Kor 15, zu 17f(f). vgl. Lk 12,16(ff.); 1. Tim 6,7, zum Refrain (13.21) vgl. Koh 3,18–21.

Psalm 49

Anregungen für die Praxis

Ps 49 hat seine Aktualität darin, dass er die Entlarvung falscher Sicherheiten (insbesondere das Vertrauen auf Reichtum und Macht) in den Horizont der Vergänglichkeit menschlichen Lebens stellt. Der Tod erweist sich insofern als unerbittlicher Gleichmacher, als er die Unterschiede unter den Menschen einnivelliert und diesen am Schluss dasselbe Schicksal wie dem Vieh beschert (vgl. Refrain). Aus Wissen um den unentrinnbaren Tod soll Einsicht und Gottesfurcht für das verbleibende Leben wachsen (vgl. Ps 73,16ff.; 90,12). "Der ganze Psalm zielt darauf hin, dass angesichts des für keinen Menschen zu umgehenden Todesgeschickes allein die Beziehung zu Gott trägt" (C. Forster).

Ps 49 lässt – für das AT noch neu und erst zaghaft – eine Erlösung aus dem Tod und damit ein Leben über den Tod hinaus erkennen (16) – ein Moment, das im NT aufgrund und mit der Auferstehung Jesu Christi zu einem starken Antrieb der Hoffnung wird (vgl. u.a. 1. Petr 1,3ff.). Über die Unentrinnbarkeit des Menschen vor dem Todesgeschick hinaus lehrt dieser Psalm also auch, dass der Tod nicht das letzte Wort hat und Gott mächtiger ist als er (vgl. M. Witte). Aufgrund dieses anthropologischen wie theologischen Horizonts eignet sich dieser Psalm auch zur Verlesung und Auslegung im Rahmen von Begräbnisfeiern, die mit dem "fröhlichen Artikel unseres Glaubens, nämlich der Auferstehung der Toten" (M. Luther) in Beziehung zu setzen sind.

Ps 49 lässt sich als "Kommentar" des Jesus-Wortes Mt 16,26; Mk 8,37 bedenken bzw. das Jesus-Wort bringt den Inhalt dieses Psalms, einem Merksatz vergleichbar auf den Begriff. Das Gleichnis vom reichen Kornbauern (Lk 12,16–21) kann als Veranschaulichung von Ps 49 dienen. Die realistische Einschätzung zu Loskauf und Lösegeld (7–9) wird durch die ntl. Aussage, dass Jesus Christus sich selbst als Lösegeld für viele gab (vgl. Mk 10,45; 1. Tim 2,6), überholt und übertroffen.

Ps 49 im Gesangbuch: EG Ps 49 (EG-West); GL 728.

Psalm 50

	1		Ein Psalm – Asaph zugehörig.
I A		a	"El, Elohim, JHWH!"
		b	Geredet hat er, [auf]gerufen [die] Erde:
		c	vom Aufgang der Sonne bis zu ihrem Niedergang.
	2	a	Vom Zion her, der vollkommenen Schönheit,
		b	ist Elohim aufgestrahlt:
	3	a	"Es kommt unser Elohim, und (er) schweigt nicht!"
		b	Feuer vor seinem Angesicht her, es frass (immer neu),
		c	und ringsum ihn stürmte es gewaltig.
I B	4	a	Er rief (wiederholt) zu den Himmeln von ober her
		b	und zur Erde, um zu richten sein Volk:
	5	a	"Versammelt mir meine Begnadeten,
		b	die schliessen meinen Bund über dem Schlachtopfer!"
	6	a	Es verkündeten die Himmel seine Gerechtigkeit:
		b	"Fürwahr, Elohim: Richter [ist] er!" – Sela.
II A	7	a	"Höre bitte, mein Volk, so will ich reden,
		b	Israel, so will ich zeugen gegen dich:
		c	Elohim, dein Elohim [bin] ich!
	8	a	Nicht wegen deiner Schlachtopfer rüge ich dich,
		b	und [wegen] deiner Brandopfer, die vor mir sind ständig.
	9	a	Nicht nehme ich von deinem Haus den Jungstier,
		b	aus deinen Pferchen [die] Böcke.
II B	10	a	Denn mir [ist] alles Getier des Waldes,
		b	[das] Vieh auf tausend Bergen.
	11	a	Ich kenne alle Vögel der Berge,
		b	und die Grille des Feldes [ist] bei mir.
II C	12	a	Wenn ich hungerte, müsste ich es nicht sagen dir,
		b	denn mir ist [der] Erdkreis und was ihn füllt.
	13	a	Sollte ich etwa essen [das] Fleisch von Stieren
		b	und [das] Blut von Böcke trinken?!"
II D	14	a	"Opfere Elohim Lobdank(opfer),
		b	und erstatte Eljon deine Gelübde!
	15	a	Ja, rufe an mich am Tage der Bedrängnis!
		b	Ich werde dich retten, und du wirst mich ehren." – Sela(?).

III A	16	a	Aber dem Frevler sagt Elohim hiermit:
		b	"Was [erlaubst du] dir, aufzuzählen meine Satzungen,
		c	dass nahmst meinen Bund in ("auf") deinen Mund?!
	17	a	Doch du, du hassest Zucht,
		b	warfst meine Worte hinter dich.
	18	a	Wenn du sahst einen Dieb, befreundetest du dich mit ihm,
		b	und mit Ehebrechern [war] dein Teil.
III B	19	a	Deinen Mund sandtest du mit Bösem,
		b	und deine Zunge flocht wiederholt Trug.
	20	a	Jedesmal wenn du dich hinsetzest: gegen deinen Bruder redest du,
		b	an den Sohn deiner Mutter heftest du Makel.
	21	a	Solches hast du getan – und ich sollte schweigen?
		b	Hast du dir eingebildet, ich sei ganz wie du?
		c	Ich werde dich rügen und [die (Rechts-)Sache] vor Augen stellen dir!"
III C	22	a	"Erkennt doch dies, ihr Eloah-Vergessende,
		b	damit ich nicht zerreisse, und es gibt keinen Retter!
	23	a	Wer opfert Lobdank(opfer), ehrt mich,
		b	und wer [den] Weg bahnt, lasse ich ansehen das Heil Elohims."

2 מִכְלָל Vollkommenheit // יָפִי Schönheit // יפע I hi: im Lichtglanz erscheinen (AK hi 3 m sg).– **3** חרשׁ schweigen (PK qal 3 m sg) // שׂער II ni: stürmen ("es stürmt") (AK ni 3 f sg).– **7** עוד II hi: als Zeugen anrufen, zeugen gegen, vermahnen (wPK Koh hi 1 sg).– **8** יכח hi: zurechtweisen, strafen (PK hi 1 sg + Suff) // תָּמִיד beständig.– **9** פַּר junger Stier // מִכְלָה Hürde // עַתּוּד Bock.– **10** חַיָה I Wild, Getier.– **11** זִיז I Heuschrecke, Grille.– **12** רעב hungern (PK qal 1 sg).– **13** אַבִּיר stark, Stier.– **14** נֶדֶר Gelübde.– **15** חלץ ausziehen, pi: ausplündern, herausreissen, retten (PK pi 1 sg + Suff).– **16** ספר pi: erzählen, aufzählen.– **17** מוּסָר Zucht.– **18** רצה Gefallen haben, sich befreunden mit (wPK qal 2 m sg) – oder mit den Versionen abzuleiten von רוץ laufen (wPK qal 2 m sg) // נאף pi: ehebrechen (Ptz pi m pl) // חֵלֶק Teil, Gemeinschaft.– **19** צמד hi: zusammenbinden, flechten (PK hi 3 f sg) // מִרְמָה Trug.– **20** ישׁב sich hinsetzen, sitzen, Sitzung halten bzw. teilnehmen (PK qal 2 m sg) // דֹּפִי Stoss, schimpfliche Behandlung, Schande, Makel.– **21** דמה I gleichen, pi: vergleichen, erwägen, sich einbilden (AK pi 2 m sg) // ערך in Reihe/ (Schlacht-)Ordnung bringen/aufstellen, vorbringen (wPK Koh qal 1 sg).– **22** טרף zerreissen (PK qal 1 sg).–

Form und Inhalt

Ps 50 wird (mit Ps 81 und 95) zu den (nationalen) "Festpsalmen" gerechnet und ist wahrscheinlich mit der (Sinai-)Bundeserneuerung am nationalen Herbstfest (Laubhütten) in Verbindung zu bringen (vgl. Ex 24,3ff.; Num 29,12ff.; Dtn 31,9–13.28ff.; Neh 8,1ff.). Dementsprechend ist der (früh)vorexilische Psalm an einem Heiligtum anzusiedeln. Aufgrund von 2a denkt man an den Jerusalemer Tempel, doch lässt die Formulierung "vom Zion her" offen, ob der Betrachterstandort (ursprünglich) nicht an einem Ort ausserhalb Jerusalems war (zur Parallelisierung von Sinai und Zion vgl. 2 mit Dtn 33,2). Wir denken aufgrund von altem Stämmekolorit, erkennbaren Haftpunkten im Ostjordanland und Sinai-Bezügen an eine (ursprüngliche) Begehung im Zehnstämmereich Israel. Der Psalm dürfte mit der levitisch-asaphitischen Trägergruppe in den Süden gelangt und im späten 8. Jhs. v.Chr. in Jerusalem adaptiert worden sein (vgl. B. Kilchör und B. Weber).

Charakteristisch für diesen Psalm sind seine Gottesreden und -erscheinungen (Theophanien). Es liegen drei unterschiedlich adressierte Ich-Reden Gottes von insgesamt erheblichem Umfang vor (deren Ende ist teils unsicher): 1. an Himmel und Erde (5), an das Volk insgesamt (7–15) und an den/die Frevler daraus (16–23). Dahinter wird ein Konflikt-konstellativer Hintergrund ansichtig. Dazu gehört wesentlich die "Kommunikation" (in weitem Sinne gefasst). Sie drückt sich nicht nur in den Gottesreden aus, sondern ihre Infragestellung (Abwesenheit, Schweigen Gottes, vgl. 3a, ferner 22a) wird als Problem bzw. Anfechtung erkennbar. Gott tritt ihr, nachdem feierlich sein Name an- und damit seine Präsenz aufgerufen wurde (pointierte Dreifachanrufung, 1a), mit Rüge- und Gerichtsworte sowie manifest in seinem Kommen (Sonnen- und Gewittertheophanie, 2f.) entgegen. Dabei werden zunächst Himmel und Erde personifizierend als Gerichtszeugen aufgerufen (4). Ob in 5 auch Kultpersonal involviert ist, bleibt unsicher.

Der Eingang Ps 50,1–6 erinnert an Zusammenhänge (Bundeserneuerung, mit Toraverlesung), die in Jos 22 und 24 (sowie Dtn 30–33) greifbar werden (ähnlich Ps 81). Die Gottesreden in 7–15 (Thema: Opfer) und 16–23 (Thema: Vergehen gegen den Nächsten) entsprechen der dtn Zweiteilung in Kultgesetz (Dtn 12–18) und Rechtsordnung (Dtn 19–25). Das Desinteresse Gottes an Blutopfern meint nicht Opferverzicht (oder *generelle* Opferablehnung), sondern kritisiert falsche Vorstellungen und zielt auf die Darbringung von Dankopfer und Gelübdeeinlösung. Der Fokus liegt auf Dank, nicht auf Schuldbeseitigung. Der Kult soll nicht dazu dienen, unmoralisches Leben zu rechtfertigen. Die Frevler im Volk, die in der letzten Gottesrede angesprochen sind, werden des Verstosses gegen die Rechtsordnung (Ethik) bezichtigt (aufgezählt werden eben dürften). Dazu kommt die Vergemeinschaftung mit (andern) Gesetzesübertretern. Angeprangert wird insbesondere der Widerspruch zwischen innerer Gesinnung und äusserem (Rede-)Verhalten. Die (von Kultpropheten?) vorgetragene Kritik in diesem Psalm ist in einem gottesdienstlichen Setting einer Bundeserneuerung verankert. Die refrainartige Aufforderung zu Dankopfern (14f.23) verklammert die beiden Reden und streicht die Hauptbotschaft heraus. Die Erneuerung des Bundes mit Gott zielt auf Toratreue, welche die Verheissung des Segens trägt und zu Dankopfern Anlass gibt. Sie wurden nach erhörtem Gebet im Kreise von Angehörigen, Freunden und Mitpilgern dargebracht. Dabei wurde die geschehene Rettung zur Ehre Gottes (vgl. 23) bezeugt (vgl. B. Kilchör und B. Weber).

Struktur und Poesie

Der Psalm besteht aus drei (nochmals in Strophen unterteilbaren) Hauptteilen (Stanzen I–III), von denen die erste kürzer (14 Zeilen, Theophanieschilderung und erste Gottesrede) und die beiden andern von ähnlicher Länge sind (zweite und dritte Gottesreden, 19 bzw. 18 Zeilen). Die einzelnen Teile des Psalms sind durch Stichwort- und Motivbezüge poe-

tisch verwoben: Auf die Parallelität der Stanzenschlüsse von II (14f.) und III (23) wurde schon hingewiesen (Stichworte: זבח "opfern" 14a.23a [Verseröffnung], תודה Dank[opfer] 14a.23a, כבד "ehren" 15b.23a). Erwähnenswert sind weiter die bedeutungsvollen Bezüge des Wortfeldes "reden/schweigen/hören": קרא "rufen" 1b.4a.15a, דבר "reden/Worte" 1b.7a.17b.20a, אמר "sagen" 12a.16a, פיך "dein Mund" 16c.19a, חרש "schweigen" 3a.21a, נגד hi "verkünden" 6a, שמע "hören" 7a etc.
Auffällig ist nicht nur die eröffnende Triplette der Gottesbezeichnungen bzw. -namen, sondern auch die (für die Asaph-Psalmen typische) Häufigkeit und Varianz der Gottesbenennungen (JHWH, Elohim, Eloah, El, Eljon). Wie der Psalm beginnt, so schliesst er: mit einer Gottesbezeichnung.
Für die Gattung der (gerichtsprophetischen) Rede charakteristisch sind die (überzeugenden bzw. überführenden) Stilmittel der rhetorischen Frage und der Ironie (13.21). An Lautfiguren ist u.a. auf Anfänge mit מ-Konsonant (meist mit *i*-Vokal) in den Versen 1c.2a und 9ab bzw. auf א/ע in 7-9 hinzuweisen, weiter auf phonologische Paarungen wie יפי/הופיע ("Schönheit/aufstrahlen") in 2a, ויקרא־ארץ ("er hat gerufen die Erde") in 1b und אל אלהים ("El Elohim") in 1a.

Kontexte

Nach der Gildenbezeichnung "den Söhnen Qorachs zugehörig" in den Überschriften der Psalmen 42/43-49 erscheint erstmals im Psalter die Überschriftsangabe לאסף "Asaph zugehörig" (1). Damit ist zweifellos auf den herausragenden levitischen Kultsänger aus der Davidszeit Bezug genommen (vgl. 1. Chr 15,16ff.; 16,37ff.; 2. Chr 29,30). Psalmen mit dieser Zuschreibung dürften von derjenigen Sängergilde herkommen bzw. überliefert worden sein, deren Ahnherr Asaph war (vgl. auch 2. Chr 20,14ff.).
Mit dem vorangehenden Ps 49 verbindet Ps 50 wenig, wohl aber mit dem nachfolgenden David-Psalm 51 (Opferkritik, vgl. etwa das Stichwort זבח "opfern/Schlachtopfer" 50,5.8.14.23; 51,18f.21). Auffällig ist die singuläre Stellung des Asaph-Psalm 50, der als einziger abgetrennt von der Asaphpsalmen-Sammlung 73-83 erscheint. Dass er zu den andern Asaph-Psalmen dazugehört, zeigen eine Reihe von Gemeinsamkeiten (vgl. B. Weber), wobei die Ähnlichkeiten mit Ps 81 besonders hervorzuheben sind. Die Abtrennung dieses Psalms von den andern Asaph-Psalmen scheint auf psalterredaktionelle Motive zurückzugehen: Vermutlich sollte die Davidsammlung Ps 51-72 durch Asaph-Psalmen gerahmt werden (im Blick auf die "Eck"-Psalmen 50/83 vgl. namentlich die Erwähnung des "Bundes" [50,5.16; 83,6, vgl. 83,4] sowie das Stichwort חרש "schweigen" [50,3.21; 83,2]). Aufgrund der Erweiterung des "elohistischen Psalters" (Ps 42-83) durch die zweite Qorachpsalmen-Gruppe (Ps 84f.; 87f.) wurde im Blick auf die Überschrifts-Zuweisungen (Qorach – Asaph [Ps 50] – David – Asaph – Qorach) wohl eine chiastische Anlage angestrebt.
Der Psalm weist – für die (Asaph-)Psalmen typisch – zahlreiche Anspielungen auf andere Texte bzw. Überlieferungen auf (einige wurden bereits genannt, s.o.). Zu 1 vgl. Dtn 10,17; Jos 22,22, zu 2 vgl. Dtn 33,2; Jos 22,9.12; Ps 48,3; 68,30; 80,2, zu 4 vgl. Dtn 30,19; 32,1; Jes 1,2, zu 5 vgl. Ex 24,4-11; Jos 24,25; Ps 83,6, zu 6 vgl. Ps 51,6; 75,8; 82,1.8, zu 7 vgl. Ex 20,2; Jos 22,27f.34; Ps 81,9.12.14, zu 9ff. vgl. Apg 17,25, zu 12 vgl. Ps 24,1; 1. Kor 10,26, zu 14 (und 23) vgl. Jon 2,10; Hebr 13,15(f.), zu 15 vgl. Ps 91,15;

Jak 5,13.20, zu 16(ff.) vgl. Röm 1,32; 2,17–24, zu 20f. vgl. Gen 42,21, zu 22f. vgl. Dtn 32,39; Hos 5,14; Ps 91,16.

Anregungen für die Praxis

Ps 50 bietet eine Reihe von Themen, die sich aufnehmen und aktualisieren lassen. Um nur einige zu erwähnen: 1. die Thematik von Gottes Reden und Schweigen, seines Sichverhüllens, Sich-offenbarens (auch in seiner "Schönheit"!) und Eingreifens (auch zum Gericht!) in unserer Welt und in seiner Gemeinde; 2. die Thematik des Gottesdienstes und damit von Einstellungen und Verhaltensweisen gegenüber Gott (falsches und rechtes "Opfern"; Vorrang des Dankens und Lobens); 3. Ansätze zu einer Tierethik (enge Beziehung zwischen Schöpfer und Geschöpf; das Tier ist keine "Sache" – trotz Möglichkeit des Opferns); 4. Aufdeckung der Widersprüche zwischen der mündlichen Zustimmung zu den Geboten Gottes einerseits und innerer Gottentfremdung und sozialem Fehlverhalten andererseits (Heuchelei); 5. Vers 15 als seelsorgliches "Motto" bzw. Verheissung, das sich durch eine Vielzahl biblischer, kirchengeschichtlicher und moderner Erfahrungen bewahrheitet hat.

Ps 50 im Gesangbuch: EG Ps 50 (EG-West); GL 729.

Psalm 51

	1		Dem Musikverantwortlichen – ein Psalm – David zugehörig.
	2		Als zu ihm kam Nathan, der Prophet, nachdem er zu Bathseba gekommen war.
I A	3	a	Sei mir gnädig, Elohim, nach deiner Güte,
		b	nach der Grösse deiner Barmherzigkeit tilge meine Freveltaten!
	4	a	Wasche mich durch und durch von meiner Schuld,
		b	und von meiner Sünde reinige mich!
	5	a	Denn meine Freveltaten kenne ich wohl,
		b	und meine Sünde [ist] beständig vor mir.
	6	a	An dir, an dir allein habe ich gesündigt
		b	und das in deinen Augen Böse getan.
		c	So dass du Recht behältst mit deinem Wort
		d	[und] lauter dastehst in deinem Richten.
I B	7	a	Siehe, in Schuld wurde ich geboren,
		b	und in Sünde hat mich meine Mutter empfangen.
	8	a	Siehe, an Wahrheit hattest du Gefallen im Innern,
		b	und im Verborgenen tust du mir Weisheit kund.
	9	a	Du mögest mich entsündigen mit Ysop, dass ich rein werde,
		b	du mögest mich waschen, dass ich weisser als Schnee werde!
	10	a	Lass mich [wieder] hören Jubel und Freude,
		b	jauchzen sollen [die] Gebeine, [die] du zerschlagen hast!
	11	a	Verbirg dein Angesicht vor meinen Sünden,
		b	und alle meine Schulden tilge!
II A	12	a	Ein reines Herz erschaffe mir, Elohim,
		b	und einen festen Geist erneuere in meinem Inneren!
	13	a	Verwirf mich nicht von deinem Angesicht,
		b	und nimm deinen heiligen Geist nicht von mir!
	14	a	Bringe mir bitte wieder zurück [den] Heilsjubel,
		b	und [mit] einem willigen Geist mögest du mich unterstützen!
	15	a	Ich will [die] Frevler deine Wege lehren,
		b	und die Sünder sollen zu dir zurückkehren.
	16	a	Rette mich aus Blutschuld, Elohim, Elohim meines Heils,
		b	[dass] meine Zunge bejuble deine Gerechtigkeit!
II B	17	a	Herr, meine Lippen mögest du öffnen,
		b	und mein Mund soll verkündigen dein Lob!

	18	a	Denn du hast kein Gefallen an einem Schlachtopfer,
		b	und gäbe ich ein Brandopfer, du hättest kein Wohlgefallen daran.
	19	a	Schlachtopfer für Elohim [sind] ein zerbrochener Geist;
		b	ein zerbrochenes und zerschlagenes Herz verachtest du, Elohim, nicht.
(III)	20	a	Tue bitte Gutes nach deinem Wohlgefallen an Zion,
		b	baue [wieder auf] die Mauern Jerusalems!
	21	a	Dann wirst du Gefallen haben an rechten Schlachtopfern, am Brandopfer und am Ganzopfer,
		b	dann wird man Stiere auf deinem Altar opfern.

3 מחה I abwischen, vertilgen (Impt qal m sg).– 4 רבה zahlreich werden, hi: zahlreich machen (Q = Impt hi [verkürzte Form]; K = Inf abs bzw. Adv) // כבס pi: waschen, reinigen (Impt pi m sg + Suff) // טהר rein sein, pi: reinigen (Impt pi m sg + Suff).– 5 תָּמִיד beständig.– 6 לְמַעַן damit, auf dass // זכה rein dastehen (PK qal 2 m sg).– 7 חיל I kreissen, polal: (unter Kreissen) hervorgebracht werden (AK polal 1 sg) // יחם brünstig sein, pi: in Brunst sein/empfangen (AK pi 3 f sg).– 8 חפץ I gern haben, Gefallen haben an (בְּ) (AK qal 2 m sg) // טֻחוֹת Verborgenes, Inneres (Eingeweide, Nieren, Gewissen) // סתם verstopfen, geheimhalten (Ptz pass qal m sg).– 9 חטא sündigen, pi: entsündigen (PK pi 2 m sg + Suff) // אֵזוֹב Ysop (als Sprengwedel dienende Pflanze) // שֶׁלֶג Schnee // לבן hi: weiss werden (PK hi 1 sg).– 10 שָׂשׂוֹן Freude, Jubel // עֶצֶם Knochen, Gebeine // דכה pi: zerschlagen, ni: zerschlagen werden (AK pi 2 m sg).– 12 טָהוֹר rein // נָכוֹן fest (Ptz ni m sg von כון feststehen) // חדש pi: erneuern, neu bilden (Impt pi m sg).– 14 נָדִיב willig // סמך (unter)stützen (PK qal 2 m sg + Suff).– 15 למד lernen, pi: lehren (PK Koh pi 1 sg).– 18 זֶבַח Schlachtopfer // עוֹלָה Brandopfer.– 19 שבר zerbrechen, ni: zerbrochen werden (Ptz ni f sg + m sg) // בזה verachten (PK qal 2 m sg).– 20 יטב gut sein, hi: gütig handeln, Gutes erweisen (Impt Adh hi m sg) // חוֹמָה Mauer.– 21 אָז dann // כָּלִיל Ganzopfer // פַּר (junger) Stier.–

Form und Inhalt

Ps 51 ist ein persönliches Buss- und Bittgebet, das zwei Hauptteile umfasst: die Bitte um Vergebung (I) und die Bitte um Neuschöpfung bzw. Wiederherstellung (II). Beschlossen wird der Psalm mit einer Bitte um die Wiederherstellung des Zions, die mit der Neubestellung des Opferkults einhergehen wird.
Der erste Psalmteil enthält zum einen das Eingeständnis und Bekenntnis der Sünde vor Gott und erbittet von ihm zugleich die Reinigung von dieser und die Rückkehr der Freude. Die Häufigkeit und Varianz der Sünden-Begrifflichkeit unterstreicht die Grösse der Verfehlung und macht deutlich, dass sich darin verschiedene Aspekte überlagern: חטא "Sünde/sündigen" (4b.5b.6a.7b.9a.11a, ferner 15b) im Sinne der Ziel-Verfehlung und damit als Verstoss gegen JHWH; עון "Schuld" (4a.7a.11b) meint eine "Abweichung" und hat den angerichteten Schaden bzw. die Zerstörung im Blick; פשע "Frevel (taten)" (3b.5a, ferner 15a) bezeichnet den bewussten "(Gemeinschafts-)Bruch" und damit das "Verbre-

chen", die Auflehnung; רע "Böses" (6b) ist das Gegenteil des "Guten" (טוב) und kann auch "Unglück/Unheil" bedeuten. Die Befreiung aus dieser Sündenverhaftung, die den Menschen vom Anfang seiner Existenz an begleitet (7) und neben der psychischen möglicherweise auch mit körperlicher Beeinträchtigung bzw. Krankheit verbunden ist (vgl. 10), wird als "(Ab-)Waschen", "(kultisches) Reinigen" und "Abwischen, Tilgen" erbeten, dessen Grundlage allein in der Gnade, Güte und Barmherzigkeit Gottes begründet liegt (3, vgl. Ex 34,6f.).

Der zweite Teil macht deutlich, dass durch die Sündenwirklichkeit der Mensch in seiner Existenz so tiefgehend "gestört" ist, dass nach der Entsündigung eine Wiederherstellung im Sinne einer "Neuschöpfung" (ברא "erschaffen" in 12a ist das gleiche Wort, das schon in Gen 1,1 gebraucht wird) nötig ist. Ort und Ziel der Erneuerung sind לב "Herz" (12a.19b) als Lebenszentrum und Sitz der (praktischen) Vernunft sowie רוח "Geist" (12b.13b.14b.19a) als Zentrum der Lebenskraft (Odem, Vitalität; wer "Geist" hat, hat Anteil an Gottes "Geist") und des Willens des Menschen. Zur Wiederherstellung gehören die Rettung aus bzw. vor todeswürdigem Vergehen ("Blutschuld" 16a), die Rückkehr zum Heil und zur Freude sowie das Finden neuer Worte zum Gotteslob und zur Belehrung der Frevler. Am Schluss steht die Einsicht, dass nicht äussere Opferhandlungen, sondern ein inneres "Herzensopfer" Gott wohlgefällig ist.

20f. sind möglicherweise eine nachexilische Ergänzung (vor Nehemias Mauerbau um 450 v.Chr.), mit der die Bitte um individuelle Erneuerung durch eine die Gemeinschaft betreffende Wiederherstellungsbitte bezüglich Jerusalem erweitert wird – falls man nicht von Anfang an metaphorisch an eine endzeitliche Auferbauung Jerusalems (vgl. Tobit 13,10.16f.; 14,5) zu denken hat (vgl. R. Mosis). Anknüpfend an die Opferthematik von 18f. wird mit einer Kultrestitution auf dem Zion gerechnet, wobei eine Akzentverschiebung von der spiritualisierenden Opferauffassung von vorhin zu einer (wieder) eher "realistischen" zu konstatieren ist. Die beiden Schlussverse wurden nicht einfach "angehängt", sondern sorgfältig mittels Begriffsaufnahmen angewoben, so dass die Hauptteile I und II/III eine identische Grösse (je 20 Zeilen) erreichten.

Struktur und Poesie

Ps 51 stellt sich poetisch als mit vielfachen Wortbezügen und -feldern sorgfältig gewobener "Teppich" dar, wobei hier nur einigen "Fäden" nachgegangen werden kann. So weist Stanze I nicht nur eine um die zentrale Aussage von 6 (Gottesbezug!) gelegte Ringstruktur (Chiasmus) auf, sondern auch eine Rahmung (Inclusio), die zum einen durch das zentrale Stichwort מחה "abwischen, (ver)tilgen", zum andern durch eine Varianz der Sünden-Begrifflichkeit bewerkstelligt wird (3[f.].11). Ähnliches ist zu Stanze II zu vermerken, wo die betonte Mitte der chiastischen Struktur in der Rettungsbitte von 16 liegt und eine Rahmung durch die Existenzbegriffe רוח/לב "Herz/Geist" (12-19) vorliegt. Auch zwischen den Stanzen liegen zusätzliche Sinn einstiftende Bezüge vor, so z.B. zwischen den betonten Zentralversen 6 und 16 mittels der Begrifflichkeit צדק(ה) "Recht behalten/Gerechtigkeit", aber auch durch die gegensätzliche Akzentuierung des "(Wohl-)Gefallens" zwischen 8 und 18 (sowie 20) oder etwa die unterschiedliche Nuancierung des Stichworts דכה "zerschlagen" in 10 und 19. Der Schluss (20f. = III) schliesslich ist namentlich durch die Aufnahme von Opfer-Begrifflichkeit an den Hauptteil II angedockt.

Psalm 51

Lautmustern – oft in paariger Zusammenstellung – kommt in diesem Psalm ein besonderer Stellenwert zu. Erwähnenswert sind die lautähnlich gestalteten Verseröffnungen (Akrostichie), die eine strophische Substruktur verdeutlichen (vgl. zu Strophe I B auch das überkreuzt angeordnete Rahmenpaar עון/חטא "Schuld[en]/Sünde[n]" [7.11]). So finden wir in Stanze I je zwei Verseröffnungen auf ל (6a.6c), הן (7a.8a) und ה (9a.10a), währendem sich in II (und III) א- und ה-Anfänge abwechseln (13a–17a, vgl. auch 20a.21a). Ähnliches ist auch hinsichtlich der Eröffnung der b-Kola zu konstatieren (vgl. die Anfänge auf ה in 9b.10b sowie das dreimalige ורוח in 12b–14b). Viele poetische Zeilen schliessen Reim-ähnlich auf Formen, welche die 1. Person (Psalmbeter) oder die 2. Person (Gott) und damit auch die dialogische Struktur dieses Gebets anzeigen (vgl. die Zeilen- bzw. Versenden von 3b.4a.4b.6a.6b.7a.7b.8b.11a.12b.13b.14b.16a respektive 3a.6c.6d.10b.12a.13a.14a.15a.16b.17b). Vgl. im Weiteren die "barmherzige" ה-Lautdominanz in 3, die die Sünderexistenz unterstreichenden langen *i*-Laute in 5 (mit betontem אני "ich"), die den Jubel nachahmenden Sibilant-Laute (ש/שׂש/שׁ) in 10a (sowie 14a, ähnlich auch im Schlussvers), denen gegenüber die Dentale im nachfolgenden Kolon 10b (ת/ת/ד...ת) das (Zer-)Schlagen andeuten, sowie die sinnige Lautassoziation ציון/רצון "Wohlgefallen/Zion" in 20a.

Kontexte

Eine erste Kontextuierung geschieht durch das Präskript (1f.), das den Psalm in Zusammenhang mit David und seinen Vergehen (Ehebruch mit Bathseba) bringt (vgl. 2. Sam 11f.). Nicht nur der Hinweis auf "Blutschuld" (16) fügt sich in diesen Kontext (Tod Urias), sondern der ganze Busspsalm (vgl. insbesondere 2. Sam 12,13). Im ersten Psalm der zweiten David-Sammlung (Ps 51–72) wird David in dem Sinn zum "Vorbild", dass er seine Sünde nicht beschönigt oder verdrängt, sondern vor Gott bekennt und bereut. Ihm hat Gott verziehen und mit ihm jedem Israeliten, der wie der König den Weg der Sünde verlässt und zu Gott zurückkehrt. "Darin ist der David der Psalmen eine 'messianische Gestalt', dass er die Sünder zur Umkehr ruft!" (E. Zenger). Es lässt sich erwägen, ob es zwischen den Eckpsalmen 51 und 72 der zweiten David-Sammlung in dem Sinn einen Bogen gibt, als aus dem "Gehen" Davids zu Bathseba (Ps 51,2) Salomo hervorging, dem der letzte, die David-Sammlung beschliessende Psalm – im Sinne bzw. aus Anlass seiner Thronbesteigung – zugewiesen wird (Ps 72,1.20, vgl. M. Goulder).

Dieser wohl programmatisch an den Anfang des zweiten Davidpsalters gestellte Ps 51 ist psalterredaktionell mit dem vorangehenden Asaph-Psalm 50 zusammengefügt worden, wozu die beiden Psalmen gemeinsame "Opfertheologie" bzw. -kritik den Anlass gab (vgl. 50,8ff. mit 51,18f.[21]).

Seit der alten Kirche gilt Ps 51 ("Miserere") als vierter Busspsalm (nach Ps 6; 32; 38), wobei namentlich zu Ps 32 Berührungspunkte vorliegen.

Zu 3 vgl. Lk 18,13, zu 6 vgl. Lk 15,18; Röm 3,4 (Zitat), zu 7 vgl. Joh 3,6; 9,34; Röm 7,14, zu 9 vgl. Ex 12,22f.; Num 19,18, zu 15 vgl. Jak 5,19f., zu 17 vgl. Lk 1,64.

Psalm 51

Anregungen für die Praxis

Ps 51 ist einer der tiefsten und grossartigsten biblischen Texte zu Schuldeinsicht und Schuldbekenntnis. Es ist ein "Gebet, das dazu einlädt, sich vorbehaltlos und ganz dem reinigenden, rettenden und schöpferischen Feuer des barmherzigen Gottes auszusetzen" (E. Zenger), und damit die "Freude der Busse" (J. Schniewind) bezeugt und zu ihr anstiftet. Gegenüber echter Busse verschliesst sich Gott nicht (vgl. 19). Die Worte dieses Psalms stehen im Gegensatz zu allen Versuchen, Sünde zu bestreiten, zu bagatellisieren, zu verdrängen, zu verschweigen (vgl. Ps 32) oder auf andere abzuschieben ("Sündenbock"; vgl. auch Gen 3 als "Antitext" zu diesem Psalm). "Wahre Theologie ist diejenige Erkenntnis von Gott und Mensch, die Gott allein als den Rechtfertigenden, den Menschen jedoch als Sünder erfasst" (M. Luther). Obwohl fast immer auch zwischenmenschliche bzw. soziale Dimensionen des menschlichen Vergehens vorliegen (vgl. 1f.16), wird die Sünde doch zuerst und vor allem als gegen Gott gerichtet gesehen und bekannt (vgl. 6, ferner auch die Reihenfolge in Lk 15,21). Dementsprechend ist das Ziel der Heilserneuerung das Gotteslob (10.17).

7 ist ein wichtiger Vers zur Begründung des grundsätzlichen Hanges zum Bösen des Menschen ("Erbsünde"). Abgesehen vom Hinweis in der Überschrift ergeben sich auch Parallelen zu bekennenden Sündern in den Evangelien, v.a. bei Lk (zu den Belegen s.o.), und zur paulinischen Argumentation im Römerbrief über die Sündhaftigkeit des bzw. der Menschen (vgl. v.a. das Zitat von 6 in Röm 3,4).

Ps 51 im Gesangbuch: EG Ps 51 (EG-West), 230 (Stammteil), 727 (EG-Wü), 728 (EG-West), 759 (EG-BT); RG 35, 201; GL 85, 167, 190; KG 378–379, 399, 643, (KG CN 06, 643). Vgl. auch das italienische Lied "O Dio crea in me un cuore puro ...".

Psalm 52

	1		Dem Musikverantwortlichen – ein Lehrgedicht (oder: Wechselgesang?) – David zugehörig.
	2		Als Doëg, der Edomiter, kam, Saul berichtete und ihm sagte: "David ist zum Haus Achimeleks gekommen."
I	3	a	Was rühmst du dich des Bösen, du Starker?!
		b	Die Gnade Els [währt] den ganzen Tag.
	4	a	Verderben plant deine Zunge,
		b	wie ein geschärftes Schermesser, du Trug-Tuender!
	5	a	Du hast Böses mehr als Gutes geliebt,
		b	Lüge mehr als wahrheitsgemässes ("gerechtes") Reden; – Sela.
	6	a	du hast alle Reden der Verleumdung geliebt, du Trug-Zunge!
	7	a	El selber wird dich niederreissen für immer,
		b	er wird dich wegholen und dich aus dem Zelt herausreissen,
		c	er wird dich entwurzeln aus dem Land der Lebenden. – Sela.
II	8	a	Dann werden die Gerechten [es] sehen und sich fürchten,
		b	aber über ihn werden sie lachen:
	9	a	"Siehe da der starke Mann, der nicht machen wollte
		b	Elohim zu seinem Zufluchtsort!
		c	Er vertraute auf die Grösse seines Reichtums,
		d	wollte mächtig sein mit seiner Willkür (oder: seinem Verderben)."
	10	a	Ich aber [bin/werde sein] wie ein üppiger Ölbaum im Hause Elohims.
		b	Ich habe vertraut auf die Gnade Elohims immer und ewig.
	11	a	Ich will dich preisen für immer, denn du hast [es] getan.
		b	Und ich will deines Namens harren – denn [er/es ist] gut – vor deinen Begnadeten.

3 הלל hitp: sich rühmen (PK hitp 2 m sg).– **4** הַוָּה I Willkür, Gier; II Verderben, Drohungen // חשׁב planen, (er)sinnen, anrechnen (PK qal 3 f sg) // תַּעַר Schermesser // לטשׁ schärfen; pu: pass (Ptz pu m sg) // רְמִיָּה Trug, Täuschung.– **5** שֶׁקֶר Treuebruch, Lüge.– **6** בֶּלַע I Verschlungenes; II Verleumdung; III Verwirrung // מִרְמָה Trug, Hinterlist.– **7** נתץ niederreissen, abbrechen (PK qal 3 m sg + Suff) // חתה wegnehmen, holen, zerstören (PK qal 3 m sg + Suff) // נסח herausreissen (PK qal 3 m sg + Suff) // שׁרשׁ pi: entwurzeln (wAK pi 3 m sg + Suff).– **8** שׂחק lachen (über עַל) (PK qal 3 m pl).– **9** גֶּבֶר (starker) Mann // מָעוֹז Bergfeste, Zufluchtsstätte // עֹשֶׁר Reichtum // עזז sich stark erweisen (PK qal 3 m sg).– **10** זַיִת Ölbaum // רַעֲנָן laubreich, üppig, saftig.– **11** ידה hi: preisen, danken (PK hi 1 sg + Suff) // קוה pi: harren (wPK pi 1 sg).–

Psalm 52

Form und Inhalt

Ps 52, ein "Feindpsalm", dessen Vers- und Zeilenabgrenzungen z.T. unsicher sind (4–6.9–11 lassen sich auch anders bestimmen), ist zweiteilig. Der erste Teil ist im Kern eine Anklageerhebung (4–6), die sich gegen unrechtes Planen und Handeln, v.a. aber Reden richtet (ob dabei der Ankläger mit dem Psalmschreiber identisch ist, ist nicht ausgemacht). Gerahmt wird sie einerseits durch eine rhetorische Frage, die mit einer Gnadenaussage Gottes – ergeht sie gegen den Angeklagten, oder ist es sogar eine das Unrecht fromm kaschierende Redeweise des Angeklagten selber? – weitergeführt wird (3), andererseits durch eine Gerichtsprophetie, die von Zerstörung und Entwurzelung redet und eine Exilierung anklingen lässt (7).

Der zweite Teil enthält Konsequenzen und Folgerungen, die sich aus der Realisierung des in 7 ergangenen Urteilsspruchs ergeben und bietet gleichsam die Gegenfolie zum ersten Teil, nämlich die für die Gemeinde der "Gerechten" (die unter dem Verhalten des Angeklagten gelitten haben) zuletzt sich ergebende Sicht- und Verhaltensweise. Das von Gott gewirkte (Gerichts-)Ergehen des Gottlosen wird wahrgenommen und führt einerseits zu Gottesfurcht, andererseits zum (befreienden? spottenden?) Lachen aufseiten der Gerechten (8). In den nächsten beiden Versen (9) werden Worte von ihnen eingespielt, die die Überheblichkeit und Gottferne dieses anscheinend mächtigen Mannes ansprechen. Im Gegensatz zu dessen Verhalten formuliert der Gerechte (wohl der Psalmist) zum Schluss sein Gottvertrauen (er baut nicht auf eigene Stärke, sondern auf die von Gott) sowie sein Wohlergehen (Bild des Ölbaums auf dem Tempelgelände) und verspricht Lobpreis und Ausharren (10f.). Was als Anklage gegen einen Menschen begonnen hat (3), mündet aus in ein Gebet, einen Lobpreis zu Gott (11).

Struktur und Poesie

Der Psalm besteht – unter Annahme der vorliegenden Versabgrenzungen – aus zwei gleichlangen Stanzen (I, II – je zehn Zeilen). Stanze I wird durch die Gottesbezeichnung "El" gerahmt (3b.7a), dem am Anfang Gnade und am Schluss Gerichtshandeln zugewiesen wird. Die Anklageworte haben einen steigernden Effekt auf das Trikolon 5ab6a hin. Dabei werden die zuvor gebrauchten (Negativ-)Charakterisierungen "Zunge" und "Trug" (sowie "Böses") aufgenommen und im abschliessenden Vokativ "Trug-Zunge" (6a), der sich an denjenigen von 4b ("Trug-Tuender") anlehnt, verdichtet. Solchem Verhalten wird das Gericht entgegengehalten. Es wird (ebenfalls) mit einem Trikolon (7abc) ausgedrückt, das von (das Einreissen nachahmenden?) Sibilanten (צ/ס/ש) und ח/כ-Lauten geprägt ist (vgl. insbesondere die Lautpaarung לנצח/יתצך "er wird dich niederreissen für immer").

Bildet "Gott" (El) der Rahmen um I, so die "Gerechten" (8a) bzw. "Begnadeten" (11b) denjenigen um II. Durch Doppelvorkommen sind die Momente des rechten und falschen Vertrauens (9c.10b), der Beständigkeit ("immer" 10b.11a) sowie der (im Hebräischen angezeigte) Kontrast zwischen dem göttlichen "Zufluchtsort" (מעוזו 9b) und eigenem "Mächtig"-Sein (עז 9d) betont. An klanglichen Auffälligkeiten sind die Lautverwandtschaften (Paronomasie) der Verbformen von "sehen" (ראה) und "sich fürchten" (ירא) in 8a sowie die Häufung von o-Lauten in 9b und 9cd zu erwähnen.

Die beiden Hauptteile sind aber nicht nur je unter sich, sondern auch miteinander absichtsvoll – meist zur Unterstreichung eines Kontrastes – verzahnt: So klingt der "Starke" von 3a im "starken Mann" von 9a mit ironischem Unterton nochmals an, gleichwie das "Verderben" von 4a in 10d zur Illusion geworden ist (denkbar, dass im Sinne eines Wurzelspiels in 10d die Bedeutung "Willkür, Gier" im Vordergrund steht). Auch mit den Begriffen "tun" (4b.11a) und "Gutes/gut" (5a.11b) kommt ein Gegensatzspiel zwischen Sein und Verhalten des überheblichen Menschen und Gott, dessen "Gnade" (3b.10b) bleibt bzw. vertrauenswürdig ist, zum Tragen (die Thematik "gut <=> böse" von 5.11 [mit 7c] spielt möglicherweise auf die ersten Kapitel der Bibel an, vgl. Gen 1,31; 2,17; 3,5.22). Der Kontrast schliesslich zwischen falschem und rechtem Rühmen bzw. Preisen (3a.11a) legt sich als Rahmen um den gesamten Psalm.

Kontexte

Der Psalm wird – je nach Interpretation der Überschriftsbezeichnung (1) – als weisheitliches Lehrgedicht bzw. als liturgisch aufzuführender Wechselgesang verstanden. Die Angaben in 2 setzen diesen Psalm mit den in 1. Sam 21f. erzählten Begebenheiten in Bezug. Der David feindlich gesonnene, denunzierende und sogar den Gottespriester Achimelek tötende Doëg, ein Angehöriger des sich wiederholt gegen Israel stellenden Volkes der Edomiter, wird zum Archetyp des der Hybris Angeklagten schlechthin.
Nach dem die zweite Davidsammlung eröffnenden Busspsalm 51 folgt mit Ps 52–55 eine Kleingruppe von "Feindpsalmen", die durch die Überschriftsbezeichnung משכיל "Lehrgedicht" (oder: "Wechselgesang"?) miteinander verklammert sind (dabei hat Ps 52 eine besondere Nähe zu Ps 54). Sie kommen aus Situationen von (kriegerischer) Verfolgung und Anfeindung.
Zu 5f. vgl. Jer 9,4, zu 7 vgl. Spr 2,22, zu 8 vgl. Apg 5,11, zu 10f. vgl. Ps 92,13–16.

Anregungen für die Praxis

Ps 52 ist ein Psalm, der unmoralisches Verhalten (mit einem Schwergewicht auf Verleumdung) anprangert und im Kern als Hybris, als letztlich gegen Gott gerichtete Selbstüberschätzung, entlarvt. Da bereits dem ursprünglichen Zusammenhang wohl nicht (nur) ein privater Konflikt zugrunde liegt, sondern das Fehlverhalten mit einem Öffentlichkeitscharakter und einer Position der Stärke (vgl. 3a.9a.9d) verbunden ist, legt es sich nahe, diesen Psalm als kritische Anfrage mit heutigen gesellschaftlichen und politischen Repräsentanten und Mechanismen (inklusive der Rolle der Medien) in Verbindung zu bringen. Den Mächtigen stand schon damals eine Gemeinschaft der "Gerechten" (und Geringen) gegenüber, die ihre Hilfe nicht auf die Machtspiele dieser Welt setzt, sondern darauf, dass sich Gottes Gerechtigkeit am Ende durchsetzt. In dem Sinn kann der Psalm Mut stiften und zum Lobpreis Gottes anhalten, auch wenn die Umstände noch so sind, als ob nicht Gott, sondern andere Mächte im Regiment dieser Welt seien.
Ps 52 im Gesangbuch: EG Ps 52 (EG-West).

Psalm 53

	1		Dem Musikverantwortlichen – nach [der Weise]: Krankheit(?) (oder: auf der Machalat, oder: über Reigentanz) – ein Lehrgedicht (oder: Wechselgesang?) – David zugehörig.
I A (A)	2	a b c d	Der Narr sprach in seinem Herzen: "Es gibt keinen Elohim!" Sie haben verderblich gehandelt und verrichteten abscheulichen Frevel; es gibt keinen, der Gutes tut.
I B (B)	3	a b	Elohim schaute vom Himmel herab auf die Menschenkinder, um zu sehen, ob es einen Klugen gibt, einen Elohim-Sucher.
I C (A')	4	a b c d	Sie alle ("seine Gesamtheit") sind abtrünnig geworden, insgesamt sind sie verdorben. Es gibt keinen, der Gutes tut; es gibt auch nicht einen einzigen.
II A (A")	5	a b c	Sind denn die Freveltäter nicht zur Einsicht gekommen, die Fresser meines Volkes, die [es wie] Brot gefressen haben, die Elohim nicht angerufen haben?
II B (B')	6	a b c d	Da überfiel sie ein grosser Schrecken {war es nicht ein Schrecken?}, dass Elohim zerstreut hat die Gebeine des sich [gegen] dich Lagernden(?). Du hast zu Schanden gemacht ...(?), dass Elohim sie verworfen hat.
II C (A''')	7	a b c	O dass doch die Rettungen Israels vom Zion her kämen! Wenn Elohim das Geschick seines Volkes wenden wird, dann soll Jakob jubeln und Israel sich freuen.

1 מַחֲלַת Krankheit(?), Musikinstrument(?), Reigentanz(?) // Zum Vokabular vgl. auch unter Ps 14.– **2** עָוֶל Unrecht, Verkehrtheit, Frevel.– **4** סוג abweichen, abtrünnig sein (AK qal 3 m sg).– **6** פזר pi: zerstreuen (AK pi 3 m sg) // חנה sich lagern (Ptz qal m sg + Suff) // בוש I hi: zu schanden machen (AK hi 2 m sg) // מאס verwerfen (AK qal 3 m sg + Suff).–

Form und Inhalt

Ps 53 ist weithin identisch mit Ps 14, deshalb kann auf die dort gemachten Ausführungen verwiesen werden. Differenzen zwischen Ps 14 und 53 ergeben sich insbesondere in der Überschrift, im Blick auf die Ersetzung von JHWH durch Elohim im Redaktionsprozess des "elohistischen Psalters" (Ps 42–83) sowie hinsichtlich 14,5f. und 53,6 (mit stärkerem Gerichtsakzent). Die (wohl zwei zweizeiligen) Verse von 6 in der Fassung von Ps 53 sind allerdings textlich unsicher (und wohl nicht mehr vollständig rekonstruierbar).

Struktur und Poesie

Vgl. zu Ps 14.

Kontexte

Die Überschriftsangabe משכיל "Lehrgedicht" (oder: "Wechselgesang"?) – der formal identische Ausdruck erscheint auch im Psalm selbst ("Kluger", 3b) – bildet eine Brückenfunktion zu den ebenfalls mit diesem Gattungsbegriff präskribierten Nachbarpsalmen (Ps 52–55), die eine Kleingruppe (von "Feind-Psalmen") bilden. Aufgrund der Ähnlichkeiten von Ps 52 und 54 lässt sich fragen, ob diese beiden ursprünglich Nachbarn waren und Ps 53 später eingeschoben wurde (vgl. F.-L. Hossfeld). Es ist denkbar, dass die Aussagen von 2d.4c als in ihrer Gegensätzlichkeit und Komplementarität passend zu denjenigen über das Gutsein (טוב) Gottes in den Nachbarpsalmen (52,11; 54,8) empfunden wurde und für die Einfügung von Ps 53 an diesen Ort (mit)verantwortlich waren. Zu Weiterem vgl. Ps 14.

Anregungen für die Praxis

Vgl. zu Ps 14.
Ps 53 im Gesangbuch (vgl. auch zu Ps 14): EG Ps 53 (EG-West).

Psalm 54

	1		Dem Musikverantwortlichen – mit Saitenspiel – ein Lehrgedicht (oder: Wechselgesang?) – David zugehörig.
	2		Als die Siphiter kamen und zu Saul sagten: "Hält sich nicht David bei uns verborgen?!"
I A	3	a	Elohim, rette mich durch deinen Namen,
(A)		b	und mit deiner Stärke wollest du mir Recht verschaffen!
	4	a	Elohim, höre mein Gebet,
		b	neige dein Ohr bitte hin zu den Worten meines Mundes!
I B	5	a	Denn Fremde haben sich gegen mich erhoben,
(B)		b	und Gewalttätige trachten nach meinem Leben –
		c	sie haben Elohim nicht vor sich gestellt. – Sela.
II A	6	a	Siehe, Elohim [ist] mir ein Helfer,
(B')		b	Adonaj [ist] unter denen, die mein Leben stützen.
	7	a	Das Böse möge auf meine Gegner zurückfallen;
		b	in deiner Wahrheit vertilge sie!
II B	8	a	In Freiwilligkeit will ich dir hiermit opfern,
(A')		b	ich will deinen Namen preisen, JHWH, denn [du/er bist/ist] gut.
	9	a	Denn aus der Bedrängnis insgesamt hast du mich befreit,
		b	und an meinen Feinden hat mein Auge sich geweidet ("[satt]gesehen").

1 נְגִינָה Saiteninstrument, Saitenspiel.– **2** זִיפִי Siphiter // סתר hitp: sich verborgen halten (Ptz hitp m sg).– **3** גְּבוּרָה Kraft, Stärke // דין Recht schaffen, Gericht halten (PK qal 2 m sg + Suff).– **5** זָר andersartig, fremd; Fremder (Targum: זֵדִים Übermütige) // עָרִיץ gewalttätig; Gewalthaber, Tyrann // בקש pi: suchen, nach etw. trachten (AK pi 3 pl).– **6** סמך (unter)stützen (Ptz m pl cs).– **7** שֹׁרֵר (persönlicher) Feind // אֱמֶת Zuverlässigkeit, Beständigkeit, Treue, Wahrheit // צמת hi: vernichten (Impt hi m sg + Suff).– **8** נְדָבָה freier Antrieb, Freiwilligkeit.–

Form und Inhalt

Ps 54 ist ein Bittgebet um Rettung aus Bedrängnis durch Fremde bzw. Feinde (3–5), das erhört wurde und deshalb mit Dank(opfer), Lobpreis und Bezeugung der Gotteshilfe schliesst (8f.). Die Verse dazwischen (6f.) lassen sich noch dem aus der Not ergehenden Bittgebet (תפלה) zuordnen oder – eher – bereits als Teil des Dankgebets nach behobener Not (תודה) verstehen.

Psalm 54

Das Gebet eröffnet mit zwei Gottesanrufungen (Invocatio) und vier Appellen (3f.), wobei der zweite auf eine Rechtsproblematik (Rechtsbeugung?) hinweist. Die Hilfsappelle werden durch Schilderung des Negativverhaltens der Widersacher dem Beter und Gott gegenüber begründet (5). Es folgen ein Bekenntnis zu Gott als Helfer (6) und Vergeltungswünsche (7; in 7a ist auch eine Lesung mit Gott als Subjekt denkbar). Die Verse 6/8–9 werden wohl nach erfolgter Rettung anlässlich einer Dankopferfeier am Heiligtum gesprochen (und mit dem früher artikulierten Bittgebet verknüpft) worden sein (in 8b kann die Schlussformulierung sich auf JHWH oder auf dessen Name beziehen).

Struktur und Poesie

Das Psalmgebet hat zwei Stanzen (I–II) und vier Strophen (Gesamtanlage: ABBA'). Gottesname und -bezeichnungen (3a.5c|6a-8b) rahmen die Hauptteile wie den Psalm insgesamt (Inclusio). Am Anfang als Bitte (3a) und am Schluss als Bezeugung (9a) findet sich Rettungsbegrifflichkeit, dazu als Bekenntnis in 6a. In den rahmenden Strophen korrespondiert der Dank am Ende mit Eingangsbitten (in A "hören/Ohr/Mund", in A' "Auge/sehen"). In den mittleren Strophen (B/B') entsprechen sich Anschuldigungen (5) und Vergeltungswünsche (7) und rahmen das Bekenntnis zu Gott als Helfer im Zentrum (6).
Der poetische Stil ist einfach gehalten. Zu notieren sind Doppelungen hinsichtlich der Gottesanrufung in der Verseröffnung (3a.4a) und der Beter-Selbstbezeichnung ("mein Leben") am Vers- bzw. Zeilenschluss (5b.6b). Begründungen sind wichtig (vgl. das dreimalige כִּי "denn" 5a.8b.9a).

Kontexte

Die Überschrift bringt den Psalm mit den in 1. Sam 23,14–28 bzw. 26,1–25 geschilderten Geschehnissen in Verbindung (2b ist Zitat aus 1. Sam 23,19; 26,1; Siph liegt im südlichen Juda, in der Nähe der Stadt Hebron). Ps 54 gehört innerhalb des zweiten David-Psalters zur Kleingruppe der "Feindpsalmen" 52–55 und weist insbesondere mit Ps 52 (vgl. 52,11 mit 54,8), aber auch mit Ps 55 (vgl. 54,4 mit 55,2) Übereinstimmungen auf (vgl. ferner die "überbrückende" Begrifflichkeit [רָעָה] "Böses, Unheil" 51,6; 52,3.5; 54,7; 55,16).
Zu 5 vgl. Ps 86,14, zu 6f. vgl. Ps 118,7; 143,12, zu 9 vgl. Ps 59,11; 91,8; 92,12; 112,8; 118,7.

Anregungen für die Praxis

Das schlichte Bittgebet mit Dankschluss ist offen für verschiedene moderne Aktualisierungen. In einer Situation, da der Betende schwach, bedrängt und rechtlos ist und es an menschlicher Rechtshilfe mangelt, wird Gottes "Stärke", sein Rechtswirken und Retten angerufen. Gott wird als Helfer und als das Leben Stützender bekannt (6). Die Bezeugung der Hilfe darf die Nach-Betenden dieses Psalms zuversichtlich stimmen, dass das (bzw. der) Böse nicht das Ende behält, sondern der "gute" Gott, der aus der Not befreit.
Ps 54 im Gesangbuch: EG Ps 54 (EG-West).

Psalm 55

	1		Dem Musikverantwortlichen – mit Saitenspiel – ein Lehrgedicht (oder: Wechselgesang?) – David zugehörig.
I	2	a	Leihe dein Ohr, Elohim, meinem Gebet,
(A)		b	und entziehe dich nicht meinem Flehen!
	3	a	Merke bitte auf mich, und antworte mir!
		b	Ich irre umher mit meiner Klage und bin in Panik (oder: stöhne)
	4	a	angesichts der Stimme des Feindes,
		b	des Geschreis des Frevlers.
		c	Denn sie rasen(?) [in] Unheil gegen mich,
		d	und im Zorn befeinden sie mich.
	5	a	Mein Herz bebt in meinem Innern,
		b	und Todesschrecknisse sind auf mich gefallen.
	6	a	Furcht und Zittern kommen in mich,
		b	und ein Schauder hat mich bedeckt.
	7	a	Da sprach ich: "Wären mir doch Flügel gegeben,
		b	wie die Taube würde ich [davon]fliegen und dann mich niederlassen.
	8	a	Siehe: Weit weg entflöhe ich,
		b	würde nächtigen in der Steppe. – Sela.
	9	a	Ich würde an einen Zufluchtsort für mich eilen,
		b	weg von dem dahinfegenden Wind, weg vom Sturm."
II	10	a	Verwirre, Adonaj,
(B)		b	mache zwiespältig ihre Zunge!
		c	Denn ich habe gesehen Gewalttat
		d	und Streit in der Stadt.
	11	a	Tag und Nacht umschreiten sie sie auf ihren Mauern,
		b	aber Unheil und Mühsal [sind] in ihrem Innern,
	12	a	Verderben [ist] in ihrem Innern.
		b	Und es weicht nicht von ihrem [Markt-]Platz
		c	Bedrückung und Trug.
	13	a	"Denn nicht ein Feind schmäht mich stets neu –
		b	dann würde ich es ertragen –,
		c	nicht ein mich Hassender hat sich gross gegen mich aufgespielt –
		d	dann könnte ich mich vor ihm verstecken –,
	14	a	sondern du, ein Mensch meinesgleichen ("nach meiner Art"),
		b	mein Freund und mein Vertrauter,

Psalm 55

	15	a	die wir die Gemeinschaft uns gegenseitig versüssten,
		b	wiederholt ins Haus Elohims gingen im [Fest-]Gedränge."
III	16	a	Er lege Tod auf sie!
(A')		b	In der Blüte ihres Lebens ("lebendig") mögen sie in die Unterwelt hinabfahren!
		c	Denn Bosheiten [sind] in ihrer Wohnung, in ihrem Innern.
	17	a	Ich, ich rufe zu Elohim,
		b	ja, JHWH möge mich retten!
	18	a	Abends und morgens und mittags
		b	klage und stöhne ich.
		c	Er [er]hörte meine Stimme,
	19	a	erlöste meine Seele zum ("in") Frieden,
		b	dass [sie] mir nicht nahen konnten (oder: aus meinem Kampf),
		c	denn mit vielen waren sie gegen mich.
	20	a	El soll hören und ihnen antworten (oder: sie erniedrigen) –
		b	ja, der von alters her thront –, – Sela.
		c	denen, gegen die niemand Anklagen(?) [erhebt],
		d	und die Elohim nicht fürchten.
IV	21	a	Er hat seine Hände gelegt an seine Friedensschlüsse (oder: Verbündeten)(?),
(B')		b	hat entweiht seinen Bund.
	22	a	Glatter als Butter ist sein Mund,
		b	aber [auf] Kampf [ist eingestellt] sein Herz.
		c	Heilsamer ("weicher") als Öl sind seine Worte,
		d	aber sie selbst [sind] offene Messer.
	23	a	"Wirf auf JHWH deine Last
		b	und er selbst wird dich versorgen!
		c	Er wird niemals zulassen,
		d	dass der Gerechte wanke."
	24	a	Ja du, Elohim, wirst sie hinabfahren lassen
		b	ins tiefste Grab ("zum Brunnen", oder: "Brunnen des Verderbens"?).
		c	Die Männer des Bluts und Trugs
		d	werden nicht [einmal] die Hälfte ihrer Tage erreichen.
		e	Ich aber, ich vertraue auf dich.

2 עלם I hitp: sich verbergen, sich entziehen (PK hitp 2 m sg) // תְּחִנָּה I Flehen.– **3** קשׁב hi: aufmerksam hinhören (Impt Adh hi m sg) // ענה I antworten (wImpt qal m sg + Suff) // רוד frei umherschweifen, hi: unruhig sein oder umherirren (PK hi 1 sg) // שִׂיחַ II Klage, Kummer // הום hi(?): in Panik sein/geraten (wPK Koh hi 1 sg) (vgl. in 18 המה

lärmen, stöhnen).– **4** עָקָה Bedrängnis, Drangsal(?); Geschrei(?) // מוט wanken, hi(?): wanken lassen, rasen(?) (PK hi 3 m sg) // אָוֶן Unheil, Frevel // שׂטם (= שׂטן) an-, befeinden (PK qal 3 m sg + Suff).– **5** חיל I kreissen, beben (PK qal 3 m sg) // אֵימָה Schrecken.– **6** רַעַד Zittern // פַּלָּצוּת Erbeben, Schrecken // כסה pi: bedecken (wPK pi 3 f sg + Suff).– **7** אֵבֶר Flügel // שׁכן sich niederlassen, bleiben (wPK Koh qal 1 sg).– **8** רחק fern sein, hi: (sich) entfernen (PK hi 1 sg) // נדד I fliehen, flüchten (Inf cs qal).– **9** חוּשׁ I qal + hi: eilen (PK Koh hi 1 sg) // מִפְלָט Zufluchtsstätte // סעה (hap leg) dahinfegen, -stürmen (Ptz qal f sg) // סַעַר Sturmwind.– **10** בלע I qal + pi: verschlingen (dazu בֶּלַע I Verschlungenes); II pi: verbreiten, mitteilen (dazu בֶּלַע II Verleumdung, III[?] Verwirrung); III (wie בלל) pi: verwirren (Impt pi m sg) // פלג pi: spalten, zwiespältig machen (Impt pi m sg).– **11** סבב umgeben, po: schützend umwandeln (PK po 3 m sg + Suff) // חוֹמָה Mauer // עָמָל Mühe, Mühsal.– **12** הַוּוֹת Verderben // מוּשׁ/מישׁ weichen (PK qal 3 m sg) // רְחֹב I freier Platz // תֹּךְ Bedrückung // מִרְמָה Hinterlist, Trug.– **13** חרף II qal + pi: schmähen (PK pi 3 m sg + Suff) // נשׂא ertragen (wPK qal 1 sg) // גדל hi: gross tun gegen (עַל) (AK hi 3 m sg) // סתר ni: sich verbergen vor (מִן) (wPK ni 1 sg).– **14** עֵרֶךְ Schicht, Reihe, Ausstattung, Schätzungswert // אַלּוּף I Vertrauter // מְיֻדָּע Bekannter.– **15** מתק süss sein, hi: süss machen (PK hi 1 pl) // סוֹד Vertraulichkeit, Gemeinschaft // רֶגֶשׁ Volksmenge, Gedränge; Unruhe.– **16** ירד hinabgehen, -steigen, hi: hinabsteigen lassen, hinabstürzen (PK qal 3 m pl) // יַשִּׁימָוֶת Verwüstung (wohl zu lesen als יָשִּׁים מָוֶת "er [= Gott] möge Tod legen ...") // ירד hinabfahren (PK qal 3 m pl) // מָגוֹר I Schreck(nis), Grauen; II Schutzbürgerschaft, Wohnort; III Getreidegrube, Vorratskammer = Herz.– **18** צָהֳרַיִם Mittag.– **19** פדה erlösen (AK qal 3 m sg) // קְרָב feindliche Annäherung, Kampf (oder zu lesen als Inf cs qal von קרב sich nähern, herantreten) // עִמָּדִי bei mir, neben mir, gegen mich.– **20** חֲלִיפָה Wechsel, Ablösung, Abmachung, Anklage(?).– **21** חלל I pi: entweihen (AK pi 3 m sg).– **22** חלק glatt sein (AK qal 3 pl) // מַחְמָאֹת (hap leg) Butter(?) (von חֶמְאָה dicke Milch) // רכך zart, gelinde, weich sein (AK qal 3 pl) // פְּתִיחָה gezückte Waffe, Dolch (von פתח I öffnen).– **23** שׁלך I hi: werfen; II(?) retten, befreien (Impt hi m sg) // יְהָב Last // כול pil: versorgen, erhalten (PK pil 3 m sg + Suff).– **24** בְּאֵר Brunnen // שַׁחַת (Fang-)Grube, Grab; Verderben(?) // חצה (ver)teilen, halbieren (PK qal 3 m pl).–

Form und Inhalt

Das Verstehen des vielschichtigen Ps 55 wird durch seltenes Vokabular, Kommunikationswechsel, Mehrdeutigkeiten und Textunsicherheiten erschwert (manches kann daher nur ansatzweise diskutiert werden; mehr in den Kommentaren sowie bei J.S. Kselman / M.L. Barré und A. Ruwe [Hrsg.]).

In diesem Klagegebet eines Einzelnen (oder eines Königs) sind die Schilderungen und Bitten mehrheitlich mit der Sprechgegenwart verbunden (PK-Formen). Allerdings finden sich darin eingelagert Aussagen vergangener Gebetserhörung und Gotteshilfe (18c–19c, bei 23 ist eher an ein sarkastisches Wort des ex-Vertrauten [vgl. 13–15] als an ein priesterliches Heilsorakel zu denken). Dazu kommen eigene Worte sowie Ausführungen über Nöte und Schandtaten der Gegner, die zurückliegen bzw. in der Vergangenheit ihren Anfang genommen haben (6b.7–9.10cd.15.21[–23]). Die involvierten Personen sind: der Psalmist (Sprechender), Gott – in verschiedenen Bezeichnungen bzw. Namen (Angerufener) –, eine Mehrzahl von Feinden (die sg in 4 sind wohl als pl aufzufassen). Dazu kommt ein einzelner "(Ex-)Freund", der zum Widersacher geworden ist (eingespielte Worte von ihm vermutlich in 23, solche an ihn in 13–15). Ob dieser danach unter die Feinde miteingerechnet wird (16ff.), ist unsicher (eher nicht). Dagegen dürfte er in den sg-Formulierungen von 21f. angesprochen sein. Daran anschliessend (23) sind Aufruf und Zusagen als höhnische Worte des Ex-Freundes einzuschätzen ("Zitat").

Die dem Klage- und Bittgebet zugrunde liegende Bedrohungslage besteht offenbar aus "Rede-Sünden" wie Verleumdung, die aus dem bösen "Innern" kommen (4.10.13.22). Sie sind mit Betrug (12.24) und lebensbedrohender Gewalt verbunden (10.12.24). Dies versetzt den Bedrängten in Todesschrecken (5f.) und lässt ihn an Flucht denken (7–9), die anscheinend aber nicht möglich ist (vgl. auch 11: Ummauerung und Schutzwache als Gefängnis?). Gottes Eingreifen wird nicht zuletzt deshalb erbeten, weil seine Widersacher ungestraft ihr Unwesen treiben können (20), Gott nicht fürchten (20, vgl. 21) und sich mit dem Bedrängten einst sogar an die grossen Pilgerfeste begaben (15). In seinem Gebet erbittet der Psalmist Erhörung (2, vgl. 20), nach dem Prinzip der Vergeltung von Gleichem mit Gleichem (Talion) eine "Sprachenverwirrung" der Gegner (10) und schliesslich ihren Tod mitten aus dem Leben heraus (16, vgl. 24).

Struktur und Poesie

Der Psalm gliedert sich m.E. in vier Hauptteile (Stanzen I–IV), wovon die beiden ersten mit 18 bzw. 17 Zeilen leicht grösser sind als die letzten beiden mit je 15 Zeilen (etwas anders gliedern K.S. Kselman / M.L. Barré).

Die einzelnen Einheiten sind mit Verklammerungs-Strukturen markiert (Inclusio): Die Gottesbezeichnung (Elohim) findet sich am Anfang und Schluss des Psalms (2.24, ähnlich auch מוט "rasen[?]/wanken" 4.23). Sie rahmt zudem die beiden Psalmhälften (2.15 und 17.24). Zusammen mit anderer Gottesbegrifflichkeit strukturiert sie durch ihr Vorkommen an Anfängen (vgl. etwa die Vokative zu Beginn von I und II) und Enden von Stanzen den gesamten Psalm.

Es scheint, dass die Gesamtanlage des Psalms alternierend nach dem Stanzen-Schema ABA'B' aufgebaut ist. So zeichnen sich die beiden A-Stanzen (I, III) dadurch aus, dass in 2f. bzw. 18 Gott klagend angerufen und um Erhörung gebeten bzw. solche bezeugt wird (vgl. שׂיח "Klage/klagen", המה "in Panik geraten bzw. stöhnen", שׁמע/אזן "Ohr leihen/hören"). Dabei stehen sich die bedrohliche "Stimme" (קול) des Feindes und die von Gott erhörte des Beters gegenüber (4a.18c). Während die A-Stanzen stärker die Ich-Perspektive des Betenden einbringen, reden die B-Stanzen (II, IV) von den Schandtaten des falschen Freundes (sg). Beiderorts ist von einem "Mann" bzw. von "Männern" (14a.24c) und von מרמה "Trug" (12c.24c) die Rede.

Sinn- und Klangcluster, die sich durch den Psalm ziehen und Akzente setzen, ergeben sich durch die Ableitungen verschiedener קרב-Wurzeln mit Bedeutungen wie "Inneres" (5a.11b.12a.16c), "nahen" (19b[?]) und "Kampf" (19b[?].22b) einerseits sowie מות/מוט-Begrifflichkeit ("Tod"/"rasen[?] bzw. wanken") andererseits (4c.5b.16a.23d). Beide Gruppen werden durch eine Reihe von sinn- und lautähnlichen Wörtern und Wortfügungen noch verstärkt. Erwähnenswert sind ferner die ח/ל (bzw. כ)-Lautpaarungen in 20–23 (חליפות "Anklagen", שׁלח "legen an", חלל "entweihen", חלקו "glatt sein", השׁלך "werfen", יְכַלְכְּלֶךָ "dich versorgen"), mittels derer sich ein Bogen vom Negativen zum Positiven der Gottesfürsorge spannt, ferner die häufige, wohl das Klagen nachahmende *a-i*-Assonanz.

Kontexte

Ps 55 schliesst die Gruppe der mit מַשְׂכִּיל "Lehrgedicht" (oder: "Wechselgesang"?) überschriebenen "Feind"-Psalmen 52–55 ab (vgl. auch בִּנְגִינֹת "mit Saitenspiel" 1 mit 54,1 u.a.). Einige Wort- und Motiv-Brücken ergeben sich zu den vorangehenden Psalmen dieser Gruppe (vgl. u.a. תְּפִלָּה "Gebet" 54,4; 55,2, אוֹיֵב "Feind" 54,9; 55,4.13, ישׁע hi "retten" 54,3; 55,17, פֶּה "Mund" 54,4; 55,22, אָוֶן "Frevel, Unheil" 53,5; 55,4.11, לָשׁוֹן "Zunge" 52,4.6; 55,10, מִרְמָה "Trug" 52,6; 55,12.24, בטח "vertrauen" 52,9.10; 55,24).
Zu 6 vgl. Ex 15,15f.; Ps 2,11; Phil 2,12, zu 7–9 vgl. Gen 9,8–12 (Taube aus der Arche); Ps 139,7–10, zu 10 vgl. Gen 11,6–9 (Turmbau zu Babel), zu 13–15 vgl. Ps 31,12; 41,10; Jer 9,3.7; Mt 26,21–24 (Judas), zu 16 vgl. Num 16,31–33; Ps 49,15; Jes 5,14; Offb 19,20, zu 22 vgl. Mt 26,49 (Judas), zu 23 vgl. 1. Petr 5,7.

Anregungen für die Praxis

Ein (insbesondere unter Verleumdungen) leidender Mensch kann selbst Erlebtes (auch) in diesem Psalm in Worte gefasst finden. Nicht selten liegen die Ursachen der Probleme und Nöte nicht ausserhalb, sondern innerhalb der "Mauern" (11), manchmal – und das ist besonders bitter und verletzend – sogar innerhalb des Familien- oder Freundeskreises (13–15.21[–23]). Dabei sind "fromm" eingekleidete Hohnworte (23) speziell perfid. Ja, das Unheil kann bis in die religiöse Dimension (15!) hineinreichen (vgl. auch die Affinitäten zum Judas-Verrat).
Dass in anhaltender Bedrängnis auch Fluchtgedanken aufkommen können (vgl. 7–9), in denen zumindest die Seele sich zeitweise aus der Umklammerung zu lösen versucht, ist verständlich, aber bringt meist (wie hier im Psalm) keine Lösung (vgl. auch Ps 139,7–10, wo es – anders als hier – um die Flucht vor Gott geht). Dass für die Flucht nur die lebensfeindliche, ja bedrohliche Steppe bzw. Wüste als Zufluchtsort erwogen wird, macht deutlich, dass die Verzweiflung gross gewesen sein muss. Gleichwohl wird das Gottvertrauen nicht preisgegeben – mit dem Bekenntnis dazu schliesst der Psalm (24e). Es verbindet sich mit der Gewissheit, dass die Zeit der Widersacher plötzlich ein Ende nimmt (16.24, vgl. Ps 73,17ff.).
Ps 55 im Gesangbuch: EG Ps 55 (EG-West), 760 (EG-BT).

Psalm 56

	1		Dem Musikverantwortlichen – nach [der Weise]: "Taube der fernen Götter"(?) – David zugehörig – eine Aufschrift(?) – als ihn die Philister in Gath ergriffen.
I	2	a	Sei mir gnädig, Elohim!
		b	Denn Leute haben mir nachgestellt,
		c	den ganzen Tag lang bedrängte mich ein Kämpfender.
	3	a	Meine Gegner haben mir den ganzen Tag lang nachgestellt,
		b	denn viele [sind es, die] gegen mich kämpfen von oben herab.
	4	a	[Am] Tag, [an dem] ich mich fürchten muss – ich –,
		b	auf dich vertraue ich.
R'	5	a	Auf Elohim – sein Wort will ich rühmen –,
		b	auf Elohim habe ich vertraut, ich brauche mich nicht zu fürchten;
		c	was vermag [denn] Fleisch mir anzutun?!
II A	6	a	Den ganzen Tag lang kränkten sie, Worte gegen mich [aussprechend];
		b	gegen mich [sind gerichtet] alle ihre Pläne zum Bösen.
	7	a	Sie feindeten immer neu an, lauerten auf;
		b	sie, sie beobachteten meine Schritte ("Fersen"),
		c	sowie sie mir nach dem Leben trachteten.
	8	a	Angesichts [ihres] Frevels [gibt es noch] Rettung für sie?
		b	Im Zorn stürze zu Boden die Völker, Elohim!
II B	9	a	Mein Elend ("Umherirren") hast du aufnotiert;
		b	sammle bitte meine Tränen in deinen Schlauch!
		c	[Sind sie] etwa nicht in deinem Buch [notiert]?
	10	a	Dann werden meine Feinde zurückweichen,
		b	am Tag, [an dem] ich ausrufen werde:
		c	Dies weiss ich, dass Elohim für mich [ist]!
R"	11	a	Auf Elohim – [sein] Wort will ich rühmen –,
		b	auf JHWH – [sein] Wort will ich rühmen –,
	12	a	auf Elohim habe ich vertraut, ich brauche mich nicht zu fürchten;
		b	was vermögen [denn] Menschen mir anzutun?!
III	13	a	Auf mir, Elohim, [liegen] die dir gegenüber [ausgesprochenen] Gelübde.
		b	Ich will Dankopfer dir erstatten.
	14	a	Denn du hast mein Leben aus dem Tod entrissen –
		b	etwa nicht meine Füsse vor dem Straucheln?! –,

c   dass ich wandle vor Elohim
d   im Licht des Lebens.

1 יוֹנָה Taube // אֵלֶם Verstummen, Stillschweigen (oder abzuleiten von אֵל Gott bzw. אַיִל I Widder, II Terebinthe?) // מִכְתָּם In-, Aufschrift(?).– 2 שָׁאַף I nach etw. schnappen, nachstellen; II (= שׁוּף) zertreten (AK qal 3 m sg + Suff) // לָחַם bekriegen (Ptz: Krieger) (Ptz qal m sg) // לָחַץ bedrängen (PK qal 3 m sg + Suff).– 3 שׁוֹרֵר Feind ("Empörender", "Auflehnender") // מָרוֹם Höhe, Hochmut.– 4 ירא sich fürchten (PK qal 1 sg).– 5 הלל II pi: rühmen (PK pi 1 sg).– 6 עצב II tadeln, wehtun, pi: kränken (PK pi 3 m pl) // מַחֲשָׁבָה Gedanke, Vorhaben, Plan.– 7 גור I als Fremder weilen; II anfeinden, angreifen (PK qal 3 m pl) // צפן (sich) verbergen, lauern, hi: lauern (PK qal oder hi 3 m pl) // עָקֵב Ferse // שמר I bewachen, bewahren, beobachten (PK qal 3 m pl) // קוה I pi: harren, hoffen, warten auf (hier mit לְ[נַפְשִׁי]: nach dem Leben trachten) (AK pi 3 pl).– 8 אָוֶן Unheil, Frevel // פלט pi: retten (Inf abs pi) // ירד hi: herabstürzen (Impt hi m sg).– 9 נֹד Umherirren, Heimatlosigkeit, Elend // ספר I (auf)zählen, aufschreiben (PK qal 2 m sg) // דִּמְעָה Tränen // נֹאד Schlauch // סְפֹרָה Buch(rolle).– 10 אָז (als)dann, da.– 13 נֶדֶר Gelübde // שלם vollendet sein, pi: bezahlen (PK pi 1 sg).– 14 נצל hi: ent-, herausreissen, retten (PK hi 2 m sg) // דְּחִי Stoss, Sturz, Straucheln.–

Form und Inhalt

Ps 56 ist ein mit der Darbringung des Dankopfers am Tempel verbundenes Bekenntnis der Rettung durch Gott (13f.), in das die aus der Not ergangene Bitte samt Leidschilderung aufgenommen worden ist. Aufgebrochen ist es durch einen zweimal erscheinenden Refrain (5.11f.), der aus der am Schluss erkennbaren Dank- und Bekenntnissituation heraus ergeht. Die zugrunde liegende Not geht auf Anfeindungen von Gegnern zurück, die dem Bedrängten – einem ungenannten Individuum oder dem zum König gesalbten David (vgl. 1 sowie militärische und kollektive Einfärbungen im Psalm selbst) – nachstellen, auflauern, nach seinem Leben trachten. In dieser Situation fleht der Bedrängte um Gnade vor Gott (2a), spricht sein Vertrauen aus (4b), bittet um Bestrafung der Feinde bzw. "Völker" (8b), erwartet und erbittet ein Sammeln und Aufnotieren seines erlittenen Elends (9) und weiss um seine bevorstehende Rettung, weil Gott für ihn ist (10).

Struktur und Poesie

Ps 56 besteht aus vier strophischen Einheiten (I, IIA, IIB, III) sowie zwei Refrains (R', R"). Die mittleren beiden Strophen bilden eine Stanze (II), die gerahmt wird durch zwei Halb-Stanzen (I, III). Entsprechend liegen nicht drei Refrains (derjenige am Psalmschluss fehlt), sondern nur zwei vor, nämlich am Ende von I und II, den Hauptzäsuren des Psalms (vgl. P.R. Raabe). Die Teile I und II enthalten das Klage- bzw. Bittgebet, der davon stärker abgesetzte Teil III (und wohl auch die Refrains) sind aus der Situation der Dankopferfeier, d.h. der Erhörung des Gebets, formuliert (vgl. auch die Bedeutungsumkehrung im Zusammenhang der Stichwortaufnahme נפשׁי: "nach meinem Leben trachten"

[7c] – "mein Leben aus dem Tod entrissen" [14a]). Im Blick auf die Teile I und II hat man Analogien bzw. eine fortschreitende Entfaltung nach dem Strukturschema ABCB'A'C' gesehen (vgl. J.-N. Aletti / J. Trublet; P.R. Raabe): Bitte und Gottesappell (A-Teile: 2a.8a–10a) – Feindschilderung (B-Teile: 2b–3b.6a–7c) – Vertrauensbekenntnis (C-Teile: 4ab.10abc).
In der (Halb-)Stanze I ergibt sich ein ähnliches Schema (abcb'a'c') hinsichtlich 2f. aufgrund der drei sich wiederholenden Begriffe "nachstellen" – "kämpfen" – "den ganzen Tag lang". Dagegen ist 4 stärker mit dem Refrain-Vers 5 verzahnt ("sich fürchten", "vertrauen") und bereitet diesen gleichsam vor. Stanze II bildet mit dem Stichwort יום "Tag" nicht nur eine Inclusio (6a.10b), sondern auch eine Brücke zu Stanze I: Mit der Zeitdauerangabe "den ganzen Tag lang" (2c.3a.6a) wird die Permanenz der erlittenen Anfeindungen herausgestellt und durch Stichwortbezug mit Vertrauensäusserung (4a) und Rettungsgewissheit (10b) verbunden. Ein deutlicher Kontrast wird durch den unterschiedlichen Verwendungszusammenhang von דבר "Wort" angezeigt: Die den Beter kränkenden Feind-Worte (6a) sind umschlossen vom lobpreisenden Rühmen des Gottes-Wortes (5a.11ab = R). Die Refrains haben eine "Treppen"(staircase)-Struktur (retardierender Parallelismus mit wiederholendem und dann weiterführendem Verselement, vgl. W.G.E. Watson), wobei der zweite Refrain gegenüber dem ersten sich durch Modifikation, Ausdehnung und Steigerung hervorhebt.
Das Leitwort des Psalms ist die 10malige Gottesbezeichnung (9mal Appellativum אלהים, 1mal Name יהוה); 7mal erscheinen verschiedene Nominalformen für Feindbezeichnungen, 5mal die Zeitangaben יום "Tag". Die Gerichtsbitte von 8b steht (betont) in der Psalm-Mitte. Erwähnenswert ist die Verwendung von (rhetorischen) Fragen, die der argumentativen Überzeugung und der Vergewisserung dienen (5c.8a.9c.12b.14b).
An Klangmustern sind in I die reimartigen Zeilenschlüsse auf langen o- und i-Lauten, die Wortanfänge auf א (4f.) und das לח-Lautpaar in 2f. ("Kämpfender" – "bedrängen" – "kämpfen") zu nennen. In 9 sind die kunstvollen Rahmungen durch die beiden ספר-Ableitungen ("aufnotieren" – "Buch") einerseits und die lautähnlichen נאדך/נדי ("mein Elend" – "dein Schlauch") andererseits erwähnenswert.

Kontexte

Die geschichtliche Situierung von 1 ist wohl mit 1. Sam 21,11ff. (vgl. auch 1. Sam 27f.) zu verbinden. Ps 56 eröffnet die Kleingruppe Ps 56–60 in der zweiten Davidsammlung, die durch die (nach wie vor nicht geklärte) Überschriftsangabe מכתם "Aufzeichnung"(?) verklammert wird (vgl. auch Ps 16). Stichwortverknüpfungen ergeben sich nach beiden Seiten (vgl. u.a. חנני "sei mir gnädig …!" 56,2; 57,2; 59,6, שאף "nachstellen" 56,2.3; 57,4, בטח "vertrauen" 52,9.10; 55,24; 56,4.5.12, און "Unheil, Frevel" 53,5; 55,4.11; 56,8; 59,3.6, אדם "Mensch[en] 53,3; 56,12; 57,5; 58,2.12; 60,13, מות "Tod" 55,5.16; 56,14; 59,1).
Zu 5 vgl. Jes 12,2; 51,12; Mt 10,28, zu 9 vgl. 2. Kön 20,5, zu 10 (und 5) vgl. Röm 8,31.

Psalm 56

Anregungen für die Praxis

In diesem Psalm sind nicht nur die Erfahrungen mit Zeitdauer und gegebenem Zeitpunkt ("Tag"-Belege!) von Bedeutung, sondern er bindet auch zwei "Erlebens-Zeiten" zusammen: die Zeit der Not, aus der die Anrufung Gottes erging (Vergangenheit, vgl. I und II) und die Zeit des Heils, die mit Bekenntnis und Dankopfer gefeiert wird (Gegenwart, vgl. III und R). In dem Sinn stiftet das erhörte Gebet zu neuem Gottvertrauen und neuen Gotteserfahrungen an (Toda-Opfer und Bekenntnis vollzog sich ja in der Gemeinschaft). Der Psalm offenbart eine Art inneres Ringen im Wechsel zwischen den sich in den Feindschilderungen und den Bitten äussernden Noterfahrungen einerseits sowie den (z.T. in rhetorische Fragen gekleideten) Zuversichtsaussagen andererseits. Dabei wird die Notschilderung "gekontert" mit Vertrauensaussagen (vgl. 2f. mit 4 und 6–9 mit 10). Am Ende des Bittgebetsteils steht die entscheidende Gewissheit, dass der Tag naht, wo ich sagen kann: "Gott ist für mich" (10). Mit dieser Zuversicht im Herz und (bald auch) auf den Lippen erwirbt der Betende eine Resistenz gegen Anfeindungen verschiedener Art. Paulus hat – wohl in Anspielung auf diesen Vers (und vielleicht mit Ps 56 im Gedächtnis) – die triumphale Äusserung, gekleidet in eine rhetorische Frage, gemacht: "Wenn Gott für uns ist, wer kann gegen uns sein?!" (Röm 8,31).
Ps 56 im Gesangbuch: EG Ps 56 (EG-West); KG 399.

Psalm 57

	1		Dem Musikverantwortlichen – [nach der Weise:] "Vertilge nicht!" – David zugehörig – eine Aufschrift(?) – als er vor Saul in die Höhle floh.	
I	2	a	Sei mir gnädig, Elohim, sei mir gnädig!	
		b	Denn bei dir hat meine Seele Zuflucht gesucht;	
		c	ja, im Schatten deiner Flügel suche ich Zuflucht,	
		d	bis [das] Verderben vorübergegangen sein wird.	
	3	a	Ich rufe zu Elohim Eljon,	
		b	zu El, der mir zugunsten ahndet.	
	4	a	Er sende vom Himmel und rette mich –	
		b	der mir Nachstellende hat geschmäht –,	– Sela.
		c	Elohim sende seine Gnade und seine Treue!	
	5	a	Ich ("meine Seele") muss inmitten der Löwen liegen,	
		b	die Menschensöhne verzehren.	
		c	Ihre Zähne [sind] Speer und Pfeile	
		d	und ihre Zunge ein scharfes Schwert.	
R'	6	a	Erweise dich bitte als erhaben über den Himmel, Elohim,	
		b	über die ganze Erde deine Herrlichkeit!	
II	7	a	Ein Netz spannten sie aus meinen Füssen ("Schritten");	
		b	man beugte meine Seele.	
		c	Sie gruben vor mir eine Fanggrube,	
		d	fielen [selbst] mitten in sie hinein.	– Sela.
	8	a	"Fest [ist] mein Herz, Elohim,	
		b	fest [ist] mein Herz!",	
		c	singe und spiele ich hiermit.	
	9	a	"Wach bitte auf, meine Ehre (oder: Leber, Gemüt),	
		b	wach bitte auf, o Harfe und Leier!",	
		c	wecke ich die Morgenröte.	
	10	a	Ich preise dich unter den Völkern, Adonaj,	
		b	ich spiele dir unter den Nationen!	
	11	a	Denn gross bis zum Himmel [ist] deine Gnade	
		b	und bis zu den Wolken deine Treue!	
R"	12	a	Erweise dich bitte als erhaben über den Himmel, Elohim,	
		b	über die ganze Erde deine Herrlichkeit!	

1 שחת hi: verderben, zerstören, vernichten (PK Juss hi 2 m sg) // ברח fliehen (Inf cs qal + Suff) // מְעָרָה Höhle.– 2 חסה sich bergen, Zuflucht suchen (AK qal 3 f sg und PK qal 1 sg) // צֵל Schatten // הַוָּה II Verderben.– 3 גמר zu Ende sein; vergelten, ahnden (mit עַל zugunsten von) (Ptz qal m sg).– 4 חרף II pi: schmähen (AK pi 3 m sg) // שאף I nach etw. schnappen, nachstellen; II (= שוף) zertreten (Ptz qal m sg + Suff).– 5 לָבִא Löwe // שכב liegen (PK Koh qal 1 sg) // להט I glühen, brennen; II (gierig) verschlingen (Ptz qal m pl) // חֲנִית Speer // חַד scharf.– 6 רום hoch sein, sich erheben, erhaben sein (Impt Adh qal m sg).– 7 רֶשֶׁת Netz // כון ni: (ge)fest(igt), gesichert sein; hi: bereit-, aufstellen, errichten (AK hi 3 pl) // פַּעַם Schritt // כפף beugen, bedrücken (AK qal 3 m sg) // כרה I aushöhlen, graben (AK qal 3 pl) // שִׁיחָה Fanggrube.– 9 עור II wach sein, aufwachen, hi: aufwecken (Impt Adh m sg und PK hi 1 sg) // נֵבֶל II Harfe // כִּנּוֹר (Kasten-)Leier // שַׁחַר Morgenröte.– 10 לְאֹם Volk, Nation.– 11 שַׁחַק Wolken.–

Form und Inhalt

Ps 57 ist in seinem ersten Teil (I) ein Klage- bzw. Bittgebet, enthaltend: Gottesanrufung (2a.3ab), Bitten um Gottes Zuwendung (2a) und Eingreifen (4, "Gerichtstheophanie"), Bekenntnis der Zuversicht (2bcd, formuliert aus dem "Tempel-Asyl"?) und Schilderung leidvollen Ergehens (5ab) bzw. feindlicher Aggression (5cd), die Gott zum Eingreifen motivieren sollen. Im zweiten Teil (II) haben wir es der Gattung nach mit einem Dank(opfer)lied (Toda) zu tun, bestehend aus: Rückblick auf die Not (7ab.7c), Bericht von der Rettung bzw. des Eintreffens der gerechten Strafe für die Bedränger (7d), Lobpreis Gottes, mit dem das erfahrene Heil bekennend und verdankend vor der versammelten Gemeinde (vgl. 10) mit zitierten Liedaussagen besungen wird (8–11, vgl. B. Weber). Es ist anzunehmen, dass die beiden Gebete in der Not und nach der Rettung daraus sich der gleichen Notsituation verdanken, die mit lebensbedrohlichen Umständen (Schmähung, Nachstellung, gewalttätige [militärische?] Attacken) zu tun haben, die mit Bildern aus Tierwelt, Krieg und Jagd geschildert werden (5.7). Zur Verklammerung der beiden Gebete zu *einem* Psalm tragen die Refrain-Strophen (6.12) bei, die die jeweiligen Gebete mit einer Bitte um einen umfassenden Herrlichkeitserweis Gottes abschliessen.

Struktur und Poesie

Der Psalm hat eine transparente Struktur, die mit Form und Inhalt (s.o.) übereinstimmt: Er besteht aus zwei (nahezu) gleich langen Stanzen (I = Bittgebet, II = Danklied), die je mit einem Refrain (R) beschlossen werden. Dem Begriff שָׁמַיִם "Himmel" kommt im Ganzen eine strukturierende Bedeutung zu: Der Psalmbeter erbittet vom Himmel her Gottes rettende "Gnade und Treue" (4, von oben nach unten) und verdankt eben diese als "gross bis zum Himmel" (11, von unten nach oben). Im Refrain (6.12) liegt eine Steigerung insofern vor, als hier der Erweis der Majestät Gottes als "*über* den Himmel", ja als wirklichkeitsumspannend (der auf die Zeilen aufgesplittete Ausdruck "Himmel und Erde" bildet einen Merismus) erbeten wird.
Die In-Bezug-Setzung der Stanzen I und II zeigt sich aber nicht nur an der Verbindung zwischen 4 und 11 ("Himmel", "seine/deine Gnade und seine/deine Treue"), sondern

auch an den begrifflichen und bildhaften Schnittstellen zwischen 5 und 7: Die Rede von נפשי "meiner Seele" (2b.5a.7b) stiftet Geschehens-Identität, die doppelte Verwendungsweise von בתוך "inmitten/mitten in" (5a.7d) dagegen markiert – mit leicht ironischem Unterton – die vertauschten Rollen vor und nach dem nach weisheitlicher Manier formulierten Rettungsgeschehen; schliesslich gibt es auch zwischen der Löwen-Metapher von 5 (mit Kriegsaussagen verschliffen) und der Jagd-Szenerie von 7 Berührungspunkte.

Ps 57 ist gekennzeichnet durch ein hohes Mass an poetisch kunstfertigen Gestaltungsmitteln (vgl. W.G.E. Watson, P.R. Raabe). Zu erwähnen sind etwa das eröffnende chiastische Monokolon (2a, aba-Struktur), der Treppen-Parallelismus ("staircase") von 9, dann v.a. die Drehpunkt-Muster ("pivot") in 5ab.6.8.10.12 (Element im a-Kolon, das auch das b-Kolon mitbestimmt, "double duty modifier") und das Aufsplitten von festen Wendungen wie "El Eljon" (3), "Gnade und Wahrheit" (11) und "Himmel und Erde" (6.12) auf beide Vershälften.

Die für die Poesie ebenfalls typische Verwendung von Bildsprache (5.7) und Refrain-Technik (6.12) wurde bereits erwähnt (s.o.). Hinzuweisen ist noch auf einige Lautfiguren: In 2 werden – ausgehend vom doppelten Appell חנני "sei mir gnädig!" – durch die ח/נ-Laute die jeweiligen Begriffe lautlich und damit auch bedeutungsmässig miteinander verbunden (vgl. Formen von חסה "Zuflucht suchen" [2mal], נפש "Seele", כנף "Flügel"). Die Bildaussagen von 5(cd) werden untermalt durch dominante, das Fauchen (Löwe) und Zischen (Kriegsgerät) nachahmende ח- bzw. Sibilant (ש/צ)-Laute einerseits und den Klang des Begriffs "Löwe" (לבא) imitierende Wortanfangslaute א/ל/ב (5a) respektive א/ב/ל (5b) andererseits. Die Metaphorik von 7 wird mit einer durch ל oder נ angereicherten, die Bedrückung (כפף "beugen") wie Vergeltung (נפל "fallen") verschränkenden פ-Lautdominanz verstärkt (vgl. auch die gegenläufigen Lautmuster von לפני "vor mir" und נפלו "sie fielen"). 10 zeichnet sich klanglich dadurch aus, dass beide Verszeilen das Wortanfangsmuster א/ב/א aufweisen.

Kontexte

Die Überschriftsangabe "als er (= David) vor Saul in die Höhle floh" (1) verbindet das Psalmcorpus mit den in 1. Sam 22,1ff. oder 24,1ff. geschilderten Ereignissen, zu denen der Psalm passt. Im Überschrifts-Zusammenhang lässt sich die Angabe מכתם möglicherweise als Höhlen-Inschrift verstehen (vgl. dazu etwa auch die Inschrift B aus der Grabhöhle von Chirbet Bet Lay in der Nähe von Lachisch). Die Angabe אל-תשחת "Vertilge nicht!" (vgl. noch Ps 58,1; 59,1; 75,1) ist vermutlich als Melodieangabe zu verstehen (und fügt sich zu den Liedinhaltsangaben von 8f.).

Mit dem vorangehenden Ps 56 verbindet Ps 57 nicht nur eine ähnliche Verbindung von Bittgebet und Danklied (je mit Refrain), sondern auch die identische Psalmeröffnung "Sei mir gnädig, Elohim ...!" (vgl. ferner das seltene, in den Psalmen ausser in 56,2.3 und 57,4 nur noch in 119,131 erscheinende Verb שאף "nachstellen"). 8–12 weist zudem grosse Übereinstimmungen mit Ps 108,2–6 auf, einem wohl späteren, ebenfalls mit David verbundenen Psalm aus Buch V, der sich aus Teilen von Ps 57 und 60 zusammensetzt.

7cd ist (ähnlich wie Ps 7,16f.) Erfüllung einer alten Weisheitsregel (vgl. Spr 26,27; 28,10; Koh 10,8). Zu 2 vgl. Ps 17,7f., zu 5 vgl. Ps 55,22; 59,8, zu 8f. vgl. Hi 38,12; Eph 5,14; Jak 5,13.

Psalm 57

Anregungen für die Praxis

Das Besondere dieses Psalms ist die Zusammenbindung von Bittgebet und Danklied – beide verdanken sich derselben (behobenen) Notsituation. Der Psalm bezeugt damit die Erhörung des Gebets und damit die Rettung des Beters aus seiner Bedrängnis. Dieser Umstand könnte eine Anregung sein, in einer Art "Gebetstagebuch" eigene Bittgebete aufzuschreiben und sie nach der Erhörung mit Dankgebeten bzw. -liedern zu ergänzen. Dies würde zu einem grösseren Ernstnehmen des Betens und damit Gottes führen und zu einer Art "Kontrolle", ob, wann und inwiefern Gebete Erhörung fanden.

Die Notschilderungen, die von feindlichen Attacken sprechen, sind offen und vielfältig formuliert, so dass auch heutige Nachbeter ihre Situation(en) darin "wiederfinden" können. Die Reaktionen auf die Not sind Gottesanrufung, Bitte um sein Eingreifen und Schutzsuche, wobei man bei Letzterem im Ursprungssinn wie in der Übertragung auf heute an äussere (Tempelasyl, Kirchenasyl o.ä.) oder mehr symbolische bzw. innerliche (Zuversicht, Vergewisserung) "Schutzorte" denken kann.

Die Dankabstattung nach erfahrener Hilfe war vermutlich schon damals nicht selbstverständlich (vgl. etwa Lk 17,11–19). Durch sie wird das Bittgebet in dem Sinn ernst genommen, dass an seine Erhörung durch Gott geglaubt und die Veränderung der Situation zum Guten hin nicht dem Zufall, den Umständen oder der eigenen Geschicklichkeit zugeschrieben wird. Sie ist nach israelitischem Verständnis auch nicht einfach eine Privatangelegenheit, sondern soll zur Ehre Gottes öffentlich gemacht werden. Eine neue "Festigkeit des Herzens" und Freude (Singen, Spielen) sind die Früchte, die der Bekennende dabei ernten darf.

Ps 57 im Gesangbuch: EG Ps 57 (EG-West), 339 (Stammteil), 728 (EG-Wü), 729 (EG-West), 761 (EG-BT); RG 36; GL 601, 730; KG 771.

Psalm 58

	1		Dem Musikverantwortlichen – [nach der Weise:] "Vertilge nicht!" – David zugehörig – eine Aufschrift(?).
I A	2	a	"Ist es wirklich so: Stillschweigen des Rechts redet ihr?
(A)		b	[In] Geradheit sollt(et) ihr richten die Menschensöhne!
	3	a	Doch im Herzen schmiedet ihr Bosheiten,
		b	auf Erden (oder: im Land) brecht ihr Bahn der Gewalttat eurer Hände.
I B	4	a	Abtrünnig geworden sind [die] Frevler von Mutterschoss an;
(B)		b	es irren ab von [Mutter-]Leib an die Lügenredner.
	5	a	Gift [ist] ihnen [eigen], ähnlich dem Schlangengift,
		b	wie [das der] taube[n] Kobra, [die] ihr Ohr verstopft,
	6	a	die nicht hören will auf die Stimme der Beschwörer,
		b	des kundigen [Schlangen-]Dompteurs."
II	7	a	Elohim, schlage aus ihre Zähne in ihrem Maul!
(C)		b	Den Kiefer der Junglöwen zerschlage, JHWH!
III A	8	a	Sie sollen zerfliessen wie Wasser, die sich verlaufen.
(B')		b	Legt er seine Pfeile an – sie seien wie beschnitten!(?)
	9	a	Er soll wie eine Schnecke zerfliessend dahingehen,
		b	[soll sein] wie die Fehlgeburt einer Frau, die die Sonne nicht geschaut hat.
	10	a	"Bevor zu merken bekommen eure(?) Töpfe den Dornstrauch,
		b	wird er ihn – ob lebendig, ob [in] Glut (= verbrannt?) – wegwehen."
III B	11	a	Es wird sich freuen [der] Gerechte, wenn er geschaut hat Ahndung;
(A')		b	seine Füsse kann er baden im Blut des Frevlers.
	12	a	Dann spricht die Menschheit: "Fürwahr, [es gibt] Frucht für den Gerechten!
		b	Fürwahr, es gibt einen Elohim, richtend auf Erden (oder: im Land)!"

2 אָמְנָם wirklich (stets mit Fragepartikel) // אֵלֶם Stillschweigen (viele ändern zu אֵלִ[י]ם "Götter") // מֵישָׁרִים Geradheit, Aufrichtigkeit.– **3** אַף I auch, sogar, doch // עוֹלָה (= עַוְלָה) Schlechtigkeit, Bosheit, Unrecht // פלס I pi: Bahn machen/brechen; II pi: beobachten (PK pi 2 m pl).– **4** זור II sich abwenden, abtrünnig werden (AK qal 3 pl) // רֶחֶם Mutterschoss // בֶּטֶן I Bauch // תעה umherirren, in die Irre gehen (AK qal 3 pl).– **5** חֵמָה Gift; Zorn // דְּמוּת Nachbildung, Gestalt, Abbild // פֶּתֶן Hornviper, Kobra // חֵרֵשׁ taub // אטם qal (und hi?): (Ohr) verstopfen (PK hi[?] 3 m sg).– **6** לחש pi: (flüsternd) beschwören, zischeln (Ptz pi m pl) // חבר II bannen, beschwören (Ptz qal m sg) // חֶבֶר I Bannspruch,

Psalm 58

Beschwörung (חָבַר חֶבֶר Schlangenzauber üben) // חכם weise sein, pu: weise gemacht werden (Ptz pu m sg: weise, kundig).– **7** הרס ein-, niederreissen, vernichten, Zähne ausschlagen (Impt qal m sg) // מַלְתָּעוֹת (hap leg) Kinnlade, Gebiss // נתץ niederreissen, abbrechen, zerschlagen (Impt qal m sg).– **8** מאס II (= מסס) ni: vergehen, zerfliessen (PK ni 3 m pl) // מלל I welken, hitp: verdorren; II (= מול) beschneiden (PK hitp 3 m pl).– **9** שַׁבְּלוּל Schnecke // תֶּמֶס Zerfliessen // נֵפֶל Fehlgeburt.– **10** סִיר (Koch-)Topf, Wanne (oder von סִירָה Becherblume) // אָטָד Dornstrauch (Bocksdorn) // חַי lebendig, frisch // שׂער I schaudern; II hinwegstürmen, im Sturm davontragen (PK qal 3 m sg + Suff).– **11** נָקָם Rache // רחץ waschen, baden (PK qal 3 m sg).–

Form und Inhalt

Ps 58 gilt als schwer fassbar, da er Übersetzungsprobleme und Verständnisschwierigkeiten (namentlich in 2.8.10) aufweist (vgl. die Unterschiede in den Übersetzungen). Es gibt Stimmen, die einen Ursprungspsalm annehmen, der einen Götterkonflikt beinhaltet, welcher später (namentlich durch 4.7.11) auf einen sozialen Konflikt hin fortgeschrieben worden sei (K. Seybold, E. Zenger). Plausibler scheint mir, hinter diesem (vorexilischen) Psalm eine einheitliche Konstellation anzunehmen.

Falls אלם in 2a nicht (defektiv) in "Götter" umzupunktieren ist (Vokativ) und Gottwesen adressiert sind (vgl. Ps 82), geht es um eine an eine nicht näher bezeichnete Gruppe (Richterstand?) gerichtete Anklage wegen irdischer Rechtsbeugung (2–6, vgl. P. Krawczack). Der Ausdruck "Stillschweigen des Rechts" (2a) ist als Oxymoron aufzufassen: Obwohl geredet wird, wird nichts gesagt; es liegt quasi eine Verschleierung der Rechtssprechung vor. Am Eingang stehen Anklage, (rhetorische) Frage und Auftrag (als Antwort) (2). Es folgen Aussagen zu den Vergehen (Rechtsbeugung in Herz, Wort und Tat), die als von jeher angesehen und mit Schlangenmetaphorik (Gift verweist auf giftige Worte, dazu Hörunwilligkeit [die Kobra galt als gehörlos]) angereichert werden.

Danach wird in einer kurzen Gebetsrede (7) Gott zum gerichtlichen Eingreifen aufgerufen. Ihr Ende wird anschliessend bilderreich vorhergesagt bzw. konstatiert (8–10), wobei in 10 die Falschrichter nochmals direkt angesprochen werden und ihnen schnelles Gericht angekündigt wird. In 11 werden die sich daraus ergebenden freudigen Folgen für den/die Gerechten angesprochen. Der Psalm mündet aus in die eingespielten Worte einer zuschauenden und beurteilenden Menschheit, die konstatiert, dass Gerechtigkeit Frucht trägt und Gott der Erdenrichter ist und bleibt (12).

Struktur und Poesie

Der durchgängig aus Zweizeilern bestehende Psalm hat drei Stanzen, welche die Anklageerhebung (I), die Bitten an Gott um sein richtendes Eingreifen (II) sowie die Auswirkungen für die Frevler (und die Gerechten) (III) abbilden. Die Gebetsbitte der kurzen Stanze II steht dabei betont in der Mitte dieses fünfstrophigen Psalms mit chiastischer Gesamtanlage (ABCB'A'-Struktur). Im Rahmen (A-Strophen) sind die Rechtsbrechung der Frevler und die Freude der Gerechten über die Wiederherstellung des Rechts kontrastiv aufeinander bezogen (vgl. die Stichworte צדק/צדיק "Recht/Gerechte[r]" 2a.11a.12a,

שפט "richten" 2b.12b, אדם [בני] "Menschensöhne/Menschheit" 2b.12a, בארץ "auf Erden [oder: im Land]" 3b.12b, ferner "Hände/Tritte" 3b.11b). Die drei Innenstrophen zeichnen sich durch die Verwendung unterschiedlicher Bildwelten aus (deren Sinnbestimmung nicht in jedem Fall hinreichend gelingt). Auffällig ist namentlich die ausgiebige Verwendung von Tiermetaphorik (Schlange, Löwe, Schnecke).

Anhand des Ablaufs der akkustischen und optischen Begrifflichkeit lässt sich folgende Quintessenz ziehen: Wer nicht das Recht "redet" (2a) und auf Gott "nicht hören will" (6a), wird das Leben "nicht schauen" (9b), vielmehr wird man seine Verurteilung durch Gott "schauen" (11a).

Was die poetischen Kunstmittel betrifft, ist neben der reichhaltigen Metaphorik, die auch in der häufigen Verwendung der Vergleichspartikel (כמו/כ) zum Ausdruck kommt (5a.5b.8a.8b.9a.10b[2mal]), auf Klangmuster hinzuweisen. Besonders signifikant sind die Paare פטן/בטן "Mutterleib/Kobra" (4b.5b) und מסה/מאס "zerfliessen/zerfliessend" (8a.9a) sowie die sich über mehrere Verse hinziehenden bzw. immer wieder auftauchenden Laut-Cluster mit Guttural-und Sibilant-Lauten (v.a. ח und ס/שׁ).

Kontexte

Das Präskript (1) entspricht dem des Vorgängerpsalms, nur dass hier eine Situationsangabe fehlt. Mit Ps 57 (namentlich 5.7) verbindet Ps 58 Feind-Schilderungen bzw. -Verwünschungen (vgl. "Menschensöhne" 57,5; 58,2, "Zähne" 57,5; 58,7, "Pfeile" 57,5; 58,8, "Füsse" 57,7; 58,11, Löwen-Metapher 57,5; 58,7). Beide Psamen gehören zur Feindpsalmen-Gruppe 56–60, die durch die Bezeichnung מכתם "Aufschrift"(?) (1) verklammert ist.

Das Mose-Lied (Dtn 32,1–43) als Hintergrund dürfte für das Verständnis von Ps 58 bedeutsam sein. Zu 2f. vgl. Dtn 32,8f.37.39 (Ps 82,2–4); Mi 2,1; Mt 15,19, zu 4–6 vgl. Dtn 32,33; Jak 3,8, zu 7 vgl. Dtn 32,24; Ps 3,8, zu 8–10 vgl. Dtn 32,23; Hi 3,16; 11,16; 27,21, zu 11f. vgl. Dtn 32,35f.39.41–43; Mal 3,18; Hi 19,29.

Anregungen für die Praxis

Ps 58 gilt – insbesondere aufgrund von 7(ff.) und 11 – als "vor-", wenn nicht sogar als "unchristlich" (verglichen mit den Aussagen Jesu in Mt 5,38–48). Doch mit solchen (oft) vorschnellen Einschätzungen macht man es sich zu einfach und überhört die berechtigten(!) Annahmen und Anliegen dieses Psalms (vgl. M.E. Tate, E. Zenger). Die Aussagen sind getragen durch einen Konnex zwischen gerechter Herrschaft in der himmlischen und der irdischen Welt (Theodizee-Problematik): Wo die Ungerechtigkeit auf Erden überhand nimmt, ist Gottes Wesen und Handeln in Frage gestellt. Und wo letzteres gilt, da muss den Frevlern das Handwerk gelegt und der Gerechtigkeit zum Durchbruch verholfen werden. Ein schiedlich-friedliches Nebeneinander zwischen der Bosheit und Ungerechtigkeit in der Welt und der Gerechtigkeit und Güte Gottes ist für biblisches – auch neutestamentliches – Denken unerträglich. Wo immer eine Spannung zwischen den beiden Realitäten besteht – und dass sie besteht, ist heute nicht weniger evident als damals! – wird eine göttliche Wiederherstellung der Rechtsordnung – im himmlischen wie irdischen Bereich – erhofft, erbetet, vorausgesagt, erwartet (vgl. die beiden Schlussverse, ferner u.a. Röm 1–3 und weite Teile der Offb). In Ps 58 geht es nicht um blinde Rache; vielmehr hält dieser Psalm die Zuversicht wach, dass Gott auf jeden Fall Recht und Gerechtigkeit zum Sieg verhilft. Dieser Psalm mag nicht unser Gebet sein – im Moment wenigstens –, aber er mag das Gebet unserer Schwestern und Brüder sein, die von Menschen und Mächten niedergetreten wurden und werden.

In altchristlicher Tradition finden sich Interpretationen dieses Psalms sowohl als Worte über Christi Ergehen (Passion) als auch im Sinn von Worten Christi (vgl. namentlich das prophetisch redende, aufdeckende "Ich" in 2f.).

Ps 58 im Gesangbuch: EG Ps 58 (EG-West).

Psalm 59

	1		Dem Musikverantwortlichen – [nach der Weise:] "Vertilge nicht!" – David zugehörig – eine Aufschrift(?) – als Saul sandte und sie das Haus bewachten, um ihn zu töten.
I	2	a	Entreiss mich meinen Feinden, mein Elohim,
		b	vor den sich gegen mich Erhebenden wollest du mich schützen ("hoch machen")!
	3	a	Entreiss mich den Übel-Tätern,
		b	ja, vor den Blut-Männern rette mich!
	4	a	Denn siehe: Sie haben mir ("meiner Seele") aufgelauert;
		b	Starke trachten danach, mich anzugreifen.
		c	Ohne Frevel meinerseits und ohne Sünde meinerseits, JHWH,
	5	a	ohne [m]ein Vergehen laufen sie immer wieder nach und stellen sich auf.
		b	Brich ("wach") bitte auf, mir entgegen, und sieh an,
	6	a	ja, du, JHWH-Elohim der Heerscharen!
		b	Elohim Israels, wach bitte auf, um alle Völker heimzusuchen!
		c	Sei keinem gnädig von den treulosen Übel-Tuenden! – Sela.
R1'	7	a	Auf den Abend hin kehren sie jeweils zurück,
		b	kläffen wie ein Hund
		c	und umkreisen die Stadt.
II	8	a	Siehe: Sie lassen stets neu ihr Maul geifern;
		b	Schwerter [sind] auf ihren Lippen:
		c	"Ja, wer hört [es schon]?!"
	9	a	Aber du, JHWH, wirst über sie lachen,
		b	über alle Völker spotten.
R2'	10	a	Meine(?) Stärke/Zuflucht [ist] zu dir hin; [das] will ich bewahren,
		b	denn Elohim ist mein Zufluchtsort ("Anhöhe"), der Elohim meiner Gnade!
III	11	a	Elohim möge mir vorangehen,
		b	mich auf meine Gegner [hinab]sehen lassen!
	12	a	Töte sie nicht, damit mein Volk nicht vergisst!
		b	Lass sie durch deine (Heeres-)Macht umhertorkeln
		c	und umstürzen, Adonaj, unser Schild!

Psalm 59

	13	a	Die Sünde ihres Mauls [ist] das Wort ihrer Lippen.
		b	[Deswegen] sollen sie gefangen werden in ihrem Hochmut ("ihrer Höhe"),
		c	ja, wegen des Fluchs und der Lüge, die sie stets neu ausstossen!
	14	a	Raffe [sie] hin in Zornesglut! Raffe sie hin, so dass sie nicht mehr sind,
		b	damit sie erkennen, dass Elohim Herrscher in Jakob ist –
		c	bis an die Enden der Erde! – Sela.
R1"	15	a	Auf den Abend hin kehren sie jeweils zurück,
		b	kläffen wie ein Hund
		c	und umkreisen die Stadt.
IV	16	a	Sie, sie werden umhertorkeln um zu essen.
		b	Wenn sie nicht satt werden, werden sie über Nacht bleiben (oder: murren).
	17	a	Ich aber will deine Stärke/Zuflucht besingen
		b	und bejubeln am Morgen deine Gnade.
		c	Denn du bist mir ein Zufluchtsort ("Anhöhe") gewesen,
		d	ja, ein Schutzort am Tag meiner Bedrängnis.
R2"	18	a	"Meine Stärke/Zuflucht [ist] zu dir hin", spiele (oder: singe) ich hiermit,
		b	denn Elohim ist mein Zufluchtsort ("Anhöhe"), der Elohim meiner Gnade!

2 קוּם aufstehen, hitp: sich (feindlich) erheben, auflehnen gegen (Ptz hitp m pl + Suff) // שׂגב hoch sein, pi: hoch, unzugänglich machen = schützen (PK pi 2 m sg + Suff).– **4** ארב im Hinterhalt liegen, auflauern (AK qal 3 pl) // גור I als Fremder/ Schutzbürger weilen; II (= גרה?) angreifen (PK qal 3 m pl) // עַז stark.– **5** בְּלִי nicht, ohne // רוץ laufen, anrennen (PK qal 3 m pl) // כון hitp: sich aufstellen (PK hitp 3 m pl) // עור II wach sein, aufwachen, sich regen (Impt Adh m sg).– **6** קיץ II hi: aufwachen (Impt Adh m sg) // בגד treulos handeln (Ptz qal m pl cs).– **8** נבע sprudeln, hi: sprudeln lassen (PK hi 3 m pl).– **9** לעג (ver)spotten (PK qal 2 m sg).– **10** עֹז I Stärke; II Zuflucht // מִשְׂגָּב Anhöhe, Zuflucht(sfelsen).– **11** קדם pi: vorn sein, hintreten vor, begegnen (PK pi 3 m sg + Suff) // שׁוֹרֵר Empörer, Feind.– **12** נוע schütteln, wanken; umherschweifen, hi: hin und her ziehen lassen, unstet machen (Impt hi m sg + Suff) // חַיִל Kraft, Heeresmacht // ירד hinabgehen, hi: hinabstürzen (Impt hi m sg + Suff).– **13** לכד fangen, ni: gefangen, eingenommen werden (wPK ni 3 m pl) // גָּאוֹן Höhe, Hoheit, Hochmut // אָלָה Fluch, Verfluchung // כַּחַשׁ Lüge, Trug.– **14** כלה I aufhören, enden, zugrunde gehen, pi: vollenden, austilgen (Impt pi m sg) // חֵמָה Glut, Zorn // אֶפֶס Ende.– **16** שׂבע satt werden (PK qal 3 m pl) // לין übernachten, bleiben; oder (mit geringfügigen Änderungen) von לון I hi: murren (PK qal oder hi 3 m pl).– **17** שׁיר (be)singen (PK qal 1 sg) // רנן pi: jubeln (wPK pi 1 sg) // מָנוֹס Zufluchtsort.– **18** זמר I pi: singen.–

Form und Inhalt

Dieses Feindklagelied vereinigt Momente eines Individual- wie auch solche eines Kollektiv- bzw. Königspsalms. Das hat zu unterschiedlichen Entstehungsannahmen geführt (sekundäre "Nationalisierung" eines Individualpsalms, vgl. u.a. K. Seybold; Übertragung eines ursprünglich "nationalen" Königspsalms auf die Situation der nachexilischen Glaubensgemeinde, vgl. M.E. Tate). Eine Verwendungsgeschichte: Königsklage (vorexilisch) – Individual- bzw. Gruppenverwendung (exilisch-nachexilisch) – neuerlicher Königsbezug (vgl. Überschrift; spätnachexilisch) ist denkbar, ohne dass dafür zwingend grosse Textänderungen nötig würden (die Psalmensprache ist vielkontextuell und flexibel). Gestalt, Gehalt und Versstruktur von Ps 59 sind nicht überall leicht bestimmbar (zu Mehrdeutigkeiten im Bereich von 12.14.16 [Verbform in 16b ableitbar von "übernachten" oder "murren"] vgl. P.R. Raabe).

Die erste Psalmhälfte (2–10) setzt mit einem Rettungs-Appell durch den Psalmisten (König, später Typus des bedrängten Frommen?) ein. Die absichtsvolle Nebeneinanderstellung der Formen von קום ("sich gegen mich Erhebende") und שׂגב ("du wollest mich hoch machen" = "schützen") mit synonymem Bedeutungsgehalt, aber gegensätzlicher Zuweisung (Feinde <=> Psalmist <= Gott) dürfte wörtlich-materiell (Befestigungsanlagen, Schutzburg o.ä.) wie geistig (Hochmut, Überhebung) die hinter dem Psalm liegende Problemlage gleich zu Beginn (2b) ansprechen. Es geht offensichtlich um – unverschuldete – Anfeindungen und Nachstellungen, die lebensbedrohlich sind (die PK-Formen in 4f.7f. werden als Konative oder Iterative aufgefasst). Die Bitten appellieren entsprechend um den Schutz, die Rettung, ja um das "Aufwachen" (Vorstellung des Gottesschlafs, vgl. Ps 44,24; 78,65) und Eingreifen vonseiten Gottes (auffallend die Ausdehnung der Gerichts- und Spottformulierung auf "alle Völker", 6b.9b). Hat Stanze I und mit ihr Refrain 1 die Nachstellung bzw. Umzingelung im Fokus, so II die Bedrängnis durch das "Wort": Ihr Spott wird geschildert (mit "Feindzitat" in 8c) und durch den Spott JHWHs ihnen gegenüber kontrastiert. Refrain 2 beschliesst die erste Psalmhälfte mit dem Bekenntnis des Psalmisten, dass – im Angesicht der Bedränger – JHWH die "Stärke/Zuflucht", die "Trutzburg" ist (Verschleifung materieller und geistiger Schutzvorstellungen).

Ist der erste Teil auf die Problemsituation ausgerichtet, so geht der zweite (11–18) einen Schritt weiter: Das Gericht über die Feinde wird beschworen, ausgemalt. Gottes Macht bzw. Heerscharen soll(en) nun zugunsten des Bedrängten eingreifen und die Gegner "umherirren" lassen – schutzlos, heimatlos (11–12). Wie in II erscheinen auch in III Wort-Vergehen der Gegner (Überheblichkeit, auch Fluch und Lüge), doch diesmal soll Gott gegen sie nicht mit Lachen und Spott, sondern mit Gericht vorgehen. Israel (12a) bzw. die Feinde (14b), ja, alle Welt (14c) sollen anhand der Vergeltungshandlungen das Wirken Gottes erkennen. Nach der Wiederholung von Refrain 1 (mit retardierendem Effekt) blendet IV mit dem mehrdeutigen נוע ("schütteln, wanken" bzw. "umherstreifen") nochmals auf III zurück und fügt – ebenfalls doppeldeutig – 16 an (Ausdehnung der Essenssuche über Nacht bzw. Murren bei Hunger – mit Anspielung auf Israel in der Wüste). Im Kontrast dazu ("sie"/Nacht 16 <=> "ich aber"/Morgen 17) nimmt der Psalmist in Gesang und Spiel – unter leichter Modifikation des Refrains 2 – den Sieg "Elohims meiner Gnade", der Stärke/Zuflucht, Zufluchtsort und "Trutzburg" ist, vorweg (18a wird – ähnlich wie Ps 57,8f. - als Vollzug des lobpreisenden Spielens bzw. Singens von "Meine Stärke/Zuflucht ist zu dir hin" und damit wohl des Psalms insgesamt aufgefasst).

Struktur und Poesie

Durch die doppelten, je zweimal erscheinenden Refrains (R1, R2) in abschliessender Stellung (mit "Sela" vor R1) wird der Psalm in zwei grössere (I, III – 15 bzw. 14 Zeilen) und zwei kleinere [Halb-]Stanzen (III, IV – 7 bzw. 8 Zeilen) unterteilt, wodurch sich eine alternierende Struktur (ABA'B') einstellt. Die zwei Psalmhälften – verklammert durch die Rahmungen משׂגב/שׂגב "schützen (hoch machen)/Zufluchtsort (Anhöhe)" 2b.10b bzw. "Elohim" 11a.18b, dazu mit beinahe identischem Ende (R2) – entsprechen je einem nicht-alphabetischen Akrostichon (22-Zahl der Zeilen gemäss den hebr. Konsonanten). Diese numerische Akrostichie wird verstärkt durch identische bzw. analoge Zeilenanfänge (vgl. 2a.3a, ferner die betonten Personalpronomina zu Beginn von 6a.9a.16a.17a).
Die Leitbegrifflichkeit konzentriert sich auf ein Begriffsfeld, das mit "(erhöhtem) Schutz(ort), Zuflucht, Stärke" zu umreissen ist (vgl. שׂגב[מ] "schützen/Zufluchtsort" 2b.10b.17c.18b; עז "stark, Stärke/Zuflucht" 4b.10a.17a.18a, vgl. auch חיל "[Heeres-]Macht" 12b). Klanglich sind die langen, das "Ich"-Subjekt betonenden Schlussvokale bzw. Diphthonge auf *i* und *aj* am Psalmbeginn (2, auch 3) hervorzuheben.

Kontexte

Die Überschrift (1) verbindet – durchaus sachgerecht – den Psalm mit David in seiner Verfolgung und Bedrängnis durch Saul (vgl. 1. Sam 19 [insbesondere Vers 11]; 24, dazu M.E. Tate). Ps 59 gehört mit den Vorgängerpsalmen 55–58 und dem nachfolgenden Volksklagepsalm 60 zu den "Feindklagen", die durch die Überschriftsbezeichnung מכתם "Aufschrift(?)" miteinander verklammert sind (mit Ps 57f. ist zudem die [Lied?-]Angabe "Vertilge nicht!" gemeinsam). Über diese Gattungs- und Übschriftsgemeinsamkeiten hinaus ist Ps 59 mit den umliegenden Psalmen mittels eines Motiv- und Begriffsfeldes verbunden (vgl. u.a. נצל "entreissen" 56,14; 59,2f., אנשי דמים "Blut-Männer" 55,24; 59,3 [zum "Blut" auch 51,16; 58,11], עור "aufwachen, -wecken" 57,9 [3mal]; 59,5, ערב/המה "stöhnen, kläffen/Abend" 55,18; 59,7, שיר/זמר "singen/ spielen, singen" 57,8.10; 59,17f., "Morgen(röte)" 55,18; 57,9; 59,17).
Zu 4–6 vgl. Ps 7,7; 56,7, zu 7.15 vgl. Ps 22,17.21 ("Hunde"), zu 8f. vgl. Ps 2,4; 52,4; 55,22; 57,5, zu 11 vgl. Ps 54,9, zu 13 vgl. Spr 12,13, zu 14 vgl. Ps 83,19.

Anregungen für die Praxis

In der Zeit des "Dritten Reiches" gaben (Christen-)Menschen Juden Zuflucht in ihrem Haus und konnten dadurch manche vor dem Tod der Nazi-Schergen retten. In ähnlicher Bedrohungslage befindet sich der Beter dieses Psalms (David). "Zufluchtsorte, Schutz" von Gott (und Menschen) her bedürfen Menschen auch heute, wobei es neben äusseren Bedrohungen (bis hin zur Gefährdung ungeborenen Lebens durch Abtreibung bzw. alten und kranken Lebens durch aktive "Sterbehilfe"), auch innere (psychische und geistliche) geben kann (u.a. durch "Worte": Verleumdung, Lüge, Fluch) und dementsprechend die erbetene "Rettung" daraus je unterschiedlich akzentuiert sein wird. Weil die "Starken" den bzw. die Schwachen gefährden, wird Gott auf den Plan gerufen, der sie schützen und sich den Bedrängern gegenüber als gerechter und starker Richter erweisen soll.

Indem der Beter seine Not Gott anbefiehlt, sein Vertrauen auf ihn setzt und die Herstellung seines Rechts ihm anheimstellt, verliert die Bedrängnis ein Stück ihrer Bedrohlichkeit. Wenn Gott über die Feinde lachen und spotten wird, kann es einem leichter werden, auch wenn einem selbst (noch) nicht zum Lachen zumute ist.

Ps 59 im Gesangbuch: EG Ps 59 (EG-West).

Psalm 60

	1		Dem Musikverantwortlichen – nach [der Weise]: Lilie(?) – eine Verordnung – eine Aufschrift(?) – David zugehörig – um zu lehren –
	2		als er mit Aram-Naharajim und Aram-Zobah Krieg führte und Joab zurückkehrte und Edom im Salztal schlug, zwölftausend [Mann].
I	3	a	Elohim, du hast uns verworfen,
		b	uns eingerissen, uns gezürnt –
		c	du mögest uns wieder herstellen (oder: [zu] uns zurückkehren)!
	4	a	Du liessest erbeben das Land, spaltetest es –
		b	heile seine Risse, denn es ist wankend!
	5	a	Du hast dein Volk Hartes sehen lassen,
		b	hast uns zu trinken gereicht Taumelwein.
	6	a	Du hast denen, die vor dir Ehrfurcht haben, ein Signalzeichen gegeben,
		b	um sich in Sicherheit zu bringen vor den Bogenschützen. – Sela.
	7	a	Damit deine Geliebten herausgerettet werden,
		b	rette bitte [durch] deine Rechte und antworte uns (oder: mir)!
II	8	a	Elohim hat geredet in seinem Heiligtum:
		b	"Ich frohlocke, ich verteile Sichem,
		c	und das Sukkot-Tal vermesse ich;
	9	a	mir [ist] Gilead und mir Manasse.
		b	Und Ephraim [ist] mein Kopfschutz,
		c	Juda mein Herrscherstab.
	10	a	Moab [ist] mein Waschbecken,
		b	auf Edom werfe ich meinen Schuh,
		c	über mich, Philistäa, jauchze auf!
	11	a	Wer sollte (oder: wird) mich [zur] befestigten Stadt bringen,
		b	wer sollte (oder: wird) mich bis nach Edom geleiten?"
III	12	a	Hast nicht du selbst, Elohim, uns verworfen?
		b	Und willst du, Elohim, nicht mit unseren Heerscharen [zum Krieg] ausziehen?
	13	a	Gib uns bitte Hilfe vor dem Bedränger,
		b	denn wertlos [ist] die Rettung durch Menschen!
	14	a	Mit Elohim werden wir uns siegreich ("mächtig") erweisen,
		b	ja, er selbst wird unsere Bedränger zertreten.

1 שׁוּשָׁן I Lilie, Lotus // עֵדוּת Zeugnis, Bezeugung, Verordnung.– 2 נצה I ni: (sich) streiten, hi: Streit führen (Inf cs hi + Suff) // נכה hi: schlagen (wPK hi 3 m sg) // גַּיְא Tal // מֶלַח Salz.– 3 פרץ I einen Riss machen, eine Bresche in eine Mauer legen, durch-, ein-, ausbrechen (AK qal 2 m sg + Suff) // אנף zürnen (AK qal 2 m sg) // שׁוּב pil: zurückbringen, wiederherstellen (PK pil 2 m sg).– 4 רעשׁ erbeben, hi: erbeben lassen (AK hi 2 m sg) // פצם (hap leg) spalten (der Erde), aufbrechen (AK qal 2 m sg) // רפא heilen (Impt qal m sg) // שֶׁבֶר I Brechen, Bruch // מוט wanken (Ptz qal f sg [oder AK qal 3 f sg]).– 5 קָשָׁה hart, schwer // שׁקה hi: trinken lassen, zu trinken reichen (AK hi 2 m sg + Suff) // תַּרְעֵלָה Taumel.– 6 נֵס Signalstange, Feldzeichen, Standarte // נוס qal + hi: fliehen, hitp: sich in Sicherheit bringen; oder von נסס II hitp: um das Banner sammeln (Inf cs hitp) // קֹשֶׁט (hap leg, aram. Lw.) Bogenschiessen (oder: Wahrheit?).– 7 חלץ ausziehen, ablegen, ni: gerettet werden (PK ni 3 m pl) // יָדִיד geliebt, Geliebter, Liebling.– 8 עלז frohlocken (PK Koh qal 1 sg) // חלק II teilen, pi: ver-, zuteilen (PK Koh pi 1 sg) // עֵמֶק Tal // מדד messen, pi: ausmessen (PK pi 1 sg).– 9 מָעוֹז Bergfeste, Zuflucht(sstätte) // חקק einritzen, festsetzen, po: bestimmen (Ptz po: Führer[stab]) (Ptz po m sg + Suff).– 10 סִיר Kochtopf, Wanne, Waschbecken // רַחַץ Waschung // נַעַל Sandale, Schuh // רוע hi: schreien, hitp: jauchzen (Impt hitp f sg).– 11 יבל I hi: bringen (PK hi 3 m sg + Suff) // מָצוֹר I Bedrängnis, Belagerung; II Befestigung, feste Stadt // נחה I qal + hi: führen, leiten (AK qal 3 m sg + Suff – aufgrund der Übers. evtl. zu ändern in יַנְחֵנִי PK hi 3 m sg + Suff).– 12 יצא herauskommen, aus-, wegziehen (PK qal 2 m sg).– 13 יהב geben (Impt Adh m sg) // עֶזְרָה/ת I Hilfe, Beistand // צַר I eng, Bedrängnis; II Bedränger, Feind // שָׁוְא wertlos, haltlos, Trug, Nichtigkeit.– 14 חַיִל Kraft, (Streit-)Macht, Heer (mit עשׂה: sich mächtig, siegreich erweisen) // בוס zertreten (PK qal 3 m sg).–

Form und Inhalt

Ps 60 ist gattungsmässig ein Klagelied des Volkes (vgl. die kollektiven "wir/uns"-Aussagen), das in sich eine zitathaft eingefügte prophetische Gottesrede enthält. Der Psalm reizt aufgrund seiner geographisch-politischen Angaben (ähnlich wie Ps 83) zu historischen Einordnungsversuchen; allerdings ist kein Konsens in Sicht über Einheitlichkeit und Zeitrahmen (M.E. Tate: "The wording is not precise enough, however, to preclude different theories – and not general enough to exclude others!"). Wenngleich nicht wenige von einer exilischen Datierung ausgehen (u.a. U. Kellermann, M.E. Tate), ist ein vorexilisches, mit einer Edomiterkonfrontation verbundenes Ereignis m.E. wahrscheinlicher. Diskutiert werden die Zeiten der Könige David bzw. Salomo (vgl. Präskript 1f.; 2. Sam 8,13f., ferner 1. Kön 11,14ff.), Joram (vgl. 2. Kön 8,20–22) und Jojakim (vgl. 2. Kön 24,1f.; E.A. Knauf: 601–598 v.Chr.).

Im Eingangsteil (3–7) werden mittels einer "Du"-Klageschilderung die notvollen Widerfahrnisse geschildert (wohl Anspielungen auf Durchbrüche durch Mauern oder Heereslinien und Erdbeben) und theologisch als "Zürnung" und "Verwerfung" (זנח, Beendigung des Bundesverhältnisses mit dem Volk vonseiten Gottes) bezeichnet. Eingelagert sind Bitten um Wiederherstellung (bzw. Rückkehr Gottes), Heilung und (militärische) Rettung bzw. Antwort ("Lieblinge/Geliebte" in 7a Anspielung auf Benjaminiter? Vgl. Dtn 33,12). Die verschont gebliebene Gemeinde gedenkt aber auch an ein von Gott ge-

schenktes Feld-, Signal- bzw. Rettungszeichen (נס), das wohl die rechtzeitige Flucht bzw. Schutzsuche ermöglicht hat (vgl. Jer 4,6; auch Anspielung an die Amalekiterschlacht in der Wüste? Vgl. Ex 17,8–16 [נס "Feldzeichen"; Amalekiter als Geschwistervolk der Edomiter, vgl. Gen 36,9–12]).
Das eingeführte, im Heiligtum (wohl Jerusalemer Tempel) lokalisierte Gottesorakel (8–10/11, mit Affinitäten zu Stammes- und Völkersprüchen, vgl. u.a. Gen 49,10; Am 1,2ff.) macht in "Ich"-Rede Gottes Herrschaftsansprüche geltend, die nicht nur jetzige und einstige Gebiete Israels bzw. Judas betreffen (8f.), sondern auch Nachbarstaaten (9) einschliessen. Nicht unwesentlich ist die kolometrische Gliederung, weil sie möglicherweise einen Schlüssel zum Verständnis birgt (der hebr. Text [M] liest wohl 8–10 als drei Trikola). Ich interpretiere (nach dem eröffnenden Monokolon 8a) 8bc9a als Trikolon, das die nördlichen Gebiete östlich und westlich des Jordans nach dem abb'a'-Schema auflistet (Sichem – Sukkot – Gilead – Manasse). Daraufhin werden in 9bc die "Kerngebiete" bzw. die alten Leitstämme (Ephraim/Juda) im westjordanischen Süden genannt ("Herrscherstab" als Hinweis auf Residenz in Jerusalem; Ephraim als "Kopfschutz" besonders gefährdet?). In 10abc werden im ostjordanischen Süden zunächst Moab (Waschbecken mit Konnotation der Geringheit?) und Edom (Schuhwurf als Akt der Inbesitznahme) und dann noch Philistäa ganz im Westen genannt (die Dreiheit: Moab – Edom – Philistäa deutet evtl. eine Zangenbewegung um Juda an). 11 ist ein schwieriger und – wohl bewusst – mehrdeutiger Vers. Die meisten Ausleger ziehen ihn zum Schlussteil (III), interpretieren futurisch und sehen hinter dem Redenden bzw. Fragenden einen Israeliten, namentlich den König, der um göttliche Zusicherung für seinen Edomfeldzug nachsucht (עיר מצור "befestigte Stadt", wohl Anspielung auf die edomitische Hauptstadt בצרה "Bosra"). Dafür spricht einiges; ebensoviel aber für die Belassung bei II und damit die Bestimmung als Gottes-Rede, gemäss der Gott im Stil der rhetorischen Frage seinen Einmarsch in Edom zusichert (Gott braucht keine "Führung"; Kontrast zu den führerlosen Israelscharen, 12b). In der Janusköpfigkeit der beiden zwischen der Zugehörigkeit zu II und III pendelnden Lesarten von 11 (Gottesrede/Zuversichtsaussage <=> Königsfrage/Führerlosigkeit bzw. Gottesferne) liegt eine Weichenstellung dieses Psalms.
Der Schlussteil (12–14) greift das Verwerfungsmotiv vom Psalmanfang neuerlich auf. Im Kontext der Aussagen des kriegsmächtigen Gottes kontrastiert 12b – allerdings fragend – die Kriegsohnmacht des ohne Gott führungs- und kraftlosen Israel (man beachte auch den Wechsel von der AK zur PK in 12). Der Hilfsappell richtet sich an Gott, da Menschenhilfe (= Bündnispartner?) nichtig ist (13, evtl. hinter אדם "Mensch[en]" eine versteckte Anspielung auf אדום "Edom"). Den Abschluss macht eine (sich aus der Lesart von 11 als Gottesrede ergebende) hoffnungsvolle Zukunftsgewissheit: Gott wird wieder an der Spitze der Heerscharen zu Sieg und Heil eingreifen.

Struktur und Poesie

Unter Annahme obiger Kolometrie (s. Übersetzung) sowie der Zugehörigkeit des pendelnden 11 zu II (Hauptlesart, weil theologische Lösung) ergibt sich eine strukturelle Dreiteiligkeit des Psalms (in Volksklage eingelagerte Gottesrede = mittlere Stanze II). Dabei haben I und II identische Grössen, und III ist halb so gross (= Halbstanze).

Psalm 60

In Psalmen geläufige poetische Sinnanreicherungen durch Begriffswiederholungen sind in Ps 60 nur sparsam eingesetzt, aber dadurch nicht weniger bedeutungsrelevant: So eröffnet die Fügung אלהים זנחתנו Stanze I (bzw. den Psalm) und Stanze III (3a.12a). Doch während in der Eröffnungszeile Gott geklagt wird ("Elohim, du hast uns verworfen ...!"), wird in 12a durch die Voranstellung von Fragepartikel und betontem Personalpronomen (הלא־אתה) die Aussage zur Frage gewendet ("Hast nicht du selbst, Elohim, uns verworfen?"). Diese Änderung lässt sich einerseits als theologische Verschärfung interpretieren, andererseits können die Fragen von 12 – insbesondere auf dem Hintergrund der Lesart von 11 als Gottesrede bzw. rhetorische Frage – auch verneint bzw. als rhetorische aufgefasst werden, womit der Aussagegehalt diametral umgekehrt würde (= vehemente Bestreitung).

Ps 60 ist geprägt durch eine Reihe phonologischer Muster: Vers- und Zeilenanfängen mit gleichen bzw. ähnlichen Silben ([ב]אלהים 3a.8a.14a, ה[ר] 4a.5a.5b.7b.12a.13a) stehen solche mit analogen Zeilenschlüssen gegenüber (Reime auf נו 3a.3c. 7b?.12a.12b.14b, Auslaute mit langem *a* 3b.4a.4b.5a.5b.7a, auch 13a.13b). "Vertikale" Lautparallelismen im Bereich der Eingangsverse finden sich bei den Paaren פצם/פרץ "einreissen/spalten" (3b.4a), רפה/אנף "zürnen/heilen" (3b.4b) und שבר/שוב "herstellen/Risse" (3c.4b). In 5 sind die inneren und die äusseren Kolaglieder (abb'a'-Muster) lautlich verzahnt (תרעלה/ראה "sehen lassen/Taumel" und שקה/קשה "Hartes/ zu trinken reichen"). In 6 liegt ein Wortspiel vor zwischen den Formen des Nomens נס "Signalzeichen" und des Verbes נוס "sich in Sicherheit bringen" bzw. נסס II "um das Signalzeichen/Banner sammeln". In 8–10 finden sich gehäuft Gutturallaute (ע/א).

Kontexte

Die Überschrift 1f. ist die ausführlichste aller Psalmen. Zu "Lilie/Lotus" vgl. ähnlich Ps 45,1; 69,1; 80,1, zu "Verordnung" (עדות) vgl. Ps 80,1. Was die geschichtlichen Angaben (mit Edom-Nennung wie 10f.) betrifft, vgl. 2. Sam 8,3?.13f.; 10,13.18; 1. Kön 11,14ff.; 1. Chr 18,12f.; 19,6.

Ps 60 bildet den Abschluss der Psalmen-Gruppe 56–60, die durch das Überschrifts-Element מכתם "Aufschrift(?)" miteinander verbunden ist (an Gemeinsamkeiten vgl. auch סיר "Topf, Becken" 58,10; 60,10, חיל "Macht, mächtig/siegreich" 59,12; 60,14, צר "Bedrängnis/Bedränger" 59,17; 60,14, צבאות "Heerscharen" 59,6; 60,12, אדם "Mensch[en] 56,12; 57,5; 58,2.12; 60,13).

Ps 108 aus Buch V ist zusammengebaut aus Teilen von Ps 57 und 60 (60,7–14 = 108,7–14). Ps 60 hat ferner Ähnlichkeiten mit andern Volksklage-Psalmen (Qorach-Ps 44 und Asaph-Ps 74; 77; 79; 80; 83, vgl. auch den Umstand, dass einige Mss Ps 108, der Teile von Ps 60 enthält, nicht David, sondern Asaph zuschreiben).

Zu 5 vgl. Jes 51,17.22; Ps 75,9, zu 6 vgl. Ex 17,15(f.), zu 9 vgl. Gen 49,10, zu 14 vgl. Röm 16,20.

Psalm 60

Anregungen für die Praxis

Ps 60 wirkt im Blick auf unsere Zeit in mehrfacher Hinsicht sperrig: 1. Die (kollektive) Klage ist im christlichen Gottesdienst weithin abhanden gekommen; 2. Ps 60 enthält Gottesvorstellungen ("Zorn", "verwerfen", aber auch die militaristischen Expansionsaussagen von 8–10/11), die wenig zum Bild des "lieben Gottes" passen; 3. In der Vereinzelung des modernen (westlichen) Menschen werden kollektiv-nationale Geschehnisse kaum noch gemeinsam gottesdienstlich begangen (am ehesten noch medial bei Abdankungsgottesdiensten nach ausserordentlichen Geschehnissen).

Doch vielleicht ist der Psalm gerade aufgrund seiner Sperrigkeit im Auge zu behalten. Was die Volksklage angeht, kennt zudem die heutige Welt genug (politische und militärische) Vorgänge, die "beklagenswert" und teils auch als Gottesgericht zu deuten sind. 8–10/11 kann zum einen als Gottes Gebietsanspruch in spirituellem Sinn gedeutet werden und darf zum andern Zusicherung für bedrängte Menschen sein, dass Gott die Macht der Mächtigen der Welt brechen kann und wird.

Ps 60 im Gesangbuch: EG Ps 60 (EG-West).

Psalm 61

	1		Dem Musikverantwortlichen – auf (einsaitigem oder einzelnem?) Saitenspiel – David zugehörig.
I (A)	2	a	Höre bitte, Elohim, mein Klagegeschrei,
		b	merke bitte auf mein Gebet!
	3	a	Vom Ende der Erde her schreie ich zu dir, weil mein Herz matt ist;
		b	an den erhöhten Felsen, fern von mir (oder: erhöht über mich), leite mich!
	4	a	Denn du warst mir ein Bergungsort,
		b	eine Turm-Feste angesichts des Feindes.
II (B)	5	a	Ich möchte in deinem Zelt für immer als Gast weilen,
		b	möchte Bergung suchen im Schutz deiner Flügel. – Sela.
	6	a	Denn du, Elohim, du hast auf meine Gelübde gehört,
		b	hast den Besitz denen gegeben, die deinen Namen fürchten.
III (A')	7	a	Du mögest [weitere] Tage hinzufügen zu den Tagen des Königs,
		b	[zu] seine[n] Jahre[n] wie Generation an Generation!
	8	a	Er möge für immer vor dem Angesicht Elohims auf dem Thron bleiben,
		b	Gnade und Wahrheit teile zu – sie mögen ihn behüten!
	9	a	So will ich besingen deinen Namen auf alle Zeiten hin,
		b	dabei meine Gelübde einlösend Tag für Tag.

2 רִנָּה I Jubel(ruf); Klage, Flehen // קשׁב hi: aufmerksam hinhören (Impt Adh hi m sg).– **3** קָצֶה Ende // עטף II schwach, kraftlos sein/werden (Inf cs qal) // יָרוּם Adj (oder Nf Ptz pass): erhoben, erhaben (oder PK qal 3 m sg von רום hoch sein, sich [üb]erheben) // נחה I qal + hi: führen, leiten, oder (mit Vokalisationsänderung) von נוח I hi: (hin)legen, bringen (PK hi 2 m sg + Suff).– **4** מַחְסֶה Zuflucht(sort) // מִגְדָּל I Turm // עֹז I befestigt, Bollwerk, Stärke; II Zuflucht, Schutz.– **5** גור I (als Fremder) weilen (PK Koh qal 1 sg) // חסה Zuflucht suchen (PK qal 1 sg) // סֵתֶר Versteck, Schutz // כָּנָף Flügel.– **6** נֶדֶר Gelübde // יְרֻשָּׁה Besitz (einige ändern in אֲרֶשֶׁת Begehren).– **7** יסף hi: hinzufügen (zu etw. עַל) (PK hi 2 m sg).– **8** ישׁב (auf dem Thron) sitzen (bleiben) // מנה zählen, pi: zuteilen, entbieten (Impt pi m sg) // נצר I bewachen, behüten, bewahren (PK qal 3 m pl + Suff).– **9** שׁלם pi: vergelten, (Gelübde) erfüllen, einlösen (Inf cs pi + Suff).–

Psalm 61

Form und Inhalt

Der Psalm ist von seinem Schlussvers her (9, Koh) ein Danklied (תודה), das im Sinne der Einlösung von Gelübden, die in der Zeit der Not versprochen und von Gott (mittels eingreifender Hilfe) ge- bzw. erhört wurden (6), dargebracht und mit dem Wunsch nach bleibendem Gastrecht am Heiligtum (5, vgl. Ps 23,6) und anhaltender Lobpreis-Darbringung (9) verbunden wurde. Darin aufgenommen ist das aus der (zum Heil gewendeten) Not ergangene Klage- und Bittgebet (2–4) sowie eine Königsfürbitte (7f.).
Letztere legt eine Königs-Deutung auch für Klage, Bitte und Dankbezeugung nahe. Demzufolge würde mit diesen Worten der König selber klagen, bitten und lobpreisen, und im Rahmen dieses Lobpreises wird für ihn um eine anhaltende und gute Regentschaft gebetet. Der Psalm selbst lässt offen, welcher König (wohl auf dem Jerusalemer Thron) dies ist und macht damit verschiedene Identifikationen (dann auch für andere Menschen und Gruppen) möglich. Von der (wohl später dazugekommenen) Überschrift her soll der Psalm "David zugehören" und das heisst mit ihm als "Dichter und Beter" (M. Kleer) verbunden werden (vorgeschlagen wird ein Situationsbezug zu Davids Flucht vor Absalom, in Machanajim, vgl. 2. Sam 17f.).
Ich habe eine hiskianische Situierung (vgl. 2. Kön 18–20, auch Jes 36–39) plausibel zu machen versucht (B. Weber). Derzufolge ist die Notlage mit der schweren Krankheit des Königs zu verbinden ("mattes Herz", 3a). Entsprechend wird nach seiner Genesung für ihn eine Weiterführung seiner Regentschaft (und seiner Nachkommen?) erbittet (7f.). Die (kriegerischen) Aussagen rund um Schutz und Zuflucht (im Zusammenhang mit dem Jerusalemer Heiligtum, "Zionstheologie") wären in den Kontext der assyrischen Belagerung und der wundersamen Befreiung (701 v.Chr.) zu stellen. Befreiung von den Assyrern und Verlängerung des Lebens sind die beiden grossen überlieferten Gotteserfahrungen, die Hiskia zuteil wurden.

Struktur und Poesie

Entgegen der früheren Annahme der Zweiteiligkeit (1–5|6–9) gehe ich (mit W.H. Bellinger) von einer dreistanzigen Struktur (I, II, III) mit einer chiastischen Anordnung (ABA') aus. Alle drei Stanzen werden begründend bzw. folgernd mit כי/כן-Aussagen ("denn/so ... also") abgeschlossen (4.6.9). Die Scharnierfunktion der Mittestanze II zeigt sich darin, dass sie Begriffe und Motive je mit den Rahmenstanzen I und III teilt: So wird die eröffnende Hörbitte (2a) als nun von Gott erhört (6a, Inclusio) ausgesagt (שמע "hören", Elohim). Zudem mündet die Zufluchts-Erfahrung in den Wunsch nach bleibender Zuflucht bzw. Bergung (מ]חסה] 4a.5b). Andererseits führt das Bekenntnis der Gelübde-Erhörungen (bzw. der darin ausgesprochenen Rettungsbitten) zur Einlösung derselben (נדרי "meine Gelübde" 6a.9b). Die "deinen Namen" (שמך) Fürchtenden sind auch die ihn Besingenden (6b.9a), und der "für immer" bei Gott im Tempel weilen wollende König möge auch "für immer" auf dem Thron bleiben (עולמ[ים] "für immer" 5a.8a – in Stanze III treten Zeitbegriffe gehäuft auf, vgl. auch die Inclusio mit יום "Tag" pl/gedoppelt, sg 7a.9b).
Das kolometrisch "überzählige" בעטף לבי ("weil mein Herz matt ist", 3a) pendelt zwischen beiden Verszeilen und kann syntacto-semantisch mit beiden Zeilen gelesen werden

(4+2+4-Rhythmus, "Janus"-Muster). In Stanze I finden sich Zeilenreime mit auslautendem (langem) *i* (2a.2b.3a.3b.4a, ähnlich 6a), in 4 zudem Wortanlaute (Anapher) auf ב.

Kontexte

Nach der מכתם-Gruppe ("Aufschrift"?) Ps 56–60 folgt die Kleingruppe Ps 61–64, deren erster Psalm mit Begleitung durch Saitenspiel vorgetragen wird (1.9). Der Anfang von Ps 61 ruft denjenigen von Ps 55 in Erinnerung. Das "Ende der Erde" (3) klingt an 59,14 an. Schutz-, Fels- und Zufluchtsaussagen (3–5) finden sich in einer Reihe vorangegangener und nachfolgender Psalmen (52,9; 57,2; 59,2.10.17f.; 62,3.7–9; 63,8; 71,1.3.7).
Hinter 7f. klingt die Nathan-Verheissung an David an (vgl. 2. Sam 7,16, ferner Ps 89,5.30.34.37). Damit ist ein Anknüpfungspunkt für die endzeitlich-messianische Deutung des Psalms gegeben.
Zu 3f. vgl. Ps 27,4f.; Spr 18,10, zu 5 vgl. Ps 17,7f., zu 9 vgl. Ps 50,14.

Anregungen für die Praxis

Die verschiedenen (Bild-)Aussagen von Schutz und Zuflucht vermögen auch heute gefährdeten, verfolgten, fliehenden Menschen Worte zu verleihen – im Sinne von Bitten an Gott, aber auch von Zuverichtsaussagen und Bekenntnissen erfahrener Hilfe. Die Schutz-Erfahrungen führen offensichtlich weiter zur Sehnsucht nach (damals im Tempel verorteten) anhaltendem Verbleiben in der Gottesgegenwart (mit andauerndem Lobpreis).
Anhand dieses Psalms lässt sich auch überlegen, ob und wie die damalige Praxis des Versprechens von Gelübden gegenüber Gott in Notlagen und die Einlösung dieser Versprechen nach erfolgter Rettung in der Geschichte des Gottesvolkes gepflegt wurde (vgl. etwa Hannas Gelübde in der Kinderlosigkeit und die Überbringung Samuels ans Heiligtum in Schilo oder Luthers Gelübde im Gewittersturm und sein Eintritt ins Kloster) bzw. heute wieder aktualisiert werden könnte.
Ps 61 im Gesangbuch: EG Ps 61 A / Ps 61 B (EG-West), 619 (EG-West); RG 37; GL 302.

Psalm 62

	1		Dem Musikverantwortlichen – nach [der Weise von] Jeduthun – ein Psalm – David zugehörig.
I A (R')	2	a	Zu keinem andern als ("nur zu") Elohim [harrt] in Schweigen meine Seele;
		b	von ihm [kommt] meine Rettung.
	3	a	Nur er selber [ist] mein Fels und meine Rettung,
		b	mein Zufluchtsort – ich vermag [deshalb] nicht sehr ins Wanken gebracht zu werden!
I B	4	a	"Wie lange noch wollt ihr anstürmen gegen einen Mann –
		b	[ihn] ermorden, ihr alle –
		c	wie gegen eine geneigte Wand, eine eingestossene Mauer?"
	5	a	Von nichts anderem als ("nur") seiner Höhe/Hoheit planten sie [ihn] fortzustossen;
		b	an Lüge haben sie Wohlgefallen.
		c	Mit ihrem ("[jeder] mit seinem"?) Mund segnen sie,
		d	aber in ihrem Innern fluchen sie. – Sela.
I C (R")	6	a	Nur an Elohim halte dich schweigend, meine Seele,
		b	denn von ihm [kommt] meine Hoffnung!
	7	a	Nur er selber [ist] mein Fels und meine Rettung,
		b	mein Zufluchtsort – ich vermag [deshalb] nicht ins Wanken gebracht zu werden.
	8	a	Auf Elohim [ruht] mein Heil und meine Ehre;
		b	mein schützender (oder: starker) Fels, mein Bergungsort [ist] in Elohim.
II A	9	a	Vertraut auf ihn zu aller Zeit, Volk,
		b	giesst vor seinem Angesicht euer Herz aus,
		c	Elohim [ist] ein Bergungsort für uns! – Sela.
	10	a	Nur ein Hauch [sind] die Menschensöhne,
		b	Lüge die Mannessöhne.
		c	Auf den Waagschalen hochschnellend [sind] sie
		d	allesamt [nicht mehr] als ein Hauch.
II B	11	a	Vertraut nicht auf Erpressung,
		b	und auf Raub setzt nicht in Nichtigkeit!
		c	Wenn Vermögen wächst,
		d	hängt nicht das Herz daran!

II C	12	a	Einmal hat Elohim gesprochen,
		b	Zweifaches habe ich gehört:
		c	(dass) Schutz (oder: Stärke) [ist] bei Elohim,
	13	a	und bei dir, Adonaj, [ist] Gnade;
		b	(dass) du selber wirst vergelten
		c	jedermann nach seinem Tun.

2 אַךְ (restriktiv, einengend, präzisierend:) nur, bloss, nichts anderes, kein anderer als // דּוּמִיָּה Stille, Schweigen (von דמה II).– 3 מִשְׂגָּב Anhöhe, Zuflucht(sfelsen) // מוט wanken, wackeln, ni: ins Wanken/zum Wackeln gebracht werden (PK ni 1 sg) // רַבָּה (f von רַב) viel, sehr (Adv).– 4 עַד־אָנָה wie lange? // הות (hap leg) pol: ein-, anstürmen auf/gegen (עַל) (PK pol 2 m pl) // רצח töten, morden, pi: häufig/gewohnheitsmässig (er)morden (oder mit Konsonantenumstellung von חרץ I bedrohen) (PK pi [oder qal] 2 m pl) // קִיר I Wand, Mauer; II Stadt // נטה ausstrecken, (sich) neigen (Ptz pass qal m sg) // גָּדֵר Steinwall, Mauer (wohl unter Hinzunahme des nachfolgenden Konsonanten zu lesen גְּדֵרָה Steinpferch, Mauer) // דחה (nieder-, ein-)stossen (Ptz pass qal m sg).– 5 שְׂאֵת I Erhebung, Erheben, Hoheit (Inf von נשׂא) // יעץ raten, planen, beschliessen (AK qal 3 pl) // נדח I hi: versprengen, fortstossen, abbringen, verführen (Inf cs hi) // כָּזָב Lüge // קלל klein, gering sein, pi: als verflucht bezeichnen (PK pi 3 m pl).– 6 דמם I stillstehen, sich still halten (oder von דמה II still sein) (Impt qal f sg oder Ptz qal f sg) // תִּקְוָה Hoffnung.– 8 יֵשַׁע Heil, Rettung // עֹז I Stärke, Kraft, stark, fest gegründet; II Zuflucht, Schutz // מַחְסֶה Zuflucht(sort).– 10 הֶבֶל I Hauch, Nichtigkeit, Vergänglichkeit // מֹאזְנַיִם Waagschalen, Waage.– 11 עֹשֶׁק Bedrückung, Gewalttätigkeit; Erpressung (erpresstes Gut) // גָּזֵל Raub, Geraubtes // הבל nichtig werden, Nichtiges reden, treiben (PK qal 2 m sg) // חַיִל Fähigkeit, Kraft, Vermögen // נוב gedeihen (PK qal 3 m sg) // שִׁית לֵב auf etw. das Herz richten, Wert legen (PK qal 2 m pl).– 12 אֶחָד (f אַחַת) einer, eines // זוּ dies; welches // שְׁנַיִם (f שְׁתַּיִם) zwei, zweifach, zweierlei.– 13 שׁלם pi: Ersatz leisten, vergelten (PK pi 2 m sg).–

Form und Inhalt

Ps 62 ist gattungsmässig komplex. Vorwurf (direkt adressiert an die Widersacher) und Schilderung der Feindvergehen (4f.) lassen an ein Klagelied denken. Doch ist damit nicht wie üblich ein Bittgebet verbunden – eine Gottesanrede findet sich erst am Schluss (12f.) –, vielmehr wird die Feindanklage durch ein (an Drittpersonen gerichtetes) Vertrauensbekenntnis gerahmt (2f. 6–8). Dieser Umstand wie auch die anschliessende weisheitlich-generalisierende Ausweitung (9–11) führt eher in den Zusammenhang eines Dank(opfer)lieds (Toda).
Möglicherweise ist der Psalm entstehungsgeschichtlich von seinem Schluss her (12f.) zu interpretieren (vgl. B. Weber): Der Beter hatte in seiner Feind-Bedrängnis im Tempel Zuflucht gesucht und ein Vertrauen-stärkendes Gotteswort erhalten. Dies ist ihm zur Hilfe geworden, hat zur Vertrauensbezeugung wie auch zur Unterweisung und damit zur Ge-

staltung dieses Psalms geführt. Das ursprüngliche Orakel ist so als Zeugnis bewahrt, aber möglicherweise durch weisheitliche Einformung (Zahlenspruch) und Bekenntniselemente neu akzentuiert worden.

Hinter dem Psalm scheint eine einflussreiche Person zu stehen (שְׂאֵת [5a] schillert in seiner Bedeutung zwischen "Höhe" und "Hoheit"), die mit verbalen Attacken (Rufmord), aber auch mit solchen gegen Leib und Leben konfrontiert wurde bzw. noch wird. Diese droh(t)en sie – wie 4 in Worte fasst – zu zerstören. An die Adresse der Bedränger richtet sich die Frage, wie lange diese ihn drangsalieren wollen (4). Gott gegenüber jedoch klagt er nicht an, sondern hält sich schweigend an ihn (2.6), den er als Schutz- und Zufluchtsort bekennt (2f.7f.; die Aussagen assoziieren einen erhöhten Schutzfelsen bzw. eine Schutzburg und stehen wohl mit dem Zionsberg bzw. dem Tempel[felsen] in Zusammenhang; vgl. auch die [namentlich im Moselied, Dtn 32] geläufige Prädikation JHWHs als "Fels"). Die eigenen Erfahrungen führen im dritten Teil zum Aufruf, Gott anstelle materieller Güter bzw. dem Gewinn durch niederträchtiges Verhalten zu vertrauen, sowie zu Überlegungen über die Nichtigkeit der Menschen und ihres Handelns (9–11).

Struktur und Poesie

Denkbar ist eine dreiteilige Hauptstruktur (2–5|6–9|10–13), die mit den "Sela"-Markierungen übereinstimmt und einen (auffälligen) stanzeneröffnenden Refrain (2f. || 6f., Antiklimax?) aufweist. Anders als früher (vgl. B. Weber) gebe ich jedoch einer zweiteiligen Hauptstruktur (2–8|9–13) den Vorzug (die beiden Stanzen lassen sich in je drei Strophen untergliedern). Danach weisen nicht nur die beiden Hälften bzw. Stanzen die gleiche Grösse auf (je 17 Zeilen), sondern die Hauptzäsur kommt zwischen den Individualpsalm (I) und die kollektive und weisheitliche Generalisierung bzw. Applizierung (II) zu liegen. Stanze I (2–8) hat deutlich eine chiastische Struktur (ABA') mit der Feind-Anfrage bzw. -Schilderung in der Mitte (I B), gerahmt durch je ein Vertrauensbekenntnis (I A, I C). Dessen Wortlaut ist einerseits weithin identisch (R = Refrain bzw. Rahmen), andererseits durch die Ausweitung (8) noch verstärkt und betont. Signifikant und der chiastischen Anlage entsprechend sind die Versanfänge mit hervorhebendem אַךְ "nur" je 2mal in der Eröffnungs- und der Schlussstrophe von Stanze I (2a.3a|6a.7a) sowie einmal in der mittleren Strophe, exakt in der betonten Stanzenmitte (5a).

Stanze II (9–13) ist dagegen asymmetrisch strukturiert (AA'B). Sie enthält – je mit Strophen-eröffnendem Impt von בטח "vertraut (nicht)!" (9a.11a) – eine positiv formulierte, mit Nichtigkeits-Überlegungen (Leitbegriff הבל, 10a.10d.11b) angereicherte Vertrauensaufforderung (II A), der eine negativ formulierte gegenübergestellt wird (II B). Entsprechend sind auch die Ausrichtungen des "Herzens" (ל[בב] 9b.11d). Den Abschluss macht die eingeführte Gottesrede (II C), inhaltlich ein Bekenntnis sowie eine Referenz auf den Tun-Ergehen-Zusammenhang (dabei steht das Gottesgericht gegenüber den zuvor genannten üblen Verhaltensweisen im Vordergrund).

Aufgrund der vielfachen Begriffswiederholungen ergeben sich eine Reihe subtiler Sinnbezüge. So bildet die konfessorisch verwendete Schutz- und Trutzbegrifflichkeit in I ein Cluster, der sich auch noch in II spiegelt (vgl. צור "Fels" 3a.7a.8b, משׂגב "Zufluchtsort" ["Anhöhe"] 3b.7b, שְׂאֵת "Höhe/Hoheit" 5a, עז "schützend/Schutz" bzw. "stark/Stärke"

8b.12c, מחסה "Bergungsort" 8b.9c). Dass sich eine Linie von der individuellen Erfahrung (I) zur kollektiven Unterweisung (II) zieht, zeigt sich auch anhand von (weiteren) Begriffen, die übernommen werden (vgl. כזב "Lüge" 5b.10b, אישׁ "Mann" 4a.10b.13c; die Partikel אך "nur" o.ä. erscheint nach den fünf Vorkommen in Stanze I auch am Anfang von 10a).
Lautlich sticht das akrostichische Muster mit den vielen gutturalen Versanfängen hervor (die Hälfte der insgesamt sechzehn Verse beginnt mit א, dazu zwei auf ע). Wort- und Sinnspiele finden sich zwischen יִרְצוּ/עֵצוּ "sie planten/sie haben Wohlgefallen" (5ab) einerseits sowie בקרבם/יברכו "sie segnen/in ihrem Innern" (5cd) andererseits. In 2a haben wir drei א-, in 9a drei ב-Anlaute (Anapher).

Kontexte

Die Überschrift ist beinahe identisch mit derjenigen von Ps 39 (s. dort) – einem Psalm, zu dem aufgrund der weisheitlichen Einfärbung und paralleler Motive und Begriffe (vgl. etwa zum "Schweigen" 39,3.10 mit 62,2.6, auch הבל "Hauch, Nichtigkeit" 39,6.7.12; 62,10[2mal].11) weitere Bezüge vorliegen.
Motive und Begriffe des Schutzes u.a. verbinden Ps 62 mit dem Vorgänger Ps 61 (vgl. insbesondere צור "Fels" 61,3; 62,3.7.8, מ]חסה] "Bergungsort/bergen" 61,4.5; 62,8.9, עז "Feste, Stärke, Schutz" 61,4; 62,8.12, ferner שׁלם pi "einlösen, vergelten" 61,9; 62,13, חסד "Gnade" 61,8; 62,13).
Zu 2f.6–8 vgl. Ex 14,14; Jes 30,15; Mi 7,7; Ps 37,7, zu 9f. vgl. Jes 26,4, zu 11 vgl. Mt 19,22; Lk 12,15–21; 1. Tim 6,9.17, zu 12f. vgl. Hi 34,11; 40,5; Ps 28,4; 94,2.23; Klgl 3,64; Röm 2,6–11.

Anregungen für die Praxis

Der Psalm scheint der alten (Weisheits-)Regel "Reden ist Silber, Schweigen ist Gold" zunächst recht zu geben. Doch ein genaues Hinschauen bzw. -hören offenbart ein differenzierteres Bild. Es lohnt sich, den Psalm unter der Fragestellung, wo, wann, zu wem wie geredet bzw. geschwiegen wird, näher unter die Lupe zu nehmen. Um nur einige Akzente herauszugreifen: An die Feinde richtet er eine Frage, im Reden über sie brandmarkt er namentlich ihr Reden (Verlogenheit). An Gott allein hält der Psalmist sich schweigend (die Exklusivität ist betont!); er vermag (dafür?) Gott reden zu hören, der ihm selber ein Bekenntnis zu Schutz und Gnade zukommen lässt und gerechtes Vergelten verspricht. Darum schweigt er vor den Menschen nicht, sondern bekennt Gott als seine Zuflucht – das gibt ihm Festigkeit (auch gegenüber den Bedrängern) – und stiftet sie an, ihrerseits Gott (und nicht dem Mammon bzw. unlauteren Gewinnmethoden) zu vertrauen.
Zu den Schutz- und Zufluchtsaussagen vgl. die unter Ps 61 angeführten Überlegungen.
Das "Herz" als Personmitte soll vor dem Herrn ausgegossen (Gebet), aber nicht abseits von ihm mit anderem gefüllt werden (חיל [11c] kann dabei materielle Güter, aber auch Fähigkeiten, Kräfte und [Heeres-]Macht einschliessen). Die Ermahnung von 11cd findet sich durch andere biblische Stellen unterstrichen und veranschaulicht (s.o.). Bei der Herzensausrichtung läuft es nicht auf ein Mehr-oder-Weniger, sondern auf ein Entweder-Oder hinaus (Gott <=> Mammon, vgl. Mt 6,24 || Lk 16,13). Und auch das gilt: "Wes das

Herz voll ist, des geht der Mund über" (Mt 12,34 || Lk 6,45) – dafür kann Ps 62 als Beispiel dienen.

Ps 62 im Gesangbuch: EG Ps 62 (EG-West); RG 38–39, 765; KG 174.

Psalm 63

	1		Ein Psalm – David zugehörig – als er in der Wüste Juda war.
I	2	a	Elohim, mein El [bist] du! Ich suchte immer neu nach dir.
		b	Meine Seele dürstete nach dir;
		c	mein Leib ("Fleisch") schmachtete nach dir –
		d	in trockenem Land und erschöpft, ohne Wasser.
	3	a	So hatte ich dich im Heiligtum zu schauen gewünscht,
		b	um zu sehen deine Stärke und deine Herrlichkeit.
II	4	a	"Fürwahr, deine Gnade [ist] besser als das Leben!"
		b	loben dich meine Lippen.
	5	a	So preise ich dich mit meinem Leben,
		b	erhebe in deinem Namen meine Hände.
	6	a	Wie an einem Festessen ("Mark und Fett") darf sich sättigen meine Seele,
		b	und mit jubelnden Lippen rühmt dich mein Mund.
III	7	a	So oft ich auf meinem Lager deiner gedachte,
		b	wurde ich in den Nachtwachen veranlasst, über dich zu meditieren.
	8	a	"Fürwahr, du bist mir zur Hilfe geworden!"
		b	juble ich im Schatten deiner Flügel.
	9	a	Meine Seele hing sich hinten an dich,
		b	deine Rechte hielt mich fest.
IV	10	a	Aber sie, die wiederholt meine Seele zu verderben trachteten,
		b	sie werden [hinab]fahren in die Tiefen der Erde.
	11	a	[Die] ihn ausliefern wollen der Schärfe ("Hand") des Schwerts,
		b	werden eine Beute ("Anteil") der Schakale werden.
	12	a	Der König aber soll sich freuen an Elohim,
		b	jeder der bei ihm schwört, darf sich rühmen!
		c	"Fürwahr, verstopft werden wird das Maul der Lügen-Redner!"

2 שחר II pi: auf etw. aus sein, suchen nach; IV(?) pi: die Morgenröte wecken, beim Morgengrauen Heil erwarten(?) (PK pi 1 sg + Suff) // צמא dürsten (AK qal 3 f sg) // כמה (hap leg) schmachten nach jm. (לְ) (AK qal 3 m sg) // צִיָּה trocken, trockene Gegend // עָיֵף müde, lechzend, erschöpft // בְּלִי nicht, ohne.– **3** כֵּן I recht(schaffen), gewiss, ja; II so, sodann, hernach // חזה schauen (AK qal 1 sg + Suff).– **4** שבח I pi: preisen, loben (PK pi 3 m pl + Suff).– **6** חֵלֶב Fett // דֶּשֶׁן Fett // רְנָנָה Jubel // הלל II pi: rühmen, hitp: sich rühmen.– **7** יָצוּעַ Lager // אַשְׁמֻרָה Nachtwache.– **8** עֶזְרָתָה Hilfe.– **9** דבק kleben,

Psalm 63

haften, hangen an (AK qal 3 f sg) // תמך ergreifen, festhalten (AK qal 3 f sg).– **10** שׁוֹאָה Verderben // תַּחְתִּי der untere, pl f: die untersten Regionen, die Tiefe (Scheol).– **11** נגר ni: rinnen, sich ergiessen, hi: hinschütten, preisgeben (PK hi 3 m sg + Suff) // מְנָת Anteil // שׁוּעָל Schakal.– **12** שׁבע ni: schwören (Ptz ni m sg) // סכר I ni: verstopft werden (PK ni 3 m sg).–

Form und Inhalt

Die Gattungs-Bestimmung dieses Psalms hängt wesentlich von der Einschätzung der "Tempora" ab, nämlich der Abfolge der Verben mit PK (2a.4–6.7b.8b.10–12) und AK (2bcd.3.7a.8a.9). Ich gehe von der Annahme eines Vertrauensbekenntnisses bzw. Dankliedes aus. Als institutioneller Hintergrund ist ein gut ausgegangenes Gerichtsverfahren eines Menschen, der am Tempel Asyl gefunden hat (K. Seybold), bzw. ein Tempelaufenthalt über Nacht (Inkubation), der mit dem Morgengrauen das Aufgehen von Gottes Heil erwartet (J.W. McKay, A.R. Ceresko), denkbar.

Im ersten Abschnitt (2f.) blickt der Psalmist auf Erfahrungen zurück, in denen er, ausgedörrt, sich nach der am Heiligtum erfahrbaren Nähe Gottes sehnte. Im zweiten Abschnitt (4–6) wird deutlich, dass ihm dieser Wunsch offenbar gewährt und das Leben gnädig neu geschenkt wurde: Anstelle von Durst erfährt er nun reiche Sättigung. Entsprechend öffnet er seinen Mund und hebt seine Hände zum Lobpreis. Dass dieses Dank- und Preislied am Ort des bergenden Heiligtums ergeht, lässt 8 vermuten, der zusammen mit den ihn rahmenden Versen, in denen nochmals rückblickende Erfahrungen einfliessen (man beachte das gegenseitige "Festhalten" in 9), den dritten Abschnitt bildet (7–9). Zum Schluss (10–12) kommt die Rede auf die Widersacher des Psalmisten – der König? (falls "ihn" in 11 sich auf den in 12a erwähnten König bezieht) –, die ein Ende mit Schrecken nehmen werden. Der König aber und die zu ihm bzw. zu Gott – je nachdem, auf wen sich das "schwören bei ihm" bezieht – Stehenden dürfen sich freuen bzw. sich rühmen. Mit einem dritten, emphatisch als כי-Satz formulierten Ausruf (vgl. 4a.8a), der das Verstopfen der Lügen-Mäuler ankündigt – er steht im Gegensatz zum Gottes-Lobpreis mit Mund bzw. Lippen (4.6) –, endet der Psalm.

Struktur und Poesie

Meist wird (im Gefolge von A.R. Ceresko) eine Dreiteiligkeit (2–5|6–9|10–12) vorgeschlagen, die sich an נפשׁי "meine Seele" (2b.6a.9a.10a) als Gliederungssignal orientiert. Ich favorisiere (wie J.W. McKay) eine Gliederung in vier Stanzen (mit alternierender ABA'B'-Anordnung?): In I geht der Blick in die Vergangenheit (Noterfahrung, Sehnsucht nach Gott); II ist Vollzug des Lobpreises nach der Rettung bzw. Erfahrung der Gottesnähe in der Gegenwart; in III verbinden sich Gegenwart (Bekenntnis, Schutzerfahrung) und Vergangenheit (Gottesgedenken, Schutzsuche) in einer chiastischen Anlage (ABA'); die stärker abgesetzte Schlussstanze (IV) schliesslich richtet den Blick auf das Ergehen der Widersacher in der Zukunft (in Absetzung zu demjenigen des Königs und der Treue-Schwörenden).

נפשי "meine Seele" erscheint in jeder Stanze einmal und dient als Leitmotiv. Verbindend wirken auch die beiden כִּי-Aussagen ("So ...") von 3 und 5 (im Sinne von Wunsch und Erfüllung) sowie die drei emphatischen, die Verse 4, 8 und 12c (Monokolon, wie 2a) eröffnenden כִּי-Ausrufe ("Fürwahr ...!"). Sie verbinden hintergründig den Lobpreis der Gnade Gottes und seiner Hilfe sowie – entgegengesetzt – das Verstummen der Lügenmäuler. Dadurch, dass sechs der dreizehn Psalmverse (3.4–6.8.12c) mit כ eröffnen, ergibt sich eine partielle Akrostichie (Anfangsreim).

Durch (weitere) Wortwiederholungen bzw. semantische Bezüge werden innertextliche Relationen angezeigt. So akzentuiert sich in II anhand der Abfolge "Leben – Lippen (preisen) – Leben – Lippen (rühmen)" eine Entwicklung von der Begründung zum Vollzug des Lobpreises, wobei letzterer als "Sättigung" der Seele erfahren wird (6) – dies in deutlichem Kontrast zum "Dürsten" und Darben zuvor (2bcd). Von II zu III leitet das Stichwort רנן(ה) "Jubel, jubelnd/jubeln" (6b.8b) und verbindet damit die Erfahrungen von Sättigung mit derjenigen von Hilfe und Schutz. In deutlichem Kontrast stehen dagegen die durch die Stichworte פה "Mund" und הלל pi/hitp "(sich) rühmen" verknüpften Aussagen am Ende der Strophen II und IV (6.12). Rahmend um den Psalm legen sich die einzigen Gottesbezeichnungen (2a.12a, vgl. ferner auch noch ארץ "Land, Erde" 2d.10b).

Dazu kommen Bezüge, die durch Lautähnlichkeiten (Paronomasien) hergestellt werden: so im Psalmenrahmen (2a.12c) zwischen שׁחר ("suchen") und סכר ("verstopfen") bzw. שׁקר ("Lüge") oder zwischen den Formen der Verben שׁבח ("loben", 4b), שׂבע ("sättigen", 6a), שׂמח ("sich freuen", 12a) und שׁבע ("schwören", 12b). In 3 sind die Aussenglieder (כבוד/קדשׁ "Heiligtum/Herrlichkeit") und Innenglieder (עז/חזה "schauen/Macht") einander lautlich zugeordnet (abb'a'). 5 – ähnlich 3.6.9 – ist mit Zeilenreim und zudem mit analog-reziproken Anfangslauten in beiden Vershälften (כ/א/ב – ב/א/כ) gestaltet. 6 ist geprägt von Sibilant (שׂ/שׁ)- und Labial (ב/פ)-Lauten (die Sättigung lautmalerisch unterstreichend). Das eröffnende Monokolon schliesslich verbindet seine vier Worteinheiten mit einer א-Anapher.

Kontexte

Auch dieser Psalm, so wird dem Leser angezeigt (1), soll mit "David" in Verbindung gebracht werden (vgl. auch die Königs-Erwähnung in 12). Er ist "der ideale, königliche Psalmbeter – unser 'Vorbeter' und zugleich die messianische Gestalt, mit der wir beispielhaft die Gott-Suche nacherleben und erhoffen" (E. Zenger). Mit der Angabe "als er in der Wüste Juda war" (1) wird dieser Bezug konkretisiert und auf die Geschichte seiner Flucht vor seinem Sohn Abschalom verwiesen (vgl. 2. Sam 15,13ff.). Zwischen dem Erzähltext und dem vorliegenden Psalm geben sich denn auch Gemeinsamkeiten (vgl. 1 mit 2. Sam 15,28, 2 mit 2. Sam 16,2.14, 11 mit 2. Sam 18,14f. [dazu Mt 26,52]). Der Psalm gibt der Erzählung derart eine Tiefendimension (in die sich auch der Nachbeter versetzen soll): Bei der Flucht vor Abschalom steht nicht der Verlust des Königtums, sondern die Nähe Gottes, dessen Gnade mehr wert ist als das Leben (4), im Vordergrund (vgl. M. Kleer, E. Zenger).

Innerhalb des zweiten David-Psalters figuriert Ps 63 in der Kleingruppe Ps 61–64. Sie ist wohl spiegelsymmetrisch (ABB'A') arrangiert, was heisst, dass Ps 63 mit Ps 62 eng verzahnt ist (Vertrauen und Bekenntnis der Nähe und Zuflucht bei Gott; Häufigkeit Vers-

zeilen-eröffnender Partikel [אך "nur" o.ä. 62,2f.5–7.10, כי "dass, fürwahr" 62,12.13; 63,4.8.12c, כן "so" 63,3.5], ferner אתה "[betontes] du [Gottes]" 62,13; 63,2 [Psalm-verknüpfend], עז "Schutz, Stärke" 62,8.12; 63,3, פה "Mund, Maul" 62,5; 63,6.12, חסד "Gnade" 62,13; 63,4, כבוד "Ehre, Herrlichkeit" 62,8; 63,3, נפשי "meine Seele" 62,2.6 [Refrain]; 63,2.6.9.10 [Leitwort]).
Zu 2f. vgl. Ps 26,8; 42,2f., zu 6 vgl. Jer 31,14; Ps 23,5; 43,4, zu 7–9 vgl. Jes 26,9; Ps 17,7f.; 77,3.6; 119,148, zu 10–12 vgl. Ps 21,2; 107,42; Mt 26,52; Eph 4,9.

Anregungen für die Praxis

In der Spannung zwischen erlebter Gottesferne und erstrebter Gottesnähe stehen Menschen bis heute. Ps 63 berichtet von einer Gottessuche und grossen Sehnsucht nach Gottes Nähe (2f., vgl. ähnlich Ps 42f.). Je stärker das Erleben, desto bildhafter die Sprache, wobei offen ist, inwieweit der Wasser-Mangel metaphorisch oder real mit dem Gott-Mangel verbunden ist. Deutlich ist jedenfalls, dass der ganze Mensch (Seele, Leib) von dieser Befindlichkeit betroffen ist.
Der Psalm gibt auch zu verstehen – und vermittelt damit Hoffnung! –, dass die ersehnte Gottesnähe geschenkte Realität werden durfte (4–9). Erfahrungen von Gnade bzw. neuem "Leben" (4), von ganzheitlicher "Sättigung", die in den Lobpreis Gottes münden, werden andererseits wohl nicht ohne ein Herz voller Sehnsucht nach Gott zuteil. Die Zeit, die mit Gott meditierend verbracht wird (7ff.), ist Ausdruck der Liebe und entspricht einer Haltung des Trinkens an der Lebensquelle, die (wiederum) zu Erfahrungen von Hilfe und Schutz und zum Gotteslob führt. Wunderschön ist die Aussage der doppelten ("reziproken") Verbindung (9): Der Beter hängt sich an Gott, und Gott ist es, der ihn ergreift bzw. festhält (darin zeigt sich – theologisch differenziert – auch die Verbindung von Aktivität und Passivität im Heilshandeln, vgl. Phil 2,12f.).
Dass der Psalm nicht in der "mystischen" Gottesverbindung aufgeht, zeigen die Schlussverse (10–12): Gottes Gerechtigkeit soll jedem das zukommen lassen, was er verdient.
Ps 63 im Gesangbuch: EG Ps 63 (EG-West), 729 (EG-Wü), 730 (EG-West), 762 (EG-BT); RG 555; GL 676; KG 263, (KG CN 020–021).

Psalm 64

	1		Dem Musikverantwortlichen – ein Psalm – David zugehörig.
I (A)	2	a b	Höre, Elohim, meine Stimme beim Klagen! Vom Schrecken des Feindes bewahre mein Leben!
	3	a b	Verbirg mich vor dem konspirativen Kreis der Bösewichte, vor der Erregung der Übeltäter!
II A (B)	4	a b	Die wie das Schwert ihre Zunge schärften, ihren Pfeil anlegten: ein Giftwort.
	5	a b	Um zu beschiessen im Verborgenen den Integren – plötzlich beschiessen sie ihn, ohne [dabei] Scheu zu haben.
II B (C)	6	a b c	Sie machen sich [gegenseitig] stark zur Unheilssache berichten [davon], verborgen anzubringen Fanghölzer. Sie sagten: "Wer vermag sie zu sehen?"
	7	a b c	Sie planten Bosheiten: "Wir sind fertig geworden!" Ein [gut] geplanter Plan: Ja, [das] Innere eines Mannes, ja, [das] Herz [ist] abgründig.
III A (B')	8	a b	Da schoss Elohim einen Pfeil – plötzlich waren Wunden bei ihnen da.
	9	a b	Sie brachten sich selbst(?) zu Fall; ihre Worte ("Zunge") [waren] gegen sie selbst. Jeder, der sie ansieht, schüttelt sich [verächtlich].
III B (A')	10	a b c	Da bekamen alle Menschen (Ehr-)Furcht, verkündeten das Tun Elohims und gewannen Einsicht in sein Werk.
	11	a b c	Der Gerechte freue sich an JHWH und suche bei ihm Zuflucht; ja, alle rechtschaffenen Herzens sollen sich rühmen!

2 שִׂיחַ II Klage, Kummer // פַּחַד I Beben, (von Gott gewirkter) Schrecken // נצר bewachen, behüten, bewahren (PK qal 2 m sg).– **3** סתר ni: sich verbergen, hi: verbergen (PK hi 2 m sg + Suff) // סוֹד vertrauliche Besprechung, Plan, Geheimnis, Kreis von Vertrauten // רעע böse sein, hi: böse (be)handeln (Ptz hi m pl: Bösewichte) // רִגְשָׁה (hap leg) Unruhe, Erregung, tobende Menge(?).– **4** שׁנן schärfen (AK qal 3 pl) // דרך treten, spannen (des Bogens durch Aufstemmen des Fusses gegen seine Rundung) (AK qal 3 pl) // מַר I bitter.– **5** ירה I qal + hi: (be)schiessen (Inf cs qal + PK hi 3 m pl + Suff) // מִסְתָּר Versteck (meist pl) // תָּם unsträflich, fromm, redlich, rechtschaffen // פִּתְאֹם plötzlich, überraschend // ירא I (Gott) fürchten, sich fürchten (PK qal 3 m pl).– **6** חזק stark sein, pi: fest machen (PK pi 3 m pl) // ספר I (auf)zählen, pi: abzählen, verkünden, erzählen (PK pi 3 m pl) // טמן verbergen, versteckt (das Netz, die Falle) anbringen (Inf cs qal) // מוֹקֵשׁ Stell-, Fangholz (der Vogelfalle), Falle.– **7** חפשׂ (durch)suchen, prüfen, planen, pu: pass (PK qal 3 m pl + Ptz pu m sg) // עוֹלָה Bosheit, Frevel // תמם vollendet, fertig sein/werden, vollkommen sein (AK qal 1 pl) // חֵפֶשׂ (hap leg) Verstellung, Anschlag, Plan // עָמֹק tief.– **8** מַכָּה Schlag, Wunde.– **9** כשל straucheln, hi: zum Straucheln bringen (wPK hi 3 m pl + Suff) // נוד sich hin und her bewegen, hitp: sich (abweisend) schütteln (PK hitp 3 m pl).– **10** שׂכל hi: verstehen, einsehen, Einsicht haben (AK hi 3 pl).– **11** חסה sich bergen, Zuflucht suchen (wPK 3 m sg) // יָשָׁר gerade, (ge)recht.–

Form und Inhalt

Ps 64 scheint ein Klagelied eines Einzelnen – bzw. von der Überschrift (1) her eine König-Davids-Klage – zu sein. Doch nimmt man die vorliegende Verbalsyntax ("Tempora") ernst, dann wird aufgrund der wPK-Formen in 8–10 (10c = AK) die eingangs vorgebrachte Notlage als inzwischen behoben geschildert (mit weisheitlichem Schlusspassus). Die Einschätzung der Zeitlage(n) und damit der Gattung ist zusätzlich durch den Umstand erschwert, dass auch in 2–7 sich PK (wohl mit der Gegenwart zu verbindende Aussagen) und AK (Vergangenheitsbezüge) abwechseln. Man hat es vermutlich mit einem weisheitlich imprägnierten Psalm zu tun, der aus der Retrospektive die durch Feinde hervorgerufene Not und deren Bestrafung schildert. Er hat damit eine Nähe zum Dank(opfer)lied (Toda) oder stellt ein solches dar, zugleich aber werden zitatähnlich (zur lebendigen Veranschaulichung?) Worte und Geschehnisse von damals als gegenwärtig eingebracht. Ob die Rettung im Zusammenhang mit einem Schutzasyl am Heiligtum erfolgte, muss offen bleiben.

Inhaltlich geht es um eine intrigante Verschwörung von Feinden des Beters, die die Verleumdung desselben bezweckt und ihn damit erledigen will (Kriegsmetaphorik – in 4b sind vermutlich die Handgriffe des Bogen-Spannens und des Pfeil-Anlegens zu einem einzigen Geschehen zusammengezogen). Mit Zitaten (6c.7a) werden ihre geheimen Absichten öffentlich gemacht und an den Pranger gestellt (7bc gehört vermutlich nicht mehr zur Widersacher-Rede, sondern ist ein kommentierender Zwischenruf des Psalmisten). Sie werden jedoch sowohl von Gott (8) als auch von ihren eigenen Waffen ("Zunge", wohl Verstrickung in Lügen, Widersprüche) geschlagen (9a). Bei den Menschen resultiert daraus ein Gestus der Verachtung ihnen gegenüber (9b); Gott gegeüber aber löst ihre Bestrafung (Ehr-)Furcht aus und mündet aus in Einsicht und Verkündigung (10f.). Brachte der Eingangsvers den Hörappell an Gott (2), so der Schlussvers als Konsequenz des Ausgangs die Aufforderung an die Gerechten, sich an JHWH zu halten und sich darin zu freuen (11).

Struktur und Poesie

Auch zur Struktur liegen unterschiedliche Einschätzungen vor. Mir legt sich eine Gliederung in fünf, chiastisch arrangierte Strophen (ABCB'A') nahe. Dabei stellt die erste zugleich eine Halbstanze (I: Bittgebete) dar, und die vier nachfolgenden gruppieren sich zu zwei Stanzen (II: Schilderung des Feindverhaltens, III: Gottes Eingreifen und Reaktionen) (vgl. auch P. van der Lugt).

Im Psalmzentrum findet sich die zitathafte Offenlegung der beiden heimlichen Feindworte bzw. -gedanken (Bikolon 6c7a). Darum gerahmt – und zusammen mit dem genannten Vers die Mittestrophe (II B) bildend – findet sich die Schilderung des konspirativen Vorgehens der Widersacher (6ab) sowie die Kommentierung der Abgründigkeit ihres Plans durch das sprechende Ich (7bc). Man beachte die in dreifacher Konfiguration [Verb qal – Nomen – Verb pu] auftauchende und damit betonte Bedeutung der Wurzel שׂפח "(durch)suchen, planen" am Strophenende (7a.7b). Innerhalb von Stanze II findet sich das "Giftwort" (דבר מר 4b) mit der "Unheilssache" (דבר רע 6a, vgl. auch מרעים "Bösewichte" 3a) parallelisiert und die Wurzel תמם kontrastiv (ironisch?) aufgenommen (תם "Vollkommener, Vollendeter, Integrer" 5a, תמנו "wir sind vollendet/fertig geworden" 7b). Um die Mitte (II B) lagern sich die Strophen II A und III A als Kontrast von Feind-Planung und Feind-Ergehen. Das Schwert ihrer Worte kehrt sich gegen sie selbst und trifft sie (vgl. לשׁון "Zunge" 4a.9a als Inclusio). Der Tun-Ergehen-Zusammenhang manifestiert sich analog dazu auch im abgegebenen Pfeilschuss, der sie selbst todeswund trifft (4b.5ab.8ab): Wer Unschuldige attackiert, den findet Gottes Pfeil gewiss.

In den den Psalm rahmenden Strophen (I, III B) korrespondieren die Bitte an Gott, gegen die Übeltäter vorzugehen, und die weitreichenden Folgen auf sein Eingreifen hin (Inclusio "Elohim/JHWH" 2a.11a, vgl. ferner die "Elohim"-Verbindungen in Stanze III, 8a.10b). Es wird dadurch deutlich, dass der in 2f. Betende der "Gerechte" ist (11a) bzw. zu den "rechtschaffenen Herzens" gehört (11c) und dass die Not eines solchen Menschen von Gott angesehen wurde und dessen JHWH-Vertrauen sich in Freude gewandelt hat.

Im Weiteren ist darauf hinzuweisen, dass durch Wiederaufnahmen der Gegensatz von ehrfurchtslos und ehrfurchtsvoll (ירא "Scheu haben, [Ehr-]Furcht bekommen" 5b.10a) bzw. zwischen den Übeltätern und dem Wohltun Gottes (פעל "Täter, Tun" 3b.10b) herausgestellt wird. Ferner wir der Aspekt des "(nicht?) Sehens" der versteckten Fallen weitergezogen zum offenkundigen, ja verächtlichen "Sehen" des verdienten Ausgangs der Feinde (ראה 6c.9b). Zudem kontrastiert das "tiefe, abgründige Herz" dasjenige aller Rechtschaffenen (לב 7c.11c). Schliesslich wird Gottes gutes, schützendes "Verbergen" dem bösen, heimlichen Handeln der Widersachen im "Verborgenen" gegenüber gestellt (מ[סתר] 3a.5a).

Was die Lautgestalt von Ps 64 angeht, ist u.a. hinzuweisen auf die 2mal drei Sibilanten (Begriffe der Konspiration) und Gutturale (Übeltäterbezeichnungen) in 3, der (das Schärfen des Schwerts und) das Zischen der Zunge nachahmende שׂ-Laut in 4a und die Lautpaare מ/ת und ר/י mit den Wortspielen פתאם/תם ("Integrer/plötzlich"), ייראו/לירות ("um zu beschiessen/[ohne] Scheu zu haben" [Versrahmung]) sowie – beide Lautpaare verbindend – במסתרים ("im Verborgenen") in 5. Weiter ist die מ-Lautdominanz in 6 zu notieren und die wortspielartige Verbindung von כשׁל "zu Fall bringen" (9a) und שׂכל "Einsicht gewinnen" (10c).

Psalm 64

Kontexte

Der erste Kontext ergibt sich wie immer durch die Überschrift und insbesondere die David-Zuweisung (1). Ps 64 schliesst die Kleingruppe Ps 61–64 ab und weist – neben solchen mit dem Vorgänger Ps 63 (vgl. חיים "Leben" 63,4.5; 64,2, je am Psalmschluss: שמח "sich freuen" 63,12; 64,11, הלל "[sich] rühmen" 63.6.12; 64,11) – insbesondere Berührungen mit dem Rahmenpsalm 61 auf (vgl. נצר "behüten, bewahren" 61,8; 64,2, סתר[מ] "Schutz/verbergen/Verborgenes" 61,5; 64,3.5, ירא "fürchten/Scheu haben/Ehrfurcht bekommen" 61,6; 64,5.10, חסה "Bergung/Zuflucht suchen" 61,5; 64,11). Auffällig häufige Bezüge liegen zum ebenfalls eine Kleingruppe (Ps 52–55) abschliessenden Ps 55 vor (vgl. שׂיח "Klage/klagen" 55,3.18; 64,2, חיים "Leben" 55,16; 64,2, סתר "verstecken, verbergen" 55,13; 64,3[.5], און "Unheil, Übel" 55,4.11; 64,3, לשון "Zunge" 55,10; 64,4.9, ירא "fürchten/Scheu haben/Ehrfurcht bekommen" 55,20; 64,5.10, קרב "Inneres" 55,5.11.12.16; 64,7, צדיק "Gerechter" 55,23; 64,11).
Zu 5 vgl. Ps 11,2; 58,8, zu 6 Ps 10,11; Spr 1,11f., zu 7 Jer 17,9; Koh 9,3, zu 11 Ps 5,12.

Anregungen für die Praxis

Bereits im ersten Vers wird ein Beziehungsdreieck aufgespannt, das viele Psalmgebete bestimmt: Ich – Gott – Feind(e). Den ganzen Psalm kann man unter dem Aspekt der verdeckten und offenen, der gebräuchlichen und missbräuchlichen "Kommunikation" sehen. Das schliesst das Offenlegen der Tatbestände im Gebet vor Gott ein, das betrifft das Zitieren der Feind-Kommunikation, das meint die Anklage des Kommunikationsmissbrauchs (Verschwörung, Verleumdung, Lüge, "shitstorm") vor dem göttlichen Richter und Helfer. Die Aufdeckung der Verschwörung und deren Zerschlagung samt den Auswirkungen bei denen, die es wahrnehmen, sind ebenfalls kommunikative Handlungen. Scheint der Notleidende angesichts einer Rotte von Gegnern auf sich gestellt und auf Gott allein geworfen zu sein, so werden mit der Behebung der Not die mit ihm auf Gott Vertrauenden ansichtig. Das isolierte "Ich" weiss sich jetzt in die Gemeinde der Gerechten und Rechtschaffenen eingebettet.

Das hebr. Wort für "plötzlich" (פתאם) taucht im gesamten Psalmenbuch nur hier zweimal auf (5.8). Es zeigt die unvermittelte und damit umso perfidere Aggression der Feinde an, aber auch – in Entsprechung dazu – das (auch für den Bittenden?) überraschende Eingreifen Gottes zugunsten des Bedrängten bzw. zur Unterbindung der Schandtaten der Feinde. Auch an andern Orten wird das Eintreffen von Schrecken, Gericht und Tod bei Menschen – weil sie sich in falscher Sicherheit wähnen – als unvermittelt, plötzlich empfunden bzw. angekündigt (vgl. u.a. Jes 29,5; Jer 6,26; 15,8f.; Ps 6,11; 73,19; Spr 6,12–15; 29,1). Ähnliches gilt – umgekehrt – am Ende der Zeit bei der Auferweckung der Toten (1. Kor 15,52).

Ps 64 im Gesangbuch: EG Ps 64 (EG-West).

Psalm 65

	1		Dem Musikverantwortlichen – ein Psalm – David zugehörig – ein Lied.
I	2	a	Dir gebürt (oder: Schweigen ist) Lobpreis,
		b	Elohim auf Zion!
		c	Ja, dir soll ein Gelübde eingelöst werden,
	3	a	du Hörender auf [Bitt-]Gebet,
		b	zu dir soll alles Fleisch kommen!
	4	a	Sündenangelegenheiten sind mir zu übermächtig geworden,
		b	unsere Freveltaten – du, du mögest/wirst sie sühnen!
	5	a	Glückselig, wen du erwählst und in [deine] Nähe führst!
		b	Er darf in deinen Vorhöfen wohnen.
		c	Wir wollen uns [also] sättigen am Guten deines Hauses,
		d	deinem heiligen Tempel.
II	6	a	[Mit] Ehrfurcht gebietenden Taten antwortest du uns in Gerechtigkeit,
		b	Elohim unseres Heils:
		c	Zuversicht aller Enden der Erde
		d	und der fernen Meere ("des Meeres der Fernen");
	7	a	der Berge Aufrichtende in seiner Stärke,
		b	umgürtet mit Heldenkraft;
	8	a	der Besänftigende: das Getöse der Meere,
		b	das Getöse ihrer Wogen,
		c	ja, das Toben der Nationen!
	9	a	Da fürchteten sich die Bewohner der [Welt-]Enden ob deiner Zeichen;
		b	die Ausgänge von Morgen und Abend lässest du jubeln.
III	10	a	Du hast das Land heimgesucht und hast es überströmen lassen;
		b	du macht es sehr reich.
		c	Der Kanal Elohims ist voll Wasser,
		d	du richtest ihr Getreide auf, ja, so richtest du es auf.
	11	a	Seine Furchen tränke(n), seine Schollen ebne(n)!
		b	Mit Regengüssen mögest du es aufweichen, sein Gewächs segnen!
	12	a	Du hast gekrönt das Jahr deiner Güte,
		b	ja, deine Spuren triefen von Fett.
	13	a	Die Auen der Steppe triefen,
		b	und [mit] Jauchzen gürten sich die Hügel.

14	a	Weideplätze haben sich mit Kleinvieh gekleidet,
	b	und Täler hüllen sich [in] Korn;
	c	sie jubilieren sich gegenseitig zu, ja, sie singen.

2 דֻּמִיָּה Schweigen, Ruhe (von דוּם I bzw. דמה II schweigen) oder – mit Umpunktierung – von דמה I gleichen (Ptz qal f sg = es gebührt, es entspricht, es ziemt sich) // תְּהִלָּה Lobpreis, Ruhm // שׁלם pi: vergelten, (Gelübde) erfüllen, pu: vergolten werden, (Gelübde) erfüllt werden (PK pu 3 m sg) // נֶדֶר Gelübde.– 4 גבר stark, überlegen, übermächtig sein (AK qal 3 pl) // כפר bedecken, pi: sühnen, vergeben (PK pi 2 m sg + Suff).– 5 קרב sich nähern, pi: nahe bringen, nahen lassen (wPK pi 2 m sg) // חָצֵר Vorhof // שׂבע sich sättigen an etw. (PK Koh qal 1 pl).– 6 מִבְטָח Vertrauen, Verlass // קָצֶה/קָצָו Ende, Rand, Äusserstes.– 7 כון hi: bereit(stell)en, (h)errichten (Ptz hi m sg) // אזר umgürten, ni: umgürtet sein (Ptz ni m sg).– 8 שׁבח I pi: loben, preisen; II pi beschwichtigen, hi: besänftigen (Ptz hi m sg) // שָׁאוֹן Getöse // גַּל II Woge.– 9 מוֹצָא Ausgang(sort), Hervorkommen // רנן hi: jauchzen machen (PK hi 2 m sg).– 10 שׁוק I pil: überfliessen lassen (wPK pil 2 m sg + Suff) // רַבַּת viel, sehr (Adv) // עשׁר reich sein, hi: reich machen (PK hi 2 m sg + Suff) // פֶּלֶג künstlicher Wassergraben, Kanal // דָּגָן Getreide.– 11 תֶּלֶם Furche // רוה reichlich gesättigt sein, pi: reichlich tränken (Inf abs pi oder Impt pi m sg) // נחת hinabfahren, pi: senken, ebnen (Inf abs pi oder Impt pi m sg) // גְּדוּד I Furchenrand, pl: Erdschollen // רְבִיבִים Regenschauer // מוג wanken, pil: aufweichen, zergehen lassen (PK pil 2 m sg + Suff) // צֶמַח Gewächs.– 12 עטר umringen, pi: bekränzen (AK pi 2 m sg) // טוֹבָה Güte // מַעְגָּל II Wagenspur, Geleise // רעף träufeln, triefen (PK qal 3 m pl + Suff) // דֶּשֶׁן Fett.– 13 נָוֶה Weideplatz, Aue, Wohnstätte // גִּיל II Jauchzen // גִּבְעָה Hügel // חגר (sich) gürten (PK qal 3 f pl).– 14 לבשׁ anziehen, sich (be)kleiden (AK qal 3 pl) // כַּר II Weidegrund // עֵמֶק I Talgrund, pl: Tiefebenen, Täler // עטף I sich einhüllen, umhüllen (PK qal 3 m pl) // בַּר III Getreide, Korn // רוע hi: schreien, jauchzen, hitp: sich jauchzend äussern (PK hitp 3 m pl).–

Form und Inhalt

Ps 65 ist eine Mischung von Gebet, Bekenntnis und Lobpreis und enthält Ich-, Wir-, Du- und Schöpfungs-Aussagen. Der Psalm beginnt als individuelles (oder allenfalls gruppenspezifisches) Danklied (תודה), das nach der Gebetserhörung als Einlösung eines in Bedrängnis – diese steht mit "Sündenangelegenheiten" in Zusammenhang – abgegebenen Gelübdes im Familien- und Freundeskreis ("Wir"-Gruppe) am Tempelvorhof dargebracht wird (1–5). Doch wie schon im Eröffnungsvers angezeigt, wird dieses Danklied auf einen umfassenden (kollektiven) Lobpreis bzw. Hymnus (תהלה 2a) hin geöffnet. Die biographische Heilserfahrung wird so eingezeichnet in die Fülle des Heils der ganzen Schöpfung und in deren Lobpreis ihres Gottes. Wird Gott im zweiten Teil namentlich als Gründer und Erhalter der Erde sowie als Bekämpfer der Chaos-Fluten gerühmt (6–9), so im dritten Teil – vielleicht unter Aufgreifung und Integrierung altkanaanäischer Vorstellungen – als Spender von Regen und damit von Fruchtbarkeit (10–14). Als Sitz im Leben, wo die Aspekte dieses Psalms zeitlich wie örtlich zusammenlaufen, ist zu denken an eine

Gelübde-Abstattung im Rahmen des Herbstfestkreises (Laubhütten-Fest), der "Krönung des Jahres" (12a). Dieser schloss neben heilsgeschichtlicher Vergegenwärtigung auch den Erntedank ein.

Struktur und Poesie

Die Dreiteiligkeit des Psalms (Stanzen I–III) ist weithin anerkannt (jede Stanze enthält eine "Elohim"-Anrede bzw. -Bezeichnung, vgl. 2b.6b.10c). Deren gegenseitige Zuordnung kann man bestimmen als asymmetrisch (ABB', vgl. etwa die gemeinsamen Schöpfungsmotive in II und III), aber auch als chiastisch (ABA'). Im zweiten Fall korrespondiert der Lobgesang des Gelübde-Darbringers (und seines Kreises) mit dem Schöpfungsjubel (2.14, vgl. auch die Verbindung von geschichtlichem Heilshandeln und Heil durch die Erntefülle über das Stichwort [טוב[ה "Gutes, Güte" 5c.12a). Betont in der Mitte von II steht 7, wo sich Stichworte aus I (גבורה/גבר) "übermächtig sein/Heldenkraft" 4a.7b) wie aus III (כון "aufrichten" 7a.10d; "[um]gürten" 7b.13b, "Berge/Hügel" 7a.13b) kreuzen.
Stanze I zeigt in sich ebenfalls eine chiastische ABA'-Anordnung mit 4 als betonter Aussage bzw. Bitte in der Mitte (2–3|4|5). Um Sündenbekenntnis und Versöhnungsbitte ist Lobpreis- bzw. Gelübdedarbringung einerseits und der Makarismus über die, die Gott nahe sein dürfen, andererseits gelegt ("Zion/Tempel"-Rahmung 2b.5d). In der ebenfalls mittezentrierten Stanze II (6|7|8–9) bilden die partizipialen "Macht"-Aussagen das Mittestück, um das sich die "Meer"-Aussagen sowie die Bezeugungen über Auswirkungen und Folgen des göttlichen Kundtuns legen (vgl. die Inclusio mit den Formen von ירא "sich fürchten" bzw. "Ehrfurcht gebietende Taten" 6a.9a, dann auch קצו/קצה "Enden" 6c.9a). Ähnlich wie 6 als Scharnier zwischen I und II fungiert, so 10 zwischen II und III: Die Stichworte ארץ ("Erde/Land" 6c.10a) und כון ("aufrichten" 7a.10d) verbinden die kosmische "Aufrichtung" durch Gott mit seiner Fruchtbarmachung des Landes ("Aufrichtung" des Getreides). Auch Stanze III ist möglicherweise chiastisch angelegt (10|11–12|13–14). An poetischen Auffälligkeiten ist u.a. das Drehpunkt-Muster ("pivot") in 2b (ähnlich 6b) zu erwähnen, demzufolge der Vokativ zur vorherigen wie zur nachfolgenden Zeile geschlagen werden kann. Laut- und damit z.T. auch Sinnbezüge finden sich bei תפלה/תהלה "Lobpreis/[Bitt-]Gebet" 2a.3a, דבר/בשר/נדר "Gelübde/Fleisch/Angelegenheit(en)" 2c.3b.4a, שבע/פשע "Freveltaten/sättigen" 4b.5c. In 5 zeigen sich Lautdominanzen auf ר und ב, in 6 der Reim auf ע[נ]ונו, in 8 (und 10cd) die Laute ש ("Getöse") und מ ("Meer", "Nationen", "Wasser") mit <u>onomatopoësierendem</u> Effekt. Ähnliches gilt für die 3malige, das stetige Aufschlagen von Regentropfen nachahmende Silbe mit ב + i-Vokal (ברביבים "mit Regengüssen") in 11b. Durch 12–14 schliesslich zieht sich der ע-Laut (u.a. mit dem doppelten <u>רעף</u> "triefen" 12b.13a sowie <u>יתרועעו</u> "sie jubilieren sich gegenseitig zu" im Schlusskolon 14c).

Kontexte

Der Psalm eröffnet die Kleingruppe Ps 65–68. Ihr ist in den Überschriften die Doppelbezeichnung שיר/מזמור "Psalm/Lied" gemeinsam, ferner eine hymnische (und damit kollektive) Prägung sowie Segens- bzw. Lobpreis-Elemente, mit denen die Gruppe auch ab-

schliesst (vgl. ברך "segnen, preisen" 65,11; 66,8.20; 67,7.8; 68,20.27.36). Auch mit der Vorgängergruppe Ps 61–64 gibt es einige Berührungen, insbesondere mit Ps 63 (vgl. die eine Lesart von 65,2 mit 62,2.6, ferner u.a. die Stichworte שבח I pi/hi "preisen/besänftigen" 63,4; 65,8, דשן "Fett" 63,6; 65,12, רנן "jubeln" 63,8; 65,9, מים "Wasser" 63,2; 65,10).
Die LXX hat eine Überschriftserweiterung, die den Psalm mit Jeremia und Ezechiel und der Rückkehr aus dem Exil in Beziehung bringt.
Zu 3 vgl. 1. Kön 9,3; 2. Kön 20,5, zu 4 vgl. Mi 7,18f., zu 5 vgl. Dtn 4,7; Ps 36,9; 1. Kor 3,17, zu 8 vgl. Jes 17,12; Mt 8,26; Mk 4,39; Lk 21,25, zu 10f. vgl. Jo 2,22–24.

Anregungen für die Praxis

Eine öfters gehörte (Aus?-)Rede lautet: Die Menschen gehen heute so wenig in die Kirche, weil es ihnen zu gut geht. Diese Beschränkung der Gottessuche auf Zeiten der Not teilt dieser Psalmist nicht – im Gegenteil: Er sucht die Nähe Gottes (Tempel, Gottesdienst, "Kirche"), weil es ihm so gut ergangen ist bzw. Gott ihm geholfen hat (Motiv der Dankbarkeit). Er bezeugt dabei Gott als Gebet-Erhörenden. Gerade dies dient zur Ermutigung, dass alle Menschen ("alles Fleisch") zu ihm kommen dürfen bzw. sollen. Die Freude an der Gottes-Gegenwart durchzieht diesen Psalm (vgl. auch G. Tersteegens bekanntes Lied "Gott ist gegenwärtig ...", EG 165 [Stammteil]; RG 162). Vielleicht ist ihm diese Nähe jetzt umso wichtiger, weil er zuvor an "Trennungserfahrungen" gegenüber Gott, nämlich "übermächtigen Sündenangelegenheiten", gelitten hat. Derartiges Vor-Gott-Kommen öffnet und führt den Menschen aus seiner Selbstverkrümmung in die Weite des Lobpreises der Schöpfungsherrlichkeit Gottes. So verbindet sich der Dank über die eigene Heilserfahrung mit dem Erntedank.
Die Gottes-Aussagen von 8 (Chaos-Bändigung) werden in den Sturmstillungs-Perikopen des NTs aufgenommen: Dem Messias Jesus gehorchen Sturmwind und Wellen (vgl. Mt 8,26f.; Mk 4,39–41).
Ps 65 im Gesangbuch: EG Ps 65 (EG-West), 765 (EG-BT); RG 40; GL 731; KG 617.

Psalm 66

	1		Dem Musikverantwortlichen – ein Lied – ein Psalm.
I		a	Jauchzt Elohim zu, alle Welt ("ganze Erde"),
(A)	2	a	besingt die Herrlichkeit seines Namens,
		b	bringt dar ("stellt hin") die Herrlichkeit seines Ruhmes!
	3	a	Sprecht zu Elohim: Wie Ehrfurcht gebietend [ist] dein Werk!
		b	Ob der Grösse deiner Macht müssen dir deine Feinde huldigen ("heucheln").
	4	a	Alle Welt ("ganze Erde") soll vor dir anbetend niederfallen
		b	und dich besingen – sie soll besingen deinen Namen! – Sela.
II	5	a	Kommt und seht die Taten Elohims!
(B)		b	Ehrfurcht gebietend [ist sein] Tun gegenüber den Menschensöhnen!
	6	a	Er verwandelte das Meer ins Trockene;
		b	durch die [Meeres-]Strömung schritten sie zu Fuss.
		c	Dort wollen wir uns freuen über ihn:
	7	a	den für immer Herrschenden in seiner Heldenkraft.
		b	Seine Augen halten Ausschau unter den Fremdvölkern;
		c	die Widerspenstigen erheben sich nicht mehr gegen ihn. – Sela.
III	8	a	Preiset, ihr Völker (oder: Volksgenossen), unsern Elohim,
(C)		b	und lasst laut ("Stimme") erschallen seinen Ruhm:
	9	a	der unsere Seelen ins Leben versetzt ("hinstellt")
		b	und unsern Fuss nicht preisgegeben hat dem Wanken!
	10	a	Fürwahr, du hast uns geprüft, Elohim;
		b	du hast uns geläutert wie Silber geläutert wird.
	11	a	Du liessest uns im Netz verfangen (oder: hast uns in die Festung gebracht),
		b	hast eine Last an unsere Hüften gelegt ("hingestellt").
	12	a	Du liessest Menschen über unsern Kopf hin fahren,
		b	wir gingen durch Feuer und durch Wasser,
		c	[aber dann] führtest du uns heraus zur Fülle.
IV	13	a	Ich bringe in dein Haus Brandopfer,
(A')		b	ich löse bei dir meine Gelübde ein,
	14	a	zu denen meine Lippen sich aufgetan haben
		b	und (die) mein Mund geredet hat angesichts meiner Bedrängnis.

	15	a	Brandopfer von Mastschafen opfere ich dir,
		b	zusammen mit dem Opferduft von Widdern;
		c	ich richte Rinder zu zusammen mit Böcken. – Sela.
V	16	a	Kommt, hört, denn ich will erzählen, all ihr Ehrfürchtigen Elohims,
(B')		b	was er an meiner Seele getan hat!
	17	a	Zu ihm rief mein Mund,
		b	ja, Lobpreis ("Erhebung") [war] unter meiner Zunge.
	18	a	Wenn ich Frevel in meinem Herzen mir ausersehen gehabt hätte,
		b	Adonaj hätte nicht erhört.
	19	a	Elohim jedoch hat erhört,
		b	er hat aufgemerkt auf die Stimme meines [Bitt-]Gebets.
	20	a	Gepriesen [sei] Elohim,
		b	der nicht entfernt hat mein [Bitt-]Gebet
		c	und seine Gnade von mir!

1 רוע hi: jauchzen (Impt hi m pl).– **2** שׂים setzen, (hin)stellen, bestimmen (Impt qal m pl).– **3** כחשׁ pi: lügen, (Ergebung) heucheln (PK pi 3 m pl).– **4** חוה II hitp: sich tief beugen, verneigen, huldigen (PK hitp 3 m pl).– **5** מִפְעָלָה Werk // עֲלִילָה Tun.– **6** הפך wenden, verwandeln (PK qal 3 m sg) // יַבָּשָׁה das Trockene // נָהָר Fluss, Strom, Strömung.– **7** צפה spähen, ausschauen (PK qal 3 f pl) // סרר I störrisch, widerspenstig sein (Ptz qal m pl).– **10** בחן prüfen (AK qal 2 m sg + Suff) // צרף läutern (AK qal 2 m sg + Suff).– **11** בוא hineingehen, hi: hineinbringen (AK hi 2 m sg + Suff) // מְצוּדָה I (Jagd-)Netz; II Bergfeste // מוּעָקָה (hap leg) Drangsal, Last // מָתְנַיִם (beide) Hüften.– **12** רכב reiten, fahren, hi: reiten, fahren lassen (AK hi 2 m sg) // רְוָיָה Überfluss (oder ändern zu רְוָחָה Weite, Erleichterung).– **13** עוֹלָה Brandopfer.– **14** פצה den Mund auftun, aufreissen (AK qal 3 pl).– **15** מֵחַ Fett-, Mastschafe // עלה hi: (hin)aufsteigen lassen (auf dem Altar), (Opfer) darbringen (PK hi 1 sg) // קְטֹרֶת Räucherwerk, Opferduft // בָּקָר Rinder (koll) // עַתּוּד (Ziegen- und Schaf-)Bock.– **17** רוֹמַם Erhebung, Lobpreisung.– **19** אָכֵן I fürwahr, jedoch // קשׁב hi: aufmerksam hinhören (AK hi 3 m sg).– **20** סור abbiegen, weichen, hi: wegschaffen, entfernen (AK hi 3 m sg).–

Form und Inhalt

Dieser Psalm beinhaltet, wie sein Vorgänger, eine Verbindung von Dank(opfer)lied (Toda) und Hymnus, nur dass Ps 65 sich an der Schöpfung, Ps 66 aber sich an der Geschichte orientiert. Formkritisch kann man zunächst drei Teile des Psalms voneinander abheben: Den Schluss (13–20) macht eine Ich-Rede bzw. -Schilderung im Zusammenhang einer Gelübde-Einlösung nach der Rettung aus der Bedrängnis im Rahmen einer Toda-Feier am Heiligtum (Angesprochene: Gott selber bzw. die Gottesfürchtigen). Ihr vorgeschaltet ist die Wir-Schilderung einer ausgestandenen Prüfung (8–12). Eine Gruppe bzw. das versammelte Gottesvolk schildert, wie Gott sie in Bedrängnis hinein und dann rettend herausgeführt hat. Den Psalm eröffnet ein Hymnus (Aufruf und Vollzug) mit universalistischer Weite (1–7). Aufgrund von 6c wird deutlich, dass die zum Hymnus Aufrufenden und ihn Darbringenden eine kollektive Grösse ("wir") sind.

Der Psalm verbindet also zwei verschiedene gottesdienstliche, am Tempel vollzogene Darbringungen: den kollektiv-(inter)nationalen Hymnus der versammelten Volksgemeinde und das individuelle, im Familien- und Freundeskreis dargebrachte Dank(opfer)lied (aufgrund der Tierarten und der Mehrzahl in 13–15 vermutlich eines wohlhabenden Menschen). Der dazwischen geschobene Wir-Bericht verbindet die beiden Momente insofern, als er sich sowohl gruppenspezifisch in eine Toda-Feier einzeichnen als auch national als Ausdruck des Volksergehens interpretieren lässt (entsprechend oszilliert die Bezeichnung der in 8a zum Lobpreis Aufgerufenen zwischen "Völkern" und "Volksgenossen"). Ob diese dreiteilige Anlage einen Anhalt in einem liturgischen Ablauf eines Pilgerfestes (mit "Haupt- und Nebenschauplätzen", wohl im Herbstkreis) hat oder nur eine literarische Zusammenfügung ist, kann nicht mit Bestimmtheit gesagt werden (das Erste scheint wahrscheinlicher).

Struktur und Poesie

Die aufgewiesene Dreiteiligkeit lässt sich zu einer fünf-stanzigen Struktur (I–V, dazu 20) verfeinern (die sich teils nochmals untergliedern lässt). Die mit vielfacher interner Vernetzung komponierte und dadurch Aussagelinien anzeigende Gesamtanlage kann nur knapp dargestellt werden. Es ist von einer mittezentrierten Struktur auszugehen, bei der sich um die gedehnte Mittestanze (II) je zwei Rahmenstanzen legen, die wechselseitig-alternierend miteinander verbunden sind, so dass die Gesamtanlage mit dem Schema ABCA'B' wiedergegeben werden kann.

Gemäss diesem Verstehensmodell ist Stanze I (mit ABA'-Struktur, d.h. Rahmung der analogen Verse 2 und 4 um 3) mit Stanze IV (gleiche Binnenstruktur wie I) zu verbinden (A/A'). Der an alle Welt ergehende Aufruf zum Lobpreis (I) wird durch die Opfer- und Gelübde-Darbringung (IV) individuell realisiert bzw. – umgekehrt – begründet (vgl. auch die Verknüpfung unter dem Stichwort עשׂה[מ] "Werk/zurichten" 3a.15c, ferner 16b). Entsprechend sind die Stanzen II und V aufeinander hin zu hören bzw. zu lesen (B/B'). Am Anfang steht je der Aufruf zum Kommen (eröffnendes לכו 5a.16a) und Sehen (ראה 5a, vgl. 18a) bzw. Hören (שׁמע 16a, vgl. 18b.19a – ein Zentralbegriff dieser Stanze). Das lobpreisende Darlegen des kollektiven Heilsgeschehens (vgl. 6: Schilfmeerdurchzug) wird mit individueller Heilserfahrung verschränkt bzw. letztere durch ersteres unterlegt. Die Wahrnehmung von Gottes "Ehrfurcht gebietendem Tun" lässt die Gläubigen zu "Ehrfürchtigen" werden (vgl. ירא 5b.16b, ferner 3a). Als einzige "Erhebung" (vgl. רום 7c.17b) gegen Gott ist diejenige mit lobpreisender Zunge statthaft.

Die Mittestanze III ist in sich dreiteilig (8–9|10|11–12), chiastisch (ABA') und stellt 10 betont ins Zentrum und damit in die Mitte des gesamten Psalms. Entsprechend der Mittestellung der Stanze verschränken sich in ihr Aussagelinien der umliegenden Stanzen. So laufen in der zentralen Läuterungsaussage (10, Entschlackung als Bild aus der Metallgewinnung) Momente von 7bc und 18ab zusammen. Die Not- und Befreiungsschilderung (11–12) leitet über zur nachfolgenden Gelübde-Darbringung (13ff.), ist aber über das Verb שׂים "hinstellen" o.ä. (2b.9a.11b) und die "Wasser"-Begrifflichkeit (6ab.12b) auch nach vorne verbunden. Die eröffnende Strophe 8–9 schliesslich fügt sich sowohl zu den vorangegangenen hymnischen Teilen (vgl. das Stichwort תהלתו "sein Ruhm" 2b.8b, ferner der Ergehensbezug unter dem Stichwort רגל "Fuss" 6b.9b) wie auch zur Schlussstanze V mit ihren Erhörungs- und Rettungsaussagen (vgl. die Stichworte קול "Stimme" 8b.19b; נפש "[unsere/meine] Seele[n]" 9a.16b).

Der leicht abgesetzte Schlussvers mit der ברוך-Formel ("Gepriesen/gesegnet ...") variiert die Aussage des Vorverses (תפלתי "mein [Bitt-]Gebet" 19b.20b), rahmt den Psalm mit den korrespondierenden und zudem lautähnlichen Bezeichnungen תפלה/תהלה "Ruhm bzw. Lobpreis/(Bitt-)Gebet" (2b.20b, auch 8b) und enthält eine Rückkoppelung zur Psalmmitte (ברך "preisen, segnen" 8a.20a).

Was die Klangmuster betrifft, bilden Kombinationen von מ mit Sibilanten (ש/ז/ס/צ), in die Formen von שם, שים und שמע einbezogen sind, eine Art Ostinato (2a.2b.3a.4b.6c.7a.7c.8b.9a.11a.11b.13b.16a.18b.19a). In 6(a) ist die Dominanz der (dunklen) *a*-Laute (Nachahmung des Wasserrauschens und Durchschreitens?), in 10b und 11 der Konsonanten פ bzw. כ erwähnenswert. In 12 (ähnlich 13b.14a) verbindet das Klangduo ש/א die Begriffe "Mensch", "Kopf" und "Feuer". 12–14 ist gekennzeichnet durch eine Dominanz von Labial- (ב/פ), 15 von Gutturallauten (ע/א). Schliesslich sind die häufigen Veröffnungen auf ה (1a.6a.9a.11a.12a) bzw. א (3a.13a.14a.17a.18a.19a) zu nennen.

Kontexte

Innerhalb der hymnisch geprägten Kleingruppe Ps 65–68 ist Ps 66 stark mit dem Vorgängerpsalm 65 verklammert. Dies zeigt sich bereits an der Anknüpfung des Anfangs von Ps 66 an das Ende von Ps 65 mittels der Bezeichnungen שיר "singen/Lied" und רוע hitp/hi jubilieren/jauchzen" (65,14; 66,1). Ähnlich sind auch die jeweilige Psalmeröffnungen mit dem Stichwort תהלה "Lobpreis, Ruhm" (65,2; 66,2). Es wird in beiden Psalmen zudem mit dem korrespondierenden und lautähnlichen תפלה "(Bitt-)Gebet" (65,3; 66,19.20) verbunden. Analog ist auch das Motiv der Gelübde-Abstattung (שלם נדר 65,2; 66,13) und damit zusammenhängend der Tempelbezug (65,2.5; 66,13–15), die Verbindung von individuellem Danklied und hymnischem Lobpreis sowie ein universalistischer Akzent (65,6.9; 66,1.4[.8]). Beiden Psalmen gemeinsam ist ferner der Verweis auf Gottes גבורה "Heldenkraft" (65,7; 66,7), weiter "segnen" bzw. "preisen" (ברך 65,11; 66,8.20), das Motiv der "Ehrfurcht" (נורא/ירא 65,6.9; 66,3.5.16) und – wenn auch in unterschiedlichen Akzentuierungen – die "Wasser"-Begrifflichkeit (65,6.8.10f.; 66,6.12). Erwähnenswert ist die bei Ps 66 (und 67) fehlende David-Zuweisung in der Überschrift.

Zu 6 vgl. Ex 14,21f.; Jos 3,17, zu 10 vgl. Jes 48,10; Sach 13,9; Mal 3,3; Spr 17,3, zu 12 vgl. Jes 43,2, zu 13–15 vgl. Num 30,3; Dtn 12,11; Jon 2,10; Ps 22,26; 50,14; 61,9, zu 16 vgl. Mk 5,20, zu 18–19 vgl. Joh 9,31.

Anregungen für die Praxis

Die Psalmen als "Wiederverwendungsliteratur" arbeiten mit einem Wechsel von Enthüllung und Verhüllung. So lassen die Schilderungen von 10–12 traumatische Erfahrungen einer Gruppe (oder des Volkes) erkennen, ohne dass sie im Detail benannt würden. Gerade dies ermöglicht dem bzw. den Hörenden, Lesenden, Nachbetenden durch die Zeiten hindurch, seine bzw. ihre eigenen Erfahrungen "anzuschliessen". Im Übrigen werden – zumindest aus der Retrospektive – diese Erfahrungen positiv als (schmerzhaften) Prozess der Läuterung durch Gott verstanden und gerahmt durch die Bezeugung, dass Gott die Seele (wieder) ins Leben versetzt bzw. zur Fülle herausgeführt hat.

Dass das Bittgebet in der Not zu Gott nicht zum "Notnagel" wird, zeigt die "Zeichensetzung der Dankbarkeit" mit Opferdarbringung bzw. Gelübdeeinlösung. Solche zeichensetzende Dankbarkeit gegenüber Gott ist auch heute notwendig, sonst entgleitet die Rettungserfahrung nachträglich aus der Gottesbeziehung ("Glück gehabt!"), und das Heilvolle verwandelt den Menschen nicht zum Guten.

Dass ein Gebet unter zugleich bewusstem Frevelverhalten nicht mit Erhörung rechnen kann, wird nicht nur in 18f., sondern auch in andern Zusammenhängen deutlich (vgl. Jes 1,15; Mt 5,22–24; Joh 9,31, aber auch Mt 7,11).

Angesichts der Majestät Gottes soll "alle Welt" ihn lobpreisen – ein Aufruf, der am Ende der Zeiten sich vollends erfüllen wird, auch wenn einige – wie in diesem Psalm – contre coeur in diese Huldigung einstimmen werden (vgl. Jes 45,23–25; Röm 14,11; Phil 2,9–11).

Ps 66 im Gesangbuch: EG Ps 66 (zwei Fassungen; EG-West), 181.7 (Stammteil), 279 (Stammteil); RG 41, (223); KG 458.4, 500.4, (KG CN 013, 047–048).

Psalm 67

	1		Dem Musikverantwortlichen – mit Saitenspiel – ein Psalm – ein Lied.	
I	2	a	Elohim möge uns gnädig sein und uns segnen;	
(A)		b	er lasse sein Angesicht leuchten bei uns,	– Sela.
	3	a	um zu erkennen auf Erden deinen Weg,	
		b	unter allen Fremdvölkern dein Heil.	
II R'	4	a	Völker sollen dich preisen, Elohim,	
(B)		b	Völker sollen dich preisen, insgesamt!	
	5	a	Sich freuen und jubeln sollen die Nationen!	
		b	Denn du regierst (oder: richtest) die Völker gerecht,	
		c	und die Nationen auf Erden, du leitest sie.	– Sela.
R"	6	a	Völker sollen dich preisen, Elohim,	
		b	Völker sollen dich preisen, insgesamt!	
III	7	a	Das Land (oder: die Erde) hat seinen (oder: ihren) Ertrag gegeben.	
(A')		b	Es segne uns weiterhin Elohim, unser Elohim;	
	8	a	es segne uns weiterhin Elohim,	
		b	so dass vor ihm Ehrfurcht haben alle Enden der Erde!	

2 חנן I jm. gnädig sein (PK qal 3 m sg + Suff) // אור hell werden, hi: erleuchten, hell sein lassen (PK Juss hi 3 m sg) // אֵת II mit, bei.– **4** ידה II hi: loben, preisen (PK hi 3 m pl + Suff).– **5** רנן pi: jubeln (wPK pi 3 m pl) // לְאֹם Nation // מִישׁר Geradheit, hier adverbialer Akkusativ: in Geradheit, (ge)recht // נחה I hi: führen, leiten (PK hi 2 m sg + Suff).– **7** יְבוּל Ertrag.– **8** אֶפֶס Ende.–

Form und Inhalt

Der kurze Psalm ist charakterisiert durch (an den Priestersegen sich anlehnende) Segensbitten, die von einer gottesdienstlichen "Wir"-Gruppe – wohl "Israel" repräsentierend – ergehen, und durch Lobpreis-Aufrufe, die an die Adresse der "(Fremd-)Völker" gerichtet sind. Ob solche Völkervertreter am Heiligtum (wohl in Jerusalem) selbst zugegen sind oder hier "lediglich" zionstheologische, mit JHWH-Weltherrschaft und Völkerwallfahrt verbundene Aussagen vorliegen, lässt sich nicht mit Bestimmtheit sagen. Der Psalm könnte einen liturgischen Haftpunkt darin haben, dass die hier geäusserten Segensbitten der priesterlichen Segenserteilung (vgl. Num 6,22–27) vorausgingen, wobei das Israel-bezogene Segensformular durch die Einschiebung universalistischer Aussagen ausgeweitet wurde (vgl. F.-L. Hossfeld / E. Zenger).

Die jussivisch zu interpretierenden PK-Formen werden in 7a durch eine AK-Form durchbrochen, die den Psalm (nach F.-L. Hossfeld / E. Zenger sekundär) in einen Erntedankzusammenhang (und damit wohl in den Kontext der Pilgerfeste im Herbst) stellt. Auf diesem Hintergrund haben die beiden nachfolgenden Segensbitten den Akzent, (am Abschluss des Erntedankfestes) *erneuten* Segen für das kommende Erntejahr zu erbitten (die PK-Formen sind entsprechend iterativ zu nuancieren = "wiederum, weiterhin segnen"). Dabei ist abschliessend (8b) – wie schon in 3 – die Realisierung dieser Bitte mit einer universalen Auswirkung verbunden.

Struktur und Poesie

Die Dreiteiligkeit von Ps 67 ist deutlich, diskussionswürdig ist einzig die Zuordnung von 4: Versteht man 4 und 6 im eigentlichen Sinn als "Refrain", dann kommt diesen Versen eine Abschlussfunktion zu (vgl. P.R. Raabe), was zur Gliederung 2–4|5–6|7–8 führt. Wahrscheinlicher aber ist die Annahme, dass 4 und 6 nicht als Refrain, sondern als (identischer) Rahmen innerhalb einer konzentrischen Gesamtanlage fungieren (vgl. W. Beyerlin).
Damit ergibt sich eine Struktur, bei der die Israel-bezogenen "Wir"-Segensbitten die Aussenstanzen bilden (I, III), zwischen die hinein die Völker-bezogenen Lobpreis-Aufrufe als Mittestanze (II) platziert wurden. Diese ist ihrerseits nochmals chiastisch strukturiert, indem identische Rahmenverse (R'/R'') um den Kernvers 5 gelegt sind. Dieses einzige Trikolon des Psalms bildet die Mitte von Stanze II bzw. von Ps 67 insgesamt. Damit ist auch inhaltlich-theologisch die Regent- und Richterschaft Gottes, die vom Bundesvolk ausgeht und zur Völkerwelt hinzielt, im Fokus dieses Psalms (was durch die auf 3 wie 5 zurückspiegelnde Schlusszeile 8b unterstrichen wird).
Die konzise poetische Gestalt ist charakterisiert durch eine hohe, vielleicht liturgisch geprägte Repetitivität (eine unterschiedliche Stimmen-Zuteilung von I/III und II ist denkbar). Hervorzuheben sind das Triplett יברכנו "er (= Elohim) möge uns segnen" zu Beginn und am Schluss (2a.7b.8a, Inclusio), die identischen Verse 4.6 als Rahmen um II, die chiastisch arrangierte "Völker/Nationen"-Begrifflichkeit in der Innenstanze II (עמים/עמים – לאמים/עמים/עמים – לאמים/עמים/עמים), dazu גוים "Fremdvölker" 3b) sowie das Leitwort ארץ (3a.5c.7a.8b), das mit seinem Oszillieren der Bedeutung zwischen "Erde" und "Land" (v.a. 7a) die Verbindung zwischen Israel und der Völkerwelt unterstreicht. Eine Scharnierfunktion zwischen den beiden Grössen kommt auch den finalen bzw. konsekutiven Aussagen von 3 bzw. 8b zu, so dass sich eine dreigliedrige theologische Sinnstruktur ergibt: Der Segen Gottes an seinem Volk Israel soll zur Anerkenntnis des Gottesheils bzw. zur Ehrfurcht bei den Heidenvölkern führen, die dann ihrerseits in den gottesdienstlichen Jubel unter Anerkennung der weltumspannenden gerechten Gottesherrschaft einstimmen sollen.
Zur hohen Symmetrie und Repetitivität tragen Anfangs- und Schlussreime der Zeilen und Verse bei (Akrostichie, Telestie), wodurch vielleicht der Gottesname (י) und die Völkerbegrifflichkeit (ם) anklingen sollen. So eröffnen acht Zeilen mit dem Konsonanten י (zusätzlich 2a bei Ersetzung von Elohim durch יהוה, vgl. ferner den Anfang von 8b) und sieben schliessen auf ם (dazu 2a.2b.7b auf נו sowie 3a.3b auf ך).

Psalm 67

Kontexte

Die Überschrift (1) bezeugt eine instrumentale wie gesangliche Aufführung. Dagegen fehlt – ausser bei einigen Mss der LXX – die David-Zuweisung (wie bei Ps 66).
Eine Reihe von Gemeinsamkeiten teilt Ps 67 mit den ihn umgebenden Psalmen der Kleingruppe Ps 65–68 (Hymnik, Universalisierung [u.a. "Völker"-Erwähnungen 65,8; 66,7.8; 67,3–6; 68,31], ברך-Phraseologie ["segnen, preisen" 65,11; 66,8.20; 67,2.7.8; 68,20.27.36], Bezüge zum Kreis der Herbstfeste [etwa Schöpfungs- und Erntethematik 65,10–14; 67,7], "Ehrfurcht" vor Gott [ירא 65,6.9; 66,3.5.16; 67,8; 68,36]).
In den Psalm eingeflossen sind priesterliche Überlieferungen (vgl. Lev 26,4; Num 6,24–26, ferner auch Ps 4,7 und die Inschriften auf zwei Silberamuletten in einem Grab am Ketef Hinnom, dazu O. Keel / C. Uehlinger). Dabei wurde die Reihenfolge der drei Verben ("gnädig sein – segnen – Angesicht leuchten lassen") und damit die Geschehensabfolge gegenüber dem Priestersegen modifiziert (vgl. F.-L. Hossfeld / E. Zenger). Affinitäten hat der Psalm auch zur (deutero)jesaianischen Prophetie mit ihrer Völker-Perspektive (vgl. Jes 43,8ff.; 45,20ff.; 48,20; 52,10) und zu JHWH-König-Hymnen (vgl. Ps 96,10.13; 98,9). Der Psalm wird von den Juden am Sabbat-Schluss rezitiert. Möglicherweise finden sich Anspielungen auf 3 in Lk 2,30; 3,6 (Apg 28,28).

Anregungen für die Praxis

Im Blick auf die Anwendung dieses Psalms in heutigen Kontexten bieten sich verschiedene Momente an, z.B. eine Besinnung über die "Bezugsgrössen" Gott – Gottesvolk (Israel, christliche Gemeinde) – Völkerwelt (Nichtjuden, Nichtchristen) oder über die Bedeutung des Segens für so manches Gelingen bzw. für den Lebens- wie den Ernte-"Ertrag" (etwa auch im Zusammenhang eines Erntedank-Gottesdienstes).
Hinweise im Text selber sowie die jüdische Praxis der Rezitation am Sabbat-Schluss weisen darauf hin, dass Ps 67 seinen liturgischen Ort am Schluss bzw. beim Übergang (vom Pilgerfest am Heiligtum auf den Weg nach Hause, vom Sabbat in die Alltagswoche) hat. Von daher legt sich auch eine liturgische Verwendung im Zusammenhang mit Sendung bzw. (Reise-)Segen nahe.
Ps 67 im Gesangbuch: EG Ps 67 (EG-West), 280 (Stammteil), 620 (EG-West), 730 (EG-Wü), 731 (EG-West), 764–765 (EG-BT), 768 (EG-Wü), 785 (EG-Wü); RG 42–43; GL 732; KG 537, 618.

Psalm 68

	1		Dem Musikverantwortlichen – David zugehörig – ein Psalm – ein Lied.
I	2	a	Elohim möge sich erheben,
		b	seine Feinde sollen sich zerstreuen
		c	und die ihn Hassenden fliehen weg von seinem Angesicht!
	3	a	Wie Rauch verweht wird, [so] mögest du [sie] verwehen!
		b	Wie Wachs angesichts des Feuers zerfliesst,
		c	[so] sollen sich verlaufen die Frevler weg vom Angesicht Elohims!
	4	a	Doch die Gerechten sollen sich freuen,
		b	sie sollen jauchzen vor dem Angesicht Elohims,
		c	ja, sie sollen frohlocken mit [grosser] Freude!
II A	5	a	Singt für Elohim,
		b	spielt seinem Namen!
		c	Macht Bahn dem (oder: erhebt den) Steppen-Reiter (oder: Wolken-Fahrer) –
		d	JH [ist] sein Name – und jauchzt vor seinem Angesicht:
	6	a	ein Vater der Waisen und Anwalt der Witwen –
		b	Elohim in seiner heiligen Wohnung!
	7	a	Elohim lässt Einsame einen Hausstand gründen,
		b	führt Gefangene hinaus ins Glück;
		c	die Widerspenstigen jedoch haben in dürrem Land Wohnung bezogen.
II B	8	a	Elohim, als du auszogest vor dem Angesicht deines Volk her,
		b	als du einherschrittest durch die Wüste, – Sela.
	9	a	da erbebte die Erde, ja, auch die Himmel troffen
		b	weg vom (aufgrund des) Angesicht(s) Elohims, dem vom Sinai,
		c	weg vom (aufgrund des) Angesicht(s) Elohims, dem Elohim Israels.
	10	a	Ausgiebigen Regen gossest du aus, Elohim,
		b	deinem Erbland, [als] es ausgemergelt war – du selbst hast es zubereitet.
	11	a	Deine Geschöpfe sind darin sesshaft geworden.
		b	Du hast es in deiner Güte für den Armen bereitgestellt, Elohim!
II C	12	a	Wenn Adonaj einen Spruch erlässt,
		b	[sind] die Siegesbotinnen [da], ein grosser Haufen.
	13	a	Dann fliehen die Könige der Heere, sie fliehen,
		b	und die Schöne des Hauses wird die Beute verteilen.

Psalm 68

	14	a	Obwohl ihr euch zwischen die Satteltaschen (oder: Hürden) legt,
		b	[sind] die Flügel der [siegmeldenden?] Taube[n] mit Silber überzogen
		c	und ihre Schwingen mit grünlichgelbem Gold.
	15	a	Wenn Schaddai dort (oder: dadurch) Könige zerstreut,
		b	wird es auf dem Zalmon ("Schwarzberg") schneien.
II D	16	a	Du Berg Elohims, Gebirge Basans,
		b	du kuppenreicher Berg, Gebirge Basans!
	17	a	Warum belauert ihr, ihr kuppenreichen Berge,
		b	den Berg, den Elohim für sein Wohnen (oder: Thronen) begehrt hat?
		c	Ja, JHWH wird [dort] für immer wohnen!
	18	a	Die Wagen Elohims sind zehntausende mal abertausende;
		b	Adonaj [ist] unter ihnen, Sinai [ist] im Heiligtum (oder: unter den Heiligen).
	19	a	Du zogest in die Höhe hinauf, hast Gefangene weggeführt;
		b	du nahmest Gaben unter den Menschen –
		c	sogar von Widerspenstigen –, um zu wohnen, JH Elohim.
III A	20	a	Gepriesen [sei] Adonaj Tag für Tag!
		b	Er trägt uns, der El unseres Heils. – Sela.
	21	a	Der El für uns [ist] ein El für Heilserweisungen,
		b	und von JHWH Adonaj [gibt es] Auswege aus dem Tod.
	22	a	Jedoch wird Elohim zerschmettern das Haupt seiner Feinde,
		b	den Haarscheitel dessen, der in seiner Schuld wandelt.
	23	a	Adonaj sprach: "Aus Basan (oder: vor der Schlange) will ich zurückbringen,
		b	ich will zurückbringen aus (oder: vor) den Tiefen des Meeres,
	24	a	damit du deinen Fuss im Blut badest ("zerschmetterst"?),
		b	die Zunge deiner Hunde an den Feinden ihren Anteil habe."
III B	25	a	Sie sahen deine Prozessionen, Elohim,
		b	die Prozessionen meines Els, meines Königs, ins Heiligtum (oder: unter Heiligen).
	26	a	Voran gingen die Sänger, danach die Saitenspieler,
		b	mittendrin die die Handpauke schlagenden jungen Frauen.
	27	a	In versammelten Gruppen preist (oder: priesen sie) Elohim,
		b	JHWH, [ihr] vom Quell Israels!
	28	a	Da [ist] Benjamin, [zwar] der Jüngste, [aber] sie beherrschend,
		b	die Fürsten Judas [und] ihre lärmende Menge,
		c	die Fürsten Sebulons, die Fürsten Naphtalis.

Psalm 68

III C	29	a	Entboten hat dein Elohim deine Macht.
		b	Erweise dich bitte [neuerlich] als mächtig, Elohim, wie du an uns [schon] getan hast
	30	a	von deinem Tempel über Jerusalem,
		b	[wohin?] Könige dir Geschenke darbringen!
	31	a	Drohe dem Schilftier,
		b	der Horde der Stiere unter den Kälbern der Völker!
		c	Niedertretend auf Silberstücke(?)
		d	zerstreue ("er zerstreute") die Völker, die an Kriegszügen Gefallen haben!
	32	a	Sie sollen mit Bronze-Sachen von Ägypten kommen,
		b	Kusch soll eilends seine Hände [voll] bringen zu Elohim.
III D	33	a	Ihr Königreiche der Erde, singt Elohim,
		b	spielt Adonaj! – Sela.
	34	a	Dem Einherfahrenden am Himmels-Himmel des Ostens (oder: der Vorzeit),
		b	siehe, er lässt seine Stimme ertönen, eine mächtige Stimme!
	35	a	Gebt Elohim die Macht!
		b	Über Israel [ist] seine Hoheit
		c	und seine Macht in den Wolken.
	36	a	Ehrfurcht gebietend [bist du], Elohim, von deinen heiligen Stätten her!
		b	Der El Israels [ist] er,
		c	der Macht und Kräftigkeit gibt dem Volk.
		d	Gepriesen [sei] Elohim!

2 פוץ sich ausbreiten, sich zerstreuen (PK qal 3 m sg).– **3** נדף zerstreuen, verwehen, ni: verweht werden (Inf cs qal/ni-Mischform + PK qal 2 m sg) // מסס ni: zerfliessen (Inf cs ni) // דּוֹנַג Wachs.– **4** עלץ/ז frohlocken, jauchzen (PK qal 3 m pl) // שׂושׂ sich freuen, frohlocken (PK qal 3 m pl).– **5** סלל (eine Strasse) aufschütten, aufhäufen, erheben (Impt m pl) // עֲרָבָה II Wolke; III Wüste, Steppe.– **6** יָתוֹם Waise // דַּיָּן Richter // מָעוֹן II versecktes Lager, Wohnung.– **7** ישׁב sitzen, wohnen, thronen; hi: setzen, wohnen lassen, einen Hausstand (בַּיִת) gründen lassen (Ptz hi m sg) // יָחִיד einzig, einsam // אסר fesseln, gefangen halten (Ptz qal m pl) // כּוֹשָׁרָה (hap leg) pl: Wohlstand, Glück // סוֹרֵר widerspenstig, Widerspenstiger // צְחִיחָה (hap leg) nacktes, verbranntes Gelände.– **8** צעד (feierlich) einherschreiten (Inf cs qal + Suff) // יְשִׁימוֹן Wüste.– **9** רעשׁ (er)beben (AK qal 3 f sg) // נטף tropfen, triefen (AK qal 3 pl).– **10** נְדָבָה freier Antrieb, freiwillige Gabe // נוף II besprengen, hi: fallen lassen (PK hi 2 m sg) // לאה I müde werden, ni: sich abmühen (Ptz ni f sg) // כון pol: hinstellen, bereiten, gründen, Bestand geben, hi: bereitstellen, bestimmen (AK pol 2 m sg + Suff).– **11** חַיָּה I (wildes) Getier, tierartige Wesen; II Leben // עָנִי ohne Grundbesitz, arm, elend.– **12** בשׂר pi: (frohe) Botschaft bringen (Ptz pi f pl: Freudenbotinnen) // צָבָא Heer(haufen), Kriegsleute.– **13** נדד I fliehen, flüchten (PK qal 3 m pl) // נָוֶה Weideplatz, Wohnstätte (oder von נָאוָה schön, lieblich) // חלק II teilen, pi: ver-, zuteilen (PK pi 3 f sg).– **14** שׁכב liegen (PK qal 2 m pl) // שְׁפַתַּיִם Hürden(?), Satteltaschen(?) // חפה hüllen, ni: überzogen sein (AK ni 3 m sg) // אֶבְרָה Flügel // יְרַקְרַק grünlichgelb, fahl (vom Gold mit starkem Silberzusatz) // חָרוּץ I Gold.– **15** פרשׂ ausbreiten, spannen, pi: ausbreiten, zerstreuen (Inf cs pi) // שׁלג (hap leg) hi: schneien (PK Juss hi 3 f sg).– **16** גַּבְנֻן (hap leg) hochgewölbt.– **17** רצד (hap leg) pi: lauernd beobachten (PK pi 2 m pl).– **18** רִבֹּא]א] Unzahl, zehntausend (dual = multiplikativ) // שִׁנְאָן (hap leg) Wiederholung, Verdoppelung(?); Streitwagen-Bogenschütze(?).– **19** מָרוֹם Höhe // שׁבה (kriegs)gefangen fortführen (AK qal 2 m sg) // שְׁבִי Gefangenschaft, Kriegsgefangene // מַתָּנָה I Gabe, Geschenk.– **20** עמס aufladen, (Last) tragen (PK qal 3 m sg).– **21** מוֹשָׁעָה (hap leg) Hilfeerweisung // תּוֹצָאוֹת Ausgänge, Auswege.– **22** מחץ zerschlagen (PK qal 3 m sg) // קָדְקֹד Scheitel // שֵׂעָר Haar // אָשָׁם Schuld.– **23** מְצוּלָה Tiefe.– **24** מחץ s. 22 oder eher Verlesung von רחץ (sich) waschen, baden (PK qal 3 m sg) // כֶּלֶב Hund // מֵן Anteil.– **25** הֲלִיכָה Gehen, Weg, Prozession.– **26** קדם pi: vorn sein, an der Spitze gehen (AK pi 3 pl) // נגן qal + pi: ein Saiteninstrument spielen (Ptz qal m pl) // תפף die Pauke schlagen (Ptz qal f pl).– **27** מַקְהֵל Versammlung // מָקוֹר Quelle.– **28** צָעִיר I klein, jung, gering // רדה I (Kelter) treten, (unterdrückend) herrschen (Ptz qal m sg + Suff) // רִגְמָה (hap leg) lärmende Menge, Menschenhaufe, Führer, Sprecher(?).– **29** צוה pi: befehlen, entbieten (AK pi 3 m sg – Versionen lesen Impt pi m sg) // עזז sich stark erweisen (Impt Adh m sg).– **30** יבל I hi: führen, bringen (PK hi 3 m pl) // שַׁי Geschenk.– **31** גער schelten, (be)drohen (Impt qal m sg) // קָנֶה Schilf(rohr) // עֵדָה I Versammlung, Schar // אַבִּיר stark, gewaltig, Gewalthaber, Stier // עֵגֶל Jungrind, Jungstier, Kalb // רפס = רפשׂ trüben, hitp: niedertreten, sich niederwerfen (Ptz hitp m sg) // רַץ (hap leg) Stück(?) // בזר pi: zerstreuen (AK pi 3 m sg oder umpunktieren zu Impt pi m sg) // קְרָב Kampf.– **32** אתה kommen (PK qal 3 m pl) // חַשְׁמַן (äg. Lw., hap leg) Bronze-Sachen oder rote Tücher // רוץ laufen, hi: eilen lassen, eilend tun, bringen (PK hi 3 f sg).– **33** מַמְלָכָה Königreich.– **35** גַּאֲוָה Hoheit // שַׁחַק Gewölk, pl: Wolken.– **36** נוֹרָא furchtbar, Ehrfurcht gebietend // מִקְדָּשׁ heilige Stätte, Heiligtum // תַּעֲצֻמוֹת (hap leg) Kraftfülle, Kräftigkeit.–

Form und Inhalt

Ps 68 gehört aufgrund der Vielzahl von seltenem oder gar singulärem (hap leg) Vokabular, der teils mehrdeutigen (vgl. u.a. 5c) oder schwer verständlichen Diktion (vgl. 14.31) sowie der Komplexität der Struktur (s.u.) und der inhaltlichen Gesamtaussage zu den am schwierigsten zu interpretierenden Psalmen (es stellt sich u.a. auch die Frage, ob manche der PK-Formen jussivisch-futurisch oder als archaische Narrative aufzufassen sind). Entsprechend gehen auch die Meinungen der Ausleger betreffend Alter und Einheitlichkeit auseinander. Aufgrund der hier gebotenen Kürze kann auf diesen Psalm nur rudimentär eingegangen werden.

Ortsangaben (Basan, Zalmon, Sebulon, Naphtali) wie auch inhaltliche und sprachliche Eigenheiten (u.a. die Nähe zu ug. Begrifflichkeit, Motivik und Poesie, z.B. Gott als Regenspender) führen ebenso in den Norden (Zehnstämme-Reich "Israel") wie Anspielungen auf frühe Traditionen, die vom Sinai als Ursprungsort des Erscheinens Gottes (Theophanie) sprechen (vgl. namentlich das Debora-Lied, Ri 5). Da zugleich Jerusalem und der

Tempelberg Erwähnung finden und judäische Bezüge vorliegen, hat man von einer sehr frühen Ansetzung (Salomo) auszugehen. Die – wahrscheinlichere – Alternative ist, dass nach dem Fall des Nordreichs Texte und Traditionen von dort nach Jerusalem gelangt, mit eigenen Motiven angereichert worden sind und so dieser Psalm – entweder unter Einbezug überlieferungs- bzw. traditionsgeschichtlicher Elemente in *einem* Wurf oder als Weiterbearbeitung eines früheren Nordreich-Psalms – entstanden ist. Dabei dürften Kreise, die für die Asaph-Psalmen 50; 73–83 verantwortlich waren, auch bei Ps 68 eine Rolle gespielt haben (ähnlich F.-L. Hossfeld / E. Zenger, nur dass sie diese Verbindung mit der Zeit des Exils statt der hiskianischen oder allenfalls josianischen Regentschaft in Verbindung bringen; aufgrund Berührungen mit Jes 40ff. wird auch eine frühnachexilische Abfassung bzw. Überarbeitung erwogen). Aufgrund der liturgisch-kompositen bzw. kollektiv-hymnischen Anlage sowie der Verbindung von Theophanie, frühgeschichtlichen Reminiszenzen und der Erwähnung der Gabe des Regens ist die Aufführung dieses Psalms vermutlich mit den Festen des Herbst-Zyklus in Jerusalem in Verbindung zu bringen (in einer Ursprungsfassung möglicherweise mit Heiligtümern im Nordreich – auf dem Berg Tabor?).

Den Anfang macht – in Anlehnung an einen alten Lade-Spruch (vgl. 2.18 mit Num 10,35f.) – ein Präludium (2–4) mit Eingangsbitten, die Gott zum siegreichen Einschreiten gegen die Feinde (zur Freude der Gemeinde der Gerechten) bewegen wollen.

Der erste Hauptteil (5–19) beginnt mit einem Aufruf zum gottesdienstlichen Lobpreis samt einer Aussage über Gottes Obhut über die personae miserae (5–7). Es folgt eine hymnische Theophanie-Schilderung, die mit Sinai und frühgeschichtlicher Wüstenführung einerseits und der (mit Landgabe und Fruchtbarkeit in Bezug stehenden) Regen-Gabe andererseits verbunden ist (8–11). Der Theophanie-Bogen bestimmt auch den nächsten Abschnitt (12–15), der das Gotteserscheinen mit prophetischem Wort verknüpft und als Folge von beidem Erschrecken und panische Flucht bei den Feindmächten aussagt (12–15). Der siegreiche Gotteszug (mit der Lade), der vom Sinai ausgegangen ist, gelangt nun – in Nachzeichnung der Landnahme? – in ostjordanisches Gebiet bzw. Gebirge (Zalmon, Basan) und führt unter Mitnahme von Gefangenen und Tributleistungen zur endgültigen Wohnsitznahme (16–19). Die Formulierung weist auf den Zion und spielt möglicherweise auf eine alte Rivalität der "Gottesberge" zwischen dem Nord- und Südreich an (vgl. Ps 78,67–69).

Nachdem man gleichsam "geschichtlich" in Jerusalem angekommen ist, hat der zweite Hauptteil (20–36) seinen Ort bei der versammelten Gemeinde am Zionsheiligtum. Zunächst wird Gott (Adonaj, El) als Gott des Heils für sein Volk bzw. – unter Einspielung eines (kult)prophetischen Wortes – als Sieger gegen seine (Gottes und des Volkes) Feinde gepriesen (20–24). Dann geht der Blick auf eine gottesdienstliche Prozession, bei der die Repräsentation der Stämme Benjamin (zuerst und hervorgehoben), dann Juda, darauf Sebulon und Naphtali speziell erwähnt werden (25–28; die Gründe für Auswahl, Reihenfolge und Gewichtung der vier Stämme sind nicht hinreichend geklärt). Darauf werden – analog zu früheren Zeiten – für die Gegenwart und Zukunft Machterweise Gottes erbeten, die zur Tributleisung der Fremdvölker nach Jerusalem führen sollen (29–32). Den Schluss machen hymnische Aufrufe und Vollzüge (33–36).

Psalm 68

Struktur und Poesie

Über die (auf S. Mowinckel zurückgehende) 9-Teiligkeit des Psalms herrscht weitgehender Konsens (jede Einheit hat eine Grösse von 9–10 Zeilen). Bei der Frage des Zueinanders dieser Teile bzw. der Gesamtanlage von Ps 68 wird als Makrostruktur eine Gliederung in drei Hauptteile zu je drei Subteilen (2–11|12–24|25–36) vertreten (J.P. LePeau, M.E. Tate) bzw. eine konzentrische Anlage mit einem Kern (12–28), zwei darum gelegten Ringen (8–11|29–32 und 5–7|33–36) und einem vorangestellten (2–4) "Präludium" (F.-L. Hossfeld / E. Zenger). Ich gehe (ähnlich wie J.-N. Aletti / J. Trublet) von zwei Hauptteilen bzw. Cantos (II, III), die je vier Stanzen umfassen (die sich strophisch weiter untergliedern lassen), und einer vorangestellten Eingangsstanze (I) aus.

Im Prolog (I) wird vorab Gottes Eingreifen und Führen in Geschichte und Gegenwart angerufen. Verbunden ist dies mit einer Reminiszierung an den Ladespruch (Num 10,35) und damit an die gründende Heilsgeschichte sowie mit jussivischen Feindbesiegungs-Bitten und gottesdienstlichem Lobpreis. II knüpft an die hymnische Diktion des Prologs an (vgl. etwa עלץ/עלז "jauchzen" 4b.5d, ferner die fortgeführte Häufung der Präpositionalfügungen לפני/מפני "weg vom Angesicht .../vor dem Angesicht ..." von I in II A/B). Der Aussageschwerpunkt gilt dem heilsgeschichtlichen Wirken des theophanen "Wolken-Fahrers" bzw. "Steppen-Reiters", dessen mit Phänomenen begleitetes Kommen vom Sinai vor dem Volk her durch die Wüste über das Ostjordanland (Basan) bis zur Wohnsitznahme auf dem Zion nachgezeichnet wird (Rahmungsmomente sind der Zeilenparallelismus 7c || 19c, der verkürzte Gottesname JH 5d.19c, קדש "heilig/Heiligtum" 6b.18b und רכב "Reiter/Wagen" 5c.18a). III spielt sich vornehmlich in der gottesdienstlichen Gegenwart am Jerusalemer Tempel ab und erbittet neuerliche Machterweise (Rahmung: ברוך אדני/אלהים "gepriesen sei Adonaj/Elohim" 20a.36d).

Wenn ich recht sehe, haben beide Hauptteile neben den genannten Rahmen-Bezügen (Inclusio) im Blick auf ihre vier Stanzen eine alternierende Binnenstruktur (ABAB'). Demzufolge wären in II die Stanzen II A und II C (= A/A'), also die konträren Aussagen über Gottes Anwaltschaft hinsichtlich der Minderbemittelten und seine Abwehr der (bedrängenden) Könige bzw. ihrer Völker, miteinander zu verbinden. Deutlicher sind die Bezüge zwischen II B und II D (= B/B'), die beide von Heilsgeschichte und Theophanie bestimmt sind und um die "Gottesberge" (Sinai, Basan, angedeutet auch Zion) kreisen. Analoges gilt für III, wo einerseits die Heils- und Machtaussagen für sein Volk bzw. v.a. gegen die Feinde (vgl. III A und III C = A/A'), andererseits die Passagen, die stärker von der gottesdienstlichen Aufführung geprägt sind (III B und III D = B/B', vgl. etwa שירו/שרים "Sänger/singt" 26a.33a), aufeinander bezogen sind.

Was die Vernetzung der beiden Cantos (II, III) mit ihren je vier Stanzen und damit die Gesamtanlage von Ps 68 betrifft, ist vermutlich von einer Gestaltung nach dem Schema ABCDD'B'C'A' auszugehen. Mit andern Worten: Die Binnenstanzen II D und III A (Gott als Kämpfender, "Basan") sowie die Rahmenstanzen II A und III D (Gottesdienst, Impt "singt, spielt!", רכב "[Wolken-/Steppen- bzw. Himmel-]Fahrender") sind aufeinander hin zu interpretieren. Gleiches gilt im Blick auf II B und III B (geschichtliche und gottesdienstliche "Prozession" Gottes) sowie II C und III B (Flucht/Zerstreuung bzw. Tributleistung der "Könige" [מלכים], כסף "Silber" 14b.31c).

Den Psalm insgesamt bestimmende Leitworte finden sich weniger (vgl. allerdings die Vielzahl und Varianz der Gottesbezeichnungen), dafür aber solche, die eine oder mehrere Stanzen bestimmen (und auch verknüpfen) wie z.B. הר "Berg, Gebirge" (verbunden mit Gebirgsnamen) in II D oder עז(ז) "mächtig sein/Macht" in III C und D.
Aus der Vielzahl von lautpoetischen Phänomenen sei lediglich auf die Häufigkeit der Versanfänge auf א (Cluster 6–9, dazu 12.14.22.23) und auf die Freude bzw. die Macht (v.a. ז) (mit)ausdrückende Sibilanten-Dominanz in 4f.29.33–36 hingewiesen.

Kontexte

Ps 68 greift auf vornehmlich ältere, insbesondere mit dem Nordreich verbundene Texte und (Theophanie-)Traditionen zurück (v.a. Ri 5, dann auch Num 10,35f.; Dtn 32; 33; Hab 3; Ps 18; 20; die Asaph-Psalmen 50; 73–83).
Als längster der vier Psalmen macht Ps 68 den Abschluss der mit שיר ("Lied") überschriebenen Kleingruppe Ps 65–68. Mit dem kurzen Vorgängerpsalm 67 verbindet ihn die Fruchtbarkeitsthematik (67,7; 68,10f.), die Heils- und Jubeltopik (67,3f.6; 68,4f.20f.33) sowie die Aussagen über Gottes Herrschaft über die Völkerwelt (67,5; 68,2f.13–15.19.22–24.30–33). Das Thema der (Ehr-)Furcht Gottes (ירא bzw. נורא 65,6.9; 66,3.5.16; 67,8; 68,36) und v.a. des "Segnens/Preisens" (ברך 65,11; 66,8.20; 67,2.7.8; 68,20.37.36) verbindet ihn darüber hinaus mit der gesamten Kleingruppe (betonter Psalm- und Gruppenabschluss mit ברוך אלהים "Gepriesen sei Elohim!" 68,36d). Formulierungen im Prolog weisen zurück auf Ps 1 als Eingangstor zum Psalmenbuch (vgl. 1,4.6 mit 68,3).
Die Aussage von 19ab (Thronbesteigung) wird in Eph 4,8–10 zitierend aufgegriffen und erklärend mit Christi Himmel- (und Höllen-)Fahrt und d.h. mit seinem Auftrag und seiner Herrschaft in Zusammenhang gebracht. Im Weiteren vgl. u.a. 5 mit Ex 3,15, 9 mit Hebr 12,26, 15 mit Ri 9,48, 20 mit 1. Kor 10,13, 25f. mit Ex 15,20; 2. Sam 6,5.13–15,30.32 mit Ps 72,10; Apg 8,27; Offb 21,24.

Anregungen für die Praxis

Will man den Psalm in den oben skizzierten Aussagelinien auslegen und anwenden, wird man auf das Thema der Gottesgegenwart (Theophanie) in der gottesdienstlich versammelten Gemeinde und die Bedeutung der aktualisierenden Vergegenwärtigung von Gottes heilsbegründendem Erscheinen und Geschichtswirken einzugehen haben (dabei mögen sich Bezüge zwischen dem Rettungsgeschehen an Israel und den Heilsbergen Sinai und Zion und dem Christusgeschehen auf Golgatha herstellen lassen).
Daneben lassen sich Einzelzüge des Psalms aufgreifen, etwa der Einsatz von Gott (und seiner Gemeinde) für die Minderbemittelten (vgl. 6f., auch 4.11), wobei seelsorglich namentlich die Zusage der Vaterschaft für die Elternlosen und der Einsatz Gottes für Alleinstehende und Isolierte bedeutsam ist. Ferner lässt sich die Aussage, dass Gottes Wort Feinde in die Flucht zu schlagen vermag (vgl. 12f.), mit verschiedenen Arten von leiblichen, seelischen und geistlichen Fremd- (und Selbst-)Aggressionen verbinden sowie mit andern biblischen Worten (vgl. etwa Jes 55,10f.; Eph 6,17; Hebr 4,12), aber auch

Psalm 68

psychologischen Einsichten in Beziehung setzen. Schliesslich ist von dem Gott zu reden, der Auswege aus dem Tod (21b) weiss und mit sich führt.

Ps 68 im Gesangbuch: EG Ps 68 (EG-West), 281 (Stammteil); RG 44.

Psalm 69

	1		Dem Musikverantwortlichen – nach [der Weise]: Lilien(?) – David zugehörig.
I A	2	a	Rette mich, Elohim,
		b	denn das Wasser ist [mir] bis zum Hals ("Kehle") gekommen!
	3	a	Ich bin in tiefem Schlamm versunken –
		b	und da ist kein fester Grund ("Stand").
		c	Ich bin in Wasser-Tiefen gekommen –
		d	und ein Schwall hat mich überflutet.
	4	a	Ich bin müde geworden in meinem Rufen,
		b	meine Kehle ist heiser geworden.
I B		c	Meine Augen sind matt geworden,
		d	als ich auf meinen Elohim harrte.
	5	a	Zahlreicher als die Haare meines Hauptes sind geworden,
		b	die mich grundlos hassen.
		c	Stark geworden sind, die mich vernichten wollen:
		d	meine Feinde [voll] Trug.
		e	Was ich nicht geraubt habe,
		f	soll ich dann zurückgeben.
I C	6	a	Elohim, du, du hast erkannt meine Torheit,
		b	und meine Verschuldungen sind vor dir nicht verborgen gewesen.
	7	a	Die auf dich hoffen, sollen nicht durch mich zuschanden werden,
		b	Adonaj, JHWH der Heerscharen.
		c	Die sich auf dich ausrichten, sollen nicht durch mich beschämt werden,
		d	Elohim Israels.
	8	a	Fürwahr, deinetwegen habe ich Schmähung [er]tragen,
		b	hat Beschämung mein Angesicht bedeckt!
	9	a	Entfremdet bin ich meinen Brüdern geworden,
		b	ja, ein Fremder den Söhnen meiner Mutter.
I D	10	a	Fürwahr, der Eifer um dein Haus hat mich verzehrt,
		b	und die Schmähungen derer, die dich schmähen, sind auf mich gefallen!
	11	a	[Sogar] als ich, meine Seele, weinte beim Fasten,
		b	geschahen Schmähungen gegen mich.
	12	a	[Sogar] als ich den Busssack als mein Kleid nahm,
		b	wurde ich für sie zum Spottwort.

Psalm 69

	13	a	Die am Tor Sitzenden schwatzten wiederholt gegen mich,
		b	und Spottlieder [sangen] die Bier-Zecher ("Rauschtrank-Trinkenden").
	14	a	Ich aber [richtete] mein Gebet zu dir,
		b	JHWH, [zur] Zeit des Wohlgefallens:
II A		c	Elohim, in der Grösse deiner Gnade erhöre mich,
		d	in der Treue deiner Rettung!
	15	a	Reisse mich aus dem Schlamm, dass ich nicht versinke,
		b	dass ich entrissen werde von denen, die mich hassen, und aus den Wasser-Tiefen!
	16	a	Kein Wasser-Schwall möge mich überfluten
		b	und die Tiefe mich nicht verschlingen,
		c	und der Brunnen soll seinen Schlund nicht schliessen über mir!
	17	a	Erhöre mich, JHWH, denn deine Gnade [ist] gut;
		b	nach der Grösse deiner Barmherzigkeit wende dich zu mir!
	18	a	Und verbirg dein Angesicht nicht vor deinem Knecht;
		b	weil Bedrängnis mir [widerfährt], erhöre mich eilends!
II B	19	a	Nahe dich bitte zu meiner Seele, löse sie aus;
		b	um meiner Feinde willen kaufe mich frei!
	20	a	Du selber hast meine Schmähung erkannt,
		b	ja, meine Schande und meine Beschämung;
		c	vor dir [sind] alle, die mich bedrängen.
	21	a	Die Schmähung hat mein Herz gebrochen, ja, sie [ist] heillos.
		b	Als ich auf Beileidsbezeugung hoffte, war da keine,
		c	und auf Tröster, aber ich habe keine gefunden.
	22	a	Als Trauerkost gaben sie mir Gift,
		b	und für meinen Durst gaben sie mir wiederholt Essig zu trinken.
II C	23	a	Es werde ihre Tischmatte für sie zum Fangnetz
		b	und für die Wohlergehenden (oder: ihr[e] Heilsopfer[feiern]) zur Falle ("Fangholz")!
	24	a	Ihre Augen sollen getrübt werden, dass sie nicht mehr sehen,
		b	und ihre Hüften lass beständig wanken!
	25	a	Giess aus über sie deinen Grimm,
		b	und die Glut deines Zornes soll sie einholen!
	26	a	Ihr Lagerplatz möge zur Öde gemacht werden,
		b	in ihren Zelten soll niemand mehr siedeln!
II D	27	a	Fürwahr, den du selbst geschlagen hast, haben sie verfolgt,
		b	und zum Schmerz deiner Todeswunden [hin] berichten sie [noch]!
	28	a	Füge bitte [weitere] Schuld zu ihrer Schuld,
		b	dass sie nicht hineinkommen in deine Gerechtigkeit!

	29	a	Sie sollen ausgelöscht werden aus dem Buch des Lebens,
		b	ja, nicht gemeinsam mit den Gerechten eingeschrieben werden!
	30	a	Ich aber [bin] elend und mit Schmerzen.
		b	Deine Rettung, Elohim – du mögest mich zum Schutz erhöhen!
III A	31	a	Ich will den Namen Elohims lobpreisen mit einem Lied,
		b	ja, ihn grossmachen mit einem Dank(opfer)lied.
	32	a	Ja, dies gefällt JHWH besser als Vieh,
		b	ein Stier mit Hörnern und gespaltenen Klauen.
	33	a	Wenn die Gebeugten [es] sehen, sollen sie sich freuen;
		b	[ihr] Elohim-Suchende, ja, (auf)leben soll euer Herz soll!
	34	a	Fürwahr, JHWH hört auf die Armen,
		b	und seine Gefangenen hat er nicht verachtet!
III B	35	a	Lobpreisen sollen ihn Himmel und Erde,
		b	die Meere und alles, was sich in ihnen regt!
	36	a	Fürwahr, Elohim wird Zion retten
		b	und die Städte Judas [wieder auf]bauen,
		c	dass sie dort siedeln und es in Besitz nehmen können.
	37	a	Und die Nachkommen seiner Knechte werden es als Erbbesitz erhalten,
		b	und die seinen Namen lieben, werden darin wohnen.

1 שׁוֹשָׁן I Lilie, Lotus.– **3** טבע ein-, versinken (AK qal 1 sg) // יָוֵן Schlamm // מְצוּלָה Tiefe // מָעֳמָד (hap leg) Ort zum Stehen, fester Grund // מַעֲמַקִּים Tiefen // שִׁבֹּלֶת II Strömung, Flut, Wasserschwall // שֶׁטֶף fortschwemmen, fluten, strömen (AK qal 3 f sg).– **4** יגע müde werden (AK qal 1 sg) // חרר (hap leg) II ni: heiser sein (AK ni 3 m sg) // גָּרוֹן Kehle, Hals // כלה I aufhören, enden, schwach werden (AK qal 3 pl) // יחל pi: warten, harren (Ptz pi m sg).– **5** חִנָּם umsonst, ohne Grund, unverdient // עצם I stark, zahlreich sein (AK qal 3 pl) // צמת hi: vertilgen, verderben (Ptz hi m pl + Suff) // גזל ab-, wegreissen, berauben (AK qal 1 sg).– **6** אִוֶּלֶת Torheit // אַשְׁמָה Verschuldung, Schuld // כחד ni: verborgen sein, vertilgt werden (AK ni 3 pl).– **7** בוש I sich schämen (müssen), zuschanden werden (PK qal 3 m pl) // כלם ni: beschimpft sein, sich beschimpft fühlen, sich schämen, zuschanden werden (PK ni 3 m pl).– **8** חֶרְפָּה Schmähung, Schmach, Schande // כסה pi: bedecken (AK pi 3 f sg) // כְּלִמָּה Schimpf, Beschämung, Schande.– **9** זור II sich abwenden, ho: entfremdet sein (Ptz ho m sg) // נָכְרִי ausländisch, fremd.– **10** קִנְאָה Eifer // חרף II reizen, schmähen (Ptz qal m pl + Suff).– **11** בכה weinen (wPK qal 1 sg) // צוֹם Fasten.– **12** לְבוּשׁ Kleid.– **13** שׂיח II flüstern, schwatzen, spotten (PK qal 3 m pl) // נְגִינָה Saitenspiel, Spottlied // שֵׁכָר Rauschtrank, (Gersten-)Bier.– **14** ענה I antworten, erhören (Impt qal m sg + Suff) // יֵשַׁע Hilfe, Heil.– **15** נצל ni: gerettet werden, hi: herausreissen, retten (Impt hi m sg + Suff + PK Koh ni 1 sg) // טִיט nasse Lehmerde, Schlamm.– **16** בלע verschlingen (PK qal f sg + Suff) // אטר (hap leg) (ver)schliessen (PK qal 3 sg).– **18** מהר I pi: eilen (Inf cs pi = im Sinn eines Adv: eilends).– **20** בֹּשֶׁת Schande.– **21** שׁבר I (zer)brechen (AK qal 3 f sg) // נוש (hap leg) verzweifeln(?), wahrscheinlich zu lesen: וָאֲנוּשָׁה von

אָנוּשׁ unheilbar, heillos // נוד schwanken, (durch Kopfschütteln) Teilnahme bekunden, Beileid bezeugen (Inf cs qal) // נחם pi: trösten (Ptz pi m pl).– **22** בָּרוּת Speise (für Kranke und Unglückliche: Heil-, Trostbrot) // ראש II Gift(pflanze) // צָמָא Durst // שקה hi: zu trinken geben (PK hi 3 m pl + Suff) // חֹמֶץ Essig.– **23** שֻׁלְחָן Tisch // פַּח I (Klapp-)Netz (des Vogelstellers), Schlinge // שָׁלוֹם Wohlergehen, Friede, hier Adj pl: Wohlergehende, Freunde(?) oder von שְׁלָמִים Heils-, Gemeinschafts-, Mahlopfer // מוֹקֵשׁ Stellholz (der Vogelfalle), Falle, Fallstrick.– **24** חשׁך dunkel werden (PK qal 3 f pl) // מָתְנַיִם Hüften // מעד wanken, hi: wanken lassen (Impt hi m sg).– **25** שׁפך ausgiessen (Impt qal m sg) // זַעַם Grimm // נשׂג hi: einholen, erreichen (PK hi 3 m sg + Suff).– **26** טִירָה (durch Steinwall geschütztes) Zeltlager // שׁמם verödet sein, ni: veröden, menschenleer gemacht werden (Ptz ni f sg).– **27** נכה hi: schlagen, züchtigen (AK hi 2 m sg) // מַכְאוֹב Schmerz // חָלָל (vom Schwert) durchbohrt, erschlagen // ספר I (auf)zählen, pi: erzählen (PK pi 3 m pl), oder zu ändern in Ableitung von יסף hi: hinzufügen, (ver)mehren.– **29** מחה I abwischen, vertilgen, ni: ausgewischt, ausgetilgt werden (PK ni 3 m pl).– **30** כאב Schmerzen haben (wPtz qal m sg) // שׂגב zu hoch, fest sein; pi: hoch, unzugänglich machen = schützen (PK pi 2 m sg + Suff).– **31** הלל II pi: rühmen, preisen (PK Koh pi 1 sg).– **32** שׁוֹר Rindvieh, Stier // פַּר Stier // קרן hi: gehörnt sein (Ptz hi m sg) // פרס hi: gespaltene Klauen haben (Ptz hi m sg).– **33** עָנָו gebeugt, demütig.– **34** בזה geringschätzen, verachten (AK qal 3 m sg).– **35** רמשׂ kriechen, wimmeln, sich regen (Ptz qal m sg).– **36** ירשׁ I in Besitz nehmen (PK qal 3 m pl + Suff).– **37** נחל als Erbbesitz erhalten, in Besitz nehmen (PK qal 3 m pl + Suff).–

Form und Inhalt

Ps 69 ist ein Dank(opfer)lied, in das die Schilderung der (nun behobenen) Not und das aus dieser ergangene Bittgebet aufgenommen wurde. Die Gattungsteile stimmen mit der klar gegliederten Dreiteiligkeit des Psalms (s.u.) überein. Was die Entstehung betrifft, finden sich Vertreter sowohl für die Einheitlichkeit wie auch für eine Mehrstufigkeit (zu letzterem v.a. N. Tillmann und F.-L. Hossfeld / E. Zenger). Mir legt sich – mit der möglichen Ausnahme der Schlussstrophe (35–37) – aufgrund der deutlichen Baustruktur und der internen Bezugssysteme eine einheitliche Komposition nahe. Die besagte Schlussstrophe verweist mit ihren Restitutionsaussagen in die spätexilisch-frühnachexilische Zeit (falls diese ursprünglich zum Psalm gehörte, ist der Ps 69 insgesamt in diese Zeit zu datieren, ansonsten könnte der Grundpsalm vorexilisch sein).

Aufgrund des Facettenreichtums dieses Psalms ist der situative Hintergrund nicht leicht auszuloten, zumal nicht immer klar ist, ob Aussagen konkrete Situationsbedingungen anzeigen oder ob sie als bildhafte Redeweise Grundbefindlichkeiten zum Ausdruck bringen. In der (Ähnlichkeiten mit dem Ergehen Jeremias aufweisenden) Notschilderung wie nachher auch im Bittgebet ist davon die Rede, dass der Beter in einer Zisterne gefangen sitzt und von unten (Wassertiefe, Schlamm) wie von oben (Sturzbäche) durch Wasser bedroht wird. Er erfährt – zu Unrecht (5b) – sich von einer Vielzahl von Feinden an Leib und Leben gefährdet. Anscheinend wird ihm Diebstahl vorgeworfen (5ef), jedenfalls ist er besonders – wie die Häufung dieser Begrifflichkeit deutlich macht – Schmähungen und Spott ausgesetzt, die selbst als er sich Fasten und Trauern (als Ausdruck der Busse?)

unterzieht, nicht aufhören (11f.21f.) und Auswirkungen bis in die eigene Familie zeitigen (9). Offensichtlich spielt in diesen Konflikt auch sein Verhältnis zu und sein Dienst für Gott (als Levit?) hinein: Er hat sich durch eine Dummheit gegenüber Gott schuldig gemacht (6) und ist (dafür?) von Gott "geschlagen" und dem Tode nahe gebracht worden (27.30). Die Anfeindungen gegen ihn gehen aber letztlich auf sein Engagement für die Sache Gottes zurück (8.10.27). Entsprechend erbittet er von Gott Erhörung, rettende Zuwendung, für die Feinde dagegen die Anrechnung ihrer Schuld und Gottes Zorngericht. Dass sein Bittgebet Erhörung gefunden hat, zeigt sich am Zeugnis dieses Psalms als Danklied (vgl. 31), das auch den Gebeugten zur Ermutigung und Freude dienen soll. Nach der Ausweitung des Lobpreises auf den ganzen Kosmos folgt zum Schluss aus der Erfahrung eigener Wiederherstellung die Vergewisserung der Wiederherstellung nationaler Anliegen (Rettung des Zion, Wiederaufbau der Städte Judas, neuerliche Zuteilung von Landbesitz).

Struktur und Poesie

Der Psalm setzt sich vermutlich aus zehn Einheiten zu 7–8 bzw. 10–11 Zeilen zusammen. Das emphatische כי "fürwahr ...!" hat eine eröffnende bzw. beschliessende Funktion (vgl. 10a.27a.34a, dazu 36a; diskutierbar sind die Anfänge von I B und II B). Jedenfalls lassen sich die Einheiten (Stanzen) zu drei Hauptteilen (Cantos I–III) zusammenziehen, die mit der Gattungsstruktur kongruent sind, und eine Entwicklungslinie beinhalten: Klage bzw. Notschilderung (2–14b) => Bittgebet (תפלה 14c–30) => Dank(opfer)lied, mit Ansage nationaler Wiederherstellung (31–37).
I und II weisen eine identische Länge auf (III ist nur zweiteilig und damit kürzer). Sie sind sorgfältig und absichtsvoll als Klage- und Bittgebet einander zugeordnet. Parallelisierungen (vgl. M.E. Tate) liegen namentlich am Anfang (מעמקי־מים "[in bzw. aus den] Wassertiefen" 3c.15b, ferner טבע "versinken" 3a.15a, שטף שבלת "überfluten ... [Wasser-]Schwall" 3d.16a, מצולה "tief, Tiefe" 3c.16b, ישע "retten/Rettung" 2a.14d) sowie im Bereich der Mitte vor (Leitbegrifflichkeit חרף/חרפה "Schmähung/schmähen" 8a.10b(2mal).11b.20a.21a, ferner כלם/כלמה "Beschämung/beschämen" 7c.8b.20b, בוש/בשת "Schande/zuschanden werden" 7a.20b). Den Abschluss machen jeweils ein den Schlussvers eröffnendes "Ich aber ..." (ואני 14a.30a) und eine Gottesanrufung ("JHWH/Elohim" 14b.30b). Als Inclusio um I und II insgesamt wie auch um II in sich fungieren Anrufe und Bezeugungen des rettenden Gottes (ישועה/ישע "retten/Rettung" 2a.14d.30b, dazu noch 36a).
Die beiden Teile von III (Inclusio שם "Name" 31a.37b) eröffnen je mit הלל "lobpreisen" (31a.35a). III ist mit synonymen oder identischen Begriffen mit II und III verknüpft (vgl. u.a. die Elendsbezeichnung von 30a mit denjenigen von 33f., עבד "[Gottes] Knecht[e]" 18a.37a, ישב "siedeln" 26b.36c).
An Wortspielen und Lautfiguren seien herausgegriffen: Mit שור/שיר "Lied/Vieh" (31f.) wird Lob-Opfer und Tier-Opfer parallelisiert (und die Aussage der Überlegenheit des ersten über das zweite lautlich untermalt). Die Lautähnlichkeit zweier Wörter bzw. Wortfügungen (Lautpaarung) hat nicht selten eine verstärkte Bedeutungsverbindung bei sich, vgl. etwa עצמו מצמיתי "stark geworden sind, die mich vernichten wollen" (5c), בלע/טבע "versinken/verschlingen" (15a.16b), צמא/חמץ "Durst/Essig" (22b), ומתניהם תמיד המעד

"und ihre Hüften lass beständig wanken" (24b) und ואני עני "ich aber [bin] elend" (30a). Durch die Aufforderung עני "erhöre mich!" (14c.17a.18b) werden sowohl die Aussagen der beiden Verse 17 und 18 verklammert (Inclusio) als auch II A gerahmt. Überlegenswert ist, ob nicht Lautähnlichkeiten wie שער/שער "Haare/Tor", שקר/שכר "Trug/Rauschtrank", ראש/ראש "I Haupt/II Gift" und צמא/צמת/עצם "stark geworden/verrichten/Durst" als poetische Mittel dienen, die Inhalte der distanzierten Verse 5ab.5cd, 13 und 22 enger zu verknüpfen. Mit dem "Wasser-Laut" מ werden die entsprechenden Geräusche in den Versen 2f. und 15f. hörbar gemacht (vgl. insbesondere מעמקי־מים "Wasser-Tiefen" 3c.15b). Ähnlich scheinen die Labiale פ/ב (mit der Leitbegrifflichkeit חרפה/חרף "schmähen/Schmähung") mit Gefühl und Ausdruck von Scham und Schande verbunden zu sein (vgl. 7–11.20f.). Signifikant ist schliesslich das Vers-Cluster 5e–7c (noch 14c.16.31, vgl. auch 18.30) mit א-Eröffnung (Akrostichie).

Kontexte

Aufgrund der Überschrift wird König David zum Vorbild des Betenden (vgl. auch die David-Zuweisung im Blick auf die Zitierung von 23f. in Röm 11,9f.). Die (bedeutungsunsichere) Melodieangabe ("Lilien, Lotus") hat dieser David-Psalm mit dem Qorach-Psalm 45 und dem Asaph-Psalm 80 gemeinsam.
Ps 69 bildet mit den nachfolgenden Psalmen 70–72 die Schlussgruppe des zweiten David-Psalters (Ps 51–72) bzw. von Buch II (Ps 42–72) und weist mit diesen eine Reihe von Gemeinsamkeiten auf. Solche liegen auch mit dem ähnlich langen Vorgängerpsalm 68 vor (vgl. etwa die Wasser-, Feind- und Armen-Topik und im Einzelnen Begriffe wie אסר "fesseln, gefangen sein" 68,7; 69,34, נחל/נחלה "Erbland/als Erbbesitz erhalten" 68,10; 69,37, שער/ראש "Haupt/Haar" 68,22; 69,5, אשם "Schuld, Verschuldung" 68,22; 69,6, מצולה "Tiefe" 68,23; 69,3.16, נגינה/נגן "ein Saiteninstrument spielen/Saitenspiel, Spottlied" 68,26; 69,13).
Bezüge von Ps 69 sind zu Ps 22; 35; 38 und 41 aus Buch I sowie zu Ps 102 aus Buch IV herausgestellt worden (vgl. F.-L. Hossfeld, M.E. Tate). Erwähnenswert sind auch Ähnlichkeiten mit den Klageliedern, inbesondere mit Klgl 3 (zu 12f. vgl. Klgl 3,14.63, zu 17 Klgl 3,22, zu 21f. Klgl 1,2.9; 3,15). Was das übrige AT betrifft, vgl. 2f. mit Ps 40,3; 130,1, 8 mit Jer 15,15, 12f. mit Hi 30,9, 13–15 mit Jes 49,8; Ps 40,3, 16 mit Ps 42,8, 27 mit Jes 53,4, 29 mit Ex 32,32f.; Jes 4,3; Mal 3,16, 31f. mit Ps 40,7; 50,8–14, 36f. mit Jes 44,26; 65,9; Ez 36,10; Ps 51,20.
Ps 69 wird im NT stark beachtet und gehört zusammen mit Ps 22 und 110 zu den am Häufigsten zitierten Psalmen. Die Aussagen dieses Psalms werden insbesondere im Zusammenhang mit der Ablehnung bzw. Schmähung Christi, seines Leidens und Sterbens verwendet. Vgl. im Einzelnen 5 (und Ps 35,19) mit Joh 15,25, 9 mit Mk 3,21, 10 mit Joh 2,17; Röm 15,3; Hebr 11,26, 22 mit Mt 27,34.48; Mk 15,23.36; Lk 23,36; Joh 19,28, 23f. mit Röm 11,9f., 25 mit Offb 16,1, 26 mit Lk 13,35; Apg 1,20, 29 mit Lk 10,20; Phil 4,3; Offb 3,5; 20,12.

Anregungen für die Praxis

Im Blick auf Ps 69 sind von dessen Aussagelinien her verschiedene Anwendungsmöglichkeiten denkbar. So kann der Psalm seine Worte dem in leiblich-seelischer Not Befindlichen als Ausdruck derselben leihen, als Gebet zu Gott dienen und entsprechend in der Seelsorge hilfreich sein. Dies gilt insbesondere hinsichtlich der offenen, mit vielfältigen Lebensumständen verschränkbaren Aussagen von Wasser-Höhen (vgl. auch die im Deutschen gebräuchliche Wendung vom "Wasser, das bis zum Hals reicht") und Wasser-Tiefen (2ff.15f.). Ähnliches gilt für die Aussagen über Erschöpfung und Ausweglosigkeit (4f.). Ein wichtiges Erlebnisfeld, das in diesem Psalm stark thematisiert wird, ist das Erdulden von Schmähungen und die daraus resultierenden Stigmatisierungen an Schmach, Schande samt der sozialen Ausgrenzung. Es wird aber auch deutlich, dass der Betende sich nicht fatalistisch in diese Umstände schickt, sondern in seinem Gebet und im Vertrauen auf Gott durch das Anteilbekommen an der "Gegenmacht" Zuversicht gewinnt wider alle Schmähungen (7ff.).

Von diesen "biographischen" Hinweisen führt ein Weg zu den christologischen Leidensaussagen (zu den Belegstellen s.o.) und von diesen her für uns Christen neuerdings ein Weg in eigene Lebenssituationen zurück. Mit andern Worten: Im Leiden Christi ist auch unser und der Welt Leiden erlitten, aufgehoben, getragen und damit in den Bereich des Heils und Heilens hineingenommen. Entscheidend ist – und diese Meinung teilt dieser Psalm mit andern biblischen Aussagen (s.o.) –, dass unsere Namen im Buch des Lebens eingeschrieben sind und bleiben (29).

Ps 69 im Gesangbuch: EG Ps 69 (EG-West), 176 (Stammteil), 731 (EG-Wü), 732 (EG-West); KG 552.

Psalm 70

	1		Dem Musikverantwortlichen – David zugehörig – zur Erinnerungsstiftung.
I A (A)	2	a b	Elohim, mich zu entreissen, JHWH, zu meiner Hilfe eile bitte!
I B (B)	3	a b c d	Sich schämen müssen und beschämt werden sollen, die nach meinem Leben trachten. Zurückweichen müssen und zuschanden werden sollen, die Gefallen haben an meinem Unheil.
	4	a b	Zurückkehren sollen als Lohn für ihre Schande, die mir sagen: "Haha! Haha!"
II A (B')	5	a b c d	Frohlocken und sich freuen an dir sollen alle, die nach dir trachten. Es sollen beständig sagen: "Gross soll Elohim sich erweisen!", die dein Heil lieben.
II B (A')	6	a b c d	Ich aber [bin] elend und arm – Elohim, eile bitte zu mir! Meine Hilfe und mein Retter [bist] du – JHWH, zögere nicht!

Zum Vokabular vgl. unter Ps 40,14–18.–

Form und Inhalt

Bei Ps 70, der unter geringfügiger Variierung und anderer Kontextuierung doppelt überliefert ist (vgl. Ps 40,14–18, s. dort und s.u.), handelt es sich um ein Klage- bzw. Bittgebet mit weithin formularischem Charakter, so dass eine dahinter stehende Situation kaum erschliessbar und eine Datierung fast unmöglich ist. Dass die Notlage als lebensbedrohend empfunden wird und Gottes Hilfeleistung daher dringlich ist, geht aus den wenigen Versen freilich hervor. Signifikant ist die antithetische Zuspitzung zwischen den Schändlichen, "die nach meinem Leben trachten", und den Gottergebenen, "die nach dir (= Gott) trachten" (zu ihnen zählt sich der Betende, auch wenn er sich selbst als "elend und arm" und noch nicht als "frohlockend und jubelnd" beschreibt). Entsprechend wird beiden Gruppen eine Verhaltens- bzw. Redeweise zugeschrieben: Spott und Hohn gegenüber dem Notleidenden ("Haha! Haha!") bzw. Vertrauensbekundung und Lobpreis der Majestät Gottes ("Gross soll Elohim sich erweisen!").

Struktur und Poesie

Ps 70 weist vier Strophen auf, die sich zu zwei, je achtzeiligen Stanzen zusammenziehen lassen. Der Psalm hat eine spiegelsymmetrische Anlage, wobei die Innen- und die Aussenstrophen je aufeinander bezogen sind (ABB'A'). So entsprechen sich die um die Stichworte חושה ("eile bitte!" 2b.6b) und (ה)עזר ("Hilfe" 2b.6c) gruppierten Hilfsappelle des Betenden in 2 und 6 (A/A'), wobei die Schlussstrophe gedehnt und damit die Dringlichkeit unterstrichen ist. In den ebenfalls miteinander korrespondierenden Innenbereichen (B/B') werden vom sprechenden Ich je eine unterschiedliche Gruppe angesprochen. Dabei steht, trotz der Parallelisierungen von בקש ("trachten nach" 3b.5b) und אמר ("sagen" 4b.5c), die Antithetik der mit diesen Begriffen verbundenen, jussivisch formulierten Verhaltens- und Redeweisen beider Gruppierungen im Vordergrund (vgl. auch die gegensätzlichen Aussagen "Gefallen haben an meinem Unheil" <=> "dein Heil lieben"). Wie schon im Vorgängerpsalm ist das sich hier auf die Strophe I B konzentrierende, pleonastisch wirkende Begriffsfeld des "Beschämens" dominant. Im Gegensatz dazu ist II A durch Heils- und Freude-Begrifflichkeit bestimmt. Diese ist durch lautmalerische Sibilantlaute (ז/שׁ/שׂ) unter- und miteinander (wie auch mit den Dringlichkeitsbitten) verbunden. Dem gegenüber stehen die klagenden, die eigene Ärmlichkeit unterstreichenden Gutturale (א/ע) von 6a. Lautassoziationen mit kohäsiver Tendenz liegen ferner in 3 vor (ב/פ in Verbindung mit שׁ sowie פה-Silben). Zu notieren ist schliesslich die Versakrostichie auf י(ו) bei sämtlichen Versen der Innenstrophen.

Kontexte

Zur Überschriftsangabe להזכיר s. Ps 38,1. Ps 70 hat deutliche Berührungen mit dem Vorgängerpsalm 69, insbesondere durch die jeweilige Leitbegrifflichkeit des "Schämens bzw. Schmähens" (vgl. 69,7f.10f.20f. mit 70,3f., wobei neben den gemeinsamen Wurzeln בוש "sich schämen müssen, zu schanden werden" und כלם "beschämt, zuschanden werden" das geläufigere חרף "schmähen" von 69 in 70 durch das lautähnliche חפר "beschämt werden" variiert wird). Erwähnenswert ist ferner die sich an beiden Orten findende Selbstbezeichnung ואני עני "Ich aber [bin] elend" (69,30; in 70,6 ergänzt durch ואביון "und arm" – ein Begriff, der sich übrigens auch in 69,34 findet) sowie die Fügung מבקשיך "die sich auf dich ausrichten, nach dir trachten" (69,7; 70,5).
Die Verknüpfung von Ps 70 mit dem Vorgängerpsalm und den beiden Nachfolgepsalmen verdankt sich wohl Überlegungen der Redaktion, die für den Abschluss des zweiten David-Psalters bzw. Psalterbuches verantwortlich zeichnete (vgl. J.-M. Auwers). Das zeigt sich auch am Umstand, dass – ebenfalls! – am Ende des ersten David-Psalters bzw. Psalterbuches mit Ps 40,14–18 ein "Doppelgänger" von Ps 70 vorliegt. Dabei dürfte mit Ps 70 die frühere Fassung vorliegen, die später geringfügig überarbeitet als Schlussstück von Ps 40 (s.o.) diente (ähnlich dürfte Ps 53 aus Buch II gegenüber Ps 14 aus Buch I die ältere Fassung darstellen). Die Sache verkompliziert sich insofern, als Ps 40,14–18 = Ps 70 zudem noch mit Ps 35 und 71 z.T. frappante Übereinstimmungen aufweisen (vgl. dazu eingehend F.-L. Hossfeld / E. Zenger, allerdings vermute ich – anders als sie –, dass in der Buchwerdung der zweite vor dem ersten David-Psalter vorlag).

Psalm 70

Anregungen für die Praxis

Ein genauer Blick auf diesen Psalm mit seiner Antithetik zeigt, dass hier (ähnlich wie in Ps 1 und anderswo) nicht einer einfältigen Schwarz-weiss-Malerei von "Guten" und "Bösen" gefrönt wird. Zunächst ist festzuhalten, dass die Gegensätzlichkeit hier aus der Sicht des Betroffenen und nicht des Beobachters eingebracht wird. Weiter ist – einmal mehr – zu beobachten, dass kein bipolares, sondern ein trianguläres Verhältnis (Betender – "Feinde" – Gott) ins Spiel gebracht wird. Es gibt einen starken Konnex zwischen Gottesbeziehung und Ethik (vgl. auch das Doppelgebot der Liebe). Dabei rekurriert der Betende auf das "Barmherzigkeitsgefälle" Gottes gegenüber den Elenden. Dass es auch eine problematische Vereinnahmung Gottes für die eigene Sache gibt, ist hier nicht im Blick.
Ps 70 im Gesangbuch (vgl. auch zu Ps 40): EG Ps 70 (EG-West).

Psalm 71

I A	1	a	In dir, JHWH, habe ich mich geborgen.
		b	Lass mich bitte nimmermehr zuschanden werden!
	2	a	In deiner Gerechtigkeit mögest du mich herausreissen und retten,
		b	neige zu mir dein Ohr, und lass Heil mir zuteil werden!
	3	a	Werde für mich zum Felsen-Versteck,
		b	[wohin] stets zu kommen du geboten hast, um mir Heil zu geben,
		c	denn mein Fels und meine Bergfeste [bist] du!
	4	a	Mein Elohim, errette mich aus der Hand des Frevlers,
		b	aus dem Griff ("der Handfläche") des Ungerechten und des Gewalttäters!
I B	5	a	Denn du [bist] meine Hoffnung, Adonaj JHWH,
		b	meine Zuversicht von meiner Jugend an.
	6	a	Auf dich habe ich mich gestützt von Mutterleib her,
		b	vom Mutterschoss her [bist] du, der mich entbunden hat;
		c	durch dich [ist] mein Lobpreis (oder: Ruhm) beständig.
	7	a	Wie ein Schreckenszeichen bin ich für viele geworden,
		b	aber du [bist] mein fester Bergungsort!
	8	a	Angefüllt ist mein Mund von deinem Ruhm (oder: Lobpreis),
		b	den ganzen Tag von deiner Herrlichkeit.
	9	a	Verwirf mich nicht zur Zeit des Alters;
		b	wenn meine Kraft schwindet, verlass mich nicht!
I C	10	a	Denn meine Feinde haben über mich gesagt
		b	und die Hüter meines Lebens haben miteinander beratschlagt.
	11	a	Sagend: "Elohim hat ihn verlassen.
		b	Verfolgt und ergreift ihn,
		c	denn es gibt keinen, der ihn herausreisst!"
	12	a	Elohim, sei nicht ferne von mir!
		b	Mein Elohim, eile bitte zu meiner Hilfe!
	13	a	Zuschanden werden, vergehen sollen die Ankläger meines Lebens;
		b	in Schimpf und Schande sollen sich hüllen, die nach meinem Unheil trachten.
II A	14	a	Ich aber, ich harre stets auf dich
		b	und will deinen Ruhm (oder: Lobpreis) mehren.

Psalm 71

	15	a	Mein Mund soll [von] deine[r] Gerechtigkeit erzählen,
		b	den ganzen Tag [von] dein[em] Heil,
		c	denn ich bin der Schreibkunst nicht kundig (oder: kenne die Zahl nicht).
	16	a	Ich will kommen mit den Heldentaten Adonaj JHWHs,
		b	ich will in Erinnerung rufen deine Gerechtigkeit, dich allein.
	17	a	Elohim, du hast mich gelehrt von meiner Jugend an,
		b	und bis hierher will ich deine Wundertaten verkünden
	18	a	und auch bis hin zu Alter und grauem Haar.
II B		b	Elohim, verlass mich nicht,
		c	bis dass ich verkünde dein Machtwirken ("Arm") der [künftigen] Generation,
		d	jedem, der kommt, deine Heldentat!
	19	a	Ja, deine Gerechtigkeit, Elohim, [reicht] bis zur Höhe,
		b	der du grosse Dinge getan hast,
		c	Elohim, wer ist wie du?!
	20	a	Der du mich (oder: uns) sehen liessest vielerlei Bedrängnisse und Unheilstaten,
		b	du mögest mich (oder: uns) wieder beleben
		c	und aus den Tiefen der Erde wieder heraufführen!
	21	a	Du mögest meine Grösse mehren
		b	und dich [zu]wenden und mich trösten!
II C	22	a	Auch ich, ich will dir danken mit dem Instrument der Harfe,
		b	[für] deine[r] Treue, mein Elohim.
		c	Ich singe dir mit [Begleitung] der Leier,
		d	Heiliger Israels.
	23	a	Meine Lippen jubeln,
		b	wenn ich dir singe,
		c	ja, [für] mein Leben, das du befreit hast.
	24	a	Auch meine Zunge soll den ganzen Tag [von] deine[r] Gerechtigkeit murmeln,
		b	denn zuschanden, denn beschämt worden sind, die nach meinem Unheil trachten.

1 בוש I sich schämen (müssen), zu Schanden werden (PK Koh 1 sg).– **3** מָעוֹן I Hilfe; II verstecktes Lager, Wohnung // צוה pi: befehlen, verordnen (AK pi 2 m sg) // מְצוּדָה I Jagdnetz, Jagdbeute; II Bergfeste.– **4** עול I pi: unrecht handeln (Ptz pi m sg) // חמץ II unterdrücken (Ptz qal m sg).– **5** תִּקְוָה Hoffnung // נְעוּרִים Jugend.– **6** סמך (unter)stützen, ni: sich stützen, stemmen auf (עַל) (AK ni 1 sg) // בֶּטֶן (Mutter-)Leib // מֵעִים Eingeweide, Leib, Inneres // גזה (hap leg) abschneiden (der Nabelschnur), entbinden (Ptz qal m sg +

Suff) // תְּהִלָּה I Ruhm, Lobpreis.– **7** מוֹפֵת Wahr-, Wunder-, Schreckenszeichen // מַחֲסֶה Zuflucht(sort), Bergungsort // עֹז I stark, fest, Stärke; II Zuflucht, Schutz.– **8** תִּפְאֶרֶת Schmuck, Pracht, Glanz, Herrlichkeit, Ehre.– **9** זִקְנָה (Greisen-)Alter // כלה I aufhören, vergehen (Inf cs qal).– **10** יעץ (be)raten, ni: sich beraten (AK ni 3 pl).– **11** רדף verfolgen (Impt qal m pl) // תפש ergreifen (wImpt qal m pl + Suff).– **12** חוש I (herbei)eilen (Impt Adh qal m sg).– **13** שׂטן an-, befeinden, anklagen, beschuldigen (Ptz qal m pl cs) // עטה I sich einhüllen, sich zudecken (PK qal 3 m pl) // כְּלִמָּה Schimpf, Schande.– **14** יחל pi: warten, (aus)harren (PK pi 1 sg) // יסף hinzufügen, hi: hinzufügen, mehren (wAK hi 1 sg).– **15** ספר I (auf)schreiben; pi: ab-, aufzählen, erzählen, verkünden (PK pi 3 m sg) // סְפֹרוֹת (hap leg) Zahl(?), Schriftrollen(?), Schreibkunst(?).– **17** הֵנָּה I hierher.– **18** שֵׂיבָה graues Haar, Greisenalter.– **19** מָרוֹם Höhe.– **21** רבה I gross, viel sein, hi: gross, viel machen (PK Juss hi 2 m sg) // גְּדֻלָּה Grösse // סבב sich drehen, umwenden, umgeben (wPK qal 2 m sg) // נחם pi: trösten (PK pi 2 m sg + Suff).– **22** כְּלִי Gefäss, Gerät, Instrument // נֶבֶל Standleier // כִּנּוֹר (Kasten, Trag-)Leier.– **23** רנן laut, gellend rufen, jubeln, pi: jauchzen, jubilieren (PK pi 3 f pl).– **24** הגה I murmelnd bedenken, reden (PK qal 3 f sg) // חפר II sich schämen, beschämt sein (AK qal 3 pl).–

Form und Inhalt

Ps 71 ist weithin mit konventioneller Phraseologie, Klagemotivik und aus andern Psalmen bekannten Versatzstücken gebaut (s.u., vgl. M.E. Tate) und stellt diesbezüglich eine Art Collage oder Potpourri dar. Es handelt sich im Wesentlichen um ein Klagelied bzw. Bittgebet (S. Mowinckel rechnet Ps 71 zu den "Schutzpsalmen"), das Erhörung gefunden hat und deshalb im Sinne eines Danklieds schliesst (22–24).
Trotz der weithin herkömmlichen Sprachgebung weist diese Komposition zwei Eigenheiten auf. So liegt zum einen der seltene Fall vor, dass Hinweise zum Lebensalter des Beters gegeben werden. Es handelt sich offensichtlich um einen Menschen in fortgeschrittenem Alter, der bereits auf eine lange Wegstrecke des Lebens zurückblicken kann (vgl. 5.9f.17f.). Es ist denkbar, dass eine gewisse Altersschwäche (weisen die "Hüter meines Lebens" in 10b auf eine notwendig gewordene Beaufsichtigung hin?) mit den Ausschlag gab, dass der Betende als "Gott-verlassen" eingestuft und damit sein Leben als schutzlos und leicht zu erbeuten beurteilt wurde (vgl. 10f.). Verständlich ist dann auch die Bitte um Neu-Belebung und Heraufführung aus den Todesbereichen (vgl. 20).
Falls zum andern die erklärende Beifügung 15c nicht eine Zahlenangabe (im Sinne einer unzählbaren Fülle des Lobes) meint, sondern anzeigen will, dass der Betende des Schreibens nicht mächtig sei, könnte dies ein Hinweis auf eine mündliche Erstfassung sein, die gesanglich unter Instrumentenbegleitung vorgetragen (vgl. 22–24) und erst sekundär (von anderer Seite) verschriftet wurde. Die Frage der Schreibkundigkeit muss aufgrund der Bedeutungsunsicherheit freilich offen bleiben. Erwägen lässt sich zudem, ob der Betende "schriftkundig" (im Sinne der Kenntnis von Überlieferungen) und rezitationsgeübt ist und den gesanglichen Vortrag wie das Spiel von Saiteninstrumenten beherrscht (auf äg. Darstellungen sind die Harfenspieler übrigens alt [und blind]). Oder aber man hat an einen geübten Leviten zu denken, der stellvertretend für den Bittsteller mit diesen Kompetenzen ausgerüstet ist.

Psalm 71

Struktur und Poesie

Hinsichtlich der Struktur sind sich die Ausleger nicht einig. Ich gehe davon aus, dass die (auch) in diesem Psalm prominente "Beschämungs"-Terminologie insofern die Gliederung bestimmt, als sie – refrainartig – die beiden Hauptteile (I, II) beschliesst (13.24, je mit der Feindbezeichnung מבקשי רעתי "die nach meinem Unheil trachten" in Schlussposition). Da sie auch am Psalmbeginn auftaucht, liegen zugleich Rahmungen im Blick auf Stanze I und den Psalm insgesamt vor (בוש "zuschanden werden" 1b.13a.24b). Jede der beiden Stanzen lässt sich in drei Strophen untergliedern.

Die Binnenstruktur der beiden Stanzen dürfte dabei chiastisch (ABA'), die des gesamten Psalms jedoch alternierend (ABCA'B'C') arrangiert sein. Demnach wären die Ich-Zufluchtsbitten von I A auf die Feind-Schilderungen von I C zu beziehen (Stichwort: נצל "herausreissen" 2a.11c) und um die Du-Zuversichts- und Bekenntnisaussagen von I B gelegt. Entsprechend sind Ansage (Gelübde, II A) und Einlösung des Gotteslobes (II C) als aufeinander bezogen zu interpretieren (vgl. die Synonymien "Mund" bzw. "Lippen/Zunge" und "deine Gerechtigkeit [צדקתך] erzählen, in Erinnerung rufen bzw. murmeln"). Dazwischen steht II B mit seinen Beistands- und Wiederherstellungsbitten samt Bekenntnis und Lobpreis (mit der rhetorischen Frage von 19c in betonter Mittestellung). In der alternierenden Gesamtanlage sind die Strophen der beiden Stanzen "synoptisch" zu lesen, also die Heilsbitten von I A mit den (versprochenen) Heilsbekundungen von II A zu verbinden (vgl. Verb und Nomen der Wurzel ישע "retten, Heil geben" o.ä. 2b.3b.15b). Die Mittestrophen sind durch die Wiederaufnahme der Schlussbitte אל־תעזבני "verlass mich nicht!" von I B am Anfang von II B, die "vielen" (רבות/רבים 7a.20a, vgl. auch רבה "viel machen, mehren" 21a) Widerstände, aber auch die Bezeugung Gottes vor ihm selbst (Lobpreis) bzw. vor den Menschen (8.18f.) verknüpft. Die Parallelität der abschliessenden Strophen I C und II C mit ihren "Beschämungs"-Anwünschungen ist bereits erwähnt worden.

An poetischen Techniken sind eine Vielzahl Wiederholungen zu nennen, die wie "Fäden" einen Sinn-reichen "Teppich" zwischen den einzelnen Teilen und ihren Aussagen weben. Darunter sticht als (v.a. die Stanze II prägende) Leitbegrifflichkeit die Fügung צדקתך "deine Gerechtigkeit" (2a.15a.16b.19a.24a) besonders hervor. Aus den Lautmustern seien das durch die Verbindung von Labial- und Sibilantlaut (ב/פ und ש) zustande kommende Klanggeflecht מבקשי/נפשי/יבשו ("zuschanden werden/mein Leben/die ... trachten" 13), der Gleichklang der Silbe כל (mit vorangestelltem oder angehängtem *u*-Vokal) in den Fügungen יכלו und וכלמה ("vergehen sollen" sowie "und Schande" 13), ferner die Kombination von ר und auslautendem ות (צרות רבות ורעות "vielerlei Bedrängnisse und Unheilstaten" 20a) herausgegriffen.

Kontexte

Der Psalm hat auffälligerweise keine Überschrift (anders später G: "Für David. Von den Söhnen Jonadabs und den ersten, die in die Verbannung geführt wurden" – wohl Anspielung auf die Rechabiter [Jer 35] und die Exilierung von 598 v.Chr.). Diese Überschriftslosigkeit und enge inhaltliche Berührungen zwischen Ps 70 und 71 (vgl. dazu v.a. die "Beschämungs"-Begrifflichkeit von 70,3f. mit 71,1.13.24, ferner das Ptz pl מבקשי "die trachten nach ..." 70,3.5; 71,13.24 sowie die Heils- und Rettungsaussagen) mag mit dazu geführt haben, dass in der hebr. Überlieferung hinsichtlich Ps 71 ein Schwanken zwischen Eigenständigkeit und Verbindung mit Ps 70 feststellbar ist (analog zu Ps 40,14–19 wäre im zweiten Fall auch Ps 70 Teilstück eines grösseren Psalms). In ähnliche Richtung weist die Qumran-Psalmenrolle 4QPs[a], wo eine "Zusammenlesung" von Ps 38 und 71 vorliegt (vgl. G.H. Wilson).

Ps 71 lehnt sich nicht nur stark an den Vorgängerpsalm an, sondern weist auch Verbindungen mit der den zweiten Davids-Psalter bzw. Buch II abschliessenden Kleingruppe Ps 69–72 insgesamt auf. Zudem liegen deutliche Parallelen mit Psalmen am Endbereich des ersten Davids-Psalters bzw. des Buches I vor. Von daher ist die Annahme nicht abwegig, dass Entstehung und Platzierung dieses Psalms mit psalterredaktionellen Prozessen einher gingen (vgl. C. Rösel). Besonders stark sind die Übereinstimmungen von Ps 71 und 31 je im Anfangsbereich (31,2–4 und 71,1–3 sind teils identisch); weitere Berührungen ergeben sich mit den Psalmen 35; 38 und – zumal Ps 40,14–18 weithin mit Ps 70 übereinstimmt – mit Ps 40 (zu 71,8 vgl. 40,4, zu 71,12 vgl. 35,2.22, zu 71,13 vgl. 35,4.26; 38,13; 40,15 = 70,3, zu 71,19 vgl. 35,10, zu 71,24 vgl. 35,28). Im Blick auf Ps 71 (und 72 im Sinne eines Königsvermächtnisses von David an Salomo) am Ende von Buch II und Ps 90 am Anfang von Buch IV lässt sich fragen, ob "Alterspsalmen" bzw. Psalmen mit Gedanken über die Lebenszeit mit einer gewissen Absicht an Buch-Übergängen auftauchen.

Berührungen ergeben sich auch mit Ps 22 (zu 71,6 vgl. 22,11, zu 71,11 vgl. 22,2.9, zu 71,12 vgl. 22,12); vgl. ferner 17f. mit Jes 46,4; 2. Tim 3,15, 19 mit Lk 1,49, 20 mit 1. Sam 2,6; Ps 9,14; Röm 10,7.

Anregungen für die Praxis

Im ersten (Kindheit) und letzten Lebensabschnitt (Alter) bedarf der Mensch besonderen Schutz vonseiten der Mitmenschen, vonseiten Gottes. Davon ist bereits in den ersten Versen die Rede. Es ist gut denkbar, dass die Gefährdungen, denen sich der Beter von Ps 71 ausgesetzt weiss, (auch) mit Alter und Schwachheit zu tun haben. Doch der Psalm deutet ebenfalls an, dass fortgeschrittenes Alter auch Chancen bietet: Der dankbare Blick zurück und das Bewusstsein vom Durchgetragen-worden-Sein von Gott, das vertiefte Wissen um Abhängigkeit von bzw. "Armseligkeit" vor Gott als Glückserfahrung (vgl. Mt 5,3), das Erzählen (und Besingen) der Barmherzigkeits- und Machterfahrungen Gottes an die nachfolgende(n) Generation(en).

Das in 11 eingespielte Gegner-Zitat lässt den (falschen!) Rückschluss erkennen, der gemacht wird von der Situation der Schwäche eines bedrängten Menschen zu dessen angeblicher Gottverlassenheit. In einer Kultur des Überlebens der Starken wird Schwäche und Hilflosigkeit unerbittlich ausgenützt, und der Notleidende wird gleichsam zum "Freiwild". Dagegen steht die einhellige Betonung der biblischen Überlieferung von Gottes Protektion und Solidarität mit den Geringen und Leidenden (vgl. zu dieser Königsaufgabe auch den nachfolgenden Ps 72). Daran appelliert auch der Beter von Ps 71.

Der Umstand, dass das Themenfeld "Scham – Schande – Schmähung" den benachbarten Psalmen 69–71 gemeinsam ist und sie verknüpft (vielleicht sogar ein Grund dafür ist), lädt ein, die je unterschiedlichen Akzente der drei Psalmen zu diesem Erfahrungsbereich vergleichend unter die Lupe zu nehmen.

Ps 71 im Gesangbuch: EG Ps 71 (zwei Fassungen; EG-West), 732 (EG-Wü), 733 (EG-West), 766 (EG-BT); RG 45; GL 733; KG 619.

Psalm 72

	1		Salomo zugehörig.
I (A)		a b	Elohim, deine Rechtsordnungen [über]gib dem König und deinen Gerechtigkeitserweis dem Königssohn!
	2	a b	Er soll dein Volk in Gerechtigkeit richten und deine Elenden mit Recht.
	3	a b	Die Berge sollen Frieden [hin]tragen dem Volk und die Hügel durch den Erweis von Gerechtigkeit.
	4	a b c	Er soll Recht verschaffen den Elenden des Volkes, er möge retten die Söhne des Armen und zertreten den Unterdrücker.
II (B)	5	a b	Und er möge lange leben (oder: sie sollen dich fürchten) mit der Sonne und vor dem Mond von Geschlecht zu Geschlecht!
	6	a b	Er komme herab wie Regen auf ein gemähtes Feld, wie Regenschauer als Besprengung des Landes (oder: der Erde).
	7	a b	Es sprosse [auf] der Gerechte in seinen Tagen, und die Fülle ("Menge") des Friedens [sei] bis zum Aufhören des Mondes.
	8	a b	Und er soll herrschen von Meer zu Meer und vom Strom bis zu den Enden der Erde.
III (C)	9	a b	Vor ihm sollen (oder: werden) sich beugen die Wüstenbewohner, und seine Feinde sollen (oder: werden) Staub lecken.
	10	a b	Die Könige von Tarsis und den Inseln (oder: Küsten) sollen (oder: werden) ein Geschenk darbringen.
		c d	Die Könige von Saba und Seba sollen (oder: werden) Tribut entrichten.
	11	a b	Und es sollen (oder: werden) ihm huldigen alle Könige, alle Nationen ihm dienen.
IV (A')	12	a b	Fürwahr, er wird herausreissen den Armen, der um Hilfe ruft, und den Elenden und den, der keinen Helfer hat.
	13	a b	Er wird Mitleid haben mit dem Geringen und dem Armen, und die Leben der Armen wird er erretten.
	14	a b	Aus Bedrückung und Gewalttat wird er ihr Leben erlösen, und kostbar wird ihr Blut in seinen Augen sein.

Psalm 72

	15	a	Er wird [lange] leben, und er wird ihm geben vom Gold von Saba;
		b	und er wird für ihn beständig beten,
		c	den ganzen Tag ihm Segen wünschen.

V 16 a Es wird Überfluss sein an Getreide im Lande,
(B')   b auf dem Gipfel der Berge wird es wogen.

        c Wie der Libanon wird seine Frucht blühen
        d und seine Ähre wie das Kraut des Landes (oder: der Erde).

17 a Es wird bleiben ("sein") sein Name für immer,
    b vor der Sonne sich mehren sein Name.

    c Und es werden sich in ihm Segen wünschen,
    d alle Nationen, sie werden ihn glücklich preisen.

18 a Gepriesen [sei] JHWH Elohim, der Elohim Israels,
    b der Wunder tut, er allein!

19 a Ja, gepriesen [sei] der Name seiner Herrlichkeit für immer;
    b ja, die ganze Erde (oder: das ganze Land) werde erfüllt von seiner Herrlichkeit!

    c Amen – ja, Amen.

20   Zu Ende gekommen sind die (Bitt-)Gebete Davids, des Sohnes Ischajs.

---

1 מִשְׁפָּט Rechtsentscheid, Rechtsbestimmung, Recht(ssache).– **2** דין richten (PK qal 3 m sg) // עָנִי ohne Grundbesitz, arm, elend.– **3** נשא tragen, heben (PK qal 3 m pl) // גִּבְעָה I Hügel.– **4** אֶבְיוֹן bedürftig, arm // דכא pi: zerschlagen, zertreten (wPK pi 3 m sg) // עשׁק I bedrücken, ausbeuten, erpressen.– **5** ירא (sich) fürchten, sich ehrfürchtig verhalten (PK qal 3 m pl + Suff), oft geändert zu וְיַאֲרִיךְ o.ä. von ארך lang sein, hi: lang machen (die Tage), lang leben (lassen) (wPK hi 3 m sg).– **6** ירד hinabgehen (PK qal 3 m sg) // גֵּז Schur (der Schafe, des Grases), frischgemähte Wiese // רְבִיבִים pl: Frühlingsregen, Regenschauer // זַרְזִיף (hap leg) Wassertropfen, Besprengung.– **7** פרח I sprossen, treiben, blühen (PK qal 3 m sg) // בְּלִי Verderben, Aufhören.– **8** רדה I niedertreten, herrschen (wPK Juss[?] qal 3 m sg).– **9** כרע sich beugen (PK qal 3 m pl) // צִי I Schiff; II Steppen-, Wüstenbewohner // לחך auffressen, pi: auflecken (PK pi 3 m pl).– **10** תַּרְשִׁישׁ Tarsis (fernes, nur mit Schiffen erreichbares Mittelmeergebiet, vielleicht Tartessus in Spanien) // אִי I Küste, Insel // מִנְחָה Gabe, Geschenk // שׁוב zurückkehren, hi: zurückbringen, erstatten, entrichten (PK hi 3 m pl) // שְׁבָא Saba (in Arabien) // סְבָא Seba (in Nubien) // אֶשְׁכָּר Abgabe, Tribut // קרב sich nahen, hi: heran-, darbringen (PK hi 3 m pl).– **11** חוה II hitp (bzw. von שׁחה): sich niederwerfen, beugen, huldigen (wPK hitp 3 m pl).– **12** נצל hi: herausreissen, retten (PK hi 3 m sg) // שׁוע I pi: um Hilfe rufen (Ptz pi m sg) // עזר helfen (Ptz qal m sg).– **13** חוס betrübt sein, mitleidig blicken, Mitleid haben (PK Juss[?] qal 3 m sg) // דַּל gering.– **14** תֹּךְ Bedrückung, Gewalttätigkeit // יקר kostbar sein (wPK 3 m sg).– **15** בְּעַד für jemanden // תָּמִיד beständig // ברך II segnen, preisen (nur Ptz pass), pi: segnen, preisen, hitp: sich (= einander?) Segen wünschen (PK pi 3 m sg + Suff).– **16** פִּסָּה

(hap leg) Zuteilung, Überfluss // בַּר III Getreide // רעשׁ erbeben, rauschen, wogen (PK qal 3 m sg) // M: "... Wie der Libanon seine Frucht, ja, sie werden [hervor]blühen aus der Stadt wie das Kraut des Landes (oder: der Erde)." Vorgeschlagene Textkorrektur zu יָצִיץ וְעָמִירוֹ (vgl. F.-L. Hossfeld / E. Zenger): צוץ I ausschlagen, blühen, hi: Blüten treiben, blühen (PK qal 3 m sg statt wPK qal 3 m pl) // עָמִיר (geschnittene) Ähre (statt עִיר I Stadt) // עֵשֶׂב Kraut, Kräuter.– **17** נין (hap leg) hi: sprossen, Nachkommenschaft bekommen (PK hi [oder pi oder ni] 3 m sg) // אשׁר I pi: glücklich nennen bzw. preisen (PK pi 3 m pl + Suff).– **19** מלא voll sein, anfüllen, ni: angefüllt bzw. erfüllt werden (wPK ni 3 m sg – falls nicht umzupunktieren zu wPK qal 3 m sg).– **20** כלה I aufhören, enden, pi: vollenden, pu: vollendet werden (AK pu 3 pl) // תְּפִלָּה (Bitt-)Gebet.–

Form und Inhalt

Die Klassifizierung von Ps 72 als "Königspsalm" ist kaum strittig. Der Eröffnungsvers scheint auf einen Einführungs- bzw. Übergabeakt (Krönung, Investitur?) der göttlichen Rechtsordnungen an den König hinzuweisen. Er legt zugleich nahe, die nachfolgenden Verse – auch wenn die imperativische Du-Anrede Gottes zum jussivischen Er-Stil (gemeint ist der König) wechselt – im Sinne eines Bittgebets zu verstehen. Nun ist allerdings der sprachliche Duktus hinsichtlich der Verbalformen (die PK kann futurische und/oder jussivisch-modale Bedeutung haben) und teils auch der sprechenden und angesprochenen Personen (im Blick auf Gott, den König und den/die Armen o.ä.) mehrdeutig, was interpretatorische Spielräume auftut. Obwohl eine durchgehende jussivische Interpretation möglich ist, verstehe ich das (in emphatisch-assertorischem Sinn) eröffnende כי "fürwahr …!" (12a) als Textsignal, das anzeigt, dass die nun folgenden Aussagen gewiss, d.h. futurisch zu interpretieren sind (bei der davor stehenden Passage 9–11 mögen die Modi oszillieren, deshalb ist neben der als dominant verstandenen jussivischen auch die futurische Lesung in Klammern beigegeben).

Redender bzw. Bittender ist ein hoher Repräsentant des Staates (wenn man Prä- und Subskript 1.20 kombiniert, wäre dies der abtretende König David für den antretenden König Salomo), angesprochen ist direkt zunächst Gott (1), dann indirekt v.a. der König (2ff., wohl auch 6.15). Dessen gerechtes Herrschen soll zugunsten des Volkes, insbesondere der sozial Minderbemittelten, geschehen. Diesbezüglich hat der Psalm Anteil an der altorientalischen, von Ägypten bis Babylon reichenden Königsideologie, nach der der König in seiner Herrschaft sich insbesondere für die personae miserae (Waisen, Witwen, Landlose etc.) einzusetzen hat. In dieser Rechtssache vertritt er den himmlischen König. Neben diese rechtlich-soziale tritt die kosmische (Mittler des göttlichen Segens, Fruchtbarkeit des Landes) sowie die militärisch-politische Dimension (Herrschaft gegen aussen, Feindbesiegung, [universale] Huldigung). Bei diesen königsideologischen Entlehnungen dürften ägyptische wie auch babylonische (neuassyrische) Momente zugeflossen sein (vgl. F.-L. Hossfeld / E. Zenger, M. Arneth).

Die Abfassung dieses – abgesehen vom Präskript und 18–20 – wohl doch einheitlichen Psalms (anders F.-L. Hossfeld / E. Zenger: 9–11.15.17cd = sekundäre Nachtragung aus universalistischer Perspektive) geht auf das vorexilische Jerusalem zurück (Josia?) und ist später, wenn nicht überarbeitet, so doch messianisch interpretiert und mit den Angaben 18–20 ergänzt und psalterredaktionell positioniert worden.

Struktur und Poesie

Ps 72 ist (mit M.E. Tate) in fünf gleichmässige Stanzen zu je 8–9 Zeilen (Kola) zu gliedern. 18f. ist (wie auch 20 und das Präskript "Salomo zugehörig") – trotz Anschlussphänomenen (vgl. v.a. die Wortaufnahme ברך "segnen, preisen" 15c.17c.18a.19a) – als Nachtrag und damit als nicht zum Ursprungspsalm gehörig zu beurteilen. Als Gesamtanlage ist eine alternierende, um die Mittestanze 9–11 (III = C) gelegte Struktur erkennbar (ABCA'B').
Demnach steht die Huldigung der Fremdkönige gegenüber dem Jerusalemer König (und seinem Gott – zumal die Objekte in 9.11 sich auch auf Gott beziehen lassen) betont in der Psalmmitte. Zu ihr kommt es, wenn die soziale und kosmische Dimension der Regentschaft gegeben ist. Um die Mittestanze gruppieren sich in einem Überkreuzmuster die beiden sich entsprechenden Stanzen I und IV (A/A') respektive II und V (B/B'). In den A-Teilen ist im Verhältnis von Wunsch bzw. Gebet (jussivisch) einerseits und vergewissernder Zusage (futurisch) andererseits die Königsaufgabe gegenüber den "Armen" angeführt (vgl. u.a. die Begriffsaufnahmen עני "Elende(r)" 2b.4a.12b, אביון "Arme(r)" 4b.12a.13a.13b, ישׁע hi "retten" 4b.13b). In den B-Teilen ist vom Segen, d.h. vom Sprossen, Blühen und Aufleben von Mensch und Schöpfung die Rede. Dies kommt bzw. soll vom König (und dem hinter ihm stehenden Gott) kommen und ist Zeichen seiner Herrschaft und Ehre (Stichwortverknüpfungen: שׁמשׁ "Sonne" 5a.17b, ארץ mit Oszillierung zwischen den Bedeutungen "Land" und "Erde" 6b.8b.16a.16d, ferner 19b). Auch die Mittestanze III steht nicht isoliert da, sondern ist durch Bezugnahmen zu den voranstehenden und nachfolgenden Stanzen mit diesen sorgfältig verwoben (vgl. etwa מלך "König(e)" 1a.1b.10a.10c.11a, כל־גוים "alle Nationen" 11b.17d [Stanzen- und Psalmschluss], שׁבא "Saba" 10c.15a).
Erwähnenswert sind einige (pseudo)akrostichische und telestische Phänomene (vgl. K. Seybold): die Vielzahl der Vers- und Zeilenanfänge mit י (und ו bzw. וי), die häufige Beschliessung der ersten Verszeile auf ם bzw. der Verse auf ו (u.a. Mittestanze III). An Lautmustern und Sinnspielen sind u.a. zu notieren: dominante Guttural-Laute (ע/א) in 4; Laut- und Sinnspiel der Vers-eröffnenden Verbformen von ירד/רדה "herabkommen/herrschen" 6a.8a, dazu die lautähnlichen ירח "Mond" 5b.7b und פרח "sprossen" 7a; die (teils sinnreichen) Lautpaare (Stabreim) איים/ציים "Wüstenbewohner/Inseln", סבא/שׁבא "Saba/Seba" 10c, איב/אביון "Armer/Feind" 4b.9b.12a, ועני ואין "und der Elende und der kein ... hat" 12b, ראשׁ/רעשׁ "Gipfel/wogen" 16b und שׁם/שׁמשׁ/שׁם "Name/Sonne/Name" 17ab.

Kontexte

Ps 72 in der Gestalt 1a–17 ist in mehrere Kontexte eingebettet und erhält dadurch Bedeutungsanreicherungen. Zunächst lehnt sich Ps 72 an seinen Vorgänger Ps 71 (bzw. Ps 70–71) an und bildet den Abschluss der Kleingruppe Ps 69–72 (diese ist nach F.-L. Hossfeld / E. Zenger von der "David-Asaf-Redaktion" gezielt als Abschluss des zweiten David-psalters zusammengestellt und entsprechend redigiert worden). So wird die v.a. den zweiten Teil von Ps 71 bestimmende Rechtsbegrifflichkeit am Anfang von Ps 72 aufgegriffen und so in der Fortlesung Gottes Gerechtigkeit mit der des Königs sinnvoll verknüpft (vgl. 71,2.15f.19.24 mit 72,1–4). Zugleich wird auch die den Elenden (עני 69,30; 70,6; 72,2.4.12) und Armen (אביון 69,34; 70,6; 72,4.12f.) betreffende Schmähung, die in Ps 69–71 thematisiert war (s.o.), mit den Sollens- bzw. Seins-Aussagen von Ps 72 insofern zum Abschluss gebracht, als gerade der Einsatz des Königs (und mit ihm JHWHs) zugunsten dieser geschehen soll bzw. wird. Ähnlich lassen sich die Heils- bzw. Rettungsbitten und -aussagen durch diese vier Psalmen hindurch verfolgen (vgl. namentlich ישׁע als Verb (hi): "retten, Heil stiften" o.ä., als Nomen: "Heil, Rettung" 69,2.14.36; 71,2f.; 72,4.13, ישׁועה "Heil, Rettung" 69,30; 70,5, נצל hi "herausreissen, retten" 69,15; 70,2; 71,2.11; 72,12). Hat die vorangegangene Kleingruppe Ps 65–68 mit Referenzen auf die besiegten Könige und dem in Jerusalem königlich thronenden Gott geschlossen, so hat auch die Gruppe Ps 69–72 einen Schlussakzent auf dem Königtum, nur dass hier der irdische "König der Gerechtigkeit" im Vordergrund steht (vgl. מלכים "Könige" 68,13.15.30; 72,10f., מלך "König" 68,25; 72,1).

Einen weiteren, unmittelbaren Kontext hat Ps 72 durch das Präskript "Salomo zugehörig" (1, vgl. noch Ps 127,1) und die angefügte Benediktion bzw. Doxologie 18f. Die Salomo-Zuweisung (ל) kann im Sinne der Autorschaft ("von") oder der Dedikation ("für") verstanden werden. Dass die zweite Deutungsmöglichkeit im Vordergrund steht, legt sich durch die Verbindung von Psalminhalt bzw. -situation (Verbindung mit Amtsantritt und Ausdruck "Königssohn" 1; vgl. den Psalm auch mit 1. Kön 3[ff.]; 10 [Königin von Saba]), der Positionierung am Ende der (zweiten) David-Sammlung sowie dem Postscript (Kolophon) 20 nahe. Mit andern Worten: Der Schluss der David-Psalmen wird dadurch markiert durch den Übergang der Regentschaft an seinen Sohn Salomo, dass König David für seinen Sohn und dessen Regentschaft betet. Ps 72 bekommt den Charakter eines Vermächtnisses (vgl. ähnlich 2. Sam 23,1–7). Es ist denkbar, dass mit dem Übergang an Salomo unterschwellig auch schon die Zerfallserscheinungen angezeigt werden (jedenfalls aus der Sicht der "Exils-Perspektive" der nachfolgenden Asaph-Psalmen-Sammlung bzw. von Buch III). Gerade das Kolophon, das auf den (zweiten und vermutlich zugleich auch den ersten) David-Psalter zurückblickt und diesen abschliesst, markiert ja einen deutlichen Einschnitt (die nachher doch noch folgenden "David"-Psalmen sind damit von anderem Rang; sie scheinen der diese Psalmen-Gruppe zusammenstellenden Redaktion nicht bekannt gewesen zu sein).

Mit 18f. wurde Ps 72 nicht nur weitergeführt (vgl. die Stichwortaufnahmen, insbesondere ברך "segnen, Segen wünschen, preisen" 15.17.18f.), sondern (in Rückkoppelung zu 1) die Königsaussagen auch in einen theologischen Rahmen gestellt. Zugleich wird der Psalm und mit ihm die Schlussgruppe Ps 69–72 mit der ihn beschliessenden, zwischen Segensspruch und Lobpreis schillernden ברך-Terminologie (Eröffnung der Verse 18 und 19) mit der vorherigen Kleingruppe Ps 65–68 verknüpft und insbesondere mit deren Abschlusspsalm 68 parallelisiert (vgl. 65,11; 66,8.20; 67,2.7f.; 68,20.27.36). Darüber hinaus hat die Psalter-Redaktion durch Doxologie und doppelte Vergewisserung ("Amen – ja, Amen") nicht nur das zweite Buch, sondern schon das erste (vgl. 41,14) abgeschlossen (ähnlich nachher auch die Buchabschlüsse von III und IV 89,53; 106,48).

Als Buchabschluss- bzw. Scharnier-Psalm ist Ps 72 wohl bewusst positioniert und mit ihm ein Bezugsnetz zu andern Königspsalmen, die an ähnlichen Nahtstellen im Psalterbuch rangieren, ein Bezugsnetz hergestellt worden (vgl. G.H. Wilson). So liegt ein deutlicher Rückbezug zum an den Anfang gestellten Ps 2 vor (vgl. 72,11 mit 2,8, auch אפסי־ארץ "Enden der Erde" 2,8; 72,8, ferner die mit [י]אשר formulierten Beglückwünschungen bzw. Seligpreisungen 2,12; 72,17, dazu auch 1,1 [Psalteranfang] und 41,2f. [Ende Buch I]). Liegt dort das Schwergewicht auf der Königseinsetzung, so hier auf der gerechten Herrschaft desselben. Ps 89 am Schluss von Buch III wird dann das Ende des davidischen Königreichs und das Warten auf eine Wiederherstellung anzeigen (zum "messianischen Psalter" Ps 2–89 vgl. C. Rösel). In dem Sinn bestätigt sich auch diesbezüglich, dass Ps 72 positionell und inhaltlich (vgl. auch die "Salomo"-Überschrift) "dazwischen" liegt. Er schliesst gleichsam die David-Königszeit ab und mündet in die Zerfallszeit ein – nicht ohne mit dem Bild des gerechten Königs zu zeigen, unter welchen Umständen der Niedergang des Königreichs gerade nicht eingetreten wäre (zur Verknüpfung und Bedeutung von Ps 72 im Blick auf die Psalmen von Buch III vgl. R.L. Cole).
Bereits in der psalterredaktionellen Positionierung von Ps 72 zeigen sich möglicherweise Anzeichen einer messianischen Interpretation, die sich dann in der griech. Übersetzung (LXX), der aram. Paraphrasierung (Psalmentargum), in den apokryphen Psalmen Salomos (17. Psalm) und im NT fortsetzen. Allerdings sind die Spuren von Ps 72 im NT nicht so deutlich, wie man vielleicht erwarten würde. Anklänge zu Ps 72 finden sich in der Perikope vom Kommen der Sterndeuter zum Jesus-Kind Mt 2,1–12, wodurch diese Männer in den Deutehorizont der dem wahren König mit Gaben huldigenden Könige aus der Fremde gestellt werden (vgl. 10f.15 mit Mt 2,11). Ferner könnte der Psalm neben andern Texten (Ps 37; Jes 61 u.a.) zum Verständnis des Messias Jesu als barmherziger König und Helfer der Armen beigetragen haben (vgl. 17f. mit Lk 1,48.68, dazu auch Momente aus der Bergpredigt etc.; auch die Bartimäus-Erzählung [Mt 20,29–34 par] lässt sich als Paraphrase zu Ps 72 deuten [vgl. namentlich Vers 12]).
Zu 6 vgl. ferner Dtn 32,2, zu 8 vgl. Ex 23,31; Sach 9,10, zu 10 vgl. Jes 60,6.9, zu 12f. vgl. Hi 29,12; 36,15, zu 16 vgl. Jes 27,6; Am 9,13, zu 17 vgl. Gen 12,3; 22,18, zu 19 vgl. Num 14,21; Jes 6,3.

Anregungen für die Praxis

Es legt sich nahe, Ps 72 auf Königswürde und -amt Christi hin auszulegen, wobei sich im kirchlichen Festkreis die Adventszeit zur Einholung verschiedener Facetten dieses Psalms anbietet. Zum einen redet der Psalm von Ankunft auch im Sinn des Antritts des Königs, der eine neue Heilszeit heraufführen soll bzw. wird. Der Einsatz des barmherzigen Gesalbten (Messias) für die Entrechteten lässt sich sowohl mit Passagen, die mit der Ankündigung und Ankunft des Heilands in Zusammenhang stehen (zu Bezügen zu Lk 1f.; Mt 2 s.o.), als auch mit solchen des Lebens und Wirkens Jesu verbinden (über Ps 72 hinausgehend hat der irdische Messias Jesus die Königswürde aber "äusserlich" gleichsam abgelegt, vgl. Phil 2,5–8). Er kümmert sich um die Elenden (2–4.12–14), er erquickt, lässt Menschen aufatmen, gibt Raum zur Entfaltung und Leben in Überfluss (6f.16, vgl. Joh 10,10). Er steht ein als Fürbitter und Mittler (15, vgl. auch 1, dazu u.a. Joh 17; Hebr 4ff.) für die "Königskinder" (vgl. 1. Petr 1,18f.; 2,9), die in seine Nachfolge gerufen sind.

Psalm 72

Schliesslich hat Ps 72 adventliche Züge insofern, als seine Aussagen auch zur Wiederkunft des Erlöser-Königs in Macht und Herrlichkeit am Ende der Zeit hinführen (zu 9–11.19 vgl. etwa Mt 24,29–31; 25,31ff.; Offb 19ff.).
Ps 72 im Gesangbuch: EG Ps 72 (EG-West); GL 152–153; KG 100, 364–365, (KG CN 05, 049–050).

LITERATURVERZEICHNIS (AUSWAHL)

Aufgeführt ist namentlich grundlegende und neuere Literatur (ab ca. 1990). Weitere, ältere Literatur lässt sich durch die neueren Beiträge, Einführungen und Psalmenkommentare erschliessen. Die Rubriken sollen helfen, den gewünschten Bereich leichter zu finden (z.T. werden Titel doppelt aufgeführt, wo sie in zwei Rubriken gehören). Was die Abkürzungen bei bibliographischen Angaben (Zeitschriften, Buchreihen etc.) angeht, richten sich diese nach S.M. SCHWERTNER, Internationales Abkürzungsverzeichnis für Theologie und Grenzgebiete (IATG^2), Berlin – New York ^{2}1992 bzw. S.M. SCHWERTNER, Theologische Realenzyklopädie. Abkürzungsverzeichnis, Berlin – New York ^{2}1994.

1. Literatur zu Psalmen und Psalter

a) Übersetzungen und allgemeinverständliche Erläuterungen zu den Psalmen

BALDERMANN I., Ich werde nicht sterben, sondern leben. Psalmen als Gebrauchstexte (WdL 7), Neukirchen-Vluyn ^{3}1999 (1990)
BIBEL. Elberfelder Bibel. Revidierte Fassung, Wuppertal 1985
BONHOEFFER D., Die Psalmen. Das Gebetbuch der Bibel. Eine Einführung, Giessen – Bad Salzuflen ^{14}1995 (1940)
BORMUTH K.-H., ... wie ein Freund auf dem Weg. Entdeckungen in den Psalmen, Marburg 1999
BUBER M., Das Buch der Preisungen, Gerlingen ^{11}1998 (1962) (auch in: Die Schriftwerke, Darmstadt ^{6}1992 [1962])
BUTTING K., "Die Töchter Judas frohlocken" (Ps 48,12). Frauen beten die Psalmen, BiKi 56 (2001) 35–39
FENZ A.K., Das Gebet der Jahrtausende. Aktualisierte Psalmenübersetzung für die Praxis, Leipzig 1998
FENZ A.K., "Mein ganzes Glück bist du!" (Ps 16,2). Psalmenmeditationen. Schritte zur Vertiefung, Leipzig 1998
GERSTENBERGER E.S., "Höre, mein Volk, lass mich reden!" (Ps 50,7). Predigt in den Psalmen, BiKi 56 (2001) 21–25
GUARDINI R., Deutscher Psalter. Theologische Gebete, Mainz – Paderborn 1998
HIEKE T., Schweigen wäre gotteslästerlich. Klagegebete – Auswege aus dem verzweifelten Verstummen, in: G. STEINS (Hrsg.), Schweigen wäre gotteslästerlich. Die heilende Kraft der Klage, Würzburg 2000, 45–68
HOLLADAY W.L., The Psalms through Three Thousand Years. Prayerbook of a Cloud of Witnesses, Minneapolis 1993
HOSSFELD F.-L., Von der Klage zum Lob – die Dynamik des Gebets in den Psalmen, BiKi 56 (2001) 16–20
JANOWSKI B., Die Antwort Israels. Theologische Einführung in die Psalmen, BiKi 56 (2001) 2–7

Literaturverzeichnis (Auswahl)

KASPER W. u.a. (Hrsg.), Ich lobe dich von ganzer Seele. Alle 150 Psalmen mit Auslegungen, Stuttgart ⁴1996

KIRCHENRAT DER EVANGELISCH-REFORMIERTEN LANDESKIRCHE DES KANTONS ZÜRICH (Hrsg.), Die Evangelien nach Matthäus, Markus, Lukas, Johannes. Die Psalmen (Fassung 1996) [= Zürcher Bibel], Zürich 1996

LEVINE H.J., Sing unto God a New Song. A Contemporary Reading of the Psalms, Bloomington 1995

LEWIS C.S., Gedanken zu den Psalmen. Mit einem Vorwort von E. ZENGER, Zürich ³1992 (1959)

LUTHER M., Neues Testament und Psalter in der Sprache Martin Luthers für Leser von heute [Ausgabe nach dem Wortlaut der Lutherbibel von 1545], Hamburg – Gladbeck 1982

LUTHER M., Der Psalter. Neue Rechtschreibung, Stuttgart 2001

MARTIN K., Hätte ich doch Flügel wie eine Taube. Kostbarkeiten aus dem Buch der Psalmen, Gütersloh 2001

MENDELSSOHN M. (Übersetzer), Die Psalmen, Berlin 1991

PETERSEN W.J. / PETERSEN R., Psalmen – Lieder des Lebens. Mit den Psalmen durch das Jahr, Holzgerlingen 2001

OEMING M., Das Buch der Psalmen. Psalm 1–41 (Neuer Stuttgarter Kommentar. Altes Testament 13/1), Stuttgart 2000

PAPE W. (Hrsg.), Die Psalmen. Übertragen von Moses Mendelssohn (detebe-Klassiker 23020), Zürich 1998

RAVASI G., Du hörst doch mein Rufen? Mit Psalmen beten, München – Zürich – Wien 1999

RIEDIGER G., Wenn du uns Mut machst. Psalmen für jeden Tag, Hamburg 2001

SCHNEIDER D., Das Buch der Psalmen. 1. Teil: Psalm 1–50 / 2. Teil: Psalm 51–100 / 3. Teil: Psalm 101–150 (WStB, 3 Bände), Wuppertal 1995–1997

SCHUMACHER H., Die Psalmen. Erklärt und ausgelegt, Neuhausen-Stuttgart ²1995 (1994)

SEIDEL H., Auf den Spuren der Beter. Einführung in die Psalmen (Arbeitsbücher für die Aus- und Weiterbildung kirchlicher Mitarbeiter), Berlin ²1987 (1980)

SEYBOLD K., Die Psalmen. Eine Einführung (UB 382), Stuttgart ²1991 (1986)

SPANGENBERG P., Höre meine Stimme. Die 150 Psalmen der Bibel übertragen in die Sprache unserer Zeit, Hamburg 1995

SPURGEON C.H., Die Schatzkammer Davids. Eine Auslegung der Psalmen (4 Bände), Stuttgart 1996

STADLER A., Die Psalmen, Innsbruck 1998

STADLER A., "Die Menschen lügen. Alle" und andere Psalmen, Frankfurt a.M. – Leipzig ⁶2000

STIER F., Mit Psalmen beten (herausgegeben von E. BECK), Stuttgart 2001

STORK D., Zukunft, die heute beginnt: Die Psalmen – neu gelesen (SBTB 12), Stuttgart 1992

STORK D., Mein Lachen in der Angst. Die Psalmen – neu gelesen (SBTB 14), Stuttgart 1997

STUTZ P., Du hast mir Raum geschaffen. Psalmengebete, München ⁴1999 (1996)

TUR-SINAI N.H., Die Heilige Schrift ins Deutsche übertragen, Neuhausen-Stuttgart ²1995

UNGLAUB R. (Sprecher), Altes Testament. Der Psalter (6 Kassetten). Hörbuch. Bibeltext nach der Übersetzung Luthers, revidierte Fassung von 1984, o.O. und o.J.

WAHL O., Lieder der Befreiten. Psalmen beten heute, München 1989

WASAK H. (Sprecher), Hörbibel. Die Psalmen. Einheitsübersetzung (5 Audio-CDs), Stuttgart 2001

ZENGER E., Die Nacht wird leuchten wie der Tag. Psalmenauslegungen, Freiburg – Basel – Wien 1997

Literaturverzeichnis (Auswahl)

ZENGER E., Ein Gott der Rache? Feindpsalmen verstehen (Biblische Bücher 1), Freiburg – Basel – Wien ²1998 (1994)
ZENGER E., Dein Angesicht suche ich. Neue Psalmenauslegungen, Freiburg – Basel – Wien 1998
ZINK J., Psalmen und Gebete zur Bibel, Stuttgart 1991

b) Wissenschaftliche Literatur zum Psalter insgesamt und zu einzelnen Teilgruppen der Psalmen 1–72

ALETTI J.-N. / TRUBLET J., Approche poétique et théologique des Psaumes. Analyses et Méthodes, Paris 1983
ALONSO-SCHÖKEL L. / CARNITI C., Salmos I. (Salmos 1–72) / II. (Salmos 73–150). Traducción, introducciones y comentario (Nueva Biblia Española. Comentario teologico y literario) (2 Bände), Estella 1994 / 1993
ALLEN L.C., Psalms 101–150 (Word Biblical Commentary 21), Waco 1983
ALTHANN R., Atonement and Reconciliation in Psalms 3, 6 and 83, JNWSL 25 (1999) 75–82
ANDERSON B.W. (mit S. BISHOP), Out of the Depths. The Psalms Speak to Us Today, Louisville ³2000 (²1983)
ANDERSON R.D., The Division and Order of the Psalms, WThJ 56 (1994) 219–241
AUFFRET P., Merveilles à nos yeux. Étude structurelle de vingt psaumes dont celui de 1 Ch 16,8–36 (BZAW 235), Berlin – New York 1995
AUWERS J.-M., Tendances actuelles des études psalmiques. À propos de quelques ouvrages récents sur le Psautier, RTL 28 (1997) 79–97
AUWERS J.-M., Le David des Psaumes et les Psaumes de David, in: L. DESROUSSEAUX / J. VERMEYLEN (Ed.) Figures de David à travers la Bible (LeDiv 177), Paris 1999, 187–225
AUWERS J.-M., La composition littéraire du Psautier. Un état de la question (CRB 46), Paris 2000
AVISHUR Y., Studies in Hebrew and Ugaritic Psalms (Publications of the Perry Foundation for Biblical Research. The Hebrew University of Jerusalem), Jerusalem 1994
BADER G., Psalterium affectum palaestra. Prolegomena zu einer Theologie des Psalters (HUTh 33), Tübingen 1996
BALLARD H.W. Jr., The Divine Warrior Motif in the Psalms (BIBAL Dissertation Series 6), North Richland Hills 1999
BALLARD H.W. Jr. / TUCKER W.D. (Ed.), An Introduction to Wisdom Literature and the Psalms. FS M.E. Tate, Macon 2000
BALLHORN E., "Um deines Knechtes David willen" (Ps 132,10). Die Gestalt Davids im Psalter, BN 76 (1995) 16–31
BARBIERO G., Das erste Psalmenbuch als Einheit (ÖBS 16), Frankfurt a.M. 1999
BARTH C., Concatenatio im ersten Buch des Psalters, in: B. BENZING / O. BÖCHER / G. MAYER (Hrsg.), Wort und Wirklichkeit. Studien zur Afrikanistik und Orientalistik. Teil I: Geschichte und Religionswissenschaft – Bibliographie, Meisenheim am Glan 1976, 30–40
BARTH C., Die Errettung vom Tode in den individuellen Klage- und Dankliedern des Alten Testamentes (mit zwei Anhängen, einer Bibliographie und Registern neu herausgegeben von B. JANOWSKI), Zürich ²1987 (1946)

BAYER B., The Titles of the Psalms. A Renewed Investigation of an Old Problem, Yuval 4 (1982) 29–123
BECKWITH R.T., The Early History of the Psalter, TynB 46 (1995) 1–27
BERGES U., Die Knechte im Psalter. Ein Beitrag zu seiner Kompositionsgeschichte, Bib. 81 (2000) 153–178
BOUZARD W.C. Jr., We Have Heard with Our Ears, O God. Sources of Communal Laments in the Psalms (SBL.DS 159), Atlanta 1997
BRENNER A. / FONTAINE C.R. (Ed.), Wisdom and the Psalms (A Feminist Companion to the Bible [Second Series] 2), Sheffield 1998
BROYLES C.C., Psalms (New International Biblical Commentary), Peabody 1999
BRUEGGEMANN W.A., The Message of the Psalms. A Theological Commentary (Augsburg Old Testament Studies), Minneapolis 1984
BRUEGGEMANN W.A., Israel's Praise. Doxology against Idolatry and Ideology, Philadelphia ³1989 (1988)
BRUEGGEMANN W.A., Bounded by Obedience and Praise: The Psalms as Canon, JSOT 50 (1991) 63–92
BRUEGGEMANN W., Response to James L. Mays, 'The Question of Context', in: J.C. MCCANN (Ed.), The Shape and Shaping of the Book of the Psalter (JSOT.S 159), Sheffield 1993, 29–41
CHRISTENSEN D.L., The Book of Psalms within the Canonical Process in Ancient Israel, JETS 39 (1996) 421–432
CLAISSÉ-WALFORD N.L. DE, Reading from the Beginning. The Shaping of the Hebrew Psalter, Macon 1997
COETZEE J.H., A Survey of Research on the Psalms of Lamentation, OTEs 5 (1992) 151–174
CORTESE E., Sulle redazioni finali del Salterio, RB 106 (1999) 66–100
CRAIGIE P.C., Psalms 1–50 (Word Biblical Commentary 19), Waco 1983
CREACH J.F.D., Yahweh as Refuge and the Editing of the Hebrew Psalter (JSOT.S 217), Sheffield 1996
CROFT S.J.L., The Identity of the Individual in the Psalms (JSOT.S 44), Sheffield 1987
DAHMEN U., Psalmentext und Psalmensammlung. Eine Auseinandersetzung mit P.W. Flint, in: U. DAHMEN / A. LANGE / H. LICHTENBERGER (Hrsg.), Die Textfunde vom Toten Meer und der Text der Hebräischen Bibel, Neukirchen-Vluyn 2000, 109–126
DAY J., Psalms (OTGu), Sheffield 1990
DHANARAJ D., Theological Significance of the Motif of Enemies in Selected Psalms of Individual Lament (Orientalia Biblica et Christiana 4), Glückstadt 1992
DOEKER A., Die Funktion der Gottesrede in den Psalmen. Eine poetologische Untersuchung, Diss. masch., Bonn 2000
EFTHIMIADIS H., Is There a Place for a Woman in the Theology of the Psalms? Part I: An Investigation into the Female Imagery of the Ancient Hebrew Psalter, OTEs 12 (1999) 33–56
EMMENDÖRFER M., Der ferne Gott. Eine Untersuchung der alttestamentlichen Volksklagelieder vor dem Hintergrund der mesopotamischen Literatur (Forschungen zum Alten Testament 21), Tübingen 1998
ERBELE-KÜSTER D.; Lesen als Akt des Betens. Eine Rezeptionsästhetik der Psalmen (WMANT 87), Neukirchen-Vluyn 2001
FABRY H.-J., Der Psalter in Qumran, in: SCHAPER J., Der Septuaginta-Psalter. Interpretation, Aktualisierung und liturgische Verwendung der biblischen Psalmen im hellenistischen Judentum, in: E. ZENGER (Hrsg.), Der Psalter in Judentum und Christentum (Herders Biblische Studien 18), Freiburg u.a. 1998, 137–163
FLINT P.W., Of Psalms and Psalters. James Sanders' Investigation on the Psalms Scrolls, in: R.D. WEISS / D.M. CARR (Ed.), A Gift of God in Due Season: Essays on Scripture and Community. FS J.A. Sanders (JSOT.S 225), Sheffield 1996, 65–83

Literaturverzeichnis (Auswahl)

FLINT P.W., The Dead Sea Psalms Scrolls and the Book of Psalms (StTDJ 17), Leiden 1997
FLINT P.W., The Book of Psalms in the Light of the Dead Sea Scrolls, VT 48 (1998) 453–472
FOHRER G., Psalmen, Berlin – New York 1993
FORSTER C., Begrenztes Leben als Herausforderung. Das Vergänglichkeitsmotiv in weisheitlichen Psalmen, Zürich – Freiburg 2000
GERSTENBERGER E.S., Der Psalter als Buch und als Sammlung, in: K. SEYBOLD / E. ZENGER (Hrsg.), Wege der Psalmenforschung. FS W. Beyerlin (Herders Biblische Studien 1), Freiburg – Basel – Wien ^{2}1995 (1994), 3–13
GILLINGHAM S.E., Psalmody and Apocalyptic in the Hebrew Bible: Common Vision, Shared Experience?, in: J. BARTON / D.J. REIMER (Ed.), After the Exile. FS R. Mason, Macon 1996, 147–169
GILLINGHAM S.E., The Messiah in the Psalms: A Question of Reception History and the Psalter, in: J. DAY (Ed.), King and Messiah in Israel and the Ancient Near East. Proceedings of the Oxford Old Testament Seminar (JSOT.S 270), Sheffield 1998, 209–237
GIRARD M., Les Psaumes redécouverts. De la structure au sens. Psaumes 1–50 / 51–100 / 101–150 (3 Bände), Québec 1994 / 1996
GOULDER M., The Prayers of David (Psalms 51–72). Studies in the Psalter, II (JSOT.S 102), Sheffield 1990
GREEN B., Like a Tree Planted: An Exploration of Psalms and Parables through Metaphor, Collegeville 1997
GREENBERG M., Hittite Royal Prayers and Biblical Petitionary Psalms, in: K. SEYBOLD / E. ZENGER (Hrsg.), Wege der Psalmenforschung. FS W. Beyerlin (Herders Biblische Studien 1), Freiburg – Basel – Wien ^{2}1995 (1994), 15–27
GUNKEL H. / BEGRICH J., Einleitung in die Psalmen. Die Gattungen der religiösen Lyrik Israels, Göttingen 1933
HAAG E. / HOSSFELD F.-L. (Hrsg.), Freude an der Weisung des Herrn. Beiträge zur Theologie der Psalmen. FS H. Gross (SBB 13), Stuttgart ^{2}1987 (1986)
HAUGE M.R., Between Sheol and Temple. Motif Structure and Function in the I-Psalms (JSOT.S 178), Sheffield 1995
HIRSCH S.R., ספר תהלים Psalmen, Basel – Zürich 1995 (1883)
HOSSFELD F.-L., Bundestheologie im Psalter, in: E. ZENGER (Hrsg.), Der Neue Bund im Alten. Studien zur Bundestheologie der beiden Testamente (QD 146), Freiburg – Basel – Wien 1993, 169–176
HOSSFELD F.-L., Die unterschiedlichen Profile der beiden Davidsammlungen Ps 3–41 und Ps 51–72, in: E. ZENGER (Hrsg.), Der Psalter in Judentum und Christentum (Herders Biblische Studien 18), Freiburg u.a. 1998, 59–73
HOSSFELD F.-L., Das Prophetische in den Psalmen. Zur Gottesrede der Asafpsalmen im Vergleich mit der des ersten und zweiten Davidpsalters, in: F. DIEDRICH / B. WILLMES (Hrsg.), Ich bewirke das Heil und schaffe das Unheil (Jes 45,7). Studien zur Botschaft der Propheten. FS L. Ruppert (fzb 88), Würzburg 1998, 223–243
HOSSFELD F.-L. / ZENGER E., "Selig, wer auf die Armen achtet" (Ps 41,2). Beobachtungen zur Gottesvolk-Theologie des ersten Davidpsalters, JBTh 7 (1992) 21–50
HOSSFELD F.-L. / ZENGER E., Die Psalmen. Psalm 1–50 (NEB.AT 29), Würzburg 1993

HOSSFELD F.-L. / ZENGER E., "Wer darf hinaufziehn zum Berg JHWHs?" Zur Redaktionsgeschichte und Theologie der Psalmengruppe 15–24, in: G. BRAULIK / W. GROSS / S. MCEVENUE (Hrsg.), Biblische Theologie und gesellschaftlicher Wandel. FS N. Lohfink, Freiburg – Basel – Wien 1993, 166–182

HOSSFELD F.-L. / ZENGER E., "Von seinem Thronsitz schaut er nieder auf alle Bewohner der Erde" (Ps 33,14): Redaktionsgeschichte und Kompositionskritik der Psalmengruppe 25–34, in: I. KOTTSIEPER u.a. (Hrsg.), "Wer ist wie du, Herr, unter den Göttern?" Studien zur Theologie und Religionsgeschichte Israels. FS O. Kaiser, Göttingen 1994, 375–388

HOSSFELD F.-L. / ZENGER E., Psalmen 51–100 (Herders Theologischer Kommentar zum Alten Testament), Freiburg – Basel – Wien 2000

HOSSFELD F.-L. / ZENGER E., Psalmenauslegung im Psalter, in: R.G. KRATZ / T. KRÜGER / K. SCHMID (Hrsg.), Schriftauslegung in der Schrift. FS O.H. Steck (BZAW 300), Berlin 2000, 237–258

HOUSTON W., David, Asaph and the Mighty Works of God: Theme and Genre in the Psalm Collections, JSOT 68 (1995) 93–111

HOUTMAN C., Die Aktualisierung der Geschichte in den Psalmen, in: J. DYK (Ed.), Give Ear to My Words. Psalms and Poetry in and around the Hebrew Bible. FS N.A. van Uchelen, Amsterdam 1996, 107–114

HOWARD D.M. Jr., Editorial Activity in the Psalter: A State-of-the-Field Survey, in: J.C. MCCANN (Ed.), The Shape and Shaping of the Book of the Psalter (JSOT.S 159), Sheffield 1993, 52–70

IRSIGLER H., Die Suche nach Gerechtigkeit in den Psalmen 37, 49 und 73, in: H. IRSIGLER, Vom Adamssohn zum Immanuel. Gastvorträge Pretoria 1996 (ATSAT 58), St. Ottilien 1997, 71–100

IRSIGLER H., Quest for Justice as Reconciliation of the Poor and the Righteous in Psalms 37, 49 and 73, Zeitschrift für Altorientalische und Biblische Rechtsgeschichte 5 (1999) 258–276

ISHIKAWA R., Der Hymnus im Alten Testament und seine kritische Funktion, München 1995

JANOWSKI B., Die "Kleine Biblia". Zur Bedeutung der Psalmen für eine Theologie des Alten Testaments, in: E. ZENGER (Hrsg.), Der Psalter in Judentum und Christentum (Herders Biblische Studien 18), Freiburg u.a. 1998, 381–420

JANOWSKI B. / OTTO E. / ZENGER E. (Hrsg.), "Mein Sohn bist du" (Ps 2,7). Studien zu den Königspsalmen (SBS 192), Stuttgart 2001

KLEER M., "Der liebliche Sänger der Psalmen Israels". Untersuchungen zu David als Dichter und Beter der Psalmen (BBB 108), Bodenheim 1996

KLINGBEIL M., Yahweh Fighting from Heaven. God as Warrior and as God of Heaven in the Hebrew Psalter and Ancient Near Eastern Iconography (OBO 169), Fribourg – Göttingen 1999

KNIGHT J.C. / SINCLAIR L.A. (Ed.), The Psalms and Other Studies on the Old Testament. FS J.I. Hunter, Nashotah (WI) 1990

KOCH K., Der Psalter und seine Redaktionsgeschichte, in: K. SEYBOLD / E. ZENGER (Hrsg.), Wege der Psalmenforschung. FS W. Beyerlin (Herders Biblische Studien 1), Freiburg – Basel – Wien ²1995 (1994), 243–277

KOENEN K., Gottesworte in den Psalmen. Eine formgeschichtliche Untersuchung (BThSt 30), Neukirchen-Vluyn 1996

KUNTZ J.K., Engaging in the Psalms: Gains and Trends in Recent Research, Currents in Research: Biblical Studies 2 (1994) 77–106

LANGE A., Die Endgestalt des protomasoretischen Psalters und die Toraweisheit. Zur Bedeutung der nichtessenischen Weisheitstexte aus Qumran für die Auslegung des protomasoretischen Psalters, in: E. ZENGER (Hrsg.), Der Psalter in Judentum und Christentum (Herders Biblische Studien 18), Freiburg u.a. 1998, 101–136

LEVIN C., Das Gebetbuch der Gerechten. Literargeschichtliche Beobachtungen am Psalter, ZThK 90 (1993) 355–381
LEVIN C., Psalm 136 als zeitweilige Schlussdoxologie des Psalters, SJOT 14 (2000) 17–27
LINDSTRÖM F., Suffering and Sin. Interpretations of Illness in the Individual Complaint Psalms (CB.OT 37), Stockholm 1994
LOHFINK N. / ZENGER E., Der Gott Israels und die Völker. Untersuchungen zum Jesajabuch und zu den Psalmen (SBS 154), Stuttgart 1994
LUC A., Interpreting the Curses in the Psalms, JETS 42 (1999) 395–410
LUGT P. VAN DER, Strofische Structuren in de Bijbels-Hebreeuwse poëzie. De geschiedenis van het onderzoek en een bijdrage tot de theorievorming omtrent de strofenbouw van de Psalmen (DNL.T), Kampen 1980
LUYTEN J., David and the Psalms, in: L. LEIJSSEN (Ed.), Les Psaumes. Prières de l'humanité, d'Israël, de l'Église / The Psalms. Prayers of Humanity, Prayers of Israel, Prayers of the Church. FS J. Luyten (TEL 11), Louvain 1990, 57–76 (= QuLi 71 [1990] 207–226)
MARKSCHIES C., "Ich aber vertraue auf dich, Herr!" – Vertrauensäusserung als Grundmotiv in den Klageliedern des Einzelnen, ZAW 103 (1991) 386–398
MATHIAS D., Die Geschichtstheologie der Geschichtssummarien in den Psalmen (BEAT 35), Frankfurt a.M. 1993
MAYS J.L., The Question on Context in Psalm Interpretation, in: J.C. MCCANN (Ed.), The Shape and Shaping of the Book of the Psalter (JSOT.S 159), Sheffield 1993, 14–20
MAYS J.L., The Lord Reigns. A Theological Handbook to the Psalms, Louisville 1994
MAYS J.L., Psalms (Interpretation. A Bible Commentary for Teaching and Preaching), Louisville 1994
MAYS J.L., Past, Present, and Prospect in Psalm Study, in: J.L. MAYS / D.L. PETERSEN / K.H. RICHARDS (Ed.), Old Testament Interpretation: Past, Present, and Future. FS G.M. Tucker, Nashville 1995, 147–15
MAYS J.L., The David of the Psalms, Interp. 40 (1996) 143–155
MATHYS H.-P., Dichter und Beter. Theologen aus spätalttestamentlicher Zeit (OBO 132), Fribourg – Göttingen 1994
MCCANN J.C., The Psalms as Instruction, Interp. 46 (1992) 117–128
MCCANN J.C., A Theological Introduction to the Book of Psalms. The Psalms as Torah, Nashville 1993
MCCANN J.C., Books I–III and the Editorial Purpose of the Hebrew Psalter, in: J.C. MCCANN (Ed.), The Shape and Shaping of the Book of the Psalter (JSOT.S 159), Sheffield 1993, 93–107
MCCANN J.C. (Ed.), The Shape and Shaping of the Psalter (JSOT.S 159), Sheffield 1993
MEYNET R., Rhetorical Analysis. An Introduction to Biblical Rhetoric (JSOT.S 256), Sheffield 1998
MILLARD M., Die Komposition des Psalters. Ein formgeschichtlicher Ansatz (Forschungen zum Alten Testament 9), Tübingen 1994
MILLARD M., Von der Psalmenexegese zur Psalterexegese. Anmerkungen zum Neuansatz von Frank-Lothar Hossfeld und Erich Zenger, Biblical Interpretation 4 (1996) 311–328
MILLARD M., Zum Problem des elohistischen Psalters. Überlegungen zum Gebrauch von יְהוָה und אֱלֹהִים im Psalter, in: E. ZENGER (Hrsg.), Der Psalter in Judentum und Christentum (Herders Biblische Studien 18), Freiburg u.a. 1998, 75–100
MILLER P.D., The Beginning of the Psalter, in: J.C. MCCANN (Ed.), The Shape and Shaping of the Book of the Psalter (JSOT.S 159), Sheffield 1993, 83–92

MILLER P.D., Kingship, Torah Obedience, and Prayer. The Theology of Psalms 15–24, in: K. SEYBOLD / E. ZENGER (Hrsg.), Neue Wege der Psalmenforschung. FS W. Beyerlin (Herders Biblische Studien 1), Freiburg – Basel – Wien ²1995 (1994), 127–142

MITCHELL D.C., The Message of the Psalter. An Eschatological Programme in the Book of Psalms (JSOT.S 252), Sheffield 1997

MOWINCKEL S., The Psalms in Israel's Worship, Volume I + II (BiSe 14), Sheffield 1992 (1962)

MÜLLER H.-P., Gottesfrage und Psalmenexegese. Zur Hermeneutik der Klagepsalmen des einzelnen, in: K. SEYBOLD / E. ZENGER (Hrsg.), Wege der Psalmenforschung. FS W. Beyerlin (Herders Biblische Studien 1), Freiburg – Basel – Wien ²1995 (1994), 279–299 (= H.-P.MÜLLER, Glauben, Denken und Hoffen. Alttestamentliche Botschaften in den Auseinandersetzungen unserer Zeit [Altes Testament und Moderne 1], Münster 1998, 81–102)

MURPHY R.E., Reflections of Contextual Interpretation of the Psalms, in: J.C. MCCANN (Ed.), The Shape and Shaping of the Book of the Psalter (JSOT.S 159), Sheffield 1993, 21–28

NASUTI H.P., Defining the Sacred Songs. Genre, Tradition and the Post-Critical Interpretation of the Psalms (JSOT.S 218), Sheffield 1999

OEMING M., Die Psalmen in Forschung und Verkündigung, VF 40 (1995) 28–51

OORSCHOT J. VAN, Nachkultische Psalmen und spätbiblische Rollendichtung, ZAW 196 (1994) 69–86

OORSCHOT J. VAN, Der ferne deus praesens des Tempels: Die Korachpsalmen und der Wandel israelitischer Tempeltheologie, in: I. KOTTSIEPER u.a. (Hrsg.), "Wer ist wie du, Herr, unter den Göttern?" Studien zur Theologie und Religionsgeschichte Israels. FS O. Kaiser, Göttingen 1994, 416–430

RAABE P.R., Psalm Structures. A Study of Psalms with Refrains (JSOT.S 104), Sheffield 1990

RAABE P.R., Deliberate Ambiguity in the Psalter, JBL 110 (1991) 213–227

RAVASI G., Il libro dei Salmi. Commento e attualizzazione (Lettura pastorale della Bibbia 12/14/17) (3 Bände), Bologna ⁵1991 (1981 / 1983 / 1984)

RENDSBURG G.A., Linguistic Evidence for the Northern Origin of Selected Psalms (SBL.MS 43), Atlanta 1990

RIBERA-MARINÉ R., "El llibre de les lloançes". Estudi redaccional del Salmi, RCatT 16 (1991) 1–19

RIBERA-MARINÉ R., Structures arithmétiques du Psautier: quelques exemples, RCatT 18 (1993) 151–161

RIEDE P., Im Netz des Jägers. Studien zur Feindmetaphorik der Individualpsalmen (WMANT 85), Neukirchen-Vluyn 2000

RÖSEL C., Die messianische Redaktion des Psalters. Studien zu Entstehung und Theologie der Sammlung Psalm 2–89 (CThM.BW 19), Stuttgart 1999

SARNA N.M., Songs of the Heart. An Introduction to the Book of Psalms, New York 1993

SATTERTHWAITE P.E., Zion in the Songs of Ascents, in: R.S. HESS / G.J. WENHAM (Ed.), Zion, City of Our God, Grand Rapids 1999, 105–128

SCHNEIDER-FLUME G., Glaubenserfahrung in den Psalmen. Leben in der Geschichte mit Gott (BTSP 15), Göttingen – Zürich 1995

SEYBOLD K., Psalmen-Kommentare 1972–1994, ThR 60 (1995) 113–130 (neu abgedruckt in: K. SEYBOLD, Studien zur Psalmenauslegung, Stuttgart – Berlin – Köln 1998, 27–45)

SEYBOLD K., Die Psalmen (HAT I/15), Tübingen 1996

SEYBOLD K., Beiträge zur neueren Psalmenforschung der jüngsten Zeit, ThR 61 (1996) 247–274 (neu abgedruckt in: K. SEYBOLD, Studien zur Psalmenauslegung, Stuttgart – Berlin – Köln 1998, 46–74)
SEYBOLD K., Studien zur Psalmenauslegung, Stuttgart – Berlin – Köln 1998
SEYBOLD K. / ZENGER E. (Hrsg.), Wege der Psalmenforschung. FS W. Beyerlin (Herders Biblische Studien 1), Freiburg – Basel – Wien ²1995 (1994)
SEYBOLD K. / RAEDER S. / SCHRÖER H., Art. "Psalmen / Psalmenbuch", TRE 27 (1997) 610–637
SHEPPARD G.T., Theology and the Book of Psalms, Interp. 46 (1992) 143–155
SMITH M.S., The Levitical Compilation of the Psalter, ZAW 103 (1991) 258–263
SMITH M.S., The Psalms as a Book of Pilgrims, Interp. 46 (1992) 156–166
SMITH M.S., The Theology of the Redaction of the Psalter, ZAW 104 (1992) 408–412
SPIECKERMANN H., Heilsgegenwart. Eine Theologie der Psalmen (FRLANT 148), Göttingen 1989
SPIECKERMANN H., Rede Gottes und Wort Gottes in den Psalmen, in: K. SEYBOLD / E. ZENGER (Hrsg.), Wege der Psalmenforschung. FS W. Beyerlin (Herders Biblische Studien 1), Freiburg – Basel – Wien ²1995 (1994), 157–173
SPIECKERMANN H., Alttestamentliche Hymnen, in: W. BURKERT /F. STOLZ (Hrsg.), Hymnen der Alten Welt im Kulturvergleich (OBO 131), Fribourg – Göttingen 1994, 97–108
SPIECKERMANN H., Psalmen und Psalter. Suchbewegungen des Forschens und Betens, in: F. GARCÍA MARTÍNEZ / E. NOORT (Ed.), Perspectives in the Study of the Old Testament and Early Judaism. FS A.S. van der Woude, Leiden – Boston – Köln 1998, 137–153
STARBUCK S.R.A., Court Oracles in the Psalms. The So-Called Royal Psalms in their Ancient Near Eastern Context (SBL.DS 172), Atlanta 1999
STARLING D., The Messianic Hope in the Psalms, RTR 58 (1999) 121–134
STECK O.H., Zur Frage der Schlussredaktion des Psalters, in: O.H. STECK, Der Abschluss der Prophetie im Alten Testament. Ein Versuch zur Vorgeschichte des Kanons (BThSt 17), Neukirchen-Vluyn 1991, 157–166
TATE M.E., Psalms 51–100 (Word Biblical Commentary 20), Dallas 1990
TOURNAY R.J., Voir et entendre Dieu avec les Psaumes ou la liturgie prophétique du second temple à Jerusalem (CRB 24), Paris 1988
TUCKER W.D., Beyond the Lament. Instruction and Theology in Book I of the Psalter, Proceedings. Eastern Great Lakes and Midwest Biblical Society 15 (1995) 121–132
VERMEYLEN J., L'usage liturgique des Psaumes dans la société Israélite antique, QL 71 (1990) 191–206
VERVENNE M., "Do We Use Them as a Form, or as the Voice of Our Hearts?" Exegetical Reflections on the Psalms of Israel, QuLi 71 (1990) 162–190
VESCO J.-L., L'approche canonique du Psautier, RThom 92 (1992) 482–502
WALTKE B.K., Superscripts, Postscripts, or Both?, JBL 110 (1991) 583–596
WALTON J.H., Psalms: A Cantata about the Davidic Covenant, JETS 34 (1991) 21–31
WASCHKE E.-J., Die Stellung der Königstexte im Jesajabuch im Vergleich zu den Königspsalmen 2, 72 und 89, ZAW 110 (1998) 348–364
WEBER B., Psalm 77 und sein Umfeld. Eine poetologische Studie (BBB 103), Weinheim 1995
WEBER B., Der Asaph-Psalter – eine Skizze, in: B. HUWYLER / H.-P. MATHYS / B. WEBER (Hrsg.), Prophetie und Psalmen. FS K. Seybold (AOAT 280), Münster 2001, 117–141
WESTERMANN C., Lob und Klage in den Psalmen, Göttingen ⁶1983 (1977)

WHYBRAY N., Reading the Psalms as a Book (JSOT.S 222), Sheffield 1996
WILSON G.H., The Editing of the Hebrew Psalter (SBL.DS 76), Chico 1985
WILSON G.H., The Shape of the Book of Psalms, Interp. 46 (1992) 129–142
WILSON G.H., Understanding the Purposeful Arrangement of Psalms in the Psalter: Pitfalls and Promise, in: J.C. MCCANN (Ed.), The Shape and Shaping of the Book of the Psalter (JSOT.S 159), Sheffield 1993, 42–51
WILSON G.H., Shaping the Psalter: A Consideration of Editorial Linkage in the Book of Psalms, in: J.C. MCCANN (Ed.), The Shape and Shaping of the Book of the Psalter (JSOT.S 159), Sheffield 1993, 72–82
WILSON G.H., The Qumran Psalms Scroll (11QPs^a) and the Canonical Psalter: Comparison of Editorial Shaping, CBQ 59 (1997) 448–464
WILSON G.H., A First Century C.E. Date for the Closing of the Book of Psalms?, JBQ 28 (2000) 102–110
WITTSTRUCK T., The Book of Psalms. An Annotated Bibliography (Book of the Bible 5; Garland Reference Library of the Humanities 1413) (2 Bände), New York – London 1994
ZENGER E., Was wird anders bei kanonischer Psalmenauslegung?, in: F.V. REITERER (Hrsg.), Ein Gott – eine Offenbarung. Beiträge zur biblischen Exegese, Theologie und Spiritualität. FS N. Füglister, Würzburg 1991, 397–413
ZENGER E., New Approaches to the Study of the Psalms, PIBA 17 (1994) 37–54
ZENGER E., Zur redaktionsgeschichtlichen Bedeutung der Korachpsalmen, in: K. SEYBOLD / E. ZENGER (Hrsg.), Wege der Psalmenforschung. FS W. Beyerlin (Herders Biblische Studien 1), Freiburg – Basel – Wien ^{2}1995 (1994), 175–198
ZENGER E., David as Musician and Poet. Plotted and Painted, in: J.C. EXUM / S.D. MOORE (Ed.), Biblical Studies / Cultural Studies (JSOT.S 266), Sheffield 1998, 263–298
ZENGER E., Der Psalter als Buch. Beobachtungen zu seiner Entstehung, Komposition und Funktion, in: E. ZENGER (Hrsg.), Der Psalter in Judentum und Christentum (Herders Biblische Studien 18), Freiburg u.a. 1998, 1–57
ZENGER E. (Hrsg.), Der Psalter in Judentum und Christentum (Herders Biblische Studien 18), Freiburg u.a. 1998
ZENGER E., Das Buch der Psalmen, in: E. ZENGER u.a., Einleitung in das Alte Testament (KStTh 1,1), Stuttgart – Berlin – Köln ^{3}1998, 309–326
ZENGER E., Der Psalter als Heiligtum, in: B. EGO / A. LANGE / P. PILHOFER (Hrsg.), Gemeinde ohne Tempel / Community without Temple. Zur Substituierung und Transformation des Jerusalemer Tempels und seines Kults im Alten Testament, antiken Judentum und frühen Christentum (WUNT 118), Tübingen 1999, 115–130
ZENGER E., Die Psalmen im Psalter: Neue Perspektiven der Forschung, ThRv 95 (1999) 443–456
ZENGER E., Psalmenforschung nach Hermann Gunkel und Sigmund Mowinckel, in: A. LEMAIRE / M. SAEBØ (Ed.), Congress Volume. Oslo 1998 (VT.S 80), Leiden – Boston – Köln 2000, 399–435
ZENGER E., Von der Psalmenexegese zur Psalterexegese. Neue Perspektiven der Forschung, BiKi 56 (2001) 8–15

Literaturverzeichnis (Auswahl)

c) Beiträge zu einzelnen, in diesem ersten Band ausgelegte Psalmen (in der Reihenfolge der Psalmen)

Nachfolgend aufgelistet ist Literatur zu Einzelpsalmen und Psalmengruppen innerhalb der Psalter-Bücher I und II (Ps 1–72). Was die Einzelpsalmen betrifft, ist die Literatur bis 1995 bequem in der Literaturzusammenstellung zu jedem Psalm im Kommentar von KLAUS SEYBOLD, Die Psalmen (HAT I/15), Tübingen 1996, *zugänglich. Es wird hier deshalb – abgesehen von meinen eigenen Studien – nur dort nicht aufgeführte, mehrheitlich neuere Literatur (ab 1995) aufgelistet. Die nachfolgende Liste geht den einzelnen Psalmen entlang (innerhalb des gleichen Psalms nach dem Erscheinungsdatum). Eine Vollständigkeit ist nicht angestrebt.*

ANDRÉ G., "Walk", "Stand", and "Sit" in Psalm I 1–2, VT 32 (1982) 327
DURLESSER J.A., Poetic Style in Psalm 1 and Jeremiah 17:5–8, Semitics 9 (1984) 30–48
REIF S.C., Ibn Ezra on Psalm I 1–2, VT 34 (1984) 232–236
MAIER J., Psalm 1 im Licht antiker jüdischer Zeugnisse, in: A. GRAUPNER / M. OEMING (Hrsg.), Altes Testament und christliche Verkündigung. FS A.H.J. Gunneweg, Stuttgart 1987, 353–365
BUBER M., Die Wege. Deutung des Psalms 1, BiKi 47 (1992) 181–183
ZENGER E., Der Psalter als Wegweiser und Wegbegleiter. Ps 1–2 als Proömium des Psalmenbuchs, in: A. ANGENENDT / H. VORGRIMMLER (Hrsg.), Sie wanderten von Kraft zu Kraft. FS R. Leftmann, Kevelaer 1993, 29–47
ROFÉ A., The Devotion to Torah-Study and the End of the Biblical Period: Joshua 1:8; Psalms 1:2; Isaiah 59:21, in: S. JAPHET (Ed.), The Bible in the Light of Its Interpreters. FS S. Kamin, Jerusalem 1994, 622–628
KOCH D.-A., Auslegung von Psalm 1 bei Justin und im Barnabasbrief, in: K. SEYBOLD / E. ZENGER (Hrsg.), Wege der Psalmenforschung. FS W. Beyerlin (Herders Biblische Studien 1), Freiburg – Basel – Wien ^{2}1995 (1994), 223–242
BURGER J.A., Psalm 1 and Wisdom, OTEs 8 (1995) 327–339
WEHRLE J., Ps 1 – Das Tor zum Psalter. Exegese und theologische Schwerpunkte, MThZ 46 (1995) 215–229
WÉNIN A., Le Psaume 1 et l' "encadrement" du livre des louanges, in: P. BOVATI / R. MEYNET (Ed.), "Ouvrir les Écritures". FS P. Beauchamp (LeDiv 162), Paris 1999, 151–176
ARAMBARRI J., Zu einem gelungenen Leben: Psalm 1,2, in: A.A. DIESEL u.a. (Hrsg.), "Jedes Ding hat seine Zeit...". Studien zur israelitischen und altorientalischen Weisheit. FS D. Michel (BZAW 241), Berlin 1996, 1–18
KRATZ R.G., Die Tora Davids. Psalm 1 und die doxologische Fünfteilung des Psalters, ZThK 93 (1996) 1–34
CREACH J.F.D., Like a Tree Planted by the Temple Stream: The Portrait of the Righteous in Psalm 1:3, CBQ 61 (1999) 24–33
EBACH J., Freude an der Tora. Beobachtungen an Ps 1, BiKi 55 (2000) 2–5
BONS E., Psaume 2. Bilan de recherche et essai de réinterpretation, RevScRel 69 (1995) 147–171
OLOFSSON S., The Crux Interpretum in Ps 2,12, SJOT 9 (1995) 185–199
VANG C., Ps 2,11–12 – A New Look at an Old Crux Interpretum, SJOT 9 (1995) 163–184
MOENIKES A., Psalm 2,7b und die Göttlichkeit des israelitischen Königs, ZAW 111 (1999) 619–621

WOLF C., Psalm 3 – Erhörungsgewissheit, in: E. BRANDT / P.S. FIDDES / J. MOLTHAGEN (Hrsg.), Gemeinschaft am Evangelium. FS W. Popkes, Leipzig 1996, 385–403

SCHROEDER C., Psalm 3 und das Traumorakel des von Feinden bedrängten Beters, Bib. 81 (2000) 243–251

BARRÉ M.L., Hearts, Beds, and Repentance in Psalm 4,5 and Hosea 7,14, Bib. 76 (1995) 53–56

DEURLOO K.A., Die Klage in der Mitte von Psalm 6, in: J. DYK (Ed.), Give Ear to My Words. Psalms and Poetry in and around the Hebrew Bible. FS N.A. van Uchelen, Amsterdam 1996, 3–10

BAIL U., Gegen das Schweigen klagen. Eine intertextuelle Studie zu den Klagepsalmen Ps 6 und 55 und der Erzählung von der Vergewaltigung Tamars, Gütersloh 1998

LESCOW T., Die Komposition der Psalmen 6 und 55, BN 107/108 (2001) 32–40

MÜLLER A., Textsorge und Situation: Zur historischen Gattungsforschung am Beispiel von Psalm 7 und dem Ostrakon von Jabne Jam, in: J. STRASSLER (Hrsg.), Tendenzen europäischer Linguistik. Akten des 31. Linguistischen Kolloquiums, Bern 1996 (Linguistische Arbeiten 381), Tübingen 1998, 154–157

PRINSLOO G.T.M., Polarity as a Dominant Textual Strategy in Psalm 8, OTEs 8 (1995) 370–387

TALSTRA E., Singers and Syntax: On the Balance of Grammar and Poetry in Psalm 8, in: J. DYK (Ed.), Give Ear to My Words. Psalms and Poetry in and around the Hebrew Bible. FS N.A. van Uchelen, Amsterdam 1996, 11–22

KORTING G., Gott als Baumeister (Ps 8,2), BN 84 (1996) 41–45

IRSIGLER H., Die Frage nach dem Menschen in Psalm 8. Zur Bedeutung und Horizont eines kontroversen Menschenbildes im AT, in: H. IRSIGLER, Vom Adamssohn zum Immanuel. Gastvorträge Pretoria 1996 (ATSAT 58), St. Ottilien 1997, 1–48

SMITH M.S., Psalm 8:2b–3: New Proposals for Old Problems, CBQ 59 (1997) 637–641

URASSA W.M., Psalm 8 and Its Christological Re-Interpretations in the New Testament Context: An Inter-Contextual Study in Biblical Hermeneutics (EHS.T 577), Frankfurt a.M. u.a. 1997

BUTTING K., Das Ächzen wird zu Worten. Sozialgeschichtliche Bibelauslegung zu Psalm 12, JK (1996) 27–30

PRINSLOO G.T.M., Man's Word – God's Word: A Theology of Antithesis in Psalm 12, ZAW 110 (1998) 390–402

AUFFRET P., "Il exultera, mon coeur, dans ton salut". Étude structurelle du Psaume 13, BN 53 (1990) 7–13

IRSIGLER H., Psalm-Rede als Handlungs-, Wirk- und Aussageprozess. Sprechaktanalyse und Psalmeninterpretation am Beispiel von Psalm 13, in: K. SEYBOLD / E. ZENGER (Hrsg.), Wege der Psalmenforschung. FS W. Beyerlin (Herders Biblische Studien 1), Freiburg – Basel – Wien ²1995 (1994), 63–104

CRÜSEMANN F., Gottes Ort. Israel- und Armentheologie in Ps 14, in: U. BAIL / R. JOST (Hrsg.), Gott an den Rändern. Sozialgeschichtliche Perspektiven auf die Bibel. FS W. Schottroff, Gütersloh 1996, 32–41

PODELLA T., Transformationen kultischer Darstellungen: Toraliturgien in Ps 15 und 24, SJOT 13 (1999) 95–130

AUFFRET P., YHWH, qui séjournera en ta tente? Étude structurelle du Psaume XV, VT 50 (2000) 143–151

JUEL D., Social Dimension of Exegesis. The Use of Psalm 16 in Acts 2, CBQ 43 (1981) 543–556

PEELS H.G.L., Sanctorum Communio vel Idolorum Repudiatio? A Reconsideration of Psalm 16,3, ZAW 112 (2000) 239–251

TOURNAY R.J., À propos du Psaume 16, 1–4, RB 108 (2001) 21–25

AUWERS J.-M., La rédaction du Psaume 18 dans le cadre du premier livre des Psaumes, EThL 72 (1996) 23–40
MARX A., Note sur la traduction et la fonction de II Samuel 22,30 // Psaume 18,30, ZAW 110 (1998) 240–243
WYATT N., The Liturgical Context of Psalm 19 and Its Mythical and Ritual Origins, UF 27 (1995) 559–596
WAGNER J.R., From the Heavens to the Heart: The Dynamics of Psalm 19 as Prayer, CBQ 61 (1999) 245–261
AUFFRET P., De l'oeuvre de ses mains au murmure de mon coeur. Étude structurelle du Psaume 19, ZAW 112 (2000) 24–42
KLOUDA S.L., The Dialectical Interplay of Seeing and Hearing in Psalm 19 and Its Connection to Wisdom, Bulletin of Biblical Research 10 (2000) 181–195
BAZYLINSKI S., I Salmi 20–21 nel contesto delle preghiere regali (MF), Rom 1999
AUFFRET P., Qu'il te répond, YHWH, au jour de détresse! Étude structurelle du Psaume 20, BN 101 (2000) 5–9
RÖSEL M., Israels Psalmen in Ägypten? Papyrus Amherst 63 und die Psalmen XX und LXXV, VT 50 (2000) 81–99
SILVA A.A. DA, Psalm 21 – A Poem of Association and Dissociation, OTEs 8 (1995) 48–60
PRINSLOO G.T.M., Hope Against Hope – A Theological Reflection on Psalm 22, OTEs 8 (1995) 61–85
GENEST H. (Hrsg.), Christi Leidenspsalm. Arbeiten zum 22. Psalm, Neukirchen-Vluyn 1996 (6 Aufsätze)
VALL G., Psalm 22:17b: "The Old Guess", JBL 116 (1997) 45–56
AUFFRET P., Tu m'as répondu. Étude structurelle du Psaume 22, SJOT 12 (1998) 102–129
KALTNER J., Psalm 22:17b: Second Guessing "The Old Guess", JBL 117 (1998) 503–506
STRAWN B.A., Psalm 22:17b: More Guessing, JBL 119 (2000) 439–451
BIEBUYCK B., Barmherzigkeit als Gottes neues Nahekommen in totaler Gottferne. Eine Auslegung von Psalm 22, in: D. HILLER / C. KRESS (Hrsg.), "Dass Gott eine grosse Barmherzigkeit habe". Konkrete Theologie in der Verschränkung von Glaube und Leben. FS G. Schneider-Flume, Leipzig 2001, 37–56
MOSIS R., Beobachtungen zu Psalm 23, TThZ 104 (1995) 38–55 (neu abgedruckt in: R. MOSIS, Gesammelte Aufsätze zum Alten Testament [fzb 93], Würzburg 1999, 275–294)
TAPPY R., Psalm 23: Symbolism and Structure, CBQ 57 (1995) 255–280
BOTHA P.J., Psalm 24: Unity in Diversity, OTEs 7 (1994) 360–369
PODELLA T., Transformationen kultischer Darstellungen: Toraliturgien in Ps 15 und 24, SJOT 13 (1999) 95–130
LOHFINK N., Bund und Tora bei der Völkerwallfahrt (Jesajabuch und Psalm 25), in: N. LOHFINK / E. ZENGER, Der Gott Israels und die Völker. Untersuchungen zum Jesajabuch und zu den Psalmen (SBS 154), Stuttgart 1994, 37–83
GROL H. VAN, De strofische dynamiek van Psalm 26: Een visie op versbouw, ACEBT 18 (2000) 19–32
GROL H.W.M. VAN, Psalm 27:1–6: A Literary Stylistic Analysis, in: J. DYK (Ed.), Give Ear to My Words. Psalms and Poetry in and around the Hebrew Bible. FS N.A. van Uchelen, Amsterdam 1996, 39–46
WAGNER A., Ist Ps 29 die Bearbeitung eines Baal-Hymnus?, Bib. 77 (1996) 538f.
WAGNER A., Zum Textproblem von Ps 29,9. Überlegungen zum Plural der Nomina collectiva und der Pflanzennamen im biblischen Hebräisch und ihre Bedeutung für das Verständnis von Ps 29,9, ZAH 10 (1997) 177–197
SEYBOLD K., Psalm 29: Redaktion und Rezeption, in: K. SEYBOLD, Studien zur Psalmenauslegung, Stuttgart – Berlin – Köln 1998, 85–111

DIEHL J.F. / DIESEL A.A. / WAGNER A., Von der Grammatik zum Kerygma. Neue grammatische Erkenntnisse und ihre Bedeutung für das Verständnis der Form und des Gehalts von Psalm XXIX, VT 49 (1999) 462–486

SEGERT S., Poetry and Arithmetic. Psalms 29 and 137, in: A. LANGE / H. LICHTENBERGER / D. RÖMHELD (Hrsg.), Mythos im Alten Testament und seiner Umwelt. FS H.-P. Müller (BZAW 278), Berlin – New York 1999, 165–181

MÜLLER H.-P., Formgeschichtliche und sprachliche Beobachtungen zu Psalm 30, ZAH 12 (1999) 192–201

WILLMES B., Freude über die Vergebung der Sünden. Synchrone und diachrone Analyse von Psalm 32 (FHSS 28), Frankfurt a.M. 1996

GAHLER S., Gott der Schöpfung – Gott des Heils. Untersuchungen zum anthologischen Psalm 33 (EHS.T 649), Frankfurt a.M. 1998

GAEBELEIN P.W. JR., Psalm 34 and Other Biblical Acrostics: Evidence from the Aleppo Codex, Maarav 5–6 (1990) 127–143

BOTHA P.J., The Social Setting and Strategy of Psalm 34, OTEs 10 (1997) 178–197

JANZEN J.G., The Root škl and the Soul Bereaved in Psalm 35, JSOT 65 (1995) 55–69

KSELMAN J.A., Two Notes on Psalm 37, Bib. 78 (1997) 252–254

WEISS M., Psalm 39, in: S. JAPHET (Ed.), The Bible in the Light of Its Interpreters – S. Kamin Memorial Volume, Jerusalem 1994, 629–664

CLIFFORD R.J., What Does the Psalmist Ask for in Psalms 39:5 and 90:12?, JBL 119 (2000) 59–66

GRELOT P., Le texte du Psaume 39,7 dans la Septante, RB 108 (2001) 210–213

SAUER G., Psalm 42 und 43: Die Frage nach Gott – damals und heute, in: U. KÖRTNER / R. SCHELANDER (Hrsg.), Die Frage nach Gott in religiösen Bildungsprozessen. FS G. Adam (Sonderheft der religionspädagogischen Zeitschrift: Schulfach Religion), Wien 1999, 427–436

HOFTIJZER J., Some Remarks on Psalm 45:2, in: J. DYK (Ed.), Give Ear to My Words. Psalms and Poetry in and around the Hebrew Bible. FS N.A. van Uchelen, Amsterdam 1996, 47–60

SCHROEDER C., "A Love Song": Psalm 45 in the Light of Ancient Near Eastern Marriage Texts, CBQ 58 (1996) 417–443

ZAPFF B.M., "Eine feste Burg ist unser Gott" – Beobachtungen zu Ps 46, BN 95 (1998) 79–93

HAUSMANN J., Gott ist König über die Völker. Der Beitrag von Psalm 47 zum Thema Israel und die Völker, in: J.A. LOADER / H.V. KIEWELER (Hrsg.), Vielseitigkeit des Alten Testaments. FS G. Sauer (Wiener Alttestamentliche Studien 1), Frankfurt a.M. 1999, 91–102

PLEINS J.D., Death and Endurance: Reassessing the Literary Structure and Theology of Psalm 49, JSOT 69 (1996) 19–27

GRIMM M., Menschen mit und ohne Geld. Wovon spricht Ps 49?, BN 96 (1999) 38–55

SPRONK K., Het raadsel van Psalm 49: Enkele opmerkingen over vorm en inhoud, ACEBT 18 (2000) 33–45

WITTE M., "Aber Gott wird meine Seele erlösen" – Tod und Leben nach Psalm XLIX, VT 50 (2000) 540–560

HOSSFELD F.L., Ps 50 und die Verkündigung des Gottesrechts, in: F.V. REITERER (Hrsg.), Ein Gott – eine Offenbarung. Beiträge zur biblischen Exegese, Theologie und Spiritualität. FS N. Füglister, Würzburg 1991, 83–101

LEENE H., Personal Penitence and the Rebuilding of Zion: The Unity of Psalm 51, in: J. DYK (Ed.), Give Ear to My Words. Psalms and Poetry in and around the Hebrew Bible. FS N.A. van Uchelen, Amsterdam 1996, 61–78

MEYNET R., Analyse rhétorique du Psaume 51. Hommage critique à Marc Girard, RivBib 45 (1997) 187–226

Literaturverzeichnis (Auswahl)

BOHLE G., Zur Traditionsgeschichte von Psalm 51. Prophetische Verkündigung und Kultusausübung werden zum Gebet, Folia Theologica 9 (1998) 111–122

BAIL U., Vernimm, Gott, mein Gebet. Psalm 55 und Gewalt gegen Frauen, in: H. JAHNOW u.a. (Hrsg.), Feministische Hermeneutik und Erstes Testament. Analysen und Interpretationen, Stuttgart – Berlin – Köln 1994, 67–84

BRUSH J.E.; Gotteserkenntnis und Selbsterkenntnis. Luthers Verständnis des 51. Psalms (HUTh 36), Tübingen 1997

BAIL U., Gegen das Schweigen klagen. Eine intertextuelle Studie zu den Klagepsalmen Ps 6 und 55 und der Erzählung von der Vergewaltigung Tamars, Gütersloh 1998

KSELMAN J.S. / BARRÉ M.L., Psalm 55: Problems and Proposals, CBQ 60 (1998) 440–462

HEIMAN D., Psalm 55. Reflections on Its Composition, NGTT 40 (1999) 31–41

LESCOW T., Die Komposition der Psalmen 6 und 55, BN 107/108 (2001) 32–40

WEBER B., "Fest ist mein Herz, o Gott!" Zu Ps 57,8–9, ZAW 107 (1995) 294–295

DOYLE B., Ps 58: Curse as Voiced Disorientation, Bijdr. 56 (1995) 122–148

WRIGHT D.P., Blown Away Like a Bramble: The Dynamics of Analogy in Psalm 58, RB 103 (1996) 213–236

KRAWCZACK P., "Es gibt einen Gott, der Richter ist auf Erden!". Ein exegetischer Beitrag zum Verständnis von Psalm 58, Diss. masch., Bonn 2000

KNAUF E.A., Psalm LX und Psalm CVIII, VT 50 (2000) 55–65

WEBER B., Psalm LXI – Versuch einer hiskianischen Situierung, VT 43 (1993) 265–268

WEBER B., Ps 62,12–13: Kolometrie, Zahlenspruch und Gotteswort, BN 65 (1992) 44–46

BARRÉ M.L., A Proposal on the Crux of Psalm LXIV 9a, VT 46 (1996) 115–119

SCHROER S., Psalm 65 – Zeugnis eines integrativen JHWH-Glaubens?, UF 22 (1990) 285–301

WEBER B., Psalm LXVII: Anmerkungen zum Text selbst und zur Studie von W. Beyerlin, VT 43 (1993) 559–566

PRINSLOO W.S., Psalm 67: Harvest Thanksgiving Psalm, (Eschatological) Hymn, Communal Prayer, Communal Lament or …?, OTEs 7 (1994) 231–246

MEYNET R., Le Psaume 67. "Je ferai de toi la lumière des nations", NRTh 120 (1998) 3–17

AUFFRET P., "Dieu sauvera Sion": Étude structurelle du Psaume LXIX, VT 46 (1996) 1–2

AUWERS J.-M., Les Psaumes 70–72. Essai de lecture canonique, RB 101 (1994) 242–257

HEIM K., The Perfect King of Psalm 72, in: P.E. SATTERTHWAITE / R.S. HESS / G.J. WENHAM (Ed.), The Lord's Anointed. Interpretation of Old Testament Messianic Texts, Carlisle 1995, 223–248

HOUSTON W., The King's Preferential Option for the Poor: Rhetoric, Ideology and Ethics in Psalm 72, Biblical Interpretation 7 (1999) 341–367

ARNETH M., "Sonne der Gerechtigkeit". Studien zur Solarisierung der Jahwe-Religion im Lichte von Psalm 72 (Beihefte zur Zeitschrift für altorientalische und biblische Rechtsgeschichte 1), Wiesbaden 2000

ZENGER E., Redaktionsgeschichtliche Beobachtungen zu Psalm 72, in: B. JANOWSKI / E. OTTO / E. ZENGER (Hrsg.), "Mein Sohn bist du" (Ps 2,7). Studien zu den Königspsalmen (SBS 192), Stuttgart 2001

d) Materialien und diverse Literatur im Umfeld von Exegese, Poesie und Theologie der Psalmen

ALONSO SCHÖKEL L., A Manual of Hebrew Poetics (SubBi 11), Rom 1988
ALONSO SCHÖKEL L., A Manual of Hermeneutics (BiSe 54), Sheffield 1998
ANDERSEN F.I., A Key-Word-in-Context Concordance to Psalms, Job, and Proverbs (The Computer Bible 34), Wooster (Ohio) 1991
ALTER R., The Art of Biblical Poetry, Edinburgh 1990 (1985)
ASSMANN J., Ägyptische Hymnen und Gebete (OBO), Freiburg – Göttingen ²1999 (1975)
ASSMANN J., Das kulturelle Gedächtnis. Schrift, Erinnerung und politische Identität in frühen Hochkulturen, München ²1997 (1992)
BERGER K., Psalmen aus Qumran. Gebete und Hymnen vom Toten Meer (Insel-Taschenbuch 1897), Frankfurt a.M. 1997
BERLIN B., The Dynamics of Biblical Parallelism, Bloomington 1985
BEYERLIN W. (Hrsg.), Religionsgeschichtliches Textbuch zum Alten Testament (GAT 1), Göttingen ²1985 (1975)
BOTTERWECK G.J. / RINGGREN H. / FABRY H.-J. (Hrsg.), Theologisches Wörterbuch zum Alten Testament (8 Bände), Stuttgart 1973–1995
BRAULIK G., Christologisches Verständnis der Psalmen – schon im Alten Testament?, in: K. RICHTER / B. KRANEMANN (Hrsg.), Christologie der Liturgie. Der Gottesdienst der Kirche – Christusbekenntnis und Sinaibund (QD 159), Freiburg – Basel – Wien 1995, 57–86
BRAUN J., Die Musikkultur Altisraels / Palästinas. Studien zu archäologischen, schriftlichen und vergleichenden Quellen (OBO 164), Freiburg – Göttingen 1999
BÜHLMANN W. / SCHERER K., Sprachliche Stilfiguren der Bibel. Von Assonanz bis Zahlenspruch. Ein Nachschlagewerk, Giessen ²1994 (1973)
BRAAK I., Poetik in Stichworten – Literaturwissenschaftliche Grundbegriffe. Eine Einführung, Kiel ⁶1980
CHARLESWORTH J.H. (Ed.), The Old Testament Pseudepigraphia (2 Bände), New York u.a. 1983 / 1985
CHILDS B.S., Introduction to the Old Testament as Scripture, London – Philadelphia 1979
CHILDS B.S., Old Testament Theology in a Canonical Context, London 1985
DIETRICH M. / LORETZ O. / SANMARTÍN J., The Cuneiform Alphabetic Texts from Ugarit, Ras Ibn Hani and Other Places (KTU: second, enlarged edition) (Abhandlungen zur Literatur Alt-Syrien-Palästinas und Mesopotamiens 8), Münster ²1995 (1976)
EDEL R.-F., Hebräisch-Deutsche Präparation zu den Psalmen, Marburg ³1976 (1966)
ELLIGER K. / RUDOLPH W. (Hrsg.), Biblia Hebraica Stuttgartensia, Stuttgart ³1987 (1967 / 1977)
EVEN-SHOSHAN A., A New Concordance of the Bible, Jerusalem 1988
FERRIS P.W. Jr., The Genre of Communal Lament in the Bible and the Ancient Near East (SBL.DS 127), Atlanta 1992
FISCH F., Poetry with a Purpose. Biblical Poetics and Interpretation (ISBL), Bloomington – Indianapolis 1988
FISCHER G., Wege in die Bibel. Leitfaden zur Auslegung. Unter Mitarbeit von B. RESCHINSKI und A. VONACH, Stuttgart 2000
FLINT P.W., The Contribution of the Cave 4 Psalms Scrolls to the Psalms Debate, Dead Sea Discoveries 5 (1998) 320–333
GARCÍA MARTÍNEZ F. / TIGCHELAAR E.J.C., Psalms Manuscripts from Qumran Cave 11: A Preliminary Edition, RdQ 17 (1996) 73–107

Literaturverzeichnis (Auswahl)

GESENIUS W., Hebräisches und aramäisches Handwörterbuch über das Alte Testament, unter verantwortlicher Mitarbeit von U. RÜTERSWÖRDEN bearbeitet und herausgegeben von R. MEYER und H. DONNER, Berlin u.a. ^{18}1987ff.

GROSS W. / JANOWSKI B. (Hrsg., unter Mitwirkung von T. POLA), Psalter-Synopse. Hebräisch – Griechisch – Deutsch, o.O. (= Stuttgart) 2000

HERR B., "Deinem Haus gebührt Heiligkeit, Jhwh, alle Tage". Typen und Funktionen von Sakralbauten im vorexilischen Israel (BBB 124), Berlin 2000

HESS R.S. / WENHAM G.J. (Ed.), Zion, City of Our God, Grand Rapids – Cambridge 1999

JENNI E., Die hebräischen Präpositionen. Band 1: Die Präposition Beth, Stuttgart – Berlin – Köln 1992

JENNI E., Die hebräischen Präpositionen. Band 2: Die Präposition Kaph, Stuttgart – Berlin – Köln 1994

JENNI E., Die hebräischen Präpositionen. Band 3: Die Präposition Lamed, Stuttgart – Berlin – Köln 2000

JENNI E. (Hrsg., unter Mitarbeit von C. WESTERMANN), Theologisches Handwörterbuch zum Alten Testament (2 Bände), Gütersloh ^{5}1994 (1971 / 1976)

JOÜON P. / MURAOKA T., A Grammar of Biblical Hebrew (SuBi 14/I + II) (2 Bände), Rom 1991

KAISER O. (Hrsg.), Lieder und Gebete I + II (TUAT II/5 + 6), Gütersloh 1989 / 1991

KEEL O., Die Welt der altorientalischen Bildsymbolik und das Alte Testament. Am Beispiel der Psalmen, Göttingen – Zürich ^{5}1996 (1972)

KEEL O. / UEHLINGER C., Göttinnen, Götter und Gottessymbole. Neue Erkenntnisse zur Religionsgeschichte Kanaans und Israels aufgrund bislang unerschlossener ikonographischer Quellen (QD 134), Freiburg – Basel – Wien ^{4}1998 (1992)

KLEINIG J.W., The Lord's Song. The Basis, Function and Significance of Choral Music in Chronicles (JSOT.S 156), Sheffield 1993

KOEHLER L. / BAUMGARTNER W., Hebräisches und aramäisches Lexikon zum Alten Testament, Leiden ^{3}1967–1995

MEER W. VAN DER / MOOR J.C. DE (Ed.), The Structural Analysis of Biblical and Canaanite Poetry (JSOT.S 74), Sheffield 1988

MERKLEIN H. (Schriftleitung), Der Tempel von Jerusalem, Welt und Umwelt der Bibel 13/3, Stuttgart 1999

MEYNET R., Rhetorical Analysis. An Introduction to Biblical Rhetoric (JSOT.S 256), Sheffield 1998

MILLER P.D., They Cried to the Lord. The Form and Theology of Biblical Prayer, Minneapolis 1994

MITCHELL T.C., The Music of the Old Testament Reconsidered, PEQ 124 (1992) 124–143

NEL P.J., Parallelism and Recurrence in Biblical Hebrew Poetry: A Theoretical Proposal, JNWSL 18 (1992) 135–143

OEMING M., Biblische Hermeneutik. Eine Einführung, Darmstadt 1998

OEMING M. / PREGLA A.-R., New Literary Criticism, ThR 66 (2001) 1–23

PODELLA T., Šôm-Fasten. Kollektive Trauer um den verborgenen Gott im Alten Testament (AOAT 224), Kevelaer – Neukirchen-Vluyn 1989

PODELLA T., Das Lichtkleid JHWHs. Untersuchungen zur Gestalthaftigkeit Gottes im Alten Testament und seiner altorientalischen Umwelt (Forschungen zum Alten Testament 15), Tübingen 1996

POMYKALA K.E., The Davidic Dynasty Tradition in Early Judaism. Its History and Significance for Messianism (SBL.Early Judaism and Its Literature Series 7), Atlanta 1995

RAHLFS A. (Hrsg.), Septuaginta. Id est Vetus Testamentum graece iuxta LXX interpretes, Stuttgart 1935

REVENTLOW H. Graf, Gebet im Alten Testament, Stuttgart u.a. 1986
RICHTER W., Biblia Hebraica transcripta. 11. Psalmen (ATSAT 33.11), St. Ottilien 1993
RÖMER W.H.P., Hymnen und Klagelieder in sumerischer Sprache (AOAT 276), Münster 2001
RÖSEL M., Adonaj – warum Gott 'Herr' genannt wird (Forschungen zum Alten Testament 29), Tübingen 2000
RYKEN L. / WILHOIT J.C. / LOGMAN III T. (Ed.), Dictionary of Biblical Imagery, Downers Grove – Leicester 1998
SATTERTHWAITE P.E. / HESS R.S. / WENHAM G.J. (Ed.), The Lord's Anointed. Interpretation of Old Testament Messianic Texts, Carlisle 1995
SCHIRRMACHER T., Die Vielfalt biblischer Sprache. Über 100 alt- und neuttestamentliche Stilarten, Ausdrucksweisen, Redeweisen und Gliederungsformen (Biblia et Symbiotica 15), Bonn 1997
SHERIFFS D., The Friendship of the Lord. An Old Testament Spirituality, Carlisle 1996
SEIDEL H., Musik in Altisrael. Untersuchungen zur Musikgeschichte und Musikpraxis anhand biblischer und ausserbiblischer Texte (BEAT 12), Frankfurt 1989
TOV E., Der Text der hebräischen Bibel. Handbuch der Textkritik, Stuttgart 1997
WALLACE H.N., What Chronicles Has to Say about Psalms, in: M.P. GRAHAM / S.L. MCKENZIE (Ed.), The Chronicler as Author. Studies in Text and Texture (JSOT.S 263), Sheffield 1999, 267-291
WALTKE B.K. / O'CONNOR M., An Introduction to Biblical Hebrew Syntax, Winona Lake 1990
WATSON W.G.E., Classical Hebrew Poetry. A Guide to its Techniques (JSOT.S 26), Sheffield ²1986 (1984)
WATSON W.G.E., Traditional Techniques in Classical Hebrew Verse (JSOT.S 170), Sheffield 1994
WENDLAND E.R., Analyzing the Psalms. With Exercises for Bible Students and Translators, Winona Lake – Dallas 1998
ZENGER E. u.a., Einleitung in das Alte Testament (KStTh 1,1), Stuttgart – Berlin – Köln ³1998
ZWICKEL W., Der salomonische Tempel (Kulturgeschichte der Antiken Welt 83), Mainz 1999

2. Die Psalmen in Wirkungsgeschichte und Praxis

a) Die Psalmen in ihrer Wirkungs- und Rezeptionsgeschichte in Judentum und Christentum

AEJMELAEUS A. / QAST U. (Hrsg.), Der Septuaginta-Psalter und seine Tochterübersetzungen. Symposium in Göttingen 1997 (MSU 24), Göttingen 2000
AUGUSTINUS A. (ausgewählt und übertragen von H.U. VON BALTHASAR), Über die Psalmen (Sammlung christlicher Meister 20), Einsiedeln ³1996
BECKER H. / KACZYNSKI R. (Hrsg.), Liturgie und Dichtung. Ein interdisziplinäres Kompendium. I: Historische Präsentation; II: Interdisziplinäre Reflexion (PiLi 1 + 2), St. Ottilien 1983

Literaturverzeichnis (Auswahl)

BERLIN A., Biblical Poetry through Medieval Jewish Eyes, Bloomington – Indianapolis 1991

BODENDORFER G., Zur Historisierung des Psalters in der rabbinischen Literatur, in: E. ZENGER (Hrsg.), Der Psalter in Judentum und Christentum (Herders Biblische Studien 18), Freiburg u.a. 1998, 215–234

BRAUDE W.G. (Ed.), The Midrash on Psalms (YJS 13), New Haven 1959

BUCHINGER H.G., Die älteste erhaltene christliche Psalmenhomilie. Zu Verwendung und Verständnis des Psalters bei Hippolyt (erster von zwei Teilen), TThZ 104 (1995) 125–144

CHARLESWORTH J.H. / NEWSOM C.A. (Ed.), The Dead Sea Scrolls. Hebrew, Aramaic, and Greek Texts with English Translations. Volume 4B: Angelic Liturgy: Songs of the Sabbath Sacrifice, Tübingen – Louisville 1999

FELDMANN E., Psalmenauslegung der Alten Kirche: Augustinus, in: E. ZENGER (Hrsg.), Der Psalter in Judentum und Christentum (Herders Biblische Studien 18), Freiburg u.a. 1998, 297–322

FEUER A.C., Tehillim. A New Translation with a Commentary Anthologized from Talmudic, Midrashic and Rabbinic Sources (The ArtScroll Tanach Series) (2 Bände), Brooklyn, N.Y. ^{3}1991 (1985)

FIEDLER P., Zur Herkunft des gottesdienstlichen Gebrauchs von Psalmen aus dem Frühjudentum, ALW 30 (1998) 220–237

FIEDROWICZ M., Psalmus vox totius Christi. Studien zu Augustins "Enarrationes in Psalmos", Freiburg – Basel – Wien 1997

FISCHER B., Die Psalmen als Stimme der Kirche. Gesammelte Studien zur christlichen Psalmenfrömmigkeit, herausgegeben von A. HEINZ, Trier 1982

FÜGLISTER N., Die Verwendung und das Verständnis der Psalmen und des Psalters um die Zeitenwende, in: J. SCHREINER (Hrsg.), Beiträge zur Psalmenforschung. Psalm 2 und 22 (fzb 60), Würzburg 1988, 319–384

FÜGLISTER N., Die Verwendung des Psalters zur Zeit Jesu. Der Psalter als Lehr- und Lebensbuch, BiKi 47 (1992) 201–208

GERHARDS A., Die Psalmen in der römischen Liturgie. Eine Bestandesaufnahme des Psalmengebrauchs in Stundengebet und Messfeier, in: E. ZENGER (Hrsg.), Der Psalter in Judentum und Christentum (Herders Biblische Studien 18), Freiburg u.a. 1998, 355–379

GOLD V.R. u.a. (Ed.), The New Testament and Psalms: An Inclusive Versity, New York – Oxford 1995

HÄUSSLING A.A., Die Psalmen des Alten Testaments in der Liturgie des Neuen Bundes, in: K. RICHTER / B. KRANEMANN (Hrsg.), Christologie der Liturgie. Der Gottesdienst der Kirche – Christusbekenntnis und Sinaibund (QD 159), Freiburg – Basel – Wien 1995, 87–102

HOFIUS O., Der Psalter als Zeuge des Evangeliums. Die Verwendung der Septuaginta-Psalmen in den ersten beiden Hauptteilen des Römerbriefes, in: H. Graf REVENTLOW (Hrsg.), Theologische Probleme der Septuaginta und der hellenistischen Hermeneutik (Veröffentlichungen der Wissenschaftlichen Gesellschaft für Theologie 11), Gütersloh 1997, 72–90

KINZIG W., Bemerkungen zur Psalmenexegese des Asterius, in: J.V. OORT / W. WICKERT (Hrsg.), Christliche Exegese zwischen Nizaea und Chalcedon, Kampen 1992, 104–131

KRATZ R.G., Die Gnade des täglichen Brots. Späte Psalmen auf dem Weg zum Vaterunser, ZThK 89 (1992) 1–40

KRATZ R.G. / KRÜGER T. / SCHMID K. (Hrsg.), Schriftauslegung in der Schrift. FS O.H. Steck (BZAW 300), Berlin 2000

KROCHMALNIK D., Die Psalmen in Moses Mendelssohns Utopie des Judentums, in: E. ZENGER (Hrsg.), Der Psalter in Judentum und Christentum (Herders Biblische Studien 18), Freiburg u.a. 1998, 235–267
LANTES T., Text des Kanons und Heiliger Text. Der Psalter im Mittelalter, in: E. ZENGER (Hrsg.), Der Psalter in Judentum und Christentum (Herders Biblische Studien 18), Freiburg u.a. 1998, 323–354
LENHARD D., Vom Ende der Erde rufe ich zu Dir. Eine rabbinische Psalmenhomilie (PesR 9) (FJS 8), Frankfurt a.M. 1990
LOHFINK N., Psalmengebet und Psalterredaktion, ALW 34 (1992) 1–22
LOHFINK N., Psalmen im Neuen Testament. Die Lieder in der Kindheitsgeschichte bei Lukas, in: K. SEYBOLD / E. ZENGER (Hrsg.), Wege der Psalmenforschung. FS W. Beyerlin (Herders Biblische Studien 1), Freiburg – Basel – Wien ^{2}1995 (1994), 105–125
LOHFINK N., Das Alte Testament und der christliche Tagesablauf. Die Lieder in der Kindheitsgeschichte des Lukas, BiKi 56 (2001) 26–34
LÖNING K., Die Funktion des Psalters im Neuen Testament, in: E. ZENGER (Hrsg.), Der Psalter in Judentum und Christentum (Herders Biblische Studien 18), Freiburg u.a. 1998, 269–295
LUTHER M., Psalmenauslegung. Psalm 1–25 / Psalm 26–90 / Psalm 91–150 (3 Bände). Herausgegeben von E. MÜHLHAUPT, Göttingen – Zürich 1959 / 1962 / 1965
MCCONVILLE J.G., Messianic Interpretation of the Old Testament in Modern Context, in: P.E. SATTERTHWAITE / R.S. HESS / G.J. WENHAM (Ed.), The Lord's Anointed. Interpretation of Old Testament Messianic Texts, Carlisle 1995, 1–17
MCNAMARA M., The Psalms in the Early Irish Church (JSOT.S 165), Sheffield 2000
RABINOWITZ L.I., Artikel "Psalms, Book of, in the Liturgy", EJ 13 (1991) 1323–1325
REEMTS C., Schriftauslegung. Die Psalmen bei den Kirchenvätern (Neuer Stuttgarter Kommentar. Altes Testament 33/6), Stuttgart 2000
REIM G., Vom Hebräerbrief zum Johannesevangelium anhand der Psalmzitate, BZ 44 (2000) 92–99
REITEMEYER M., Weisheitslehre als Gotteslob. Psalmentheologie im Buch Jesus Sirach (BBB 127), Berlin 2000
RONDEAU M.-J., Les commentaires patristiques du Psautier (IIIe–Ve siècle) (2 Bände) (OCA 219/220), Rom 1982 / 1985
SCHAPER J., Der Septuaginta-Psalter als Dokument jüdischer Eschatologie, in: M. HENGEL / A.M. SCHWEMER (Hrsg.), Die Septuaginta zwischen Judentum und Christentum (WUNT 72), Tübingen 1994, 38–61
SCHAPER J., Der Septuaginta-Psalter. Interpretation, Aktualisierung und liturgische Verwendung der biblischen Psalmen im hellenistischen Judentum, in: E. ZENGER (Hrsg.), Der Psalter in Judentum und Christentum (Herders Biblische Studien 18), Freiburg u.a. 1998, 165–183
SIMON U., Four Approaches to the Book of Psalms from Saadiah Gaon to Abraham Ibn Ezra (translated L.J. SCHRAMM), New York 1991
STECK O.H., Zur Rezeption des Psalters im apokryphen Baruchbuch, in: K. SEYBOLD / E. ZENGER (Hrsg.), Wege der Psalmenforschung. FS W. Beyerlin (Herders Biblische Studien 1), Freiburg – Basel – Wien ^{2}1995 (1994), 361–380
STEMBERGER G., Psalmen in Liturgie und Predigt der rabbinischen Zeit, in: E. ZENGER (Hrsg.), Der Psalter in Judentum und Christentum (Herders Biblische Studien 18), Freiburg u.a. 1998, 199–213
WEBER B., 'Setzen' – 'wandeln' – 'stehen' im Epheserbrief, NTS 41 (1995) 478–480
WEBER B., Philipper 2,12–13. Text – Kontext – Intertext, BN 85 (1996) 31–37

Literaturverzeichnis (Auswahl)

WÜNSCHE A., Midrasch Tehillim oder Haggadische Erklärung der Psalmen. Nach der Textausgabe von Salomon Buber zum ersten Male ins Deutsche übersetzt und mit Noten und Quellenangaben versehen (2 Bände), Hildesheim 1967 (1892)

ZARKOVITCH Y., David's Birth and Childhood in the Bible and in the Midrashim on Psalms, in: E. ZENGER (Hrsg.), Der Psalter in Judentum und Christentum (Herders Biblische Studien 18), Freiburg u.a. 1998, 185–198

ZENGER E. (Hrsg.), Der Psalter in Judentum und Christentum (Herders Biblische Studien 18), Freiburg u.a. 1998

ZIMMERMANN R., "Bräutigam" als frühjüdisches Messias-Prädikat? Zur Traditionsgeschichte einer urchristlichen Metapher, BN 103 (2000) 85–100

b) Die Psalmen in Predigt, Unterricht und Erwachsenenbildung

ARBEITSGEMEINSCHAFT MISSIONARISCHE DIENSTE (Hrsg.), Mitte gewinnen: Die Psalmen, Zeitschrift für Verkündigung und Gemeindeaufbau 44/3, Neukirchen-Vluyn 1991

BALDERMANN I., Ich werde nicht sterben, sondern leben. Psalmen als Gebrauchstexte (WdL 7), Neukirchen-Vluyn ^{3}1999 (1990)

BALDERMANN I., Wer hört mein Weinen? Kinder entdecken sich selbst in den Psalmen (WdL 4), Neukirchen-Vluyn ^{6}1999

BALDERMANN I., Kinder entdecken sich selbst in den Psalmen. Kinderfragen, die aufs Ganze gehen, BiKi 56 (2001) 40–45

BEUTLER H.-G. (Hrsg.), Die Busspsalmen. Meditationen, Andachten, Entwürfe (Dienst am Wort 71), Göttingen 1995

BIZER C., Von Drachen, von Engeln, vom christlichen Wesen. Psalmenpredigten. Mit einem homiletischen Traktat, Neukirchen-Vluyn 1993

CRATZIUS B., Du schenkst uns Himmel, Wasser, Land. Psalmengebete für Kinder, Kevelaer 1991

CRATZIUS B., Du kennst mich, lieber Gott. Mit Kindern Psalmen beten, Freiburg – Basel – Wien 1997

FENZ A.K., "Mein ganzes Glück bist du!" (Ps 16,2). Psalmenmeditationen. Schritte zur Vertiefung, Leipzig 1998

GERSTENBERGER E.S., "Höre, mein Volk, lass mich reden!" (Ps 50,7). Predigt in den Psalmen, BiKi 56 (2001) 21–25

(GRÖGER R.), Gott suchen mit den Psalmen. Sechs Bildfolien mit Bilderschliessung, methodischen Hinweisen und Anregungen zum Gespräch (Materialbrief Folien 3/97), München 1997

GUTZWILLER J., Ich suche Gott. Im Dialog mit den Psalmen, Wuppertal 1974

JAUSS H. u.a., Die Melodie des Glaubens: Psalmen (BiAuPr 9), Stuttgart 1991

KOCH F., Ich darf klagen – ich will loben. Psalmen der Bibel, nach Themen geordnet, Neukirchen-Vluyn 1997

OEMING M., Die Psalmen in Forschung und Verkündigung, VF 40 (1995) 28–51

ÖKUMENISCHER ARBEITSKREIS FÜR BIBELARBEIT (Hrsg.), Psalmen (Bibelarbeit in der Gemeinde 4), Basel – Zürich – Köln 1982

ORTKEMPER F.-J. (Hrsg.), Neue Predigten zum Alten Testament. Psalmen, Stuttgart 1995

PETERSEN W.J. / PETERSEN R., Psalmen – Lieder des Lebens. Mit den Psalmen durch das Jahr, Holzgerlingen 2001

PUTTKAMMER D. / WOLF D. (Redaktion), Ausdrücklich leben: Psalmen. Auslegungen und Gestaltungsvorschläge (Texte zur Bibel 7), Neukirchen-Vluyn 1991

SPURGEON C.H., Die Schatzkammer Davids. Eine Auslegung der Psalmen (4 Bände), Stuttgart 1996

Literaturverzeichnis (Auswahl)

VONDERBERG K., Neue Psalmen für Jugendliche. Liebe. Der eigene Weg. Sucht. Träume. Menschlichkeit, Stuttgart 1996

c) Die Psalmen in Gebet, Lied und Gottesdienst

BECKER H. / KACZYNSKI R. (Hrsg.), Liturgie und Dichtung. Ein interdisziplinäres Kompendium. I: Historische Präsentation; II: Interdisziplinäre Reflexion (PiLi 1 + 2), St. Ottilien 1983

BERNOULLI H., Kommt, Brüder, Schwestern, singt mit mir! (Psalm 30). Sechzig biblische Psalmen, neu in deutsche Liedstrophen gefasst, Zürich 1998

BERNOULLI P.E. / FURLER F. (Hrsg.), Der Genfer Psalter – eine Entdeckungsreise, Zürich 2001

BIELER A., Psalmengottesdienste als Klageräume für Überlebende sexueller Gewalt. Poimenische und liturgische Überlegungen, EvTh 60 (2000) 117–130

BISCHÖFE DEUTSCHLANDS UND ÖSTERREICHS UND BISTÜMER BOZEN-BRIXEN UND LÜTTICH (Hrsg.), Gotteslob. Katholisches Gebet- und Gesangbuch. Stammausgabe, Stuttgart ^{2}1984 (1975)

CRATZIUS B., Du schenkst uns Himmel, Wasser, Land. Psalmengebete für Kinder, Kevelaer 1991

DOMAY E. / KÖHLER H. (Hrsg.), Der Gottesdienst. Liturgische Texte in gerechter Sprache. Band 3: Die Psalmen, Gütersloh 1998

DOMAY E. / KÖHLER H. (Hrsg.), Der Gottesdienst. Liturgische Texte in gerechter Sprache. Teil 3: Die Psalmen (CD-Rom. Für Windows ab 3.1), Gütersloh 1998

EHAM M., Wie singt man die Psalmen?, in: H. SCHÜTZEICHEL (Hrsg.), "Mehr als Worte sagt ein Lied." Zur Musik in der Liturgie, Freiburg – Basel – Wien 1990, 20–24

EVANGELISCHE LANDESKIRCHE IN WÜRTTEMBERG (Hrsg.), Evangelisches Gesangbuch. Ausgabe für die Evangelische Landeskirche in Württemberg, Stuttgart 1996

EVANGELISCH-LUTHERISCHE KIRCHE IN BAYERN (Hrsg.), Evangelisches Gesangbuch. Ausgabe für die Evangelisch-Lutherischen Kirchen in Bayern und Thüringen, München – Weimar o.J.

EVANGELISCH-REFORMIERTE KIRCHE [Deutschland] (Hrsg.), Evangelisches Gesangbuch. Ausgabe für die Evangelisch-reformierte Kirche (Synode evangelisch-reformierter Kirchen in Bayern und Nordwestdeutschland), die Evangelisch-altreformierte Kirche in Niedersachsen u.a., Gütersloh – Bielefeld – Neukirchen-Vluyn 1996

FÉDÉRATION MUSIQUE ET CHANT DE LA RÉFORME (Ed.), Le Psautier Français. Les 150 Psaumes versifiés en français contemporain. Mélodies originales du XVIe siècle, harmonisées à quatre voix, Lyon 1995

FISCHER W. / MONNINGER D. / SCHWEIZER R. (im Auftrag der Evangelischen Kirche in Deutschland), Werkbuch zum Evangelischen Gesangbuch. Lieferung IV: Psalmen, Göttingen 1997

GERSTENBERGER E.S., Lieder von Freiheit und Leben. Die Psalmen in den Basisgemeinden Lateinamerikas, BiKi 47 (1992) 214–219

GIEBE T. / KAHLHAGE B. (Hrsg.), Auf der Suche nach dir, Gott. Andachten zu den Wochenpsalmen, Gütersloh 2000

Literaturverzeichnis (Auswahl)

HÄUSSLING A.A., Die Psalmen des Alten Testaments in der Liturgie des Neuen Bundes, in: K. RICHTER / B. KRANEMANN (Hrsg.), Christologie der Liturgie. Der Gottesdienst der Kirche – Christusbekenntnis und Sinaibund (QD 159), Freiburg – Basel – Wien 1995, 87–102

HILL A.E., Enter His Courts with Praise! Old Testament Worship for the New Testament Church, Grand Rapids 1993

HOFHANSL E. / NAGLATZKI H. (Hrsg., im Auftrag des Rates der Evangelischen Michaelsbruderschaft), Evangelisches Stundengebet. Beten im Rhythmus von Jahr und Tag, Hannover 1995

HUGGER P. (Hrsg.), Mein Psalmengebetbuch, München 1987

HUONDER V., Die Psalmen in der Liturgia Horarum (SF NF 74), Fribourg 1991

JENNY M., Vom Liedpsalm zum Psalmlied, in: H. SCHÜTZEICHEL (Hrsg.), "Mehr als Worte sagt ein Lied." Zur Musik in der Liturgie, Freiburg – Basel – Wien 1990, 25–29

JOPPICH G. / REICH C. / SEIL J. (Hrsg.), Preisungen. Psalmen mit Antwortrufen (mit CD: Preisungen. Responsoriale Psalmodie. M. ONNINGER / L. THOMAS, Vokalgruppe unter Leitung von G. JOPPICH), Münsterschwarzach 1998

JUHRE A., Singen auf bewegter Erde. Psalmen und Lieder, Stuttgart 1990

KOWALSKI B. (Hrsg.), Sammle meine Tränen in einem Krug. Predigten und Meditationen zu Psalmen für Begräbnisfeiern (Feiern mit der Bibel 10), Stuttgart 2000

MARTI A., Das neue Gesangbuch [= RG]. Kapitel 1: Gottesdienst in der Bibel – Psalmen und andere biblische Gesänge, MGD 51 (1997) 138–151

MÖLLER C. (Hrsg.), Kirchenlied und Gesangbuch. Quellen zu ihrer Geschichte. Ein hymnologisches Arbeitsbuch (Mainzer hymnologische Studien 1), Tübingen – Basel 2000

PIDOUX P., Vom Ursprung der Genfer Psalmweisen, Zürich 1986 (= Separatdruck aus MGD 2/1984)

RANDHOFER R., Psalmen in einstimmigen vokalen Überlieferungen. Eine vergleichende Untersuchung jüdischer und christlicher Traditionen (EHS. Reihe 36: Musikwissenschaft 131), Frankfurt a.M. – Bern 1995

RATZMANN W., Kleiner Gottesdienst im Alltag. Beiträge zur Liturgie und Spiritualität. Band 3, Leipzig 1999

REICHERT-FRIEDLÄNDER R., Gottesdienst mit Klein und Gross. Zu Psalm 23, in: H.-J. STEFAN / W. WIESLI (Hrsg.), Werkheft zum Gesangbuch 3: Psalmen (Arbeitshilfen zum Katholischen, Reformierten und Christkatholischen Gesangbuch der Schweiz), Gossau – Basel – Zürich 2000, 124–135

RIEHM H., Die Lieder und Gesänge in den Regionalteilen des Evangelischen Gesangbuchs, Heidelberg 1996

RIEHM H., Lieder-Synopse. Die Lieder und ihre Melodien in vier Gesangbüchern. Eine Dokumentation, Heidelberg 2000

RUSS M, "Betet ohne Unterlass!" 1 Thess 5,17. Psalmen beten in Gemeinschaft, BiKi 47 (1992) 188–194

SALZBURGER ÄBTEKONFERENZ (Hrsg.), Die Benediktus-Regel. Lateinisch / deutsch, Beuron 1992

SCHNEIDER M.G. (Interpret) / GUCKELSBERGER R. (Sprecher), Höre Gott! Orgelimprovisationen zu alten und neuen Psalmen der Bibel und des 20. Jahrhunderts, Zürich – Düsseldorf 1998

SCHULZ F., Psalmengesang in der Gemeinde nach lutherischer Tradition geistlich – musikalisch – liturgisch, MuK 63 (1993) 2–15.81–91

SCHULZ F., Das Psalmgebet im Gemeindegottesdienst, Gemeinsame Arbeitsstelle für Gottesdienstliche Fragen (GAGF) 31 (1998) 43–65

SCHÜTZEICHEL H. (Hrsg.), "Mehr als Worte sagt ein Lied". Zur Musik in der Liturgie, Freiburg – Basel – Wien 1990

Literaturverzeichnis (Auswahl)

SCHWEIZERISCHER KIRCHENGESANGSBUND (P.E. BERNOULLI) / SCHWEIZERISCHER KATHOLISCHER KIRCHENMUSIKVERBAND (J. BISIG) (Hrsg.), Psalmen. Chorheft 2000, Aarau – Bern 2000

SYNODE DER EVANG.-REF. KIRCHEN IN BAYERN UND NORDWESTDEUTSCHLAND (Hrsg.), Psalter. Ein Nes Ammin-Buch, Gütersloh 1997

STEFAN H.-J., Psalmen im Reformierten Gesangbuch. Vom Liedpsalm zu Psalmgesängen in mannigfaltigen Formen, in: H.-J. STEFAN / W. WIESLI (Hrsg.), Werkheft zum Gesangbuch 3. Psalmen (Arbeitshilfen zum Katholischen, Reformierten und Christkatholischen Gesangbuch der Schweiz), Gossau – Basel – Zürich 2000, 56–67

STEFAN H.-J. / WIESLI W. (Hrsg.), Werkheft zum Gesangbuch 3: Psalmen. Mit CD Psalmen: Gesangbuch – Cantionale – Chorheft 2000 (Arbeitshilfen zum Katholischen, Reformierten und Christkatholischen Gesangbuch der Schweiz), Gossau – Basel – Zürich 2000

VEREIN FÜR DIE HERAUSGABE DES KATHOLISCHEN KIRCHENGESANGBUCHES DER SCHWEIZ (Hrsg.), Katholisches Gesangbuch. Gesang- und Gebetbuch der deutschsprachigen Schweiz, Zug 1998

VEREIN FÜR DIE HERAUSGABE DES KATHOLISCHEN KIRCHENGESANGBUCHES DER SCHWEIZ (Hrsg.), Cantionale. Kantoren- und Chorbuch zum Katholischen Gesang- und Gebetbuch der deutschsprachigen Schweiz, Zug 1999

VEREIN ZUR HERAUSGABE DES GESANGBUCHS DER EVANGELISCH-REFORMIERTEN KIRCHEN DER DEUTSCHSPRACHIGEN SCHWEIZ (Hrsg.), Gesangbuch der Evangelisch-reformierten Kirchen der deutschsprachigen Schweiz, Basel – Zürich 1998

WAGNER A. (Hrsg.), Singt, singt dem Herren neue Lieder. Liedpsalter zum EG für gemischten Chor und Adlibitum-Instrumente, Stuttgart 1999

WELTEN P., Psalmen im evangelischen Gottesdienst. Bericht über einen Versuch in der Evangelischen Kirchengemeinde Schlachtensee, in: A.-K. FINKE / J. ZEHNER (Hrsg.), Zutrauen zur Theologie. Akademische Theologie und die Erneuerung der Kirche. FS C. Gestrich, Berlin 2000, 236–249

WIESLI W., Die Psalmen im Katholischen Gesangbuch, in: H.-J. STEFAN / W. WIESLI (Hrsg.), Werkheft zum Gesangbuch 3: Psalmen (Arbeitshilfen zum Katholischen, Reformierten und Christkatholischen Gesangbuch der Schweiz), Gossau – Basel – Zürich 2000, 40–55

ZENGER E., "Ich aber sage: Du bist mein Gott" (Ps 31,14). Kirchliches Psalmengebet nach der Schoa, in: A. RAFFELT (Hrsg., unter Mitwirkung von B. NICHTWEISS), Weg und Weite. FS K. Lehmann, Freiburg – Basel – Wien 2001, 15–31

ZINK J., Psalmen und Gebete zur Bibel, Stuttgart 1991

d) Die Psalmen in Theologie, Seelsorge und Psychotherapie

BAYER O., Erhörte Klage, NZSTh 25 (1983) 259–272

BIELER A., Psalmengottesdienste als Klageräume für Überlebende sexueller Gewalt. Poimenische und liturgische Überlegungen, EvTh 60 (2000) 117–130

FLING S., The Use of the Psalms in Psychotherapy, in: M.R. MORRISON (Ed.), Poetry as Therapy, New York 1987, 100–111

FUCHS G. (Hrsg.), Angesichts des Leids an Gott glauben? Zur Theologie der Klage, Frankfurt a.M. 1996

HIEKE T., Schweigen wäre gotteslästerlich. Klagegebete – Auswege aus dem verzweifelten Verstummen, in: G. STEINS (Hrsg.), Schweigen wäre gotteslästerlich. Die heilende Kraft der Klage, Würzburg 2000, 45–68

Literaturverzeichnis (Auswahl)

HINZ C., Die Krankheitspsalmen. Ein Gespräch mit ihren Betern, Leipzig 1994

JASCHKE H., "Aus der Tiefe rufe ich, Herr, zu dir". Psychotherapie aus den Psalmen (HerTb 1603), Freiburg – Basel – Wien ²1990

KELLENBERGER C. und E., Psalmen am Krankenbett, in: B. HUWYLER / H.-P. MATHYS / B. WEBER (Hrsg.), Prophetie und Psalmen. FS K. Seybold (AOAT 280), Münster 2001, 175–181

KOCH F., Ich darf klagen – ich will loben. Psalmen der Bibel, nach Themen geordnet, Neukirchen-Vluyn 1997

MESTRAL P. DE, Psalm 23, 130, 139 ... – damit kannst du leben! Erfahrungen mit Psalmen in der Gefängnis-Seelsorge, in: H.-J. STEFAN / W. WIESLI (Hrsg.), Werkheft zum Gesangbuch 3 (Arbeitshilfen zum Katholischen, Reformierten und Christkatholischen Gesangbuch der Schweiz), Gossau – Basel – Zürich 2000, 136–141

MÜLLER W., Meine Seele weint. Die therapeutische Wirkung der Psalmen für die Trauerarbeit (MKS 73), Münsterschwarzach ³1995 (1993)

SCHNEIDER-FLUME G., Glaubenserfahrung in den Psalmen. Leben in der Geschichte mit Gott (BTSP 15), Göttingen – Zürich 1995

SYLVA D., Psalms and the Transformation of Stress. Poetic-Communal Interpretation and the Family (LThPM 16), Louvain – Grand Rapids 1993

STEINS G. (Hrsg.), Schweigen wäre gotteslästerlich. Die heilende Kraft der Klage, Würzburg 2000

WAGENSOMMER G., Klagepsalmen und Seelsorge. Der Psalter als Ausdruck persönlicher Frömmigkeit und Sprachhilfe für kranke Menschen (Schriften der Evangelischen Fachhochschule Freiburg 4), Münster 1998

WEBER B., Lob und Klage in den Psalmen des Alten Testaments als Anfrage und Herausforderung an unsere Gebets- und Gottesdienstpraxis, in: Jahrbuch für evangelikale Theologie 13 (1999) 33–47

e) Die Psalmen-Dichtungen und -Nachdichtungen in der Literatur und in heutiger Spiritualität

BACH I. / GALLE H., Deutsche Psalmendichtung vom 16. bis zum 20. Jahrhundert, Berlin – New York 1989

CARDENAL E., Zerschneide den Stacheldraht. Südamerikanische Psalmen, Wuppertal 1967

DIETRICH W., Es ist ein Gesang in der Welt. Ein Psalter dieser Tage (mit Bildern von M. HUNZIKER) (2 Bände), Eschbach 1999 / 2000

EGGIMANN E., Psalmen, Wiesbaden 1967

GELLNER C., "Geheiligt werde dein zugefrorener Name..." Moderne Psalmengedichte – spirituell gelesen, BiKi 56 (2001) 46–51

HELL C. / WIESMÜLLER W., Die Psalmen – Rezeption biblischer Lyrik in Gedichten, in: H. SCHMIDINGER (Hrsg.), Die Bibel in der deutschsprachigen Literatur des 20. Jahrhunderts, Mainz 1999, Band 1, 158–204

HUGGER P. (Hrsg.), Mein Psalmengebetbuch, München 1987

HÜSCH H.D., Mein Gebet (Kassette oder Audio-CD). Biblische Psalmen und eigene Texte. Mit Orgelimprovisationen von W. BRETSCHNEIDER, Stuttgart 1997

HÜSCH H.D. / SEIDEL U., Ich stehe unter Gottes Schutz. Psalmen für Alletage, Düsseldorf ⁵2000 (1996)

JUHRE A., Wir stehen auf dünner Erdenhaut. Psalmen und Gedichte, Hamburg 1979

JUHRE A., Singen auf bewegter Erde. Psalmen und Lieder, Stuttgart 1990

JUTZLER K., Aussicht auf Leben. Christliche Psalmen (Transparent 10), Göttingen – Zürich 1994
KAMEETA Z., Gott in schwarzen Ghettos. Psalmen und Texte aus Namibia, Erlangen 1983
KURZ P.K. (Hrsg.), Psalmen vom Expressionismus bis zur Gegenwart, Freiburg – Basel – Wien 1978
KURZ P.K. (Hrsg.), Höre Gott! Psalmen des Jahrhunderts, Zürich – Düsseldorf ^{2}1998 (1997)
LOHFINK N., Der Psalter und die christliche Meditation. Die Bedeutung der Endredaktion für das Verständnis des Psalters, BiKi 47 (1992) 195–200
MARTI K., Die Psalmen Davids. Annäherungen (4 Bände), Stuttgart 1991–1993
MIETH I. u. D., "Im Eisenverhau". Psalmen finden in Gedichten, BiKi 47 (1992) 209–213
PEIKERT-FLASPÖHLER C., Mit deinem Echo im Herzen. Neue Psalmen, Limburg 1995
PETERSEN W.J. / PETERSEN R., Psalmen – Lieder des Lebens. Mit den Psalmen durch das Jahr, Holzgerlingen 2001
SPANGENBERG P., Höre meine Stimme. Die Psalmen, Hamburg 1995
STADLER A., Die Psalmen, 1998
STADLER A., Das Buch der Psalmen und die deutschsprachige Lyrik des 20. Jahrhunderts. Zu den Psalmen im Werk Bertold Brechts und Paul Celans (Kölner Germanistische Studien 26), Köln – Wien 1989
STADLER A., "Die Menschen lügen. Alle" und andere Psalmen, Frankfurt a.M. – Leipzig ^{6}2000
STORK D., Zukunft, die heute beginnt. Die Psalmen – neu gelesen (SBTB 12), Stuttgart 1992
STORK D., Mein Lachen in der Angst. Die Psalmen – neu gelesen (SBTB 14), Stuttgart 1997
STUTZ P., Du hast mir Raum geschaffen. Psalmengebete, München ^{4}1999
STUTZ P., Mein eigener Psalm. "Lebe das, was du vom Evangelium begriffen hast – und sei es noch so wenig, lebe das!", in: H.-J. STEFAN / W. WIESLI (Hrsg.), Werkheft zum Gesangbuch 3: Psalmen (Arbeitshilfen zum Katholischen, Reformierten und Christkatholischen Gesangbuch der Schweiz), Gossau – Basel – Zürich 2000, 108–115
SCHMEISSER M. (Hrsg.), Denn du bist bei mir. Psalm 23. Annäherungen in Wort und Bild, Eschbach 2000
SCHNEIDER-FLUME G., Glaubenserfahrung in den Psalmen. Leben in der Geschichte mit Gott (BTSP), Göttingen 1998
WAHL O., Lieder der Befreiten. Psalmen beten heute, München 1989
WOLFF K., Leben bist du. Die Psalmen persönlich genommen. 150 "einseitige" Texte, Neukirchen-Vluyn 1996

f) Die Psalmen und Bilder

CHAGALL M., Psalmen in Bildern. Reproduziert und erzählt von K. MAYER, Würzburg 1995
DIETRICH W., Es ist ein Gesang in der Welt. Ein Psalter dieser Tage (mit Bildern von M. HUNZIKER) (2 Bände), Eschbach 1999 / 2000
GORDAN P., Er ist der HERR. Zwölf Betrachtungen zu Bildern des Stuttgarter Psalters, Beuron 1976

Literaturverzeichnis (Auswahl)

LUDWIG H., Die Himmel erzählen die Ehre Gottes. Psalmenbilder (mit Farbfotos von U.-J. SCHÖNLEIN), Stuttgart 1988

RASCHZOK K. (Hrsg.), Die Bilder im Gesangbuch. Beschreibung / Kontext / Zugänge. Eine Erschliessungshilfe zur Ausgabe des Gesangbuches für die Evangelisch-Lutherischen Kirchen in Bayern, Mecklenburg und Thüringen, Erlangen 1995

SCHMEISSER M. (Hrsg.), Eschbacher Bilderbibel. Das Buch der Psalmen (8 Bände), Eschbach – Zürich – Leipzig 1990–1993

SCHMEISSER M. (Hrsg.), Denn du bist bei mir. Psalm 23. Annäherungen in Wort und Bild, Eschbach 2000

SCHMEISSER M., Bilder zu Psalmen. Vielfalt der Bildwerke – Auswahl im vorliegenden Werkheft, in: H.-J. STEFAN / W. WIESLI (Hrsg.), Werkheft zum Gesangbuch 3: Psalmen (Arbeitshilfen zum Katholischen, Reformierten und Christkatholischen Gesangbuch der Schweiz), Gossau – Basel – Zürich 2000, 30–39

ZINK J., Tonbild "Wer im Schutz des Höchsten wohnt". Trostpsalmen der Bibel. Bilder aus dem Stuttgarter Psalter (um 820). Musik von H.-J. HUFEISEN, Eschbach 1986